舜帝陵志

（上册）

湖南省地方志编纂委员会　编

方志出版社
Publishing House of Local Records

图书在版编目（CIP）数据

舜帝陵志/湖南省地方志编纂委员会编 .—北京：
方志出版社，2018.8

ISBN 978-7-5144-3212-1

Ⅰ.①舜… Ⅱ.①湖… Ⅲ.①舜—陵墓—概况—永州
Ⅳ.①K928.76

中国版本图书馆 CIP 数据核字（2018）第 201395 号

舜帝陵志

编　　者：湖南省地方志编纂委员会
责任编辑：刘　珊
出 版 人：冀祥德
出 版 者：方志出版社
地址　北京市朝阳区潘家园东里 9 号（国家方志馆 4 层）
邮编　100021
网址　http：//www.fzph.org
发　　行：方志出版社图书经销中心
电话（010）67110500
经　　销：各地新华书店
印　　刷：衡阳顺地印务有限公司
开　　本：889×1194　1/16
印　　张：54.75
字　　数：908 千
版　　次：2018 年 8 月第 1 版　2018 年 8 月第 1 次印刷
印　　数：0001~3500 套（上、下册）

ISBN 978-7-5144-3212-1　**定价：**600.00 元

湖南省特色志丛书编纂委员会

湖南省特色志丛书总纂人员

总　　纂　易介南

副 总 纂　黄俊军

总编室

主　　任　蔡素云

副 主 任　孟东华　李　驰

编　　辑　周岳萍　李献珍　周　涌

舜帝陵志编纂委员会

（2015 年 3 月—2016 年 11 月）

顾　　问　王克英　谭　政　陈金荣

主　　任　陈文浩

常务副主任　向曙光

副主任委员　易佳良　颜海林　刘卫华

委　　员　赖中霖　桂砺锋　张泽槐　陈景茂　郑运生　何德波　桑亚平　高　波　高爱国　陈建华　唐太勇

舜帝陵志编纂委员会

（2016 年 12 月—2017 年 11 月）

顾　　问　王克英　谭　政　陈金荣　唐松成　蒋政平

主　　任　李　晖

常务副主任　易佳良

副主任委员　唐湘林　唐能武　刘卫华

委　　员　李俊江　唐　何　张泽槐　汤荣石　郑运生　曹辉正　黄永英　高　波　高爱国　郑经纬　陈建华　黄安成　唐太勇

舜帝陵志编纂委员会

（2017 年 12 月—）

顾　　问	王克英　谭　政　陈金荣　唐松成　蒋政平
主　　任	李　晖
常务副主任	赵应云
副主任委员	张贺文　唐能武　刘卫华
委　　员	李俊江　唐　何　张泽槐　汤荣石　郑运生
	曹辉正　黄永英　高　波　高爱国　郑经纬
	陈建华　黄安成　唐太勇

舜帝陵志编辑部

主　　任　李俊江
主　　编　张泽槐
副 主 编　高　波
编写人员　张泽槐　欧利生　陈仲庚　郑运生　高　波
　　　　　夏利勇
资　　料　王劲梅　诸文杰　张介立　周九宜　李卓勇
　　　　　唐嘉婕　陈文龙
图　　片　郑运生　王　再　刘双全　蒋新国　刘卫华
　　　　　周全力　王延斌　唐　杰　张泽槐　高　波
　　　　　杨世群　诸文杰　吴明虎　匡建华　黄艺华

审稿人员

邓建平　黄俊军　宫长为　杨东晨　孟祥才　周亚平　蔡素云
孟东华　周岳萍　李献珍　周　涌　张京华　吕国康　刘庚旺

终审验收人员

蔡素云　孟东华　周岳萍　李献珍

《湖南特色志丛书》总序

湖南乃天地钟灵之奥区。东连豫章，西通黔蜀，南翼岭粤，北蔽荆襄。湘水贯其中，洞庭阻其外，衡岳作镇，四水为关，五岭屏南，长江控北，古来称山川独秀，天下粮仓。一万年前已产稻谷，锑钨储量犹冠寰中。种植养殖，水产山珍，称雄国中。宝观雄寺，书院楼台，蜚声海外。侯炎帝迁湘，大禹治夏，代有柱石；近代以降，人才蔚起，称羡九州。湖湘之杰特者，何其多也。

时值全球化经济，全媒体时代，地方志视野需面向世界，地方志功能须强化传播。我们坚持以马克思主义为指导，以习近平总书记提出之“让中华文明同世界各国人民创造的丰富多彩的文明一道，为人类提供正确的精神指导和强大的精神动力”（习近平 2014 年 3 月 27 日《在联合国教科文组织总部的演讲》）为使命，2013 年以来，我们在着力完成第二轮三级志书编修的同时，特别启动了《湖南省志（综合本）》《光绪湖南通志点校》《湖南省特色志丛书》三项工程。湖南特色，即湖南之独特、独有及独好之事物。湖南特色良多，特色志编纂固难一蹴而就。故取有计划、分批次编纂出版之方略。因统一封面风格及版式编排规章，使其分而为独志，合而为丛书。

特色志编纂，贵特不贵博。故凡例、设目、取材与编纂，始终贯穿求特不求全之原则。如名湖有政区领属，则详湖不详区；名山有教亦有农，则儒释道从详，而农桑种植从略。一志有多个特色事物者，特中之特者升格设目记述。志中语言，亦须求特。须于真实准确之中见鲜活，须在风光名胜之中见靓丽。内容表达，图文并茂；版式设计，抓人眼球。所有志书，全彩印制。志书出版，须有光盘随属。纸质既出，全媒体同步。如此，方可与时俱进，彰显功能，实现存史、资政、为民以及服务人类文明进步之宏愿，达成记录湖南、史鉴湖南、宣传湖南，并打造好湖南名片之目的。

首批特色志出版者，有《岳阳楼志》《洞庭湖志》《炎帝陵志》《舜帝陵志》《南岳衡山志》《岳麓山风景名胜志》《武陵源风景志》《沩山志》等，皆从“特”字出发而搜材编纂成书。尔后出版者尚多，如水志、山志、祠志、寺庙道观志、书院志、洞志、特产志等等。编纂特色志丛书，既应时代与人民之需，亦系我们首开风气，一如举烛行路，探石过河，首批特色志虽宗旨鲜明、例则有定，但在过程与细节中，当评审验收，力求尽可能完善，积极打造名志与佳志，让其成为湖南联通全国与世界的重要桥梁与纽带。

湖南省地方志编纂委员会党组书记、副主任　易介南

2016 年 9 月

序　一

《舜帝陵志》是近年关于舜帝、舜帝陵、舜文化研究方面的一项重要成果，是一部集大成的重要历史文献资料，经过编纂人员 3 年多艰苦努力，现在付梓，可喜可贺。

舜帝是中华民族人文始祖、上古五帝之一。在中华民族与中华文明形成发展的历史长河中，舜帝有着极为重要的地位与作用。舜帝创立的以孝为核心的道德思想，奠定了中国古代伦理道德基础。舜帝摄政和执政期间，设立管理机构，制定管理制度，治理洪水，惩治四凶，选贤任能，协和万邦，实现部落联盟复兴。尧舜时期，成为先秦诸子百家心目中的理想社会，后人称之为“尧天舜日”或“舜日尧年”。特别是舜帝以德治国，推行孝道，实施德政，深受后世推崇。《史记·五帝本纪》称：“天下明德皆自虞帝始。”舜帝晚年以利天下而不利一人的博大胸怀，禅位于大禹。此后，舜帝南巡，“崩于苍梧之野，葬于江南九疑，是为零陵”（《史记·五帝本纪》）。

舜帝崩葬于永州宁远九疑，历代政府都非常重视舜帝陵庙建设。夏代立庙于大阳溪畔（今宁远县天堂镇大阳洞村）。秦汉之际，舜帝陵庙合而为一立于玉琯岩前，长沙马王堆西汉古墓出土的帛书地图明确标记舜帝陵，并为 2002—2004 年九疑山玉琯岩舜帝陵庙遗址考古发现所证实。新莽时，“建虞帝园于零陵九疑”（《汉书·王莽传》）。东汉时，对舜帝陵庙进行 3 次大的维修。北宋时，宋太祖命道州刺史、检校太保王继勋重修舜帝陵庙。明朝建立后，明太祖朱元璋命迁舜帝陵庙于舜源峰下。明清两朝，多次对舜帝陵庙进行修葺。晚清民国时期，舜帝陵庙遭到破坏。20 世纪 90 年代，永州市、宁远县人民政府斥巨资修复舜帝陵庙。2004 年 4 月，湖南省人民政府决定设立舜帝陵基金会，为舜帝陵庙保护与建设筹措资金。同时，决定在舜帝陵庙外新建舜帝陵园（公园）。舜帝陵园于 2009 年 8 月竣工。2015

年1月，舜帝陵基金会决定在舜帝陵庙东侧修建碑林，并于当年8月底竣工。经过20多年建设与修葺，九嶷山舜帝陵形成陵庙、陵园、碑林三位一体格局，庄严肃穆，气势恢宏。

舜帝崩葬九疑后，九疑山舜帝陵就成为历代帝王、地方官员、名人硕士祭祀舜帝、咏颂舜帝的圣地。就祭祀而言，大禹南巡至衡山，“望九疑而祭舜”（《大清一统志》卷二百八十七“巿台”条）；秦始皇三十七年（公元前210年），行至云梦，“望祀虞帝于九疑山”（《史记·秦始皇纪》）；汉武帝元封五年（公元前106年），南巡至盛唐（今湖北荆州），“望祀虞帝于九嶷”（《汉书·武帝纪》）。此后，历代帝王或望祀舜帝，或遣官致祭，未曾间断。明清时期，祭舜形成高潮，仅清王朝遣官致祭就达45次。就咏颂而言，自屈原、刘向、蔡邕、曹植、谢朓至宋之问、李白、杜甫、刘禹锡、柳宗元、李商隐、苏轼、陆游等历代名人，均有咏舜名篇传世。一代伟人毛泽东，也写下脍炙人口的诗篇《七律·答友人》。现在，《舜帝祭典》已经列入国家级非物质文化遗产名录。历代名人咏舜诗文则成为中华民族文化宝库中的瑰宝。

舜帝崩葬于永州宁远县九疑山，这是舜帝为宁远、为永州，也是为湖南留下的宝贵文化遗产。把舜帝陵庙建设好、奉祀好，是地方政府的历史责任。把舜帝陵庙建设与管理，历代祭舜与咏舜，舜帝陵庙遗址考古发掘，舜帝后裔迁徙与分布，舜帝文化研究与传播等情况记载下来，整理出来并传之后世，也是地方政府的历史责任。为此，文史学者张泽槐等，在2008年就建议编修《舜帝陵志》。这一建议，得到了湖南省舜帝陵基金会的充分肯定和湖南省地方志编纂委员会的大力支持。2015年3月，湖南省地方志编纂委员会决定编修《舜帝陵志》。这确实是功德无量之举。

我们现在所处的时代，是实现中华民族伟大复兴的新时代。弘扬中华民族优秀传统文化，增强文化软实力，是实现中华民族伟大复兴的重要方面。习近平总书记在中国共产党第十九次全国代表大会报告中指出：“文化是一个国家、一个民族的灵魂。文化兴国运兴，文化强民族强。没有高度的文化自信，没有文化的繁荣兴盛，就没有中华民族伟大复兴。”舜帝创立的道德文化，是中华民族传统文化的重要源头。加强舜帝与舜文化研究，是弘扬中华民族优秀传统文化的重要组成部分。编纂出版《舜帝陵志》，则是弘扬中华民族优秀传统文化的有益尝试。这对于保存舜帝陵历史与现状资料，加强舜帝与舜文化研究，推进文化建设，都将发挥积极作用。同时，舜帝后裔历经几千年迁徙，遍布世界各地，总人口达2.7亿多人。《舜帝陵志》的编纂出版，对于加强海内外舜裔联系，增强民族凝聚力和向心力，促进祖国和平统一，也将有着积极意义。

编纂《舜帝陵志》既是一项重要文化建设，又是一项复杂而浩大的系统工程。志中内容涉及舜帝生平事迹、陵庙历史变迁、舜帝祭祀礼仪、遗址考古发掘、艺文收集整理、舜裔迁徙分布、基金筹措管理、舜帝文化研究、陵区管理保护等方面。由于年代久远，说法不一，资料搜集、考证、整理的难度很大。但是，编纂者们不辞辛苦，千方百计地搜集资料，实事求是地考证资料，科学合理地编辑资料，个中艰辛可想而知。经编纂人员不懈努力，终于编纂成这部洋洋90余万言的《舜帝陵志》。值此《舜帝陵志》出版之际，谨向为《舜帝陵志》编纂工作付出辛勤劳动的全体人员表示敬意。由于条件所限，志中不妥之处在所难免，亦请专家与读者批评指正。

是为序。

全国政协人口资源环境委员会原副主任

湖南省政协原主席　王克英

湖南省九嶷山舜帝陵基金会第一届、第二届理事会理事长

2017年5月

序　二

我还在中学时，就读了一代伟人毛泽东主席的《七律·答友人》。“九嶷山上白云飞，帝子乘风下翠微。斑竹一枝千滴泪，红霞万朵百重衣”的诗句，在我心中留下美好的难以磨灭的记忆，也激发了自己对九嶷山舜帝陵的向往之情。20多年后，我出任中共永州市委书记，来到舜帝陵所在地——永州工作，这不能不说是一种机缘巧合。

来到永州后，我深感永州历史文化积淀极其深厚，特别是与舜帝相关的文化现象无处不在。永州又称零陵，而零陵即舜陵。《史记·五帝本纪》载，舜帝南巡，“崩于苍梧之野，葬于江南九疑，是为零陵”。舜帝南巡遗迹更是遍布整个永州以及湘中湘北、桂北、粤北各地，其如东安舜皇山、宁远箫韶峰、万岁山、五臣峰，湖南岳阳君山、湘潭韶山、邵阳崀山，广西桂林虞山，广东韶关韶石等。舜帝是中国古代伦理道德奠基人。舜帝崩葬九嶷，他创立的道德思想深深扎根于永州大地，永州因此自古称为“帝乡”“道德之乡”。自夏代以来，历代帝王如大禹、秦始皇、汉武帝、王莽、唐玄宗、明太祖、清康熙帝等，或望祀九疑山舜帝陵，或遣官到九疑山舜帝陵致祭，并留下大量祭舜帝文及碑刻。历代名人如屈原、蔡邕、李白、杜甫、柳宗元、刘禹锡、苏轼、陆游等，写下数以千计的咏颂舜帝及娥皇女英的诗文。所有这些，都是永州历史文化的重要组成部分。

永州是舜帝南巡之地，宁远九嶷是舜帝藏精之处。把舜陵维护好，把舜庙修葺好，把舜帝奉祀好，是一种历史使命。正因为如此，历代帝王和地方官员都非常重视舜帝陵庙建设与保护。其如夏代建舜庙于大阳溪畔，秦汉合陵庙于玉琯岩旁，王莽在九疑建虞帝园，明洪武迁舜帝陵庙于舜源峰下。特别是进入20世纪90年代以来，省、市、县人民政府斥巨资抢修舜帝陵庙，建设舜帝陵园和碑林，使舜帝陵庙面貌一新。为建立修葺保护舜帝陵庙的长效机制，湖南省人民政府于2004年4月，决定成立舜帝陵基金会，以筹措舜帝陵庙建设与保护资金。为奉祀舜帝，湖南省、永州市及宁远县人民政府，先后多次在九嶷山舜帝陵举行祭舜大典。社会各界、海内外舜裔宗亲，也纷纷在九嶷山舜帝陵开展祭舜活动，以缅怀这位中华民族人文始祖。与此同时，我也深切感到，在舜帝南巡之地履职，这是一种缘分，更是一种责任。唯有心怀敬畏，恪尽职守，殚精竭虑，为区域谋发展，为人民谋福利，才对得起老祖宗，才对得起组织重托，才对得起这一方百姓。

在中华文明形成发展的历史进程中，炎帝创立的农耕文化、黄帝创立的政体文化、舜帝创立的道德文化，是三座不朽丰碑。舜帝创立的以孝为核心的道德思想，奠定了中国古代伦理道德基础，对中华民族的影响尤为深远，成为中华民族传统文化的重要源头。我们现在正处于建设有中国特色社会主义的新时代。实现中华民族的伟大复兴，是我们共同肩负的历史使命。而弘扬优秀传统文化，推进民族文化的复兴与繁荣，提高文化自信，增强文化软实力，是实现中华民族伟大复兴的强大精神动力。中共中央总书记习近平多次强调要“加强对中华优秀传统文化的挖掘和阐发”。永州是舜帝南巡之地和崩葬之地。在弘扬中华民族优秀传统文化上，特别是在挖掘、阐发弘扬舜帝道德文化上，我们永州有责任有义务先行一步，多做一点，做好一点。长期以来，永州大批文史专家学者在舜文化研究、传播和推介上不遗余力，并取得显著成效。舜文化研究团体纷纷建立，学术研讨活动广泛开展，各类著述大量涌现。这充分表现出永州舜文化专家学者强烈的使命感和责任感。

舜帝陵是永州的重要地标之一。四千多年来，它既是中国历史的见证者，其本身也是一处内容极其丰富、价值非常高的历史遗存。将舜帝陵的历史与现状，以及与舜帝陵相关的事物，以史志笔触记载下来，留传后世，是对历史负责，也是现实需要。湖南省地方志编纂委员会决定编纂《湖南省特色志丛书》，并将《舜帝陵志》列为其中之一，诚为深谋远虑。《舜帝陵志》以舜帝陵为坐标，客观记述舜帝其人其事、陵庙历史变迁、祭祀活动议程、重大考古发现、舜裔迁徙分布、舜陵艺文荟萃、舜帝文化研究、舜陵基金筹措、九疑特色风物、陵区管理保护等。这对于我们全面系统了解宣传舜帝、舜帝陵、舜文化，繁荣当代中国民族文化，定将起到积极作用。古人云，以铜为鉴，可以正衣冠；以人为鉴，可以明得失；以史为鉴，可以知兴替。透过《舜帝陵志》，我们还可鉴古知今，资政化人，增强文化自信，推进区域发展，造福当地百姓。

编修《舜帝陵志》是一项重要文化建设，也是一项极其复杂的系统工程。经编纂者们 3 年多艰苦努力，《舜帝陵志》编修工作已经顺利完成。在《舜帝陵志》即将付梓面世之际，主编张泽槐请我为志作序。于是，我写了上面几段话，一方面谈谈我到永州履职以来，在舜帝陵、舜文化方面的所见所闻所思所想；另一方面，对《舜帝陵志》的出版致贺，对为《舜帝陵志》付出辛勤劳动的编纂人员致谢。

是为序。

中共永州市委书记　李　晖

2018 年 5 月

凡　例

一、本志坚持以马克思列宁主义、毛泽东思想、邓小平理论、“三个代表”重要思想、科学发展观、习近平新时代中国特色社会主义思想为指导，坚持用辩证唯物主义和历史唯物主义的立场、观点、方法，存真求实，全面、客观、系统地反映九嶷山舜帝陵的历史与现状。

二、本志断限，上限起自上古，下限止于2015年。

三、本志由总述、大事记、舜帝传略、舜帝陵庙、舜陵风物、舜帝祭祀、舜裔宗亲、舜陵艺文、考古发现、舜文化研究、陵区管理、舜帝陵基金会、附录组成，前后分别有序言和后记。

四、本志一般采用章节体。章下分节，节下置目，目下设子目。每事设一条目或一子目。

五、本志统一记述，一般横排纵写，即按时间顺序记述。行文直陈其事，叙而不论。概述一类，则夹叙夹议。

六、本志辑录的资料均注明出处。古籍注明书名、篇名或卷次。地方志注明书名、卷次、编修年代。近现代专著注明作者、书名、出版社、出版年代、页码。论文集中的论文，按照专著格式注明出处。原文中的缺字或无法辨认的字以方框（□）标示。

七、在历史纪年后面加括号，注明公元纪年。1949年10月1日以后，一律采用公元纪年。

八、本志撰写采用简体字。但涉及人名、地名、物名或其他专用名的异体字，均保留原来的文字。

九、本志选录当代著述的范围，限于正式出版物。

十、本志“九疑”与“九嶷”通用和混用。志中辑录诗文、引文、专用名词等，凡原文为“九疑”者，如秦始皇“望祀虞帝于九疑山”（《史记·秦始皇纪》）、东汉蔡邕《九疑山铭》、2005年《九疑山志》等，均用“九疑”；凡原文为“九嶷”者，如汉武帝“望祀虞帝于九嶷”（《汉武·武帝纪》）、毛泽东《七律·答友人》“九嶷山上白云飞”、九嶷山学院等，均用“九嶷”。其他情况下，“九嶷”与“九疑”，不加区分。

十一、本志中有少量“古代”“现代”等用词。其中古代指先秦至清代，现代主要指中华人民共和国成立以来，个别地方也包括民国时期。

目　录

（上　册）

第二章　舜帝陵庙

第三章　舜陵风物

第四章　舜帝祭祀

（下　册）

第五章　舜裔宗亲

第六章　考古发现

第七章　舜陵艺文

第八章　舜文化研究

第九章　陵区管理

第十章　舜帝陵基金会

附　录

CONTENTS

总　述

九嶷晨曦

舜帝，中华民族人文始祖，上古五帝之一。

九疑，天下名山，古代勘舆学所言南方龙脉之地。

4000 多年前，舜帝禅位大禹后，巡狩南方，“崩于苍梧之野，葬于江南九疑，是为零陵”①。从此，舜陵即零陵，零陵即舜陵。

后人为缅怀奉祀舜帝，在九疑修建舜帝陵庙，且三易其地，代有修葺。九疑山因此成为历代帝王、地方官员和名人硕士谒陵祭舜的圣地。进入 21 世纪后，舜帝陵庙修葺一新，祭舜活动日益频繁，舜文化研究不断深入，陵庙保护得到加强。

一

关于舜帝卒葬之地，先秦时期有不同说法。《尚书·尧典》说舜“陟方乃死”，墨子说舜帝“道死西戎”②，孟子说舜帝“卒于鸣条”③。这三者之说，均无具体地点。而《山海经》等诸多文献，则认为舜帝崩葬于苍梧九疑。从古代文献记载、古代帝王祭舜、历代名人咏舜、诸多考古发现看，舜帝葬于九疑山。

古代文献记载舜葬九疑山。《尚书·尧典》：“舜生三十征庸，三十在位，五十载陟方乃死。”《竹书纪年·帝舜有虞氏》：“三十二年，帝命夏后总师，遂陟方岳。”“陟方”与“遂陟方岳”，都是到方岳（国）、到南方去巡狩的意思。从《尚书》与《竹书纪年》的记载看，舜帝死于巡狩（陟方）。比《尚书》稍后的《国语·吴语》载：“昔楚灵王不君……乃筑台于章华之上，阙为石郭，陂汉，以象帝舜。”楚灵王造章华台，是为彰显楚国实力之强大与楚国文化之正统。章华台按照舜帝陵庙的布局与建筑形制来设计，表明舜帝陵庙必在楚国范围之内。对舜帝卒葬记载最多的是《山海经》。《山海经·大荒南经》：“赤水之东，有苍梧之野，舜与叔均之所葬

① 《史记·五帝本纪》。
② 《墨子·节葬》。
③ 《孟子·离娄下》。

也。”《山海经·海内南经》：“兕在舜葬东，湘水南。”“苍梧之山，帝舜葬于阳，帝丹朱葬于阴。”《山海经·海内东经》：“湘水出舜葬东南陬，西环之。入洞庭下。”《山海经·海内经》：“南方苍梧之丘，苍梧之渊，其中有九嶷山，舜之所葬。”在这些记载中，苍梧、湘水、洞庭、九嶷山等，均属春秋战国时期的楚国范围。《礼记》《淮南子》亦记载舜葬苍梧九疑。《大戴礼记·五帝德》：舜“葬于苍梧之野”。《小戴礼记·檀弓》则说：“舜葬于苍梧之野，盖三妃未之从也。”《淮南子·修务训》：“舜……南征三苗，道死苍梧。”西汉史学家司马迁在《报任安书》中对舜帝卒葬进行认真研究，并于元朔四年（公元前125年）“浮沅湘，窥九疑”①，寻访考察舜帝陵，认定舜帝葬于九疑，并在《史记·五帝本纪》写道：“舜……践帝位三十九年，南巡狩，崩于苍梧之野，葬于江南九疑，是为零陵。”此后，汉班固《汉书》《白虎通义》，汉荀悦《汉纪》，魏王肃注《孔子家语·五帝德》，晋皇甫谧《帝王世纪》，晋陈寿《三国志·魏志》，晋王嘉《拾遗记》，南朝宋代范晔《后汉书·赵咨传》，南朝齐代魏收《魏书·皇后列传》，南朝梁代沈约《宋书·礼志二》，北魏郦道元《水经注》，唐李吉甫《元和郡县志》，宋乐史《太平寰宇记》，宋代王存《元丰九域志》，宋司马光《资治通鉴》、宋祝穆《方舆胜览》，明徐宏祖《徐霞客游记·西南游日记》，清乾隆《大清一统志》卷二百八十三《永州府二·陵墓》等，均明确记载舜帝葬于九疑山。

帝王祭舜佐证舜葬九疑山。“国之大事，在祀与戎”②。祭祀九疑舜帝陵，是古代帝王祭祀的重要内容。对此，古代文献典籍多所记载。大禹、秦始皇、汉武帝均曾望祀九疑舜帝陵。《大清一统志》卷二百八十一“巾台”条：“（巾台）在衡山县西三里，台径三丈，昔禹南巡，望九疑而祭舜于此。”《史记·秦始皇纪》载：“三十七年十月癸丑，始皇出游……行至云梦，望祀虞帝于九疑山。”《汉书·武帝纪》：“（元封）五年冬，行，南巡狩，至于盛唐（在南郡，今湖北荆州），望祀虞帝于九嶷。”三位帝王祭舜，均为望祀九疑山舜帝陵。新莽王朝时，王莽尊黄帝为“皇初祖考”，尊舜帝为“皇始祖考”。除在长安城郊建太初祖庙、始祖昭庙，定期进行祭祀外，

① 《汉书·司马迁传》。
② 《左传·成公十三年》。

王莽还下令建“虞帝园于零陵九疑……使者四时致祠其庙”（《汉书·王莽传》）。唐玄宗开元六年（718 年），遣大臣张九龄赴九疑祭舜。宋太祖于建隆年间（960—963 年）下诏，令检校太保、道州刺史王继勋重修九疑山舜帝陵庙，并规定舜帝陵三年一祭，祭品用太牢。明太祖朱元璋将舜帝列于祀典，并亲制祝文，遣官祭舜。《明史·志第二十六·礼四·吉礼》载：“（洪武）四年（1371 年），礼部定议合祀帝王三十五……在湖广者二，酃祀神农，宁远祀虞舜。”为规范祀礼，将祭祀舜帝制度化、规范化，规定每年春秋仲月朔日为祭舜之日，每次祭舜的祭品费用为白银二十五两。朝廷遣使诣陵致祭，都要在陵前置一碑，将祭舜的日期及牲帛之数刊于碑上。自洪武四年至万历元年（1575 年），明朝皇帝派遣大臣到九疑山舜帝陵祭舜共 17 次；南明隆武元年（1645 年），唐王朱聿健亦遣官祭舜 1 次。清王朝建立后，亦将九疑山舜帝陵列入祀典。每逢国家大事，朝廷均派遣大臣到九疑山舜帝陵祭舜。自顺治八年（1651 年）至宣统元年（1909 年），清朝历代皇帝共遣官祭舜 45 次，成为遣官祭舜次数最多的王朝。其中，康熙帝遣官祭舜 9 次，乾隆帝遣官祭舜 12 次。无论是大禹、秦始皇、汉武帝望祀九疑山舜帝陵，还是此后历代帝王遣官到九疑山舜帝陵祭舜，其前提就是他们认定舜帝崩葬于九疑，舜帝陵在九疑山。

名人咏舜认同舜葬九疑山。先秦以来，在祭祀九疑舜帝陵的同时，历代帝王、各级官吏与文人墨客还用诗词、辞赋、散文、楹联等文学形式歌颂舜帝、舜帝陵、九疑山及二妃。有记载的最早用诗歌形式歌颂舜帝始于屈原。屈原在《离骚》中描写到九疑向舜帝陈述自己的遭遇，受到热情欢迎：“济沅湘以南征兮，就重华而陈词。”“百神翳其备降兮，九疑缤其迓并。”东汉文学家、书法家蔡邕到九疑拜谒舜帝陵，并写下《九疑山铭》，盛赞舜帝的伟大功勋与九疑的王者气象。魏晋南北朝时期，曹丕、曹植、嵇康、阮籍、司马炎、谢朓、沈约、吴均、温子昇等，都写有咏颂舜帝与九疑山舜帝陵的诗文。唐宋时期，咏舜、咏舜帝陵、咏九疑山、咏二妃形成高潮。这一时期，撰写咏舜诗文的文学家、诗人有宋之问、李白、杜甫、元结、张谓、戴叔伦、刘长卿、孟郊、李贺、韩愈、元稹、李商隐、刘禹锡、柳宗元、白居易、杜牧、司马光、胡宿、范纯仁、苏轼、李纲、张耒、李清照、陆游、朱熹、刘克庄、曾唯、元好问等。元明清时期，名人咏舜仍然络绎不绝。张养浩、傅若金、虞集、吕思诚、马祖常、刘基、王汝玉、李东阳、李梦阳、杨廷和、王夫之、王士祯、施闰章、爱新觉罗弘历、汪辉祖、杨季鸾、何绍基、袁珩等文学家、诗人，写下诸多咏舜诗文。这一时期，到中国朝贡的安南（越南）使者，也有 23 人写下 27 首咏舜诗。中华人民共和国成立后，咏舜诗词曾停滞一段时间。自毛泽东主席发表《七律·答友人》后，咏舜诗词热潮重新兴起。自先秦到现代，咏舜诗词总数达 5000 首（阙）左右，咏舜文赋也数以千计。历代帝王、官吏与文人墨客将舜帝陵与九疑山作为咏颂内容，表明他们认同舜葬九疑山。

考古发现支持舜葬九疑山。迄今为止，在三皇五帝陵中，有考古发现予以支持的只有舜帝陵。秦代，在九疑山一带掘得玛瑙瓮，传为舜帝之物，西汉东方朔还为此撰《宝瓮铭》[1]。东汉章帝时（57—88 年），零陵郡文学奚景在泠道（今宁远）舜祠下得玉琯十二枚献于朝，班固《风俗通义》、许慎《说文》、应劭《风俗通义》及《晋书》《宋书》《隋书》，南宋祝穆《方舆胜览》等均载有此事，后人将奚景得玉琯处命名为“玉琯岩”，岩名沿袭至今。唐代道士申泰芝在九疑山高士岩得上古打击乐器——石磬，王维为此向唐玄宗写《贺表》（见第七章《舜陵艺文》第三节《表记》）。1973 年，长沙马王堆西汉古墓三号墓出土帛书地图《长沙国南部地形图》，图中明确标记舜帝陵在九疑山。1975 年，宁远县九疑山太平村出土东汉“第五”氏多子盘。“第五”氏源出齐国田氏，为舜帝后裔。“多子盘”当为“第五”氏祭舜时奉献的祭物。1987 年 1 月，宁远大阳溪牛头山出土祭祀礼器青铜洗（残）、穿孔石钺等物。大阳溪在三代时建有舜庙，牛头山出土文物当为祭舜遗物。2000 年 12 月，文物考古工作者在九疑山玉琯岩西南至汉唐坪一带发现古代文化遗存。这一古代文化遗存，与马王堆帛书地图标记的舜帝陵位置相吻合。湖南省考古所于 2002 年 3—5 月、2003 年 12 月至 2004 年 1 月、2004 年 3 月，先后三次对该遗址进行考古发掘。通过发掘，发现汉代建筑遗迹、唐宋建筑遗迹，出土建筑陶瓷、祭祀陶瓷等诸多文化遗物。2004 年 8 月，国家文物局考古专家组组长黄景略、故宫博物院前院长张忠培、“夏商周断代工程”首席科学家李学勤、中国社会科学院历史

① 《拾遗记》卷一。

研究所原所长吴家安、香港中文大学教授吕烈丹、湖南省博物馆原馆长高至喜、湖南省考古所所长袁家荣等专家学者，齐聚九疑山，对玉琯岩舜帝陵庙遗址的考古发现进行论证，确定这一文化遗存为秦汉至宋元时期的舜帝陵庙；也是在全国范围内首次发现的该时期的五帝陵庙建筑遗址。这一遗址于 2006 年被公布为全国重点文物保护单位。

二

舜帝崩葬于九疑山，那么舜陵何处？舜庙建于何时？历史上，陵墓的出现是春秋中期以后的事。西周以前，帝王死后，“葬之中野，不封不树”①，即不垒封土堆，也不种植树木作为标志。舜帝陵也是如此。由于“不封不树”，舜帝陵墓到底在九疑山哪个具体位置，已经很难稽考。现在的舜帝陵，只有祭祀的庙堂和陵碑，没有墓冢，依山为陵，所展现的是历史真实。而九疑舜庙，则始建于夏代，地点在大阳溪。自先秦以来，九疑山舜帝陵庙建设大体可以分为 4 个时期，即先秦时期、秦汉至宋元时期、明清民国时期、中华人民共和国时期。

先秦时期，陵庙分设，舜陵在三分石，一说在女英峰，而舜庙在大阳溪。明万历《九疑山志》载：“三峰（分）石……峰上有冢，以铜为碑，字迹泯灭不可识，疑为舜冢。”清王万澍《衡湘稽古》载：“三峰（分）石深处有冢，有铜碑额，字不可识，传为舜冢。”清代诗人杨季鸾在《游九疑望三分石》中写道：“又言上有铜碑不识字，传是古帝陟方之所至。”② 宋《太平御览·郡国志》则说：“女英峰，舜墓在此峰下。”无论三分石还是女英峰，先秦时都是交通极为不便之处。为方便祭祀舜帝，夏商周三代在大阳溪（今宁远县天堂镇大阳洞村）建有舜庙。民国《宁远县志》载：“舜陵在九疑山中，舜庙在大阳溪，盖三代时祀于此。其遗址在白鹤观前，土人呼为大庙。”

---

① 《周易·繫辞下》。

② 民国《宁远县志·文摭下》。

秦汉至宋元时期，舜帝陵庙合一，建于玉琯岩前。元结《舜庙状》：“秦汉以来，置庙山中。”《湖南风物志》：“舜庙，相传秦汉前建在大阳溪，秦汉时移至玉琯岩前。”清嘉庆《九疑山志》载：“舜庙在大阳溪白鹤观前……秦时迁入九疑山中，立于玉琯岩前百步。”1973 年长沙马王堆汉墓出土的帛书地图所标记的舜帝陵庙位置，与这些记载相符。新莽时，王莽下令“建虞帝园于零陵九疑”，对舜帝陵庙进行大规模修建。东汉时，对九疑舜帝陵庙进行三次大的维修。魏晋南北朝时，战乱频仍，九疑舜帝陵庙遭到严重破坏。唐代元结任道州刺史时，已经“祠宇不存”①，于是请求朝廷迁建舜庙于道州城南。到唐僖宗时，代理延唐（今宁远）县令胡曾奏请朝廷同意，复立舜庙于玉琯岩前。历五代战乱，舜帝陵庙又遭严重破坏。宋太祖建隆年间（960—963 年），诏令道州刺史王继勋重修九疑山舜帝陵庙，地址仍在玉琯岩前。宋乾德六年（968 年），又对舜庙进行一次修缮。九疑山玉琯岩前舜帝陵庙建废情况，均为 2003 年玉琯岩舜帝陵庙遗址考古发掘所证实。

明清时期，舜帝陵庙迁建于舜源峰北麓今址。明王朝建立后不久，立即派人前往九疑山，走访察看舜帝陵庙，绘制舜帝陵庙图和整个九疑山地形图。明太祖朱元璋决定，将舜帝陵庙由玉琯岩迁至舜源峰下。迁建后的舜帝陵庙，占地 2.10 万平方米，其规模只相当于秦汉至宋元舜帝陵庙规模的 2/3。从此以后，舜帝陵庙就在舜源峰下稳定下来，再也没有迁移过。明正德十六年（1521 年），永州推官王瑞之重修舜庙正殿，增设香亭、仪门、左右斋廊各三间。明朝末年，舜帝陵庙日益颓败，无人修葺。清王朝建立后，于康熙四十五年（1706 年）对舜帝陵庙进行修缮。雍正二年（1724 年），再次进行修葺。乾隆元年（1736 年），则对舜帝陵庙进行扩建。《钦定大清会典则例·卷八十二·礼部·祠祭清吏司·中祀一》载《乾隆元年谕》：“……帝舜有虞氏陵庙规模狭隘，丹青剥落，不足以肃观瞻，著该督抚转饬有司，运用公项，即行修葺……。”扩建后的陵庙规模为正殿三楹、后殿一楹、龙亭一座、拜亭一座、东西朝房各三间、大门一楹、两旁碑亭各一座。此后，又多次对舜帝陵庙进行修缮。嘉庆年间（1796—1820 年），

① 元结《舜庙状》。

亦对舜帝陵庙进行过修缮。但晚清、民国时期，战乱不断，舜帝陵庙年久失修，破败不堪。

中华人民共和国成立后的一段时间里，九疑山舜帝陵庙未能得到有效保护。特别是“文化大革命”中，舜庙被任意拆毁，古碑、石料被用于塞坝砌渠建房。到20世纪70年代，整个舜帝陵庙所存无几。1978年改革开放后，舜帝陵庙的保护与建设逐步引起重视。1993年，湖南省人民政府将舜帝陵庙列为首批重点抢修文物。经国家文物局批准，舜帝陵庙抢修工程于1993年3月25日正式开工，1998年12月19日竣工。修复后的舜帝陵庙，基本恢复明清时期风貌，且规模有所扩大。2004年初，湖南省人民政府决定在舜帝陵庙围墙外建设舜帝陵园，亦即舜帝公园。陵园建设工程分两期进行，规划用地29公顷。第一期工程于2005年4月25日开工，9月3日全部完工。第二期工程于2008年4月17日开工，2009年8月10日竣工验收。陵园建成后，气势宏伟，景观众多，设施完备，成为谒陵祭舜与旅游观光人士游览休闲佳境。为有效保护舜帝陵庙碑刻，在舜帝陵园建设工程竣工后，又规划建设舜帝陵碑林。碑林位于舜帝陵庙东侧，建筑设计风格与舜帝陵庙相同。碑林内共建有养正阁、景仁阁、崇德阁、舜碑亭、二妃殿等10个单体建筑。碑林于2015年1月7日开工建设，8月底完工。修复后的舜帝陵庙与陵园、碑林，三者之间既相对独立又相互联系，气势恢宏，浑然一体。

三

先秦以来，对舜帝的祭祀未曾间断，对舜帝的咏颂未曾间断，对舜帝陵庙的修葺亦未曾间断，且有考古发现予以支持。

舜帝是中华民族人文始祖。祭祀舜帝，咏颂舜帝，是一种始祖情怀与民族情怀的回归。舜帝在中华民族与中华文明发展史上，具有极其重要的地位与作用。舜帝至孝笃亲，“年二十以孝闻”，被后世称为天下第一孝子。汉刘向《孝子传》、元郭居敬《二十四孝图》均将舜帝列于孝子之首。舜帝厚德敦仁，无论耕历山渔雷泽，还是陶河滨贩负夏，所到之处，与人为善，德播天下，被后世尊为德圣。舜帝摄政期间，齐七政，禋六宗，班五瑞，惩四凶，实现中原部落联盟的复兴，后世将这一时期誉为“尧天舜日”或“舜日尧年”，成为春秋战国时期诸子百家心目中的理想社会。舜帝继位以后，设置国家机器，建立国家制度，坚持以德治国，推行孝道，选贤任能，实施德政，协和万邦，以至“四海之内，咸戴帝舜之功”①，成为后世帝王之师。慎终追远，寻根祭祖，是中代民族的优良传统。在古代，凡有大德大功大业于世者，后世必然予以祭祀。《国语·鲁语》：“夫圣王之制祭祀也，法施于民则祀之；以死勤事则祀之；以劳定国则祀之；能御大灾则祀之；能捍大患则祀之。……非此族也，不在祀典。”大禹、秦始皇、汉武帝等非舜裔帝王望祀九疑山舜帝陵，特别是明清二朝将祭祀九疑山舜帝陵位列入国家祀典，是一种民族情怀的回归，是一种民族认同与融和的展现。正因为如此，无论舜帝后裔还是非舜帝后裔，无论朝廷还是地方，无论官宦还是文人雅士，无论汉族还是其他民族，都将舜帝作为始祖进行祭祀，都对舜帝进行咏颂。这是先秦以来，祭祀舜帝，咏颂舜帝从未间断的基本原因。

舜帝陵是海内外舜裔乃至整个中华儿女共有的精神家园之一。建设、修葺和保护舜帝陵庙，是一种历史使命与责任担当。舜帝崩葬于九疑山，九疑山成为中华儿女特别是舜帝后裔寻根问祖、谒陵祭舜的圣地。舜帝后裔经不断迁徙繁衍，移居全国乃至世界各地，成为拥有 200 多个姓氏、2 亿多人口的超巨大族群。而地方官府与舜帝陵庙周边地区群众，更是不遗余力的保护舜帝陵庙。民国时期，一位村民将去世的母亲葬于舜源峰，附近村民知道后，迫使该村民将母亲迁葬他处。20 世纪 90 年代以来，宁远县、永州市、湖南省三级人民政府，更是把九疑山舜帝陵作为舜帝留下的宝贵历史文化遗产，把建设好、保护好舜帝陵庙视为神圣职责。湖南省人民政府于 2004 年 4 月决定设立湖南省九嶷山舜帝陵基金会，为舜帝陵庙保护与建设筹措资金。通过十余年艰苦努力，不仅恢复明清时期舜帝陵庙风貌，而且新建舜帝陵园（公园）和舜帝碑林，从而形成陵庙、陵园、碑林三位一体的恢宏格局。

① 《史记·五帝本纪》。

大事记

中央电视台《激情广场》“和谐永州·魅力九嶷”大型演唱会

先 秦

舜帝南巡，“崩于苍梧之野，葬于江南九疑，是为零陵”①。

禹南巡，“至衡山，筑紫金台，望九疑而祭舜”②。

楚灵王筑章华台，“阙为石郭，陂汉，以象帝舜”③。

《山海经·海内南经》载：“苍梧之山，帝舜葬于阳，帝丹朱葬于阴。”《海内经》载：“南方苍梧之丘，苍梧之渊，其中有九嶷山，舜之所葬，在长沙零陵界中。”

屈原作《湘君》《湘夫人》。

秦 汉

始皇三十七年（公元前 210 年） 秦始皇东巡至云梦，“望祀虞帝于九疑山”。

西汉元朔四年（公元前 125 年） 司马迁“浮沅湘，窥九疑”，访寻舜帝陵。

西汉元封五年（公元前 106 年）冬 汉武帝“南巡狩，至于盛唐，望祀虞帝于九嶷”。

新莽建国元年（8 年） 王莽下令于九疑修建“虞帝园”。

东汉章帝十二年（69 年） 零陵郡文学奚景（一作奚璟）游九疑至何侯石室，得玉琯十二支献于朝，后因以名岩。

东汉建初九年（元和元年，83 年） 汉章帝“举先王之大礼。假道章陵，遂南巡楚路，临江川以望衡山，顾九嶷叹虞舜之风”④。

东汉灵帝时（156—189 年） 议郎蔡邕获罪遇赦后亡命江湖，于中平年间（184—189 年）游九疑谒舜陵，作《九疑山铭》。

---

① 《史记·五帝本纪》。

② 乾隆《大清一统志》卷二百八十三。

③ 《国语·吴语》。

④ 崔马因《南巡颂有序》。

魏晋南北朝

魏文帝时（220—226 年） 曹植作《帝舜赞》。

魏明帝景初元年（237 年）十月乙卯 始营洛阳南委粟山为圜丘，祭天时“以始祖帝舜配，号圜丘曰皇皇帝天。方丘所祭曰皇皇后地，以舜妃伊氏配”。

魏哲学家刘劭受诏搜集五经群书，撰《皇览》载：“其山九溪皆相似，故曰九疑。”

泰始元年（265 年）冬十二月景寅 晋武帝“设坛于南郊，百僚在位及匈奴南单于四夷会者数万人”，祭祀舜帝。

西晋武帝泰始十年（274 年） 夏侯湛作《虞帝赞》。

东晋大兴年间（318—320 年） 文学家庾阐出补零陵太守到九疑山拜谒舜帝陵，并作《虞舜像赞并序》。

南朝宋代永初三年（422 年） 湘州刺史张邵、始安太守颜延之奉宋武帝刘裕之命，赴九疑祭舜，并留有祭文。祭文为颜延之撰。

南朝宋代元徽五年（477 年） 盛弘之作《九疑形胜记》。

南朝齐代（479—502 年） 于玉琯岩古舜庙左后方兴建无为寺，以护卫舜庙。

南朝梁代（502—557 年） 南朝梁代任昉作《述异记》云：“九山相似，行者望之有疑，因名曰九疑山。”

北魏地理学家郦道元撰《水经注》，载介九疑：“蟠基苍梧之野，峰秀数郡之间。罗岩九举，各导一溪，岫壑负阻，异岭同势，游者疑焉，故曰九疑山。”

北魏文学家温子昇至九疑祭舜，作《舜庙碑》文。

唐

高宗时（628—683 年） 李峤官凤阁舍人中书令，游九疑碧虚洞，有篆刻于石。

武周时（690—705 年） 宋之问贬钦州，绕道九疑，谒舜陵，作《舜祠》。

开元六年（718 年）　遣大臣张九龄赴九疑祭舜，有《祭舜庙文》存世。

天宝年间（742—755 年）　道士申泰芝在九疑山高士岩掘得乐器一部，献于朝，给事中王维上《高士岩得乐器贺表》。

肃宗时（756—762 年）　诗人李白游九疑，作《远别离》。

永泰元年（765 年）　道州刺史元结奏请立舜庙于州城之西山下。

大历间（766—779 年）　潭州刺史张谓赴九疑祭舜，作《邵陵作》和《虞帝庙碑铭》。

大历间（766—779 年）　容管经略使戴叔伦游九疑，作《赴柳州经九疑》《将至道州寄李使君》。

元和二年（807 年）　永州司马员外郎柳宗元为刺史冯叙作《舜庙祈晴文》。

元和年间（806—820 年）　李吉甫撰《元和郡县图志》载："九疑山在延唐县（今宁远县）东南一百里。舜所葬也。九山相似，行者疑焉，故为名。舜庙在山下。"

宝历年间（825—826 年）　朱庆馀游九疑山，作《望九疑》《题娥皇庙》《舜井》。

广明年间（880—881 年）　长沙人胡曾代延唐令，奏请复立舜庙于玉琯岩；著《九疑图经》《苍梧》。

宋

北宋乾德六年（968 年）　太祖赵匡胤敕令道州刺史王继勋重修九疑山舜庙，诏命每三年一祭。

北宋太平兴国年间（976—983 年）　宋真宗令张君房撰《云笈七签》，九疑山列为三十六小洞天之一。

北宋天禧四年（1020 年）　道州司马寇准游九疑，题"观止矣"于紫霞岩。

北宋绍圣元年（1094 年）　苏轼被贬南海，经九疑谒舜陵，作《九疑吟》。

南宋淳熙间（1174—1189 年） 朱熹作《虞帝庙碑》《虞庙乐歌》。

南宋淳熙九年（1183 年） 户部侍郎马大同游九疑，作《过九疑谒舜祠》。

南宋嘉定五年（1212 年） 知道州军州事方信孺游九疑玉琯岩，留题“九疑山”三字，次年刻于石壁。

南宋淳祐四年（1246 年） 知道州军州事李袭之嘱李挺祖书蔡邕《九疑山铭》，补刻于玉琯岩石壁。

南宋理宗宝祐年间（1253—1258 年） “六君子”之一曾唯游九疑谒舜陵，作《题紫霞岩》。

金兴定年间（1217—1222 年） 文学家元好问游九疑谒舜陵，作《湘夫人咏》。

元

至大四年（1311 年） 曾官至上护军、资德大夫杨汉英游九疑，作《九疑何侯石室题壁》。

致和元年（1328 年） 礼部移太常送博士议舜禹之庙合依尧祠故事。每岁春秋仲月上旬卜日，有司蠲洁致祭，官给祭物。

明

洪武三年（1370 年） 朱元璋遣使访绘九疑山舜帝陵图。

洪武四年（1371 年）春 朱元璋遣翰林院编修雷燧祭舜帝陵，并将舜庙从玉琯岩迁舜源峰下。后国祭九疑山成定制，三年一祭，并置守陵户。

永乐元年（1430 年） 遣翰林院编修杨溥至九疑祭舜。

永乐初 翰林五经博士王汝玉游九疑谒舜陵，作《湘竹箫歌》。

洪熙元年（1425 年） 仁宗遣官赴九疑祭舜。

宣德元年（1426 年） 曾鹤龄以翰林院修撰职奉诏至九疑祭舜，作《舜陵记》。

正统元年（1436 年） 雷复以行人司行人职奉诏至九疑祭舜，作《桂林暮烟》。

景泰元年（1450 年） 朱礼以尚宝司少卿职奉诏至九疑祭舜。

天顺元年（1457 年） 凌信以尚宝司卿职奉诏至九疑祭舜。

成化元年（1465 年） 解祯亮以中书舍人职奉诏至九疑祭舜。

弘治元年（1488 年） 欧阳哲（一作晳）以中书舍人职奉诏至九疑祭舜。

正德元年（1506 年） 于聪以中书舍人职奉诏至九疑祭舜。

正德十六年（1521 年） 永州府推官王瑞之修缮九疑舜庙正殿，增设香亭三间，仪门三间，左右斋廊各三间。

嘉靖元年（1522 年） 尹襄以翰林院编修职奉诏至九疑祭舜。

嘉靖二十年（1541 年） 鲁承恩刊《九疑山志》三册。

嘉靖二十九年（1550 年） 何其贤知宁远县事，多次游九疑谒舜陵，并作《九疑歌》。

隆庆元年（1567 年） 王凝以太常寺少卿职奉诏至九疑祭舜。

万历元年（1573 年） 张楚城以兵科给事中职奉诏至九疑祭舜。

万历三年（1575 年） 修缮舜庙。

万历四年（1576 年） 立《抚瑶颂碑》于舜陵正殿阶下。

万历四十八年（1620 年） 长洲人蒋鐄任宁远知县时，主持编修《九疑山志》，共八卷。

明万历年间（1573—1619 年） 衡永郴桂道分守管大勋游九疑谒舜陵，作《恭祀虞陵》三章。

崇祯十年（1637 年） 地理学家徐宏祖，于三月二十三日至宁远，考察九疑山、紫霞岩、三分石等处，历时 9 天，将九疑山水详记于《徐霞客游记·楚游日记》中。

南明唐王隆武年间（1545—1646 年） 遣中书舍人邝露赴九疑山祭舜，作《谒舜祠》《南巡辨》。

清

顺治八年（1651 年） 白谦允以侍读学士职奉诏至九疑祭舜。

康熙二年（1663 年） 严陵人詹惟圣知江华县事摄宁远，纂修《九疑山志》，全志四卷。

康熙七年（1668 年） 高珩以宗人府丞职奉诏至九疑祭舜，作《宿王氏祠堂》。

康熙二十一年（1682 年） 魏双凤以督捕主事官职奉诏至九疑祭舜。

康熙二十七年（1688 年） 舒书以詹事府少詹事职奉诏至九疑祭舜。

康熙二十九年（1690 年） 九疑山舜庙右侧兴建同善庵，为僧人守护舜陵而居。

康熙三十五年（1696 年） 王绅以太仆寺少卿职奉诏至九疑祭舜。

康熙四十二年（1703 年） 张格以通政司左通政职奉诏至九疑祭舜。

康熙四十五年（1706 年） 修葺舜庙。

康熙四十八年（1709 年） 戴璠以通政司左通政职奉诏至九疑祭舜。

康熙四十八年（1709 年） 钱塘人徐旭旦任宁远知县时，主持编修《九疑山志》，共四卷。

康熙五十二年（1713 年） 罗占以通政司通政职奉诏至九疑祭舜。

康熙五十八年（1719 年） 惠士奇以翰林院编修职奉诏至九疑祭舜。

雍正元年（1723 年） 金应璧以都察院左副都御史职奉诏至九疑祭舜。

雍正二年（1724 年） 杨汝谷以都察院左副都御史职奉诏至九疑祭舜，作《恭祀虞陵》《入九疑山》。衡永郴桂道布政司参议刘章陪祭，捐己俸，修葺舜庙，撰有《重修舜庙碑记》。

乾隆元年（1736 年） 雅尔呼达以太常少卿职奉诏至九疑祭舜。

是年 朝廷盛修舜帝陵庙，庙制规模宏大，正殿三楹，后殿一楹，龙亭一座，拜亭一座，东西朝房各三间，大门一楹，两旁碑亭各一座，围墙六十丈，古楮、香杉、枫柏相互掩映，庄严肃穆。

乾隆二年（1737 年） 吴金以内阁学士兼礼部侍郎奉诏至九疑祭舜，作《题王氏虚堂》。

乾隆十四年（1749 年） 陈世烈以大理寺少卿职奉诏至九疑祭舜，作《虞陵恭祀礼成恭纪》。

乾隆十七年（1752年） 李世倬以大理寺卿职奉诏至九疑祭舜。

乾隆二十年（1755年） 罗源汉以大理寺卿职奉诏至九疑祭舜。

乾隆二十一年（1756年） 陈宏谋以湖南巡抚职巡边道至九疑谒舜陵，作《虞陵纪要序》。

乾隆二十五年（1760年） 程景伊以礼部右侍郎职奉诏至九疑祭舜，作《憩王氏虚堂》。

乾隆二十七年（1762年） 董邦达以都察院左都御史职奉诏至九疑祭舜。

乾隆三十七年（1772年） 范时纪以户部左侍郎职奉诏至九疑祭舜。

乾隆四十一年（1776年） 欧阳瑾以内阁侍读学士职奉诏至九疑祭舜。

乾隆四十五年（1780年） 梦吉以詹事府詹事职奉诏至九疑祭舜。

乾隆五十年（1785年） 庄存与以礼部左侍郎职奉诏至九疑祭舜。

乾隆五十五年（1790年） 傅森以内阁学士职奉诏至九疑祭舜。

嘉庆元年（1796年） 徐锟以衡州协台职代荆州副都统成德奉诏至九疑祭舜。

是年 滇南人吴绳祖任宁远知县，主持编修《九疑山志》，共四卷。

嘉庆四年（1799年） 知县吴绳祖立《奉宪禁革》碑于王氏虚堂。

嘉庆五年（1800年） 玉麟以国子监祭酒职奉诏至九疑祭舜。

嘉庆十四年（1809年） 策丹以理藩院右侍郎职奉诏至九疑祭舜。

嘉庆二十四年（1819年） 韩鼎晋以都察院左副都御史职奉诏至九疑祭舜。

嘉庆二十五年（1820年）、道光元年（1821年） 七克唐阿以荆州副都统职两次奉诏至九疑祭舜。

道光九年（1829年） 陈阶平以湖南镇筸镇总兵职奉诏至九疑祭舜。

道光十一年（1831年） 赵金龙领导的瑶族起义军转战九疑山区，在蓝山祠堂墟重创清军。

道光十二年（1832年） 清政府在九疑山下的新田县杨家铺（今金陵镇）设永桂瑶通判，以强化对瑶民的统治。

清道光十六年（1836年） 李约文以湖南绥靖镇总兵职奉诏至九疑祭舜。

道光二十六年（1846年） 英俊以湖南永州镇总兵职奉诏至九疑祭舜。

道光三十年（1850年）、咸丰二年（1852年） 官文以荆州副都统职两次奉诏至九疑祭舜。

咸丰元年（1851年）、同治元年（1862年） 诗人、书法家、画家何绍基两次游九疑，作《斑管》《九疑》《游九疑山》。

咸丰二年（1852年） 洪秀全领导的太平军经道县、宁远、蓝山进入郴州。

咸丰九年（1859）二月 太平军石达开部过宁远进入零陵、祁阳。

咸丰十年（1860年） 文格以湖南布政使职奉诏至九疑祭舜。

咸丰年间（1851—1860年） 徐时栋撰《舜年表》。

同治元年（1862年） 恽世临以湖南布政使职奉诏至九疑祭舜。祭文碑由何绍基书丹。

同治三年（1864年） 宁远知县王光斗立《奉宪禁采》碑于舜陵内。

同治十二年（1873年） 朱洪章以湖南永州镇总兵职奉诏至九疑祭舜。

同治年间（1862—1873年） 徐时栋撰《舜年表》。

光绪元年（1875年） 穆克得布以荆州副都统职奉诏至九疑祭舜。

光绪十四年（1888年）、十五年（1889年） 韩晋昌以永州镇总兵职两次奉诏至九疑祭舜。

光绪十六年（1890年）、三十一年（1905年） 德禄以荆州副都统职两次奉诏至九疑祭舜。

光绪二十九年（1903年） 黄建笎以湖南按察使职奉诏至九疑祭舜。

宣统元年（1909年） 张庆云以永州镇总兵职奉诏至九疑祭舜。

中华民国

民国9年（1920年） 段祺瑞政府将《尚书大传》中的《卿云歌》改

为国歌。

民国20年（1931年） 曾任黄兴秘书的萧志仁游九疑山祭舜。

民国24年（1935年） 有村民葬坟于舜源峰下被勒令迁出后，纵火焚烧舜庙，后殿悉为灰烬。

民国28年（1939年）、29年（1940年） 湖南省人民政府主席薛岳，两次遣第九区行政督察专员姚雪怀赴九疑代祭舜帝陵。

民国31年（1942年）3月 湖南省人民政府拨法币3万元修葺舜庙后殿。

民国32年（1943年） 湖南省人民政府于舜源峰下，建立九疑边区小学。

民国33年（1944年）秋 日寇入侵宁远县，湖南私立育群中学、湖南省立第七师范学校、宁远民众教育馆等避迁九疑山。

中华人民共和国

1949年

11月17日 宁远县和平解放，临时划分4个行政区、9个乡，九疑山属舜陵乡管辖。

1950年

8月 宁远划分为8个行政区，九疑山一带属湾井区。此后一直未变。

1956年

九疑山虞庙（舜庙，舜帝陵庙）被列为湖南省第一批重点文物保护单位。

1962年

11月 农林科学家、教育家乐天宇到九疑山考察林业资源，并拜谒舜帝陵。

是年 一乞丐烤火取暖，失火烧毁舜庙拜殿。

1963 年

毛泽东《七律·答友人》公开发表。

1964 年

5 月 16 日 全国人大常务委员会副委员长、文学家、史学家郭沫若在《人民日报》发表《读毛主席新发表的诗词〈七律·答友人〉》。

9 月 中共湖南省委书记徐启文率宁远社会主义教育运动（简称社教）总团成员 21 人到九疑游舜帝陵庙、紫霞岩、玉琯岩。

1967 年

因“文化大革命”，九疑山舜帝庙遭严重破坏，不少古代碑刻散失。

1971 年

4 月 湖南省军区政委、省革委会第一副主任卜占亚，湖南省军区司令员杨大易到九疑参观。

1972 年

长沙马王堆三号汉墓发掘出土帛书地图。地图为长沙国丞相轪侯利苍之子随葬品，上面绘有九疑山及其周边地区地形，并明确标绘舜帝陵庙地点。

1973 年

秋 新华社驻广州分社社长邹健东到九疑山，住 10 余日，拍摄《九嶷山上白云飞》图片。

1974 年

是年 九疑营村开展“农业学大寨”运动，拆毁舜庙围墙，大部分祭舜碑、石料被搬去修建电站、水渠。

1979 年

9 月 25 日 农林科学家、教育家乐天宇教授等 12 人，联合向湖南省旅游事业管理局和中共宁远县委提出《开辟九疑山旅游事业的建议》。

1980 年

10 月 26 日 乐天宇从北京回宁远，再次考察九疑山泪竹资源，并提出保护建议。11 月，地委、行署召开宁远、道县、蓝山、江华四县有关负责人联席会，制订《保护发展泪竹资源章程》。

1981 年

2 月 乐天宇教授自费创办中华人民共和国成立以来第一所民办高等学校——九嶷山学院。校址设在舜帝陵，首届招生 200 余人，设农林、医药、文史 3 个系。

4 月初 乐天宇发动当地干部群众，找回 24 方散失的舜帝陵祭舜碑。

5 月 1 日 宁远县城至九疑山公路全线贯通，全长 30 公里。

5 月 6 日 《湖南日报》发表专访乐天宇教授的文章《九疑山上一香杉》。

11 月 13 日 中国人民解放军军事学院院长萧克将军到九嶷山学院看望乐天宇，并拜谒舜帝陵。

1982 年

2—3 月 北京农业大学教授娄隆厚、华南热带作物研究院教授何敬真到九嶷山学院讲学，并拜谒舜帝陵。

9 月 广东中山大学教授万川、华中农学院教授胡会尧、贵州大学教授罗铭勋，先后到九嶷山学院讲学，并谒舜陵。

1983 年

湖南省人民政府重新公布九疑山舜庙（即虞庙，舜帝陵庙）为省级文物保护单位。

1984 年

4 月中旬 宁远县成立“开发九疑山旅游区筹备小组”，县政协主席蒋仕合任组长。

7 月 15 日 九嶷山学院院长乐天宇在宁远县人民医院逝世。中共中央政治局委员、全国人大常委会副委员长乌兰夫，全国政协副主席胡子昂，中共中央顾问委员会常委萧克、王首道等发来唁电。遵遗言，其骨灰部分撒在九嶷山麓。

10 月 22 日 美籍华人、美国国会顾问理事会成员张周育回乡到九嶷山谒舜陵，游紫霞岩、玉琯岩。

6 月 湖南省人大常委会副主任王闰民到九疑山拜谒舜帝陵，游览紫霞岩、玉琯岩。

1985 年

3 月 宁远县委召开四级干部会，提出“开发九疑山，建设新宁远”，并向湖南省人民政府呈报《关于引进外资开发九疑山旅游区的报告》。4 月，湖南省人民政府委托省建委批复，同意宁远县逐步开发九疑山为风景旅游区。

8 月初 湖南省省长熊清泉考察九疑山拜谒舜陵，参观紫霞岩、玉琯岩。

9 月 湖南省文化厅拨专款 3.5 万元，修复舜陵庙围墙。

10 月 中共湖南省委原副书记、省顾问委员会主任万达到九疑山拜谒舜帝陵，并参观紫霞岩、玉琯岩。

11 月 湖南省政协副主席、省委统战部部长佟英考察九疑山并谒舜陵。

是年 宁远县文物管理所成立。

是年 湖南省人大常委会副主任石邦智考察九疑山，并拜谒舜陵。

1986 年

1 月 湖南省常务副省长陈邦柱考察九疑山拜谒舜陵。

1 月 上海电影制片厂著名导演谢晋游九疑山谒舜陵。

8 月 湖南省政协副主席刘国安考察九疑山拜谒舜陵。

9 月 22—28 日 湖南省政协主席刘正，副主席刘国安、杨第甫率湖南省一批诗人、画家到九疑山赋诗作画，并拜谒舜陵，参观紫霞岩、玉琯岩。

10 月 南京部队正军级炮兵顾问陈靖游览九疑山。

11 月 27 日 宁远县在九疑山鲁观瑶族乡举办首届盘王节。

1987 年

2 月 18 日 湖南省人民政府公布九嶷山为第一批“省级风景名胜区”。

3 月 成立开发九嶷山募捐委员会，两个月内共收到捐款 4 万多元。

3 月 国家计划生育委员会常务副主任常崇宣到九疑山谒舜帝陵，并参观紫霞岩、玉琯岩。

7 月 湖南省人大常委会副主任齐寿良考察九疑山拜谒舜陵。

9 月 湖南省副省长王向天到九疑山拜谒舜陵，并游览紫霞岩、玉琯岩。

12 月 对外经济贸易部副部长连田畯到九疑山考察。

是年 停办九嶷山瑶族乡疑山头村锑矿。

1988 年

1 月 英国皇家学会洞穴专家蒂姆·费格考察九疑山。

4 月 湖南省副省长俞海潮到九疑山考察。

4 月 中共湖南省委常委、宣传部部长夏赞忠到九疑山考察。

5 月 湖南省军区副司令员席延恒到九疑山拜谒舜帝陵。

6 月 湖南省副省长杨汇泉到九疑山考察。

7 月 湖南省副省长董志文到九疑山考察。

8 月 27 日 中共湖南省委副书记、省政协主席刘正考察九疑山。

8 月 湖南省社科院副院长陆魁宏及吕芳文一行到宁远，进行为期两年的社会调查。

9 月 瑞士地质博士多布森由陈海鸿博士陪同到九疑山考察。

9 月　中国楹联学会常务理事、北京书法家协会副总编、卿云诗书画联谊社副社长唐棣华参观九疑山并拜谒舜帝陵。

10 月　湖南省副省长卓康宁到九疑山拜谒舜陵。

1989 年

3 月底　舜帝陵寝殿修复。

4 月 4 日　湖南省副省长俞海潮考察九疑山，拜谒舜陵。

4 月 12 日　中共湖南省委常委、宣传部部长夏赞忠到九疑山考察并拜谒舜帝陵。

7 月初　湖南省副省长董志文到九疑山考察并拜谒舜帝陵。

9 月　瑞士地质博士多布森到九疑山考察。

10 月　湖南省副省长卓康宁考察九疑山并拜谒舜陵。

1990 年

4 月 3 日　由湖南省人民政府顾问、原副省长刘亚南，省政协副主席徐君虎、政协原副主席谷子元等，偕省参事室及省会知名人士 40 人组成谒陵团，到九嶷山恭祭舜陵。是中华人民共和国成立以来举行的第一次公祭舜帝陵活动。

6 月　中共湖南省委副书记杨正午到九疑山考察并拜谒舜帝陵。

8 月　湖南省城市建设专科学校规划系完成《九疑山风景名胜区总体规划》。

1991 年

6 月　中央新闻纪录电影制片厂摄制组拍摄九疑山风光片。

6 月　宁远县人民政府发布《九嶷山旅游风光带封山育林》布告。

1992 年

2 月　林业部批准九嶷山为国家森林公园。

4 月 17 日　萧克将军为开发九嶷山、修复舜帝陵题词：“保护历史文物，开发九嶷山”。

4 月 26—28 日 中共宁远县委召开常委扩大会议，专题研究舜帝陵的抢修与九疑山风景名胜区的开发，并成立筹备小组，进行前期准备工作。

5 月 26 日 宁远县九嶷山开发指挥部成立，中共宁远县委书记周建达任政委，县长张复卿任指挥长。

5 月 书法家李铎到九嶷山拜谒舜帝陵，并作《题九疑舜庙》诗。

6 月 5 日 国家文物局批准对舜帝陵庙进行抢救性修复。

8 月 24 日 中共零陵地委书记秦光荣主持召开开发九嶷山专题会议，安排副专员朱泽民负责舜帝陵庙抢修工作。

8 月 30 日 湖南省文物局工程师段成烈带领省文物古建设计人员，到宁远设计舜帝陵抢修工程方案。

9 月 25 日 湖南省文物局在省博物馆马王堆陈列馆召开“舜帝陵抢修工程设计方案”评审会议。

10 月 7 日 国家文物局在北京东方饭店召开舜帝陵抢修方案评审会议。

11 月 16 日 国家文物局批准舜帝陵抢修方案。

1993 年

1 月 国民党原立法委员骆启莲，为修复舜帝陵庙发动旅台同乡募捐 2 万多美元。

3 月 25 日 举行抢修舜帝陵庙工程开工前的祭舜仪式，县长张复卿主祭。上午，开工典礼在九嶷山舜源峰下举行。中共零陵地委书记秦光荣、零陵行署副专员朱泽民，中共宁远县委书记周建达、县长张复卿等参加。

4 月 湖南省政协主席刘正考察九疑山舜帝陵修复工作。

5 月 湖南省副省长王克英题写“九疑山国家森林公园”。

11 月底 抢修舜帝陵正殿工程开工。1994 年底，因资金不到位而停工。1996 年春恢复施工。1997 年 12 月 19 日竣工验收。

1994 年

1 月 10 日 湖南省委书记王茂林一行考察九嶷山，拜谒舜帝陵。

5 月初　在九疑山舜源峰下兴建毛泽东主席《七律·答友人》诗碑。

5 月 5 日　九疑山民族商业街动工兴建，拆迁舜庙保护范围内房屋建筑居民 52 户、单位 3 家。10 月，民族商业街建成。

5 月中旬　九嶷山国家森林公园管理局在舜源峰顶修建览翠亭，是年 8 月竣工。

6 月初　《人民文学》副主编肖复兴、《中国林业报》主编冯泰和中央人民广播电台、《湖南日报》等 40 余名记者、作家，到九嶷山举行国家森林公园笔会，并同游九嶷山拜谒舜帝陵。肖复兴撰《九嶷山游记》。

9 月　九嶷山国家森林管理局、九嶷山风景区管理处成立（副县级），实行两块牌子，一套人马，合署办公。

9 月　九嶷山国家森林牌坊兴建竣工，林业部部长徐有芳题写牌额。

秋　国家文物局专家组组长罗哲文、建设部历史文化名城专家郑孝燮考察九疑山，谒舜帝陵。

10 月 13 日　九嶷山国家森林公园举办开园庆典活动。

是年底　正在修复中的舜庙正殿、午门，因资金不到位而停工。

1995 年

春　中共零陵地委、零陵行署动员各县（市）捐款 145 万元，资助抢修舜帝陵庙。

4 月初　零陵卷烟厂为抢修舜帝陵庙捐款 60 万元。

5 月初　长丰集团为抢修舜帝陵庙捐款 20 万元。

7 月 12 日　中央电视台《神州风采》栏目组记者专程赴九疑山拍摄舜源峰、娥皇峰、女英峰、紫霞岩、玉琯岩等景点制作节目并播出。

秋　国家文物局专家组组长罗哲文、建设部历史文化名城专家郑孝燮考察九嶷山，罗哲文赞颂舜源峰“有帝王陵气势，像一座帝王陵”。

1996 年

春　舜帝陵正殿修复工程恢复施工。

3 月　从四川乐山市运回直径为 60~100 厘米的峨眉山冷杉、云杉筒料，用于舜庙正殿。

7 月 16 日　《人民日报》资深记者、正部级干部王艺舟考察九疑山拜谒舜帝陵。

8 月 28 日　湖南省省长杨正午到九疑山召开抢修舜帝陵庙现场办公会，解决抢修工程中的困难和问题，并调研舜帝陵管理所。

12 月　国家文物局文物保护司司长晋洪逵到九疑山考察，认可舜帝陵庙修复工程。

1997 年

2 月　96 岁的国民党元老陈立夫，手书陈大络所撰《至孝千秋一德，笃亲万里同风》一联赠予九疑山舜帝陵。

2 月　国家核试验基地研究所所长李真富携夫人回家乡九疑山看望乡亲，游九疑山并拜谒舜帝陵。

3 月　湖南省政协副主席邓有志率省政协委员考察团拜谒舜帝陵。

6 月 24 日　正殿修建工程队木工组组长、临澧县板桥乡杨桥村村民戴志银，从正殿后檐脚手架上 15 米高处摔下，不幸摔死在墓碑至山门的中轴线上。

6 月 25 日上午　舜帝陵正殿上梁。

8 月 16 日　舜庙正殿龙柱吊装。龙柱石料取自浙江省顺泰县百大乡，由福建省惠安县崇武镇峰泉石雕厂承制。

10 月　陈大络书宽 9 米、高 11 米的“福”字刻于马蹄石悬崖，由长沙凯达集团董事长乐根成捐资。

1998 年

4 月 14 日　舜庙厢房开工建设，9 月竣工验收。

5 月 1 日 9 时 18 分　舜庙拜殿、山门、午门开工，12 月 19 日竣工验收。

5 月 20 日　中国艺术研究院研究员、全国古典音乐作曲家傅雪漪（时年 76 岁）为舜帝《南风歌》谱曲。

10 月 30 日晚　舜帝铜像从北京运抵九嶷山舜帝陵。舜帝铜像由中央美术学院雕塑研究院教授段吉信、吴慧中创作。

是年　宁远县人民政府为舜帝陵新铸大铜钟一口，欧利生撰写重修舜庙文于其上，全文直膀、阳铸。

1999 年

1 月 9 日上午　举行舜帝铜像揭幕仪式。

2 月　舜陵庙午门前移 50 米重建。在山门与午门之间的甬道两旁洼地修建湘妃池两个。

3 月初　中国美术家协会会员、国画家刘双全为舜庙正殿绘制《万山朝舜图》《二妃泣竹图》《仁孝图》《禅让图》《南巡图》《南风歌图》。

2000 年

4 月 4 日　清明节，宁远县人民政府县长李德勋率全县各界人士 1000 余人祭祀舜帝。这是中华人民共和国成立以来，宁远县第一次公祭舜帝陵的活动

7 月 14 日　中共湖南省委常委、宣传部部长文选德率新闻采访团到九疑山采访。

8 月 8 日、24 日　永州市人民政府分别在长沙、广州召开祭舜大典新闻发布会。

9 月初　台湾“世界至孝笃亲舜裔宗亲总会”组织“舜帝陵公祭大典致敬团”赴九嶷山舜帝陵祭舜，百岁老人陈立夫授旗送行。世界舜裔宗亲联谊会常务委员会敬献匾额“源远流长”，世界至孝笃亲舜裔宗亲总会敬献匾额“至孝笃亲”。

9 月 8 日　湖南省人民政府立《舜帝陵修缮碑记》于舜帝陵内。

9 月 8—10 日　全国首届舜文化研讨会在九疑山庄举行，收到海峡两岸论文 39 篇。

9 月 9 日　永州市举行公祭舜帝陵典礼，6 万余人参加。市政协主席欧学佳主持祭典，市长刘爱才恭读祭文。中共湖南省委常委、宣传部部长文选

德，省人大常委会副主任吴运昌、副省长唐之享、省政协副主席石玉珍、省军区副司令员彭楚政，中共湖南省委原书记熊清泉、省政协原副主席龙禹贤、中共零陵地委原书记宁生以及永州市委书记邹金鸶、市长刘爱才等参加祭典。

2001 年

1 月 10 日　中共中央党校原组织部部长、博士生导师张虎林到九疑山考察，并拜谒舜帝陵。

4 月　湖南、广东、广西 3 省区 17 县政协主席联谊会在九疑山举行，同拜舜帝陵。

4 月　福建晋江飨保堂舜裔宗亲谒拜团 500 余人祭祀舜陵。

9 月　九疑山舜文化研究会成立，欧利生任首届会长，这是全国第一个注册建立的舜文化研究社团。

10 月 24—26 日　宁远县人民政府公祭舜帝陵，同时举办第一届九疑山舜文化旅游节。期间，召开全国以德治国方略与舜文化研讨会。中共中央党校原组织部长、博士生导师张虎林，中共湖南省委副书记文选德等出席。

2002 年

3 月至 5 月　湖南省文物局考古研究所根据宁远县文物局田野调查资料，对玉琯岩舜帝陵庙遗址进行勘探试掘。

春　拨云体书法传人阙汉蹇侄儿阙德基从台湾回乡游九疑谒舜陵。

3 月底　日本农学博士、生态环保专家柴奇微游九疑山。

7 月 10 日　湖南省副省长郑茂清率省市计委一行到九疑山调研。

8 月　中山大学校长颜光美考察九疑山并拜谒舜帝陵。

9 月　全国政协副主席毛致用到九疑山考察，拜谒舜帝陵。

9 月 28—30 日　宁远县举办第二届九疑山舜文化节。湖南省副省长唐之享等出席会议并拜谒舜帝陵。

11 月　国防大学教授、《红叶》诗刊主编萧永义游九疑山，并作诗留念。

2003 年

9 月 9 日 北京社科院原院长高起祥、北京首都文化发展研究中心常务副主任钱光培游九疑谒舜陵。

9 月 16 日 作曲家、《挑担茶叶上北京》作者白诚仁游九疑谒舜陵。

9 月 湖南省考古所抢救挖掘东城隔江村山门脚遗址（“不于君”遗址），发现夏代祭祀坑。

10 月 12 日 中共中央纪律检查委员会原副书记曹庆泽拜谒舜帝陵。

10 月 21 日 17 名菲律宾舜裔组团到九疑山拜谒舜帝陵。

10 月 28 日 中共云南省委副书记、常务副省长秦光荣游九疑谒舜陵。

11 月 5—8 日 宁远县举办公祭舜帝陵大典暨第三届九疑山舜文化旅游节。湖南省政协原副主席游碧竹、首都师范大学教授李燕杰、中国人民大学教授许启贤、国家行政学院副教授王伟参加并拜谒舜帝陵。

11 月 6 日 全国首届“舜文化与中华道德文明”理论研讨会在永州市举行。

11 月 18 日 九疑山永福寺复建开工奠基典礼在九疑山举行。复建工程由广东客商李树新投资，占地面积 8.3 万平方米，总建筑面积 1.97 万平方米，总投资 1 亿元。

11 月 20 日 中共湖南省委副书记、常务副省长于幼军考察九疑山拜谒舜陵。

12 月 国家文物局批准对玉琯岩古舜帝陵遗址进行考古发掘。

2004 年

2 月 16 日 湖南省副省长郑茂清回宁远，考察九疑山，并拜谒舜帝陵。

3 月 21 日 湖南省舜文化研究会在长沙成立，审议通过《湖南省舜文化研究会章程》，推选省人大常委会副主任唐之享为名誉会长，中共永州市委副书记周永亮为会长，永州市委宣传部副部长蔡建军为秘书长。

3 月 舜庙钟鼓楼、仪门开工，9 月竣工。

4 月 7 日 广州军区参谋长方良清少将到九疑山考察并拜谒舜帝陵。

4 月 14 日　湖南省人民政府第 28 次常务会议研究，同意成立湖南省九嶷山舜帝陵基金会。

5 月 2 日　财政部部长金人庆、国家环保总局副局长潘岳考察九疑拜谒舜陵。

6 月 24 日　林业部副部长刘广运拜谒舜帝陵。

6 月 30 日　湖南省人大常委会副主任颜永盛率省、市人大常委会代表拜谒舜帝陵。

7 月 14 日　湖南省人大常委会副主任庞道沐拜谒舜帝陵。

7 月 31 日　中共中央纪律委检查委员会副书记张惠新拜谒舜帝陵。

8 月 8—11 日　国家文物考古专家组组长、国家文物局原副局长黄景略，国家文物局考古专家组副组长、故宫博物院原院长张忠培，中国考古学会理事长徐苹芳，夏商周断代工程首席科学家李学勤，由湖南省文物考古研究所所长袁家荣等省内专家学者陪同，考察玉琯岩古舜陵庙遗址。

8 月 13 日　湖南省文物局、永州市人民政府在长沙举行九疑山古舜帝陵庙遗址考古发现新闻发布会。中国夏商周断代工程专家组组长、首席科学家，中国先秦史学会理事长李学勤在会上答记者问。

9 月 9 日　中共中央军委主席江泽民亲笔题词："九嶷山舜帝陵"。

9 月 17 日　湖南省九嶷山舜帝陵基金会在长沙成立。全国政协人口资源环境委员会副主任、湖南省政协原主席王克英担任理事长，湖南省政协副主席王汀明及周昌贡、卢平、曾献兵、李建新为副理事长，中共永州市委巡视员谭政为秘书长。副省长许云昭、中共永州市委书记曾庆炎等到会祝贺。

9 月 18 日　泰国总理他信，泰国泰爱泰党（执政党）副主席、泰国舜裔总会主席陈保焜，分别致电世界舜裔宗亲暨湖南省舜帝陵基金会联合公祭帝舜有虞氏大典组委会，对公祭大典表示祝贺。

9 月中旬　新疆电视台到九疑山拍摄《遥想舜帝》，获全国省市电视台评比节目二等奖，并在中央电视台国际频道播出。

9 月 20 日　福建省泉州市舜裔 200 余人，乘专车到九疑山拜祭舜帝陵。

9 月 22 日　中共宁远县委研究，同意成立舜帝陵庙遗址文物管理所，为县文物局下属股级全额预算事业单位，主要职责是负责舜帝庙遗址的管理、保护、维护、开发和利用。

9月25日（农历八月十二日） 世界舜裔宗亲联谊会、湖南省九嶷山舜帝陵基金会公祭舜帝有虞氏大典在九嶷山舜帝陵举行。国内外各界6万余人参加公祭大典。世界舜裔宗亲联谊会常务委员会主席陈守仁与湖南省政协原主席、湖南省九嶷山舜帝陵基金会理事长王克英主祭，并分别恭读祭文。

10月24日 湖南省高级人民法院院长江必新率全省法院院长到九疑山祭舜。

10月26日 中国侨联副主席林明江到九疑考察并拜谒舜帝陵。

11月3日 湖南省人大常委会原副主任潘基质拜谒舜帝陵。

11月10日 中共永州市委、市人民政府在市广电局会议室召开全市募捐动员大会，为舜帝陵建设筹措资金。市长刘爱才作动员报告。

11月19日 永州募捐暨基金会揭牌仪式在永州大会堂隆重举行。市长刘爱才主持，舜帝陵基金会理事长王克英讲话，王克英与中共永州市委书记曾庆炎为“湖南省九嶷山舜帝陵基金会”揭牌。

12月1日 中共湖南省委常委、宣传部部长蒋建国拜谒舜帝陵。

12月9日 中国对外友好协会秘书长、中国国际友好城市联合会副会长罗勤一行到九疑山考察并拜谒舜帝陵。

12月17日 中共中央党史研究室原副主任石仲泉、湖南省党史研究室副主任刘建平到九疑山考察并拜谒舜帝陵。

12月 国务院原总理、全国人大常委会原委员长李鹏亲笔为舜帝陵题词：“弘扬舜德精神，建设文明社会”。

2005年

1月2日 中共中央组织部原部长、全国党教学会会长张全景拜谒舜帝陵。

1月7日 中国人民银行副行长苏宁拜谒舜帝陵。

1月8日 中共湖南省委常委、省委秘书长于来山拜谒舜帝陵。

1月25日 湖南省政协原主席、省舜帝陵基金会理事长王克英在长沙九所宾馆听取湖南省首届祭舜大典筹备方案汇报，永州市及宁远县领导曾庆炎、刘爱才、谭政、蒋善生等参加。

1 月 舜帝陵被评为“湖南省十大文化遗产”。

3 月 17 日 永州市市长刘爱才在宁远县主持召开 2005 年省人民政府公祭舜帝陵协调领导小组第一次成员会，研究省祭有关事项。

3 月 22 日 作曲家赵连第、歌唱家曹晓光到九疑山采风，并拜谒舜帝陵。

3 月 23 日 湖南省省长周伯华、副省长许云昭在省人民政府听取舜帝陵基金会理事长王克英、秘书长谭政等关于省祭舜大典及舜帝陵园建设有关情况汇报，并同意舜帝陵园改扩建规划设计方案。

3 月 31 日 湖南省副省长郑茂清到宁远，考察舜帝陵园扩建情况。

3 月 全国政协原副主席毛致用为舜帝陵题词：“弘扬舜德文化，构建和谐社会”。

4 月 3 日 湖南省“新潇湘八景”评选活动启动，九疑山舜帝陵以“九嶷文脉”入选“新潇湘八景”之“人文景观”。

4 月 12 日 舜帝陵园扩建工程设计方案评审会在长沙召开。

4 月 14 日 中共中央军委原副主席张震上将偕夫人马龄松到九疑山考察，并挥毫题词：“华夏风范，世人楷模”。

4 月 19 日 湖南省人民检察院原检察长李志辉到宁远县，拜谒舜帝陵。

4 月 21—25 日 潇湘电影集团导演夏儒今一行拍摄音乐风光片《九疑山》，作词孔介夫，作曲白诚仁，演唱张也。

4 月 25 日 舜帝陵园一期工程开工，8 月 20 日竣工。

4 月 25 日 中国招商银行副行长赵晓宇拜谒舜帝陵。

4 月 25—26 日 菲律宾菲华五姓总会会长姚嘉熙一行 19 人拜谒舜帝陵，并游览九疑山牛头江。

4 月 冷九二级公路破土动工。该公路起于宁远县冷水镇五马村，止于九疑山舜帝陵，全长 22.7 千米，总投资 9949 万元。2005 年 9 月 14 日竣工。

5 月 27 日 广州军区政委、中国人民解放军上将杨德清与湖南省及永州市党政军领导郑治栋、李今伟、刘爱才到九疑山考察。

6 月 湖南省舜帝陵基金会聘请中共中央文献研究室主任滕文生，中共云南省委副书记、常务副省长秦光荣为顾问。

6 月 宁远县国税局将位于舜帝陵右侧 400 米处的原九嶷山税务所，计土地面积 10513 平方米、建筑面积 1160 平方米、账面原值 129.8 万元的房地产，无偿捐赠舜帝陵基金会。

7 月 2 日 台湾文化大学教授郑贞铭、中南大学党委副书记徐建军率“两岸学子学术交流活动”55 名成员拜谒舜帝陵。

7 月 5 日 湖南省人大常委会副主任唐之享率省人大教科文卫委员会一行 49 人，到九疑山拜谒舜帝陵。

7 月 12 日 中共永州市委、市人民政府召开动员大会，动员市直对口单位为舜帝陵建设募捐资金。常务副市长崔永平作动员报告。

7 月 14 日 中共湖南省委、省人民政府在长沙召开湖南省公祭舜帝大典新闻发布会，宣告公祭大典于 9 月 15 日在宁远九嶷山举行。

7 月 15 日 中共湖南省委常委、组织部部长黄建国拜谒舜帝陵。

7 月 30 日 人民网、雅虎网、新浪网、央视国际网等 25 家“中国网络媒体第二届湖南行”一行 28 人专程到九嶷山采访，并拜谒舜帝陵。

8 月 20 日 “2005 年舜帝文化万里行”考察活动在北京慕田峪长城脚下正式启动。湖南省副省长贺同新、北京市委副秘书长陈启刚参加启动仪式。9 月 2 日，在湖南宁远县舜帝广场举行“舜文化万里行”迎归仪式。湖南省政协原主席、舜帝陵基金会理事长王克英等，恭迎盛有沿途各省市土壤的铜制凤篚，并将凤篚安放于舜帝陵庙。

8 月 23 日 湖南省副省长许云昭拜谒舜帝陵。

8 月 国家文物局专家组组长、中国文物研究所研究员黄景略撰写的《考古学上首次发现的舜帝祠庙》，清华大学教授、夏商周断代历史研究首席专家、中国先秦史学会理事长李学勤撰写的《舜庙遗址与尧舜传说》，湖南省文物局副局长、研究员何强撰写的《印证“舜葬九疑”的考古发掘》等论文，分别在 8 月 17 日《光明日报》、8 月 20 日《人民日报》海外版上发表。

8月 菲律宾菲华五姓总会会长舜裔姚嘉熙向九嶷山舜帝陵捐赠石雕大象一座。

9月2日 省人民政府原主席、舜帝陵基金会理事长王克英到九嶷山检查舜帝陵建设及全省公祭舜帝陵的筹备工作，市、县领导曾庆炎、谭政、沈根元、蒋善生、李光富、欧阳维西等陪同。

9月15日 湖南省人民政府公祭舜帝大典。中共湖南省委常委、省人民政府常务副省长肖捷主持祭典仪式，省长周伯华主祭。全国政协副主席张梅颖，省人大常委会原主任刘夫生，省政协原主席王克英，省委常委、省委统战部部长石玉珍，省人大常委会副主任唐之享，省政协副主席王汀明，广东省政协副主席黄三和，湖南省军区副政委谢光豪，省直部门和单位负责人，永州市、宁远县有关领导，港、澳、台及海外舜裔宗亲代表，对舜帝陵建设做出重大贡献的知名人士，以及当地群众共约10万人参加祭典。

9月27日 湖南省政协原副主席陈彰嘉拜谒舜帝陵。

10月10日 湖南省检察院原检察长张权梅拜谒舜帝陵。

10月29日 舜帝陵基金会第一届二次理事会暨总结表彰大会在宁远县举行。省政协原主席、舜帝陵基金会理事长王克英，省政协副主席、基金会副理事长王汀明率参会理事会成员到九疑山拜祭舜帝陵。

11月30日 湖南省检察院检察长何素斌拜谒舜帝陵。

12月6日 湖南省人大常委会原副主任刘玉娥拜谒舜帝陵。

2006年

1月11日 中共湖南省委副书记谢康生到宁远县走访慰问，并拜谒九疑山舜帝陵。

1月12日 舜帝陵基金会秘书长谭政主持召开宁远联络处调整工作会议，决定宁远联络处与九疑山国家森林公园管理局合署办公。

3月10日 湖南省副省长贺同新到宁远县考察工业和招商引资项目，并拜谒舜帝陵。

3月10日 广州军区副司令员欧金谷中将到宁远县视察人武部基地建设，并到九疑山祭拜舜帝陵。

6 月 8 日　云南省副省长邹纲仁到九疑山祭拜舜帝陵。

7 月 11 日　湖南省政协副主席章锐夫考察宁远县九疑山历史文化名村和古民居，并拜祭舜帝陵。

8 月　九疑山舜帝陵被评为新潇湘八景和百姓最喜爱的湖南百景。

9 月 8 日　中共永州市委召开常委扩大会，对舜帝陵建设规划方案进行审议。

10 月 9 日　福建省政协副主席陈荣春率福建舜裔宗亲代表团，到九疑山拜谒舜帝陵。

10 月 23 日　广西壮族自治区政协常务副主席、党组副书记王汉民到九嶷山拜谒舜帝陵。

10 月 30 日　永州市公祭舜帝大典在宁远县九疑山举行。湖南省政协原主席王克英、湖南省人大常委会副主任唐之享受邀参加，并观看中央电视台《激情广场》“和谐永州·魅力九疑”大型演唱会。

2007 年

3 月 14 日　中共湖南省委常委、省军区政委杨忠民少将到宁远县人武部调研，并到九嶷山拜祭舜帝陵。

4 月 2 日　湖南省副省长甘霖拜谒舜帝陵。

4 月 6 日　湖南省人大常委会副主任庞道沐、罗海藩带领参加全省市州人大农业与农村工作会议与会人员参观九嶷山并拜谒舜帝陵。

4 月 6 日　贵州省人大常委会副主任杨瑾华拜谒舜帝陵。

4 月 8 日　广东联泰集团在九嶷山举行祭舜大典，集团董事长黄振达主祭。

4 月 12 日　湖南省省长周强在省委办公厅专门听取舜帝陵基金会理事长王克英、秘书长谭政的汇报，强调加快推进九嶷山开发和舜帝陵建设。

5 月 10 日　舜帝陵基金会理事长王克英在长沙主持召开舜帝陵维修保护协调会议，强调必须坚持质量第一。

5 月 23 日　湖南省舜文化研究会成立，湖南省人大常委会副主任唐之享出任会长。

6 月 21 日　湖南省军区原司令员张德仁拜谒舜帝陵。

8 月 8 日　《长征组歌》采访团赴九嶷山采风，北京军区政治部原副主任刘书才、歌唱家刘斌率团拜谒舜帝陵。

8 月 17 日　湖南省高级人民法院院长江必新拜谒舜帝陵。

9 月 13 日　湖南省人大常委会副主任颜永盛率全省市州人大常委会主任考察九嶷山并拜谒舜帝陵。

10 月 4 日　湖南省副省长杨泰波拜谒舜帝陵。

10 月 6 日　湖南省原副省长郑茂清拜谒舜帝陵。

10 月 31 日　中共湖南省委副书记梅克保拜谒舜帝陵。

10 月　国家发改委将舜帝陵建设和舜帝陵古遗址保护工程项目将列入国家“十一五”文化与自然遗产保护规划。

11 月 4 日　九嶷山舜帝陵景区获评国家 AAAA 级旅游景区。

11 月 17 日　中纪委原委员、江西省委常委、省纪委书记马时昌在湖南省质量技术监督局局长刘爱才陪同下，到九嶷山拜谒舜帝陵。

11 月 26 日　国家审计署原副署长刘鹤章拜谒舜帝陵。

12 月 1 日　湖南省军区副政委万剑华拜谒舜帝陵。

12 月 6 日　中共永州市委书记曾庆炎在宁远县主持召开九嶷山舜帝陵二期工程建设办公会议。

12 月 15 日　国家文物局局长单霁翔到九嶷山调研并拜谒舜帝陵。

12 月 25 日　水利部原副部长敬正书拜谒舜帝陵。

2008 年

1 月 10 日　舜帝陵基金会与永州市人民政府办研究决定，撤销基金会设立的北京、上海、深圳、海口四个联络处。

3 月 30 日　舜帝陵基金会聘请湖南省人民政府科技顾问、中共永州市委原书记曾庆炎为舜帝陵基金会副理事长。

4 月 17 日　舜帝陵园扩建二期工程开工，2009 年 8 月 10 日竣工。

5 月 15 日　湖南省人大常委会副主任蔡力峰拜谒舜帝陵。

5 月 29 日　中共湖南省委副书记、省长周强到永州调研，强调加强对舜帝陵保护项目的支持。

5 月 30 日　九嶷山舜帝陵园游客中心建设项目签订合同，8 月 30 日竣工。

7 月 18 日　永州市政协主席陈金荣主持召开会议，研究落实省长周强到永州视察时表态支持的文化遗产保护项目。

7 月 21 日　商务部副部长蒋耀平、湖南省副省长甘霖拜谒舜帝陵。

8 月 6 日　湖南省人大常委会副主任谢勇拜谒舜帝陵。

8 月 14 日　中国工程院院士欧进萍拜谒舜帝陵。

8 月 18 日　湖南省政协原主席、舜帝陵基金会理事长王克英到九嶷山，督查舜帝陵扩建二期工程进展情况。

9 月 15 日　9 根图腾柱建设签订合同，11 月竣工。

9 月 21—22 日　“舜帝陵园浮雕图样评审会”在九疑山舜帝陵管理局举行，舜帝南巡浮雕墙、历代帝王祭舜浮雕墙、名人游九疑浮雕墙的雕塑图样通过评审。

9 月 24 日　中共永州市委办公室、永州市人民政府办公室批转《湖南省九嶷山舜帝陵基金会办公室关于舜帝陵图腾柱、神道雕像建设的请示》，建议冷水滩区等 9 个县区各捐建一根图腾柱，宁远县和蓝山县各捐建一组神道雕像。

9 月 2 日　舜帝陵基金会秘书长谭政在基金会办公室主持召开会议，研究落实舜帝陵园扩建二期工程给排水工程项目的资金筹措。

9 月 7 日　舜帝陵园举行开园仪式。

10 月 7 日　宁远县举行公祭舜帝大典，县长罗建华主祭并恭读祭文，县政协主席欧阳维西主持。

11 月 15 日　湖南省人大常委会原副主任沈瑞庭拜谒舜帝陵。

12 月 15 日　中共永州市委常委、常务副市长唐松成在市人民政府会议室主持召开舜帝陵庙及古遗址保护协调会。

12 月 16 日　中央文献研究室原主任滕文生一行到宁远文庙、九嶷山考察，拜谒舜帝陵，并题词：“九嶷形胜，以德为城”。

12 月 26 日　省长周强召开省人民政府第 21 次政府常务会议，听取中共永州市委、市人民政府关于 2009 年湖南省公祭舜帝大典有关筹备工作情况的汇报。

2009 年

2 月 17 日 永州市长龚武生召开市人民政府第 31 次常务会议，专题研究湖南省公祭舜帝大典的筹备工作。

4 月 14 日 中共湖南省委原副书记吴向东拜谒舜帝陵。

4 月 21 日 陕西省黄帝陵基金会会长孙天义，副理事长兼秘书长宋祖华一行 7 人拜谒舜帝陵。

5 月 4—5 日 湖南省政协原主席、舜帝陵基金会理事长王克英主持召开舜帝陵二期工程及省祭筹备工作现场办公会。

7 月 25 日 中共永州市委常委、常务副市长唐松成主持召开 2009 年湖南省公祭舜帝大典筹备工作会议。

7 月 《虞舜大典·古文献卷》出版。

8 月 1 日 宁远县召开古舜帝陵庙遗址保护项目征地拆迁动员会，征地 10 公顷，拆迁 43 户。

7 月 28—29 日 省发改委、省文物局和省考古研究院等专家一行 10 余人，到九疑山玉琯岩古舜帝陵遗址保护项目现场调研，就其保护实施方案制作以及博物馆规划建设提出指导性建议。

7 月 宁远县交通局将该局位于舜帝陵斜对面的、原值 203.5 万元的交通宾馆，无偿捐赠舜帝陵基金会。

8 月 7 日 湖南省九嶷山舜帝陵基金会与永州市评论家协会在永州举办《舜帝陵丛书》研讨会。《舜帝陵丛书》由张泽槐主编，包括欧利生编著的《九嶷山舜帝陵》、张介立编著的《历代祭舜》、张泽槐编著的《舜帝陵诗文选》、郑国茂编著的《千古舜帝》。

8 月 12 日 中共湖南省委常委、统战部部长李微微拜谒舜帝陵。

8 月 12 日 湖南省公祭舜帝大典新闻发布会在长沙通程国际大酒店召开，湖南省人民政府于 9 月 8 日在九嶷山举行公祭舜帝大典。

8 月 17 日 九嶷山舜帝陵园二期工程通过验收。

8月20日 中共永州市委、市人民政府省祭筹备工作会议在宁远召开。

8月26日 湖南省副省长刘力伟在长沙主持召开省祭工作协调会。中共湖南省委办公厅、省人民政府办公厅、中共湖南省委宣传部等省直单位的有关领导和永州市市长龚武生等参加会议。

8月 九嶷山舜帝陵列为湖南省廉政文化教育基地。

9月3日 云南省人民政府、云南烟草公司捐赠树化玉一座、大理石一方。

9月7日 全省公祭舜帝大典期间的第一个活动——两岸舜文化（道德文化）交流合作会暨书画展在宁远县文庙举行。

9月7日 舜帝陵基金会理事长王克英在宁远县看望参加湖南省公祭舜帝大典的黄帝陵基金会理事长孙天义、常务副理事长强文祥，山东省大舜文化研究会名誉会长谢义堂等领导。

9月8日 湖南省人民政府公祭舜帝大典在九嶷山舜帝陵举行。全国政协原副主席毛致用参加公祭大典。公祭大典由中共湖南省委副书记、省长周强主祭，省委常委、常务副省长于来山主持公祭仪式。文化部原副部长常克仁，国家住房和建设部总经济师李秉仁，国家文物局副局长董保华，省政协原主席、舜帝陵基金会理事长王克英，省政协副主席、炎帝陵基金会理事长石玉珍，省军区副司令员张中湘，省直有关单位负责人，云南、江西、山东、陕西等省的领导和代表，湖南省各市州政府主要领导，舜帝陵基金会、炎帝陵基金会、黄帝陵基金会代表，新闻媒体代表，两岸舜文化交流合作会代表，向舜帝陵基金会捐款的单位代表和个人，永州市、宁远县五大家领导以及各界人士数万人参加公祭大典。

9月15日 湖南省副省长陈肇雄拜谒舜帝陵。

9月 经省市编委批准，在九嶷山国家森林公园管理局加挂九嶷山舜帝陵管理局牌子，仍归宁远县人民政府管理，负责舜帝陵的保护管理。

10月11日 广州军区原副司令员龚谷成拜谒舜帝陵。

10月21日 兰州军区原副参谋长周美华拜谒舜帝陵。

10月22日 中共湖南省委原书记熊清泉一行拜谒舜帝陵。

10月28日 空十军政委杨占成拜谒舜帝陵。

11 月 25 日 湖南省军区司令员张有大拜谒舜帝陵。

11 月 成立九嶷山风景名胜区综合执法队，负责景区综合执法工作。

2010 年

1 月 17 日 全国人大常委会原副委员长十世班禅夫人李洁拜谒舜帝陵，并向帝舜有虞氏之陵碑敬献哈达。

3 月 4 日 中共湖南省委常委、宣传部部长路建平拜谒舜帝陵。

3 月 23 日 舜帝陵基金会被评定为 AAAA 级中国社会组织。

5 月 10 日 省旅游局在长沙召开全省旅游行业表彰大会。九嶷山舜帝陵被评为全省最佳旅游区。

5 月 20 日 湖南省人民政府党组成员、省长助理袁建尧拜谒舜帝陵。

5 月 23 日 宁远县于 2009 年 8 月申报的“舜帝祭典”，入选第三批国家级非物质文化遗产名录。

5 月 28 日 台湾大力卜集团董事长萧瑞芬拜谒舜帝陵。

5 月 九嶷山舜帝陵被列为湖南省国防教育基地。

7 月底—8 月中旬 湖南大学教授、图像传媒研究所所长、湖南省摄影家协会第一副主席王再到九嶷山舜帝陵，为编辑出版《九嶷山·舜帝陵》画册拍摄图片。

8 月 23 日 舜帝陵基金会秘书长谭政主持召开会议，研究舜帝陵扩建二期工程结算问题。

9 月 10 日 湖南省原副省长刘亚男拜谒舜陵。

9 月 湖南省编制办批准舜帝陵基金会办公室为参照公务员管理单位。

11 月 11 日 广州军区原司令员李希林上将拜谒舜帝陵。

11 月 25 日 舜帝陵基金会换届暨第二届一次理事会在长沙召开。聘任全国政协原副主席毛致用为名誉理事长，省政协原主席、基金会第一届理事长王克英继续担任理事长。会议选举王汀明、何报翔、曾庆炎、袁海平、唐松成、周德睿、陈光正、谭政等 8 人为常务副理事长，选举谭政为秘书长，选举方先知等 24 人为理事。李光富等 4 人为监事会监事。

2011年

4月2日 湖南省人大常委会原副主任、省教育基金会会长刘玉娥拜谒舜帝陵。

4月3日 湖南省原副省长郑茂清拜谒舜帝陵。

4月8日 全国政协常委、经济委员会副主任、国家工商总局原局长王众孚拜谒舜帝陵。

4月27日 广西军区副司令员肖石桥携夫人拜谒舜帝陵。

4月 湖南省人民政府将永州市呈交的《九嶷山申报国家级风景名胜区的请示》批转省建设厅，同意九疑山申报国家级风景名胜区。

5月26日 最高人民检察院原副检察长王振川拜谒舜帝陵。

5月26日 11名毛体书法协会会员在毛体书法协会顾问毛小青带领下，到九疑山舜帝陵开展“锦绣潇湘美，快乐九疑山”毛体书法笔会活动，挥毫书写毛泽东《七律·答友人》。

5月27日 河北省军区原政委张连仁少将携夫人拜谒舜帝陵。

9月9日 上午，闽台舜裔宗亲祭祖大典暨舜帝金身起驾仪式在九嶷山舜帝陵举行，福建、台湾舜裔、省市嘉宾、媒体及各界群众1万余人参加祭舜大典。下午，1000余名闽台舜裔在宁远县城举行踩街仪式。随后，舜帝金身前往福建巡游。在历时34天的巡境活动中，舜帝金身行程近5000千米，涉及泉州、福州、宁德等三个市的县区村庄、厂矿企业，途经莆田、漳州、厦门等市。

9月20日 湖南省人大常委会原主任、湖南省关心下一代工作委员会名誉主任刘夫生，省关工委主任沈瑞庭，顾问赵培义，偕副主任、省关工委市州联络组委会及全省各市州关工委主任，在九嶷山舜帝陵举行祭舜大典，并立碑纪念。

9月24日 中国社会科学院常务副院长王伟光拜谒舜帝陵。

10月3日 纪念乐天宇诞辰110周年的领导和嘉宾拜谒舜帝陵。

10月3日 中国石油天然气集团公司原副总经理蒋金楚携夫人拜谒舜帝陵。

10 月 14 日　宁远县社会各界公祭舜帝大典在九嶷山舜帝陵隆重举行，县长刘卫华主祭并恭读祭文。

10 月 29 日　司法部原副部长金鋆拜谒舜帝陵。

11 月 19 日　广州军区副司令员邢书成少将拜谒舜帝陵。

12 月　《虞舜大典·近现代文献卷》出版。

2012 年

4 月 23 日　中共永州市委常委、常务副市长周德睿主持召开会议，专题研究"壬辰年湖南省公祭舜帝大典"筹备工作。

4 月 26 日　中共湖南省委常委、长沙市委书记陈润儿率长沙市党政代表团拜谒舜帝陵。

5 月 18 日　中共湖南省委常委、省军区政委李有新拜谒舜帝陵。

5 月 23 日　舜帝陵基金会增补湖南省人民政府办公厅驻北京办事处原副主任唐铭植为常务副理事长。

5 月 29 日　中国作家协会副主席谭谈拜谒舜帝陵。

6 月 5 日　受湖南省副省长李友志的委托，省人民政府副秘书长黄卫东主持召开会议，专门听取省祭筹备工作情况汇报。

6 月 16 日　中共湖南省委常委、组织部部长郭开朗拜谒舜帝陵。

6 月 18 日　周秉益等 50 余名开国元勋后代，在中共中央党校教授张虎林、海军少将黄代培陪同下拜谒舜帝陵。

6 月 27 日　中共湖南省委副书记梅克保拜谒舜帝陵。

7 月 17 日　永州市市长魏旋君主持召开市人民政府常务会议，专题研究"壬辰年湖南省公祭舜帝大典"的筹备工作。

8 月 20 日　湖南省人大常委会副主任肖雅瑜拜谒舜帝陵。

8 月 30 日　湖南省副省长陈肇雄一行拜谒舜帝陵。

8 月　"舜帝与娥皇女英的传说"入选湖南省非物质文化遗产名录。

9 月 5 日　湖南省副省长李友志委托省人民政府副秘书长黄卫东主持召开省祭工作调度会。

9 月 15 日　《九嶷山舜帝陵》画册出版。画册由九嶷山舜帝陵基金会编著，湘潭大学出版社出版，舜帝陵基金会理事长王克英作序。

9 月 19 日 中共永州市委书记张硕辅，市委副书记、市长魏旋君一行到九嶷山舜帝陵，就“壬辰年湖南省公祭舜帝大典”筹备工作现场办公。

9 月 26 日 山东省原副省长、省政协副主席、山东大舜文化研究会会长谢玉堂率山东省大舜文化研究会一行拜谒舜帝陵。

9 月 27 日 “第四届中国（宁远）大舜文化研讨会”在宁远县政务大厅会堂召开。湖南省舜文化研究会会长、湖南省人民政府原副省长唐之享和山东省大舜文化研究会会长、山东省原副省长谢玉堂，以及湘鲁两省学者70 余人参加研讨。

9 月 27 日 湖南省副省长李友志拜谒舜帝陵。

9 月 28 日 以“弘扬舜德精神，推进富民强省”为主题的壬辰年湖南省公祭舜帝大典在宁远县九嶷山举行。中共湖南省委副书记、省长徐守盛主祭，副省长李友志主持。省舜帝陵基金会理事长王克英，省人大常委会副主任谢勇，省政协副主席龚建明，省军区副司令员张中湘，省人民检察院检察长龚佳禾，省政协党组成员、省舜帝陵基金会常务副理事长王汀明，省人民政府秘书长戴道晋等参加公祭大典。

10 月 3 日 中机集团董事长徐健拜谒舜帝陵。

10 月 11 日 广州军区原副司令员李欣剑少将拜谒舜帝陵。

10 月 24 日 人民日报社副社长何崇元拜谒舜帝陵。

10 月 27 日 水利部副部长矫勇拜谒舜帝陵。

11 月 4 日 方正证券有限公司总裁王红舟拜谒舜帝陵。

11 月 13 日 湖南省副省长徐明华拜谒舜帝陵。

12 月 7 日 中共吉林省委副书记、清华大学特聘教授林炎志拜谒舜帝陵。

12 月 16 日 中共湖南省委常委、宣传部部长许又声拜谒舜帝陵。

12 月 25 日 中共中央党史研究室副主任高永中拜谒舜帝陵。

是年 九嶷山舜帝陵被授予湖南省十佳旅游景区。

2013 年

1 月 6 日 永州市政协原主席陈金荣任舜帝陵基金会常务副理事长兼秘

书长。

3 月 6 日 舜帝陵基金会常务副理事长兼秘书长陈金荣，永州市政协原副主席、基金会常务副秘书长沈根元，基金会副秘书长、办公室主任郑运生到宁远调研舜帝陵碑林建设事宜。

4 月 3 日 湖南省副省长张硕辅携夫人拜谒舜帝陵。

4 月 12 日 永州市人民政府向省人民政府请示，将九嶷山风景名胜区更名为九嶷山—舜帝陵风景名胜区，并申报国家级风景名胜区。7 月 13 日，省人民政府向国务院呈报《关于九嶷山—舜帝陵风景名胜区申报国家级风景名胜区的请示》。

5 月 2 日 蓝思科技董事长周群飞拜谒舜帝陵。

5 月 13 日 湖南省政协主席陈求发拜谒舜帝陵。

6 月 19 日 永州市编制委员会发文，明确舜帝陵基金会办公室主任一职不再由基金会秘书长兼任，按实职配备。

6 月 20 日 广州军区政治部副主任邓正明少将拜谒舜帝陵。

6 月 21 日 世界姚氏宗亲联谊会主席姚泽嘉拜谒舜帝陵。

7 月 10 日 湖南省高速公路管理局带领全省高速公路系统代表 200 余人在九嶷山舜帝陵举行祭舜大典，并立碑纪念。

8 月 8 日 湖南省副省长盛茂林拜谒舜帝陵。

8 月 8 日 广州军区副参谋长范小兵少将拜谒舜帝陵。

8 月 30 日 湖南省人大常委会副主任陈君文拜谒舜帝陵。

9 月 15 日 中共湖南省委常委、省委秘书长韩永文拜谒舜帝陵。

9 月 16 日 以“弘扬舜德精神，共谋诚信发展”为主题的永州市工商界首次公祭舜帝大典在九嶷山舜帝陵举行。

11 月 2 日 国土资源部原部长孙文盛拜谒舜帝陵。

11 月 6 日 以“放飞梦想、奔向世界、弘扬舜德、振兴中华”为主题的世界姚氏宗亲联谊会首届公祭舜帝大典在九疑山舜帝陵举行。祭典活动由世界姚氏宗亲联谊会主办，世界姚氏宗亲联谊会主席姚泽嘉主祭。

12 月 12 日 湖南省军区副司令员戴焕拜谒舜帝陵。

12 月 九嶷山舜帝陵被同程网授予 2014 年度最受网友好评的景区。

2014年

1月7日 世界舜裔宗亲联谊会主席陈锦龙带领世界舜裔宗亲会副主席、常委和各国各地区代表一行，到宁远县考察承办世界舜裔宗亲联谊会第22届国际大会的相关筹备工作。

1月17日 中共湖南省委常委、省政法委书记、省公安厅厅长孙建国拜谒舜帝陵。

3月3日 经国务院审定公布，九嶷山由省级自然保护区晋升为国家级自然保护区。

4月17日 成都军区原副司令员陈昌华拜谒舜帝陵。

6月12日 湖南省政协第七届、第八届副主席拜谒舜帝陵。

6月21日 海协会常务副会长郑立忠拜谒舜帝陵。

6月25日 湖南省人大常委会副主任刘莲玉拜谒舜帝陵。

7月2日 湖南省军区原政委杨忠民携夫人拜谒舜帝陵。

7月26日 中央第一巡回督导组组长周声涛拜谒舜帝陵。

8月23日 中共湖南省委副书记孙金龙拜谒舜帝陵。

9月20日 世界舜裔宗亲联谊会第22届世界大会在宁远召开。上午，世界舜裔宗亲联谊会暨永州市社会各界祭舜大典在九疑山舜帝陵举行。来自海内外的舜裔宗亲代表、舜文化研究学者、旅行社代表、永州社会各界群众代表等3000多人参加祭舜活动。

同日 由湖南省舜文化研究会主办，九嶷山舜文化研究会承办的“舜文化与中国梦”研讨会在宁远县人民政府八楼会议室召开。

9月24日 “舜文化与依法治国”学术研讨会在宁远举行。

10月14日 中共中央纪委驻中国社会科学院纪检组组长张英伟拜谒舜帝陵。

10月21日 第十一届全国政协副主席李金华拜谒舜帝陵。

10月29日 湖南省人大常委会原副主任庞道沐携夫人拜谒舜帝陵。

11月4—5日 北京军区原政委谷善庆上将、海军政治部原副主任张宗银少将一行到宁远县考察文化旅游产业发展情况。

11 月 7 日 湖南省政协原主席、省舜帝陵基金会理事长王克英，在永州驻长沙办事处主持召开舜帝陵碑林园项目设计方案评审会。永州市委书记陈文浩、市长向曙光、副市长刘尤碧，舜帝陵基金会副理事长曾庆炎、谭政、陈金荣等与有关专家学者参加。

12 月 29 日 永州市机构编制委员会发文，明确舜帝陵基金会办公室为公益一类事业单位。

2015 年

1 月 7 日 舜帝陵碑林开工建设，8 月底竣工。

2 月 九嶷山风景名胜区被中央文明委授予第四届全国文明单位。

3 月 11 日 湖南省副省长戴道晋拜谒舜帝陵。

3 月 23 日 由湖南省地方志编纂委员会决定编写、永州市史志办承办、舜帝陵基金会协办的《舜帝陵志》编纂工作正式启动。该志由张泽槐任主编，陈仲庚、郑运生、高波、欧利生、张介立、周九宜等参加编写。

4 月 10 日 株洲市永州商会举行祭舜大典，会长陈文义主祭并立碑纪念。

4 月 13 日 中国广告协会会长、工商总局原副局长李东生拜谒舜帝陵。

5 月 25 日 国家旅游局向社会公布首批“全国旅游价格信得过景区”名单。九嶷山舜帝陵景区、舜帝陵庙古遗址入选全国首批“信得过”景区。

5 月 28 日 九嶷山、君山共祭舜帝大典在九嶷山隆重举行，来自全国各地的舜裔宗亲、社会各界代表 2000 余人参加祭舜大典。宁远县人民政府县长桂砺锋主祭并恭读祭文，常务副县长刘君军主持。

5 月 28 日 湖南省人大常委会副主任蒋作斌拜谒舜帝陵。

5 月 29 日 全国政协副主席齐续春拜谒舜帝陵。

5 月 31 日 全国政协原常委、全国政协人口资源环境委员会原主任、湖南省原省长陈邦柱以及企业家到舜帝陵考察，并鼓励北京等企业家为舜帝陵建设捐赠。

6 月 8 日 湖南省副省长李友志到舜帝陵调研，强调完善省长公祭舜帝大典方案。

6 月 30 日 湖南省省长杜家毫主持召开第 54 次省人民政府常务会议，决定 9 月 24 日在宁远县举行乙未年湖南省公祭舜帝大典。

8 月 11 日 中共湖南省委组织部发文，同意永州市政协原主席陈金荣续任舜帝陵基金会常务副理事长兼秘书长。

9 月 11 日 永州市委书记陈文浩，市委副书记、市长易佳良到宁远，调度乙未年湖南省公祭舜帝大典筹备工作。

9 月 19 日 湖南省军区政委马必强拜谒舜帝陵。

9 月 20—23 日 王克英、曾庆炎、陈金荣、谭政等领导到九嶷山舜帝陵，检查舜帝陵碑林项目建设情况。

9 月 24 日 乙未年湖南省公祭舜帝大典在宁远县九嶷山举行。中共湖南省委副书记、省长杜家毫主祭，副省长李友志主持公祭大典。省政协原主席王克英，省人大常委会副主任谢勇，省政协副主席欧阳斌，省政协副主席、民建湖南省主委赖明勇，省军区政治部主任姜英宇，省人大常委会原副主任、湖南省舜文化研究会会长唐之享等参加公祭大典。

10 月 13—14 日 美术专家、清华大学美术学院教授陈瑞林，湖南第一师范学院美术与设计学院教授廖少华，湖南科技学院教授、美术家刘双全，到九嶷山舜帝陵考察。

10 月 20 日 湖南省副省长蔡振红拜谒舜帝陵。

11 月 11 日 湖南省副省长、省公安厅厅长黄关春拜谒舜帝陵。

12 月 29 日 “舜帝陵碑林”主体工程验收合格。

第一章　舜帝传略

九嶷田园

第一节　舜帝身世

一　有虞氏来源

舜帝属有虞氏。有虞氏是活跃于上古五帝时期的一个氏族部落，起源于东夷一带即今山东一带，或认为有虞氏部落起源于燕山一带。学者何光岳说："有虞氏是黄帝支系的一个大族，起源于燕山一带，以后逐渐南迁山东，支族繁衍。"①

最初，有虞氏以狩猎为生，并以驺虞为图腾。虞，是一个象形字，上为虎，下为吴。吴即大声喊叫之人。上下合而为披着虎皮大声喊叫的人。虞，又是有虞氏的图腾，即驺虞。汉代许慎《说文》："虞，驺虞也，白虎黑文，尾长于身，仁兽也，食自死之肉。"《毛诗故训传》则说："驺虞，义兽也。白虎黑文，不食生物。有至信之德则应之。"从《说文》《毛诗故训传》的说法看，虞即驺虞，是有虞氏部落的图腾。驺虞的样子像老虎，其毛为白色，杂以黑色的斑纹，尾巴比身子还要长，非常仁慈，从不猎杀其他动物，而只食用那些自己死亡的动物之肉。实际上，驺虞就是被美化或神化的老虎。由于驺虞是仁兽，有虞氏的先民们非常崇敬它，将其作为氏族部落图腾。经过长期演变，虎图腾最后演变成一种似虎非虎、非常仁慈的神兽。

在漫长的历史发展进程中，有虞氏部落不断迁徙，活动方式不断变化，即从狩猎逐步向农耕转变，其图腾崇拜也处于不断变化之中。除以驺虞为图腾外，有虞氏也曾经把貘、牛等动物作为部落的图腾。到颛顼时期，有虞氏部落已经完成由狩猎向农耕的转型，并开始以鸟为图腾。当时，有虞氏部落的杰出首领虞幕，担任颛顼帝掌管田猎的官职。虞幕最大的历史性功绩，就是"能听协风"，为农业生产提供准确的气象信息。表

---

① 转引自《虞舜大典·近现代文献卷》第7册第702页，岳麓书社，2011年12月第1版。

明有虞氏部落已经由狩猎时代进入到农耕时代，是农耕技术比较发达的氏族部落。经过长期演变，有虞氏的图腾最终演变为凤凰。凤凰是在东夷氏族部落不断融合的过程中，各个不同氏族图腾的复合体。凤凰的原型是玄鸟（燕子），是各种飞禽走兽的复合体。

有虞氏部落以凤凰为图腾，大致到舜帝时期已经定型。

二　舜帝降世

相传尧帝四十年八月十二日（一说四月初五），舜帝降生于雷泽湖畔的姚墟。同诸多古代伟人一样，舜帝降世，充满神话传奇色彩。

舜帝的母亲名握登。握登的怀孕，有两种不同说法。一种说法是握登因见大虹而意感怀孕。《河图纬稽命征》载："握登见大虹，意感生舜于姚墟。"《宋书·符瑞志》载："母曰握登，见大虹，意感而生舜于姚墟。"明孙瑴编《古微书》卷二十三《诗纬·诗含神雾》亦云："握登见大虹，意感而生舜于姚墟。"另一种就是刘向《孝子传》的说法，即舜帝是凤凰投胎。

古代诸多文献典籍对出生时的舜和成年后的舜之相貌，均有所描述。《宋书·符瑞志》说："（舜）目重瞳子，故名重华。龙颜大口，黑色，身长六尺一寸。"《孝经·援神契》说："舜龙颜重瞳大口，手握褒。"《洛书·灵准听》说："有人方面目衡，重华握石，椎怀神珠。"《荀子》说："尧、舜参眸子。"《庄子》说："卷娄者，舜也。"注谓"背项微凹向前也"。《文子》说："尧瘦臞，舜黴墨。"《尸子》说："尧瘦舜墨，言忧世念民至于此。"《孔丛子》说："舜长八尺有奇，而頟无毛，亦圣也。"《春秋繁露》说："舜形，体大上而圆首，长于天文，纯于孝慈。"《帝王世纪》说："帝舜有虞氏，姚姓也。目重瞳，故名重华，字都君，有圣德。"《尚书帝命验》云："握褒者，手兆如褒字，喻从劳苦，受褒饰至大祥也。"《白虎通义》说："舜重瞳子，是谓玄景，上应摄提，以象三光。"《淮南子·修务》："舜二瞳子，是谓重明；作事成法，出言成章。"从这些文献典籍记载看，舜帝相貌的大体特征是：重瞳，眉骨圆突，头圆额方，龙颜大口，肤色微墨，身高六至九尺，项背前倾，手心有一个"褒"字。

舜帝降生后，母亲握登给他起名叫“舜”。舜所在部落为有虞氏，故后人称之为虞舜。由于舜在姚墟出生，以地为姓，故姓姚。由于他目有重瞳，又名重华，故叫姚重华。重华又作仲华。后来，舜在有虞氏部落中的声望和势力日益壮大，“一徙成邑，二徙成都，三徙成国”，成为有虞氏部落的新首领，后人又号为“都君”。对于舜的姓氏和名字，古代文献典籍多有记载。《史记·五帝本纪》说：“虞舜者，名曰重华。”《路史》说：“帝舜有虞氏，姚姓，其先国于虞，始为虞氏……目童重曜，故曰舜，而原曰重华。”《帝王世纪》说：“因瞳子，名重华。”

关于“舜”的含义，古代有多种说法。一说舜即舜草。《说文》：“舜，舜草也。楚谓之葍，秦谓之蔓，蔓地连华，象形。”《路史》说：“夫舜，葍也，蔓地莲。”一说舜为木槿。一说舜之目好动，因此得名。《帝王世纪》说：“华之名，有睒曜意，故目好动而曰舜，或作瞬。”《春秋演孔图》云：“舜目四瞳，谓之重明。故目好动而曰舜，或作瞬。”一说舜非在世之名，而是后人对舜的一种敬称。《逸周书·謚法》：“受禅成功曰舜，仁圣盛明曰舜。”《白虎通义》亦说：“舜犹僢，僢也言能推信尧道而行之。”《史记集解》说，舜为仁叁盛明之意。舜之号，是后世对舜的一种敬称。

三　舜帝世系

舜帝世系，历史上有三种说法：一是将舜帝归于黄帝之族，认为舜为黄帝后裔。二是认为舜非黄帝之族，不是黄帝后裔。三是认为，舜帝虽为黄帝之族，但舜的始祖是幕，而不是颛顼。

第一种说法，为《大戴礼记》与《史记》的观点，即以颛顼为舜之始祖。因颛顼为黄帝之孙，故舜帝出自黄帝。《大戴礼记·帝系》载：“黄帝产昌意，昌意产高阳，是为颛顼，颛顼产穷蝉，穷蝉产敬康，敬康产句芒，句芒产蟜牛，蟜牛产瞽叟，瞽叟产重华，是为帝舜。”《史记·五帝本纪》载：“虞舜者，名曰重华。重华父曰瞽叟，瞽叟父曰桥牛，桥牛父曰句望，句望父曰敬康，敬康父曰穷蝉，穷蝉父曰颛顼，颛顼父曰昌意。以至舜七世矣。自从穷蝉以至帝舜，皆微为庶人。”《大戴礼记》与《史记》所载舜帝世系，除个别用字如“蟜牛”与“桥牛”、“句芒”与

"句望"略有差异外，其余均同。另外，此前还有《世本》一书，其中记载的舜帝世系与上面二者相同。孔颖达《尚书正义·尚书序》正义："《大戴礼记》《(史记·五帝）本纪》出于《世本》。"此后，很多古籍如晋皇甫谧《帝王世纪》等，多采用司马迁的说法。按《大戴礼记》与《史记》的记载，舜是黄帝后裔。因为昌意为黄帝之子，颛顼为昌意之子。以此类推，自黄帝至舜，已经是第九代。舜帝的世系是：黄帝→昌意→颛顼→穷蝉→敬康→句芒（望）→蟜（桥）牛→瞽叟→舜。

第二种说法，为《左传》、东汉经学家郑玄、汉《吕梁碑》、宋罗泌《路史》的观点，即以幕为舜之始祖，舜帝与黄帝之间没有血缘关系。《左传·昭公八年》载："幕，舜之先。瞽叟，舜父。自幕至瞽叟无违（天）命。"东汉时，郑玄明确提出，舜不是颛顼后裔。他认为："有虞氏尚德，其禘郊祖宗之人配用有德而已，皆非虞氏之亲也。"《吕梁碑》为东汉时刘耽作，碑中记载舜帝世系云："舜祖幕，幕生穷蝉，穷蝉生敬康，敬康生乔牛，乔牛生瞽叟，瞽叟生舜。"从《左传》、东汉《吕梁碑》等记载看，虞幕为有虞氏之先祖，舜的世系为：幕→穷蝉→敬康→乔牛→瞽叟→舜。南宋罗泌更是明确提出，舜帝不是黄帝后裔。他在《路史·后纪十二·疏仡纪·有虞氏》中写道："帝舜有虞氏，姚姓，瞽子。五帝之中独不出于黄帝。自敬康以下，其祖也，敬康生于穷系，系出虞幕，后之幕姓宗焉，是生乔牛，乔牛生瞽叟，瞽叟天瞢，幕能平听协风，以成乐而生物，有虞氏报焉。"罗泌给出的舜帝世系为：虞幕→穷係（蝉）→敬康→乔牛→瞽叟→舜。为论证舜乃"五帝之中独不出于黄帝"者，罗泌在《路史·发挥五》中专门写下《论舜不出黄帝》一文，进行详尽的论证。

第三种说法，为《国语》的观点。《国语·鲁语上》云："有虞氏禘黄帝而祖颛顼，郊尧而宗舜……幕，能帅颛顼者也，有虞氏报焉。"《国语·郑语》云："夫成天地之大功者，其子孙未尝不章，虞、夏、商、周是也。虞幕能听协风，以成乐物生者也……。"从《国语》的记载看，有虞氏也是黄帝后裔，并尊颛顼为始祖。但不同的是，在舜帝世系中，还有一位声名显赫的先祖虞幕。虞幕与颛顼同时，能帅颛顼即尊崇颛顼。按《礼记·祭法》所说："夫圣王之制祭祀也，法施于民则祀之，以死勤事则祀之，以劳定国则祀之，能御大菑则祀之，能捍大患则祀之……非此族也，不在祀典。”虞幕能入有虞氏祀典，受有虞氏祭祀，是由于虞幕有功于世。他的功劳，就在于“能听协风”，即能观察季风气候，指导农业生产。这种说法，实际上是将颛顼与虞幕作为有虞氏的共祖。

四 舜帝地望

舜帝地望何处？历来颇有争议，众说纷纭，至今仍无定论。

春秋以前，舜帝地望在文献典籍上没有明确记载。中国最早的历史典籍《尚书》，对舜帝地望没有言及。最早提出舜帝地望的是《孟子·离娄下》：“舜生于诸冯，迁于负夏，卒于鸣条，东夷之人也。”孟子之说有两点比较明确：其一，舜帝“生于诸冯”。其二，舜帝是“东夷之人”，亦即诸冯在东夷范围之内。

司马迁对舜帝地望提出不同看法。他在《史记·五帝本纪》中说：“舜，冀州之人也。”这是舜帝地望第二次见诸典籍。

由于孟子与司马迁的说法不一样，后世对舜帝地望形成诸多不同说法。其中影响最大的有四种说法，即东夷说、冀州说、妫州说、越州说。

东夷说 以孟子之说为依据，认为舜帝地望在东夷而非其他地方。在“东夷说”内部，又有“濮阳说”“荷泽说”“诸城说”之别。“诸城说”认为舜帝故里在山东诸城。清代焦循《孟子正义》引赵佑《四书温故录》云：“今青州府有诸城县，大海环其东北，说者以为即《春秋》书‘诸城’者；其地有所谓冯山、冯村，盖相传自古，窃疑近是。凡言人地，以所生为断，迁卒皆在后，孟子亦据舜生而言东也。”近代著名史学家郭沫若、范文澜亦主“诸城说”。“濮阳说”认为舜帝故里在河南濮阳一带。

冀州说 以《史记》之说为依据，认为舜帝祖籍在冀州而非其他地方。而在“冀州说”内部也有“虞城说”“永济说”“垣曲说”“洪洞说”等各种不同说法。“虞城说”认为舜帝生于山西平陆县之虞城镇。其依据是东汉王符《氏姓志》、宋代罗泌《路史》。《氏姓志》云：“舜姓虞。《郑语》史伯称舜之先曰虞幕，虞是国名，后以封国为氏也，今山西虞城县（今平陆县）是其地。”罗泌《路史·后纪·有虞氏》载：“帝舜有虞氏姚姓，其先国于虞。”“永济说”则认为舜帝出生于永济。今永济市张营乡有舜帝村，旧名诸冯村，又名姚墟村。舜帝村东南500米处，有舜父瞽叟坟。在永济市韩阳镇山底村东南坛，传为舜之二妃娥皇、女英葬处。《读史方舆纪要》卷四十一山西平阳府垣曲县条："诸冯山在县东北四十里。孟子云舜生诸冯，盖即此。"

妫州说 晋皇甫谧《帝王世纪》："舜所都，或言蒲坂，或言平阳，或言潘。"《水经注》曰："漯水经潘县故城，或云舜所都也。"《括地志》载："妫州有妫水，水源出城中，耆旧传云即舜厘降二女于妫汭之所。外城申有舜井，城北有历山，山上有舜庙。"《史记·正义》："妫州历山…皆云舜所耕处。"

越州说 《水经注》："周处《风土记》曰：'旧说舜葬上虞，又记云耕于历山，而始宁（今上虞）、剡（今嵊县）二县界上耕田于山下多柞树。吴越之间柞为枥，故曰历山。'"《史记正义》引《括地志》云："越州余姚县有历山、舜井；濮州雷泽县有历山、舜井。二所又有姚墟，云舜生处。"嘉庆《会稽志》："在县西南四十里握登山之巅。"旧传舜母名握登，生舜于姚墟，因姓姚氏。

五　舜帝家庭

尧舜时期，以男性为中心的家庭结构已经确立。舜的家庭成员，可以分为两个阶段。第一阶段为青少年时期，第二阶段为舜自立以后的时期。

（一）舜青少年时期的家庭成员

据各种古籍的记载，舜青少年时期的家庭成员主要有父瞽叟、母握登、继母壬女、弟象。有的说舜还有一个妹妹叫敤首。此外，《越绝书·吴内传》载："舜父顽、母嚚，兄狂，弟傲。"《尸子》云："舜事亲养兄为天下法。"亦即舜还有一个哥哥。

父瞽叟 瞽叟，《尚书·尧典》作"瞽"；《左传·昭公八年》《孟子·万章》《韩非子·忠孝》《史记·陈杞世家》《越绝书·吴内传》，以至于《初学记》《稽古录》《太平寰宇记》等皆作"瞽瞍"；《墨子·非儒下》《吕氏春秋·古乐》《史记·五帝本纪》以至《通志》《说郛》等作"瞽叟"。在上述文献中，瞽、瞽瞍、瞽叟相通，均指舜父为盲人。西汉孔安国则认为瞽叟并非瞎子，而是"有目不能分别好恶"（《尚书》孔传）。《国语》《左传》等则认为"瞽"为乐师、诗人之称，并且是"知天道”之人。因此，把瞽叟说成是瞎老头可能是一种误解，把瞽叟说成愚顽之人也并非完全恰当。瞽叟是列入有虞氏祀典之人。《国语·鲁语上》：“夫圣王之制祀也，法施于民则祀之，以死勤事则祀之，以劳定国则祀之，能御大灾则祀之，能扞大患则祀之。非是族也，不在祀典。”有虞氏自虞幕以下祀穷蝉、敬康、句望、桥牛、瞽叟，表明瞽叟是有突出贡献的人。这种贡献，就在于他知天道，有功于尧舜时代的音乐。《吕氏春秋·古乐篇》说：“瞽叟乃拌五弦之瑟作以为十五弦之瑟，命之曰《大章》，以祭上帝。舜立命延，乃拌瞽叟之所为瑟，益之八弦，以为二十三弦之瑟。”

母握登 握登属于哪个氏族部落，古代典籍中没有明确记载。握登与瞽叟组成家庭后，生下舜，从瞽叟姓妫，又以姚为姓。舜出生后不久，雷泽一带发生大洪水，有虞氏部落被迫迁徙。在迁徙过程中，握登身体虚弱，染上风寒。相传到舜 4 岁的时候，握登病逝。

继母壬女 舜的母亲握登去世后，瞽叟与壬女组成新的家庭。壬女对舜却是无端歧视，百般刁难。壬女生下象以后，对舜变刁难为虐待。瞽叟也因“爱后妻子”（《史记·五帝本纪》），参与壬女对舜的虐待，乃至谋杀。

弟象 象为壬女所生，是舜的同父异母兄弟。壬女对象非常宠爱。象从小就奢侈傲慢，处处与舜为难。舜继帝位后，不记恨象，将其封于有庳（今双牌县江村镇）。后来，象为扩大中原地区与南方部族的融合交流做出重要贡献，后世还以象的名字命名职官。

妹敤手 敤手别名颗手、敤首，又名嫘，舜帝同父异母的妹妹。中国历史上最早以画入史的画家，又称画嫘。

（二）舜自立后的家庭成员

舜自立后，其家庭成员主要有：妻娥皇、女英，子义均。也有人认为，舜帝另外还有二名妃子，即后育、登北氏；舜帝也不止义均一个儿子，而是有九个儿子。《吕氏春秋·去私篇》云：“舜有子九人。”但并未列出这九个人的名字。此外，舜还有两个女儿，即霄明、烛光，其中一个嫁给伯益。

娥皇、女英 娥皇、女英是尧帝的两个女儿，舜帝之妻。女英为尧帝与散宜氏之女。娥皇为尧帝与鹿仙女所生。娥皇、女英嫁舜后，“甚有妇道”，对瞽叟与壬女孝敬有加。不仅如此，她们还几次帮助舜帝安全躲过瞽叟与壬女的谋害。《帝王世纪》载：“元妃娥皇无子，次妃女英生商均。”舜帝晚年禅位大禹，南巡苍梧，崩葬苍梧九疑。娥皇、女英闻讯后，不远万里，从中原赶到九疑山，在九疑山泣泪成血，染竹皆斑。最后，她们在返回途中殉情于湘江。屈原《湘君》《湘夫人》，即为祭祀二妃所作。东汉刘向《列女传》，将娥皇、女英列为第一。一代伟人毛泽东也在《七律·答友人》中，写下“九嶷山上白云飞，帝子乘风下翠微。斑竹一枝千滴泪，红霞万朵百重衣”的诗句。

后育（盲）　《礼记·檀弓》载：“舜崩于苍梧之野，盖三妃未之从。”据此，除娥皇、女英外，舜帝还有一妃。《竹书纪年·帝舜有虞氏》载：“三十年，葬后育于渭。”亦即舜帝三十年时，另一个妃子育去世，葬于渭水之滨。《汉书·地理志》注：扶风陈仓县有“黄帝孙舜妻后盲冢祠”。此说亦言舜帝有一妃葬于陈仓，但名“盲”而非“育”。

登北氏　登北氏又作登比氏、登山氏、葵比氏等。《帝王世纪》载：“（舜）次妃登山氏，生二女霄明、烛光。”《尸子》云：“然人知舜有弟而不知有兄妹，知有妻娥皇、女英而不知有女匽、育、葵比氏。”

义均　义均为女英所生。义均封于商，后人称之为商均。《国语·楚语上》：“舜有商均。”韦昭注：“均，舜子，封于商。”舜帝南巡时，商均跟随舜帝一同到南方。舜帝“崩于苍梧之野，葬于江南九疑”后，商均在九疑山为舜帝守孝，最后在九疑山去世，并葬于九疑山。《山海经·大荒南经》：“赤水之东，有苍梧之野，舜与叔均之所葬也。”

舜子除商均外，传说还有八子，或言七子。《太平御览》卷八十一引《帝王世纪》言舜有九子：“娥皇无子，次妃女英生商均。……有庶子八人，皆不肖。”但战国楚竹书中却说舜有七子，《容成氏》简 17 云：“舜乃老，视不明，听不聪。舜有子七人，不以其子为后，见禹之贤也，而欲以为后。”

六　舜帝享年

关于舜帝的年龄，主要有 110 岁、100 岁、112 岁三种说法。此外，也有舜享年 99 岁、83 岁、70 多岁等多种说法。

第一种说法，舜帝在世110岁。《尚书·舜典》载：“舜生三十征庸三十在位五十载陟方乃死。”舜帝三十岁时被尧帝发现征用，选定为接班人；考察、试用、摄政的时间为三十年；即帝位五十年后去世。这样，将三个年龄段相加，舜帝享年110岁。

第二种说法，舜帝年龄100岁。持此种说法者，是依据《今文尚书》的记载推算出来的。《今文尚书》载：“舜生三十征庸二十在位五十载陟方乃死。”三个年龄段相加为100岁。

第三种说法，舜帝享年112岁。《尚书·舜典》：“五十载陟方乃死。”孔安国注：“方，道也。舜即位五十年，升道南方巡狩，死于苍梧之野而葬焉。三十征庸，三十在位，服丧三年，其数在三十数，为天子五十年，凡寿一百一十二岁。”

第二节　行孝播德

一　至孝笃亲

最早记载舜帝孝行的典籍是《尚书·尧典》。尧帝晚年选拔接班人，四岳一致推举舜，理由是：“瞽子，父顽，母嚚，象傲。克谐以孝，烝烝乂，不格奸。”意即舜的父亲顽劣，母亲愚蠢奸诈，弟象傲慢，但舜能够同他们和谐相处，用自己的孝心感化他们，使他们不至于作奸犯科。于是，尧帝决定启用舜为自己的接班人。

司马迁在《史记·五帝本纪》对舜帝的孝行详细记载。如“舜父瞽叟盲，而舜母死，瞽叟更娶妻而生象，象傲。瞽叟爱后妻子，常欲杀舜，舜避逃；及有小过，是受罪。顺事父及后母与弟，日以笃谨，匪有懈。”“舜父瞽叟顽，母嚚，弟象傲，皆欲杀舜。舜顺适不失子道，欲杀，不可得；欲求，尝在侧。”“舜年二十以孝闻。”司马迁还将《孟子·万章》中的两个孝行故事，经过改造后收进《五帝本纪》：“瞽叟尚复欲杀之，使舜上涂廪，瞽叟从下纵火焚廪。舜乃以两笠自扞而下，去，不得死。”

"后瞽叟又使舜穿井，舜穿井为匿空。舜既深入，瞽叟与象共下土实井，舜从匿空出，去。"在经历无数次虐待、谋杀之后，舜依然不改初心，"复事瞽叟爱弟弥谨"。

二 德播天下

舜帝又以德著称，是善良、正义、公正、诚实的道德楷模与化身。相传舜帝 14 岁时就被赶出家门，走上自立之路。此后，他耕历山、渔雷泽、陶河滨，从事耕、渔、陶、工、贩等行业。在从事这些行业过程中，舜帝凭借自己的聪明才智、勤劳善良和诚实守信，在有虞氏及其周边部落中树立起良好形象。经过十多年努力奋斗，舜帝的实力迅速强大，最后成为有虞氏的新首领。

对于舜帝德行，《管子》《论语》《墨子》《孟子》《韩非子》《吕氏春秋》《淮南子》《史记》《尸子》《太平御览》《治国》《难之》等古代文献有着诸多记载和赞誉。

《管子·治国》载："故舜一徙成邑，二徙成都，三徙成国。舜非严刑罚，重禁令，而民归之矣；善为民除害兴利，故天下之民归之。"意即舜帝所到之处，一年成为城邑，二年成为都市，到第三年就和国都差不多了。天下的老百姓都集聚到舜那里，不是由于舜严格刑罚，重视禁令，而是舜善于为老百姓兴利除害。《管子·版法解》载："不取其利，以教百姓，百姓举利之。此所谓能以所不利利人者也。"

孔子非常推崇舜帝德行："巍巍乎，舜、禹之有天下也，而不与焉！"①

《墨子·尚贤中》云："古者舜耕历山，陶河滨，渔雷泽。尧得之服泽之阳，授之政，天下平。"

孟子"言必称尧舜"，称赞舜帝从事耕陶等活动，吸取各行各业的优点，从而与人为善。《孟子》云："大舜有大焉，善与人同，舍己从人，乐取于人以为善。自耕稼、陶、渔以至为帝，无非取于人者。"

《韩非子·难一》载："历山之农者侵畔，舜往耕焉，期年甽亩正。

① 《论语·泰伯》。

河滨之渔者争坻，舜往渔焉，期年而让长。东夷之陶者器苦窳，舜往陶焉，期年而器牢。”

《吕氏春秋·慎大览·贵因篇》云：“舜一徙成邑，再徙成都，三徙成国，而尧授之禅位，因人之心也。”该书又载：“夫舜与尧一天也。舜耕于历山，陶于河滨，钓于雷泽。天下说之，秀士从之一人也。舜之耕渔，其贤不肖与为天子同。其未遇时也，以其徒属堀地财，取水利，编蒲苇，结罘网，手足胼胝不居，然后免于冻馁之患。其遇时也，登为天子，贤士归之，万民誉之，丈夫女子，振振殷殷，无不戴说。”①

西汉淮南王刘安著《淮南子》对舜帝耕渔之事，记叙得更加具体，对舜帝精神也更加推崇。《淮南子·原道训》云：“昔舜耕于历山，期年而田者争处墝埆，以丰壤肥饶相让。钓于河滨，期年而渔者争处湍濑，以曲隈深潭相予。当此之时，口不设言，手不指麾，执玄德于心，而化驰若神。使舜无其志，虽口辩而身说之，不能化一人。是故不道之道，莽乎大哉!”

司马迁在总结分析前人对舜帝耕、渔、陶等记载的基础上，采众家之说，对舜帝青年时期在德行方面的闪光点进行综合，在《史记·五帝本纪》写道：“舜耕历山，历山之人皆让畔；渔雷泽，雷泽之人皆让居；陶河滨，河滨器皆不苦窳。一年所居成聚，二年成邑，三年成都。”从此以后，历代史家与文人在描述舜帝青年时期的德行时，都采用司马迁的说法。

除上述耕历山、渔雷泽、陶河滨，舜帝还作什器于寿丘、贩于顿丘、迁于负夏、灰（贩）于常羊等。舜帝所到的这些地方，也是他青少年时期的主要活动范围与活动地点。但是，后人对于舜青少年时期的主要活动范围和活动地点，有着不同的甚至完全相反的看法。自汉代以来，这种不同看法主要分成山东、河东两派：

山东派认为，舜青少年时期的主要活动范围和活动地点，均在今山东境内及其周边的河南濮阳等地。如东汉郑玄认为雷泽在济阴。《史记集解》郑玄曰：“雷夏，兖州泽，今属济阴。”雷夏即雷泽。济阴为古郡国

① 《吕氏春秋·孝行览·慎人篇》。

名。汉景帝中六年（公元前 144 年）分梁国置济阴国，后改为郡，治所在今山东定陶县西北。晋代皇甫谧认为，历山也在山东济阴。《史记集解》皇甫谧云："济阴定陶西陶丘亭是也。"宋代曾巩在他所撰的《齐州二堂记》中明确提出，舜青年时期耕、稼、陶、渔的地点都在今山东、河南一带。他写道："以予考之，耕、稼、陶、渔，皆之初，宜同时，则其地不相远，二家所释雷泽、河滨、寿丘、负夏，皆在鲁、卫之间，地相望，则历山不宜在河东也。《孟子》又谓'舜，东夷之人'。"近代史学家吕思勉，在《吕思勉读史札记》中也认为济南历山为正根，蒲反（坂）历山则为后起之说。吕思勉还据《元和郡县志》《太平寰宇记》《太平御览》等将"雷泽"作"濩泽"，认为在今荷泽县西，后人才改为"雷泽"。

河东派则认为，舜青年时期活动的范围与地点皆在河东，即今山西南部地区。如北魏地理学家郦道元从总体上认为，舜青年时代的主要活动地点在河东。《水经注·河水》载："（河东）郡南有历山，谓之观，舜所耕处也，也有舜井，妫、汭二水出焉，南曰妫水、北曰汭水，西经历山下。"《尚书·舜典》孔颖达疏："妫水在河东虞州县历山西，西流到蒲坂南入河，舜居其旁。"《括地志》也如是说。《金史·地理志》载："蒲州有妫水、汭水。"蒲州、蒲坂在今山西永济，虞城在今山西平陆。在河东派内部，又分为若干派别。有的认为，历山在今中条山西端、永济县东南 30 千米。有的则认为，历山在中条山东端的垣曲县。而对于河滨，多数认为在蒲州古陶城（今永济北 15 千米），雷泽在蒲州雷首山下。

第三节　尧舜结盟

一　四岳荐舜

相传尧帝是黄帝第五代孙，帝喾之子，姓伊祁，名放勋。因始封于唐，称为唐尧。因晚年游居于陶，又号陶唐氏。尧为上古五帝之一，与舜并称尧舜。

尧帝晚年精力不济，产生退位让贤想法，把选拔接班人的问题提上重要议事日程。尧帝本来有 9 个儿子。长子丹朱不肖，没有做天子所应当具备的德行。其他 8 人，虽然德行可以，却缺乏治国之才。尧帝手下有很多能干的大臣，如放齐、羲、和等等，他们都忠心耿耿，兢兢业业，有着诸多贡献。但是，把他们作为自己的接班人，都不太理想。为此，尧帝决定在全国范围内，通过多种途径寻访可以接班的贤能之士。如他亲自到箕山，请隐居在这里的许由出任九州之长。许由素来不愿为官，心如止水，于是对尧帝的邀请予以婉言谢绝。许由请而不到，尧帝又去请许由的老师啮缺。然而，啮缺也是一个不愿为官之人。为躲避尧帝的邀请，他干脆隐居到南方苍梧山。无奈之下，尧帝又去寻访知识渊博、见多识广的伊蒲子，一路寻访到渭水之滨。当时，伊蒲子正在河边钓鱼。尧帝见到伊蒲子，就长跪于地，恳请伊蒲子不吝赐教。伊蒲子见状，感动非常，却并没有接受尧帝的邀请，飘然而去。

尧帝几度访贤问能，空手而归，但是并不气馁。一天，尧帝把大臣们叫到一块，共同商量寻访大德大贤之人来接班的事。尧帝说，四岳啊，我已经在位 70 年了，你们中有谁能够顺应天命，来接替帝位呢？四岳说，我们都德鄙才浅，不能当此大任。于是尧帝说，那就从所有的贵戚中进行选拔，也可以从不是贵戚的隐匿在边远之地的贤者中选拔。大家于是对尧帝说，在民间，有一位尚未娶妻的人，叫虞舜。尧帝说，是啊，我听说过，他到底怎么样呢？四岳说，他是一位盲人的儿子。其父冥顽不化，其母愚昧无知，其弟傲慢无理。但舜与他们能和睦相处，并且用自己的孝顺来感化他们，使他们改恶从善，不至于作奸犯科。于是尧帝就说，既然如此，那就让我试试看。尧帝这次讨论接班人的问题，在《尚书·尧典》中有明确记载。

此后，尧帝将舜请到帝都，商议结盟事宜。同时，尧帝宣布将自己的两个女儿娥皇、女英嫁与舜为妻。至此，尧舜联盟形成。

二　历试诸难

在将娥皇、女英嫁给虞舜后，尧帝并没有马上宣布让舜摄行天子事，而是对舜进行为期 3 年的考察。在 3 年时间内，尧帝从 3 个层面对虞舜进行考察。

第一个层面，即家庭层面。《史记·五帝本纪》载："尧乃以二女妻舜以观其内。"将娥皇、女英嫁给虞舜，既是与舜联姻，也是从家庭层面对舜的考察，观察舜在齐家方面的能力。舜把她们安置到妫汭，住在与瞽叟相距不远的地方，使她们能够对瞽叟和壬女行妇道。而娥皇、女英对舜的家人很尊重。同时，非常注意保护舜的生命安全，不让舜出现什么意外情况。尧帝对舜的这种安置感到满意。《史记·五帝本纪》载："舜饬下二女于妫汭，如妇礼，尧善之。"这表明舜在家庭层面的表现，得到尧帝认可。

第二层面，即社会层面。《史记·五帝本纪》载："使九男与处以观其外。"实际上，就是派 9 个男人到舜的身边，监督舜的行动，看舜在社会活动这个层面是否优秀。这 9 男，有的认为是尧帝身边的 9 名亲信，也有的认为是尧帝的 9 个儿子。相传尧帝共有 10 个儿子，除丹朱外还有 9 个。尧帝派他们到舜的身边，可以起到对舜的监督作用，也可以学习舜的为政之道和为人之道。古代文献对舜在社会层面的表现，以及尧对舜在这方面的满意程度，均没有确切记载。

第三个层面，也是最重要的一个层面，就是尧帝自己对舜进行的考察。尧帝开始要舜推行五典之教，亦称五常之教，即父子、君臣、夫妇、兄弟、朋友间的日常规范方面的教育。舜根据自己多年来积累的经验，对父子、君臣、夫妇、兄弟、朋友间的行为作出规范，然后将这种伦理道德规范首先在尧帝的九族中推行，尧帝的九族很快就接受舜的五常之教。后来，舜倡导的"五常之教"在全国范围内逐步得到推行。接着，尧帝安排舜参与处理百官事务。通过广泛接触与了解，舜很快掌握百官的大体情况，熟悉处理百官事务的程序，并得到百官的认同与支持，朝廷的工作秩序有很大改观。此后，尧帝又安排舜管理明堂。明堂是朝见诸侯和接待宾客的地方。管理明堂，即接待四方诸侯与宾客。舜把明堂装饰得庄严美观，把接待四方诸侯与宾客的场面搞得非常规范得体，各项接待工作安排得井井有条。舜在明堂四门接见宾客时，仪表堂堂，举止得体。到帝都平阳来的诸侯与宾客，都对舜顿生敬仰之情，并在尧帝面前夸赞舜。最后，尧帝还把舜放到山林川泽中，考验舜在复杂自然环境中的生存能力。舜在严酷自然环境中，凭借自己的意志、胆识、智慧，战胜各种艰难险阻，没有迷失方向走错路，成功地走出尧帝指定的山林川泽。对于第三个层面的考验，《史记·五帝本纪》载：“（尧）乃使舜慎和五典，五典能从。乃遍入百官，百官时序。宾于四门，四门穆穆，诸侯远方宾客皆敬。尧使舜入山林川泽，暴风雷雨，舜行不迷。”

三　受终文祖

经过长达 3 年的考察与考验，尧帝对舜感到非常满意。于是，他对舜说：“女谋事至而言可绩，三年矣。女登帝位。”① 对于尧帝的这番话，舜并没有喜形于色。他感到自己的德行还不够，不堪胜任帝位，婉言谢绝尧帝的好意。事实正如舜之所料。在部落联盟内部，尧帝禅位于舜，遭到强烈反对。而反对尧帝禅位最坚决的，就是鲧与共工二人。《韩非子·外储说右上》载：“尧欲传天子于舜，鲧谏曰：不祥哉！孰以天下而传之于匹夫乎？……共工又谏曰：孰以天下而传之于匹夫乎？”

在舜的推辞和朝中大臣、元老的反对下，尧帝感到禅位之事不宜操之过急，就把禅让之事搁置下来。为此，舜与尧商定一种折中方案，即尧帝仍然是名义上的天子，舜则代替尧帝处理国家事务，成为大权在握的事实上的帝王。司马迁将这种执政方式称为“摄行天子事”（《史记·五帝本纪》），亦可简称“摄政”。尧与舜决定采取这种折中方案后，尧在自己的祖庙（大庙，也叫太庙）举行仪式，将帝位之权移交虞舜。这就是古籍记载的舜“受终于文祖”。《史记·五帝本纪》：“舜受终于文祖。文祖者，尧大祖也。”《史记集解》郑玄曰：“文祖者，五府之大名，犹周之明堂。”《史记索隐》引《尚书帝命验》云：“五府，五帝之庙，苍曰灵府，赤曰文祖……唐虞谓之五府，夏谓世室，殷谓重层，周谓明堂，皆祀五帝之所也。”舜帝摄政后，成为事实上的最高行政长官。

对于舜“摄行天子之政”的时间，古代文献有着不同说法。《竹书纪年·帝尧陶唐氏》载：“七十三年春正月，舜受终于文祖。”尧帝 70 岁时发现舜，舜刚好 30 岁。这一记载表明，尧在对舜进行 3 年考察期满以后，

① 《尚书·尧典》。

就正式将权力移交给舜。到尧 100 岁时去世，舜为尧守孝 3 年，即天子位。按此计算，舜摄政时间达 30 年之久。如果减去为尧帝守孝的 3 年时间，舜摄政的时间也达 27 年之久。《史记·五帝本纪》的记载则不同："舜年二十以孝闻，年三十尧举之，年五十摄行天子事，年五十八尧崩，年六十一代尧践帝位。"按照这一记载，尧发现选拔舜的时候，舜的年龄为 30 岁。经过 3 年考察，舜的年龄为 33 岁。当时，尧并没有随即让舜"摄行天子之政"。17 年后，即舜 50 岁时，尧帝才退下来，让舜"摄行天子之政"。在舜"摄行天子之政"以后的第八年，尧帝去世。舜为尧守孝 3 年后，即舜 61 岁时，最终登上天子之位。这样，舜的摄政时间为 11 年。如果减去为尧守孝的 3 年，舜的摄政时间只有 8 年。

四　摄行天子事

舜在摄政期间，加强部落联盟内部整肃。据《尚书·舜典》《史记·五帝本纪》载，舜摄政后，采取 6 个方面的重大措施，以实现部落联盟的中兴。

其一，"在璇玑玉衡，以齐七政。遂类于上帝，禋于六宗，望于山川，辩于群神"①。尧时已经设置天官，观测天象，以校正历法，指导农时。舜帝刚好"摄天子之政"，就急急忙忙观测台观察天象，就是要通过观察天象，"以齐七政"，使自己采取的治国举措符合天象要求。所谓"遂类于上帝，禋于六宗，望于山川，辩于群神"，类于上帝，就是祭祀天帝。禋于六宗，就是祭祀六神。望于山川，就是采取望祀的方式祭祀山川。辩于群神，就是将摄政之事及要采取的治国举措告知于各路神灵。

其二，"揖五瑞，择吉月日，见四岳诸牧，班瑞"②。四岳，是尧舜时期管理四方诸侯的重要官员。诸牧，指各路诸侯，或氏族部落的首领、酋长。舜在忙完祭天、祭诸神以后，就考虑召见四岳诸牧，以取得四岳支持。为此，舜进行很充分准备。一是揖五瑞。五瑞，指作信符用的五种不同规格的玉器，象征五种不同的地位与权利，其作用类似后世的印鉴。据《史记·五帝本纪》的记载，舜已经将玉用作信符。舜规定不同质地、规

① 《史记·五帝本纪》。
② 《史记·五帝本纪》。

格、形状的玉器，所象征的权力大小是不同的。而舜在当时所揖五种规格和形状的玉器，到底是什么样子，现在不得而知。但春秋战国以来的文献中，有一些这方面的记载。汉班固《白虎通义·文质》："何谓五瑞？谓珪、璧、琮、璜、璋也……五玉者各何施？盖以为璜以征召，璧以聘问，璋以发兵，珪以信质，琮以起土功之事。"唐孔颖达《尚书·舜典》疏："《周礼·典瑞》云：'公执桓圭，侯执信圭，伯执躬圭，子执榖璧，男执蒲璧。'是圭璧为五等之瑞，诸侯执之以为王者瑞信，故称瑞也。"《史记·正义》引《周礼·典瑞》云："王执镇圭，尺二寸。公执桓圭，九寸。侯执信圭，七寸。伯执躬圭，五寸。子执谷璧，男执蒲璧，皆五寸。言五瑞者，王不在其中也。"这些记载是周代情况，但推测舜帝时代的情况，当有一定参考作用。二是择吉月吉日。在做好这些准备工作以后，舜就召见四岳诸牧，向他们颁发瑞信。四岳、诸侯接受瑞信以后，就必须听命于舜，否则舜有权力收回瑞信。

其三，定"五岁一巡狩"[①]之制。巡狩是古代帝王宣示王权、视察四方诸侯的一种制度。尧帝时期，已有巡狩之事。《竹书纪年》对尧帝巡狩活动有二次记载。舜摄政以后，对巡狩制度进行规范，规定"五岁一巡狩"。《尚书·舜典》和《史记·五帝本纪》都对舜帝的第一轮巡狩予以详细记载。即：二月，巡狩东方。泰山为五岳之首。舜把泰山作为首次巡狩第一站。到泰山后，舜以"祡祭"（烧柴生烟）方式，对泰山进行祭祀，然后望祭泰山以外的东方山川。舜帝还在泰山召见东夷各方国的酋长，协调政务，校正春夏秋冬四时节气，使各地的月日、节气得到统一。同时，统一音律与度量衡，修订公、侯、伯、子、男等诸侯朝聘之礼。舜帝规定，诸侯氏族部落首领或酋长觐见时，必须将颁发的玉质信符（玉瑞）预先呈交，而且玉质信符要用不同颜色的丝帛包好：觐见者如果是颛顼后裔，其玉瑞要用红色丝绢包扎；觐见者如果是帝喾的后裔，其玉瑞要用黑色的丝绢包扎；其余诸侯或酋长觐见，其玉瑞都用黄色的丝绢包扎。舜还对诸侯、氏族部落酋长觐见时的贡品作出具体规定。诸侯的贡品为美玉，卿的贡品为小羊羔，大夫的贡品为雁，士的贡品为死野鸡。诸侯觐见

① 《尚书·尧典》。

结束时，舜将各诸侯的玉瑞发还。通过这些措施，强化部落联盟权威，增强部落联盟与各方国、氏族部落之间的交流。东巡狩的各项日程都完成以后，舜帝才回到都城。这一年五月，舜帝去南方各诸侯国视察；八月，视察西部各诸侯国；十一月，舜帝到北方视察各诸侯国。到南方、西方、北方巡狩时，所施行的各种礼仪，都与巡狩泰山时相同。每次视察回到帝都平阳，舜帝都要用一头公牛作为祭品，到尧的祖庙举行祭礼，告慰先祖。从此以后，舜帝每隔五年进行一次巡狩，四方诸侯分别在东岳、南岳、西岳、北岳朝见舜帝。在没有巡狩的四年中，四方诸侯每年都要到帝都平阳觐见舜帝一次。舜则在明堂之四门接见他们，根据各诸侯国的政绩，论功行赏。赏赐之物为车或服饰。

其四，调整行政区划。尧帝执政时期，分全国为 9 个行政区，也叫九州，即冀州、兖州、青州、徐州、荆州、扬州、豫州、梁州、雍州。冀州，后来，由于连年大水，交通受阻，原有九州的行政区划已经不能适应管理的需要。因此，舜帝摄政后，对原有九州进行部分调整。一是把后来被称为“卫”的地方，即有虞氏部落居住的地方，今河南濮阳、山东荷泽一带，从冀州中划分出来，设置并州；二是把梁州分置为梁、幽二州；三是在今山东半岛、古代齐国所辖范围设立营州。这样，当时的行政区域就增加到 12 个。对新增加的三个州，舜帝精心挑选任命诸牧。舜还要求 12 州牧，在自己管辖区域内的大山上封土为坛，祭祀山川，依照山川水系东入海的自然走势，负责疏通好辖区内的河道。

其五，治理洪水。上古时期，地球正处于一个暖期，气候炎热，冰川融化，降水增加，洪水泛滥。治理洪水，成为当时的头等大事。开始，一些方国和氏族部落从局部出发，采取堵的办法，保护了局部土地与房屋。但时间一久，遇到更大的洪水，就将原来挡水的堤坝全部冲毁，造成更大的灾难。共工与鲧的治水方法都是如此，即水来土挡。舜摄政后，征得尧帝同意，将鲧流放到羽山。与此同时，舜命令各诸侯、氏族部落“决川”，把原来在鲧指导下修筑起来的堤坝毁掉，对一些重要的河段进行疏浚，以有效地减少洪水的危害。《尚书·舜典》：“肇十有二州，封十有二山，浚川。”《史记·五帝本纪》：“肇十有二州，决川。”二书所记载的，可能就是指舜采取的措施。而舜治水起决定性作用的措施，就是起用大禹主持治水工作，从而最终解除洪水威胁，取得治水胜利。

其六，惩治“四凶”。当尧之时，有四大凶恶家属，搞得全国上下民不安生。这四凶，一曰浑沌，二曰穷奇，三曰梼杌，四曰饕餮。他们都是有来头的人。《史记·五帝本纪》载：“昔帝鸿氏有不才子，掩义隐贼，好行凶慝，天下谓之浑沌。少皞氏有不才子，毁信恶忠，崇饰恶言，天下谓之穷奇。颛顼氏有不才子，不可教顺，不知话言，天下谓之梼杌。此三族世扰之。至于尧，尧未能去。缙云氏有不才子，贪于饮食，冒于货贿，天下谓之饕餮。天下恶之，比之三凶。舜宾于四门，乃流四凶族，迁于四裔，以御魑魅。于是四门辟，言毋凶人也。”这四凶，都是上古时代赫赫有名的帝鸿氏、少皞氏、颛顼氏、缙云氏的后裔。他们仗着显赫的世系，无恶不作，为所欲为，搞得社会上乌烟瘴气，成为邪恶的象征和代名词。对此，老百姓怨声载道，而历代统治者却拿他们没有办法。尧帝时代，虽然也想整治，最终没能除掉他们。到舜帝摄政时，四凶照样肆无忌惮，横行霸道。舜帝忍无可忍，采取断然措施，将这四凶流放到帝都平阳 2000 千米以外的荒蛮之地。

《史记·五帝本纪》中还有一段记载：“讙兜进言共工，尧曰‘不可’，而试之工师，共工果淫辟。四岳举鲧治鸿水，尧以为不可，岳强请之，试之而无功，故百姓不便。三苗在江淮、荆州数为乱。于是舜归言于帝，请流共工于幽陵，以变北狄；放讙兜于崇山，以变南蛮；迁三苗于三危，以变西戎；殛鲧于羽山，以变东夷。四罪而天下咸服。”

这里所说的“四罪”与前面所说的惩治“四凶”，到底是一回事还是两回事？从时间上看，前面所说的惩治“四凶”，是在舜“宾于四门”的时候，亦即尧帝考察舜的 3 年期间。而这一段记载，是在舜第一次巡狩归来的时候，征得尧帝同意，将共工、鲧、讙兜、三苗等 4 个氏族首领治罪。这种时间上的差异，表明四罪与四凶不是同一群人。但是，从《史记正义》《史记集解》《神异经》等古籍记载看，“四罪”与“四凶”所指是相同的：穷极即共工，浑沌即讙兜，梼杌即伯鲧，饕餮则是三苗的另一种名称。

穷极（奇）即共工。《史记正义》云：“（共工氏）毁败信行，恶其忠直，有恶言语，高粉饰之，故谓之穷奇。”《神异经》载：“西北有兽，其状似虎，有翼能飞，便剿食人，知人言语，闻人斗辄食直者，闻人忠信辄食其鼻，闻人恶逆不善辄杀兽往馈之，名曰穷极。”这两段描写，与共工氏的所作所为是一致的。共工氏有着悠久的历史，自炎黄至尧舜，诸多氏族部落包括炎帝神农氏、祝融氏、黄帝轩辕氏等显赫氏族，都在历史进程中消失。然而，共工氏却始终没有消失，且其首领则历代任治水之官。历史上，共工氏的首领也曾与颛顼争为帝，怒角不周之山，造成“天柱折，地维绝，天倾西北，故日月星辰移焉；地不满东南，故水潦尘埃归焉。”① 尧舜时期，仍然担任治水职责的共工氏首领，却不负责任，玩忽职守，又不懂治水方法。同时，他还与鲧等人反对尧帝将舜选定为接班人。鉴于共工氏的恶行，舜流共工于幽陵，即将共工流放到古之幽州一带。

浑沌即讙兜。讙兜又叫獾兜、欢头、驩兜等等。讙兜仗着自己是帝鸿氏后裔，目空一切，祸害天下。后人将其异化成神话中的怪兽。《神异经》：“昆仑西有兽焉，其状如犬，长毛，四足，似熊而无爪，有目而不视，行不开，有两耳而不闻，有人知性，有腹无五脏，有肠直而不旋，食径过。人有德行而往抵触之，有凶德则往依凭之。名浑沌。”这些描写将讙兜进行异化。舜“放讙兜于崇山”，崇山，即今之湖南张家界。

梼杌即鲧。鲧在唐尧之时，骄横跋扈，不可一世。在治水过程中，不总结经验教训，不听从舜的意见，一意孤行，导致治水多次失败，给人民生命财产带来巨大损失。他还联合共工等，反对尧帝将舜选定为接班人，成为舜摄政治国的一大障碍。他也被后人异化为怪兽。《神异经》载：“西方荒中有兽焉，其状如虎而大，毛长二尺，人面，虎足，猪口牙，尾长一丈八尺，搅乱荒中，名梼杌，一名傲狠，一名难顺。”这些描写，与鲧的特征是相似的。为惩治鲧治水的失败，也为清除政治上的障碍，舜果断地将鲧流放到羽山。羽山，一说在今山东郯城东北，一说在今山东蓬莱东南。最后，舜派祝融将鲧杀害于羽山。

饕餮即三苗。三苗是缙云氏后裔。也有的说，三苗是炎帝神农氏的后裔。他们生活在南方以洞庭湖和鄱阳湖为中心的地带，素与上古时的中原

① 《列子·汤问》。

古国不和。后人也将三苗部落联盟首领异化成怪物。《神异经》说："西南有人焉，身多毛，头上戴豕，性狠恶，好息，积财而不用，善夺人谷物。强者夺老弱者，畏群群而南单，号饕餮。"尧舜时代，生活在今湖北与陕西交界处的丹江一带的三苗，屡与尧帝领导的唐国发生冲突，成为危及唐国南境的不安定因素。尧帝曾发动过对三苗的战争。通过战争，虽然获得过一个比较短暂的安定时期，但不久，三苗又卷土重来，搞得尧帝无可奈何。舜摄政后，果断地将三苗集团的头目及部分氏族部落迁徙到三危，即今甘肃敦煌一带，使唐国南部获得较长时间的安定。

后人对舜帝摄政时期建立的功勋甚为赞誉。由于这一时期尧帝是名义上的天子，舜是事实上的帝王，因此共颂二人的盛德，并将这一时期称为"尧天舜日"，也叫"舜日尧年"。南朝梁沈约《四时白纻歌》："佩服瑶草驻容色，舜日尧年欢无极。"宋代文珦《潜山集·梅雨》诗："尧天舜日远，怀抱若为舒。"

第四节　舜践帝位

一　即天子之位

尧帝在走过 114 岁人生之路以后，最终离开人世。《史记·五帝本纪》载："尧避位二十八年而崩。百姓悲哀，如丧父母。三年，四方莫举乐，以思尧。"

尧帝去世后，舜遵从尧的遗嘱，为尧帝举行简朴葬礼，然后为尧守孝 3 年。守孝期间，为避让丹朱，舜迁到"南河之南"住下来。由于丹朱不肖，朝廷大臣和诸侯都拥护舜而不拥护丹朱。《孟子·万章上》载："尧崩，三年之丧毕，帝避尧之子于南河之南。天下诸侯朝觐者，不之尧之子而之舜；讼狱者，不之尧之子而之舜；讴歌者，不讴歌尧之子而讴歌舜。"《史记·五帝本纪》也有类似记载。丹朱感到自己已经陷于孤立，主动离开帝都平阳，避居房陵，在今湖北房县一带住下来。丹朱的出走，为舜帝继位铺平道路。在朝廷百官和各路诸侯的恳请下，舜只好说："天也夫!"既然是天意，当然不能违反。于是，舜回到帝都平阳。考虑到丹朱是主动避让舜帝，出走到房陵，舜顺水推舟，将丹朱封于房陵，并允许丹朱在帝都留居三年。《竹书纪年·帝舜有虞氏》载："帝子丹朱避舜于房陵，舜让不克，朱遂封于房，为虞宾三年，舜即天子之位。"

舜帝登极仪式在文祖庙举行。舜的登极仪式非常隆重，奏《大韶》之乐，百官欢声雷动，还出现很多祥瑞景象。《竹书纪年·帝舜有虞氏》："即帝位，蓂荚生于阶，凤凰巢于庭，击石拊石，以歌九韶，百兽率舞，景星出于房，地出乘黄之马。"按这一记载，舜登天子之位时，瑞象叠现：阶梯上长出瑞草蓂荚，凤凰到厅堂里筑巢，大臣们拍打着石器，齐声歌唱韶乐九章，山中各种野兽也和着韶乐的节拍跳起舞来，天上有瑞星出现在东方苍龙房宿一带，神马也从地下跑了出来。

舜帝继位后，改国号为虞，并将国都迁到冀。《竹书纪年·帝舜有虞氏》载："元年己未，帝即位，居冀。"新都城冀，古时称为蒲坂，在今之山西省永济西靠近黄河岸边。《括地志》云："蒲坂，今蒲州南二里河东县界蒲坂故城是也。"

上古时期的古国，都有一定的疆域和范围。《史记·五帝本纪》对舜帝时代的疆域是这样描述的："方五千里，至于荒服。南抚交阯、百发；西戎、析枝、渠廋、氐、羌；北山戎、发、息慎；东长、鸟夷。四海之内，咸戴帝舜之功。"这里的交阯、百发，均在今越南境内。戎，泛指西方部族。析枝，亦作析支，西戎族名之一，又称鲜支、赐支、河曲羌，分布在今青海积石山至贵德县河曲一带。渠廋，又作渠叟，西戎之别名。氐，古少数民族名，分布在今陕西、甘肃、四川等地。羌，古族名，主要分布在今甘肃、青海、四川一带。山戎，即匈奴。发，息慎，均为古时东北方少数民族。息慎又称肃慎。长、鸟夷，即长夷与鸟夷，均为东方部族名称。

二　设置管理机构

尧舜时代已经处于酋邦社会晚期，国家产生前夜。尧帝时期，已有国家职能部门的雏形，有禹、皋陶、契、后稷、伯夷、夔、龙、垂、益、彭祖等众多有才能的官员。但是，他们的分工并不明确。舜帝摄政后，特别是舜帝继位后，在总结历代社会管理制度的基础上，建立 9 个管理部门，对 9 个部门的职能作出相应规定，并明确任命 9 名大臣担任这 9 个部门的负责人。这 9 个部门，是后世“九卿”之雏形。从《史记·五帝本纪》的记载看，这 9 个部门及其职能、任职官员的大体情况如下：

司空　大体相当于《尚书·尧典》中所说的“百揆”，即是百官之首。舜帝对司空一职的人选十分慎重。《史记·五帝本纪》载：“舜谓四岳曰：‘有能奋庸美尧之事者，使居官相事？’皆曰：‘伯禹为司空，可美帝功。’舜曰：‘然嗟，然！禹，汝平水土，维是勉哉。’禹拜稽首，让于稷、契与皋陶。舜曰：‘然，往矣。’”大禹对舜帝的任用深表感谢并予以推让，舜帝的态度很坚决：“就这样决定了，你去就任吧。”

稷　管理农业生产。古代，农业生产在国家和社会生活中，有着极其重要的地位和作用。因此，管理农业的部门也就成为国家机器中一个非常重要的部门。舜帝任命弃为稷，管理农业。弃在唐尧时期就是管理农业的官员，对农业生产非常熟悉，为尧舜时期农业生产的发展做出很大的贡献。后人称其为后稷，尊为农业之神。

司徒　管理民政与教育事务。舜帝任命契为司徒，明确提出这一工作的主旨“在宽”。契很乐意地接受这一工作。但是，舜帝根据自己推行五常之教经验教训，提示契对这一工作不能操之过急，也不能操之过严，而是要把握好一个度。在对具体问题的处理上，要有宽厚之心。

士　实施法律、执行刑罚，在维护国家和社会稳定方面具有十分重要的地位与作用。舜帝命令皋陶担任“士”这个职务。舜帝在任命皋陶为“士”时，对皋陶讲了一番语重心长的话：“皋陶，蛮夷猾夏，寇贼奸轨，汝作士，五刑有服，五服三就；五流有度，五度三居；维明能信。”猾，扰乱之意。《广雅·释诂三》：“猾，乱也。”意思是说，现在周围的部落不断地侵扰我们，内部也经常有偷盗抢劫的事情发生。你作为“士”，制定五种刑罚要轻重适中，执行刑罚要在三个不同的地方；五种流放要有标准、尺度，要根据远近建立不同的居所。只有做得明确公正，才能使人信服。

工　又名共工，管理治水、建筑、纺织、皮革、冶炼等事务。尧舜时期，经常洪水泛滥。治水的任务非常繁重。当时手工业已经逐步从农业中分离出来，成为一个相对独立而其作用逐步增强的行业。如制陶、治玉、建筑、冶炼等工作，在社会经济生活中的作用越来越重要。因此，舜设立了“工”这个部门。舜咨询四岳，有谁能胜任“工”这个职务。四岳均推荐垂。于是，舜帝就任命垂为工。

虞 管理山林川泽。经大臣们推荐，舜帝任命益担任“虞”这个职务。益觉得这个职务的任务很重，自己难以胜任，建议让朱虎、熊罴等大臣来担任。舜帝没有同意益的要求，说：“行了，你是最合适的人选。”同时，让朱虎、熊罴做益的助手，共同管理山林川泽。

秩宗 掌管祭祀和礼仪。上古社会，祭祀权在当时是至高无上的权力。随着社会的发展和国家的出现，祭祀至高无上地位逐步让位于王权。舜帝时代，王权得到强化，但祭祀权仍十分重要。由于是舜帝征求四岳的意见，有谁能够胜任这个职位，以协助自己管理天、地、人三个方面的礼仪。四岳推荐伯夷。舜帝对伯夷说：“嗟！伯夷，以汝为秩宗，夙夜维敬，直哉维静洁。”即要求伯夷一天到晚都要虔诚恭敬，所有祭祀活动都要符合规范，做到肃静清洁，不能玷污了神灵。

典乐 掌管音乐。上古社会，乐器的制作与演奏，歌曲的创作与演唱，都是十分重要的工作。舜帝本人是十分出色的音乐天才，对音乐地位和作用有着更深层次的理解。因此，他设置专管音乐的职位。由于夔在这方面很有天赋，于是舜帝任命夔为典乐，并提出很高的要求。《史记·五帝本纪》载：“然。以夔为典乐，教稚子，直而温，宽而栗，刚而毋虐，简而毋傲；诗言意，歌长言，声依永，律和声，八音能谐，毋相夺伦，神人以合。”意即以夔来掌管典乐，全面负责教导贵族子弟，使他们做到正直而又温和，宽厚而又严肃，刚正而不残暴，坦率而不傲慢；诗是用来表达自己的意志和思想感情的，歌是用来充分反映自己心声的，声韵要符合宫、商、角、徵、羽的要求，旋律要配合美妙，金、石、丝、竹、匏、土、革、木八音能够协调一致，不相互掺杂扰乱，从而使天地祖宗之灵与苍生百姓之心达到真正的融合。夔是个非常爽快的人，立即向舜帝表态：“於！予击石拊石，百兽率舞。”石，石头，用石头制成的乐器，即石磬、玉磬，也泛指乐器。拊，敲击、敲打。百兽，所有野兽，实际上是指以禽兽为图腾的各氏族部落。意即我一定做到，当我敲击清脆的石磬时，所有氏族部落都跟着我们翩然起舞。

纳言 管理舜帝的日常事务，重点是代表舜帝发布命令，及时向舜帝报告重要情况与重大事项，同时兼有谏议官的职责。舜帝任命龙担任“纳言”之职，并特别交代：“龙，朕畏忌谗说殄伪，振惊朕众，命汝为纳言，夙夜出入朕命，惟信。”在这里，舜帝明确表示自己非常顾忌各种进谗言、不讲道德、弄虚作假的人，害怕他们侵扰惊动臣民。任命龙担任“纳言”。

三 制定管理制度

在设立管理部门的同时，舜帝制定诸多管理制度，以规范社会经济生活。其中主要有巡狩与朝觐制度、官员任用与考核制度、刑罚制度以及税赋制度等。

巡狩与朝觐制度 巡狩是古代宣示王权的一种制度。尧帝时代，已有巡狩之制。虞舜摄政后，对巡狩制度进行规范，规定每五年巡狩一次。

官吏任用与考核制度 舜帝在官员管理方面的一项重大措施，就是对四岳、诸牧实行“班瑞”制度，亦即任命制度。与此同时，官吏考核制度也相应确立。《尚书·尧典》：“三载考绩，三考黜陟幽明。”又《尚书大传》：“《书》曰：‘三载考绩，三考黜陟幽明。’其训曰，三岁而小考者，正职而行事也；九岁而大考者，黜无职而赏有功也。”即三年进行一次小考，九年进行一次大考，根据大考决定任职者的功绩，表现好的、长期累积有善政的得到提升；反之，降职并加以处罚。鲧便是因为治水九年，“功绩弗成”，而被“殛于羽山”（《尚书·尧典》）。舜帝实行“三年考绩，三考黜陟幽明”的制度，是中国历史上有记载的最早的官吏考核制度。

刑罚制度 中国上古时代，很多氏族部落为惩罚犯罪之人，往往使用酷刑。如蚩尤部落、苗蛮部落的九黎之君，都曾实施过多种残酷的肉体刑罚：割耳朵、割鼻子、断足、阉割、脑门烙字、斩首等等。舜帝认为蚩尤、九黎之君的酷刑，是不教而诛，过于残酷。于是，决定废除酷刑，而以“象刑”取代“肉刑”。所谓“象刑”，就是象征性地惩罚。《尚书·尧典》对舜帝实施的刑罚有详细记载："象以典刑，流宥五刑，鞭作官刑，扑作教刑，金作赎刑。眚灾肆赦，怙终贼刑。"《慎子·逸文》对象刑作具体描述："有虞氏之诛，以幪巾当墨，以草缨当劓，以菲礼当刖，以艾鞸当宫，布衣无领当大辟，此有虞氏之诛也。斩人肢体，凿其肌肤，谓之刑。画衣冠，异章服，谓之戮，而民不犯也。中世用刑，而民不从。"这段话，对舜帝实施的"象刑"作了详尽的解释：本来应当受墨刑的人，只要在头上蒙上一块黑色的布就即可；本来应当割鼻子的罪犯，只要在头上扎一条小草绳就算受刑；本来应当断足之人，只要把要砍的那只脚涂黑即可；本来应当受宫刑的人，只要两只脚穿上完全不相配的鞋子就算是受刑；而本来应当砍头的人，只要穿上没有领子的上衣就算是受刑罚。这种象征性的刑罚，古时称之为"戮"。而对于斩人肢体、凿人肌肤的刑罚，古时则称之为"刑"。舜帝以"戮"代"刑"，是建立在教育的基础之上，真正做到先有其教，有教而犯，再进行惩罚。为做到有教而诛，舜帝采取很多措施：一是用图画的形式，把各种刑罚刻画在日用器物上，使人随处可见，做到众所周知。二是对不同罪犯实施不同刑罚。罪犯若是幼小、老迈或愚蠢者，可以赦免；而其他罪人，则用流放的形式代替受刑；当官的犯罪，处以鞭打；在官府就学的人、贵族子弟不服管教，就用木条抽打；对于过失犯罪的，可以通过缴纳罚金来赎罪。三是执法人员治罪量刑要实事求是，坚持慈悲为怀。正是由于舜帝采取与象刑相配套的措施，他所实施的象刑收到好的效果，即《慎子》所说，舜帝用戮，"而民不犯"。

赋税制度 尧帝时代及其以前，从事社会管理的专职官吏很少。舜帝时代，社会管理官吏逐步增加，《礼记·明堂位》载："有虞氏官五十，夏后氏官百，殷二百，周三百。"官吏增加，公共开支也相应增加。为维持社会管理的正常运转，舜帝开征收赋税之先河。《史记·夏本纪》载："自虞夏时，贡赋备矣。"按《尚书·禹贡》记载，虞夏之时，在全国范围内，按照离都城远近分为五等，都城周围 250 千米范围内称为甸服，甸服外 250 千米称为侯服，侯服 250 千米外称为绥服，绥服 250 千米外称为要服，要服 250 千米外称为荒服。甸服，即为王田服劳役。这种劳役折算为赋税，离王城的距离远近不同，缴纳的赋税也不同：离王城 50 千米的，将割下的庄稼完整地送交赋税；100 千米的，缴纳穗头；150 千米的缴纳带壳谷物；200 千米的缴纳粗米；250 千米的缴纳精米。这就是所谓的“百里赋纳总，二百里纳銍，三百里纳秸服，四百里粟，五百里米”。侯服，等候王命为帝王服务。其中 50 千米范围内为卿大夫封地，100 千米范围内为男爵封地，其余 150 千米范围内为诸侯封地。侯服范围内的官员和诸侯，要时刻做好为王朝服务的准备。绥服，就是要为王朝履行绥靖安抚之职。在 150 千米范围内设立掌管教化的官员，负责道德教化工作；在另外 100 千米范围内，要设立武装，显示军威，保卫国家。要服，为王朝维护稳定，防止发生战乱。要服的 150 千米范围内是夷人居住之地，另外 100 千米范围则是流放罪犯。荒服，就是在遥远的边疆为王朝服务。荒服位于五服最外层，其边缘离帝都 1250 千米之遥。在荒服 150 千米范围内是蛮族居住之地，在另 100 千米范围内则是流放犯人之地。在这些地方，也就无所谓赋税。

第五节　以德治国

舜帝继位以后，坚持以德治国。《史记 · 五帝本纪》称：“天下明德，皆自虞帝始。”

一　推行孝道

舜帝创立的社会伦理道德体系，其核心内容是一个孝字。《论语 · 为政》：“孟懿子问孝。子曰：‘无违’。”“无违”，就是不违背父母的意愿。后来，舜把孝拓展为“父义、母慈、兄友、弟恭、子孝”等五种伦理道德规范，即所谓五常。舜常常以身作则化导他人：要做一个好父亲，就要讲求一个义字，经常注意自己的言行；要做一个好母亲，就要有一颗慈爱之心；要做一个好儿子，就要善事父母，不违背父母的意愿；要做一个好兄长，就要对兄弟亲近友好；要做一个好弟弟，就要对兄长恭敬有礼貌。舜帝摄政后，把孝的内涵加以丰富，把孝的外延加以扩展，使之成为以孝为核心的五典，即父子、君臣、夫妇、兄弟、朋友间的行为规范。为加强五典之教，舜首先在帝尧的贵族子弟中推行这些行为规范。他把帝尧的血亲九族组织起来，联系前代君王的德行和自己的亲身经历，向他们讲解君臣之间、父子之间、夫妇之间、兄弟之间、朋友之间必须遵守的道德准则，要求他们不仅要懂得这些道理，而且要切实地按照这些要求去做。尧帝去世后，舜继帝位，建立起虞国。为确保虞国的社会政治稳定，舜帝进一步加大推行五典之教的力度。他任命契为司徒，专门管理这方面的工作。同时，他启用“八元”，推行五典之教，到四方教化万民。

舜帝创立推行五典之教，得到后世的高度评价，也为历朝历代所继承和发展。《孟子·滕文公上》曰：“人之有道也，饱食、暖衣、逸居而无教，则近于禽兽。圣人有忧之，使契为司徒，教以人伦——父子有亲，君臣有义，夫妇有别，长幼有序，朋友有信。”《素履子·履孝》曰：“昔舜禹有至德至孝，存身立德，而成皆以孝行，舜让而尊。故云先王有至德要道，以顺天下，民用和睦，上下无怨，孝之始也，孝感天地，应乎神明。”到汉代，舜帝创立的伦理道德体系发展为三纲五常。三纲即君为臣纲，父为子纲，夫为妻纲。五常即仁、义、礼、智、信。西汉董仲舒《举贤良对策一》：“夫仁、谊（义）、礼、知（智）、信五常之道，王者所当修饬也。”此后，三纲五常遂成为维护封建等级制度的道德标准。

二　选贤任能

尧舜时期被称为上古时期的太平盛世。而尧舜时期之所以能够有较长时间的稳定与繁荣，除个人的人格魅力与能力外，还有一个重要原因，就是尧舜特别是舜帝能够选贤任能，任用大批德才兼备的人，与他们共同治理国家。

舜帝时期有众多治国之才。按照《尚书》与《史记》的记载，当时最有名的达 22 人。这 22 人中，有 10 人是当时的朝中大臣，有 12 人是 12 州的负责人，也可以说是 12 位诸侯。舜帝在摄政时特别是在继帝位后，根据这 22 人的特长分别委以重任。由于用人得当，这 22 人都建立起一番功业。《史记·五帝本纪》称：“皋陶为大理，平，民各伏得其实。伯夷主礼，上下咸让。垂主工师，百工致功。益主虞，山泽辟。弃主稷，百谷时茂。契主司徒，百姓亲和。龙主宾客，远人至。12 牧行而九州莫敢辟违。唯禹之功为大，披九山，通九泽，决九河，定九州，各以其职来贡，不失厥宜。”也就是说，舜帝任用的这22人，人人身怀绝技。舜帝对他们量才而用，展其所长，使他们各建其功。皋陶是一位司法专家，舜帝使他主持司法工作，结果天下太平，老百姓安居乐业。伯夷德高望重，在礼仪方面造诣很高，舜帝就让他出任最高礼官，主持国家祭祀和礼仪方面的工作，结果祭祀天神、地祇、人鬼三大礼仪非常到位，同时老百姓也都懂得相互谦让。垂是一位工程专家，舜帝要他主管工程建设，各类工程建设都进展顺利，取得良好效果。益是管理山林川泽方面的专家，非常熟悉草木鸟兽等方面的管理工作，舜帝就启用他管理林业，结果山林川泽都得到了充分利用。弃在农业方面很有经验，是谷物和蔬菜种植方面的专家，舜帝就要他主管农业生产，结果全国五谷丰登，受到全国人民的尊敬和爱戴，以至于后人不用弃的名字称呼他，而只称他的官衔，古代文献上也多称稷或后稷而很少称弃。契是一位处理民政事务的高手，舜帝就任命契为司徒，结果百姓之间亲密和谐，关系融洽。特别是大禹出身治水世家，熟谙治水之道，且有经天纬地之才，舜帝就任命大禹为司空，作为自己的助手，重点主持治水工作，结果取得了治水成功，将洪水导流入海，并在治水过程中对全国的地形进行勘测，将过去的十二州调整为九州，根据不同地域制定贡赋标准，为虞国做出巨大贡献。而十二州的诸侯，悉心贯彻舜帝的治国意图，宣扬舜帝的功德，各州的氏族部落不敢违背中央政权的号令。

在重用治国之才的同时，舜帝还非常重视发现和使用其他贤能之士。在这方面，最为世人称道的是舜帝举“八恺”、用“八元”。过去，高阳氏有8位才子叫苍舒、隤敳、寿寅、大临、庞降、庭坚、仲容、叔达，他们才能非凡，世人称他们为“八恺”。高辛氏也有8位才子叫伯奋、仲戡、叔献、季仲、伯虎、仲熊、叔豹、季狸，世人称他们为“八元”。这16个人，实际上是颛顼后裔与帝喾后裔，也是16个氏族部落的首领。他们都有功于世，为当世所传颂。尧帝时代，没有能够任用他们为国效劳，造福于民。舜帝继帝位后，对这16位贤能之人委以重任，充分发挥他们的作用。对于“八恺”，舜帝要他们主持土地管理方面的工作。“八恺”尽职尽责，不辞辛劳，认真处理土地管理方面的各种事务，理顺土地管理方面的各种关系，各类矛盾纠纷得到妥善处理。对于“八元”，舜帝要他们主持推行五常之教方面的工作。他们日夜操劳，跑遍四方，到处宣传五教之义，施教工作做得非常出色。由于“八元”的努力，父义、母慈、兄友、弟恭、子孝这五种最基本的伦理道德规范得到推广，为中原各氏族部落所接受，使各个氏族部落内部能够和睦相处，氏族部落之间也能够和平相处，世风为之大变。同时，一些边远地区的氏族部落，也非常向往中原的教化，经常派人到中原来学习。这样，舜帝创立的社会伦理道德规范，在全国范围内得到迅速推行。

舜帝还广泛听取社会各界的意见和建议。在这方面，舜帝进行开创性的工作，其中之一就是立“诽谤之木”。《吕氏春秋·自知》载：“尧有欲谏之鼓，舜有诽谤之木。”《淮南子·主术训》也说：“尧置敢谏之鼓，舜立诽谤之木。”《后汉书·杨震传》：“臣闻尧帝之时，谏鼓谤木，立之于朝。”“欲谏之鼓”设立于朝，无论官员百姓，谁对朝廷有什么意见或建议，都可以击鼓，然后向帝王或负责这方面工作的官员提出来。“诽谤之木”简称“谤木”。“诽谤”是指责过失、议论是非的意思。在古代，敢于批评帝王和朝廷过失、议论朝政得失者的言论，称之为“诽谤”。舜帝设立“诽谤之木”，就是在宫廷前的广场上立一根木柱。无论官员百姓，都可以将自己对国家的批评意见或各种建议写在“谤木”之上。负责这方面工作的官员，则定期或不定期到“谤木”前，看看“谤木”上的各种意见或建议，择其善者而从之。通过这种方式，舜帝可以听到各种不同的声音，可以了解官员和老百姓在想什么，知道自己为政的成败得失，以不断改进自己的工作。这种开通民主渠道，让老百姓说话的方式，深得人心，也为后世帝王所赞赏和仿效。此后，封建社会各个朝代，都在衙门前置一堂鼓，供告状之人敲击，就是沿袭尧帝的做法。后世的“华表”，包括天安门广场上设置的“华表”，就是由虞舜时期的“谤木”逐步演变而来。因为舜帝的名字叫重华，而“表”的意思是标识，标志，古代多为木质，发展到后来，也有用石材做标识或标志的。所谓“华表”，实质上就是“重华之木”。

三　实施德政

舜帝始终坚持以民为本，勤政爱民，关心百姓疾苦，使老百姓能够丰衣足食。《南风歌》云："南风之薰兮，可以解吾民之愠兮；南风之时兮，可以阜吾民之财兮。"这首歌充分表达出舜帝的爱民之心。《荀子·尧问》载："尧问于舜曰：'我欲治天下，为之奈何？'对曰：'执一无失，行微无怠，忠信无倦，而天下自来。执一如天地，行微如日月，忠诚盛于内，贲于外，形于四海。天下其在一隅邪？夫有何足致也。'"舜在这里回答尧帝的提问，认为做好每一件事而无过失，注意每一个细节而不马虎懒惰，忠诚讲究信义而不厌倦，天下就会在自己的掌握之中。如果能做到办每一件事都像天地运行那样没有偏差，行为中的每一个细节都像日升月落那样准确，忠诚盛行于内，推广于外，就会在四海之内树立起良好形象。这样，普天之下，还有哪里不归附呢？《新书·修政》载："舜帝曰：'吾尽吾敬以事吾上，故见谓忠焉；与中都尽吾敬以接吾敌，故见谓信焉；吾尽吾敬以使吾下，故见谓爱焉。是以见爱亲于天下之民，而且贵信于天下之君。故吾取之以敬也，吾得之以敬也。故欲明道而谕教，惟以敬也。故欲明道为忠为服之。'"这段话说明，舜帝非常重视修身养德，对上对下都讲求忠诚信义。最后，舜帝"勤民事而野死"。在舜帝南巡时，"崩于苍梧之野，葬于江南九疑"。对于舜帝勤政爱民的事迹与精神，古代文献多有赞誉。唐代诗人张谓《九疑作》曰："尝闻虞帝苦忧人，只为苍生不为身。"

舜帝还经常与大臣们交流思想，给大臣们提个醒，让他们时刻记住自己的使命。《尚书·皋陶谟》载有一次舜帝与大禹、伯夷、皋陶在朝中议事的情况，皋陶详尽地陈述为官的九种品德："宽而栗，柔而立，愿而恭，乱而敬，扰而毅，直而温，简而廉，刚而塞，强而义，彰厥有常吉哉！日宣三德，夙夜浚明有家；日严祗敬六德，亮采有邦：翕受敷施，九德咸事。"这段话的大意是：宽容而又严肃，温柔而又有所建树，谨慎老实而又事业心强，能办事而又尊敬上级，顺从而又坚毅，鲠直而又和气，简省而又廉洁，刚强而又博学，勇敢坚强而又通情达理。有了这九种美德，就是一个完美的人。如果卿大夫能够从早到晚勤奋不已，发扬其中的三种美德，他就可以保有自己的采邑。如果诸侯能够每天严格遵守六种美德，就不仅可以辅佐政事，而且可以世袭封地。要采取措施，在天下普遍推行这九种道德。皋陶所说的"九德"，几乎包含对百官方方面面的要求，实际上也是舜帝对百官的一贯要求。

特别是《尚书·大禹谟》记载，舜帝在决定禅让大禹后，对大禹有一番情真意切、意味深长的话："人心惟危，道心惟微，惟精惟一，允执厥中。无稽之言勿听，弗询之谋勿庸。可爱非君？可畏非民？众非元后何戴？后非众罔与守邦？钦哉！慎乃有位，敬修其可愿，四海困穷，天禄永终。"这段话大意是说：民心是最可畏的，道心是最深奥玄妙的，作为领导者，就应当做到精确专一，公平诚信，坚持中正之道。没有根据的话不要听，没有经过咨询的计谋不要采用。百姓所拥戴的不就是君主吗？君主所顾忌的不就是百姓吗？没有君主，百姓去拥戴谁呢？没有百姓，又靠谁来保卫国家呢？因此，必须谨慎，谨慎地对待你所处的特殊地位，恭恭敬敬地办好百姓想办的事情。如果四海之内，百姓穷困潦倒，上天赐给你的权力与俸禄，也就永远地终止了。这确实是感人肺腑之言。特别是"人心惟危，道心惟微，惟精惟一，允执厥中"，道出民心与道心在执政中的地位与作用，强调领导者在尊重民意、信守中正的重要性，成为后世帝王治国平天下的座右铭；"四海穷困，天禄永终"，也成为警示统治者必须爱民富民的至理名言。

四　协和万邦

尧舜时期面临两大难题：其一，洪水泛滥，给人们生命财产造成巨大损失。治理洪水，成为第一要务。其二，外族侵扰，特别是南方三苗，经常与唐、虞发生战争，给部落联盟的安全带来严重隐患。治水方面，舜帝果断启用大禹主持治水工作，经过 13 年艰苦奋斗，终于取得治水胜利。在处理与周边方国、部族的关系，抵抗外族侵扰问题上，舜帝则采取军事打击与推行教化相结合的方针，与邻为善，和平共处。

特别是在处理三苗问题上，舜帝确实非常谨慎。三苗是由蚩尤九黎族后裔、炎帝缙云氏后裔、颛顼后裔等与南方各地土著族组成的部落联盟，是上古时期势力最为强大的部落联盟之一，长期与中原地区的部落联盟对抗。《礼记·缁衣》疏引郑玄注《吕刑》："苗民，谓九黎之君也。九黎之君，于少昊氏衰而弃善道，上效蚩尤，重刑必变。九黎言苗民者，有苗九黎之后。颛顼代少昊诛九黎，分流其子孙为居于西裔者三苗。至高辛氏衰，又复九黎之君恶，尧兴又诛之。尧末又在朝，舜时又窜之。”这些记载表明，三苗长期与中原部落联盟对抗。黄帝之后的少昊时期，三苗作乱，少昊战不能胜。颛顼继帝位后打败三苗，将其部族一部分西迁，一部分南迁。三苗因此臣服几十年。帝喾时期，三苗又作乱，帝喾制服不了三苗。尧帝继位后，采取军事手段，又一次打败三苗。尧帝末期，三苗又起来造反，最后被舜帝流放于三危地区，即今甘肃敦煌一带。舜帝继位后，对于三苗问题进行认真思考，认为像三苗这样一个强大的部族，仅仅依靠武力不能完全解决问题，必须坚持军事手段与教化手段相结合，才能使三苗问题得到永久性的解决。于是，舜帝一方面加强在三苗地区推行教化的力度，用中原地区的先进文化感化引导三苗。另一方面，修政偃兵，“执干戚而舞之”。“干戚舞”是古代乐舞的一种。古时乐舞有文武之分，文武执羽旄，武舞执干戚，即执盾与斧等兵器。在这种情况下，三苗不战而服。《韩诗外传》对此有比较详细的记载：“当舜之时，有苗不服。其不服者，衡山在南，岐山在北，左洞庭之波，右彭泽之水。由此险也，以其不服。禹请伐之，而舜不许，曰：‘吾喻教犹未竭也。’久喻教而有苗民请服。天下闻之，皆薄禹之义而美舜之德。”

舜帝采取协和万邦的策略，在提高虞的声望，加强民族融合方面产生好的效果。不少过去对虞国有敌意的远方氏族部落，纷纷摈弃争夺而修好，愿意臣服。《大戴礼记・少间篇》云：“昔虞舜以天德嗣尧……幽都来服，南抚交趾……海外肃慎，北发，渠搜，氐羌来服。”《史记・五帝本纪》云：“唯禹之功为大……南抚交阯，北发，西戎，渠搜，氐羌。北山戎，发，息慎。东长鸟夷。四海之内，咸戴帝舜之功。”《新序》卷一《杂事篇》云：“虞舜在位十年……万国重译而至。有大频之国，其民来朝……有孝养之国……舜受尧禅，其国执玉帛来朝，特加宾礼，异于戎狄也。”西王母是上古时期西戎部族的一个酋长，其地域在羌。朝见舜帝是在舜帝九年时。《大戴礼记》卷十一《少间篇》云：“出入日月，莫不率俾。西王母来献其白琯。”《风俗通义》卷六《声音篇》载：“舜之时，西王母来献其白玉琯。”又据《竹书纪年》笺按引《晋志》：“舜时西王母献朝华之琯，以玉为之。及汉章帝时，零陵文学奚景于泠道舜祠下得白玉琯一枚，咸以为舜时西王母所献云。”也就是说，汉代零陵文学奚景在九疑山玉琯所得玉琯，可能就是西王母献的玉琯。息慎氏来朝见的时间是舜帝即位后的第二十五年。《竹书纪年》笺按引郑康成语：“息慎，或谓之肃慎，东北夷。”又引《山海经》：“大荒之中有山，名曰不咸，有肃慎氏之国。”又引郭璞曰：“今肃慎国去襄平三千余里。其人皆工射。弓长四尺，劲强；箭以楛为之，长尽五寸；青石为镝。”这些说明，息慎是今东北一带的古国，善射。因此，他们向舜帝进贡的是弓箭之类物品。玄都氏则于舜帝执政后的第四十五年来进贡，所进贡的也是宝玉。这些氏族部落对舜帝之德，心存景仰，其酋长不远千里，来到虞都进贡，以示与虞国修好。

第六节　禅让大禹

尧舜时代，舜帝与大禹的关系是最为复杂的关系。舜帝因大禹的父亲伯鲧治水失败，将其流放羽山并处死。此后，舜帝又启用大禹主持治水工作。大禹经过 13 年艰苦卓绝的努力，终于治平洪水，取得治水的历史性胜利，并在部落联盟和各个地方树立起崇高威望。舜帝以“利天下而不利一人”的胸怀，选定大禹为帝位继承人，并最终禅位于大禹。

一　命禹治水

大禹的族属为有夏氏。有夏氏的起源，历史上众说纷纭。有的认为，夏族祖先本为羌的一支，以后经过长期迁徙，最后到达今河南嵩山一带并定居下来。《史记·六国年表》载：“禹，兴于西羌。”《史记集解》《史记正义》都说：“伯禹夏后氏，姒姓，生于石纽，长于西羌，古羌夷人也。”《竹书纪年·帝禹夏后氏》载：“母曰修已，出行见流星贯昴，梦接意感，既而吞神珠，修已背剖而生禹于石纽。”笺按引《帝王世纪》：“鲧纳有莘氏女，曰志，是为修已。”又引杨雄《蜀本纪》曰：“禹本汶山郡广柔县人也，生于石纽。”《遁甲开山图》荣氏解曰：“女狄暮汲石纽山下泉，水中得月精如鸡子，爱而含之，不觉娠，十四月生夏禹。”这些记载，均说大禹是西羌人，生于石纽，其母叫修已，是西羌有莘氏之女。

当尧之时，黄河发生特大洪水。这场洪水延续很长时间，而且水位很高。滔滔洪水四处横流，田地被淹没，庄稼被冲毁，房屋倒塌，牲畜死亡，人们被迫逃到高丘或山上避难。尧帝任命治水世家共工氏主持治水工作。《国语·周语下》载："欲壅防百川，堕高堙庳，以害天下。"共工治理洪水的办法，就是将高的地方铲低，把低的地方填高，用土把水堵起来。结果因为洪水太大堵不住，不少堤坝被洪水冲垮，并冲毁城邑村落，造成更大损失。在共工治水失败的情况下，四岳一致举荐鲧来治水。尧帝认为鲧这个人不可以任用。但由于四岳一再坚持，尧帝只好同意四岳意见，任命鲧来主持治水工作。鲧认为，共工治水之所以失败，并不是共工"堕高堙庳"的办法不行，而是因为堵水的堤坝还修得不够高，从而起不到阻止洪水的作用。就这样，随着水位的增高，鲧就把堤坝筑得越高；筑了垮，垮了筑。前后折腾九年，治水还是最终失败。鉴于鲧治水失败，加上他反对将舜选定为帝位接班人，舜征得尧帝同意，将鲧流放到羽山，后来又派祝融前往羽山将鲧处死。

鲧是大禹的父亲。治水失败，鲧被流放并处死，这无疑是对大禹的沉重打击。然而洪水的威胁，并没有随着鲧被处死而解除，治理洪水必须继续下去。启用谁来治水，这是舜当时面临的一个重大问题。《史记·夏本纪》载："舜登用，摄行天子之政，巡狩。行视鲧之治水无状，乃殛鲧于羽山以死。天下皆以舜之诛为是。于是，舜举鲧子禹，而使续鲧之业。"舜帝反复权衡后，决定任命鲧的儿子禹来主管治水工作。

禹从小就跟着父亲治水，积累很多治水方面的实践经验，对父亲治水失败的教训当然也比他人更为清楚。他深知治水责任之重大，也深知如果自己治水无功之下场。因此，他在接受治水任务后，立即同副手弃和益行动起来，开展治水工作。他们背着干粮，带着工具，四出勘察山川地形，足迹遍及九州。在调查研究的基础上，大禹改变过去各氏族部落分散治水的状况，动员各州、各氏族部落统一治水行动。他根据江河流向，把边界上的大树剥掉皮，刻上记号，作为标志，把全国分成九个大的治水区域，每个大的治水区域内统一协调治水的措施。同时，他吸取鲧治水失败的教训，改堵塞为疏导，先将大江大河之水导流入海，再把小江小河之水导流到大江大河。这样，经过 13 年艰苦努力，终于把洪水治服。中国上古时代的洪荒从此画上一个句号。在大禹治水的 13 年中，发生很多感人至深的故事。大禹既是治水的领导者，又把自己作为一名普通的治水工作者，不畏艰险，吃苦耐劳，公而忘私，身先士卒。《韩非子·五蠹篇》载，大禹“身执耒锸，以为民先”。他不仅要筹划整个治水工作，还手执工具，亲自参加劳动，给参加治水的人做出榜样。特别是他舍小家为大家、三过家门而不入的精神，至今传为美谈。

对于大禹治水，春秋战国以来的文献给予高度评价。孔子也对大禹赞美有加。《论语·泰伯篇》载：“子曰：禹，吾无间然矣。菲饮食，而致孝乎鬼神；恶衣服，而致美乎黻冕；卑宫室，而尽力乎沟洫。禹，吾无间然矣！”对大禹治水之事记述最为详细的是司马迁。他在《史记·五帝本纪》中写道：“禹乃遂与益、后稷奉帝命，命诸侯百姓兴人徒以傅土，行山表木。定高山大川。禹伤先人父鲧功之不成受诛，乃劳心焦思，居外十三年，过家门不敢入。薄衣食，致孝于鬼神。卑宫室，致费于沟淢。陆行乘车，水行乘船，泥行乘橇，册行乘檋。左准绳，右规矩，载四时，以开九州，通九道，陂九泽，度九山。令益予众庶稻，可种卑湿。命后稷予众庶难得之食。食少，调有馀相给，以均诸侯。”

大禹还有一项可以与治水相提并论的伟大创举。这就是在治水过程中，大禹将全国的行政区划由尧帝时的十二州调整为九州，对每个州的范围进行界定；对每个州的治水情况、物产、贡赋以及交通情况，都做好详细记录。回到蒲坂，大禹将这些记录整理后呈交给舜帝。这是大禹十三年治水工作的真实情况报告和全面总结，后人将大禹呈交的这份治水工作总结报告称为《禹贡》。但是，对《禹贡》的写作年代及作者问题，学术界一直存在分歧意见。《书序》汉末郑玄注云：“禹知所当治水，又知用徒之数，则书于策以告帝。”肯定《禹贡》为禹所作。唐代孔颖达认为，《禹贡》所载为禹之功，是由夏代史官整理而成。宋代傅寅《禹贡说断》认为，《禹贡》正文为大禹所作，而开头和结尾部分由夏代史官所加。清代以来，康有为认为《禹贡》是春秋后期的孔子所作。王国维认为《禹贡》为西周初期的作品。顾颉刚则认为《禹贡》是战国时期的作品。还有的甚至认为，《禹贡》成于秦汉之际。

二 荐禹于天

随着舜帝年龄的增长，挑选帝位继承人的问题随之提到议事日程。据一些古籍记载，帝舜年迈时，也仿效帝尧作“让贤”姿态。他相继让位于善卷、蒲衣子、北人无择、石户人农、子州人支伯等，均遭拒绝。善卷为尧舜时代的著名隐士。《庄子·让王》载：“舜以天下让善卷，善卷曰：‘余立于宇宙之中，冬日衣皮毛，夏日衣葛絺；春耕种，形足以劳动；秋收敛，身足以休食；日出而作，日入而息，逍遥于天地之间而心意自得。吾何以天下为哉！悲夫，子之不知余也！’遂不受。于是去而入深山，莫知其处。”也有的说，他归隐枉山（今湖南常德德山）。蒲衣子本姓伊，名畴。据古籍记载，蒲衣字常年穿一件蒲草编的粗服，所以人们称他为蒲衣，或蒲衣子，也有的古籍记为蒲伊子、伊蒲子。相传他浑浑噩噩，淡泊名利，隐居深山之中。《高士传》说帝舜曾拜蒲衣为师，还要把天下禅让给他，蒲衣却不受而去，继续隐居在山林之间。《庄子·应帝王》载：“啮缺问於王倪，四问而四不知。啮缺因跃而大喜，行以告蒲衣子。”成玄英疏：“蒲衣子，尧时贤人，年八岁，舜师之，让位不受，即蒲衣子也。”北人无择是上古隐士。《庄子·让王》云：“舜以天下让其友北人无择。北人无择曰：‘……欲以其辱行漫我，吾羞见之。’因自投清泠之渊。”成玄英疏：“北方之人，名曰无择，舜之友人也。”《汉书·古今人表》作“北人亡择”。石户人农，也作石户之农，即石户这个地方的农民，是舜帝的友人。《庄子·让王》载：“舜以天下让其友石户之农。”子州人支伯，又作子州支父。又载：“舜让天下於子州支伯。子州支伯曰：‘予适有幽忧之病，方且治之，未暇治天下也。’”

舜帝由于禅让未果，转而在部落联盟内部挑选接班人。从帝位继承人选看，内部最有竞争力的人选为大禹。大禹治水的成功，象征着中国上古时代洪荒的结束，标志着大禹在虞国政治地位的确立。将大禹确定为帝位的继承者，是理所当然。治水结束后，大禹返回帝都，向舜帝汇报治水情况，并呈上《禹贡》。舜帝当即赏赐大禹一块黑色圭玉，并向天下宣告治水成功。黑色圭玉作为信符，为最高等级。舜帝把黑色圭玉赏赐给大禹，实际上就有着将禹作为帝位继承人的考虑。但是，大禹与舜帝之间有杀父之仇。将大禹作为帝位接班人，大禹继位后会如何对待舜帝，这是舜帝不得不考虑的问题。经过反复考虑，舜帝还是将大禹确定为帝位继承人。

在做出禅位于大禹的决定后，舜帝并没有像尧帝荐舜一样征求四岳的意见，而是直接去找大禹谈话。《尚书·大禹谟》对他们的谈话记载如下：

帝曰："来，禹！降水儆予。成允成功，惟汝贤。克勤于邦，克俭于家，不自满假，惟汝贤。当汝惟不争，天下莫与汝争能。汝惟不伐，天下莫与汝争功。予懋乃德，嘉乃丕绩。天之历数在汝躬，汝终陟元后！人心惟危，道心惟微。惟精惟一，允执厥中。无稽之言勿听，弗询之谋勿庸。可爱非君？可畏非民？众非元后何戴？后非众罔与守邦。钦哉！慎乃有位，敬修其可愿！四海困穷，天禄永终！惟口出好兴戎。朕言不再。"禹曰："枚卜功臣，惟吉之从。"帝曰："禹！官占惟先蔽志，昆命于元龟。朕志先定，询谋佥同，鬼神其依，龟筮协从。卜不习吉！"禹拜稽首，固辞。帝曰："毋！惟汝谐。"

在上面这段记述中，舜帝对大禹的德行和业绩给予高度评价，并对大禹继承帝位以后应当注意的问题提出善意的忠告。大禹对舜帝将自己确定为帝位继承人，并不感到意外，而且这也正是他自己心中所希望的。但是，大禹对确定帝位继承人的程序并不感到满意。他不希望舜帝直接确定他为帝位继承人，而是希望通过用占卜的方法来确定帝位继承人，即"枚卜功臣，惟吉之从"。占卜确定帝位继承人与舜帝个人确定，不仅仅是程序上的不同。舜帝与大禹有着杀父之仇。大禹所要的是，帝位是他应当就有的，是上天安排的，并非舜帝个人的恩赐。因此大禹提出，要用占卜的方法来决定谁应当继承帝位。舜帝没有同意大禹的要求，并明白无误地告诉大禹说："占卜官在占卜前要先审示断定志向，然后再用大龟进行占卜。现在，我的志向已定，大家的意见都与我相同，神灵会尊重我们的意见，龟甲占卜也会同我们一致。即使占卜，也不会违反这个好的决定。"这段话的意思，即禅位于禹是我舜帝的意思，我的意思就是上天的意思，即使占卜也会顺从我的意思。由于舜帝的坚持，最后没有进行占卜，大禹终于妥协，接受舜帝的意见。

在决定将大禹作为帝位继承人后，舜帝就将国家大权移交给大禹。《史记·五帝本纪》载："舜乃预荐禹于天。十七年而崩。"按舜"年六十一代尧践帝位。践帝位三十九年，南巡狩，崩于苍梧之野”，舜帝享年 100 岁。按舜帝享年 100 年计算，他是在禅位 17 年后去世的，那么他禅位于大禹的时候应当是 83 岁。而按照《竹书纪年·帝舜有虞氏》的记载，舜帝荐禹于天，是在舜帝 64 岁、舜即帝位 14 年的时候。《竹书纪年·帝舜有虞氏》载：“十四年，卿云见……乃荐禹于天，使行天子事……三十二年，帝命夏后总师，遂陟方岳。三十三年春正月，夏后受命于神宗。”从《竹书纪年》的记载看，舜帝 64 岁时，就已经荐禹于天，要大禹代理国家政务。舜帝即位 32 年、亦即舜帝 82 岁时，将军事指挥权移交给大禹，自己“遂陟方岳”，也就是巡狩（游猎）去了。实际上，这时候的舜帝已经将所有的国家大权统统移交给大禹，出走方国。到三十三年亦即舜帝 83 岁时，大禹在舜帝的祖庙举行仪式，正式接管虞国大权。

三　大禹继位

舜帝逝世后，大禹按照当时的规矩，为舜帝守孝 3 年。同时，大禹仿效舜帝“避丹朱于南河”的做法，避舜子商均（因舜子义均封于商，后人称之为商均）于阳城（今河南登封）。但是，这时候的大禹，其势力已经非常强大。当年舜避居南，朝廷大臣和天下诸侯都去朝舜而不朝丹朱，打官司的人都找舜而不去找丹朱。大禹的情况与舜当年的情况完全一样。《史记·五帝本纪》载：“天下诸侯皆去商均而朝禹。”也就是四方拥护大禹的诸侯和氏族部落酋长们，都不去朝见商均，而去朝见大禹，表示愿意拥戴大禹继承帝位。在这种情况下，大禹顺利地实现帝位继承。3 年守孝期满以后，大禹正式登上天子之位，改国号为夏，将帝都由蒲坂迁往安邑（今山西夏县西北）。

大禹继位后，采取一系列措施，进一步巩固和强化自己的地位与权力，逐步实现公天下向家天下的过渡。一是杀一儆百，令天下诸侯听命于已。《竹书纪年·帝禹夏后氏》载：“八年春，会诸侯于会稽。杀防风氏。”大禹在登天子之位以后的第八年，在今会稽召开诸侯大会。全国各地诸侯纷纷前来参加大会，而且是按规定时间来到会稽的，只有一个诸侯防风氏没有按规定的时间赶到。大禹一怒之下，就将防风氏杀掉。对此，《国语》《韩非子》等古籍均有记载。其二，强化中央财权，集中天下赋税。大禹在会稽召开诸侯大会，一个十分重要的任务，就是与各路诸侯核对上交夏国中央的税金。《左传·哀公七年》载：“禹合诸侯于涂山，执玉帛者万国。”《史记·夏本纪》载：“自虞夏时，贡赋备矣。或言禹会诸侯江南计功而崩，因葬焉。会稽者，会计也。”这些记载说明，这次诸侯大会确实是为检查诸侯国会计账目。参加这次大会的诸侯人数很多，数以万计。可见当时向大禹纳贡和交税的数目之大。其三，明修栈道，暗度陈仓，为传位于子创造条件。大禹继天子之位以后，也将皋陶选定为帝位继承人。然而皋陶与大禹年纪一样大，而且还先于大禹逝世。皋陶逝世后，大禹又将舜帝的女婿益选定为帝位继承人。但是，大禹将儿子启的亲信安插到益的身边，为启培植势力。同时，暗中支持启训练军队。大禹去世时，益没有办法获得足够的支持。诸侯都去朝见启而不朝见益。在这种情况下，益只好躲避到箕山（今河南登封东南）。对此，《韩非子·外储说右下》作了比较深入的分析：“古者禹死，将传天下于益，启之人因相与攻益而立启……禹爱益而任天下于益。已而以启人为吏。及老，而以启为不足以任天下，故传天下于益，而势重尽在启也。已而启与友党攻益而夺之天下。是禹名传天下于益，而实令启自取之也。禹之不及尧舜明矣。”

大禹去世后，其子启守孝三年，然后登上天子之位。启登帝位，为上古尧舜禹时代画上一个句号。

第七节　南巡苍梧

舜帝将权力全部移交大禹后，就踏上南巡之路。今湖南、广西、广东一带，留下诸多舜帝南巡遗迹。

一　南巡时间

舜帝踏上南巡之路的具体时间，古代文献典籍有着不同记载。《今文尚书》和《史记》都认为在 100 岁时陟方并去世的。《今文尚书·尧典》载：“舜生三十征，庸二十，在位五十载，陟方乃死。”《史记·五帝本纪》载：

舜"践帝位三十九年，南巡狩，崩于苍梧之野，葬于江南九疑"。《古文尚书·舜典》则说："舜生三十征，庸三十，在位五十载，陟方乃死。"据此，舜帝是在一百一十岁时陟方并去世的。而《竹书纪年·帝舜有虞氏》载："三十二年，帝命夏后总师，遂陟方岳。"按《竹书纪年》记载，舜帝是在五十岁时即帝位的。"三十二年"，即舜 82 岁时，就已经外出巡狩。自 82 岁至 100 岁去世，舜帝陟方即在南方活动的时间长达 18 年。

二 南巡原因

无论 100 岁、110 岁还是 82 岁，舜帝南巡时都是年事已高。在如此高龄南巡，其原因可能是多方面的。对此，古籍中给出两种截然不同的解释：

其一，镇压或抚慰三苗说。《淮南子·修务训》云："南征三苗，道死苍梧。"《帝王世纪·帝舜有虞氏》载："有苗氏叛，南征，崩于鸣条，年百岁。"尧舜时期，以尧为代表的炎黄部落，与以舜为代表的东夷部落，通过联姻等方式形成新的部落联盟。此后，炎黄部族与东夷部族之间处于一个相对稳定的时期。但是，南方的三苗与散落南方的蚩尤后裔和部分炎帝神农氏后裔，对尧舜部落集团构成新的威胁。尧舜曾多次发动与三苗的战争，并曾"迁三苗于三危"[①]，使中原部落联盟南境获得一段较长时间的安定。大禹摄政后，三苗又为乱南境。大禹主张武力镇压，舜帝则主张以德感化。因此，舜帝便带着队伍，踏上南巡之途，深入三苗腹地，推行以德教化，化解三苗危机，最后病死途中。

其二，逃亡说或避难说，即舜帝被迫出走或逃亡。《荀子·正论》说："夫曰尧舜禅让，是虚言也，是浅者之传，陋者之说也。"《韩非子·说疑》道："舜逼尧，禹逼舜，汤放桀，武王伐纣，此四王者，人臣弑其君者也。"按荀子与韩非子的说法，舜帝则是被逼让位的。

三 南巡遗迹

舜帝南巡狩具体情况，古代文献典籍没有明确记载。但是，舜帝南巡途中留下大量遗迹，可以作为古代典籍的补充。舜帝南巡遗迹，主要集中在

① 《史记·五帝本纪》。

湖南、广西、广东三地。

君山 舜帝过长江入洞庭后，第一个停靠的地方就是洞庭山。洞庭山也叫洞府山，是一个面积不足百公顷的小岛屿。相传舜帝在这岛上住过，后来人们就把洞庭山叫君山。

韶山 舜帝离开洞庭湖，溯湘江而上来到湘中，路过一个山冲。当时，这里的两支山民队伍剑拔弩张，一场生死大战即将开始。舜帝带领自己的队伍登上附近的山峰，摆开乐队演奏韶乐。针锋相对的两支队伍被这突如其来的天籁之音惊呆了。他们慢慢放下武器，伴着磬石皮鼓的节奏手舞足蹈起来，一切仇恨烟消云散。后人就把这个山冲叫作韶山冲，演奏韶乐的山峰就叫韶峰。《湖南省志·地理志》引《嘉庆一统志》卷三五四："韶山，相传舜南巡时，奏韶乐于此，因名。"《辞海》据此诠释韶山："相传古代虞舜南巡时，奏韶乐于此，故名。"

韶山韶峰寺

衡山宝露坛 离开韶山，舜帝一路南下，来到南岳。南方各路诸侯、部族首领，早已在此等候。舜帝带领众人，在衡山择地筑坛，祭祀山川。随后，舜帝登上甘露坛，分别接受各路诸侯、部族首领的朝见。在甘露坛上，摆放着玛瑙瓮。传说高辛氏时，有丹丘国献玛瑙瓮，以盛甘露，所盛甘露不易挥发。舜帝接受朝见后，将瓮中甘露分别赏赐给众人。《拾遗记》载："当黄帝时，玛瑙瓮至，尧时犹存，甘露在其中，盈而不竭，谓之宝露，以班赐群臣。舜迁宝瓮于山之上，故衡山之岳有宝露坛。舜于坛下起月馆，以望夕月。舜南巡至衡山，百辟群后皆得露泉之赐。时有云气生于露坛。"相传大禹又在此峰上筑朝天坛，埋宝露瓮。

崀山、夫夷水 舜帝告别诸侯、部族首领，带着队伍向西南进发。他们来到一处丹霞地貌，见这里的山峰美丽异常，舜帝便脱口而出："山之良者。”后人于是把这里称为崀山。由于舜帝为东夷之人，又在今新宁一带活动过，后来人们就把这一带称为夫夷，并将从这里流出的河流称为夫夷水。汉武帝时，还在这里置夫夷侯国。今资水上游邵阳县以上河段，仍称扶（夫）夷水。

舜皇山

桂林虞山

舜皇山 舜帝带领队伍继续前行。一天，舜帝见远处层峦叠嶂，山高林密，决定进山扎寨。周围的山民见舜帝的队伍来了，都赶来迎接。舜帝乐队演奏乐曲，供山民欣赏。当地山民非常感激舜帝的恩泽，把舜帝驻扎过的高山称为舜皇山，把舜帝住过的岩洞称为舜皇岩。后人又将舜帝到过的舜皇山顶峰叫作玉陛源，在玉陛源山口和扬江源山口建起了舜庙，以祭祀舜帝。每年农历 11 月 13 日前后十多天，这里都要举行隆重的民间庙会活动，纪念舜帝。由于舜庙又称大庙，人们就称这一带山口为大庙口。清道光《永州府志·艺文志》引《东安县志》：“永之东安县有舜山、玉陛源，皆祀有虞氏。东安近九疑，因舜巡狩所经也。”

虞山 离开舜皇山，舜帝一行沿湘江、下漓江，到达今桂林一带。桂林风光美丽无比，舜帝非常喜欢这里，在这里活动较长一段时间。他们驻跸于一座石头山下。后来，人们就把这座石头山称为虞山，也叫舜山；把舜帝演奏过韶乐的岩洞叫韶音洞，又叫舜洞。人们还在山下建舜庙祭祀舜帝。唐建中元年（780年），韩秀实、李阳冰合璧《舜庙碑并序》于虞山，成为最早记述舜庙的石刻。南宋淳熙年间（1174—1189年），朱熹作《舜帝庙碑》云："虞帝祠在城东北五里，而近虞山之下，皇泽之湾，盖莫详其始所自立，而有唐石刻辞在焉。"南宋淳熙二年（1175年）春二月，今直秘阁张侯式（栻）始行府事，奉奠进谒，"仰视栋宇倾垫弗支，图像错陈造已淫厉"。于是，"命撤而新之"。宋《太平寰宇记》载："临桂县虞山下有潭，号曰舜潭，言舜南巡游此。"

有庳 有庳是象的封地。象分封有庳后，决心改过，谨守家园，广施德政，体恤百姓，受到封地百姓信任。后人为纪念象，在有庳修建象祠。《辞海》载："有庳，古地名。庳一作'鼻'。又名鼻墟、鼻亭。在今湖南道县北（今湖南双牌县江村镇），接零陵县界。相传舜封象于此。古有象祠，唐元和中道州刺史薛伯高毁之。"舜帝南巡，在桂林一带停留一段时间后，仍溯漓江、顺湘水到达湘江与潇水（深水）汇合的地方，即今永州市零陵区城北的蘋岛一带，稍作停留。然后，溯潇水而上，到达象的封地——有庳。象带领有庳百姓迎接，并一起陪伴舜帝左右。看到象改恶从善，舜帝甚是欣慰，对象赞誉有加。

韶石 在了却探望弟象心愿后，舜帝又踏上南巡征程。他带领队伍走过营浦（今道县）、泠道（今宁远）、南平（今蓝山），进入百越地区。一天，舜帝来到一处风景特别秀丽的地方，心里特别高兴。于是，舜帝选择在一处大石上演奏韶乐。动听的乐曲使周围的山石也为之动容，变成形状奇特的"三十石"，后人称之为韶石，并在石上建舜庙祭祀舜帝。春秋战国时期，楚人在此设关，称为韶关。隋朝开皇九年（589年），取韶石之名改东衡州为韶州。唐谢楚《虞帝庙碣》："曲江虞帝庙，故老言舜奏乐于邑东磐石上，故石号韶，而州以韶名。昔舜南游，登石奏韶乐，故名韶石"。《水经注》载："利水南流经韶石下。其高百仞，广圆五里。两石对峙，小大略均，似双阙，名曰韶石。韶关还有韶台，又名九成台。"宋方信孺道："韶之西北有山，连亘如屏障，是为皇冈。虞帝祠奠其麓。有尕出自东崖，甚甘而洁，名之曰舜泉。皇冈下有皇潭，西流二里合武水。”《太平寰宇记》载：“潭侧有舜祠，昔为舜游之处。”

南风坳 舜帝一行从韶石一带返回，经今临武到达南平，即今蓝山县境内。一路上，天气闷热，人人气喘吁吁，就在一处山坳上休息。这里南风习习，树叶沙沙，使人透身舒适，劳累顿消。舜帝感觉神清气爽，忍不住拿出五弦琴，席地而坐，手拨琴弦，放声吟唱：“南风之薰兮，可以解吾民之愠兮；南风之时兮，可以阜吾民之财兮。”于是，后人就把这里叫作南风坳。清代学者章太炎在他的《诂经札记·舜歌南风解》中说：“舜南巡苍梧，地本属楚，其歌南风，盖即在南巡时。厥后楚之《九歌》九章，当即《南风》遗音，故有《湘君》《湘夫人》等篇，既用舜律，而又咏舜事也。且夷乐亦为南音最合。”

望疑亭 一天，舜帝在所城的黄泥铺村南端向西一望，正好看见九疑山的主峰三分石（又名三峰石）。三分石的雄伟身姿深深地震撼着舜帝，决定前往一观。后人为纪念舜帝，在此修建一座纪念亭，命名为“望疑亭”。

舜水、舜庙 此后，舜帝在今蓝山境内生活相当长的一段时间。后人为纪念舜帝南巡，将从九疑山南麓发源并流经蓝山县城的河流称为舜水，在今蓝山县所城镇良村修建舜庙供奉舜帝。

夔龙山与夔庙、龙庙 在蓝山县境内与舜帝有关的古迹，还有一山两庙，即夔龙山和夔庙、龙庙。相传舜帝去世后，大臣夔、龙自惭护主无力，待舜帝安葬后，自决殉主，分别被人安葬在九嶷山下。后人为纪念他们，将安葬他们的山命名为“夔龙山”，并在其葬地各建一庙：一曰“夔庙”，地点在现在的竹管寺镇上丰头村附近；一曰“龙庙”，又名“都龙庙”，地点在现在的塔峰镇，庙址尚存，而庙房已毁。二庙合称“夔龙古庙”。《湖南省志》载：县城附近有龙山庙碑，为“唐蓝山县令庄武龙立”。《衡州府志》艺文卷载《蓝山夔庙记》和《蓝山龙庙记》两文，作者郑梦坤，康熙年间曾任蓝山县令。

箫韶峰 舜帝从南平返回泠道进入九疑。在泠道城旁的田峒中，有一座独立的山峰，峰峦突兀，拔地而起，高不过百丈，却非常秀美。山上古木参天，山下河水静静流淌，远处层层山峦如诗如画。队伍走到山脚，被美丽的景致所吸引，驻足不前。舜帝当即下令以扎营休息。看着眼前的景致，大家欣然拿出乐器，摆好架势，舜帝指挥奏响韶乐。后来，人们就把这座泠水河畔演奏过韶乐的山峰，取名为箫韶峰。

万岁山　五臣山　舜帝一行来到九疑山口。其时，从山路隐约传出“万岁”之声。众人知晓，这是恭迎舜帝的呼喊。从此，发出“万岁”之声的山就叫万岁山。舜帝留下五人，据守山口。山口有五峰并连，似五指并立，本名五指山。为纪念据守山口的五位大臣，后人就将五指山改称五臣山。

石枞（九针松）　在九疑山，舜帝将自己带来的石枞种子撒在各个山峰。这石枞就是九针松。普通松树只有五根针叶，石枞却有九根针叶。它长在山顶，风吹不倒，雪压不垮，百折不挠。后来，石枞成为九疑三宝之一。

何侯石屋　玉琯岩　何真元是尧舜时代的著名隐士，声望极高，隐居于九疑山中。舜帝南巡到达九疑山后，立即前去拜访。何真元居住在一座小山下。山下有岩洞，为何真元炼丹的石室；岩洞旁有木屋，为何真元居室。通过交谈，舜帝觉得何真元贤达智慧，品德高尚，决定破格封他为侯，并将当年西王母所献玉琯赠送何真元。何真元将玉琯珍藏在炼丹的石室秘处。后人因称何真元为何侯，称何真元炼丹的石室为何侯石屋。东汉时，零陵郡文学奚景（一作奚璟）拜谒舜帝陵，在何侯石室掘得十二支玉琯，献给皇帝，此石屋更名为玉琯岩。

第八节　舜葬九疑

舜帝去世后，人们按照当时的习惯，将舜帝的遗体埋葬在九疑山中。《周易·繫辞下》云：“古之葬者，厚衣之以薪，葬之中野，不封不树。”唐孔颖达疏：“不封不树者，不积土为坟，是不封也；不种树以标其处，是不树也。”当时“不封不树”，舜帝到底安葬在九疑山的什么具体地点，现已无从得知。但是，诸多古代文献对九疑山舜帝陵有所记载，诸多古代帝王对九疑山舜帝陵进行祭祀，诸多古代名人对九疑山舜帝陵进行咏颂，诸多考古发现，均印证舜帝崩葬九疑山。

一 古代文献对舜葬九疑的记载

《尚书·尧典》云："舜生三十征庸，三十在位，五十载陟方乃死。"这是关于舜帝去世情况的最早记载。

《国语·吴语》载："昔楚灵王不君，其臣箴谏以不入。乃筑台于章华之上，阙为石郭，陂汉，以象帝舜。"《国语》与《左传》等为同时代作品。章华台又名章华宫，是一个庞大的宫殿建筑群，自汉江筑坝引水，用石头筑成外城，按舜帝陵的布局设计而成。九疑属楚地。因此，《国语》的记载，也是与舜葬九疑有关的最早记载。

《竹书纪年·帝舜有虞氏》："五十年，帝陟……鸣条有苍梧之山，帝崩，遂葬焉。"《竹书纪年》为战国时魏国史官所作，但未面世，而随魏襄王埋葬于墓中，于西晋咸宁五年（279 年）出土。该书是最早提出舜葬苍梧的古籍。

《山海经》对舜帝卒葬九疑有多处记载。《海内南经》："兕在舜葬东，湘水南。"又云："苍梧之山，帝舜葬于阳，帝丹朱葬于阴。赤水之东有苍梧之野，舜与叔均之所葬也。"郭璞注："即九疑山也。"《大荒南经》："赤水之东，有苍梧之野，舜与叔均之所葬也。"郭璞注云："叔均，商均也。舜巡狩，死于苍梧而葬之，商均因留，死亦葬焉。基（墓）在今九疑之中。"《海内东经》："湘水出舜葬东南陬，西环之。入洞庭下。"《海内经》："南方苍梧之丘，苍梧之渊，其中有九嶷山，舜之所葬。在长沙零陵界中。"郭璞云："山在今零陵营道县南，其山九溪相似，故云九疑。古者总其地为苍梧也。"

《吕氏春秋·安死》："舜葬于纪市，不变其肆。"

《大戴礼记·五帝德》载："宰我曰：'请问帝舜。'孔子曰：'……舜之少也，恶悴劳苦，二十以孝闻乎天下，三十在位，嗣帝所，五十乃死，葬于苍梧之野。'"《小戴礼记·檀弓》则说："舜葬于苍梧之野，盖三妃未之从也。"他们都认定舜帝"葬于苍梧之野"。

《淮南子·修务训》："舜……南征三苗，道死苍梧。"又《淮南子·齐俗训》说："昔舜葬苍梧，市不变其肆。"

司马迁于元朔四年（公元前 125 年）亲赴九疑山考证舜帝陵，认定舜帝葬于九疑山。此后，他在《史记·五帝本纪》写道：“舜年二十以孝闻，年三十尧举之，年五十摄行天子事，年五十八尧崩，年六十一代尧践帝位。践帝位三十九年，南巡狩，崩于苍梧之野，葬于江南九疑，是为零陵。”

汉班固的《汉书》卷三十六载：“舜葬苍梧，二妃不从。”班固还在《白虎通义》卷下《德论下·巡狩》中说：“如是舜葬苍梧，禹葬会稽，于时尚质，故死则止葬，不重烦扰也。”

汉荀悦的《前汉纪》卷二十六《孝成三》载：“光禄大夫刘向上疏曰：‘昔黄帝葬桥山，尧葬济阴，丘垅皆小。舜葬苍梧，二妃不从；禹葬会稽，不改其亩。’”

魏王肃注《孔子家语·五帝德》载：“（舜）巡狩四海，五载一始。三十在位。嗣帝五十载，陟方岳，死于苍梧之野而葬焉。”

晋代皇甫谧的《帝王世纪》：“有苗氏叛，（舜）南征，崩于鸣条，殡以瓦棺，葬苍梧九疑山之阳，是为零陵，谓之纪市，在今营道，下有群象为之耕。”

晋陈寿的《三国志·魏志》卷二载：“盖舜葬苍梧，二妃不从。”

晋王嘉的《拾遗记》：“舜葬于苍梧之野。”

南朝宋范晔的《后汉书·赵咨传》称：“昔舜葬苍梧，二妃不从。”

南朝齐魏收的《魏书·皇后列传》载：“高祖……因谓群臣曰：‘舜葬苍梧，二妃不从，岂必远祔山陵然后为贵哉……’”又同书卷四十八“高允传”载：“昔尧葬谷林，农不易亩；舜葬苍梧，市不改肆。”

南朝梁沈约的《宋书·礼志二》载：“（晋）泰始二年诏曰：‘昔舜葬苍梧，农不易亩；禹葬会稽，市不改肆。’”

北魏郦道元的《水经注》：“营水出营阳泠道县南流出。西注迳九疑山下，蟠基苍梧之野，峰秀娄郡之间。罗岩九举，各导一溪，岫壑负阻，异岭同势，游者疑焉，故曰九疑山。大舜窆其阳，商均葬其阴。山南有舜庙，前有石碑，文字缺落，不可复识。自庙仰山极高，直上可百余里。古老相传，言未有登其峰者。山之东北，泠道县界，又有舜庙。县南有舜碑，碑是零陵太守徐俭立。”

唐李吉甫的《元和郡县志》卷三十《江南道五》载：“永州……《史

记》舜葬九疑，即此地也……永明县……九疑山在县东南一百里，舜所葬也。九山相似，行者疑焉，故为名。舜庙在山下。”

宋代王存等撰《元丰九域志》卷六《荆湖南路·道州》载：“古迹：舜陵在九疑山女英峰下。”

宋祝穆的《方舆胜览》卷二《道州·九疑山》载：“苍梧九疑之辨：《檀弓》去：‘舜葬于苍梧之野。’晋习凿齿云：‘虞舜葬零陵。’《元和郡县志》亦云：‘九疑，舜之葬也。’按太史公曰：‘舜南巡狩，死于苍梧之野，归葬于江南之九疑，是为零陵。’则是舜死于苍梧之野，归葬于零陵之九疑。《山海经》云：‘舜之所葬在今道州零陵县界。’苍梧、九疑当是两处，后人误引舜死之地以为舜葬之所耳。太史公遍历天下名山大川，必有所据。当从《史记》及《山海经》。……古迹舜陵，或云在女英峰下。《太平寰宇记》云：‘名永陵，自古禁樵采，置陵六户。’”

宋乐史的《太平寰宇记》卷一百六十一《岭南道五》载：“废冯乘县在州北一百二十里，汉旧县，属苍梧郡。隋大业二年隶零陵郡。皇甫谧云：‘舜葬苍梧九疑山，在冯乘县东，与道州营道县接境，皇朝废。’”

明徐宏祖的《徐霞客游记·西南游日记二（湖广）》：“二十四日，西五里为太平营，由此西北入山，多乱峰环岫。……如是十里至圣殿。圣殿者，舜陵也。”

《（乾隆）大清一统志》卷二百八十三《永州府二·陵墓》载：“虞帝舜陵在宁远县东南。《史记·五帝本纪》：‘舜葬于江南九疑，是为零陵。’注：《皇览》曰：‘舜冢在零陵营浦县。’《汉书·武帝纪》：‘元封五年，望祀虞舜于九疑。’《水经注》：‘九疑山，大舜窆其阳，商均葬其阴。’《太平寰宇记》：‘亦名永陵，自古禁樵采，置守陵户。’《方舆胜览》：‘（舜陵）在女英峰下。’本朝顺治九年，康熙七年、二十一年、四十二年，雍正元年、二年，乾隆元年、九年、十四年、十七年，俱遣官致祭。”

二　汉唐地图对九疑山舜帝陵的标记

西汉初，《长沙国南部地形图》明确标记舜帝陵在九疑山。汉文帝时，驻守九疑山一带的将领为长沙国丞相轪侯利仓之子。利仓之子死于汉文帝十二年（公元前 168 年），《长沙国南部地形图》与《长沙国南部驻军图》等随葬埋入坟墓之中。1972—1974 年，长沙马王堆考古发掘时，《长沙国南部地形图》等出土面世。2002 年，考古工作者在九疑山玉琯岩前发现舜帝陵庙遗址，经考古发掘，证实为秦汉至宋元时期的舜帝陵庙遗址。九疑山玉琯岩舜帝陵庙遗址与马王堆出土的《长沙国南部地形图》标记的舜帝陵庙遗址完全吻合一致。长沙马王堆西汉古墓的考古发现与九疑山玉琯岩的考古发现，为舜葬九疑提供考古学方面的支持。

唐代地图也明确标记九疑山舜帝陵。唐代文学家元结于广德元年（763 年）出任道州刺史。到任后，元结就去九疑山拜谒舜帝陵。元结去九疑山，是按照当时的地图行进的。他在《舜庙状》中说："谨按地图，舜陵在九疑之中，舜庙在大阳之溪。"

三　古代帝王对九疑山舜帝陵的祭祀

舜帝崩葬九疑山后，九疑山成为历代帝王祭祀舜帝的圣地。大禹是有记载的第一个祭祀九疑山舜帝陵的古代帝王。《（乾隆）大清一统志》载："禹南巡至衡山，筑紫金台，望九嶷山而祭舜。"秦始皇是有记载的祭祀九疑山舜帝陵的第二位古代帝王。《史记・秦始皇纪》载："三十七年十月癸丑，始皇出游……十一月，行至云梦，望祀虞帝于九疑山。"汉武帝则是有记载的第三位祭祀九疑山舜帝陵的古代帝王。《汉书・武帝纪》："（元封）五年冬，行，南巡狩，至于盛唐（今湖北荆州），望祀虞帝于九嶷。"唐玄宗开元六年（718 年），遣大臣张九龄赴九疑祭舜。

自明代开始，明清两朝将舜帝列入国祭，所有皇帝都毫无例外地派遣大臣赴九疑山舜帝陵祭祀舜帝。明代皇帝遣官祭舜达 14 次。清代是皇帝遣官祭舜次数最多的朝代，共 45 次，其中康熙朝 9 次，乾隆朝 12 次。明清两朝皇帝遣官祭舜情况，详见第四章《舜帝祭祀》第一节《历代祭舜活动》。

四　二妃寻夫

舜帝南巡时，娥皇、女英没有同行。《礼记・檀弓上》载："舜葬于苍梧之野，盖三妃未之从也。"

而舜帝南巡，"崩于苍梧之野，葬于江南九疑"后，娥皇、女英悲痛欲

湘妃祠

绝。她们千里迢迢从中原奔赴苍梧（九疑），寻找舜帝的陵墓。当走到九疑一带时，由于这里九峰相似，无法找到舜陵的确切位置。她们边寻边哭，直到眼泪哭干，滴出来的泪都是血。泪血挥洒在竹子上，竹子就印上斑痕，后人将这些竹子称为斑竹。最后，娥皇、女英在返回途中，双双殉情于湘水，并成为湘水之神。

为纪念娥皇、女英，后人在娥皇、女英千里寻夫经过的一些地方修建纪念性建筑，或以娥皇、女英命名一些地名。

相传娥皇、女英追寻舜帝至洞庭湖，被大风阻于洞庭山，曾在此暂住。娥皇、女英殉情湘水后，遗体飘浮到洞庭山，湖中 72 青螺把她们的遗体托出水面，72 青螺随后便化作君山 72 峰。当地人将娥皇、女英安葬于山之东麓，洞庭山改名君山。后来，人们又在君山修建了湘妃祠，以供奉娥皇、女英。

相传娥皇、女英千里寻夫，曾来到今蓝山县塔峰镇东南的石榴花岭。此山岭诸峰重重叠叠，如石榴花瓣逐层开放，故名。传说二妃在这一带停留休息时，忽然听说舜帝的消息，匆忙梳妆后就离开，连镜子都没来得及带走。因此，后人就在这里建一座皇英祠，以供奉娥皇、女英。英皇祠后山上有一块光滑如镜的巨石，人们就说这是二妃留下的镜子，便把这一带叫作梳妆台。

此外，湖南湘阴黄陵庙、永州市零陵区城北潇湘合流处的潇湘庙、广西全州二妃庙都是为纪念娥皇、女英而建。在九疑山，人们还把舜帝陵对面的山峰命名为娥皇峰，将舜帝陵旁边的一座山峰命名为女英峰，以示纪念。

岳阳君山二妃墓

娥皇、女英千里寻夫哭陵的故事，是为中国文学史上最早的有口皆碑的忠贞爱情故事。先秦以来，娥皇、女英与斑竹成为历代文人墨客吟咏的不朽题材，写下数以千计的咏颂娥皇、女英的诗词歌赋。其如屈原的《湘君》《湘夫人》，西汉刘向的《有虞二妃颂》，晋司马炎的《有虞二妃赞》，唐宋之间的《谒二妃庙》，李白的《远别离》，杜甫的《湘夫人祠》，钱起的《湘灵鼓瑟》，刘禹锡的《潇湘神》，宋梅尧臣的《湘竹》，苏轼的《竹枝歌》，叶梦得的《江神子》，金代元好问的《湘夫人咏》等。一代伟人毛泽东《七律·答友人》：“九嶷山上白云飞，帝子乘风下翠微。斑竹一枝千滴泪……”用的也是二妃寻夫的典故。

第二章 舜帝陵庙

舜帝陵山门

第一节　舜帝陵的地理位置与自然环境

一　地理位置

舜帝陵亦名零陵，又名永陵，位于湖南省永州市宁远县九疑山。

九疑山，一作九嶷山，又名苍梧山。晋郭璞《水经注·湘水注》云："九疑山盘基苍梧之野，峰秀数郡之间，罗岩九举，各导一溪，岫壑负阻，异岭同势，游者疑焉，故曰九疑山。"南朝梁任昉《述异记》云："九山相似，行者望而疑之，因名九疑山。"唐元结《九疑山图记》则说："亦云舜登九疑，疑已而悲，从臣有作九悲之歌，因谓之九疑。"

九疑山有广义与狭义之分。广义上的九疑山，指南方五岭山脉萌渚岭的北段，包括今蓝山大部，宁远、道县、江华三县各一部，总面积 2000 多平方千米。狭义上的九疑山，仅指以舜源峰为中心的九座山峰一带，即广义九疑山的宁远县境内部分，面积约 400 多平方千米。其地理坐标为：北纬 25 度 88 分至 26 度 26 分；东经 111 度 84 分至 112 度 9 分。千米以上高峰有 90 多处。最高峰粪箕窝海拔 1959.2 米。

在行政区划上，九疑山东与蓝山县境相连，南与江华县境交界，西与道县境界毗邻，北面紧接宁远县境舜陵镇。区内包括九疑瑶族乡、湾井镇、冷水镇的东城片、水市镇的香花铺片。从旅游交通来看，九疑山舜帝陵庙东邻苏仙，距京广线郴州火车站 136 千米；西傍桂林，距桂林市 224 千米；南接羊城，距广州市 416 千米；北通永州，距湘桂线永州火车站 137 千米。

舜帝崩葬于九疑山，这毋庸置疑。但西周以前，人死后"厚衣之以薪，葬之中野，不封不树，丧期无数"①。所谓"不封"，就是不垒坟堆；"不树"就是不植树作标记。帝王驾崩，也是这样。崩于高山，葬于高山，因

---

① 《周易·系辞下》。

山为体，不封不树。而坟丘墓出现于春秋晚期。因此，舜帝陵墓到底在九疑山哪个具体位置，今已难以稽考。现在的舜帝陵，有供祭祀的庙堂和陵碑而无墓冢，所体现的是历史的真实，无坟堆，依山为陵。

查考古代文献典籍，舜帝具体埋葬的地点有三种说法：

（一）三分石

三分石又叫三峰石，也叫舜峰、舜公石，海拔 1822 米，为九疑山第四高峰。位于宁远县与蓝山县交界处。民间传说舜帝为治水斩恶龙而死，就地埋葬于三分石一带。东汉文学家蔡邕在《九疑山铭》中，说舜帝是“解体而升”。这里的“解体而升”，就是天葬。舜帝在三分石去世后，就在去世的地方举行天葬仪式，因此三分石就是舜帝的长眠之所，亦即三分石就是舜帝陵。明万历《九疑山志》载：“三分石并峙如玉笋，如珊瑚。其上有仙桃石、步履石、马蹄石。尤以香炉石、三分石最精美，有足有耳，形质天然。峰上有冢，以铜为碑，字迹泯灭不可认，疑为舜冢。”清代诗人杨季鸾也在

三分石

舜帝陵与舜源峰

《游九疑望三分石》中写道："又言上有铜碑不识字，传是古帝陟方之所至。"①

（二）舜源峰

从舜帝陵庙遗址考古挖掘和明代以来现存舜帝陵庙看，舜源峰都被认定为陵山。

（三）女英峰

《太平御览·郡国志》载："女英峰，舜墓在此峰下。"

舜帝死后，为避免遭到对有虞怀有敌意的三苗极端势力的破坏，随舜帝南巡的大臣皋陶和其他人员商议，将舜帝悄悄埋在"九峰相似，望而疑之"的地方，不封不树，并且在九座相似的山峰下布下疑阵，使舜帝能够入土为安，免遭侵害。

还有一种当地的传说，认为舜帝是斩杀孽龙而死。为防止孽龙报复，山民将舜帝悄悄埋在九峰之中，并且将舜帝从都城带来的以保平安的宝瓶（即玛瑙瓮），也埋在山上。他们在九座山峰间布下疑阵，让人分辨不清，哪座山峰是舜帝陵。

女英峰

① 民国31年《宁远县志》卷二十二。

二　自然环境

（一）地质与地貌

九疑山位于南岭褶皱带北缘，岩石可分为三大类型。一类为沉积岩：有页岩、砂岩和灰岩以及第四系松散堆积物。页岩有砂质页岩、泥质页岩、钙质页岩、炭质页岩和硅质页岩等；砂岩有长石石英砂岩、泥质砂岩、钙质砂岩、含砾砂岩等；灰岩有石灰岩、白云岩、白云质灰岩、泥质灰岩、硅质条带灰岩、石遂石结核灰岩等。砂岩和页岩大部分呈互层出现，有的还夹有1~3层含硫高的劣质煤层。一类为变质岩：有变质砂岩、石英岩、千枚状板岩、千枚岩、板岩等。一类为岩浆岩：有黑云母花岗岩、二长花岗岩及斑状花岗岩。岩石坚硬，结构细密。岩体表面因差异风化影响，常形成球状风化壳。

受多次造山运动的影响，岩石应变复杂，地质构造呈现多样。对地貌影响较大的有：一是纬向褶皱带。加里东运动时期，区内变质岩系地层普通发生褶皱和断裂，并隆起成东西走向的南岭山系。其前缘断陷下沉，接受浅海或深海相物质沉积。二是径向断裂带。印支运动佚海相沉积物发生褶皱和断裂。控制南北向的古地貌形态。三是华夏式构造体系。燕山运动，大规模酸性岩浆侵入，破坏原来的构造，形成新的构造体系，决定本区域的古地貌形态。

早在元古代末期的雪峰运动，湖南省江南古陆形成，并隆起成山，遭受风化剥蚀，其前缘则形成南岭古海槽区，接受浅海相物质沉积，为山地构造地貌打下雄厚的物质基础。志留纪末期的加里东运动，强烈的挤压褶皱，使南岭古海槽的古生代地层隆起成山。尔后地壳以间歇性升隆为主，沉积上古生代浅海相碎屑岩和深海相碳酸盐类岩石建造。不整合覆盖于下古生代地层之上。中三叠纪末期的印支运动，泥盆系和石炭系地层普遍发生褶皱和断裂，形成径向构造体系。由于断裂影响，泥盆系下统、石炭系中统、上统及二叠系、三叠系地层缺失。此后地壳以上升为主，局部接受内陆碎屑物质沉积。中侏罗纪末期，燕山运动波及九疑山区。大量酸性岩浆侵入，地壳全面上升，奠定了现代地貌的原始面貌。此后的喜马拉雅运动及新构造运动，山区处于稳定上升遭受剥蚀状态。

九疑山区的地貌类型有平原、岗地、丘陵、山地等四种。平原面积31.87平方千米，分别分布在沿河两岸，以及碳酸盐类岩石之块断盆地，溶蚀面较平缓。岗地面积2.89平方千米，分布在石灰岩尖山与块断盆地之边缘。丘陵面积52.67平方千米，大部分呈孤峰出现，山尖陡峭，基座较平缓。山地面积436.57平方千米。根据海拔高程，比高和坡度不同，可分为低山、中低山、中山等三类。其中，低山面积73.46平方千米，由变质岩、砂页岩及石灰岩组成，分布在山区北部前缘部位；中低山面积178.78平方千米，由变质岩、砂页岩、石灰岩及花岗岩组成，分布在中山与低山的过渡带；中山面积184.33平方千米，由变质岩和花岗岩组成，分布在山区的最南部，南岭山脉的山脊。

九疑山区地貌总的特征是：南部为花岗岩及变质岩分布区，山高、谷深、坡陡。受地质构造控制，山脊脉络清晰，脊谷相间。山势雄伟，峰峦叠嶂。北部系碳酸盐类岩石分布区，为典型的喀斯特地貌。由于岩石结构细密、硬而脆，在地质内力作用下，易断裂、破碎，产生断块和节现裂隙。雨水沿裂缝不断渗漏、溶蚀。天长日久，岩石变得千疮百孔。随着地壳不断上升，地下水位不断下降，则出现暗河和大小不一的溶洞。此后再经含碳酸钙水溶液的不断溶蚀聚集，生成各种形态的石笋、石钟乳、石柱、石幔等，成就溶洞中的美丽自然景观。在地壳升降运动中，上升的块断，则形成一座座孤峰。再经外营力风化，表面参差不齐，形状千姿百态。

（二）土壤与植被

九疑山区土壤分布面积50244公顷，占总面积的93.0%。有8个土类：稻田土，面积2966公顷，分布于岗平区，种植水稻等粮食作物；潮土，面积13公顷，分布于溪河两岸，种植烤烟等经济作物；红壤，面积2.43万公顷，分布于海拔500米以下的低山、丘陵和岗地。有果木林及经济林等，或辟为旱土，种植经济作物；山地黄壤，面积8100公顷，分布于海拔500~800米的中低山区，是经济林生长带；黄棕壤，面积1.16万公顷，分布于海拔800米以上的中山区，生长灌木和草本植物；黑色石灰土，面积1473公顷，分布在石灰岩山丘裸露地区，生长乔木、灌木和草本植物；红色石灰土，面积1700公顷，多见于山麓坡地、谷地及剥蚀阶地，生长松树、油茶、灌木及草本植物；紫色土，面积66公顷，仅局部出现，可见裸露紫色砂页岩基岩。生长松树和油茶。

亚热带各类植物在九疑山区均有生长，形成八类不同的植物群落。

薪炭林：多见于石灰岩裸露地段，中低山溪谷地段，以及村庄前后的林木禁山。以马尾松及各种杂木为主，下层草本植物繁茂。

油茶、马尾松混交林：主要分布在丘陵和岗地区。以油茶为主，夹有马尾松，下层草本植物疏稀。

针阔叶混交林：以杉木为主，分布在海拔 800 米以下的广大中低山、低山地区。九疑山林场为主要产区。下层生长草本植物及灌木。

针叶或阔叶散生林：多见于江河两岸，道路两旁及村庄内外。有苦楝、乌臼、泡桐、银杏、樟树、枫木、河柳、棕榈、女真等树种。

果木林：以柑橘和木奈李为主，次为柿、枣、桃、梨、杨梅、板栗等。种植在岗地及丘陵山坡脚。

竹林：分布在中低山及低山的山腰及溪谷地带。以楠竹为主。其次有苦竹、茅竹、钓竹、方竹、斑竹、罗汉竹等。下层草本植物茂盛。

草本植被：分布在海拔 800 米以上的中山区。在各地稀残林地带以及禁山区也有分布。

水生植被：分布于溪沟、水库、池塘、稻田。有牛毛毡、四叶莲、金鱼藻、眼子菜、看麦娘、马鞭草等。近年，人工培植红萍、青萍、水花生和水浮莲等品种。

（三）气候与水文

九疑山区属南亚热带季风湿润气候区。海拔 300~1900 米之间，地势南高北低，山峦起伏重叠，脊谷相间，地形复杂，气候多样。总的特征是：

日照时间短，气温年差较小。山区内的住龙门村（海拔 982 米）全年平均日照 810.8 小时，年均气温在 13℃ ~17℃ 之间。七月最高气温 22.7℃，一月最低气温 3.8℃，年较差温度 18.9℃。

垂直分带性明显。山区气候随着海拔每升高 100 米，气温降低 0.48℃；≥10℃的活动积温减少 190℃~200℃，初终日间隔日数缩短 5~8 天；无霜期缩短 12 天；雨量增加 50 毫米左右。影响植物生长的垂直分带性。

霜雪早，冰冻严重。“寒路风”一般出现在八月末，十月下旬可见初霜，十一月开始降雪和冰冻。危害严重的冰冻常出现在一月下旬至二月上旬，竹木出现断尾现象。

雨量充沛。山区年降雨量在 1700~2000 毫米之间。最高达 2840.2 毫米。且雨量集中，四至六月达 960 毫米，占全年降雨量的 47%。降雨强度大，常为暴雨或大暴雨。

九疑山区水资源十分丰富，且水质优良。发源于九疑山区的地表径流有两条。一条是泠江河；一条是九疑河。

泠江河，唐代曾名迟水。大小支流 21 条，主支流两条。一曰东江，发源于团圆山的东麓；一曰西江，发源于团圆山的西麓。两条支流在下灌村的文星塔前汇合后流经东城、泠水、宁远县城，在道县境地注入潇水。全长 58.2 千米，县境流域面积 552.9 平方千米，落差 1125 米，坡降 19.3‰，河口多年平均流量 16.8 立方米/秒，多年平均径流量 5.298 亿立方米。

九疑河，旧称潇水。大小支流 44 条。主支流一曰子江河，源于三分石紫荆山；一曰母江河，发源于婆婆石、黄龙山。两水在北门坳汇合后，为九疑河，流经鲁观洞、香花铺、水市、大阳洞，注入道县境内。流程 50.8 千米，县境流域面积 46.8 平方千米。落差 1045 米，坡降 20.5‰，河口多年平均流量 14.09 立方米/秒，多年平均径流量 4.446 亿立方米。

九疑山区地下水类型有三类：一类为松散岩类孔隙水。分布在河流沿岸的河漫滩和一级阶地中。含水层为砾卵石。泉井出露位置较低，涌水量不大，只作为分散居民的生活用水。一类为基岩裂隙水。地表水沿基岩裂隙渗漏，并富含其中，再沿裂隙通道流出地面。还有一类为碳酸盐类岩石岩溶水。在雨水（特别是含 CO_2 的酸雨）渗漏作用下，在裂隙集中部位则形成溶洞，沿破碎带则形成暗河。地下水多以自流井或承压井的形成流出地面。

九疑山区，溪流纵横，森林繁茂，植被覆盖率高，含水性好，水源由大气降水补给，无污染源。无论是地表水或地下水，都清澈透明，悬浮物含量极低，细菌单位含量及各种有害元素，含量都在国家标准以内，经取样化验，完全符合饮用水标准。

第二节　先秦至民国时期陵庙变迁

一　先秦时期

舜帝祭祀大庙始建于夏代。民国《宁远县志》载："舜陵在九疑山中，舜庙在大阳溪，盖三代时祀于此，其遗址在白鹤观前，土人呼为大庙。""大阳溪"指潇水一级支流九疑河流经宁远县天堂镇大阳洞村的一段河流。"白鹤观"即白鹤亮翅，位于今大阳洞村北望岗寨。望岗寨又名望岗石，相传是舜帝二妃站过的地方，因此又叫望帝台。1993 年在大阳洞村牛头山旁，人们取土制砖，挖出双孔石制钺。石钺长 10 厘米、宽 5 厘米、厚 0.5 厘米，为柔石制成。显然不是实用器物，而是祭祀用器。

舜庙所在大阳之溪，常年溪流不断，跌宕成瀑，迂回着潭，绿树环绕，鸟语花香，以至为春秋时期的楚灵王所向往。为在列国面前展示楚国实力，楚灵王在自己的都城，仿照舜陵庙造章华台。对此，《左传·昭公七年》载："楚子成章华之台，愿与诸侯落之。"杜预注："台在今华容城内。"《水经·沔水注》："台高十丈，基广五十丈。"由此可见章华台规模之大。《国语·吴语》："昔楚灵王不君，其臣箴谏以不入，乃筑台于章华之上，阙为石廓，陂汉，以象帝舜。"韦昭注："舜葬九疑，其山体水旋其丘，故率先汉江水伎旋石郭，此象之也。"亦即章华台是仿九疑山舜帝陵庙的式样建造的。

二　秦汉至宋元时期

（一）秦代移舜帝陵庙于玉琯岩前

秦朝时，舜帝陵庙迁建到玉琯岩前。此迁建，历代文献均有记载。唐代道州刺史元结曾奏报朝廷："谨按地图，舜陵在九疑山中，舜庙在大阳溪。舜陵古老已失，大阳溪今不知何处。秦汉以来，置庙山中，年代浸远，祠宇不存。"[①] 清代吴绳祖所修《九疑山志》云："舜庙在大阳溪的白鹤观前……秦时迁于九疑山中，立于玉琯岩前百步。"《中国风物志丛书·湖南风物志》载："舜庙，相传秦汉前建在大阳溪，秦汉时移到玉琯岩前，至唐，庙宇已圮毁。元结作道州刺史时，为了便于祭祀，在道州城内另建了一座舜庙。唐僖宗时，又将庙迁回玉琯岩下，并有敕建舜庙碑文。"（湖南人民出版社，1985 年 8 月出版）

（二）西汉帛书地图上的舜帝陵庙

20 世纪 60—80 年代，九疑山玉琯岩村民建房，用上秦砖汉瓦，引起考古工作者的注意。马王堆 3 号墓帛书《地形图》的发现，为考古工作者寻找古舜陵庙遗址提供新的契机。2001 年 12 月，湖南省文物考古工作者在九疑山瑶族乡九疑洞村玉琯岩附近考查，发现大型古代建筑遗址。从 2002 年春季开始，考古工作者对舜庙遗址进行考古发掘，历时 4 年，于 2005 年取得阶段性重要成果。发掘揭示：遗址的最上层是宋代建筑基址，宋代舜帝陵庙基址之下直接叠压着唐代的建筑基址。在宋代陵庙基址边缘的护边地基青砖叠压着唐代建筑的护边地基青砖；宋代陵庙殿堂的柱基地坑打破唐代殿堂的柱洞，唐代殿堂柱洞中出土有晚唐瓷碗；唐代地层堆积中还出土不少的唐代建筑物件及唐代瓷器等文物。在遗址西南部唐代陵庙基址之下，进一步发现汉代的建筑基址和秦代建筑遗存。经李学勤、张忠培、黄景略等著名先秦史专家、考古学家认定，这一大型古代建筑遗址为秦汉至宋元时期舜帝陵庙遗址。

秦至西汉，九疑山舜庙，是当时规模最大的祭祀庙宇。这一点，从长沙马王堆出土的西汉地图可以看出来。1972 年中国考古界在湖南长沙马王堆三号汉墓，出土两幅帛书地图。这是到目前为止，中国发现的保存最早的地图。这两幅地图的主区域，都是深水流域，即现在湖南永州湘江上游的潇水流域，亦即九疑山地区。图中绘有 33 条河流，其中 9 条标有河的名称。这些河流都画得非常准确，与现在的潇水水系完全一致。在九疑山的南侧画有一处建筑物，建筑物的前面画有 9 条柱状物，中间画有 5 个"∧"形屋脊，建筑物旁注"帝舜"2 字。中国著名历史学家、复旦大学历史地理研

① 《次山集·舜庙状》。

究室谭其骧教授说："这座建筑物即舜庙，9 条柱状物当系舜庙前的 9 块石碑。将著名建筑物夸大地画在地图上，这是古今地图贯用的手法，并不足奇。"[①] 将建筑物夸大地画在地图上，可见舜庙当时的规模及其影响之大。汉武帝时期，为对九疑山舜帝陵加强管理，还对行政区划采取特殊措施。元鼎六年（公元前 111 年）为使泠道县集中管理好舜帝陵，将泠道县的西南部划出来，单独成立营道县。玉琯岩舜帝陵庙遗址的汉代建筑基址，已经揭露的面积仅 175 平方米，秦汉舜庙规模到底有多大，还有待遗址继续发掘。

（三）王莽扩建舜帝陵园

在西汉与东汉之间，王莽曾经大规模修建九疑山舜帝陵庙。《汉书・王莽传》载，建国元年（公元 8 年），王莽下令在九疑山修建"虞帝园"，即把舜庙的规模扩大，规格提高，以便于皇家祭祀和陵园管理。同时王莽还下令将当时的零陵郡改为"九疑郡"，将九疑山下的泠道县改为泠陵县，将营道县改为九疑亭。

（四）东汉三次修葺舜帝陵庙

东汉时，光武帝建武元年（25 年）恢复零陵郡、泠道县、营道县的名称。从玉琯岩舜帝陵庙遗址考古分析，东汉时期，舜帝陵庙进行 3 次大的维修，经历 3 个建筑阶段，从而使舜帝陵庙保持良好的状态。

（五）魏晋南北朝时舜帝陵庙遭到破坏

魏晋南北朝时期，玉琯岩舜帝陵庙依然存在。东晋罗含《湘中记》载："衡山、九疑皆有舜庙。太守至官，常遣户曹致祭修祀。"魏郦道元《水经注・湘水注》云："衡山、九疑，皆有舜庙。太守至官，常遣户曹致敬修祀，则如弦歌之声。"但从玉琯岩遗址考古情况看，六朝时，舜帝陵庙始终没有达到汉代的规模和水平。至南北朝时，由于改朝换代频繁，战乱不断，九疑山舜帝陵庙不能正常管理，以至破烂不堪。"石老碑文古，庭荒蚁穴深"[②]。

（六）唐代舜庙变迁

隋朝战争频繁，当权者无暇顾及舜帝陵。舜帝陵庙未能及时整修，逐

① 谭其骧《两千一百多年前的一幅地图》，原载《古地图论文集》，文物出版社，1975 年。

② 唐刘驾《虞帝庙》诗。

年破败。唐太宗贞观元年，诏令“凡天下州县有古帝王陵寝在者，皆加唐字”（明蒋璜《九疑山志》）。因此，舜陵所在泠道县更名为唐兴县，后又更名为延唐县（今宁远）。舜陵庙所在地虽然改为延唐县名，但陵庙没有大的修建之举。以至“年代寝远，祠宇不存”①。

唐代宗广德元年（763 年），元结任道州刺使。面对九疑山舜帝陵庙破败，他具《舜庙状》向朝廷请求，在道州城西的山下立庙祭祀舜帝。元结的主观愿望是要将舜庙迁至州治，既可以免去每年祭舜跋涉九疑的劳苦，又有建庙的政绩。因此，他先斩后奏，在道州西山建起舜庙。上奏章时，明明有墓碑，他却说“古老已失”；“大阳”之名至今还在，他却说“今不知处”。道州舜庙建成后，对舜帝的祭祀活动也改在道州进行。

唐僖宗乾符年间（874—879 年），长沙人胡曾代延唐令，请求朝廷同意，将舜庙复立玉馆岩前。延唐令随即奉诏重修舜陵庙，舜庙恢复原制，朝廷祭舜又回到九疑山。此后，九疑山玉琯岩前，香烟缭绕，钟鼓常鸣。

（七）宋太祖重修舜陵庙

南方雨水多，空气潮湿，砖木结构的房屋，必须三年一次小修，五年一次中等规模的维修，十年一次大规模的维修，才能保证房屋正常使用。九疑山中，空气潮湿的现象更为突出，因此舜陵庙中的木制材料容易腐朽。唐朝末年、五代时期，战乱频繁，统治者无暇顾及九疑山中舜陵庙的管理，加上九疑山瑶民起义，社会动荡，舜陵庙管理陷于瘫痪，年久失修，几近荒废。

北宋王朝建立后，舜帝陵庙的保护与管理得到加强。宋太祖建隆年间（960—963 年）即下诏，命令当时的道州刺使、检校太保王继勋重修九疑山舜帝陵庙。知制诰张澹奉敕撰碑文。《宁远县志》载：“宋建隆初，刺史王继勋奉诏重修。兼知制诰张澹奉敕撰碑”。宋代建隆年间九疑山舜帝陵庙，是在唐代的基础上扩大重修。宋代第二次大修是在乾德六年（968年）。据乐史宋本《太平寰宇记》残卷，其中载“皇朝乾德二年，荆湖转运史张永锡奏以户口少，其大历县、春陵场割入延唐县，其延唐县又奉敕改为宁远县。舜庙在县南六十里九疑山，乾德六年敕置。”亦即宁远县刚建县，

---

①《次山集·舜庙状》。

第一件大事就是兴建舜帝陵庙。这一记载被 2002—2004 年的湖南省考古所玉琯岩舜帝陵庙遗址发掘所证实①（见图）。

从 2002—2004 年的九疑山舜帝陵庙遗址四次考古发掘所露面的宋代遗址看，当时的舜陵庙总面积约 3.2 万平方米，规模宏大，主要建筑有后殿（寝殿）、主殿（正殿）、前殿（献殿）、昭穆殿、配享殿、厢房夹室、亭榭。

北宋开宝年间瓦当

后殿（寝殿），位于建筑群北端，长 24.8 米，宽 16.8 米，面积 416 平方米。大门左右皆设回廊。回廊以灰白胎青黑衣饰“仙鹤云气纹”方砖铺成。砖面轮廓及花纹因长期磨蚀而稍显模糊。后殿左、右翼为完全对称配置的昭穆殿。

主殿（正殿）长 36.8 米，宽 23.8 米，单元建筑面积 876 平方米。四周回廊宽度与后殿一致，为 160 厘米。铺地方砖除后殿前廊所见灰白胎青黑衣饰“仙鹤云气纹”外，同时杂见橙黄素面砖和青灰色素面砖，显系修补所致。殿内立柱四十根，距离（中心点到中心点）为 400 厘米。殿中央过道两旁立柱柱径为 100 厘米，过道间宽度为 400 厘米。主殿两侧为“配殿”建筑。

昭穆殿，比邻轴心大殿如后殿（寝殿）、主殿（正殿）以及前经勘探尚未纳入正式发掘的前殿（献殿）。昭穆殿共六座，即三昭三穆，合乎秦汉以来帝庙营造法则中的七庙之制。

配享殿，比邻昭穆殿，方长 8.8 米，面积 78 平方米，数量与昭穆殿一致。

厢房夹室，处于“配享殿”之间，单元厢房内 27 柱，面积 554 平

① 乾德六年为968年，图中瓦当有“开宝”二字，开宝为赵匡胤使用的最后年号。

方米。

亭榭为厢房两侧的小型建筑，面积为 4 平方米，功用当属焚香亭、省牲房一类，多属南宋时扩建。

唐宋时期的舜陵庙的建筑规模比现在的陵庙规模要大，正殿要大 188 平方米，寝殿比现在的寝殿要大 165 平方米。

三　明清、民国时期

（一）明代迁陵庙于舜源峰下

南宋以后，朝代更替，经济衰败，处于深山之中的舜陵庙，无官银支持，又无社会捐助，失去维护和管理的经济来源。由“守陵户”发展起来的“祭户村”，村民们的经济来源已经完全脱离舜陵庙，开荒种地，自给自足。对于陵庙，他们由疏于管理，逐步扩展到不予管理，舜庙渐渐破损，荒芜。

明王朝建立后，朱元璋遣使访先代陵寝，确认舜帝陵在九疑山后，派专人前往九疑山，走访查看舜帝陵，绘制九疑地形图，为重修舜帝陵庙作准备。朱元璋的特使不仅绘制舜帝陵庙图，还将整个九疑山地形绘制出来，带回南京。最后决定，将舜陵庙迁建至陵山舜源峰北面山麓。明太祖派遣翰林学士雷燧（一作雷敢）前往九疑山迁建舜帝陵庙。

明洪武年间在舜源峰下所修舜帝陵庙，坐南朝北，规模较汉代小，占地 21000 平方米，有献殿、正殿、寝殿。正德十六年（1521 年），永州推官王端之重修舜庙正殿，增设香亭三间、仪门三间、左右斋廊各三间。

明朝末年，舜帝陵庙日益颓败，无人修葺。崇祯时期，据《徐霞客游记》对当时的陵庙记载，徐霞客游九疑山舜帝陵庙时的记录可以看出，当时的陵庙，只有供祭祀用的正殿和碑亭。正殿为三楹，门额上写着“虞帝寝殿”。再往上又有一间，仅一楹，门额上写着“舞于遗化”，屋中有虞帝的牌位，实为碑亭。

（二）清代扩建舜帝陵庙

从顺治八年（1651 年）开始，皇帝亲政、平定三藩、平漠北、万寿等朝廷大事都派官员来九疑山祭舜。每当皇帝直接派官员祭舜时，舜帝陵庙都有一次大的整修。有时，朝廷还拨专款予以扩建。

康熙四十五年（1706 年），九疑山舜帝陵进行过一次维修，具体情况不详。

雍正二年（1724 年），九疑山舜帝陵再次进行修葺。这次修葺，永州郡守刘章所撰《重修虞庙碑记》有详细记载（见第七章《舜陵艺文》第二节）《文赋·碑文》。从刘章《重修舜庙碑记》可知，雍正二年，舜帝陵庙只存正殿和一亭子。永州郡守刘章陪朝廷遣祭官杨汝谷祭祀舜陵时，见陵庙颓废，愿捐俸禄修建舜陵庙。这一次修建，落成于雍正二年十月至十一月，修建三楹正门，一栋省牲亭，两旁立朝房各三间；正殿增瓦补葺窗棂；周围筑墙三十四丈。

乾隆年间（1736—1796 年），多次对舜帝陵庙进行修葺扩建。据《钦定大清会典则例·卷八十二·礼部·祠祭清吏司·中祀一》载《乾隆元年谕》："各省帝王陵庙均宜严肃整齐，以昭敬礼。闻湖广地方，炎帝神农氏陵庙，殿宇墙垣丹雘合度；而帝舜有虞氏陵庙规模狭隘，丹青剥落，不足以肃观瞻。著该督抚转饬有司，动用公项，即行开修葺。其他处陵庙若有类此者，著该督抚委官察勘，动用存公银酌量修理，务令完整。再，各陵向来未设陵户无人看守者，可酌设数户，令其专司巡察洒扫，永著为例。钦此。"此后，朝廷拨巨款对舜帝陵进行扩建，使舜帝陵庙规模更为宏伟。扩建后的陵庙规模为正殿三楹、后殿一楹、龙亭一座，拜亭一座、东西朝房各三间、大门一楹、两旁碑亭各一座。据清迈柱《雍正湖广通志·卷一百十九·杂纪二》载："舜陵古杉。舜陵有古杉十五，左十一：连理而三者一，连理而二者二，各植者四；右四：连理而二者一，各植者二。围可八尺，稍次亦六七尺，高可三百尺，势俱参天。先是凡十六，宁远以修孔庙伐其一，伐之日，风雷震动，声闻数十里，工师奔仆欲绝。"

嘉庆年间（1796—1820 年），又对舜帝陵庙进行修葺。修葺后的舜庙图见《附录三·旧志九疑山图》。

（三）民国时期的舜帝陵庙

民国时期，战乱不断，各级官员无暇顾及舜帝陵庙，因而舜帝陵庙逐年荒废。民国 24 年（1935 年），一村民将自己的母亲葬在舜帝陵舜源峰上，周围村民为保护舜帝陵，逼迫他迁走坟墓。此村民怀恨在心，纵火焚庙，后殿悉为灰烬。民国 31 年（1942 年），湖南省政府拨款重修正殿，但未按原样修复，仅为一般屋宇，其规模狭小。当时舜帝陵庙仅存午门、修复的狭小的正殿和部分祭舜碑刻。其余皆为遗址。部分景观保持较好。庙内碑刻未移动，虽然墓碑和抚瑶颂碑裸露在外，但石料风化较少，其余祭碑整齐的竖立在正殿西侧。

舜帝陵原有古杉 16 株和两棵楮树。两棵楮树，高大挺拔，枝繁叶茂，树干粗大，八人联手无法围拢。威风凛凛的大楮树，象两个守陵的将军，人们变称之为“将军树”。清代知县石光陛曾作诗赞颂：“古杉十五皆合抱，生者苍劲乾不摧。昔吐天灯今含雾，雨后晴初观几回。双楮旧袭将军号，摩天拔地何年栽。乾坤正气受应足，鬼神呵护雨露培。枝柯交加广清荫，抑郁磊落真奇才。”

第三节　陵庙抢救性修复

1978 年改革开放后，社会各界强烈要求修复舜帝陵庙。1992 年，宁远县报请省文物局和国家文物局同意，对舜帝陵庙进行全面抢救性修复。按照省文物局抢修设计施工方案，经过九年努力，搬迁占用并影响舜帝陵建筑的九疑山学院、九疑中学、九疑山小学、九疑山瑶族乡政府和乡卫生院，搬迁九疑山村 42 户民宅，修建民族商业街。为恢复原貌，先后征地扩宽 6 公顷，使整个舜帝陵所管辖面积恢复到 8.12 万平方米。其中宫墙内 3 万余平方米，宫墙外 5 万余平方米。修复后的舜

抢救修复后的舜帝陵庙

帝陵沿中轴线从里往外有寝殿、正殿、拜殿、午门、山门、神道、金水桥和左右厢房、湘妃池、围墙、厕所等。整个建筑沿用明清风格，木架结构，红墙黄瓦，飞檐斗拱，金碧辉煌。在用材上，石柱、木柱口径大，通体高，用量多。从金水桥至寝殿，所有甬道均用麻石铺设。1998 年 12 月 19 日，舜帝陵抢救修复的各项建筑工程全面验收。舜帝陵修复工程总造价 1900 余万元。

一　抢修缘起

中华人民共和国成立后的很长一段时间里，舜帝陵庙的修葺未能引起重视。寝殿、碑亭相继坍塌。1962 年，一乞丐烤火取暖，失火烧毁拜殿。“文化大革命”中，石料石碑被随意搬走，用于塞坝砌墙。1974 年，农业学大寨运动中，围墙及西厢房被拆毁修建养猪场。大部分祭舜碑被搬去修建电站。

修复前的舜帝陵庙

20 世纪80年代，舜帝陵庙内所存无几，破烂不堪。午门是陵庙中当时唯一一座稍微完整一点的残存建筑。它是一栋风火墙、小青瓦，南北两倒水的民居式的房屋，宽 24 米，深 12 米，高 9 米，砖木结构。从照片画面，可见黑色小青瓦和屋顶风火墙。正殿已经荡然无存，只能从平整的地基痕迹上，看出正殿原有的规模。在地基的东南角，搭建临时小屋，作学校的保管室用。帝舜有虞氏墓碑裸露在山脚。寝殿已经完全消失，只剩下一块墓碑，上有隶书“帝舜有虞氏之陵”。庙中原有一株参天大树苦槠树，旧称“将军树”。20 世纪 60 年代末，将军树逐渐干枯，空洞的树心，成为养猪的地方，80 年代全部枯朽。古杉未留下一棵。陵庙内东面，近 3 万平方米，已做中学校舍。陵庙北面，近百年来，已经逐渐形成以泥木结构为主的街道和九疑山市场；陵庙西面，新建九疑山乡政府、乡医院。

1981年，农林科学家、教育家、中国农业大学原校长乐天宇回到家乡宁远，自费创办中国改革开放后第一所民办高校——九嶷山学院。经宁远县委、县政府同意，将校址选在舜帝陵。乐天宇在办学的同时，积极保护舜帝陵庙，多方寻找散失民间的历代帝王祭舜碑等文物，并多次建议开发九疑山，修复舜帝陵。11月13日，中国人民解放军军事学院院长萧克到九疑山学院看望乐天宇，建议要保护舜帝陵庙。乐天宇和萧克的建议，引起零陵地区和宁远县领导的重视。为此，宁远县委、人大、政府、政协主要领导研究，决定募集资金开发九疑山，并成立以县政协主席蒋仕合为主任的修复舜帝陵开发九疑山风景名胜区募捐委员会，开展募捐活动。随后，又以募捐委员会名义，印发一封致宁远籍在外地工作及旅台同胞的募捐信。县内各机关单位、学校和厂矿也进行募捐布置。这是中华人民共和国成立以来，专门为修复舜帝陵开展的募捐活动，开舜帝陵募捐之先河，共募集捐款4.32万元。

1983年，舜庙被湖南省政府重新公布为省级文物保护单位。1985年，县文物管理所成立。为保护庙内现存的石碑等文物，报请省里拨款3.5万元，修建围墙。

1989年，宁远县决定首先修复舜陵寝殿（即陵碑亭），以保护陵碑。县委指定副县长汤保山负责。经预算，修复陵碑亭需资金8万元。除原来募集的4.32万元捐款，又争取省文化厅文物处拨款5万元。1990年，陵碑亭修复完工。

1992年4月，为申报革命老区，中共宁远县委、县政府派欧学实、欧利生等7人前往北京，拜会乐天宇生前好友萧克。萧克认真听取九嶷山开发工作汇报，并在当晚为九嶷山题词："保护历史文物，开发九嶷山。"随后，欧学实、欧利生把萧克接见的情况，向正在中央党校学习的中共零陵地委书记秦光荣汇报。秦光荣要求中共宁远县委、县政府组建专门班子，制定建设规划，加强对外宣传，以修复舜帝陵庙的活动，带动整个宁远的对外开放。

二　抢修前期工作

（一）组织领导

1992年4月26-28日，中共宁远县委召开常委扩大会议，研究舜帝陵的抢修与九嶷山风景名胜区的开发，并决定成立筹备小组，进行前期准备工作。7 月，正式成立九嶷山开发指挥部：由县委书记周建达任政委，县长张复卿任指挥长，县委副书记蒋国武任常务副指挥长，欧学实（县委常委、县委宣传部长）、单平（副县长）、管玉湘（县政协副主席）、欧利生（县政府办副主任兼调研室主任）任副指挥长。指挥部具体分工：蒋国武协助政委、指挥长工作，侧重抓资金筹集和资金使用的审批；欧学实主抓宣传，协助蒋国武资金筹集；单平负责规划设计、交通设施、舜源峰公园建设；管玉湘负责对外联络、引进外资、争取港澳支助和本县资金筹措；刘玉娥抓森林公园、景区卫生设施建设；欧利生负责办公室工作和跑项目。

1992 年 8 月 24 日，在零陵地区潇湘宾馆三楼会议室，中共零陵地委书记秦光荣主持召开九嶷山开发专题会议。参加会议的有地委常委、地直机关单位主要负责人，宁远县委书记、县长等。会议听取宁远县长张复卿关于抢修舜帝陵庙、开发九嶷山的情况汇报并进行讨论。最后，秦光荣宣布常务副专员朱泽民直接负责舜帝陵庙抢修工作。

（二）奠基典礼

在接到国家文物局动工通知后，宁远县开始筹备工作，组建奠基典礼筹备委员会。参照民俗和考虑到海内外各界人士对选择吉日的重视，奠基仪式定为 1993 年 3 月 25 日（农历癸酉年三月初三）。

中共零陵地委书记秦光荣在奠基典礼上讲话

1993 年 3 月 25 日 7 时，举行祭祀仪式，祭文随之焚烧。随后，祭祀人员破土将奠基石放好，石碑上浇上鸡血。9 时 30 分，县长张复卿宣布，舜帝陵庙抢修工程奠基典礼开始。中共宁远县委书记周建达在奠基仪式上致欢迎词。典礼筹备委员会主任、行署常务副专员朱泽民代表抢修舜帝陵筹备委员会表示祝贺。中共零陵地委书记秦光荣代表地委、行署讲话。随后，秦光荣、谭冬梅、朱泽民、周建达为抢修舜帝陵剪彩。各位来宾、海外同胞挥铲奠基。奠基典礼结束后，抢修舜帝陵进入实质性的工程建设。

1993 年 9 月 26 日，为协调各方关系，加速九嶷山风景名胜区建设，宁远县委、县政府研究决定，成立九嶷山风景名胜区协调领导小组，由副县长欧利生任组长，负责协调处理建设中的相关事务。

（三）拆迁安置

1994 年 4 月 16 日，为加快九嶷山风景名胜区开发，中共宁远县委决定调整九嶷山风景名胜区开发指挥部成员，由县委书记周建达任指挥长、欧日粉任常务副指挥长，李永祥、欧学实、易光明、周杰明、欧利生、管玉湘任副指挥长。1994 年 4 月 4 日，指挥部一行 20 多人，带着行李，开赴九嶷山，安营扎寨。

根据九嶷山建设总体规划，九嶷山村及乡直机关单位需要搬迁。九嶷山村搬迁至舜帝陵右前方。建两条街道，每户为 6×15 米，户与户之间为翘檐风火墙，一层为钢筋混凝土结构，房顶为青砖青瓦。九嶷山村 53 户村民要全部搬迁至舜帝陵右前方，从而为舜帝陵修复提供场地。

搬迁前的九疑山村

建设中的民族商业街

新建成的民族商业街

三　抢修规划与设计

（一）工程设计

1992 年 6 月，国家文物局以抢修文物予以立项，并拨付 5 万元，作前期立项工作经费。要求尽快上报工程设计图纸，以便审批。同年 6 月，宁远县以工程指挥部名义委托省文物局负责抢修舜帝陵庙工程设计。8 月下旬，省文物局工程师段承烈领头，组织全省各地州市的文物古建设计技术人员，住进宁远文庙，集中时间与人力，设计抢修舜帝陵庙工程。古建技术员经过 26 天的努力，全部完成舜帝陵庙工程设计。

9 月 25 日，在省博物馆马王堆陈列馆会议室，召开舜帝陵工程设计审议会议。参加审议的有省人大常委会副主任黄道奇、省文化厅长金则恭、省文物局长谢辟庸、原局长侯良以及湖南大学教授、省财政厅、省建委相关人员。会上，宁远县长张复卿说明抢修舜帝陵的意义，段承烈对照设计图纸予以介绍，并加以解释。与会专家进行认真讨论。张复卿代表宁远县对设计图纸提出十条建议：一要“重建”改“抢修”；二要改“舜庙”为“舜陵庙”；三要修得古朴、雄伟、庄严、肃穆；四要将午门与拜殿距离再拉宽一点，20 米太短；五要改建墓碑亭；六要加东西两条侧门；七要保存现有古树；八要设计图与说明要相符；九要将正殿加宽，设计只有 24 米，文庙还有 28 米，舜陵庙应超过文庙正殿；十要将山门改成拱门。最后金则恭强调，舜帝陵修复是文物界大事，省文物局尽力量支持。会上，决定聘请省人大常委会副主任黄道奇为抢修舜帝陵工程的顾问。

10 月 7 日上午，在北京东方饭店一楼会议厅，召开抢修舜帝陵工程立项及工程设计审议会议。参加会议的有国家文物局办公室主任刘晓禾、文物一处处长晋宏逵、故宫博物院高级工程师于倬云、中国文物研究所高级工程师姜怀英、湖南省文化厅厅长金则恭、工程师段承烈、零陵地区行署常务副专员朱泽民等。会议由金则恭主持。中共宁远县委副书记蒋国武介绍抢修舜帝陵前期准备工作，朱泽民汇报抢修舜帝陵的决心和募捐措施。段承烈介绍设计方案。文物专家对设计方案进行认真研究，提出许多改进的地方。同年 11 月，国家文物局通知，抢修舜帝陵工程，可以出施工图纸，备料动工。

（二）舜帝陵庙设计图

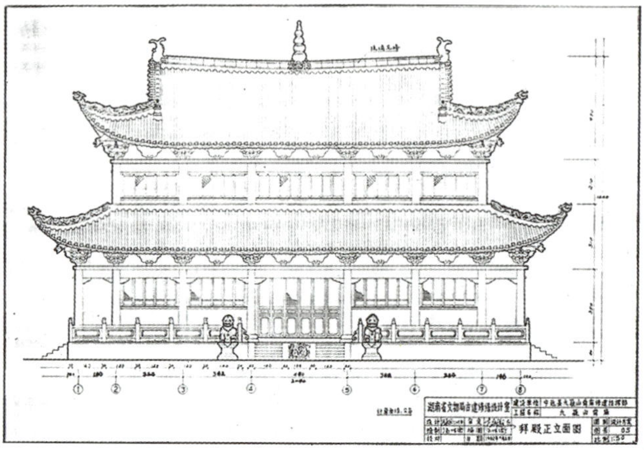

拜殿正立面图

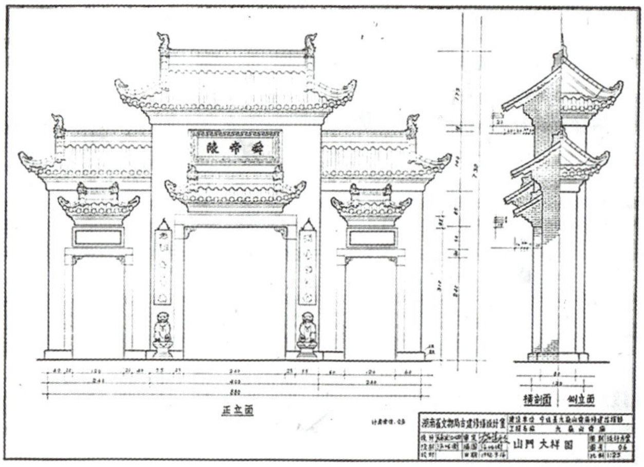

山门大样图

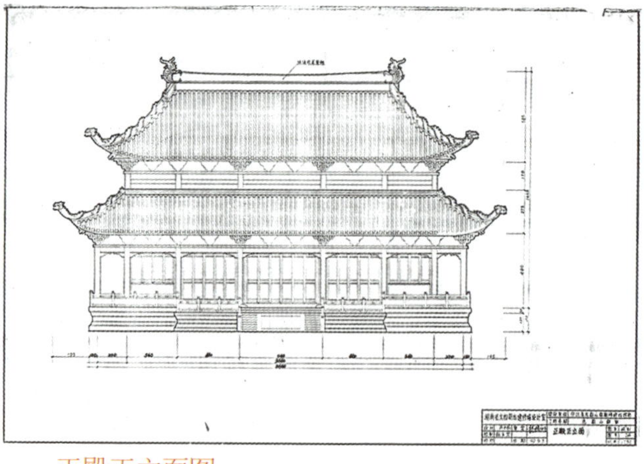

正殿正立面图

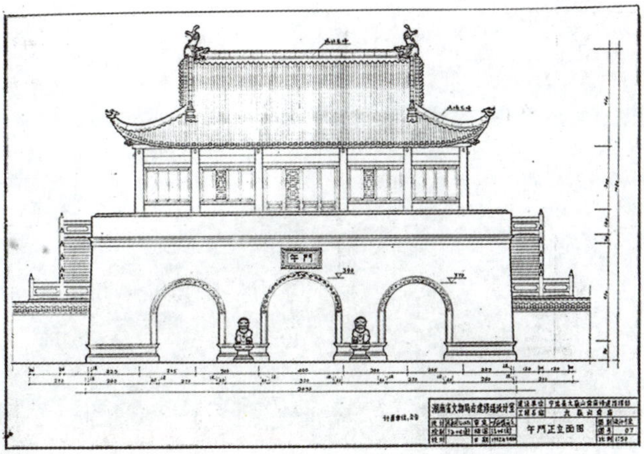

午门正立面图

四　正殿建设

正殿是舜帝陵庙的主殿，供祭祀用。殿宽 36.6 米，深 18.8 米，高 16.5 米，建在高 1.8 米的石砌须弥座上，重檐庑殿顶全木结构建筑，巨石巨木为柱，斗拱飞檐，四周汉白玉雕花围栏环绕，走廊环护。殿前建有石砌月台，月台前台阶正中装饰有云龙石雕丹陛。丹陛台阶旁有抚瑶颂碑，台阶前两旁各有天禄头像石雕一座；正殿回廊有高浮雕龙石柱，围栏有舜帝故事石雕和九峰及名人游九疑石雕；殿内有舜帝座像、舜迹图壁画。

（一）正殿主体工程建设

1992 年 9 月，以民国时期残存的正殿为基础，作出正殿第一稿设计图，其殿宽 26.6 米、深 18.8 米，高 16.5 米。此设计图上报国家文物局后，发现与舜帝陵庙不相称，比县城内文庙大成殿的建筑面积少 1/3，经省文物局重新核定，重出设计图，改为殿宽 36.6 米。工程总造价 420 万元。

1993 年 11 月 30 日，九嶷山开发指挥部与长沙工程兵学院工程大队正式签订合同。合同确定，除大木件、大石件、琉璃件按实际核算外，工程造价 2774619.76 元。合同竣工时间 1995 年 9 月底。同年 12 月 28 日，在舜帝陵举行正殿的开工仪式。1994 年，正殿须弥座全部砌好，走廊廊板柱和浮雕栏板全部雕刻完工，施工方已花费资金 1113406.49 元。但因指挥部筹集资金困难，1995 年春节后，工程被迫停工。

1996 年，李德勋调任宁远县长，重新启动舜帝陵工程。6 月 1 日，进

抢救修复后的舜帝陵正殿

行舜帝陵正殿复工合同谈判。根据当时的工程造价，舜帝陵正殿工程核定总造价 4783065.15 元。1996 年 8 月 27-28 日，副省长郑茂清考察九嶷山风景名胜区开发情况，决定拨款 300 万元，从当年起分 3 年拨付。

1996 年 8 月 28 日下午，副省长唐之享主持召开九嶷山开发专题办公会议，研究多渠道筹措解决九嶷山开发与舜帝陵正殿建设所需资金。省文物局、省旅游局、省财政厅、省计委、省建委、省交通厅、省政府督查处、省林业厅森林公园管理处等部门和单位，以及永州市、宁远县相关领导出席会议。会议议定：省财政厅当年拨 15 万元；1997 年，省文物局安排 20 万元；省计委、财政厅比照炎帝陵安排专项资金；省林业厅分五年为九嶷山泪竹保护基地安排经费 75 万元，其中拨款 25 万元，贷款 50 万元；省旅游局将宁远列为旅游商品生产基地，三年拨 60 万元，每年拨 20 万元并通过论证向国家旅游局争取拨改贷资金 60 万元；省建委在 1997 年的计划中安排年产 5000 吨的自来水厂一座。省文物局在 1997 年度为宁远文庙安排 10 万元。会议还议定设立舜帝陵修建委员会，由湖南省政协主席刘正任名誉主任，副省长唐之享任主任。

1996 年 8 月 30 日，舜帝陵正殿建设复工合同签字仪式在省文物局会议室举行。1996 年 9 月舜帝陵正殿正式复工。1997 年 6 月 24 日上午 8 时，正殿施工中发生工作事故。木工组长戴志银在正殿后檐的脚手架上钉檐条架子时，不慎从 15 米高处摔下，不幸身亡。1997 年 6 月 25 日，正殿上正梁，县长李德勋率指挥部成员，以三牲大礼举行祭祀仪式。1998 年 12 月 19 日全面竣工验收。

（二）正殿汉白玉浮雕围栏

围绕正殿，有着艺术价值较高的汉白玉浅浮雕围栏。在柱顶雕有各种造型的栏柱之间有浮雕栏板，栏板长 1.2 米，宽 0.5 米。1993 年 12 月 28 日舜帝陵正殿定点划线，同时订购 36.24 立方米浮雕围栏汉白玉石料，计 11767 元。1994 年 1 月刘双全开始设计浮雕图案。1994 年 2 月汉白玉石料运抵九疑山，由南岳石工队按照图案开始雕琢浮雕板。1994 年底，走廊廊板柱和浮雕栏板全部雕刻完工。1998 年 3 月正殿主要建筑完工后，开始安装走廊廊板柱和浮雕栏板，4 月初，全部安装完毕。图案设计、手工雕琢、安装共用资金 2.16 万元。浮雕美术作品为美术家、国家一级画师刘双全所作。浮雕内容分为舜帝故事、九疑山自然风光、名人游九疑三大类。

舜帝的故事 共有 36 块，除第一块“舜迹图”为故事的封页外，每一幅浮雕描述舜帝一段历史或一个传说故事：

第一个故事浮雕《舜帝降世》，表现舜母感凤凰而孕生下舜帝的故事。

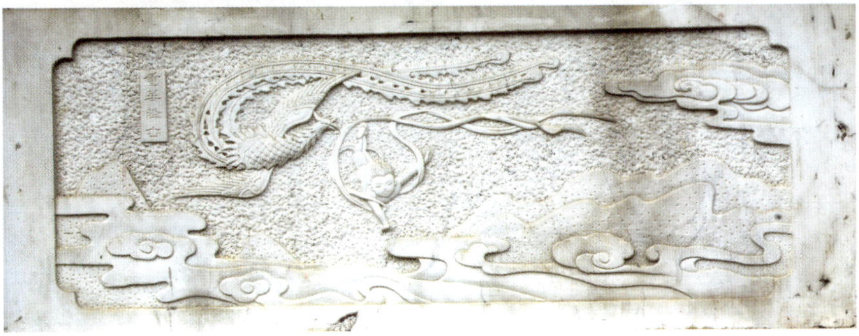

第二个故事浮雕《沩水筑棚》，表现舜离开家门，在沩水河畔筑棚自立的故事。

第三个故事浮雕《历山开荒》，表现舜在历山开荒种粮的故事。

第四个故事浮雕《大象耕田》，表现舜驯服大象，以耕农田的故事。

第五个故事浮雕《雷泽捕鱼》，表现舜渔于雷泽，传授捕鱼知识，化解捕鱼纠纷的故事。

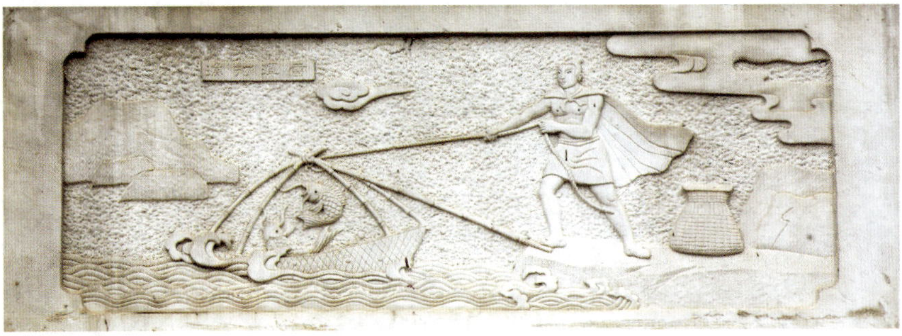

第六个故事浮雕《河滨烧陶》，表现舜陶河滨，帮助改进制陶技术的故事。

第七个故事浮雕《虞舜乐助》，表现舜乐于助人，将自己的粮食分给农民的故事。

第八个故事浮雕《唐尧择婿》，表现尧帝知道舜贤明孝顺，将自己的两个女儿许配给舜的故事。

第九个故事浮雕《弃仇探亲》，表现舜帝从政后，不计较后母的恶意虐待和多方陷害，抛弃仇怨，带着妻子捧着礼品，回家探望父母的故事。

第十个故事浮雕《弟象嫉贤》，表现象看见哥哥探家的礼品以及带回来的两位嫂子，顿起嫉妒之心的故事。

第十一个故事浮雕《后母设圈》，表现瞽叟、壬女和象密谋杀害舜帝的故事。

第十二个故事浮雕《修仓遇火》，表现舜在修补仓廪时，象抽掉梯子，放火烧仓，舜凭借二妃的凤凰衣飞下来，避过一险的故事。

第十三个故事浮雕《陷井化险》，表现瞽叟要舜掏井，然后割断井绳，填埋井口，欲置舜于死地，而舜从井下另一通道脱险的故事。

第十四个故事浮雕《饮鸩为夷》，表现壬女、瞽叟假意请酒赔礼道歉，暗换鸩酒，毒杀虞舜，而舜预先服了解毒药，才免遭一劫，化险为夷的故事。

第十五个故事浮雕《雨夜穿林》，表现舜接受尧帝考验，进入大麓，碰上老虎不受伤害，碰上毒蛇不受蛇咬，在狂风暴雨中行走也不迷路的故事。

第十六个故事浮雕《行德施政》，舜代尧摄政，施行仁政的故事。

第十七个故事浮雕《尧帝禅让》，表现尧帝通过长期考察后，决定将帝位禅让给舜的故事。

第十八个故事浮雕《大公为民》，表现舜帝调动全国人民，消除洪水威胁的故事。

第十九个故事浮雕《瞽叟思过》，表现舜继帝位后，回乡拜见，瞽叟心里感到内疚，诚心忏悔的故事。

第二十个故事浮雕《舜象亲和》，表现舜登帝位后，不记象仇，封象到有庳做地方官。象既感动又惭愧，表示痛改前非，重新和好的故事。

第二十一故事浮雕《铲除凶顽》，表现舜摄政后，对鲧、灌兜、共工、三苗等四大恶人予以处置，天下咸服的故事。

第二十二个故事浮雕《抚慰庶人》，表现舜帝抚慰百姓，与民同乐的情景。

第二十三个故事浮雕《五弦琴音》，表现舜演奏韶乐，人人陶醉，百兽率舞，凤凰来仪，百鸟和鸣情景。

第二十四个故事浮雕《南风歌吟》，表现舜弹奏五弦琴，吟唱《南风歌》的情景。

第二十五个故事浮雕《禅位大禹》，表现舜帝仿尧之例，把帝位禅让给治水有功的大禹的故事。

第二十六个故事浮雕《南巡苍梧》，表现舜帝禅位大禹后，到南方巡狩，抚慰三苗的故事。

第二十七个故事浮雕《访何封侯》，表现舜帝在九疑登门拜访隐士何真元的故事。

第二十八个故事浮雕《玉琯韶乐》，表现舜帝在九疑山玉琯岩演奏韶乐，教化百姓的场景。

第二十九个故事浮雕《教民制茶》，表现舜帝在九疑山向山民传授制茶技术的场景。

第三十个故事浮雕《引水导源》，表现舜帝引三分石的水灌溉山田，解救干旱的故事。

第三十一个故事浮雕《怒斩孽龙》，表现舜帝斩杀孽龙，为民除害的故事。

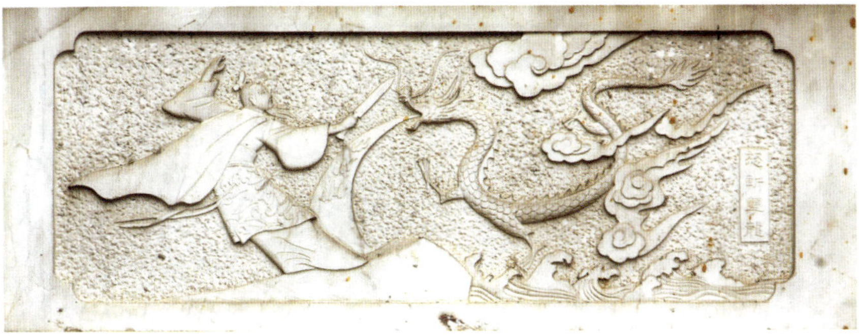

第三十二个故事浮雕《驾崩九疑》，表现舜帝崩于九疑后，一群仙鹤守护在舜帝遗体旁，哀鸣三天三夜，后来它们又把舜帝的遗体抬到一个谁也找不到的地方，并用 49 个日日夜夜，从南海衔来无数美丽的珍珠，为舜帝垒成一座很大的，光彩夺目的珍珠墓的故事。

第三十三个故事浮雕《湘妃泣竹》，表现舜帝去世后，娥皇、女英千里迢迢到九疑山寻找舜帝陵墓，泪洒竹枝，竹枝皆斑的故事。

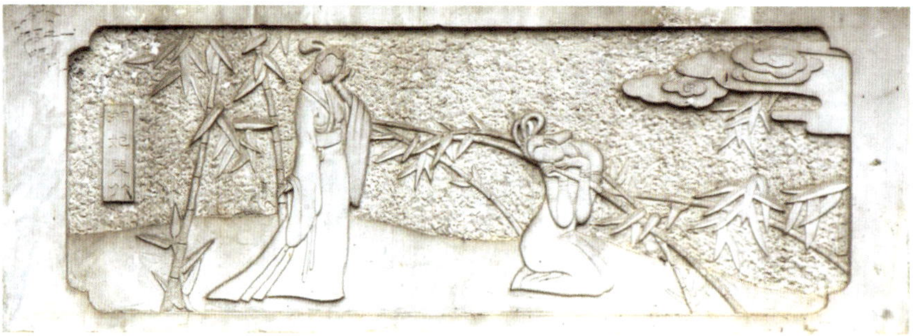

第三十四个故事浮雕《荆竹扫墓》，表现舜帝崩葬九疑后，荆竹长长的枝叶垂在地上，随着阵阵山风摆来摆去，好像在为舜帝扫墓的景象。

第三十五个故事浮雕《玉带围陵》，表现陵山舜源峰出现的一种特殊景观。厚厚的云雾在舜源峰的中间部分围成一圈，云雾中隐隐约约透出秋天枫树叶的红色。在朝霞的映照下，远远看去，就像一根玉带围绕着舜源峰。

九疑山自然风光 主要介绍景观，有：舜源峰、娥皇峰、女英峰、石城峰、石楼峰、桂林峰、朱明峰、杞林峰、萧韶峰、万山朝舜、银河明珠、梳子峰、百米飞瀑、桑塘泛舟、牛头过江、石枞迎客、灌溪揽胜、玉琯摩崖、紫霞呈祥、三峰云海、象岩唱晚、美女梳妆、斑竹滴翠、路亭临风、五指插汉、瑶寨腾烟、潇水函青等，共 27 块浮雕。

“名人游九疑” 共 9 块。即：

司马迁访九疑 司马迁，字子长，夏阳（今陕西韩城南）人，一说龙门（今山西河津）人。西汉史学家、文学家、思想家。他 20 岁时，从长安出发，到全国各地游历，并“浮沅湘，窥九疑”，最后在《史记·五帝本纪》中写下千古定论：“（舜）南巡狩，崩于苍梧之野，葬于江南九疑，是为零陵。”

蔡邕题《九疑山铭》 蔡邕，字伯喈。陈留郡圉（今河南省开封市圉镇）人。东汉文学家、书法家。因官至左中郎将，人称为“蔡中郎”。蔡邕亡命江湖期间，曾到九疑山拜谒舜帝陵，并写下《九疑山铭》。

宋之问谒舜祠　宋之问，初唐诗人。景云元年（710 年），宋之问被流放钦州（今广西钦州北）。唐玄宗先天元年（712 年），将宋之问赐死。宋之问流放钦州时，绕道九疑，拜谒舜帝陵，并作《舜祠》诗。

元结夜宿无为洞　元结，唐代文学家、诗人。唐代宗广德年间（763—764 年）任道州刺史时，几度游历九疑山，作《九疑山图记》《宿无为观》《登九疑第二峰》《无为洞口作》，并九疑山永福寺旁碧虚洞改名“无为洞”，且用篆书题写在洞口石壁上。

李郃灌溪洗砚　李郃，字子玄，号西贞，宁远下灌村人。唐太和二年（828 年），经文宗面试擢进士第一，为湖广第一个状元，官至吏部侍郎。李郃自幼读书刻苦，经常在门前溪水旁读书写字，溪水洗笔、洗砚处均成青黑色。后人在他洗砚的溪水旁的岩石上，刻上“洗砚池”三字。

寇准游重华岩　寇准，北宋政治家，太宗时进士，官至中书侍郎兼工部尚书，封莱国公。天禧四年（1020 年）贬为道州司马。当时九疑山属道州府管辖，寇准常到九疑山游玩以解被贬在外的忧愁。画面描述寇准游览九疑紫霞岩（又名重华岩）的情景。

乐雷发象岩讲学　乐雷发，南宋后期诗人，特科状元，字声远，号雪矶，湖南宁远县麻池塘村人。他从小刻苦读书，精通经史，长于诗赋，立志抗金保国，并作《乌乌歌》《车功赋》以表志向。目睹南宋朝廷无力收复国土，他非常愤慨，决心讲学，把救国希望寄托在学生身上。画面描述他讲学的情景。

徐霞客攀登三分石 徐霞客，名弘祖，号霞客，江苏江阴人。明代地理学家、旅行家和文学家。他博览群书，并走遍大半个中国。经 30 年考察，撰成 60 万字的《徐霞客游记》。在《楚游日记》中，徐霞客记述崇祯十年（1637 年）二月二十三到达宁远路亭，历时 9 天，考察九疑山区的紫霞岩、三分石、舜帝陵、玉琯岩、下灌的情形。浮雕画面描述了徐霞客登三分石的情景。

何绍基作文祭舜陵 何绍基，晚清诗人、画家、书法家。字子贞，号东洲，别号东洲居士，晚号蝯叟。湖南道州（今道县）人。道光十六年（1836 年）进士，官至翰林院编修、四川学政。曾两次游九疑，并作诗《斑管》《九疑》《游九疑山》。画面描绘何绍基奉旨书写祭舜文。此祭文用楷书书写，当时刻成祭碑，现存舜帝陵祭碑廊内。

（三）正殿龙柱

舜帝陵正殿的两根龙柱，高 5.55 米，为青草花岗岩深浮雕。石料取自浙江泰顺县百丈乡，为全国石雕之乡福建泉州崇武镇峰泉石雕厂的石刻艺术品。龙柱初为当地制作，用料为汉白玉石料。由于找不到五米长，直径一米

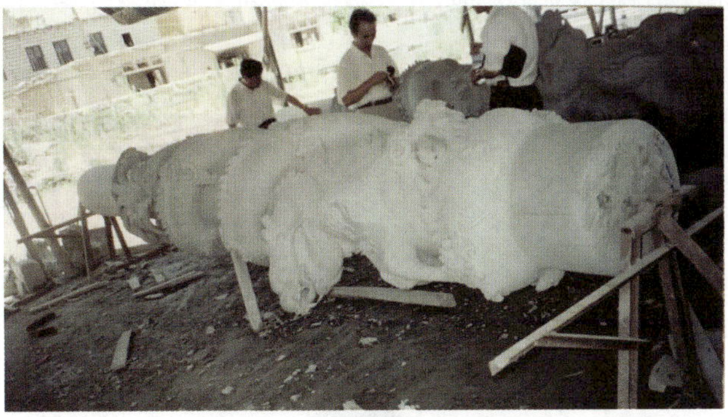

1997 年 7 月 15 日于崇武镇峰泉石雕厂验收龙柱

正殿龙柱

多的通体石料，只好两接和三接雕刻，既不美观，也不坚实，决定废除，由省文物局决定拨款 26 万元，到全国石雕之乡——崇武镇重新制作。崇武镇的峰泉石雕公司，在浙江泰顺县找到符合要求的青草花岗石，精细雕琢，成功后，于 1997 年 7 月底运抵舜帝陵并安装。树龙柱时，按照民俗，雕龙师傅和在场的人员向龙柱柱础承重龙柱的础洞里放置成套的硬币。

（四）舜帝塑像

舜帝塑像为持剑坐像，高 3.3 米，宽 2.6 米，厚 1.6 米，基座高 2 米。舜帝头戴冕旒，身穿护腰长袍，右手轻握宝剑，宝剑立放于两膝之间，神态端庄。整个塑像隐含着为民除害剑斩孽龙的英勇气概和帝王的威

严，又体现以德治政和神话传说中的地官赦罪的可敬慈怀。

历朝历代的舜庙正殿都供奉有舜帝塑像。从东晋零陵太守庾阐的《虞舜像赞并序》中所言“拥琴高咏，亲和五声”，可看出秦汉时期是一尊拥琴高吟的坐像。现在的塑像是 1998 年由原全国城市雕塑规划办公室主任、雕塑家、高级工艺美术师吉信和中央美术学院雕塑创作研究所雕塑家吴慧中创作。

1998 年 7 月 20 日，舜帝塑像大样稿经验收合格，开始浇铸石膏，然后送北京市金鼎雕塑艺术有限公司锻铜制作厂房制作塑像。

1998 年 8 月 16 日，神像座，由拜殿工程队承包动工。神龛座高 1.8 米，宽 2 米，长 4 米。舜帝须弥座花纹图案，没有采用中央美院吉信提供的图案，而选择永州市美协副主席刘双全提供的图案。

舜帝塑像

1998 年 9 月 17 日，舜帝像表面处理完毕。

1998 年 10 月 30 日，晚上六时，舜帝塑像进九疑山，安放到神像座。

1999 年 1 月 9 日，举行舜帝陵铜像揭幕仪式。19 日，石香炉、纸炉、像座、壁画通过验收。

（五）正殿壁画

正殿壁画和浮雕栏板的图画为画家刘双全创作。正殿壁画共六幅。

第一幅为“仁孝图”。画面为舜帝和两个妃子带着丰厚的礼品，回家探亲，瞽叟、后母、弟象在家中迎接。他们背后的草堆和旁边的水井暗示着“火烧谷堆”“填井害舜”两个故事。

仁孝图

第二幅为“禅让图”。描绘舜帝的禅让大礼，体现舜帝任人唯贤，高风亮节的高尚品德。

禅让图

第三幅为“韶乐图”。画面内容为舜帝南巡至韶山，演奏韶乐。

韶乐图

第四幅为“南巡图”。描述舜帝南巡至九疑的行进途中，车马队伍的风采。

南巡图

第五幅是舜帝塑像背景画“万山朝九疑”。既记录九疑山区所有山峰朝向陵山——舜源峰的自然奇观，又体现万民对舜帝敬仰。

万山朝九疑图

第六幅为“二妃图”。表现娥皇、女英二妃千里寻夫，得知噩耗，痛洒血泪，青竹成斑的动人故事。

二妃图

五　拜殿建设

拜殿为重檐歇山顶全木结构清式建筑，建在高 80 厘米的花岗岩砌筑的须弥座上。殿宽 24.04 米，深 18 米，高 14.95 米，四周回廊，屋顶覆盖黄色琉璃瓦。拜殿为祭祀大典时，备设祭品之处；祭祀人整衣冠，静心待祭之地。殿门对联“至孝千秋一德，笃亲万里同风”，是国民党元老陈立夫九十六岁高龄时，特为舜帝陵题写的。殿内墙上，挂有《史记》摘要木椟，摘录《五帝本纪》中有关舜帝的文章。木椟全文由八十高龄的蒙古族书法家冒榕龄以隶书写成。拜殿木柱上有菲律宾舜裔姚嘉熙所作对联：“大孝炳千秋功德同昭辉日月，仁恩周四海勋名永耀燦云天。”另有柱联：“韶乐九章四海同歌歌圣祖，疑巖千仞五洲共仰仰先贤”，“放宽就大化古传今，择贤任能承先启后”。

1998 年 5 月 1 日 9 时 18 分，拜殿开工典礼开始。典礼由永州市建筑公司傅铁安主持。鸣炮、宰羊、杀鸡，将羊血、鸡血围绕工地洒一圈，木、泥工头和傅铁安祭拜。傅致辞后，典礼完毕。此为工程队的开工祭祀典礼，全由工程队自己举行。拜殿由永州市建筑总公司建设，除琉璃件材料费外，其余全部工料费由建筑总公司全部承包，垫资施工。

1998 年 9 月 12 日 9 时，拜殿举行上梁仪式，李德勋、欧日粉、欧利生、刘成仁、杨运成、夏国胜、李光衡、李道治、傅铁安及工程人员参加。司仪李成德。

1998 年 12 月 19 日竣工验收，共用资金 262.47 万元。

舜帝陵拜殿

六　山门、午门、厢房、钟鼓楼、仪门建设

（一）山门

山门为牌楼式三门三楼砖体建筑，顶覆黄色琉璃瓦，面宽 8.8 米，高 17.3 米，墙厚 1.2 米，表面粉石灰砂浆。1998 年 5 月开工，1998 年 12

月 19 日竣工验收。

（二）午门

舜庙午门为宫门式三门城楼，城楼面宽 20 米，进深 12 米，高 14 米，三孔拱形城门。正中城门上嵌石刻匾额，上书“午门”二字，城门砖石砌筑。城门上建有单檐歇山顶全木结构城楼一座，朱梁黄瓦，翘角飞檐。两侧有登楼石阶，城门上四周有回廊，供游人远眺。午门两边原有隔墙，形成二进制宫院。

午门

午门于 1994 年 5 月开工建设，由宁远县建筑公司负责建筑，建筑石材就地找寻。后因资金短缺停工。1997 年 6 月，午门重新开工。1994 年所砌的半途而废的午门建筑，全部拆除。新午门建筑基址沿中轴线前移 20 米。1998 年 12 月 19 日竣工验收。

厢房

（三）厢房

厢房为砖木结构。东西厢房各由四幢单体房间并排组合而成，单体房间之间有游廊连接。单体房间为七开间，每间 4.2 米，进深 9.1 米。北部单体房间为马头山墙形式，南部单体房间为卷棚山墙形式。厢房主要是供贵宾休息，开办展览、展示，纪念品销售和工作人员办公之用。

厢房于 1998 年 4 月 14 日开工建设，工程由宁远县建筑公司和桐山建筑公司各承包建设两栋。9 月，厢房竣工验收。

（四）钟楼、鼓楼

钟楼、鼓楼分别位于午门内东西两侧。两楼建筑形式一样，为重檐歇山顶全木结构建筑，面宽、进深都为 12 米，高 12.9 米，飞檐翘角，结构精巧。

2004 年 3 月动工，由宁远县九疑建筑公司承建，9 月竣工。

钟楼

鼓楼

（五）仪门（下马坊）

仪门所在地原为下马坊，是进入舜帝陵的第一道门。下马坊旁边原有石碑，刻有“文武官员至此下马”字样，当地称之为“下马石”。古代，朝廷派员举行祭祀时，从下马坊开始，沿途铺以松枝翠柏直至寝殿，祭舜队伍来到下马坊，文官下轿，武官下马，踩着松枝柏叶，步行而入。瑶民头领率瑶族青年男女百余人吹唢呐，击长鼓，盛装歌舞在此迎接祭祀队伍。

仪门为石坊，高 13.6 米，宽 18 米，四柱，三间三楼，歇山式黄色琉璃瓦顶，如意斗拱，坊上有二妃透雕和二龙戏珠透雕。透雕两边有小对联，东面为：“德昭日月，孝感天地”，横批为“人文始祖”。西面为“大公源自大德，至孝终成至尊”，横批“德自舜明”。中门净空宽 8 米，是全国石坊净空跨度较大的石坊。石坊两边立柱对联为“万国衣冠，谒陵祭舜；九嶷山水，献秀呈芬”和“礼乐无违，奏响中华音万代；治平有道，赢来黎庶颂千秋”。

2004 年 3 月动工，9 月竣工。

下马石

仪门

七　寝殿、祭文碑廊及其他景点

（一）寝殿

寝殿也称陵碑亭，于 1989 年开始动工，1990 年修复竣工。寝殿阔 18

米，进深 9.5 米，单檐歇山顶全木结构建筑。殿前有石阶与正殿相通，两侧条石护坡。柱联“孝感天地，德播人间”，为台湾国立师大教授陈大络撰写。殿内有陵碑，高 2 米，宽 1.5 米，碑题为“帝舜有虞氏之陵”，字型为隶书阳刻，四周刻有神龙护卫。《水经注 · 湘水注》载，陵碑为汉代零陵郡守徐俭所立。1989 年，宁远县决定修复舜陵寝殿（即陵碑亭），以保护陵碑。县委指定副县长汤保山负责。经预算，修复陵碑亭需资金 9 万元。除收到的 4 万元捐款外尚欠 5 万元。县文管所争取省文化厅文物处的支持，拨款 5 万元。资金到位后，立即组织宁远县建筑队进行施工，1990 年寝殿修复完工。2008 年，由于柱子腐朽，拆架大修一次。

寝殿

陵碑

（二）祭文碑廊

祭文碑廊位于寝殿前台阶两侧，现存祭碑 40 块，最早祭碑为清乾隆二年（1737 年）。舜陵原有祭文碑 70 余方。“文化大革命”中，多数被拆去砌水渠，架桥和建屋基之用。20 世纪 80 年代后，动员群众找回一些。碑廊内共有古代祭碑 34 方，另有清代保护舜陵禁采碑一块。

1989 年动工兴建，1990 年竣工。

（三）湘妃池

湘妃池，又名泪池，位于山门与午门之间的道路两侧的两个矩形水池。水池宽 15 米，长 30 米。为纪念舜帝两个妃子娥皇和女英而建，兼做消防之用。湘妃池于 1998 年 2 月开工建设，6 月竣工，由宁远县工程队施工修建，投资 5 万元。

历代祭文碑廓

湘妃池

（四）天禄

天禄位于正殿台阶的两边，是用汉白玉雕琢而成的怪兽头像，独角、龙头、长须、突眼、凶猛威武。天禄形象设计刘双全，永州石材公司制作。

天禄

（五）抚瑶颂碑

抚瑶颂碑位于正殿月台下左侧。碑高 3.5 米，宽 1.58 米，厚 0.3 米，行书直版二十四行，两旁饰卷草，阴刻图案，碑额篆凤凰图案。此碑刻于明万历四年（1576 年），由侍经筵官兵科给事中知永州府事丁懋儒撰文，永州通判纪光训书写。碑文记录九疑山瑶民造反，朝廷招抚一事。

（六）如意夫妻柏

如意夫妻柏位于拜殿的侧面，是一棵非常古老的柏树，高 40 多米，苍劲挺拔，四季青翠。它粗大的树干，一半颜色深，一半颜色浅，是两棵树融合成了一棵树，当地人都叫它“如意夫妻柏”。

抚瑶颂碑

如意夫妻柏

八　抢修舜帝陵庙资金

修复舜帝陵的资金，主要通过下列渠道筹措：

（一）立项资金

从舜帝陵抢修工程开工之日至 2000 年 12 月，先后立项向上级争取资金 1094 万元，其中：1993 年国家文物局 5 万元；1994 年省文物局 30 万元；1996 年省计委 30 万元，省财政厅外经处 15 万元，省林业厅 5 万元，市财政局 5 万元；1997 年省计委 100 万元，省财政厅 80 万元，省文物局 24 万元；1998 年省计委 100 万元，省财政厅 15 万元，省计委外经处 60 万元，市财政局 50 万元；1999 年省计委付建设费 100 万元、民族学校搬迁 30 万元、舜帝陵水利设施 35 万元，省财政厅 20 万元，省文化厅 10 万元，市建委 20 万元；2000 年国家财政部 200 万元，市财政 80 万元，其他部门筹款 80 万元。

（二）社会募捐

至 2000 年底，共收到社会各界及海内外同胞捐款 761.56 万元，其中 1995 年前募捐 145.14 万元，1997 年市内各县区捐款 140 万元，1998 年市直单位及个人捐款 281.55 万元，2000 年永州市公祭舜帝陵期间捐款

194.87 万元。

（三）门票收入

舜帝陵抢修工程开工之时，门票收入共计 23.02 万元，其中 1995 年前 13.83 万元，1997 年 9.19 万元。

（四）利息收入

捐款利息收入总计 10.44 万元。

1998 年 12 月 19 日，舜帝陵各建筑工程进行最后一次全面验收，舜帝陵抢救修复工程结束。舜帝陵修复工程总投资 1945.08 万元（钟楼、鼓楼未计算在内）。结算后，主体工程及主要附属建筑支出分别为：正殿 645.72 万元，拜殿 262.47 万元，午门 58.28 万元，山门 11.20 万元，厢房 132.87 万元，碑廊 38.71 万元，围墙 19.15 万元，金水桥 62.49 万元，护栏、华表 10.80 万元，甬道 38.33 万元，香炉、纸塔 14.6 万元，神座 6.4 万元，麻石护坡 89.12 万元，征地补偿 61.36 万元，铜像 20.95 万元，壁画 15.14 万元，石人石兽 30 万元，广场、神道麻石路面 175.61 万元，铜钟 10.56 万元，厕所 15 万元，祭碑、修复碑石制作 25 万元，工作车 4.16 万元，其他附属工程 197.15 万元。

第四节　陵园建设

1999 年，舜帝陵庙建筑群抢救修复工程竣工后，游人日渐增多，祭祀活动更为频繁，祭祀规模逐渐扩大。继 2000 年举办永州市公祭舜帝活动后，2004 年又成功举办世界舜裔宗亲联谊会、湖南省九疑山舜帝陵基金会公祭舜帝大典活动。由于陵庙祭祀场地规模小，无法适应祭祀活动的需要。2004 年 4 月，省政府第 28 次常务会议决定在舜帝陵庙外，建设舜帝陵园，亦即舜帝公园。

舜帝陵园规划面积 29.1 公顷，总投资 5559.806 万元，全部由舜帝陵基金会筹措。工程分两期进行。一期工程于 2005 年 4 月 25 日开工，投资 1888.66 万元，增建祭祀殿（改建山门）、连廊、碑廊、厢房；原玉带桥三桥并为一桥，两旁新建拱桥各一座；新建祭祀殿外广场、仪门及停车场。8 月 20 日，一期工程竣工。二期工程于 2008 年 4 月 17 日开工，投资 3671.146 万元，新建入口广场、图腾九柱、游客中心、陵园大门、主次干道、舜帝南巡浮雕墙、历代祭祀墙与舜帝事迹墙、碑亭、明德广场、石牌坊、石翁仲 22 尊、观象台及公厕、围墙等。同时，新建停车场、水景、绿化园林 15 万平方米，安装给排水、照明、音响等设施。2009 年 8 月 10 日，二期工程竣工。9 月 7 日，舜帝陵园举行揭园仪式。

一　规划设计

2005 年 2 月底，舜帝陵园工程完成项目立项报批，湖南省发改委下发《关于九疑山舜帝陵园扩建项目立项批复》，同意宁远县建设舜帝陵园。舜帝陵园由湖南省建筑科学研究院负责设计。

陵园规划设计依据《九疑山风景名胜区总体规划》《公园设计规范》（CJJ48-92）、相关的法律法规、湘发改社会［2005］98 号《关于九疑山舜帝陵园扩建项目立项批复》以及相关文件和会议纪要的要求进行。内容主要包括四个部分：一是保持现有舜帝陵庙建筑大体格局，进行部分扩建。按照“五间四进”歇山顶规格改建山门，增建连接两侧角楼的廊道。廊道外侧沿廊柱布置部分凳椅供游客休息。在厢房与角楼之间布置 3 米宽的功德碑廊，用于官方和民间人士对舜帝陵园建设作出贡献的记载，以传其功德。二是扩建山门外祭祀广场，满足大型祭祀活动对场地的需要。整个广场铺地面积 25820 平方米，可容纳 7 万人左右，中间有道路进行分割与联系。三是通过对整个舜帝陵园内的环境整治以及设计，使纪念建筑与纪念环境更庄重肃穆，使整个祭祀过程变得更加丰富。四是完善陵园内的各种公共服务设施，让整个祭拜活动更为流畅。在主入口及在舜帝庙两侧设有大型停车场，在入口门房内设有售票处及旅游产品商店；在东南角设有后勤服务用房以及临时休息室等。

整个规划用地 29.1 公顷。新扩建建筑面积 6483.8 平方米，其中山门 256.8 平方米，角楼 129.4 平方米，厢房 1070 平方米，廊道 962 平方米，服务性建筑面积 4065.4 平方米（陵园门房 850 平方米，后勤用房 2444 平方米，商业用房 587 平方米，厕所 184.6 平方米）；图腾柱 9 根；广场铺地 25820 平方米；道路 39586 平方米；水域 13513 平方米。

2005 年 3 月上旬，省建设厅有关领导和专家赴九疑山，现场评审陵园规划设计方案和图纸。23 日，省长周伯华与副省长许云昭详细审查设计方案，肯定该规划设计的思想，并指出“规划很适当，有特色”，同意规划设计方案。

二　一期工程

2005 年 2 月 21 日，舜帝陵园一期工程建设指挥部正式成立，由欧阳黎明任政委，欧阳维西任指挥长，冯军胜、欧利生、刘庚旺、欧胜清任副指挥长。指挥部下设办公室、项目报批组、征地拆迁组和项目建设组。办公地点设在九疑山国家森林公园管理局，由刘庚旺兼任办公室主任，欧胜清、夏峰任副主任；项目报批组由杨桐春任组长，李光衡任副组长；征地组由夏峰任组长，李哲生、陈成德、侯怀成、李光辉任副组长；工程建设组由欧胜清任组长，欧阳少兵、杨桐春任副组长。

一期工程于 2005 年 4 月 25 日动工，9 月 3 日，工程全面完工。共完成新扩建建筑面积 4047.7 平方米，其中，祭祀性建筑 3867.7 平方米（祭祀大厅和廊道 712.7 平方米、角楼和碑廊 991 平方米、厢房和廊道 2164 平方米），硬质麻石广场铺地面积 15500 平方米，植草砖广场 9500 平方米，新建停车场 13000 平方米，道路 15000 平方米。扩建后的舜帝陵园，建筑风格、色彩及装饰仍与原建筑群相协调，保持清代建筑风格。

改扩建后的舜帝陵庙鸟瞰图

（一）陵庙山门改建

2005 年 5 月，山门改建工程开始施工。由九疑建筑工程公司承包修建。8 月 20 日竣工。

改建后的山门是单檐歇山式建筑，砖木结构。大门平面面阔五间，总宽 16.8 米，高 10.68 米，中间三间设门，前门朝外为板门，后门朝内为隔扇门，总进深为 12 米，前后设有檐廊。前门正中有“舜帝陵”匾额。

改建后的山门

“舜帝陵”三字为隶书，取自陵碑。山门两侧卷棚顶廊道各长 50 米，连接两侧角楼。廊道宽 4.2 米，用墙分为内外两侧。沿廊柱以凳板连接，可供游人休息。山门外是矩形外边加半圆形的大台阶，为祭祀台，可用来表演上千人的大型祭祀舞。从广场上四级台阶到祭祀台，从祭祀台上五级台阶即登山门。出山门下五级台阶到湘妃池。进山门共上九级台阶，出山门下五级台阶，暗含“九五之尊”，再加上“五间四进”歇山顶高规格的山门建筑，红墙黄瓦，琉璃覆盖，釉色斑驳，廊柱林立，显示出帝王庙宇的皇家气派。

（二）角楼与连廊

在山门东西两边，设有角楼，互相呼应。角楼为单檐歇山建筑，面阔、进深均为 4.8 米，角楼置于高 3.75 米的花岗岩砌的高台座上。建筑气势巍峨，层次丰富，结构紧凑。山门和角楼间两侧分别用总宽为 4.8 米，长为 97.2 米的双面廊相连，连廊为卷棚顶，中间设有隔墙，廊子两侧均设有座凳，可供游人观看功德碑和休息停留。所有建筑均采用黄色琉璃瓦盖顶，墙面以红色墙漆为主，立柱为深红色油漆。建筑风格、色彩及装饰与原有建筑相协调。角楼与山门连廊、功德碑廊浑然一体。角楼日常作安全保卫监督之用；广场祭祀时，作音响工作室和主持解说之用。2005 年 5 月，角楼与连廊开始修建，工程由长沙华侨建筑工程有限公司承包，共投资 179.97 万元。

（三）厢房

2005 年 5 月，厢房开工修建，由宁远桐山建筑工程公司施工。在原厢房

角楼

的侧边，加建与原厢房一模一样的四栋厢房，在原功能上增加贵宾休息室、会议室、展览展示厅、公共卫生间等功能。东西新厢房为砖木结构，各由单体房间并排组合而成，单体房间之间用游廊连接。单体房间七开间，每间 4.2 米，总宽为 30 米，进深 10.4 米，双坡、单廊。北部单体房间为马头山墙形式，南部单体房间为卷棚山墙形式，总建筑面积 1248 平方米。2005 年 7 月底竣工，共投资 308.24 万元。

崇德坊

（四）崇德坊

2005 年 6 月崇德坊开工建设，工程由长沙华侨建筑工程有限公司负责。在厢房与角楼之间新建 105 米长、3.6 米宽的功德碑林，用于官方和民间人士对舜帝陵园建设贡献的记载。8 月 10 日，工程竣工，共投资 30.24 万元。

（五）玉带桥

2005 年 5 月，玉带桥开工建设，工程由长沙华侨建筑工程有限公司修建。将原来的三拱并为一拱，成为主桥，跨度 5 米，主桥宽 12 米。在主桥东西两侧又分别新建一模一样的拱桥，东西拱桥跨度 5 米，宽 3.54 米。新的玉带桥，按明代宫式设计，由一座主桥和两座边桥组成，三座桥均为单孔石拱桥，主格调为灰青式，保持历史风貌。护栏之上雕有“宝瓶云拱”及“俯莲式”望柱头，桥头有守桥石狮子。桥上栏板雕有形态各异的飞禽走兽，和各种名贵花卉，桥下水源来自山溪水和地下泉水。每到雨季，有大量的雨水从周围山上泄向舜帝陵，桥下的玉带河变成排洪渠道，起到护陵作用。8 月初竣工，共投资 59.5 万元。

玉带桥

（六）祭祀广场

为满足全省公祭舜帝陵的大型祭祀活动的需要，于神道两侧扩建祭祀广场。广场面积 3.85 万平方米，可容纳 7 万人左右。广场分五个部分，呈三级扇形状。第一部分，山门前祭祀台。平面形状为 200 米长的矩形，北面矩形边中部再加 60 米直径的半圆。祭祀台是主祭人宣读祭文以及主祭团就位的地方。在祭祀礼仪中，祭祀台还是祭祀舞表演的舞台。首届全省公祭舜帝陵时，1000 人的集体古代舞蹈就在这台上表演。第二部分，为祭祀中心广场，供主要陪祭人员就位。第三部分为社团代表祭祀广场，供社会团体、艺术方阵就位之用。第四部分群众集会广场，第五部分华表图腾柱广场。第一至四部分，全部用麻石铺垫。广场各个部分及中间有道路进行分割和联系。道路旁设广场灯饰和音响。本期工程，华表图腾柱广场未修建图腾柱。

舜帝陵及祭祀广场俯瞰图

（七）停车场

在舜帝陵庙西面，修建停车场，共计 1.3 万平方米，可停大车 70 辆，小车 350 辆。

三　二期工程

2005 年 9 月，湖南省政府首届祭舜大典之后，九疑山舜帝陵园建设工程进入二期工程的各项前期准备工作。二期工程主要建设任务是：1、以中轴线西北方向为重点，完成陵园建设的详规；2、完成陵园主体部分的维修改造；3、落实征地拆迁；4、充实陵园内的文化内涵。陵园征地工作从 2006 年 12 月启动，至 2010 年，三年征用田土总面积 25.69 公顷，其中水田 24.45 公顷，征用旱土 1.23 公顷。

二期工程建设由欧阳维西任指挥长，杨丢清、刘卫华、宋振平、邓尧忠、唐慧云、李苏昭、刘庚旺、欧胜清、邓传文任副指挥长。同时，在原有指挥部的基础上，增设征地拆迁组、陵园维修组、广场建设组、文化内涵充实组、公祭方案策划组等 5 个组，每个组明确一位县委常委牵头，再组织相关领导和工作人员。5 个组归口县委、县政府统一领导，由指挥部统一指挥，由各组分工负责。

2007 年 12 月 8 日，5 个工作组进驻九疑山。2008 年 4 月 17 日，二期工程建设正式开工。2009 年 8 月二期工程完工，新建入口广场、九根图腾柱、游客中心、陵园大门、主次干道、舜帝南巡浮雕照壁、历代祭祀浮雕墙和名人游九疑浮雕墙、碑亭、明德牌坊、明德广场、石翁仲 22 尊、观象台及围墙等。建筑面积 1460 平方米、修筑水景面积 2.8 万平方米，绿化园林 15 万平方米，建停车场一个 3800 平方米并安装了给排水、照明、音响的配套设施。2009 年 8 月 10 日，工程竣工验收。

（一）二期工程规划设计修改

为进一步将舜帝陵园建设的更好，提升陵园的旅游服务功能，使景区能够达到 AAAA 景区的要求，省建筑科学研究院对舜帝陵园总体规划进行重新编制。这次规划设计包括两部分内容，一部分是舜帝陵园规划设计，另一部分是舜帝陵园周边村镇整治及安置小区规划设计。主要是规划好南风大道、停车场、大门、神道、碑亭等。重新编制的九疑山舜帝陵园总体规划提请宁远县人大常委会审议通过后，呈报永州市政府，提请永州市人大常委会审议通过。

（二）土地征用

2007 年 12 月 11 日，宁远县县长李光富在九疑山瑶族乡政府会议室召开现场办公会议，专题研究舜帝陵园二期工程征地有关问题。为确保舜帝陵园二期工程建设用地需要，根据湖南省国土资源厅关于九疑山二期工程建设用地的批复，决定在九疑山村征地 26.67 公顷，征地款按照土地征用现行政策和被征用土地实际面积确定，其给付方式由村民自主选择；县政府借款 180 万元支持九疑山村新农村建设，集中安排 4 公顷土地，用于拆迁户、无门面户以及住房困难户建房；从 2007 年起，将九疑山村失地和少地的困难村民纳入低保范围，对低于最低生活保障标准的村民，按政策给予补助。此外，还投入 100 万元用于九疑山商业街路面硬化和人行道及排水系统的配套。通过这些措施，确保土地征用工作的顺利进行。

（三）陵庙维修

2004 年 10 月，省建筑科学研究院对舜帝陵庙进行全面体检和质量问题鉴定，发现存在四大问题，一是正殿、拜殿受力木柱部分碳化、枯朽；二是部分屋面渗水漏水；三是部分风檐板腐朽脱落、周围掉瓦；四是油漆爆裂、脱落。造成这种状况的主要原因有：大殿主体受力木柱为冷杉、云杉，来自四川乐山，木料富含水分，建造时未作烘干技术处理，加上油封上漆，木柱内水分蒸发不畅，致使木柱内木质疏松、枯朽。午门屋顶横梁的腐朽，关键问题是设计不合理，原设计采用北方的屋顶油封技术，南方雨水多，封闭的横梁本来不透气不易干水，油封处理更加速木梁腐朽。针对上述情况，指挥部按照修旧如旧的原则，请省建筑科学研究院提供整改设计和施工图纸，严格选择有资质的施工队伍，请省文物部门派人现场指导，决定对舜帝陵庙全面维修。

正殿、拜殿维修，主要解决部分受力木柱碳化、枯朽；封檐板腐朽脱落、周围掉瓦；油漆爆裂、脱落三个问题。受力木柱正殿 14 根、拜殿 16 根，2006 年 7 月委托湖南省建筑科学研究院进行质量问题鉴定；2007 年 4 月作出《舜帝陵拜殿、正殿抢修加固施工方案》，之后按此施工方案搭设钢管脚手架。12 月，对全部受力木柱进行油漆层剥落，省文物局派专家现场鉴定，决定采用挖补法对正、拜殿的主体受力木柱实行修缮；木柱的修缮工作在春节前完工。檐口翻瓦和油漆翻新工作在 2008 年 5 至 7 月进行。工作内容主要是拆除风檐板以进六层瓦及全部风檐板，对这一部分进行修缮。拆除后，对腐朽的木基按原尺寸进行更换，对未腐朽的木基打钉加固。按《午门琉璃瓦维修方案》执行。同时清理爆裂、脱落的油漆层，对已腐烂的横梁予以修补、更换，重新上漆，先操熟桐油两遍，再上漆，油漆用调和漆。檐口翻瓦面积 730 平方米，油漆翻新面积 600 平方米。

午门主要解决屋面修缮、楼面连廊排水问题。午门屋面四周腐朽脱落，屋面变形，作全面维修。首先拆除全部琉璃瓦件，然后将腐朽的面板及方椽除掉，修补个别腐朽的屋架大方，做好木基层后，再按《午门琉璃瓦维修方案》执行。这次修缮午门屋面面积 320 平方米，在 2008 年春节前完工。对午门屋顶，拆除腐朽横梁，并结合南方实际全部改用水瓦。午门原楼面连廊四周无排水设施，因而造成水从四周墙体渗出，若不及时修理可能会造成墙体胀裂。这次采取拆掉原地砖，重做地面，墙体四周留排水沟，然后再铺上原地砖的方法，彻底解决渗水问题。总工程面积为 120 平方米。

厢房维修主要部分屋面渗水漏水，部分基础下沉，立柱移动偏斜，横梁、横方松脱，栓口脱裂问题。厢房屋面修缮有三间，总面积 800 平方米。翻瓦补漏面积总和为 250 平方米。有三座厢房校正立柱，铁条加固。香火部、姓铭堂、书法展所在厢房因部分基础下沉，造成部分立柱移动偏斜，从而导致横梁、横方栓口松脱。修缮中，校正部分偏斜立柱，并用铁条加固横梁、横方。厢房维修从 2008 年 3 月开始，5 月结束。

连廊多处屋面渗水漏水，可见多处屋面面板腐朽，不能继续承重。连廊修缮从 2008 年 6 月开工，7 月结束，维修面积共 400 平方米。

2009 年 6 月，开始陵墓修缮。指挥部找文物部门及相关人员反复研究后，提出在寝殿前改建拜台、东侧建香火炉的初步设想，得到舜帝陵基金会和省建筑科学研究院的肯定。

（四）图腾柱

2008 年 9 月 15 日，签订图腾柱修建合同。图腾柱由福建世兴石业有限公司制作，分九龙柱 1 根、五龙柱 4 根、双凤柱 4 根，高度各为 9.5 米，

图腾柱

直径 1.3 米，各重 30 吨。九龙柱造价 14.36 万元，其余每根造价 12.68 万元。九根图腾柱均为整体石雕。2009 年 1 月，图腾柱安装完毕。图腾柱的安置位置，按专家听证会意见，最后选定陵园大门广场右侧。

2009 年 1 月图腾柱安装完毕。竣工后的图腾柱，龙凤盘旋、造型各异、形态逼真，为典型的中国传统手法所雕刻，九根图腾石柱高高耸立在陵园大门广场，突显深刻含义。9.5 米的高度，寓意九五之尊。舜帝陵前九根石柱的记载，最早见于长沙马王堆汉墓出土的 2100 多年前的帛书地图。

（五）陵园大门

陵园大门北边为图书雕塑，书中内容摘自西汉史学家司马迁所写的《史记·五帝本纪》中的一段记载：虞舜“南巡狩，崩于苍梧之野，葬于江南九疑，是为零陵”。陵园大门南边为山石造型，暗藏门房。进陵园大门，大道中心建毛泽东诗词碑。碑石上雕刻毛泽东的诗词《七律·答友人》：“九嶷山上白云飞，帝子乘风下翠微。斑竹一枝千滴泪，红霞万朵百重衣。洞庭波涌连天雪，长岛人歌动地诗。我欲因之梦寥廓，芙蓉国里尽朝晖。”

2007 年 12 月 23 日，开始对陵园大门建筑场地进行岩土工程勘察和施工建设。工程由湖南力基园林景观工程有限公司承建。2009 年 8 月工程竣工，总投资 261.12 万元。

舜帝陵园大门

司马迁《史记·五帝本纪》摘句碑

（六）游客中心

游客中心由舜帝陵基金会投资，湖南力基园林景观工程有限公司承修。工程采取全部包工包料承建，造价按 980 元/平方米，建筑面积 940 平方米，2008 年 5 月 30 日签订合同，8 月 30 日竣工。2008 年 7 月，画家刘双全开始构思草图，9 月 21—22 日专家评审图案予以定稿。10 月 30 日开始备料雕刻。工程由福建世兴石业有限公司施工建设，共投资 52.38 万元。

（七）浮雕墙

浮雕墙建在陵园北面。浮雕美术画稿，由中国美术家协会会员、国家一级画师刘双全于 2008 年 7 月开始创作。2008 年 9 月 21-22 日，舜帝陵园扩建工程指挥部邀请省考古、历史文献专家，对浮雕墙雕塑图样进行评审。被邀请的专家学者有湖南省原博物馆馆长、研究员高至喜，湖南省考古所研究员、国家级考古发掘领队吴顺东，湖南科技学院教授王田葵，湖南科技学院教授、学报主编张京华，省舜文化研究会常务理事、九疑山舜文化研究会会长欧利生，湖南科技学院舜文化研究中心特约研究员、九疑山舜文化研究会副会长张介立，省考古学会会员、九疑山舜文化研究会副会长兼秘书长周九宜等。湖南省九疑山舜帝陵基金会副秘书长、舜文化专家张泽槐主持

游客中心

评审会。工程指挥部指挥长欧阳维西、副指挥长刘庚旺等出席。评审会上，专家们认真审核图稿，一致认为：这些石雕图像，体现舜帝南巡崩葬九疑这一历史文献记载，很有说服力。评审会最后对图稿名称进行整理，分别称为：舜帝南巡图、历代祭舜图、名人谒陵图、万山朝舜图、二妃寻夫图，其中对舜帝南巡图、历代祭祀图、名人谒陵图分别收入的历史人物与历史事件，逐一定稿。

浮雕墙由福建世兴石业有限公司承包施工建设。2008 年 10 月 30 日开始备料雕刻，2009 年 8 月竣工。共投资 52.38 万元，其中舜帝南巡图浮雕墙 11.34 万元、历代祭舜图浮雕墙和名人谒陵图浮雕墙 38.02 万元、万山朝舜图 1.51 万元和二妃寻夫图浮雕墙 1.51 万元。

舜帝南巡浮雕照壁 长 65 米，画面高 1.5 米，面积 97.5 平方米。制作工匠李静森。舜帝南巡图由 12 幅画面组成，即：禅禹问政、五月南巡、演乐韶峰、南岳问黎、恩锡甘露、有庳探象、舜歌南风、德化三苗、布教五常、访何封侯、引水导流、崩葬九疑山。

历代帝王祭舜浮雕墙 简称祭祀墙，由两处雕塑墙构成。每处雕塑墙由 4 组画面组成，每组画面长 33 米，高 2.4 米。第一组雕塑墙由大禹祭舜、楚灵王造章华台、秦始皇云梦祭舜、汉武帝盛唐祭舜等 4 组画面组成；第二处雕塑墙由唐玄宗钦命张九龄赴九疑山祭舜、宋太祖赵匡胤祭舜、明太祖朱元璋祭舜、清顺治皇帝祭舜等 4 幅画面组成。

舜帝南巡浮雕照墙

历代帝王祭舜浮雕墙

名人游九疑浮雕墙　由 8 幅画面组成，即屈原谒陵歌九疑、司马迁谒陵窥九疑、蔡邕谒陵赋九疑、元结谒陵图九疑、苏轼谒陵颂九疑、方信孺谒陵题九疑、徐霞客谒陵游九疑、何绍基谒陵书九疑。

故事墙　故事墙两块，分别为万山朝舜、二妃寻夫，每块长 9 米，高 1.4 米。

名人游九疑浮雕墙

舜帝故事墙

（八）碑亭建设

碑亭为二层八角重檐亭。亭外沿设一圈回廊。亭子总建筑面积 173 平方米，高 14.75 米。亭内立有江泽民于 2004 年 9 月 9 日题写的“九嶷山舜帝陵”汉白玉碑。碑高 4 米，宽 1.5 米。

江泽民题词碑

江泽民题词碑亭

（九）明德牌坊

2008 年 11 月，明德牌坊开始备料雕刻。这是建筑在舜帝陵中轴线上的第一座石牌坊，为三门四柱冲天式石牌坊，高 10.95 米、阔 18 米。北面中坊上书“舜帝陵”三字。此三字从陵碑上拓来。中门对联：“桥山翠柏植轩圣；九疑苍松祠舜皇。”此联为西安交大锺明善教授所写。边门楹联：“千古江山留圣迹；万代黎庶仰南巡。”南面中坊上书“天下明德”。“明德”出自儒家精典《大学》开首句：“大学之道，在明明德。”此仪门，因有“天下明德”四字，又称明德牌坊。由福建世兴石业有限公司承建，2009 年 7 月竣工，共投资 68 万元。

明德牌坊

（十）神道与石翁仲

舜帝陵神道旁的石兽，有麒麟、马、狮、犀牛、龟、羊、象。由于抢救修复陵庙时，舜帝陵神道旁的石翁仲工艺较粗糙，与帝王陵不相称，遂重新制作石翁仲。

重新制作后的动物石仲翁有：马一对，高235厘米，长250厘米，宽80厘米，每个单价2.16万元，重7500公斤，制作工匠张培东；狮子一对，高240厘米，长250厘米，宽80厘米，造价每个2.38万元，每个重6500公斤，制作工匠张本道；象一对，高220厘米，长250厘米，宽80厘米，每个造价2.16万元，重7000公斤，制作工匠陈明池；羊一对，高210厘米，长250厘米，宽70厘米，每个造价1.86万元，重5200公斤，制作工匠张培东；犀牛一对，高250厘米，长250厘米，宽80厘米，每个造价2.46万元，重8000公斤，制作工匠张培东；龟一对，高135厘米，长180厘米，宽125厘米，每个造价1.55万元，重4500公斤，制作工匠李建富。

神道

神道石翁仲

文武官员石翁仲

文武官员石翁仲四对，各高 3.2 米，宽 1.17 米，厚 0.8 米，每一个单价 1.96 万元。其中文翁仲 4 个各重 4500 公斤。武翁仲两对，各重 5500 公斤。制作工匠陈灿强、李培阳。这四对石翁仲，都是圆雕而成。文官翁仲持笏肃立、温文尔雅，虔敬中透着睿智；武官翁仲，拄兵器恭立、威严肃穆，森然里藏着忠勇。这些翁仲象征跟随舜帝南巡的文官武将，他们仍然像先前那样忠心侍君，护卫着舜帝，为舜帝守陵。

神道左边是崇圣园，它包括：九曲廊、雷泽湖、双妃亭等。在崇圣园内有舜帝后裔、各界领导、企业老板等各界人士的手植树。全国政协副主席张梅颖、时任湖南省长的周伯华、周强、徐守盛、杜家毫等都在崇圣园植过树。

（十一）紫金台

紫金台传为舜帝观察天象处。舜帝陵园紫金台位于陵园大门内左侧，2009 年 6 月开工，8 月竣工。工程由宁远建筑工程队施工建设。紫金台投资 14.53 万元。

紫金台

第五节　碑林建设

舜帝陵碑林位于舜陵东侧，建筑设计风格与陵庙建筑风格相同，占地面积 2.73 公顷，建筑面积 3832 平方米。碑林景区内已建单体建筑共 10 个，即养正阁、景仁阁、崇德阁、舜碑亭、二妃殿、西大门、湘妃祠山门、南大门、静深亭和舜文化碑廊。碑林与舜帝陵紧密相连，组合成反映历史文化的园林景观。碑林由上海市政工程研究总院设计，湖南省绿林市政景观工程有限公司承建。碑林于 2015 年 1 月 7 日开工，8 月底竣工。碑林总投资 3500 万元，全部由九嶷山舜帝陵基金会筹措。

杜家毫（右）与王克英（左）为碑林竣工剪彩

一　碑林设计

在修缮舜帝陵庙时，发现“帝舜有虞氏之陵”碑和抚瑶颂碑在常年风雨侵蚀之下，碑体已见明显裂痕，若不再及时加以保护，将是字消碑碎。同样在两厢祭碑房内，所存的清代及民国祭碑 36 方、记事碑 2 方，均属珍贵文物，但碑石风化严重，碑下泥土潮湿，人为损毁痕迹随处可见。为保护这些古碑，宁远县文物局多次邀请国家文物局专家现场诊断，采取抢救措施。在治理过程中，专家学者都提出修建碑林，保护碑刻的建议。2006 年，在规划设计舜帝陵景区时，同时安排碑林规划。上海市政工程研究总院于同年拿出设计方案。2014 年 11 月 7 日，在长沙召开舜帝陵碑林建设汇报会，与会专家对九嶷山舜帝陵碑林的设计方案提出许多修改意见。此后，设计单位对碑林设计进一步修改。

二　碑林单体建筑

（一）碑林西大门

碑林西大门为五楹歇山顶，砖木结构，宽 14 米，进深 8 米，高 8.3 米，灰色琉璃瓦，朱漆窗格大门。

碑林西大门

（二）景仁阁

景仁阁为碑林中最大单体建筑，位于碑林中心位置，单檐歇山顶，宽 24.6 米，进深 16 米，高 13.3 米，五楹围廊，青石须弥座高 1.35 米，灰色琉璃瓦，脊安灰色脊兽，砖木结构，木枋木柱，花岗石栏杆，中三楹为红漆六页折扇窗格门。

景仁阁

（三）养正阁

养正阁是西大门进入碑林第一栋单体建筑，离陵山最近，因而也是存放碑石规格最高的建筑。养正阁为单檐歇山顶，宽 17 米，进深 10 米，高 9.3 米，台基 1.05 米，三楹围廊，红木油漆，木格窗棂，灰色顶瓦，兽脊翘檐。

养正阁

（四）崇德阁

崇德阁是紧邻景仁阁北面的单体建筑，为单檐歇山顶，宽 17 米，进深 10 米，高 9.3 米，台基 1.05 米，三楹围廊，红木油漆，木格窗棂，灰色顶瓦，兽脊翘檐。

崇德阁

（五）舜碑亭

舜碑亭建筑于碑林的中心点，为单檐歇山顶，宽 10 米，进深 6 米，高 6.01 米，木枋木步柱，左右两柱之间坐凳相连，坐凳为木格靠椅。屋顶灰色琉璃瓦覆盖，灰色琉璃瓦脊兽。

舜碑亭

（六）湘妃祠

原设计为碑林北大门和艺术展厅，采纳九嶷山舜文化研究会意见，改为湘妃祠。将北大门改成湘妃祠山门，艺术展厅改为“二妃殿”。

湘妃祠山门　山门宽 14 米，进深 8 米，高 8.3 米，灰色琉璃瓦顶，朱漆四页折扇门，门前溪水环绕，小桥通连游路，两旁游廊相连，廊柱座椅相接，游客随处可憩。

二妃殿　由山门进入，即为二妃殿，二妃殿为单檐歇山顶建筑，宽 17 米，进深 10 米，高 9.3 米，灰色琉璃屋顶，砖木结构，斗拱、额枋、檐柱皆为朱漆木结构，雀替贴金。殿内供奉娥皇、女英。二妃雕像为青铜所铸，右边为娥皇，手执玉琯；左边是女英，手捧如意。娥皇、女英后面摆放青铜屏风画。画面右边是石枞，左边是斑竹，中间是一对凤凰；神像须弥座画面的中间是太阳，代表舜（日）；两边是百鸟（凤），这幅图名叫“尧天舜日，有凤来仪”。底座两边刻的是木槿花，即舜花。铜像为广西桂林恒美雕塑艺术工程有限公司创作。

湘妃祠山门

二妃殿

（七）静深亭

静深亭临近湖水，为单檐歇山顶，宽 10 米，进深 6 米，高 6.01 米，六柱通透亭榭。屋顶黄色琉璃件为边线，脊瓦、脊兽、垂脊、戗脊、勾头、滴水概为黄色，屋顶筒瓦都是青色。

静深亭

第六节　陵区其他建设

一　道路建设

中华人民共和国成立前，进入九嶷山拜谒舜帝陵和观光旅游，只有步行道路。这种步行道路主要有两条：一条是从湾井墟经和成至麦地，再过西湾至九嶷营舜帝陵；一条是从鲁观盘江湾过鸭婆洞进入紫霞岩，再到舜帝陵。

中华人民共和国成立后，逐步加强进入舜帝陵和陵区内部的道路建设。到 20 世纪 90 年代末，进入九嶷山舜帝陵的外围公路有 5 条：一是宁九公路。自县城到舜帝陵庙，全长 30 千米，为柏油路面。二是宁下公路。自县城经五指咀至下灌灌溪景区，全长 21.2 千米。其中，五指咀至下灌、百胜 5 千米为泥路。三是宁香公路。自县城至潇水涵青景区，通车公路可直达水市水库大坝，长 21 千米。其中水市至香花铺 3 千米为碎石路面，其他 18 千米为柏油路面。四是宁鲁公路。自县城至鲁观、凤凰岩等景点，长 30.5 千米，其中 5 千米为碎石泥路，25 千米为柏油路面。五是宁东公路。自县城至冷水镇东城，长 16 千米，为碎石路面。景区内的公路也有 5 条：一是九牛公路。自九嶷营舜帝陵至三分石下的牛头江，长 20 千米，为碎石泥路。二是舜玉公路。自舜帝陵到玉琯岩，长 3 千米，为柏油路面。三是舜黄公路。自舜源峰至小东江、黄河，长 7 千米，为碎石泥路。四是舜住公路。自舜源峰至住龙门景点，长 13 千米，为简易公路。五是鲁癞公路。自鲁观至癞子山，长 15 千米，为简易公路。

进入 21 世纪后，为适应谒陵祭舜和旅游观光的发展需要，对进入舜帝陵的公路与景区内部的公路，重新进行规划。其中最主要的是新建九嶷大道，修通舜帝陵至鲁观及麦地的旅游循环公路，改建扩建舜帝陵至三分石的公路。

（一）九嶷大道

九嶷大道始于冷水，经下灌，过路亭，直达九嶷山舜帝陵，全长 22.7

九嶷大道起点牌坊

千米。大道分两个标段，路基工程一标段和二标段分别由娄底路桥公司、省路桥公司负责。2005 年 4 月，九嶷大道开工。为赶在全省公祭舜帝之前竣工，中共永州市委于 6 月 16 日召开常委会议，决定由副市长刘湘凌牵头，带领市交通局长、市公路局长坐镇宁远指挥。8 月 14 日，大道全线路基工程完工，第一层稳定层已基本完成，九嶷大道入口处牌坊主体工程完工。9 月 10 日，投资近 1 亿元的九嶷大道路面工程完工。

（二）舜帝陵到鲁观及麦地旅游循环公路

修建于 2004 年 9 月，总投资 6000 万元。该循环公路将九嶷大道、九牛公路、舜玉公路、舜黄公路、舜住公路相互连接贯通，使景区内的公路可以四通八达。

（三）舜帝陵至三分石公路的改扩建

2015 年 5 月，九嶷山至三分石公路改扩建竣工。

（四）厦蓉高速宁远互通

2015 年 9 月，厦蓉高速公路宁远互通至下灌旅游观光道路修建成功，县城至九嶷山道路路程缩短为 26 千米，厦蓉高速出口至九嶷山为 17 千米。

二　墟镇建设

九嶷风景名胜区范围内的几个景区，大都设有墟镇，并有一些街道设施。

（一）鲁观墟

清末期间建墟，为九嶷山下主要墟镇之一，并建有 400 米长的街道，每逢三、六、九日为集贸日。

（二）湾井墟

清咸丰四年（1854 年）设墟，原名望嶷墟，清末改为湾井墟。这里古为谒拜舜帝陵必经之地，也是宁远县境南部物资集散中心，长期为区、镇机关驻地。墟镇占地面积 11 万多平方米。建有 400 多米长的新街，农贸大棚面积 3000 多平方米。

（三）下灌村墟场

设在下灌村内，清乾隆三十年（1765 年）建墟。宁远解放后，新建有街道、商店、农贸市场，总建筑面积达 6235 平方米。每逢二、五、八日为墟日，每墟上市人数多达 4000 多人。

（四）九嶷山舜源峰主景区墟场

旧时在九嶷营村建有一小型墟场，无商店街道设施，仅有二三个茅棚厂子。由于九嶷营村紧靠舜帝陵前，20 世纪 90 年代为抢救修复舜帝陵庙，对位于规划范围内九嶷营村 53 户居民，全部搬迁至舜帝陵的右前方。为安置搬迁户，宁远县政府决定在舜帝陵右前方修建一条民族商业街。民族商业街于 1994 年 12 月动工修建，1995 年 10 竣工。新建的民族商业街占地面积 18900 平方米，街道长 300 多米，宽 8 米，有各种铺屋 90 多套，总建筑面积 1.2 万平方米，共投入资金 248 万元。这里每逢农历一、四、七为集贸墟日，上市人数 2000 人左右。

三　水电开发与电网建设

九嶷山区水资源非常丰富，有泠江河、九嶷河两大水源，有大小溪流 65 条。20 世纪 50—60 年代，建有两处中型水库和一处中型河坝。一处为半山水库，位于九嶷山东麓，坝高 54.5 米，蓄水 1076 万立方米，灌田 2253.33 公顷。一处为水市水库，在潇水涵青景区，为圬工重力坝。坝高 37.22 米，库容 1458 万立方米，灌田 3640 公顷。九嶷河坝，控制流域面积 83 平方千米，坝高 10 米，为圬工重力坝，灌田 186.67 公顷。九嶷山各景区的生活用水，主要靠溪流泉水。舜源峰景区有九嶷河流过，可引水入池，解决生活用水。2000 年建起小型自来水厂，舜源峰、玉琯岩景区的生活用水全部解决。

九嶷山风景区用电始于1980年。1976年，开始兴建九嶷电站。1980年，九嶷电站建成投产，九嶷山区从此结束无电历史。该电站装机3台，总装机容量7250千瓦，供应当时整个宁远县的用电。随着改革开放和社会经济的不断发展，用电量迅速增加，小水电不能满足用电需求。90年代后，九嶷山区的供电也日渐不足。后来，经过农村电网改造，宁远县原有小电网并入国家电网。从2000年开始，九嶷山区的用电，全部来自国家电网。

四　邮电通信建设

民国以前，九嶷山区的来往信件，均由湾井墟转递。1955年，在鲁观墟设邮政代办所。1987年，在九嶷山设立邮政代办所。2001年1月，成立九嶷山邮政支局，有邮递员22人，代办员10人。

中华人民共和国成立以前，九嶷山区无电话设备。20世纪50年代，在鲁观墟安装30门磁石电话交换机。1987年，在九嶷山舜源峰装设75门磁石电话交换机。1993年开通程控电话，安装程控电话81门；同时开通电视信号。1996年，九嶷山区开通移动电话。2002年底，九嶷山旅游景区实现电讯、移动、联通、广播电视信号全覆盖。

附　全国各地部分古今舜庙简介

一、北京市（1座）

延庆州舜庙

位于今北京市延庆区，清赵宏恩等监修《（雍正）畿辅通志·卷五十》载："舜祠，在延庆州历山。"已废。

二、河北省（4座）

魏县虞帝庙

河北魏县旧有虞帝庙，祀帝舜。民国《大名县志·秩祀志》（含魏县）载："虞帝庙在城（指大名城）西三十里，西四区大寨村。"虞帝庙在村中，占地五亩有余，建有房屋五间，堂房塑有帝舜坐像，侧室壁绘虞舜孝行图，曾是原大名府惟一一处规模较大、供奉帝舜的庙堂。该庙始建年代不详，毁于20世纪50年代。

安国蒲阴舜祠

《水经注·卷十一·易水》载：“水出蒲阴县西昌安郭南，《中山记》曰郭东有舜氏甘泉，有舜及二妃祠。稽诸传记，无闻此处。”蒲阴县即今安国市区。舜祠已废。

涿鹿舜庙

位于涿鹿县西南保岱镇。《括地志》云：“舜都在怀戎县，县北三里有舜庙，外城有舜井。”宋乐史撰《太平寰宇记·卷七十一·河北道二十》“怀戎县……历山，后魏《舆地图风土记》云，潘城西北三十里有历山，形似覆釜，故以名之。其下有舜祠、瞽叟祠。”已废。

唐县舜庙

位于河北保定市唐县西北。清赵宏恩等监修《（雍正）畿辅通志·卷四十九·祠祀》载：“帝舜庙，在唐县西北四十里，创建无考。”已废。

三、河南省（3座）

濮阳舜庙

河南濮阳舜庙位于古城东。清赵宏恩等监修《（雍正）畿辅通志·卷五十》载：“虞舜庙，在开州东廓里。”现河南省濮阳市濮阳县五星乡瑕丘村有一座舜帝庙，高数丈，庙门前的石碑上面记载着舜帝的生平事迹。

登封市徐庄镇舜帝庙

竣工于2015年5月8日。该舜帝庙由原来一座小庙改建而成。

偃师县舜王庙

宋乐史撰《太平寰宇记·卷五·河南道五》载，偃师县“舜王庙，在县西北二十里。”

四、山东省（5座）

诸城舜帝庙

位于山东省诸城潍河岸边。据称该古舜帝庙有两千多年的历史，毁于1975年大水，2005年重修。

济南千佛山舜祠

千佛山舜祠，又叫重华殿、重华协帝殿，位于济南城南千佛山历山院的东南隅，历史悠久。北魏郦道元《水经注》卷八记载：“……《春秋·桓公十八年》公会齐侯于泺是也。俗谓之为娥姜水，以泉源有舜妃娥、英庙故也。城南对山，山上有舜祠，山下有大穴，谓之舜井，抑变茅山禹井之比也。《书》舜耕历山，亦云在此”。祠内塑像，衮冕执圭，双目瞑闭，须髯垂胸，左右配享娥皇、女英二妃，珠冠蟒服。原祠堂于2001年改建，白墙绿瓦，庑殿顶，显得很宏伟。另建三圣殿、三圣裔祠，内祀尧舜禹及舜的后裔。

济南城内舜祠

济南城内舜祠多称舜庙或舜皇庙，位于古历城县城东，明代济南城舜田门即南门内，今济南市舜井街西侧。城内舜祠早于宋代，但具体始建年代不祥。舜祠内有舜泉（后多称舜井），为城区祭祀舜帝和祈求风调雨顺之所。舜祠历史上几经兴废，多有重修和改建，金代舜祠近旁曾建道观迎祥宫。作为一方名胜，历代名人欧阳修、曾巩、苏辙、元好问等多有诗文题留。历经千年后，20世纪60年代被拆除，剩有部分古代遗迹。

莱芜市钢城区舜皇庙

黄庄历山脚下建有舜皇庙，修建时间不详。已废。

菏泽市鄄城县虞帝庙

菏泽鄄城历山舜庙建于何时，无考。自汉以后，历代官吏为其修庙朝拜。元张须著《舜祠记》并刻碑立于舜庙，碑文曰："须来游于鄄，知帝庙在雷泽之北，瓠河所经是为姚墟，亟往拜焉。"清岳濬等监修《（雍正）山东通志·卷二十一·秩祀志》载："曹州府帝舜庙，在府城东北五十里历山上。"现有虞帝庙为重建，北京大学原副校长季羡林题"历山虞帝庙"匾额悬于山门，国家图书馆馆长任继愈的题词"舜耕历山古遗址"也已立石。

五、山西省（15座）

洪洞舜王庙

山西洪洞舜王庙，又称神立庙，位于洪洞县万安镇东圈头村南里许。创建年代无考。据《山西通志》和《洪洞县志》记载，舜王庙于宋天圣七年（1029年），由洪洞人李良甫主持重建。重建之舜王庙，规模宏大，神殿雄伟。除舜王殿、娘娘殿外，还有两宫娘娘庙、尧王庙、子孙娘娘庙、王母娘娘庙、关公庙、玉皇庙、风神庙、东岳庙、祖师庙、龙王庙、三光庙、将军庙等殿阁。另外还有神象亭、百鸟楼、望都台、望亲台、舜井亭、戏台、献亭、梳妆楼等附属建筑。由于日本侵略，舜王庙的14座殿宇以及8处楼台亭阁于民国31年（1942年）被全部烧毁，古迹名胜，变为焦土。现在舜王庙，依照原来建筑模式进行重建。

运城舜帝庙

坐落在运城市区西北。据清觉罗石麟等监修《（雍正）山西通志·卷一百六十七·祠庙四》载："安邑县帝舜庙，在鸣条冈，有唐开元二十六年碑。明嘉靖中，庙废。万历中，县吴愈重修。"2000年，为纪念舜帝，对舜庙进行扩建，分为三大部分：舜帝广场、舜帝公园、舜帝陵庙，总占地面积1800亩。舜帝广场东西长200米，南北宽150米，占地面积3万平方米。广场的前方摆放着两尊青石大象，中央是一个巨大的花坛，花坛中央是太极八卦音乐喷泉。花坛周围是十二幅虞舜盛世浮雕图，记载着舜帝的生平功绩。

永济张营镇舜帝庙

位于永济市张营镇舜帝村。《山西古迹志》载："舜帝庙在村东头土陵（崖）脚下，四周围有土墙，门上挂有一块小匾额，上书'舜帝庙'三字。院内只有一座正殿，里面安放着舜帝塑像。殿前立有康熙十二年（1807年）八月重修碑记和光绪二十五年（1899年）十二月《重修舜帝庙记》石碑，已废。

永济县蒲州镇舜祠

唐李吉甫《元和郡县志·卷十四》载：（河中府河中县）"州城，即蒲坂城也。城中有舜庙，城外有舜宅及二妃坛。""舜祠在州理舜城中，贞观十一年诏致祭，以时洒扫。"已废。

祁县舜庙

位于晋中市祁县东观镇东六支村。清觉罗石麟等监修《（雍正）山西通志·卷一百六十四·祠庙》载："祁县二帝行祠，在东六支村，祀尧、舜二帝。大德、明嘉靖间，胥重葺。"

襄汾舜庙

位于山西省临汾市襄汾县，清觉罗石麟等监修《（雍正）山西通志·卷一百六十四·祠庙》载："太平县帝舜庙，在西一里。元大德二年重修。古虞官庙，在东三十里汾水东北社村，有伯益墓，墓旁建祠，春秋肃祀。"清和珅等监修《钦定大清一统志·卷七十九·平阳府》："舜庙有三：一在洪洞县英山，一在太平县西一里，一在翼城东南七十里舜王坪上。"今已废。

岳阳舜庙

位于临汾市古县岳阳镇城关村北。清觉罗石麟等监修《（雍正）山西通志·卷一百六十四·祠庙一》："岳阳县帝舜庙，在北城。"城关村为古岳阳县治，因与湖南岳阳同名，改为古县。舜庙已废。

介休源神庙

位于介休市洪山镇洪山村狐岐山麓。源神庙因洪山泉源而建，其庙即建在洪山泉之源头上。清觉罗石麟等监修《（雍正）山西通志·卷一百六十五·祠庙二》载："介休县源神庙，在东南狐岐山鸑鷟泉上，宋至道中建，祀尧、舜、禹三圣。"该庙现存建筑较为完备，占地711平方米。庙西向而立，各组建筑依山势呈阶梯状，层层升级，步步登高。

沁水舜庙

位于沁水县历山上。清觉罗石麟等监修《（雍正）山西通志·卷一百六十六·祠庙三》载："沁水县舜庙，在西历山上。"已废

代州舜庙

位于沂州市代县，清觉罗石麟等监修《（雍正）山西通志·卷一百六十七·祠庙四》载："代州舜庙，在东南十五里舜山。"《（雍正）山西通志·卷一百七十一·寺观四》载："代州舜子寺，在州十五里舜山上，有舜井、舜庙。寺在山半，塑大舜、娥皇、女英像。莫知创始，然寺曰舜子，当与商州虞城互考。"已废。

河典舜庙

位于河典县赵村，清觉罗石麟等监修《（雍正）山西通志·卷一百六十七·祠庙四》载："河典县舜庙，在东北三十里赵村。"已废。

夏县舜庙

位于运城市夏县。清觉罗石麟等监修《（雍正）山西通志·卷一百六十七·祠庙四》载："夏县舜帝庙，在西南十五里姚村。"已废

闻喜舜庙

位于闻喜县。清觉罗石麟等监修《（雍正）山西通志·卷一百六十七·祠庙四》载："闻喜县舜庙，在县西姚村。"已废。

垣曲舜庙

位于运城市垣曲县皋落岭。清觉罗石麟等监修《（雍正）山西通志·卷一百六十七·祠庙四》载："垣曲县舜庙二：一在瞽塚村上堡，旧《志》：县北四十里为冯山，浚井在焉，山北为历山，土人名舜王坪，东有大阜为瞍塚，东南有雷泽，盖大舜桑梓地也。一在皋落岭，相传公输子建。娥皇女英祠，在历山村南中庄里。"（历山舜王坪舜庙遗址今属翼城县）今已废。

翼城舜庙

位于翼城县城东南隅70千米处的历山。历山为翼城、垣曲、沁水三县交界处，属中条山脉。清和珅等监修《钦定大清一统志·卷七十九·平阳府》载："舜庙有三：一在洪洞县英山，一在太平县西一里，一在翼城东南七十里舜王坪上。"

六、陕西省（4座）

古金州安康虞舜祠

位于省安康市。宋乐史撰《太平寰宇记·卷一百四十一·山南西道九》载："金州安康郡，今理西城县，《禹贡》梁州之域。昔虞舜尝居之，谓之妫墟，《帝王世纪》谓之姚墟，即此也……虞舜祠，按《水经注》云：西城县故城内有虞舜祠。"已废。

汉中府虞舜庙

位于陕西省西乡县。明李贤等撰《大明一统志》载："汉中府虞舜庙，在西乡县境内，祀帝舜有虞氏。"

西乡虞舜庙

位于汉中市西乡县。清硕色等撰修《（雍正）陕西通志·卷二十九·祠祀二》载："西乡县虞舜庙，在县治东。"

兴安州虞庙

位于现安康市。清硕色等撰修《（雍正）陕西通志·卷二十九·祠祀二》载："兴安州虞庙，在州城南三里西城山，岁时奉祀。西城县有虞舜祠，西城县故城内有虞舜祠、汉高帝庙，置民九户，岁时奉祀焉。明隆庆己巳，土人耕田得琉璃脊超低频率，甬道既肃落，残碣依稀，记大舜陶于河滨处。闻于朝，建祠，春秋享献。缘在坰野，四无人居，风雨倾颓，牲牷俎豆，几无陈所。万历中，知州许尔忠请修殿庑门垣，立碑以记。本朝康熙三十二年，知州王希舜议修。"已废。

七、浙江省（6座）

上虞舜帝庙

位于浙江上虞，建于唐长庆元年（821年）。清道光二十三年（1843年）和民国10年（1921年）多次重修，使舜帝庙成为气势壮观，建筑雄伟的名刹。《（万历）上虞县志》载："上虞故舜封地，江海环带，山川盘郁，为浙东名邑，其间名公巨卿，骚客墨子代不乏人。龙山西尽有百官，临江有舜帝庙，庙前有重华石。"舜帝庙宽23米，为五开间，山门前有荷花池，石拱桥。庙径深 100 多米。第一进为舜帝殿；有虞舜全身坐像。第二进为太祖殿。舜的太祖父名句望又名句芒，他因开始播种有芒的作物，被历代崇奉为祭祀的春神。第三进为四岳殿（舜任用之大臣）。每一进均有戏台，两边为廊房。庙内有石雕、砖雕、木雕、浮雕。飞檐龙顶等能工巧匠之绝作。庙前有重华石，击之有声。庙北有舜井，东西各一，均有涌泉。

绍兴舜王庙

位于绍兴城东南 43 千米的王坛镇双江溪舜王山。《述异记》载："会稽山有虞舜巡狩台；下有望陵祠。"现存的舜王庙，系清咸丰年间（1851—1861 年），由监生孙显廷筹捐重建，舜王庙的正殿及后殿毁于太平天国。同治元年（1862），孙显廷再度集资复建。舜王庙坐北朝南，占地面积 5000 余平方米，由山门、戏台、前后大殿和东西看楼、配殿、厢房等组成，系江南庙宇建筑典范。1997 年，舜王庙列入省级文物保护单位。2013 年 5 月，列入第七批全国重点文物保护单位。

余姚舜庙

位于余姚城东北 40 里处历山（又名沥网山）西南侧，规模宏大，正殿重檐周廊，中祀舜帝塑像，有寝有庑，中门外门，缭以周垣。"文化大革命"时遭破坏，仅剩偏屋 3 间。

会稽舜庙

位于会稽县（今绍兴市越城区）。清和珅等监修《钦定大清一统志・卷二百二十六・绍兴府》载："虞舜庙，在会稽县东南百里。又有庙在余姚县历山上。"已废。

嵊州市仙岩镇舜皇村舜皇庙

仙岩镇舜皇村的舜皇山古代建有舜皇庙。庙内天井中有两眼井，称为舜井。井水常年不枯，村民多到此汲水。宋《剡录》载："北曰舜皇山，山最崇矗，岗岭复深，有舜井焉。"又载"舜井，井二，在舜皇山。"现庙、井旧址已为龙皇水库库区，为水所淹没。

缙云舜庙

位于丽水缙云县五云镇西北 40 里，清嵇曾筠等监修《（雍正）浙江通志・卷二十一・缙云县》载："历山，《缙云县志》：在县西北四十里，有摧车坑、架鼓岩，上有舜庙，下有龙津。"已废。

八、湖北省（3 座）

随州舜帝庙

位于湖北省随州市北。清迈柱等监修《(雍正) 湖广通志・卷二十五・祀典志》载:“随州舜帝庙，在州北十里。”清和珅等监修《钦定大清一统志・卷二百六十七・德安府》:“舜祠，在随州北厉山。”已废。

均州舜庙

位于今丹江口市。清和珅等监修《钦定大清一统志・卷二百七十一・襄阳府二・祠庙》:“帝舜庙，在均州南。”不过，原有的千年古均州因修建丹江口大坝而淹没。

蒲圻舜庙

位于赤壁市，今已废，留有遗址、残碑。据清迈柱等监修《(雍正) 湖广通志・卷七十七・古迹志》载:“蒲圻县舜帝庙碑，县治有断碑，载二妃事，字漫灭不可考。”

九、江西省（2座）

万安舜庙

位于万安县韶口。清尹继善等监修《（雍正）江西通志・卷九・山川三》载:“吉安府韶山，在万安县西北四十里。俗传虞舜南巡，尝奏韶乐于此，有舜祠，今废。”《(雍正) 江西通志・卷一百八・祠庙》:“舜祠，在万安县韶口。世传虞舜南巡于此，尝奏《九成》之乐，后人名其水曰韶水，山曰韶山。宋宝祐景泰间，僧了敬买田百余石以奉祭祀。刘辰翁记。”已废。

抚州尧山庙

位于抚州市临川。清尹继善等监修《（雍正）江西通志》载:“抚州府免水山，在府城西北六十里，唐天宝间改名尧山，上有祠冕而垂衣裳者三土人，曰尧、舜、禹也。山与槠山界，接丰城。”

十、广东省（1座）

韶关皇潭舜祠

位于今韶关市曲江区。宋乐史撰《太平寰宇记・卷一百五十九・岭南道三》载:“韶州・曲江县，汉旧县，以溵水曲江为名……皇潭潭侧有舜祠，昔为舜游之处。”清郝玉麟等监修《（雍正）广东通志・卷五十四・坛祠志》载:“曲江县舜峰寺，在府西北五里皇舜祠之下，祭舜帝于此宿斋。山水幽迴。祠今移城中，寺仍不废。”现已废。

十一、广西壮族自治区（5座）

桂林虞山舜庙

又称舜祠、虞帝庙。位于桂林市城北虞山南麓。首建年代不详，有记载的第一次修葺于南宋淳熙年间（1174—1189年）。此后，历代均有修葺。其中以明代（1534年）姚世儒重修的规模最大，当时的虞帝庙“前朝后寝各三楹，立帝舜、三妃及后稷一下四臣像。东西各庑，四楹以储藏。前为重门，各三楹”。现虞帝庙为1996年重修。

全州虞帝庙

清《全州志》记载：“虞帝庙在城西十里。”

融县舜庙

位于柳州市融水苗族自治县。清金鉷等监修《（雍正）广西通志·卷十六·山川》载：“融县圣山。在县北四十里，有舜庙，山高数百丈。”已废。

灌阳舜帝庙

位于桂林市灌阳县华山上。清金鉷等监修《（雍正）广西通志·卷四十二·坛庙》载：“灌阳县舜帝庙，在县西南七里华山上。”已废。

梧州舜庙

位于梧州市区东北方白云山（又名大灵山、大云山）。清《梧州府志·坛庙》载：“虞帝庙在大云山麓锦鸡岩西，久废。乾隆三十五年，知府吴九龄重建于故址。春秋致祭。”

十二、安徽省（1座）

池州铜陵县舜庙

宋乐史撰《太平寰宇记·卷一百五·江南西道三》载：池州·铜陵县“历山在县东三十里，西枕历池，上有尧、舜二庙。”今已废。

十三、湖南省（15座）

武陵舜庙

位于常德市武陵区（原武陵县）城西。清迈柱等监修《（雍正）湖广通志·卷二十五·祀典志》载：“武陵县舜二妃庙，在城西。”已废。

宝庆府大舜庙

位于邵阳市。元于钦撰《齐乘·卷六十三》载：“宝庆府大舜庙，在府城北一里。”已废。

邵阳县帝舜庙

《大清一统志·宝庆府》：“帝舜庙在邵阳县北十里，唐张谓有碑。”清迈柱等监修《（雍正）湖广通志·卷二十五·祀典志》载：“邵阳县大舜庙，在城北一里。”已废。

衡州府舜庙

位于今衡阳市衡阳县西仙上峰。元于钦撰《齐乘·卷六十四》载：“衡州府舜庙有二：一在衡阳县西仙上峰，宋郡守刘清之命主簿程洵重建；一在蓝山县西一十五里。”已废。

永州府舜庙

位于今永州市零陵区。元于钦撰《齐乘·卷六十五》载：“永州府帝舜庙，在府治南，纪传舜巡狩曾憩于此。”已废。遗址位于永州市零陵区黄田铺镇。

祁阳潇湘庙

徐霞客《楚游日记》载：“其前湘江从南至此，东折而去；祁江从北至此，南向入湘；而甘泉活水，又绕学前，透出南胁，而东向入湘。乃三交会之中，故桥曰潇湘桥，亭曰潇湘亭，今改建玄华阁，庙曰潇湘庙，谓似潇、湘之合流也。（庙后萼裂瓣簇，石态多奇。）庙祀大舜像，谓巡守由此，然隘陋不称。”

零陵潇湘祠

徐霞客《楚游日记》载：“潇之东岸即湘口驿。有古潇湘祠，祀舜帝之二妃。”清代，潇湘祠改称潇湘庙，今残庙犹存。

韶峰古寺

位于湘潭韶山市韶峰顶上，最早建于唐时。寺殿门联为：“舜帝南巡奏扬韶乐传天下；红日东出播种福田在人间”。寺分上下两层，下层为一大厅，厅正中南向塑有舜帝金身，北向则为娥皇、女英。舜帝显得雍容慈祥，二妃眼含凄切。舜帝左右靠墙处，有彩塑四大金刚，三面墙顶塑有二十四位诸天、十八位罗汉，神态、装束各异，栩栩如生。韶峰南面山腰有胭脂古井。古井泉水细流，不管天晴下雨，均略呈现红色。相传舜帝的二妃娥皇、女英曾在此梳洗，以井为镜，不慎将胭脂落入井中，遂使井水变色。现古井犹在，但仅当红霞倒映时，胭脂色才可显现出来。

湘阴舜帝庙

舜帝南巡，崩于苍梧之野，二妃也随来到江湖之滨，殁于江湖之间，即今湘阴县三塘乡鱼塘大堤外侧。今濠河乡黄花岭，还存有舜帝庙，有1000多年历史，庙身虽已残破，但庙内的高柱，石台仍保留完整。

东安大庙口舜庙

位于舜皇山下，扬江源口。大庙即舜庙，为纪念舜帝南巡经此而建。此舜庙规模较大。庙中有游亭、屋宇，庙前有戏台，并有两具石狮；古碑较多。可惜现已全毁，唯余两块古碑，记载着舜庙的来历及当年的盛况。

东安金字岭舜庙

位于东安县舜皇山金字岭。清迈柱等监修《（雍正）湖广通志·卷十一·山川志》载："东安县金字岭，在县西四十里，下有舜庙。亦名舜峰。"金字岭舜庙又称玉陛源口舜庙，原有大型尧、舜塑像，据碑文推算，已有一千六百多年历史。为纪念舜帝南巡经过此地而建。今仅存遗址。

道州舜庙

位于道县孔庙旁。清迈柱等监修《（雍正）湖广通志·卷二十五·祀典志》载："道州虞舜庙，在州西门外儒学旁，石刻'虞山'二字。皋陶庙，在州西营乐乡，世传皋陶随大舜至此。"已废。

蓝山舜庙

位于蓝山县城西 15 里。元于钦撰《齐乘·卷六十四》载："衡州府舜庙有二：一在衡阳县西仙上峰，宋郡守刘清之命主簿程洵重建；一在蓝山县西一十五里。"已废。

蓝山所城舜庙

位于蓝山县所城镇良村白田江。舜帝庙建于清代乾隆二十八年（1763年），坐东朝西，面向九嶷。庙前有块大石板，石面平整光滑，这是舜帝睡过的石板，所以一直干干净净，蚁虫不敢侵。

临武舜帝庙

位于临武县舜峰山。清迈柱等监修《（雍正）湖广通志·卷十一·山川志》载："临武县舜峰山，在县西三十，相传舜南巡驻此，上有舜祠。"又载："临武县舜庙，在县西舜峰。元至正四年，知县闵孝纯重建，明嘉靖间修。"已废。

十四、福建省（1座）

泉州舜帝纪念堂

位于晋江罗裳山南麓，建于 2013 年 12 月。

第三章　舜陵风物

九嶷山灌溪风光

九嶷山位于南岭山脉萌渚岭北段。这里有着秀美的自然风光，为国家级自然保护区、国家级风景名胜区、国家森林公园。这里除舜帝陵庙外，还有着众多的文物古迹。这里是道教圣地，被列入道教三十六洞天，有着众多著名仙道人物。经过多年开发，九嶷山已经成为一处集人文历史、生态休闲、自然风光于一体的AAAA级综合性旅游景区。

第一节　古迹

九嶷山的古迹极其丰富，主要有古遗址、古建筑、古石刻、古墓葬等。这些古迹，有着深厚的历史文化内涵和价值。其中，被列为全国重点文物保护单位的有玉琯岩古舜帝陵庙遗址、泠道故城遗址、云龙坊王氏墟堂、久安背翰林祠；列为省级文物单位的有舜帝陵、黄家大院、牛轭岭瑶寨、东安头翰林祠、下灌李氏宗祠等。

一　古遗址

玉琯岩古舜帝陵庙遗址　位于九嶷山玉琯岩旁，系秦汉至宋元时期的舜帝陵庙遗址，为国家级重点文物保护单位。

泠道故城遗址　位于宁远县泠水镇东城片下胡家村北侧，南北长170米，东西宽87米，总面积14790平方米。夯土城残高0.5~5米，护城河宽17米，深2米，仍依稀可见。泠道县初建于秦始皇二十六年（公元前221年），其旧址在蓝山县总市镇下坊村。汉武帝元鼎六年（公元前111年）置泠道县，县城迁至该处，故城始废。该县城历西汉、东汉至北宋初，历时一千多年。故城址规模犹存，城周各居住遗址明显，城郊保存各时代的古墓葬，墓群规模大，较完整，城址文化内涵丰富，是目前保存较完好的汉代古城址之一。1996年，公布为省级文物保护单位。2013年，公布为全国重点文物保护单位。

不于君遗址　又名山门脚遗址，位于宁远县泠水镇隔江村。该遗址有古石器及商周至宋元遗物出土，为古人聚居遗址。秦末汉初在这里设立不于

冷道故城遗址

君。遗址高出河岸平地约 5 米，面积 1.5 万平方米。马王堆汉墓出土帛书地图中有记。因修公路，遗址已毁。

永福寺 旧名无为寺，又名报恩寺。在九疑洞村永福庄，距玉琯岩约 1 千米。南朝齐代，为护卫舜陵庙而建。宋太平兴国五年（980 年），改名永福寺。元祐元年（1086 年）僧善义建齐云阁。绍兴二十五年（1155 年），敕建御书楼。淳熙五年（1178 年）全面修缮，并建华严阁。元丰间成为佛教重地，寺僧众多，盛时近千。明万历中寺荒僧散，清顺治十一年（1654 年）重修。嘉道间渐废。2001 年经中国佛教协会批准，重新修复。2003 年 11 月 18 日在永福寺旧址举行修复永福寺奠基典礼仪式。2004 年 10 月重建竣工。重建后的永福寺依山而建，东西宽 171～200 米，南北长 440 米，一半在平地，一半在山坡，高差约 100 米，占地 124.6 亩，总建筑面积 19791 平方米。布局为五进院落，自下而上沿中轴线依次展开。一进为山门、天王殿，二进为大雄宝殿，三进为彻堂，四进为观音殿，五进为御书楼、华严阁、齐云阁及观音台、弥陀台。两边寺舍呈对称分布，主要包括方丈寮、僧寮、信士堂、静心斋、长生殿、经堂和上房等。院内东有顺山而上的车行通道，中有依轴而建的朝圣神道，西有就山而行的人行步道，园林丛中曲径通幽，相互衔接，流畅通透，规模完整。

御书楼 在永福寺齐云阁与华严阁之间。始建于南宋绍兴二十五年（1155 年），寺僧祖南呈请郡守，将历朝所赐御书收藏于楼，故名御书楼。宋嘉定年间（1208—1224 年），道州知州赵师懿为楼作碑记。清嘉庆道光年间废，今已修复。

齐云阁 在永福寺后。宋元祐元年（1086 年），由僧人善义建。依山而立，与华严阁两两相峙，高阔挺竣，气势雄伟，远眺群峰，四顾如揖。由

重建后的永福寺

永福寺砌堂转三弯，上四十二级台阶，可抵齐云阁。今照原样修复。

华严阁 在永福寺后，齐云阁对面。永福寺住持僧意超建于宋淳熙五年（1178年），建筑规模格式与齐云阁相同，两两相峙，亭亭玉立，依山临空，互为映衬，为永福寺众僧念佛之处。今已同永福寺一起修复。

同善庵遗址 在九嶷山村，现舜陵庙右侧。清康熙二十九年（1692年）为守护舜陵而建。民国期间僧人散去，于庵舍开办九嶷山边区小学。中华人民共和国建立后为九嶷山完全小学。1964年，拆庙舍改建教室，七十年代改办九嶷山中学。现存部分教室房屋。

善庆庵遗址 在今湾井镇大屋地村后山腰上。明崇祯年间（1628—1644年）僧人尚仁印建，民间传为崇祯皇帝之母所建，故又称母庵。今遗址犹存。

金泉庵遗址 位于冷水镇东城责任区堂屋村西永乐山下，有水名金泉，清洁而味甘。始建年代不详，明天启甲子年（1624年）僧寂能重建。“金泉试茗”为县内八景之一。现庵废，仅存两座石塔基。

炼丹观遗址 在舜庙北7.5公里的由村，建于何年不详。传说为何侯炼丹之处，观后之崖石均呈红色。观后有一石臼，传为何侯捣药所用，年久日深，石臼被捣穿，一松树穿臼而生，枝干卷曲，如长龙伏地。观废，遗址不存。

九灵观遗址 位于嶂山（万岁山）下，晋时建，永嘉年间（307—312年）改名净轮，隋开皇九年（589年）改名九灵。已废，遗址不存。

黄庭观遗址 位于白马岩附近。始建未详。梁武帝时（502—548年），羽流双师修炼于此，后仙去，遗址无存。唐李郃有《游九疑黄庭观》诗。

无为观遗址 位于麓床山上。梁太清年间（547—549年）建，王妙想辟谷飞仙之处。宋建炎年间（1127—1130年）毁于兵火，绍兴戊辰（1148年）道士贺知常重建。已废。

羊权观遗址 在羊权山下，又名羊仙观。因羊权得萼绿华点化仙去，后人以其宅立观祭之。已废。

九嶷观遗址 原在九嶷山深处，唐时迁至县治（延唐）东门外。雍正《湖南通志·古迹》载："明洪武五年（1372年），因唐旧址重建"。即后人所称"延唐观"。遗址在今东城汉泠道故城（唐延唐县治）中。

鲁女观遗址 在鲁女峰上。即今九嶷山瑶族乡山头源村旁孙家村后，久废。相传为鲁妙典修道飞仙之处。后人筑观祭祀于此。观四周古木参天，郁郁葱葱。观前有桃花台，陡峭耸峻，登临可远眺九疑群山。唐元结作《登九疑第二峰》，即指此处。

西贞观遗址 在湾井镇下灌村文星塔后，旁有李郃墓，为奉祀唐状元李郃而建。李郃号西贞，故以其号名观。观内塑李郃像，观额有"让第高风"匾。已废。

大泽龙王祠遗址 在三分石下。已废。

盘王庙遗址 在盘洞口村。奉祀瑶族始祖盘王。已废。

武婆圣母庙 在三盘洞。为瑶民跳踏祭神之庙。已废。

仙梯亭遗址 在紫霞岩外岩。已废，今修为水池。

碧虚亭遗址 在永福寺旁碧虚池上。已废。

二 古建筑

云龙坊王氏虚堂 位于宁远县湾井镇路亭村。云龙坊始建于明崇祯十二年（1639年），为纪念该村举人王性所建。清乾隆十三年（1748年）重修。1922、1994年两次修葺。坊系全木结构，八字形六柱五门三楼，高14米，宽14.3米，进深3米。主楼为歇山顶，上覆小青瓦。檐下饰七层如意斗拱，有精美木雕花卉、人物、龙狮装饰，中门上有“云龙”题匾。坊后为文献中记载的“王氏虚堂”。王氏虚堂原为王氏宗祠。系明清两朝祭祀舜帝陵的官员用膳之地。明万历四十二年（1614 年），观察史邓云霄奉旨祭陵时，见厅堂广阔，题为“王氏虚堂”。堂为四进三厅木构建筑，堂内现存明清云龙坊、王氏虚堂碑记四方。清嘉庆“奉宪禁革”碑一方为珍贵碑刻，载于历史文献。2013 年，经国务院公布为全国重点文物保护单位。

久安背翰林祠　又名进士坊。位于湾井镇九安背村中。为纪念该村宋代进士李世南修建。现坊修于清同治二年（1863 年），全木结构，高 10 米，宽 14.5 米，深 4.5 米，四柱三数歇山顶屋面，三楼下各饰七层如意斗拱，装饰木雕花卉与图案。2001 年曾修缮。2006 年公布为省级文物保护单位。2013 年，经国务院公布为全国重点文物保护单位。

云龙坊

久安背翰林祠

东安头翰林祠　位于湾井镇东安头村。又名翰林十二柱八字牌楼。始建于清乾隆元年（1736 年），光绪五年（1879 年）重修。牌楼为木结构，六柱五门三楼，主楼下施七层如意斗拱，饰以木雕花卉人物、龙凤图案。1994 年曾修缮。2006 年，公布为省级文物保护单位。

下灌李氏宗祠 位于宁远县湾井镇下灌村。原为纪念南齐荡寇名将李道辨而建的享祠，后经多次修葺、重建，现建筑为清末所建。该祠为中西结合建筑物。下面保持西洋风格，宗祠内有戏台，台下观戏坪为卵石铺成的花街面。祠内上座设神龛，供奉李氏先祖李道辨、唐代状元李郃像。院内木雕、石雕等有较高艺术价值，对研究南方建筑风格有较高科学价值。2011 年，该祠公布为省级文物保护单位。

东安头翰林祠

下灌李氏宗祠

牛轭岭瑶寨 位于九嶷山瑶族乡牛轭岭村。建于清代。村寨依山而立，分别由全木结构的“千脚层”，亦称吊脚楼，与夯土墙杆栏式木楼组成，上

牛轭岭瑶寨

下两层均房屋互通。是九嶷山至今保存较完整的山区瑶寨。2006年，公布为省级文物保护单位。

黄家大屋

黄家大屋 位于舜帝陵西约400米处。清道光二十一年（1841年）裁缝黄知保始建。大屋由十二座坐向不同的二厅四室二厢房二天井一照壁和柴房、仓房、牲畜房组成，前面设有三个大门，马头封火山墙，青砖灰瓦，砖木结构。大屋座座相通，房房相连，天井采光、排水均好。晴不顶日，雨不具伞，空气流畅，冬暖夏凉。大屋青砖铺地，木雕门窗，彩绘壁画，为典型的庄园式清代民居建筑。建筑面积2869平方米。2002年公布为省级文物保护单位。2015年6月开始修缮，2016年2月竣工。

下灌状元楼 位于湾井镇下灌村中。宋时，为纪念唐代状元李郃而建，经多次修缮。现存建筑曾于咸丰元年（1851年）、光绪三年（1877年）、光绪二十一年（1895年）和1962年进行过修缮。楼高10米，长9米，为12根木柱台梁式楼阁建筑。歇山重檐小青瓦屋面，拱棚飞檐，楼阁可登，宏伟壮观。1980年列为县级重点文物保护单位。

文星塔 位于湾井镇下灌村西宝塔岭上。始建于清乾隆三十一年（1766年），咸丰二年（1852年）桂月（农历八月）重建。塔六面五级，青砖砌筑。塔高20米，底宽5米，每级各面开有拱形窗，内有木楼可登，顶层角檐挂有风铃。

下灌状元楼

文星塔

三　古石刻

玉琯岩摩崖石刻　位于舜源峰南 2.5 千米的九疑洞村，玉琯岩又名何侯石室，岩口宽 7 米，高 4 米，深 9 米。面积不大，但气势雄伟。汉章帝时，零陵郡文学奚璟于此拾得玉琯十二枚献于朝，后人以玉琯为岩名。玉琯岩前，秦汉至宋元时，建有舜陵庙。众多官宦名士常在此题刻留记。现存宋元明清石刻 24 方，其中“九疑山”三大字题名刻在玉琯岩石室前西北壁，高 5.25 米，宽 2.08 米，字为楷书，每字高 1.2~1.4 米，宽 1.2 米，深 0.18~0.20 米。前题跋为“大宋嘉定六年癸酉”，字大 0.2 米；后款为“知道州军州事莆田方信孺题”，每字大约 0.2 米，均为楷书。“玉琯岩”题名刻位于玉琯岩洞上方。篆书，直牓，每字大 0.4

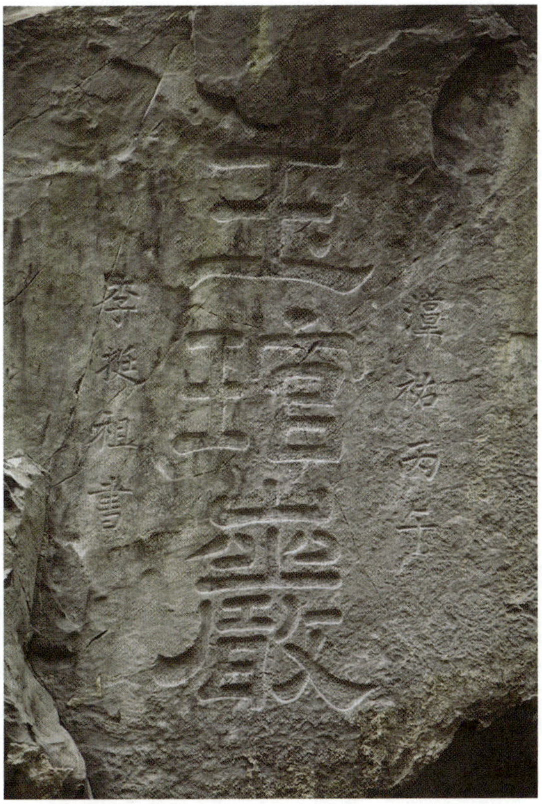

李挺祖书“玉琯岩”

李挺祖书《九疑山铭》碑

米。旁题：大宋淳祐六年（1246年）李挺祖题。《九疑山铭》石刻在九嶷山大字题刻“山”字右上方，长约0.6米，高约0.5米。《九疑山铭》系东汉蔡邕所作。此刻系南宋淳祐三年（1246年）道州江华郡守李袭之嘱李挺祖书，补刻于此。仿汉隶书，阴刻。此外，还有元代杨汉英至大四年（1311年）“九疑图诗”刻；明成化（1473年）应钦、箫祯“谒舜庙题诗”刻；弘治五年（1492年）题刻；嘉靖元年（1522年）尹襄、嘉靖三年（1524年）林遂诗刻、嘉靖十年（1531年）石刻二方；清同治元年（1862年）何绍基纪游刻；光绪戊子（1888年）韩晋昌奉命恭祀虞陵诗刻五首。

仙楼岩石刻 仙楼岩在永福寺北500米处。内有“仙楼岩”题名刻，楷书，每字大约1.4尺见方。岩口有“飞龙岩——淳祐丙午（1246年）李挺祖书”石刻一方，长约1米，宽约0.4米。洞内壁有宋乾道二年（1166年）县尉李揆题刻。约0.4米见方，字迹已漫灭难认。

无为洞石刻 无为洞又名碧虚洞、碧虚岩、嘉鱼洞，因前有池水，又名碧虚池、浸碧池。在永福寺旁。据方志记有唐宋石刻多方。其中“碧虚洞”篆刻，《天下金石志》载为唐李峤题刻。唐元结永泰元年（765年）“无为洞天”题名刻、“无为洞口作”诗刻；唐孟简元和元年（806年）“无为洞”题名；宋治平四年（1067年）蒋之奇、沈绅“无为洞铭”石刻；熙宁元年（1068年）吴太寿等碧虚岩纪行铭刻；熙宁二年（1069年）虞部员外郎维申等“碧虚岩”石刻；绍兴九年（1139年）周公简“浸碧池纪行”刻；乾道八年（1172年）陶公定等人“无为洞纪游”刻；绍定辛卯（1231年）县尉郑安祖祈雨碧虚岩纪行题刻，李挺祖淳祐乙巳（1245年）无为洞题刻；另有“碧虚洞”楷书题名刻，因无年款，题刻佚名。上述题刻今仅存篆书“无为洞”题刻于岩壁，近岩洞出水处，每字大约0.3厘米见方。文献载为元结所书。另洞口上石壁楷书“碧虚洞”三字，每字大约 35 厘米见方。

紫霞岩石刻 紫霞岩又名重华岩、斜岩。位于舜陵后西南 1 千米山腰处。石刻多分布在外岩，内岩亦有 4 处。内岩多题墨。据《宁远县志》载：紫霞岩神座后，古有三千年字刻，今剥落”。明邓云霄《游九疑记》：“洞有唐宋人诗，苔渍不可读”。现存外岩石刻在神座后及神座平台右侧层岩上，多为清代石刻。内岩有宋治平四年（1067 年）义兴颖叔蒋之奇与沈绅纪游题刻一方，在犀牛滚澡石壁，还有治平四年（1067 年）蒋之奇、沈绅拓刻唐元结“无为洞天”石刻一方，在读书堂附近石壁；另有“仙娘座台”石刻一方，不知年代。内岩题墨长达数十米，多数字迹漫浸不清，难以辨识。

象岩石刻 象岩原名丽山，在县城南面 22 千米的湾井镇朵山村石坂丘自然村旁。因山形有穿岩，酷似象鼻，宋乐雷发作铭记之因以名。象岩石刻存宋刻两方、清刻两方。宋乐雷发“象岩铭”刻于穿岩之内壁，分节十一行，刻于淳祐乙巳（1245 年），江华李挺祖书。另李挺祖书“象岩”（篆体）位于洞口石壁，直牓，字大 20 厘米见方。清欧阳泽闿咸丰三年（1853 年）书“象岩”刻于岩外洞额，楷书，平刻，字大 1 米见方。旁刻欧阳泽闿象岩诗一首。

奉宪禁革碑 在王氏虚堂后王氏宗祠内，碑高 1.5 米，宽 0.85 米。直版楷书阴刻，共 14 行，刻于清嘉庆四年（1799 年）九月。

舜陵祭碑 在舜陵庙祭碑廊内，共存 34 方。最早为清乾隆二年（1737 年），最晚为民国二十八年（1939 年）。

奉宪禁采碑 在舜帝陵左祭碑廊内。碑通高 2.15 米，宽 1.16 米，阴刻，直牓楷书 23 行。刻于清同治三年（1864 年）。碑文记录的是严禁在九嶷山乱采乱挖地下矿产，保护舜陵风貌的上宪谕。为九疑山最早的环境保护碑刻。

抚瑶颂碑 位于舜帝陵正殿月台下左侧。碑高 3.5 米，宽 1.58 米，厚 0.3 米，行书直牓 24 行，两旁饰卷草信阴刻图案。碑额篆凤凰图案，刻于明万历四年（1576 年）。由侍经筵官兵科由给事中知永州府事丁懋儒撰文，永州通判纪光训书丹。碑文记录了自隆庆五年（1571 年）两粤瑶民举行武装起义对抗明朝廷，九嶷山瑶民积极响应，经六年进剿未予平定。朝廷祭舜陵钦差给事中张楚城会同州县官员，宣示朝廷威德，招抚九嶷瑶民一事。

重修云龙牌坊碑记碑 位于湾井镇路亭村云龙牌坊王氏虚堂内，方形，高 1.5 米，各宽 0.4 米，清乾隆十三年（1748 年）立。记录云龙坊始筑及修缮事宜。

高安岩碑刻 位于湾井镇下灌村东高安岩内。共 2 方，均高 1.3 米，宽 0.8 米，楷书阴刻。刻于明成化元年（1465 年），记录明天顺八年（1464 年）广西农民起义军进入宁远事宜。

四 古墓葬

唐状元李郃墓 位于宁远县湾井镇下灌村西宝塔岭笔架山北侧。封土堆已不存，南坡一民窑门口有残碑“状元李郃之墓”。

五里古墓群 位于宁远县冷水镇培泽村东至萧韶峰东一带，长约 2.5 千米，封土尚存，部分遭破坏，墓地有汉墓砖及残陶片出土。

翟家后山古墓群 位于冷水镇翟家村后山，封土堆明显可见，高达 4.5 米。墓地有墓砖及陶器残片出土。

四公塘古墓群 位于湾井镇四公塘村砂子岭一带，墓地曾出土战国铜剑、墓砖及陶器残片。

龙尾巴岭古墓群 位于湾井镇下灌村东南。有不少封土堆尚存，传李道辩墓在此。曾出土有南北朝墓砖。

板栗山万亩大丘古墓群 位于湾井镇下灌村南，在开田与种植板栗时被推平。墓地有墓砖及陶器残片出土，多为汉晋时期古墓。

马脚洞古墓群 位于湾井镇马脚洞、竹院子、范家坳一带。封土大多数已被开山造地夷平。有大量墓砖、陶器残片出土。1986 年曾出土东周青铜兵器戈、矛、剑、镞杆等。

第二节 胜景

一 名山

九嶷山

九嶷山有广义与狭义之分。广义九嶷山古名苍梧山，为南岭山脉萌渚

舜帝陵与舜源峰

岭的北段，位于宁远、蓝山、江华、道县等 4 县交界处。主峰畚箕窝在宁远县境内，海拔 1959.2 米，为萌渚岭的最高峰。狭义九嶷山，是指以舜陵、舜庙为中心，以舜源峰为主峰的九座山峰的总称。唐元结《九疑山图记》载曰："九峰相似，望而疑之，谓之九疑。"九峰为"舜源峰、娥皇峰、女英峰、石城峰、石楼峰、桂林峰、杞林峰、箫韶峰、朱明峰。"舜源峰居中，其余八峰拔地而起，如众星拱月，争相簇拥。

九峰具体情况如下：

舜源峰　位于九嶷营，居九峰中心，舜帝陵位于舜源峰北麓。舜源峰海拔 638 米。山势雄浑，如雄狮踞坐，面北而立。北面悬崖峭壁，南面缓坡逶迤，游人可上。山峰上枫柏筱竹苍翠，兰草菖蒲溢香，飞鸟翔掠撩眼，灵猴腾挪嬉人。登上峰顶，极目远眺，莽莽群山连绵起伏，座座山峰云雾逶迤。

娥皇峰　位于舜源峰北 0.5 千米处，海拔 660 米。山势端庄秀丽，丰腴俊美。犹如大家闺秀，含情脉脉，对望着舜源峰。峰顶常有白云缭绕，苍鹰翱翔。《郡国志》云："娥皇峰下有舜池，池旁春日百鸟生卵，人取之则迷路，卵不可得。"唐代宋庆余有诗曰："娥皇挥涕处，东望九疑天。往事难重问，孤峰尚惨然。夜深寒峒响，秋近碧萝鲜。未省明君意，遗踪万古传。"

娥皇峰

女英峰 在舜源峰西北约 1 千米处，海拔 440 米。山峰窈窕婀娜，清秀文静，亭亭玉立。九嶷渠道环腰而过，如玉带缠腰。两旁有美女峰和梳子峰及梳妆台。传说是妃子的侍女每天给妃子梳妆打扮。娥皇峰、女英峰在舜源峰左右两旁，相峙而立。姐大妹小，若倚若诉，相顾欲语，令人遐想。唐代有诗曰："渺渺三湘万里程，泪篁幽石助芳贞。孤云目断苍梧野，不得攀龙到玉京。"

女英峰

石城峰 距舜源峰北 2.5 千米，西湾村前，海拔 460 米。山势巍峨险峻，只一面可攀。峰上石砌城门，故名石城峰。宋代诗人黄甲有诗曰：“岧峨第二石城峰，雉堞天然不费工。妙典飞升何处是？城头咫尺紫霞宫。”城门内屋址犹存。瓦砾遍地，不知何年所为。清徐旭旦曾夜宿峰顶，有诗曰：“石城峰顶住，几夜宿云烟。洞响风前乱，花光两后妍。琉璃明宝座，龙象护金莲。我欲功成后，黄庭手自编。”现宁九公路途经峰下，于车上可眺望峰态。

石城峰

石楼峰 在舜源峰东北约 8 千米处，久安背村东侧，海拔 570 米。俗称金壶酌酒。山势耸峻，峰石累累，似层层叠楼，鳞次栉比，又宛如瑶家吊脚楼。峰顶长有五针石枞，虬枝曲展，招迎来客。清代李永绍有诗曰：“叠甃层峦际，开荒太古年。岩深吞佛座，峰峭插云天。一水环窗外，千山落眼前。晚来清磬彻，敲散绿扬烟。”峰旁有洞，旧时洞内建禅室，宋朝李世南、李绚、李时亮、李端、李安、李伯辉等人均读书于此，且均进士及第。状元乐雷发作诗感叹曰：“石楼峰下寄吟身，静掩柴扉琢楚珍。绿藻青莎招隐士，暮云春树忆诗人。门无车马多嫌僻，家有图书不似贫。拟借大鹏揩老眼，何时樽酒得相亲。”

箫韶峰 位于泠道故城旁，距舜源峰北约 15 千米，海拔 380 米。峰峦平地拔起，独峙田野之中。峰上古木参天，溶洞奇特。传说舜帝南巡至九疑，在此作韶乐，箫奏八音，声播四海，百兽率舞，万民欢欣。宋黄甲有诗曰：“人与韶音渺莫闻，山如羽卫自森森。不封不树知何处，漫说寒陵古到今。”

石楼峰

箫韶峰

朱明峰 又名无尖峰，位于下灌责任区百胜营村旁。距舜源峰东北约10 千米处。海拔 625 米。山峰奇秀美，如锦鸡独立，高天翘首，硕大无尖。传说朱明峰每天长三尺，日深月久，峰尖已近天庭。玉皇惊怒，命雷神断其尖，落于峰旁，人称小朱明峰。从此山峰不再长。

朱明峰

桂林峰 耸立于湾井责任区坳背村旁，距舜源峰东北 8 千米处，海拔 570 米。全峰遍生桂树，桂花香飘十里，香气醇人。今峰顶有一老桂树，干大根粗，英姿挺拔，不知何年所生。传说游客马明生游此峰遇仙人郑安期，授以仙丹，服后得以成仙。宋诗人黄甲有诗曰："第八峰高是桂林，安期曾度马明生。个中自有通仙路，拂袖天香影里行。"

桂林峰

杞林峰 亦名栀林峰、梓林峰，民国《宁远县志》载：“峰在舜源峰西。”因记述过简，尚未确认。今鲁女峰亦在舜源峰西 2 千米处，唐代曾为九峰之一。

杞林峰（鲁女峰）

三分石

又名三峰石，位于舜源峰东南 30 千米处，海拔 1822 米，为九嶷第四高峰，因山峰之顶部，有三根天然巨石，如三把闪光的宝剑直插云霄，故而得名。相传为舜帝天葬之所，故又名舜峰，俗称舜公石。

三分石三峰并峙，巨石参天，峰势险绝，飞瀑直泻，响声如雷，常有云雾缭绕，有时全遮，有时半露，难以见其真面目。但每至天高气爽时，于百里之外的县城，往南眺望，那耸立于蓝天的三峰雄姿能清晰可见。若从南向北望，三分石又恰似尾卧于地，腰挺于空，昂首飞腾之蛟龙。峰下有七、八个小峰峦，呈阶梯式起伏重叠，如龙身脊骨，从山脚伸展至山腰。山腰上部陡峭壁立，如同翩然欲飞的龙身，傲立碧空。峰巅之巨石，光芒闪烁，神似龙角，直刺苍穹。清道光《永州府志》载：“映出云端如积玉”。明万历《九疑山志》载：“三峰并峙如玉笋，如珊瑚。其上有仙桃石、马迹石、步履石，尤以香炉石最为精美，有足有耳，形质天然。峰上有冢，以铜为碑，字迹泯灭不可认，疑为舜冢。”明地理学家徐霞客，亲临三分石，探寻山川

三分石

奥秘，终于找到“五涧纵横、交会一处”的分水处，弄清了潇水、岿水、沱水来源于三分石的三股泉流。他的《楚游日记》中，有详尽的记述。今人登临三分石，探奇览胜，遍寻铜碑不可得。却见一天然巨石，高 10 余米，宽 2~3 米，下有不规则的青石为底座，酷似一块岿然而立的墓碑，上有深黑如墨的斑纹密布交织，有如镌刻的钟鼎文。

香炉山

位于三分石西方 1 千米处，形似香炉。山顶最高峰（畚箕窝）海拔 1959.2 米。明代徐霞客游九嶷，曾登香炉山。他在《楚游日记》中记载：“山顶有澄潭，广三十亩，中有石笋两枝，亭亭出水面三丈余高。”明万历年《九疑山志》称其为天湖。云：“天湖在麓床山三级之上，水常自溢。中有大禽如雁，锦羽，尾长六尺。湖东有洞，洞左右二石人，如冠剑而立。”香炉山风景奇特，与九峰齐名。山体北麓，保留着大面积的原始次生林，望不见边，像一座绿色的水晶宫，有盘根错节的荷树，虬干曲枝的柏树，婀娜多姿的山茶树，挺拔遒劲的迎客松，身披盔甲的楠木。还有属国家重点保护的树种篦子三针杉、华南五针松、南方铁杉、福建柏、白克木、观光木、香杉、银杉、银杏、摇钱树等。有的古树已上百年、千年。树根裸露，穿山破石、树干长满苔藓、缠绕着蔓藤。香炉山竹类特多，有斑竹、楠竹、观音竹、花竹、紫竹、墨竹、方竹、罗汉竹等数十种。数不清的野花、野草点缀其间，真是一座生机盎然的天然植物园。

紫荆山

位于三分石北约 2 千米处。有大、小二紫荆山。大紫荆山海拔 1458 米，小紫荆山海拔 1142 米。大、小紫荆河分别发源于二山。山上多生紫荆花，故而得名。《长老传》载：娥皇、女英二妃寻找舜帝到此，溯大紫荆河而上，顺小紫荆河而下，抵山脚牛头江，终未得见。沿途悲恸，血泪洒于竹上，即成斑。故紫荆山上斑竹丛生，满山皆是。

半边山

位于舜源峰南 3 千米处，海拔 570 米。传说舜崩九嶷，万山朝拱，草木含悲。唯半边山逆性大发，不朝舜陵。巨灵神大怒，用神斧削去半边，以示惩罚，故名半边山。其山势奇特，北坡平缓，绿草茵茵，游人可上。南向悬崖峭壁，似刀削斧劈，如壁似镜。绝壁石缝中，有数株石枞临空生长。清清九疑河流经山脚，倒映奇景，令人叹止！山对面是九嶷山电站，为旅游景点之一。

五臣山

又名五指山，位于舜源峰北 13 千米处，海拔 390 米，与万岁山（海拔 420 米）对峙，形成狭口，为九嶷山之门户。山顶五块巨石高耸，形如五指并立，故名五指山。相传有五位大臣随舜帝南巡至九疑，舜帝驾崩后，五位大臣就在山口为舜帝守陵，迎接祭舜官员，故又名五臣山。唐时山上筑有迎宾台。立台上朝北可眺望县城，向东可观灌溪秀姿，面南可赏九嶷群峰。旧时历代祭舜官员和游客均在此小憩，领略各路风光。

仙子山

原名癞子山，又名莱子山、和尚山，因名不雅，2015 年更名为仙子山。位于舜源峰西南方约 25 千米处，海拔 1834 米，与三分石对峙，中隔香炉山。仙子山在西南方与道县交界，三分石在东南方与蓝山接壤，相距约 15 千米左右。仙子山山顶为光滑的花岗岩巨石，草木不生，形状像和尚头。传说舜帝南巡，崩于九嶷，埋葬于三分石。从此三分石山顶经常紫气缭绕，霞光万道。有一高僧云游至此，见状万分惊叹，匍匐于陵前，口念禅经，超度亡灵，被点化为山。故又名和尚山。登临仙子山，可纵观九嶷云海奇观，领略毛泽东“九疑山上白云飞，帝子乘风下翠微……”之神韵。山顶白云

半边山

茫茫，山腰紫雾苍苍，山麓细雨霏霏之景，亦称“登上仙子山，可观三重天”。

二　秀水

九疑河　亦称潇水。传说娥皇、女英二妃寻夫溯潇水而上直达九嶷。九嶷河横贯九嶷山区南部，大小支流44条。主支流有子江河和母江河。两条支流在北门坳汇合后为九嶷河。沿途流经鲁观洞、水市水库、香花铺、水市镇、大阳洞、岭脚入道县。河长50.8千米，县境流域面积460.8平方公里，落差1045米，坡降20.5‰，河口多年平均径流量14.09立方米/秒，多年平均径流量4.45亿立方米。水能理论蕴藏量5.05万千瓦。九疑河源头及流域区，森林繁茂，植被覆盖率高，水质常年清澈透底，游鱼可见，无污染。河谷呈“V”字型。两旁山势陡峭，山脊和山谷相间排列，脉络清晰，风景别具一格。从水市水库乘船溯江而上，饱览“潇水涵青”美景，令人心旷神怡。

九嶷河

泠江河 旧志称瀑水、泠溪、迟水、巽水、泥江，属湘江的三级支流。其上游有两条大支流，一曰东江，一曰西江。东江发源于宁远县与蓝山县交界的团圆山东麓，西江发源于团圆山西麓，至下灌村古塔前与东江水汇合后，称为泠江河。再流经东城、泠水、宁远县城至天堂镇两河口村与春陵水汇合，再往西约 3 千米注入道县。泠江上游，崇山峻岭，峰峦叠嶂。

泠江

子江河 为九嶷河上游主支流，发源于三分石。三分石三股飞泉横空垂崖，倾注晴雾。直冲一脉为子江河之源。另两脉一流江华，一流蓝山。子江河有 11 条支流，流经羊岩坪、枫木铺、牛头江与紫荆河汇合后进入九嶷坝。在大地坪村附近有一瀑布（当地人称白米下锅），高数丈，大有“黄河之水天上来”之势。牛头江至九嶷坝，河道弯弯曲曲，流程 5 千米。两岸青山叠翠，流水清澈明亮。时而狭谷锁口，时而豁然开朗。

母江河 属九嶷河的上游，发源于两岔河、黄龙山、大小道堂、婆婆石等地，流经住龙门、黄河、文武冲，在北门坳与子江河汇合后称九嶷河。大小支流 23 条，是九嶷电站发电的主要水源。1997 年修建的小东江调节水库，海拔高度 800 米，有“高峡平湖”的美称，为九嶷山风景区之一。

三 奇洞

九嶷山现有大小溶洞 300 多处，仪态千万，各具特色。其中著名者有紫霞岩、玉琯岩、凤凰岩、飞龙岩、桃花岩、碧虚洞、白马岩、无为岩、月帔岩、象岩、高士岩、读书岩、赛景岩等。

紫霞岩

紫霞岩

又名紫霞洞、斜岩、重华岩。当地人称前岩。唐道州刺史薛伯高改名斜岩，宋道州知州张观改为紫虚洞，明嘉靖六年（1527 年）永州知府黄焯更名重华岩，明嘉靖三十二年（1553 年）宁远县令何其贤复改为紫霞岩，并题刻于石壁上。岩洞分内岩、外岩。外岩高数十丈，宽敞明亮。斜壁呈蔚蓝色，彷佛进入另一天空。晨曦初照，紫气腾升，宛若仙境。崖头怪石横生，如龙头翘首，似百鸟朝阳。沿小径拾级而下至岩底，正中一平台，有神像供祭祀，名“三仙归位。”洞左为“金盆滴水”，清泉从悬空的石乳滴入盆中，长年不断。盆下有石灶，每近中午，炊烟袅袅，俗称“仙人野炊”。洞右进入内岩，又称黑岩。神秘幽深，景象万千。拾级而下，有风洞、雷洞、雨洞，形象逼真。洞内钟乳、石笋垂立，如花如树，如人如猴，如梁如柱，如台如楼，千奇百怪；石幔薄而透明，石管如簧，拨之有声，令人惊讶！前行约两百步，路转平。脚下流水潺潺，不知自何处来，弯弯曲曲，辗转至龙潭，潜出岩外。其间有九渡，名“九曲银河”。河口迎面崖间是“青龙出洞”，欲入河中戏水。下有巨石独立水浒，莲花瓣瓣，人称“水打莲花”，又名“观音坐莲台。”再进有“炉煤山”“苞谷山”“花果山”“蘑菇山”。过猴子把洞门，豁然开朗，“仙人田”丘丘块块，阡陌纵横，水满而不溢。旁有“金山”“银山”相随。右转过溪桥，有元次山“无为洞”石刻。前行有石人列座如师徒讲学，名“学生堂”。置身其间，似闻琅琅书声。接下有“试剑石”“犀牛滚澡”“老人拜陵”，无不惟妙惟肖，巧由天成。再前入“原始大森林”，又经“海底世界”，九渡溪桥至“隐龙潭”。紫霞岩全长 1556 米，游观全景需 2 个多小时。洞内能容纳上千人。相传是舜帝带来的“百宝箱”，未曾打开送给百姓就已驾崩，可谓“紫霞天下奇，地府成天宫。”历代名人骚客凡来九嶷山的都要游览此洞。明徐霞客曾在洞中连宿四晚。“闲则观瀑，寒则煨枝，饥则饮粥。”他在《楚游日记》中把紫霞岩列为永南第二岩。明郭崇嗣有诗赞紫霞岩：“古洞千年秘不开，谁通一窍此中来。云深定有蛟龙伏，僻地难堪日月回。白乳叠叠悬玉髓，丹霞片片锁苍苔。不知仙侣栖何所，多少游人抱渴怀”。宋代状元乐雷发作“九疑紫霞洞歌”：“猗欤奇战！紫霞之洞真天开。千变万状不可述，恍如幻出壶蓬莱。”

玉琯岩　在舜源峰南 2 千米，独立于九嶷洞中，因汉文学奚景于此得玉琯而得名。岩口宽 7 米，高 4 米，深 8 米。面积不大，但气势轩豁。山形似螃蟹屈右足，伸左足环抱岩口，岩额刻“玉琯岩”三字。明万历《九疑山志》载，自秦汉到宋，舜庙建于此。历代名人题刻众多。岩石右壁上“九疑山”三个大字，令人惊叹。宋黄甲有诗曰：“桥山往日葬衣冠，玉琯深藏在此山。料得当时十二牧，也随龙驾到其间”。玉琯岩上古木参天，翠竹繁茂。石抱树、树穿石的奇景令人惊叹！岩四周田园平畴，稻稷飘香。恰似一颗明珠置于盘中，亟像一个硕大的天然盆景，千姿百态，令人眼馋。玉琯岩又名何侯石屋，相传尧人何侯居石屋，于四周掘九井，取九井水炼丹，服后全家拔宅升天。徐霞客将其列为永南第八岩。为九嶷山重点景区之一。

凤凰岩　又名潘家岩，在舜源峰西南 2 千米的凤凰岭上，距紫霞岩约 2 千米。岩口位于凤凰岭半山腰，宛若凭空悬挂的琼台。据《上古演义》记载，舜帝乃凤凰化身。因此，舜帝南巡时，凤凰趋之相随，栖息于此故得名。岩洞全程 1620 米。洞穴逶迤，曲折幽远。且洞中有洞，洞洞奇情；步步有景，景景斗趣。钟乳绚丽夺目，岩壁异彩纷呈。怪石千姿百态如百兽率舞，奇景五光十色像群凤来仪。先凤洞，后凰巢。内有箫韶引凤，凤舞苍穹、百凤落巢、凤落玉壶、双凤求凰、喷泉飞雪、凤台观雪、凤台望月等数十个景点。还有栖凤的梧桐林，引凤的丹凤城，宿凤的凤王室，以及凤楼、凤台、凤湖、凤池、凤管、凤箫、凤笙凤律、凤轿凤祎、凤冠霞帔，无一不

玉琯岩

造形逼真，栩栩如生，堪称自然景观与人文景观之双绝。

飞龙岩　又名仙楼岩，距玉琯岩西约 800 米处。岩口轩阔，山石突兀，层层如楼，可攀缘而上。岩内钟乳栉比，乳汁滴滴，淅沥有声。再下有数洞，叠峦交错，深不可测。岩外山势耸峻，如盘龙飞舞。宋时李袭之嘱李挺祖题刻“仙楼岩”于岩口，明县令何其贤改名为“飞龙岩”刻于岩额。徐霞客称其为永南十二名洞之一。清孙作泰有诗曰：“楼岩谁所造？结构踞蟠龙。天擅无双巧，仙居第几重。斜阳明半角，仄径少游踪。二李题名处，苍苍薜荔封”。

象岩　又名象石岩，位于舜源峰东北 5 千米处的丽山之麓。岩口山石下垂，有如象鼻，山形如象，故名象岩。相传为舜弟象点化而成。象深感生前愧对哥哥，于是前肢屈跪，低头敛容，长鼻直插地里，朝着舜源峰遥遥伏拜，忏悔自己的罪过。宋特科状元乐雷发隐居丽山，讲学象岩。作《象岩铭》刻于岩壁并命名为“象岩”。历代文人为之题诗作赋。有宋李挺祖之题字。清欧阳泽闿有《象石岩》诗：“神山风雨万灵趋，彩仗仙斑定有无。一自象耕传帝力，永留岩石镇名区。文章八策工何用，碑版千秋迹半芜。欲为林峦写生色，诗中摩诘谏倪迂”。

白马岩　在永福寺前一里许，岩内钟乳石遍布，形态各异。有一石盆，水足一升，水满不溢，取之不竭。传说女冠三娘修道岩中，一天在岩口得白马一匹，骑上升天。后人称白马三娘，故名“白马岩”。清人石光陛《九疑行》中有“三娘白马报金鞍”之佳句。

无为岩 又名嘉鱼洞，在永福寺崖下。洞中清泉涌流，人不可入。唐代元结改为“无为洞”，并留有大篆“无为洞天”于岩壁。洞额有宋李挺祖书“无为洞”三字。北宋天圣（1023—1032 年）中僧元亮在洞口筑堤为池。传说何侯被黄衣道人引入洞中，游“无为仙境”。宋沈绅作《无为洞铭》曰：“南行江华，出游九疑，恭款有虞，乃登无为。庄严佛宫，清泠玉池。兹予盘桓，白云相随。”

碧虚岩 又名观音岩。位于永福寺后，齐云阁侧。距无为洞上方 50 米处。洞口不宽，豁达明亮。洞内石窦突兀交错，深邃莫测。岩中流水与无为洞相通。唐代李峤游九嶷碧虚洞，有篆刻于石。宋代蒋之奇作有《碧虚岩铭》曰：“潇水之阳，九疑之谷。清池涵境，乱峰插笏。庙临溪口，寺在山麓。谁其爱之，义兴颖叔”。清咸丰八年欧阳泽闿题刻“碧虚洞”三字犹新。咸丰十一年，永福寺和尚叠山修整该洞，并题诗一首刻于洞壁。诗曰：“惟爱碧虚隔俗气，其间水陆胜攸分。深潭鲤鱼宜烧尾，岸畔孩莲应吐芳。龙去何年石榴在，阁更终古宝炉熏。回瞻南北岩头累，玉琯紫霞共白云。”

高士岩 又名野猪岩，在玉琯岩西 1 千米。传说唐时一猎人追逐一群野猪，入岩不见。掘地寻找，得乐器一盒。“无为观”道士申泰芝将乐器献给朝廷，唐王维特作贺表。宋代理学大师朱熹之高足刘清之到此讲学，建读书堂于岩口。后人将野猪岩易名为高士岩。

读书岩 位于下灌村东约 1 千米处的东江溪流旁，李郃、乐雷发两位状元读书于此故得名，故又名状元读书岩。外形是一座孤山，海拔高程 350 米。整座山内部是空的，有大小溶洞数十个，可游之洞 10 余个。洞洞有曲径相通。大致可分七层。最底一层，南来的东江水从南洞口对穿流过，从北洞口流出。其上有龙宫洞。顶端有漏天星洞，呈漏斗状，其自然光可直照龙宫洞。洞内空气新鲜，光线柔和，冬暖夏凉，环境幽雅。石乳簇生，洁白如玉，千姿百态。岩外半山腰有一石，形似骆驼，呈俯卧状，抬头，似在休息。头、颈、背形像逼真。其上绝壁处，有罕见的民间题墨，为宋代两件大事：一为“曹成之乱”；二为咸淳十年（1275 年）六月二十五的日全食。

月帔岩 位于九疑山瑶族乡的由村。传说梁武帝时，有两位道士自南岳到黄庭观，停宿白马岩。一日，两人到许由河中沐浴，隐身离去，不知所踪，留下月帔挂于林间岩边，岩中坐席历历在目。后人将此岩取名“月帔岩”。宋宁远知县黄甲有诗曰：“仙翁骑鹤上青冥，月帔空留松桂林。遮断世尘无点污，横拖一抹翠烟深。”清人刘文富作诗《由村怀古》曰：“遁迹箕山姓氏留，徒然石隐费沉浮。若教此地逢巢父，饮牧何须避上流。”

桃花岩

桃花岩 又名桃源岩，古称莫知岩。位于萧韶峰东北方约 2 千米处。发源于蓝山石婆源的螃蟹江，于宁远海江村突然潜入地下，经 1 千米，于真武砠与岩头村中间的岩口流出地面，水深丈余，形成暗河。乘船自口入，临流四顾，莫知洞深，莫知其奥，莫知水从何来，故曰莫知岩。岩口高丈余。石壁森严，似有韶乐来自空中。洞内岩壁石钟灿若桃花，洞顶石乳若串串珍珠，悬空而挂。沿流怪石千姿百态，有石严若舜帝驻守，旁有斩龙宝剑悬挂；有二石并立若二妃望夫；有五石悬空而下若仙女下凡；忽石幔飘然若帝子乘风。石形若鹰、若牛、若鳄，惟妙惟肖，栩栩如生。石色有黄、有红、有白，灯光所致，宛如繁星闪烁。洞内流水清澈碧透，水平如镜。泛舟洞中，桨荡涟漪，灯水相映，繁星点点，难分上下，仿佛夜行繁星天空之中，如飘如飞，大有不知今宵是何年之感。前行绕十五湾，有小口，透进亮光。低头而入，舍船登石而上，出岩口豁然开朗。阡陌交错，桃竹成林。有村约百十户，名海江村。春暖桃花盛开，花香四溢，真乃九嶷山中桃花源也！故又名桃源岩。有诗曰：“自从盘古起苍黄，便有莫知帝子乡。易剑台前一显赫，望夫岩上两端庄。石飘裙带翩翩舞，水送寒风阵阵凉。不是武陵源里客，田家延至酒方酣。”

第三节　仙道人物

九嶷山自古就是道家修炼圣地。清光绪十一年《湖南通志》载，先秦时期，湖南境内成仙得道者，全部出自宁远九疑山。秦汉以后，九疑山更是道人羽士云集。清末，宁远境内有道观 190 座，道士、道姑 600 余人。民国时期，犹存道观 164 座。由于九嶷山在道教中具有重要地位，在古代被列为全国道教三十六小洞天第 23 位，名“朝真太虚天”。在长期释道发展进程中，九嶷山出现诸多仙道名家。

何　侯　相传尧舜时人真元，隐居九嶷山中，志慕长生。遇黄衣仙人导游无为洞得道后，终日采山中之药，汲九井之水，制药炼丹，居岩栖息。舜南巡至真元家中，封真元为何侯。何侯于天皇元年七月七日，以仙药制酒，举家欢饮，即拔宅升天。后人于岩前建何侯祠。现岩后仍保留何侯汲水的九井，一里处即为无为仙洞。洞旁刻有唐代道州刺史元次山大篆“无为洞”三字。

韩伟远　《真诰》云：“韩，九疑真人也。受业于嵩高宋德玄。德玄，周宣王时人。”韩真人名伟远。相传在嵩山宋伦门下受业学道，后在九嶷山成仙，故名九嶷真人。《历世真仙体道通鉴》称，韩真人早年曾往中岳中，拜宋德玄为师。宋德玄为周宣王时人，服灵飞六甲六，得道成仙，能日行三千里，且得玄灵之道，数次变化形体。为乌为兽，世莫能测。韩伟远长期追随宋德玄，终于得其点化，受其修道之要。后依此法勤苦修炼，亦得道升仙。

郑安期　明洪武《永州府志》卷九《仙释》载：郑安期“负十五石巨瓮，贮铁臼六百余斤，登山修炼，盖养气之刚如此。马明生尝遇之桂林。又云，安期居第一麓床”。

成武丁　《神仙传》云：“后汉人，号成仙翁，居桂阳临武之鸣里，距九疑为近。”《九疑考古》以“武丁乘白骡，渡迷溪，往来九疑石楼峰之间”，必有据而云。

张正礼　汉魏间人。陶隐居《真诰》云："正礼以汉末在山中服黄精，常如年四十时。治明期，以魏末入山，服泽泻、柏实，同止岩中。"又云："二人服虹景丹三十三年，患丹砂难得，俱出广州为沙门。"《九疑考古》谓："正礼在娥皇峰。正礼或作礼正。"

房日茨　晋永嘉中道士。明洪武《永州府志》卷九《仙释》载：房日茨"居何侯石室二十年，仙于舜源峰"。

双　师　明洪武《永州府志》卷九《仙释》载："梁武帝时自南岳来，止黄庭观白马岩。一日，沐浴毕，轻举，坛座宛然。留月陂挂松杉林间，数百年不坏。"

何仲涓　明洪武《永州府志》卷九《仙释》载："郡人。游庐山，得辟谷术。归隐何侯石室，老犹颜壮齿坚。蒋颖叔熙宁戊申岁（1068年）赠之诗，刻舜祠怀古石间。"

萼绿华　《真诰》为愕绿华。晋穆帝升平三年（359年）十一月十日夜，降于羊权家。自此，一月辄六过焉。云本姓杨，赠要诗一篇，并致火浣布手巾一枚，金、玉条脱各一枚。又云是九嶷山中得道女罗郁也。谓权曰："修道之士，视锦绣如弊帛，视爵禄如过客，视金玉如砾石，无思无虑，无事无为，行人之所不能行，学人之所不能学，勤人之所不能勤，得人之所不能得，何者？世人行嗜欲，我行介独；世人得老死，我得长生。故我行之，年已九百岁矣。"

王妙想　《神仙录》云："苍梧女道士也。辟谷服气，居黄庭观选水之傍，朝竟真诚，想念丹府，收是有光景神物之异。后乃仙去。"

鲁妙典　《集仙录》云："九疑山女冠也。生即慧敏高洁，不食荤酒。谓母曰：'人之上寿，不过百二十年，哀乐日以相害。况嫂子之身，岂可复埋没其性，混于凡俗乎？'有麓床道士过之，授以《大洞黄庭经》。入九疑山岩栖，累有魔试，而正介不挠。积十余年，有神仙语之曰：'此山岩栖，所理天地之统师、九州之宗主也。古有道之士作三麓床，可以栖庇风雨，宅形念。岁月既久，旋皆腐败。今为制之，可以遂性而宴息矣。'又十年，真仙授以灵药，仙去。"有石盆，阔三尺，常有水不竟；又有大铁臼一，并在山上仙坛。石上宛然有仙人履迹处。古镜一，广三尺；古钟一，形如偃月，今在无为观。元次山登九疑第二峰，有诗记之。又《宿无为观》诗有云：

“九疑山深几千里，峰谷崎岖人不到。山中旧有仙娆家，十里飞泉绕丹灶。”旧亦有鲁女观。

女仙惠归 不知其名。《九疑考古》云：“辟谷服气，轻举于箫韶峰。”

第四节 珍稀动植物

一 珍稀动物

九嶷山区的国家一级保护动物有黄腹角雉、云豹、金猫、华南虎、金钱豹；国家二级保护动物有水鹿、苏门羚、豺狗、毛冠鹿、大灵猫、果子狸、穿山甲、水獭、猕猴、大鲵、林麝。

黄腹角雉 别名角鸡、吐绶鸟，全长 50（雌）~65（雄）厘米。雄鸟上体栗褐色，满布具黑缘的淡黄色圆斑。头顶黑色，具黑色与栗红色羽冠。飞羽黑褐带棕黄斑。下体几纯棕黄，因腹部羽毛呈皮黄色，故名“黄腹角雉”。有翠蓝色及朱红色组成的艳丽肉裙及翠蓝色肉角，于发情时向雌鸟展示。雌鸟大多通体棕褐色，密布黑、棕黄及白色细纹，上体散有黑斑，下体多有白斑。

黄腹角雉

云豹

云豹 云豹为哺乳纲的猫科云豹属动物。体长 70~110 厘米，尾长 70~90 厘米，体重 16~40 千克，为豹亚科最小者。身体两侧有 6 个云状的暗色斑纹，故名。瞳孔长方形，收缩时纺锤形。犬齿锋利，与前臼齿之间的缝隙较大，长度比例在现存猫科动物中最大，能够咬杀较大猎物，此点与史前已灭绝的剑齿虎相似。夜间活动，善爬树，常从树上跃下捕食猴、鸟、鼠、野兔、小鹿等小型哺乳动物，偶尔偷吃鸡、鸭等家禽。数量稀少，为国家一级保护动物。

金猫　金猫是猫科金猫属动物。金猫头形短圆，颜面部短宽，耳较短而宽，直立头顶两侧，眼大而圆，毛色很复杂，主要有 3 个色型，亮红色（红金猫）到灰棕色、暗灰褐色（灰金猫）和全身斑点者（花金猫）。夜行性，行动敏捷，善于攀爬，肉食性，栖息于热带和亚热带的湿润常绿阔叶林、混合常绿山地林和干燥落叶林。九嶷山一带有分布。金猫已列入世界自然保护联盟（International Union for Conservation of Nature，简称 IUCN）2015 年濒危物种红色名录。

金钱豹　又称开普士花豹。金钱豹属于食肉目，猫科，豹属。形状似虎，但是体型比虎小，体长 1~1.5 米，尾巴长 0.75~0.85 米，头圆耳短，尾长，四肢略短。全身布满圆形或椭圆形黑色斑点，故得名“金钱豹”。背、头和四肢外侧及尾的背面为白色，尾尖黑色。金钱豹是典型的森林动物，主要生活在有森林的山地和丘陵地带。九嶷山一带有分布。

金猫

金钱豹

华南虎　华南虎为国家一级保护动物，头大而圆，体长 1.2~1.6 米，尾长达 1.1 米。毛深黄或深褐色，有黑色横纹，尾部有黑色环纹。唇、颌、腹侧和四肢内侧毛白色。前额有“王”字形斑纹。体形比一般虎小。较灵活，性凶猛。以鹿、獐、山羊、兔等动物为食。生活在九嶷深山的石洞或草地中。现已绝迹。

水鹿　水鹿体型粗壮接近马鹿。成年雄鹿体高 130 厘米左右，体长 130~140 厘米，体重 200~250 千克。雌鹿较矮小。水鹿泪窝较大，鼻镜黑色，颈毛较长，尾端部密生蓬松的黑色长毛。被毛黑褐色，冬毛深灰色。有黑棕色背线，臀周围呈锈棕色，无臀斑。茸角为单门桩，眉枝。喜水，常活动于水边，栖息于阔叶林、混交林、稀树的草场和高草地带，清晨、黄昏觅食。雨后特别活跃。平时单独活动，有一定的行动路线。九嶷山一带有分布。该物种已列入世界自然保护联盟（IUCN）2013 年濒危物种红色名录 ver3.1—濒危（EN）。

华南虎

水鹿

苏门羚 又叫鬣羚，也叫明鬃羊，属牛科，典型林栖兽类，是亚洲东南部热带、亚热带地区的典型动物之一，主要活动于海拔 1000~4400 米针阔混交林、针叶林或多岩石的杂灌林。它的角像鹿不是鹿、蹄像牛不是牛、头像羊不是羊、尾像驴不是驴，人们据此将其与驯鹿、驼鹿和麋鹿一起称为“四不像”。是国家二级重点保护动物。在九嶷山一带有分布。

苏门羚

豺狗

豺狗 别名红狼、豺，苗狗，亦称苗狼，属于犬科，外形与狗、狼相近，体型比狼小，体长 100 厘米左右，体重 20 千克左右。豺为典型的山地动物，栖息于山地草原、亚高山草甸及山地疏林中。多结群营游猎生活，性警觉，嗅觉很发达，晨昏活动最频繁。十分凶残，喜追逐，发现猎物后聚集在一起进行围猎，主要捕食狍、麝、羊等中型有蹄动物。属于国家二级保护动物。九嶷山一带有分布。

毛冠鹿 毛冠鹿，又叫青鹿、黑鹿，为一种小型鹿。毛冠鹿是草食性动物，多以种子植物以及蕨类和伞菌为食。栖息于高山或丘陵地带的常绿阔叶林、针阔混交林、灌丛、采伐迹地和河谷灌丛，经常活动于海拔 1000~4000 米之间的山上。该物种列入世界自然保护联盟（IUCN）2013 年濒危物种红色名录 ver3.1—易危（VU）。

大灵猫 大灵猫俗名麝香猫、九江狸、九节狸、灵狸，属于灵猫科灵猫属。大灵猫体长 60~80 厘米，尾长 40~51 厘米，体重 6~10 千克。头略尖，额部相对较宽，趾行性。体基色棕灰，体斑黑褐色。颈侧和喉部有 3 条波状黑色领纹，其间夹白色宽纹。腹毛灰棕无斑纹，四足黑褐，尾具 5~6 条黑白相间色环。肛门下方具芳香腺囊。主要栖息在热带雨林、亚热带常绿阔叶林的林缘灌木丛、草丛中。大灵猫因其医药成分被贸易捕猎及环境污染等原因导致数量急剧减少，被列为国家二级重点保护动物，并入选濒危野生动植物种国际贸易公约（简称 CITES）附录Ⅲ。

毛冠鹿

大灵猫

果子狸 又称花面狸。肢体长 48~50 厘米，尾长 37~41 厘米；体重 3.6~5 千克。体毛短而粗，体色为黄灰褐色，头部毛色较黑，由额头至鼻梁有一条明显的四带，眼下及耳下具有白斑，背部体毛灰棕色。后头、肩、四肢末端及尾巴后半部为黑色，四肢短壮，各具五趾。趾端有爪，爪稍有伸缩性；尾长，约为体长的三分之二。主要栖息在森林、灌木丛、岩洞、树洞或土穴中，花面狸为林缘兽类，夜行性动物。喜欢在黄昏、夜间和日出前活动，善于攀缘。属杂食性动物，颇喜食多汁果类；以野果和谷物为主食，也吃树枝叶，还到果园中吃水果。肛门附近具臭腺，遭敌时会释出异味驱之。

水獭 水獭为鼬科水獭属动物。水獭躯体长，吻短，眼睛稍突而圆，耳朵小，四肢短，体背部为咖啡色，腹面呈灰褐色。水獭多穴居，白天休息，夜间出来活动，除交配期以外，平时都单独生活，善于游泳和潜水，听觉、视觉、嗅觉都很敏锐，食性较杂，一年四季都能交配，每胎产 1~5 仔，主要栖息于河流和湖泊一带，尤其喜欢生活在两岸林木繁茂的溪河地带，分布范围极广，亚洲、欧洲、非洲都有其踪迹。

果子狸

水獭

林麝 林麝为麝属中体型最小的一种。成年林麝体重 6~9 公斤，体长 63~80 厘米，肩高小于 50 厘米。林麝的外形特征是雌、雄麝都不长角，雄麝的上犬齿发达，长而尖，露出口外，呈獠牙状。它的后肢比前肢长 1/3~1/4，所以站着的时候后部明显的比前部高。它的尾巴很短，四肢细长，蹄子比较狭而尖，耳朵长而直立。毛粗硬、曲折呈波浪状，容易折断，呈深棕色，成体不具斑点。毛色上一个很明显的特征是在颈部的两侧各有一条比较宽的白色带纹，一直延伸到腋下。雄性林麝分泌的麝香不仅有较高的药用价值，而且还是一种名贵的天然高级香料，是中国传统的出口创汇商品，有“软黄金”之称。由于其价格昂贵，人为猎杀取麝致使野生资源枯竭，造成传统中医药许多名贵验方因无麝香原料而名存实亡。

猴面鹰 体长约 50 厘米，体重 1.5~2 公斤。嘴向下弯曲而锐像鹰嘴。四趾具钩爪，足有羽毛直达趾间。背部羽毛暗褐，带黄色斑纹。喉部白色，下体淡褐到淡黄，散缀横斑。面部肉红色，极似猴面。夜间活动，以食鼠、蛙、蛇为主，栖息于山峰的悬崖峭壁石缝中。九嶷山中有分布。

林麝

猴面鹰

弥猴 体形与一般猴相似。体长约 45~51 厘米，最长有近一米者。体重一般 10 公斤，最重达 15 公斤。成年猴满脸腮毛。颜面和耳呈肉红色。有颊囊，四肢粗短，毛为深棕色。白天活动觅食，晚上栖息于岩壁或树上。喜群居，常结伴而行。善攀缘，会泅水，行动敏捷，能表喜怒哀乐。食性杂，既食五谷杂粮，山果野菜，也食蛇、蛙、小鸟。弥猴全身都是宝。据《征类本草》记载：猴肉主治“风劳”，猴髓是极好的补品。猴骨、猴爪、猴头、母猴月经等均是贵重的药材。产于九疑癞子山、婆婆石、香炉山、三分石、黄龙山一带。近年舜源峰有成群出现，向游客要吃食。为国家重点保护对象，严禁捕捉。

娃娃鱼 又名大鲵，俗称山椒鱼。有四足，长尾，属两栖类动物。叫声如小儿啼哭，故称娃娃鱼。体长 40~70 厘米。背呈棕褐色，有大黑斑，腹部色淡。头宽而扁，口大，鼻孔和眼位于头的背部，且极小。躯干粗壮，呈扁形。尾侧扁，四肢短。以鱼、蛙、虾为食。产于九嶷深谷溪涧中，为国家重点保护动物。

猕猴

娃娃鱼

鹰嘴龟 又名大头平胸龟，俗称山乌龟。体重大小不等。头比一般乌龟大，略呈三角形，不能缩进甲内。上下颚角质鞘呈钩曲状，各有一钩齿，似老鹰，故名鹰嘴龟。口裂且大，眼生于两侧，靠近头尖。有眼睑，启动自如。鼻孔一对，生于吻尖。颈和四肢基部、尾基部有柔软多皱纹的皮肤。尾基部有很多大小不一的突出点。常生活在山溪间，亦栖息于陆岸。能爬岩上树。以蛇、鱼、蠕虫等为食。产于三分石、黄龙山、婆婆石一带的深谷溪涧中。据《本草纲目》记载：龟甲、龟头、血均可入药，龟肉是补阴珍品。

鹰嘴龟

二　珍稀植物

九嶷山区国家一级保护植物有珙桐、水杉、南方红豆杉、钟萼木、报春苣苔，国家二级保护植物有华南五针松、闽楠、杜仲、资源冷杉、篦子三尖杉、福建柏、白豆柏、观光木、长柄双花木、伯乐树、光叶珙桐、马蹄参，还有九嶷山特有的竹类品种——斑竹。

珙桐 珙桐为落叶乔木，可生长到 15~25 米高，叶子广卵形，边缘有锯齿。是1000万年前新生代第三纪留下的孑遗植物，也是中国特有的单属植物，为植物界“活化石”，被誉为“中国的鸽子树”，又称“鸽子花树”“水梨子”，为国家一级重点保护野生植物。珙桐野生种生长在中国西南四川省和中部湖北省和周边地区，宁远九嶷山有少量分布。

水杉 水杉，裸子植物杉科。落叶乔木，小枝对生，下垂。叶线形，交互对生，假二列成羽状复叶状，长1~1.7厘米，下面两侧有4~8条气孔线。雌雄同株。球果下垂，近球形，微具4棱，长1.8~2.5厘米，有长柄；种鳞木质，盾形，每种鳞具5~9颗种子，种子扁平，周围具窄翅。水杉为国家一级保护植物，九嶷山区有分布。

珙桐

水杉

南方红豆杉 中国特有树种。在甘肃、陕西、四川、云南、贵州、湖北、湖南、广西、安徽等地均有分布，常生长于海拔1000~1200米高山顶部。宁远九嶷山亦有分布。红豆杉为乔木，高达30米，胸径达60~100厘米；树皮灰褐色、红褐色或暗褐色，裂成条片脱落；大枝开展，一年生枝绿色或淡黄绿色，秋季变成绿黄色或淡红褐色，二、三年生枝黄褐色、淡红褐色或灰褐色；冬芽黄褐色、淡褐色或红褐色，有光泽，芽鳞三角状卵形，背部无脊或有纵脊，脱落或少数宿存于小枝的基部。叶排列成两列，条形，微弯或较直，长1~3厘米，宽2~4毫米，上部微渐窄，顶端常微急尖、稍急尖或渐尖，上面深绿色，有光泽，下面淡黄绿色，有两条气孔带，中脉带上有密生均匀而微小的圆形角质乳头状突起点，常与气孔带同色，稀色较浅。种子生于杯状红色肉质的假种皮中，常呈卵圆形，上部渐窄，稀倒卵状，长5~7 毫米，径 3.5~5 毫米，微扁或圆，上部常具二钝棱脊，稀上部三角状具三条钝脊，先端有突起的短钝尖头，种脐近圆形或宽椭圆形，稀三角状圆形。

银杏 银杏，银杏科，为落叶乔木。银杏出现在几亿年前，是第四纪冰川运动后遗留下来的裸子植物中最古老的孑遗植物，现存活在世的银杏稀少而分散，有活化石的美称。银杏树的果实俗称白果，因此银杏又名白果树。银杏树生长较慢，寿命极长，自然条件下从栽种到结银杏果要 20 多年，40 年后才能大量结果，被称为“公孙树”，是树中的老寿星，具有观赏、经济、药用价值。九嶷山一带多有分布。

南方红豆杉

银杏

钟萼木 又称伯乐树或山桃花。落叶大乔木，高 15~30 米；树皮含芥子精细胞，有辛辣味；小枝具大叶痕。叶互生，奇数羽状复叶，无托叶，具长柄；小叶对生，7~13 枚，全缘。花两性，排列成顶生总状花序；花萼大，宽钟形，边缘不明显 5 齿裂；花瓣 5，插生于萼筒上方，不等大，具爪；无花盘，雄蕊 8，分离，着生于萼筒基部；子房上位，中轴胎座，3 室，每室有胚珠 2 颗。蒴果倒卵形，外面具多数瘤状凸起，三爿裂，外果皮木质，厚，内果皮和隔膜膜质；种子无胚乳，胚伸直，子叶肥大。木材解剖显示导管壁具螺旋纹，射线宽，多数 3~6 列，木纤维以纤维状管胞为主。花粉粒 2~3 沟，不具明显内孔。染色体基数 x=9。树皮入药，外用有祛风活血之效。

报春苣苔 多年生草本植物。叶均基生，有柄，叶片圆卵形，基部浅心形，边缘浅裂或浅波状，裂片三角形，两面被短柔毛，下面还被腺毛；叶柄两侧有波状翅。花葶与叶等长或稍短，被柔毛及腺毛。聚伞花序伞状，有 3~7 朵花；苞片 2，狭卵形，被腺毛。花萼 5 深裂，裂片披针形，被褐色腺毛；花冠紫色，高脚碟状，长约 1. 2 厘米，被短毛和腺毛，檐部 5 裂，裂片圆卵形，稍不等大；能育雄蕊 2，着生于花冠筒近基部处，分生，花丝短；花药连着，长圆形，2 室极叉开，顶端汇合；退化雄蕊 3；花盘由 2 近四方形腺体组成；子房狭卵形，被柔毛，侧膜胎座 2，环珠多数，花柱短，柱头 2 浅裂。蒴果长椭圆球形。种子暗紫色，有密集小乳头状突起。花期 8~10 月。单种属。

钟萼木

报春苣苔

杜仲 杜仲为落叶乔木，高可达 20 米，胸径约 50 厘米。树皮灰褐色，粗糙，内含橡胶，折断拉开有多数细丝。嫩枝有黄褐色毛，不久变秃净，老枝有明显的皮孔。芽体卵圆形，外面发亮，红褐色，有鳞片 6~8 片，边缘有微毛。叶椭圆形、卵形或矩圆形，薄革质，长 6~15 厘米，宽 3.5~6.5 厘米。基部圆形或阔楔形，先端渐尖；上面暗绿色，初时有褐色柔毛，不久变秃净，老叶略有皱纹，下面淡绿，初时有褐毛，以后仅在脉上有毛。侧脉 6~9 对，与网脉在上面下陷，在下面稍突起，边缘有锯齿，叶柄长 1~2 厘米，上面有槽，被散生长毛。花生于当年枝基部，雄花无花被；花梗长约 3

毫米，无毛；苞片倒卵状匙形，长 6~8 毫米，顶端圆形，边缘有睫毛，早落；雄蕊长约 1 厘米，无毛，花丝长约 1 毫米，药隔突出，花粉囊细长，无退化雌蕊。雌花单生，苞片倒卵形，花梗长 8 毫米，子房无毛，1 室，扁而长，先端 2 裂，子房柄极短。翅果扁平，长椭圆形，长 3~3.5 厘米，宽 1~1.3 厘米，先端 2 裂，基部楔形，周围具薄翅。坚果位于中央，稍突起，子房柄长 2~3 毫米，与果梗相接处有关节。种子扁平，线形，长 1.4~1.5 厘米，宽 3 毫米，两端圆形。早春开花，秋后果实成熟。杜仲的干燥树皮，是中国名贵滋补药材。其味甘，性温。有补益肝肾、强筋壮骨、调理冲任、固经安胎的功效。可治疗肾阳虚引起的腰腿痛或酸软无力，肝气虚引起的胞胎不固，阴囊湿痒等症。在《神农本草经》中被列为上品。

篦子三尖杉 灌木，高达 4 米；树皮灰褐色。叶条形，质硬，平展成两列，排列紧密，通常中部以上向上方微弯，稀直伸，长 1.5~3.2 厘米，宽 3~4.5 毫米，基部截形或微呈心形，几无柄，先端凸尖或微凸尖，上面深绿色，微拱圆，中脉微明显或中下部明显，下面气孔带白色，较绿色边带宽 1~2 倍。雄球花 6~7 聚生成头状花序，径约 9 毫米，总梗长约 4 毫米，基部及总梗上部有 10 余枚苞片，每一雄球花基部有 1 枚广卵形的苞片，雄蕊 6~10 枚，花药 3~4 个，花丝短；雌球花的胚珠通常 1~2 枚发育成种子。种子倒卵圆形、卵圆形或近球形，长约 2.7 厘米，径约 1.8 厘米，顶端中央有小凸尖，有长梗。花期 3~4 月，种子 8~10 月成熟。

杜仲

篦子三尖杉

斑竹 又名泪竹、湘妃竹，为九嶷山特有。相传舜帝南巡，崩于苍梧之野，葬于江南九嶷。娥皇、女英二妃得此噩耗，速来九嶷寻夫，且行且

斑竹

哭，悲痛欲绝。泪水洒于竹上，便成了泪竹。泪竹分麻泪和罗泪两种。麻泪苍褐色，竹上斑斑点点似泪水，与洞庭君山的斑竹相似。罗泪则斑点像手指罗纹，明晰清亮。传说是二妃以手拭泪，留痕于竹上所成。古人有诗曰：“肠断君王去不还，六飞遥隔九嶷山。当年血泪知多少，点点犹存竹上斑。”罗泪又分两种，白泪和血泪。罗纹呈白色者是白泪；罗纹呈红色者是血泪。唐朝诗人汪遵有诗曰：“因凭直节流红泪，图得千秋见血痕。”此种最为珍贵。罗泪竹为九嶷山独有，堪称“中国一绝”。斑竹生长在九嶷深山幽谷中。高可二丈余。节疏直通，是工艺品的好原料。用它做成的笔杆、箫笛、手杖等物，最为珍贵。历代名人如刘长卿、李贺、孟郊、元稹、杜牧、梅尧臣、何绍基等对斑竹多有题咏。一代伟人毛泽东曾写下“九嶷山上白云飞，帝子乘风下翠微；斑竹一枝千滴泪，红霞万朵百重衣”的诗篇。

石枞　又名九嶷松。形状与一般松树相似。生长在山峰石崖上，根扎石峰裂缝中，故名石枞。耐严寒，树干挺直，皮色深红，木质坚硬。其针叶有一束五针者，称五针松；一束七针者，称七针松；一束九针者，称九针松。此种最为珍贵。旧县志记载：“九峰皆长石枞，临霜愈青。一束九针，一叶三棱。”为“九疑三宝”之一，属国家一级保护树种。今舜源峰、桂林峰、朱明峰等仍长有石枞。蒋贤哲有诗赞曰：“夜吸清露晓临风，错节盘根峭壁中；沃土终难培铁骨，苍崖能长万年松。”

香杉　其外形与常杉相近。所不同的是皮色深，叶针较细，木质较常杉坚韧，扣之有铜铁声，去皮则散发檀香气味，故名香杉。与斑竹、石枞齐名，为“九疑三宝”。旧县志记载：“舜庙旁有香杉 15 株，‘高与天齐’，入夜，树梢上有亮光显露，称为‘天灯’，后全部枯死。现黄花园村将军庙旁尚存 4 株。最大一株高 29 米，胸径 1 米，实为罕见。唐代状元李郃赞舜庙古杉曰：“总负亿年质，高临千仞峰。贞心欺晚桂，劲节掩寒松。任彼风飚折，挺然霜雪冲。茎凌霄汉表，根蟠龙窟中。仙客频栖舞，良工何渺逢。枝头连理翠，拥护圣神宫”。

古槠 又名苦槠树。春季开花结实，顶尖扁圆。秋末果壳自裂，果仁可磨制成腐乳，能食。先时，舜庙内有槠树两株。不知何年所植。民国《宁远县志》载：“帝舜有虞氏之陵前，双槠并峙，盘根屈曲，高可参天，翼守如门，古封将军，不知几千百岁之物也。”古槠，原中空，“文革”期间，尚有枝叶生长，后为村民堆物、养猪、薰火而枯死，现仅存半边树干，有数围之大，后人称将军树。

枫桧树 为九嶷山一奇树。从树干到枝丫，枫桧各半，同出一脉，并非寄生。枫木半边可入药，主治“半边疯”。枫叶一脉三个叉。桧树叶成腰子形。每当秋霜来临，枫木半边叶子彤红，桧树半边叶子碧绿，相映成趣。冬天，枫叶褪尽，而桧树常青。此树分布很广，在黄河村旁有一棵尤大，两人合抱才能成围。

闽楠 俗称楠木，中国特有，是国家二级珍稀渐危种。闽楠樟科楠属，常绿大乔木，高可达 20 米，胸径达 2.5 米，树干端直，树冠浓密，树皮淡黄色，呈片状剥落。小枝有柔毛或近无毛，冬芽被灰褐色柔毛。叶革质，披针形或倒披针形，圆锥花序生于新枝中下部叶腋，紧缩不开展，被毛。果椭圆形或长圆形。花期 4 月，果期 10～11 月。闽楠木材芳香耐久，淡黄色，有香气，材质致密坚韧，不易反翘开裂，加工容易，削面光滑，纹理美观，为上等建筑家具，见于古老的建筑中，如北京十三陵有 2 人合抱的楠木柱，经久不腐。干形通直。

闽楠

福建柏

福建柏 柏科常绿乔木，分布于越南及中国西南部、南部至东部。中国福建、江西、浙江和湖南南部、广东和广西北部、四川和贵州东南部等，以福建中部最多。福建柏木材轻，质地略软，纹理匀直，加工容易，干后材质稳定，是建筑、家具、细木工和雕刻的良好用材。树形美观、树干通直，为优良的园林绿化树种。

观光木 常绿乔木，高达 25 米，胸径 1.1 米，树皮淡灰褐色，具深皱纹。小枝、芽、叶柄、叶面中脉、叶背和花梗均被黄棕色糙状毛。叶片厚膜质，椭圆形或倒卵状椭圆形，中上部较宽，长 8～17 厘米，宽 3.5～7 厘米，顶端急尖或钝，基部楔形，上面绿色，有光泽，中脉被小柔毛，侧脉每边 10～12 条；托叶与叶柄贴生，叶柄长 1.2～2.5 厘米，基部膨大。托叶痕几达叶柄中部。花两性，单生叶腋，淡紫红色，芳香；花蕾的佛艳苞状苞片一侧开裂，被柔毛，花梗长约 6 毫米，具一苞片脱落痕，花被片 9，象牙黄色，有红色小斑点，3 轮，窄倒卵状椭圆形，外轮的最大，长 1.7～2 厘米，宽 6.5～7.5 毫米，内渐小，内轮的长 1.5～1.6 厘米，宽约 5 毫米；雄蕊多数 30～45 枚，长 7.5～8.5 毫米，花丝白色或带红色，长 2～3 毫米；雌蕊 9～13 枚，狭卵圆形，密被平伏柔毛，花柱钻状，红色，长约 2 毫米，腹面缝线明显，柱头面在尖端，雌蕊群柄粗，长约 2 毫米，具槽，密被糙状毛。聚合突骨果长椭圆形，有时上部的心皮退化而呈球形，长 10～18 厘米，直径 7～9 厘米，垂悬于具皱纹的老枝上，成熟时沿背缝线开裂，外果皮榄绿色，有苍白色大形皮孔，干时深棕色，具显著的黄色斑点；每聚合果有心皮 5～12 个，每心皮有种子 1～12 粒。种子具红色假种皮，椭圆形或三角状倒卵圆形，长约 15 毫米，宽约 8 毫米。花期 3～4 月，果期 10～12 月。

马蹄参 乔木，高 5～13 米；枝暗棕色，有长圆形皮孔。叶片革质，倒卵状披针形或倒卵状长圆形，长 9.5～15.5 厘米，宽 3.5～6.5 厘米，先端短尖，基部狭楔形，上面亮绿色，无毛，下面灰绿色，沿中脉有稀疏的星状毛或无毛，边缘全缘，侧脉 6～11 对，两面均明显，网脉上面不明显；叶柄粗壮，无毛，长 2～6 厘米。穗状圆锥花序单生；长达 27 厘米，主轴粗壮；花序上部的花单生，无花梗，下部的花排成伞形花序；伞形花序有花 3～5 朵，无总花梗或有长 0.2～1.5 厘米的总花梗；萼下面有关节，长 3～

4 毫米，密生短柔毛，边缘有 5 个三角形尖齿；花瓣 5，肉质，长 3 毫米，外面有短柔毛；雄蕊 10，5 个常不育，花丝比花瓣短；子房 1 室，花柱圆锥状。果实长圆状卵形或卵形，稍侧扁，无毛，干时坚硬，长 4.5~5.5 厘米，直径 2.5~3.5 厘米，外果皮厚，有稍明显的纵脉。种子 1 个，侧扁而弯；胚弯曲，横切面成马蹄形。

观光木

马蹄参

第五节　瑶族风情

九嶷山为瑶族聚居区。其中，宁远县九嶷山境内居住的瑶族人口大约 7897 人，分布在 222 个自然村。长期以来，瑶族人民生活在云雾深山，历史条件和生活环境使其形成了独特的风俗习惯；养成了纯朴敦厚、勤劳勇敢、不畏强暴的性格。他们崇图腾、敬盘王、重信义、讲平等、守道德、倡协作、好宾客、善歌舞，以此世代相传，至今亦然。

一　九嶷瑶族来源

九嶷瑶族属盘瑶支系。盘瑶为瑶族主干支系，包含瑶族的大部分人口。1993 年《宁远县志·民族篇》和 2001 年《零陵地区志·民族宗教篇》记载，九嶷山一带瑶族大体可以分为三支，分别来自三个不同时期。其中一支于西汉时期由黄河流域越江南下，进入江南地区，始称“南蛮”。经过南北朝大动荡、大迁徙，崇信盘瓠的蛮人部落，逐渐进入南岭九嶷山一带，成为九嶷山的瑶民。另一支是东支瑶人。据《评皇券牒》载，隋唐时，东支瑶人从江浙向西迁至湖南，一部分移居宁远九嶷紫金山。还有一支为西支瑶人。据《千家峒古本书》记载，这支瑶人从江西太和迁至湖南，进入道州后，被州官赶杀。元大德九年（1305 年）农历三月二十六日，有“一半转回九嶷山”。

九嶷山的瑶族虽然入境时间有先后，迁徙路线和居住地各不相同，但其生产方式、生活习惯、民情风俗基本相同，语言相通，属盘瓠族系，为“盘王子孙十二姓”之列，通称盘瑶或盘古瑶。按居住地域分，九嶷山一带瑶族亦称为“九嶷瑶”。

瑶族有自己的语言。瑶族语言属汉藏语系苗瑶语属瑶语支。九嶷山一带瑶族均说瑶族“勉语”，自称为“勉”，少数使用平地瑶语。

历史上，盘瑶习惯于刀耕火种，迁徙十分频繁，人口流失性大。盘瑶支系以农业游耕为主，“吃尽一山则他迁”“吃尽一山过一山”，其主要种植薯、芋、菽、豆等旱地作物，“居无常，住无所”，不入“版籍”，是为刀耕火种的游耕支系。盘瑶信仰盘王，崇拜甚虔，每年农历十月十六前后必祭盘王，唱“盘王大歌”，跳长鼓舞。《过山榜》《评皇券牒》是盘瑶最大的支系文化特征。“自云祖先有功，常免徭役，故以为名”。由此得皇帝赐文榜，持文榜得入千万山，“刀耕火种，自耕其食”。由于有皇榜的庇护，盘瑶的农业经济，主要是山地农业较早较好得以发展。以一家一户的小农经济为主，耕林种林，多种山地作物种植是盘瑶传统的农业经济。

瑶族有悠久的历史文化。其文学以口头文学最为丰富，分为神话传说、故事、歌谣、寓言、童话、谜语等。其中神话传说有传颂瑶族起源发展迁徙的《盘王的传说》等，反映瑶族信仰的《盘瓠图腾神话》等，反映瑶族风俗习惯、地方风物的《瑶族长鼓和跳长鼓舞的来历》《九嶷舜殿》等。歌谣分为信歌、风俗仪式歌、情歌、劳动歌、时政歌、儿歌等。信歌反映民族迁徙、寻找亲属、求援救急、诉说苦情、传递爱情思念等内容。风俗仪式歌内容丰富，结婚时有“红堂歌”“拦门歌”“哭嫁歌”等，男到女家入赘有“入赘歌”，祝贺新屋落成有“搬火歌”，送葬时有“送葬歌”，男子成年有“度戒歌”，祭祀盘王有“盘王大歌”等。此外，瑶族还留有《评皇券牒》《千家峒木本水源》等榜文面世。

瑶族长鼓舞

二　九嶷瑶族习俗

九嶷瑶族在长期生产生活过程中，形成独具地域特色的风俗习惯。这些风俗习惯，涉及九嶷瑶族生产、生活、社会交往的方方面面，影响着人们的活动方式乃至思维方式。

（一）生产习俗

中华人民共和国建立前，瑶族仍以刀耕火种的游耕劳动为主，烧荒垦土，种山而食。三、五年后，草灰流失，则觅地另垦。在游耕劳动中，系独家耕作。由于山权不属己有，依然无法重视水田的开垦与耕作。无论劈荆砍树，烧荒翻土，播种收获等各种生产作业，家庭男女成员共同参加，以至十二、三岁的孩子也得顶力使用，养成艰苦勤劳的习惯。在生产大忙中，互相换工，只吃饭，不给工钱，谓之"换工"。

瑶族耕作，采用广种薄收的生产方式。"种火土"则是基本耕作方法。春播前，将杂木野草劈光烧尽，待火灭后，用木棒挖洞点种，在灰土上种植旱粮，用脚踏平掩盖，此后不再中耕追肥。并实行多品种的套种、混种耕作法，即在一块土地上同时播种粟米、玉米、高粱等多种作物。这种烧荒耕作方法，产量甚微。下种时忌在火土上拉小便，更不得提老鼠、鸟兽之名，意为避忌。

对农作物的管理，瑶族有一套独特的防护措施。为降服鸟、鼠、兽害，他们在作物地里扎设草人；在风口山泉之中安置风梆、水梆；在庄稼周围，采用毁兽路、放砣板、装夹子、安套子、架缕炮、点火把等方法，并在附近撑棚搭厂，专人守护。作物临近成熟时，更是厂不离人，铳不离身，日间巡守，夜间敲梆吆喝，以此驱赶野兽，保护庄稼，直至收获。

瑶家生产劳动工具简单、轻便、实用，便于游耕和高山陡岭使用，以短把锄头和踏犁为主要工具，故有“锄头和耕牛”之说。运输多以背代挑，有背篓、顶叉等运输工具，以适应山区坡陡路狭的特点。非用肩挑不可的，其箩筐与平丘地区不同，箩身须与人耳平列，谓之“耳箩”。

瑶民耕地

瑶家妇女拌猪食

中华人民共和国建立后，瑶族由原来的游耕生产，成为耕者有其田，垦者有其山的稳定耕作。其生产方法也从粗放经营的广种薄收，逐步发展到科学种田。改旱土为水田，改一季为双季，改撒播为点播，劳动工具也不断更新，现代的耕作技术已被瑶族人民广为采用。

（二）生活习俗

饮食 旧时一日三餐均食玉米、粟米、红薯等杂粮，早晚为正餐，中餐大多在工地就餐，谓之“吃野餐”。菜肴：除逢年过节或办喜事吃点新鲜肉外，平时很难吃上鲜肉，偶尔杀猪，亦少买卖，都是互相借肉分食。多食野菜，有带叶菜、笋、菌、薯、瓜果类等几十种之多，一年四季都有不同的野菜供食。大多会做蘑芋、苦株及绿叶豆腐，以绿叶豆腐（又叫神仙豆腐）最有特色，制作简单。他们视野味为佳肴，常年有人捕捉禽兽，秋冬两季最多。储菜是瑶家最普遍的习惯，无论宰杀牲猪家禽（包括猪血）或猎获的鸟兽，采摘的笋、菌、蕨等野菜，将其晒干或用火烟烘干，挂在灶壁上，以备亲朋来客食用，故有吃腊味之俗。喝浓茶、淡酒是他们的嗜好，喜将茶叶放在鼎锅内煮沸后再喝。酒是用杂粮酿制的家酒，度数低，大多连酒带糟掺水煮沸后再饮，饮时用瓜箪舀酒，故称“瓜箪酒”。自土地改革（1947—1950 年）后，瑶族过上定居生活，饮食逐渐改善，基本上以食大米为主，杂粮成了补充食品。一般家庭每月可吃上一、两次鲜肉，春节每家宰猪，大块吃肉，每块肉约 50 克左右。亲朋之间，轮流杀猪，相互邀请。种蔬菜的习惯在瑶家亦逐渐形成，但不愿多种，野味、腊味仍是瑶家的最美佳肴。

瑶族服饰

服饰 普遍喜用宝蓝、靛青布做衣服。男人素以镶红边的青布包头，上衣无领，对襟布扣，口袋无盖，外套花边背褡，束青布腰带，胸部袒露，下穿齐膝宽筒裤，裹绑腿。遇节日喜庆穿花边布袜，着“双梁鸡公”式布鞋。瑶族妇女服饰更为复杂，色彩鲜艳斑斓，内穿对襟无领长衫，袖口用红、白、蓝、黄各色布料镶边，衣襟用彩色丝线绣成各式图案，绣工十分精致，色调鲜明，斑斓耀目，外套多层绣花背褡，腹部挂一块各种颜色拼缝的棱形围裙，再系一条红腰带。下穿大筒齐膝裤，裹绑腿，穿花边筒袜，红、蓝方勾“鸡公”鞋，胸前佩戴各色银牌，行走时叮铛有声。耳戴大银环，直径约一寸，双手戴银镯、银戒指。头部装饰分已婚、未婚，南部女瑶，不论婚否，均用多层花边头巾，搭成“人”字帽形，披挂五色珠子和丝绦。50 年代起，服饰略有更改。70 年代后，服饰变化较多，除老年人依然穿着较完整的瑶服外，男女青年人多改着汉装。

住宅　瑶族村落大都建于崇山峻岭或深山峡谷，均属散状形分布。住宅多用竹木搭架，杉皮盖顶，门面向阳背风，正中为客堂、用膳之处，两侧为卧室、厨房。有的房屋分上下两层，楼上住人，楼下圈养牲畜或储藏杂物。因山陡坡度大，“吊脚楼”较普遍，有的在楼上开一扇门，再竖柱架梁，铺上木条和竹子，作为晒棚，以此晾晒衣物、庄稼。住宅多以一家一户为单元，左邻右舍，互不搭垛，以利防火。中华人民共和国成立后，随着生产、生活的改善，住房逐渐更新，砖墙瓦屋不断增多，还有少数钢筋混泥土结构住房。

瑶族传统住宅

家具　瑶族习惯就地取材，多用竹、木、瓜壳制作日常用具。一般有竹碗、竹瓢、竹油盐筒、竹蔸提桶、木槽、木桶、木脸盆、木米臼、瓜箪、瓜瓢、瓜壳碗、瓜壳酒壶，还有舂米的“粑棰”“粑坎”、烤玉米的“烘笼”、晒庄稼的“竹晾”、捞鱼虾用的“夹网”、打蕨根的“挖槽”、摘野菜的“腰箩”、盛饭的“竹斗”、放碗的“篾架”等等。这些日用家具，大多沿用至今。50 年代起，新增各式瓷器及玻璃杯、热水瓶、铝锅、锑壶等用具。80 年代后，部分中高档及电气化家具也陆续进入瑶家。

（三）礼仪风俗

婚嫁　中华民国时期（1912—1949 年），瑶女禁与汉族通婚。据《过山榜》载："盘王之女不嫁汉民，若不遵律令，应罚女子作酢三瓮，无节竹子三百根，狗角做梳三百副，老糠纺索三百丈"。瑶家男女双方一般通过对歌、赶圩等场合结识交往，自由择偶，也可托人介绍说媒，但必须双方家长认可。其婚姻有两种方式：一是"嫁女"；二是"招郎"。"嫁女"礼仪程序有：求婚、会亲家、订婚、耍嫁、坐歌堂、迎亲等。且每道程序都有一定规范。求婚时，无论天晴下雨，介绍人必带雨伞一把，到女家将伞放在大门外右侧，切勿带进屋，经过商谈，女方若将伞拿进屋去，则表示同意，否则，不予依允。女方同意后，男方应备衣物、订金、银牌、银戒指等送至女方。女方家便邀请亲朋参加订婚筵席，临嫁前，有"耍嫁""坐歌堂"等习俗。"耍嫁"即走亲报婚，话情道别；"坐歌堂"，在出嫁的先天晚上，伴嫁姑娘及姑嫂姊妹，陪新娘开怀痛饮，唱歌叙情，通宵达旦。婚日，男方请乐队到约定的地方等候迎亲。新娘由亲舅背送出门，此时，母女抱头痛哭，在礼炮声中，亲舅背起新娘就走，送亲人们随之而行，一直背到看不见家门时，才让新娘步行。到达约会迎亲地点，迎亲的人与乐队边吹边舞，围新娘绕舞三圈，表示"龙吟凤舞"。接着，送亲者陪新娘朝前走，迎亲者随后行，沿途欢歌笑语，唢呐锣鼓吹打不停。若一时停奏，新娘则止步不前，当新娘到达新郎家门时，不得抢先进屋，要让乐队进屋吹打一阵，表示喜气满堂，这时，新郎家立即端出热水一盆，给新娘洗脚，换上新的"鸡公鞋"意为新娘洁白无瑕，一身干净。在鼓乐声中，迎亲队伍簇拥新娘从大门左边进堂屋，行至门槛边，媒人将新娘的脚用手抬起，一只一只将脚送过门槛，脚不能触门槛。此时，无论相识与否，即使陌生人路过，瑶家也会盛情相邀，入席畅饮。婚宴有时通宵达旦，客人离席归去时，均在鼓乐声中告别。

瑶家嫁女婚礼耗资过大，故瑶家"招郎"者甚多。"招郎"有两种方式：一是"两不辞宗"；二是"男从女姓"。前者俗称两边走。婚后男方可在男女两家轮居，以便照顾双方家庭生产和生活。所生子女，头胎随母姓；二胎随父姓，余此类推。后者俗称"从妻走"。男方终身随妻，成为女方家庭成员，且要随妻姓，所生子女都随母姓，完全脱离自己原有家庭。但女方要拿一笔钱给男方家里，谓"买断"，实属"母权制"婚姻。由于有了"招郎"的习俗，所以瑶族中重男轻女的现象很少。

中华人民共和国成立后，瑶家婚姻均依法办理，瑶汉也有通婚，且受

迎亲

哭嫁

法律保护。婚仪一般从简，但瑶族内部通婚，仍有“耍嫁”“坐歌堂”“迎亲”等风俗。男到女家的“招郎”婚姻方式仍很普遍。

丧葬 历史上瑶族有岩葬、火葬、棺葬之俗。明清后，普遍实行棺葬。病者临终前，其亲人将他抬至用木板摊成的矮铺上，轮流看守，死后，烧倒香或鸣铳三响。入棺后，请巫师做一晚道场，第二天鼓乐送柩，择地安葬。安葬前，棺上放火鸡一只曰“扫棺”。葬后第一天早上起，亡者子女连续三天端热水一盆，带毛巾一张，送至安葬地中途，意为供亡者洗脸。亡后三日，请巫师到家为亡者安置灵位（男左女右，灵位三年后方能火化）。孝子禁吃荤，禁理发 49 日。49 日内，每天均要在灵位前供奉饭食、果品。满 49 即举办斋日，须再请巫师做一日一夜道场，亲朋均来吊丧，丧家以酒肉款待，此俗沿袭至今。

寿庆、生育 旧时瑶民生活艰难，对上述喜庆日子无所谓隆重庆贺，虽也有其习俗，但礼仪简略。他们在年满五十岁时，也叫大生日，逢六十亦称花甲日，亲朋前来祝贺，一般送几尺红布，放一封喜炮，聚会一餐。若寿者父母健在，即使是满七十或八十，也不能摆寿酒。以示对父母的尊敬。生育礼俗更为简朴。瑶女怀孕期间，一般是亲戚送一碗冷饭、冷菜给孕妇吃，表示催生。送者不说话、不吃饭、不辞而归。婴儿生后三天，外婆家适当送些衣物、鸡蛋，则表示“打三朝”。

建房入新居 建房有帮工之俗，谓之“众人抬一”，只吃饭，不给工钱。上梁之日，摆一次“圆垛酒”，入居之日摆一次“暖火酒”。此俗至今尚存。

节日庆会　瑶族除一般民间传统节日与汉族相同外，另有农历二月初一赶鸟节、农历四月初八祭牛节（又称佛生日或牛魔王生日）、农历六月初六过半年、农历十月十六盘王节。尤以“过半年”和“盘王节”最为隆重。“过半年”又称“天祈节”。一说古时某年六月，天降洪水，狗用尾巴粘带五谷种子，给瑶族留下了珍贵的粮种；一说纪念花林圣母诞生，又说是“送瘟神”。此日，全家必停工休息，家家须备祭礼，携带家小拜神祠、祭庙王，晚餐全家欢聚畅饮。“盘王节”又称“盘王盛会”。是瑶家最为隆重的节日。旧时，各家各户除敬奉祖宗外，还杀猪宰羊，请巫师在盘王庙敬神祭祀。邻近村里瑶民身穿民族盛装，在预定地点，由族老主持祭祀仪式，焚香烧纸跪拜，并请巫师念经。然后，唱“盘王歌”、跳“盘王舞”、饮“盘王酒”，尽情欢乐，也有一些封建迷信活动。

（四）各种禁忌

旧时，瑶族生产、生活在山区，遇到的灾害较多，因无法抵御它们，就只能采用禁忌的手段加以禳解，故形成各种禁忌。

生产禁忌　正月初十、二十、三十为“禁风”日，因山区多风，影响作物生长，在这三天禁风日，不拿刀上山砍东西，且用茅草打成疙瘩，放在当风的路上或屋角上用石头压住，意谓“禁风”，以为这样就能在一年内免受风灾。二月初一至初十为“禁害”日，认为庄稼常遭野兽和水、火的危害，是犯忌造成的。故有一鸟、二虫、三水、四火、五蝗、六猪、七羊、八兔、九鼠、十獐之忌日。在此十天，不下地做工，以为这样可以防止灾害。还有“空黄日”忌狩猎；打猎忌脱衣；放木排忌“伞”（散）；砍树、打厂、开窖、下种等活儿忌说不吉祥的话；规定每月初一、十五或“太安日”才能出猪、牛栏肥等等。

生活禁忌　禁食狗肉；每年正月初一至初五，忌将各种肉骨丢入火里焚烧，避免火灾或烧伤小孩；农历三月初一为“禁雷日”，莫把家具器皿弄响，以为这样就可以防止雷击了；三月初三为“禁蚁日”，认为这一天不扫地，就可以清除蚂蚁；忌用脚踏火炉撑架；初一、十五忌踏门坎和坐门坎等等。诸如此类禁日忌事，清代至民国时期执行得很认真。从 20 世纪 50 年代起，随着科学技术的进步，这些陈规逐渐破除，禁忌观念随之淡化，年轻人几乎不再知道何谓禁日。

第四章　舜帝祭祀

祭旗队行进图

第一节　祭祀活动

对舜帝的祭祀活动可以追溯到先秦，后经秦、汉、魏、晋、南北朝、隋、唐、宋、元、明、清、民国，祭祀舜帝的活动从未停歇，并延续至2015 年 。历代祭舜活动主要有帝王祭舜、地方官员祭舜、民间祭舜等三种类型。

一　帝王祭舜

帝王祭舜始于大禹，终于清朝末代皇帝溥仪。历史上，有明确记载的祭祀舜帝的帝王有 40 余位。帝王祭舜有两种，一种是帝王亲自主祭，一种是派遣大臣进行祭祀。由于祭祀地点不同，帝王祭舜主要有六种方式，即望祀、郊祀、宗庙祭祀、舜庙致祭、历代帝王庙祭祀、陵寝祭祀。

（一）望祀

望祀本用于祭祀山川，也用于其他祭祀活动。最先将望祀用于祭舜的是大禹。历史上有记载的望祀九嶷山舜帝陵的帝王有 3 位，即大禹、秦始皇、汉武帝。

大禹望九疑而祭舜　舜帝去世后，“禹南巡至衡山，筑紫金台，望九嶷山而祭舜”（《大清一统志》，上海涵芬楼影印本）。大禹筑紫金台望祀舜帝的具体地点，相传在今湖南衡山县城西 3 里，台为圆形，直径三丈，又称“巾台”。

秦始皇云梦望祀舜帝　《史记·秦始皇纪》载：“三十七年十月癸丑，始皇出游……十一月，行至云梦，望祀虞帝于九疑山。”

汉武帝盛唐祭舜　《汉书·武帝纪》：“（元封）五年冬，行，南巡狩，至于盛唐，望祀虞帝于九嶷。”盛唐，韦昭注：“在南郡。”西汉南郡，治所在江陵县（今湖北荆州）。

（二）郊祀

郊祀是古代最重要的祭祀天地活动之一。南郊祭天，北郊祭地，合称郊祀。与郊祀相近或相同的祭祀活动还有圜丘祭天。历史上有记载的以郊祀、圜丘祭天形式祭祀舜帝的皇帝有汉高祖、魏文帝、晋武帝。

汉高祖郊祀舜帝　汉高祖二年（公元前205年），刘邦在关中“令祠官祀天地、四方上帝、山川”（《汉书·高帝纪》）。这里的上帝，《辞海》释：“一是指天帝，二是指舜帝。天帝，《尚书·立政》‘吁俊尊上帝’，今文家以上帝为古代帝王，指舜。”

魏明帝圜丘祭舜　魏明帝曹叡建立魏国后，将自己的世系追溯到有虞氏，并在洛阳建立圜丘，在圜丘祭祀上帝时，以始祖帝舜配。《晋书·志第九》载：“景初元年（237年）十月乙卯，始营洛阳南委粟山为圜丘。诏曰：‘……曹氏世系，出自有虞氏。今祀圜丘以始祖帝舜配，号圜丘曰皇皇帝天。方丘所祭曰皇皇后地，以舜妃伊氏配。天郊所祭曰皇天之神，以太祖武皇帝配。地郊所祭曰皇地之祇，以武宣皇后配。宗祀皇考高祖文皇帝于明堂，以配上帝。’十二月壬子冬至，始祀皇皇帝天于圜丘，以始祖有虞帝舜配。”

晋武帝南郊祭舜　晋代司马氏以虞舜后代自居。晋武帝司马炎于泰始元年（265年）举行祭典祭祀舜帝。《晋书·帝纪第三》载：“太保郑冲奉策曰：‘咨尔晋王：我皇祖有虞氏诞膺灵运，受终于陶唐，亦以命于有夏……惟王……应受上帝之命，协皇极之中。……王其钦顺天命，率循训典，底绥四国，用保天体，无替我二皇之弘烈。’帝初以礼让，魏朝公卿何曾、王沉等固请，乃从之。”“泰始元年冬十二月景寅，设坛于南郊，百僚在位及匈奴南单于四夷会者数万人，柴燎告类于上帝曰：‘皇帝臣炎敢用玄牡明告于皇皇后帝：魏帝稽协皇运，绍天明命以命炎。昔者唐尧，熙隆大道，禅位虞舜，舜又以禅禹，迈德垂训，多历年载，暨汉德既衰，太祖武皇帝拨乱济时，扶翼刘氏，又用受命于汉。粤在魏室，仍世多故，几于颠坠，实赖有晋匡拯之德，用获保厥肆祀，弘济于艰难，此则晋之有大造于魏也。’”

（三）宗庙祭祀

新莽王朝时，王莽在京郊建始祖昭庙祭舜帝。《汉书·王莽传》载，王莽认为“姚妫陈田王氏，凡五姓者，皆黄虞苗裔、予之同族也”。因此，追溯其族世系，以舜后自居，尊黄帝为“皇初祖考”，称舜帝为“皇始祖考”。

“四代古宗，宗祀于明堂，以配皇始祖考虞帝。”他还在长安都郊建黄帝太初祖庙、始祖昭庙，定期祭祀。

(四) 舜庙致祭

历代皇帝到各地舜庙祭舜，始于北魏，终于初唐。

北魏建国后，道武帝、明元帝、太武帝、孝文帝频频祭祀尧舜。这些帝王出巡到达尧、舜祠庙时，或亲自祭祀尧舜，或遣使祭祀尧舜。《魏书·太祖纪第二》载：北魏道武帝拓跋珪于天兴三年（400 年），“五月戊辰，庚申谒者仆射张济使于姚兴。己巳，车驾东巡，遂幸涿鹿，遣使者以太牢祠帝尧、帝舜庙。”涿鹿，今河北张家口市涿鹿县。《魏书·世祖纪第四上》载：北魏明元帝拓跋嗣于神瑞二年（415 年）“六月……到广宁，登历山，祭舜庙。”广宁，今河北张家口市涿鹿县。《北史·魏本纪第三》载：北魏太武帝拓跋焘于神䴥元年（428 年）“八月，东幸广宁，临观温泉。以太牢祭黄帝、尧、舜庙。”《北史·魏本纪第三》载：北魏孝文帝元宏于太和十六年（492 年）“春正月……丁酉，诏祀唐尧于平阳、虞舜于广宁、夏禹于安邑、周文于洛阳。”《魏书·高祖纪第七下》载：太和二十一年（497 年），孝文帝又于“夏四月……癸亥，行幸蒲坂，遣使者以太牢祭虞舜。戊辰，诏修尧、舜、夏禹庙。”蒲坂，今山西省永济市。

北齐时，文宣帝下诏遣使祭祀舜庙。《北齐书·帝纪第四》载：（文宣帝天保元年，550 年）“诏分遣代理人致祭于五岳四渎，其尧祠、舜庙，下及孔父、老君等载于祀典者，咸秩罔遗。”

北周时，祭帝舜于河东。《隋书·志第二》载：“使祀先代王公帝尧于平阳，以契配；帝舜于河东，咎繇配。”河东，今山西永济。

隋朝继承北周时期对尧舜的祭祀，祭帝尧于平阳，祭帝舜于河东。唐《通典·礼十三》载：“隋制，使祀先代王公：帝尧于平阳，以契配；帝舜于河东，咎繇配。”

唐初沿袭隋制，仍于河东祭祀舜帝。《通典·礼六十六》载：“（唐）仲春之月，享先代帝王：帝喾享于顿丘，帝尧享于平阳，帝舜享于河东。”《旧唐书·高祖本纪》载：“三年（620 年）春正月辛巳，幸蒲州，命祀舜庙。”

（五）历代帝王庙（三皇五帝庙）祭祀

在三皇五帝庙、历代帝王庙祭舜的制度，始于唐，终于清。

唐玄宗敕建三皇五帝庙。《文献通考》卷一百三载："六载（天宝六年，747 年），敕三皇五帝，创物垂范，永言龟镜，宜有钦崇。三皇：伏羲、神农、黄帝。五帝：少昊、颛顼、高辛、唐尧、虞舜。其择日及置庙地，量事营立，其乐器请用宫悬，祭请用少牢，仍以春秋二时致享，共置令、丞、太常侍检校。"在京城祭祀三皇五帝又称群祀。唐玄宗到三皇五帝庙祭祀舜帝时，还留下祭舜文《唐开元祭祀帝舜祝文及配坐祝文》。这篇祭舜祝文及配坐祝文，收录在唐萧嵩等撰《大唐开元礼》卷五十。

明代，将三皇五帝庙改为历代帝王庙。洪武六年（1373 年），在京师建立帝王庙于钦天山之阳，仿太庙同堂异室之制，规定每年春秋两祭三皇五帝等 17 帝。帝王庙的布局是：帝王皆冕坐，但伏羲、神农除外。庙同堂异室，中一室祀三皇，东一室祀五帝，西一室祀三王，又东一室祀汉高祖、汉武帝、隋文帝，又西一室祀唐太宗、宋太祖、元世祖。共 5 室 17 帝。洪武二十年（1387 年），将合祀的历代帝王减为 16 位，即除去隋文帝。嘉靖十一年（1532 年），明朝新修历代帝王庙，又名帝王庙，位于今北京西城区阜成门内大街路北。帝王庙落成时，嘉靖帝亲自祭祀历代帝王。

清代，雍正七年（1729 年）重修帝王庙。后经乾隆几次调整，将祭祀的帝王确定为 188 位。

从明嘉靖十一年至清末的 380 年间，在历代帝王庙共举行过 662 次祭典。

（六）舜帝陵寝祭祀

皇帝遣官到九嶷山舜帝陵祭祀舜帝，始于新莽王朝，终于清末宣统帝。

新莽王朝时，王莽敕于九嶷建"虞帝园"，遣官四时致祭。《汉书·王莽传》载，建"虞帝园于零陵九疑……使者四时致祠其庙"。

南朝宋代永初三年（422 年），宋武帝刘裕命颜延之带口谕给湘州刺史张邵，要张邵赴九疑祭舜。张邵吩咐颜延之撰写祭舜帝文，一同到九嶷山祭舜。张邵祭舜帝文是历史上留下的见诸记载的最早的祭舜帝文。这篇祭舜帝文，保存在唐代欧阳询等于武德七年（624 年）成书的《艺文类聚》中，其标题为《为张湘州祭虞帝文》。

开元六年（718 年），唐玄宗派名相张九龄到九嶷山舜帝陵祭祀舜帝。这也是唐王朝建立 100 多年以来，第一次派遣大臣到九嶷山祭舜。张九龄到九嶷山祭舜，还带去祭舜帝文，在祭舜仪式上恭读。这篇祭舜帝文后来收入《曲江集》卷十七。

明王朝建立后，明太祖朱元璋对祭祀先代帝王作出具体规定，使之制度化、规范化。《明史·志第二十六》载："洪武三年（1370 年），遣使访先代陵寝，仍命各行省具图以进，凡七十有九。礼官考其功利昭著者，曰伏羲、神农、黄帝、少昊、颛顼、唐尧、虞舜、夏禹……宋太祖、太宗、真宗、仁宗、孝宗、理宗，凡三十有六，各制衮冕，函香币。遣秘书监丞陶谊等往修祀礼，亲制祝文遣之。每陵以白金二十五两具祭物……岁时祭祀，牲用太牢。四年，礼部定议合祀帝王三十五：……在湖广者二，酃祀神农，宁远祀虞舜；……岁祭用仲春仲秋朔。于是，遣使诣各陵致祭，陵置一碑，刊祭期及牲帛之数，俾所在有司守之……又每三年出祝文香帛，传制遣太常寺乐舞生斋往，所在命有司致祭其所祀者。……又命帝王陵庙所在官司，以春秋仲月上旬择日致祭。……嗣后，岁遣大臣一员，行礼四员分献，凡子、午、卯、酉祭于陵寝之岁，则停秋祭。"

明代皇帝派遣大臣祭祀到舜帝陵祭舜 14 次：即明太祖朱元璋 1 次，洪武四年（1371 年）；明成祖朱棣 1 次，永乐元年（1403 年）；明仁宗朱高炽 1 次，洪熙元年（1425 年）；明宣宗朱瞻基 1 次，宣德元年（1426 年）；明英宗朱祁镇 2 次，正统元年（1436 年）、天顺元年（1457 年）；明代宗朱祁钰 1 次，景泰元年（1450 年）；明宪宗朱见深 1 次，成化元年（1465 年）；明孝宗朱祐樘 1 次，弘治元年（1488 年）；明武宗朱厚照 1 次，正德元年（1506 年）；明世宗朱厚熜 2 次，嘉靖元年（1522 年）、嘉靖十一年（1532 年）；明穆宗朱载垕 1 次，隆庆元年（1567 年）；明神宗朱翊钧 1 次，万历元年（1573 年）。南明唐王朱聿键 1 次，绍武元年（1645 年）。

清代皇帝派遣大臣到九疑山舜帝陵祭舜 45 次。即清世祖爱新觉罗福临 1 次，顺治八年（1651 年）；清圣祖爱新觉罗玄烨 9 次，分别为康熙七年（1668 年）、康熙二十一年（1682 年）、康熙二十七年（1688 年）、康熙三十五年（1696 年）、康熙三十六年（1697 年）、康熙四十二年（1703

年）、康熙四十八年（1709 年）、康熙五十二年（1713 年）、康熙五十八年（1719 年）；清世宗爱新觉罗胤禛 2 次，分别为雍正元年（1723 年）、雍正二年（1724 年）；清高宗爱新觉罗弘历 12 次，分别为乾隆元年（1736 年）、乾隆二年（1737 年）、乾隆十四年（1749 年）、乾隆十七年（1752 年）、乾隆二十年（1755 年）、乾隆二十五年（1760 年）、乾隆二十七年（1762 年）、乾隆三十七年（1772 年）、乾隆四十一年（1776 年）、乾隆四十五年（1780 年）、乾隆五十年（1785 年）、乾隆五十五年（1790 年）；清仁宗爱新觉罗颙琰 5 次，分别为嘉庆元年（1796 年）、嘉庆五年（1800 年）、嘉庆十四年（1809 年）、嘉庆二十四年（1819 年）、嘉庆二十五年（1820 年）；清宣宗爱新觉罗旻宁 5 次，分别为道光元年（1821 年）、道光九年（1829 年）、道光十六年（1836 年）、道光二十六年（1846 年）、道光三十年（1850 年）；清文宗爱新觉罗奕詝 2 次，分别为咸丰二年（1852 年）、咸丰十年（1860 年）；清穆宗爱新觉罗载淳 2 次，分别为宗同治元年（1862 年）、同治十二年（1873 年）；清德宗爱新觉罗载湉 6 次，分别为光绪元年（1875 年）、光绪十四年（1888 年）、光绪十五年（1889 年）、光绪十六年（1890 年）、光绪二十九年（1903 年）、光绪三十一年（1905 年）；清宣统爱新觉罗溥仪 1 次，即宣统元年（1909 年）。

二　地方官员祭舜

有记载的地方官员祭舜始于汉朝，延至当代。到九嶷山舜帝陵祭舜的地方官员有宁远县及古泠道县、梁兴县、唐兴县、延唐县、武盛县、延昌县的县令、知县、县长，零陵郡、营阳郡的太守，永州、道州的刺史、知府，湘州刺史，湖南巡抚、省主席、省长等。地方官员祭舜主要有三种类型，即例祭、告祭、公祭。

（一）例祭

例祭，指舜帝陵所在地宁远县（包括泠道、梁兴、唐兴、延唐、武盛、延昌）的县令、知县，按朝廷规定的时间，到九嶷山舜帝陵祭祀舜帝，供奉祭品。

北宋王朝规定每三年举行一次舜帝祭祀活动。《宋史・志第五十八》

载："乾德初，诏：'历代帝王，国有常享，著于甲令，可举而行。自五代乱离，百司废附，匮神乏祀，阙孰甚焉。按《祠令》，先代帝王，每三年一享，以仲春之月，牲用太牢，祀官以本州长官，有故则上佐行事，官造祭器，送诸陵庙。'又诏：'先代帝王，载在祀典……其太昊、炎帝、黄帝、高辛、唐尧、虞舜、夏禹……岁春秋祠以太牢。'"此后，地方官按照每三年一祭的要求祭祀舜帝。

明代规定帝王陵庙所在地的地方官，每年春秋仲月择日祭舜。《明史·志第二十六》载："又命帝王陵庙所在官司，以春秋仲月上旬择日致祭。"

清代沿袭明代的地方官祭舜制度，亦为每年春秋二祭。

（二）告祭

告祭，指地方官因事临时到舜帝陵祭祀舜帝。告祭有两种：一为上任之初，到舜帝陵祭舜，告知舜帝，祈求庇佑；二为在任期间，遇到大事，寻求舜帝庇佑。

有记载的地方官员到九嶷山舜帝陵祭舜始于晋代。东晋罗含《湘中记》载："衡山、九疑山皆有舜庙。太守至官，常遣户曹致祭修祀。"东晋文学家庾阐出补零陵太守时，曾到九九嶷山拜谒舜帝陵，并作《虞舜像赞并序》。

南朝梁代任昉《述异记》也有地方官员祭舜的记载："衡州、九疑山有舜庙，郡守至官，常致敬修祀。"

唐代广德元年（763年），文学家元结任道州刺史，到九疑山拜谒舜帝陵庙。永泰元年（765年），元结上奏朝廷，迁九疑山舜庙于道州州治南，以奉祀舜帝。

元和元年（806年），冯叙接任永州刺史。他上任后，接连两次遇到大的自然灾害。头一年遇上地震。第二年又遇上水灾，久雨不晴。当时，柳宗元正贬谪永州。冯叙即请柳宗元撰写祭舜帝文，随后与柳宗元一同到舜庙祭舜。柳宗元的这篇祭舜帝文，收录于《柳河东集》卷四十一，题为《舜庙祈晴文》。

民国期间，2005年版《九嶷山志》记载，省、县等地方官员到九嶷山祭舜共有9次。其中，湖南省政府主席薛岳祭舜2次，时间分别为民国28年（1939年）、29年（1940年），均遣第九区行政督察专员姚雪怀赴九嶷祭舜陵祭舜；宁远县祭舜 5 次，其他方面祭舜 2 次。

（三）公祭

公祭舜帝陵，始于 20 世纪 90 年代，由地方人民政府举办的，社会各界人士及海内外舜裔参加。1990 年 4 月 3 日，湖南省人民政府参事室组成舜源峰谒陵团。谒陵团一行 40 人，由湖南省人民政府顾问、原副省长刘亚南，湖南省政协副主席徐君虎、原副主席谷子元，省政府参事室主任李国玺带领，由中共零陵地委书记唐盛世、行署专员卞翠屏、中共宁远县委书记贺梅楚、县长周建达陪同。这次谒陵祭舜活动，是中华人民共和国成立以来举行的第一次公祭舜帝陵活动。此后，宁远县人民政府、永州市人民政府、湖南省人民政府先后多次举办公祭舜帝大典。祭舜大典均由县、市、省人民政府主要领导主祭并恭读祭舜帝文。

省长周伯华恭读祭舜帝文

全国政协副主席张梅颖（右二）参加祭舜

湖南省人民政府公祭舜帝大典

2005 年 9 月 15 日，湖南省人民政府在九嶷山举行“乙酉年公祭舜帝大典”。前来参加这次公祭活动的各级领导和各方嘉宾有：全国政协副主席张梅颖，中共湖南省委副书记、省长周伯华，全国政协环境与资源保护委员会副主任、湖南省九嶷山舜帝陵基金会理事长王克英，中共湖南省委常委、常务副省长肖捷。参加大典的还有：湖南省直属机关代表团，湖南省各市州代表团，湖南省九嶷山舜帝陵基金会代表团，湖南省舜文化研究会代表团，新加坡舜裔宗亲代表团，菲律宾舜裔宗亲代表团，马来西亚舜裔宗亲代表团、香港舜裔宗亲代表团，澳门舜裔宗亲代表团，台湾舜裔宗亲代表团，福建泉州舜裔宗亲代表团，广东澄海舜裔代表团，河南舜裔代表团，企业界代表团，侨界代表团，旅行社代表团，新闻界代表团，宁远县代表团，以及前来观光的群众，共约10万人。活动由常务副省长肖捷主持，省长周伯华主祭。共有海内外50多家大型媒体、200多名记者参与宣传报道。其中，香港凤凰卫视、湖南卫视、湖南经视、湖南人民广播电台、永州电视台、红网对公祭大典进行同步现场直播。

2005年湖南省公祭舜帝大典祭祀广场站位图

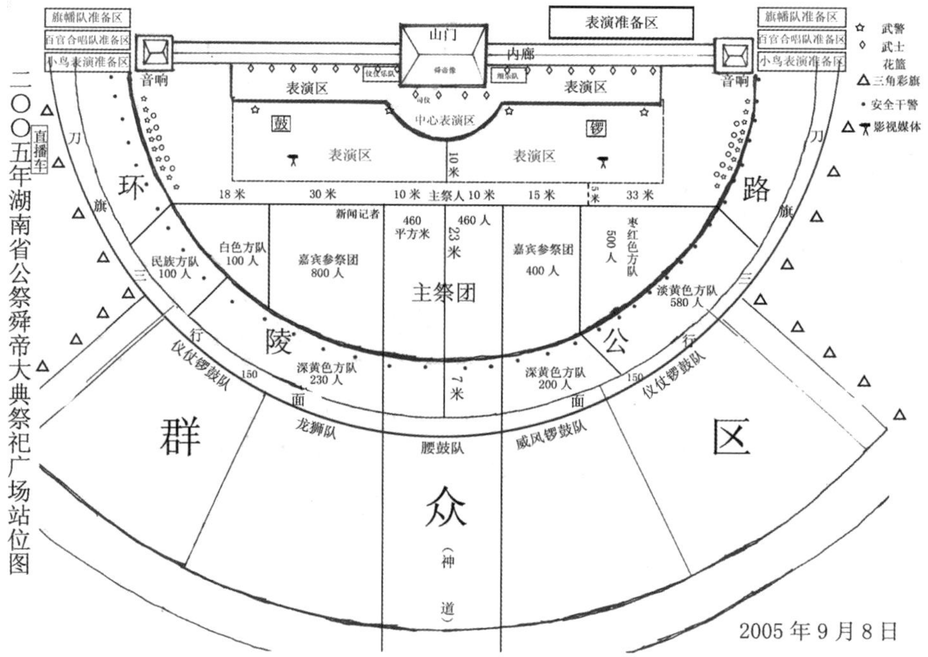

2009年9月8日，湖南省戊子年公祭舜帝大典在九嶷山舜帝陵举行，中共湖南省委常委、副省长于来山主持，中共湖南省委副书记、省长周强主祭。全国政协原副主席毛致用，全国政协常委、中央文献研究室原主任滕文生，文化部原副部长常克仁，住房和建设部总经济师李秉仁，国家文物局副局长董保华，省政协原主席、省九嶷山舜帝陵基金会理事长王克英，省政协副主席、炎帝陵基金会理事长石玉珍，省军区副司令员张中湘，省直有关单位负责人，云南、山东（山东省大舜文化研究会名誉会长谢义堂）、陕西等

省的领导和代表，湖南省各市州政府主要领导，舜帝陵基金会、炎帝陵基金会、黄帝陵基金会代表，新闻媒体代表，两岸舜文化交流合作会代表，向舜帝陵基金会捐款的单位代表和个人，永州市、宁远县五大家领导以及永州各界人士数万人参加公祭大典。此次祭舜大典主题是弘扬舜德精神，推进富民强省。

省长周强恭读祭舜帝文

全国政协原副主席毛致用（左二）参加祭舜

2012 年 9 月 28 日，由湖南省政府主办的壬辰年公祭舜帝大典，在湖南省宁远县九嶷山舜帝陵前举行，中共湖南省委副书记、省长徐守盛主祭，副省长李友志主持公祭大典。湖南省舜帝陵基金会理事长王克英，省领导谢勇、龚建明、张中湘，省检察院检察长龚佳禾，省舜帝陵基金会常务副理事长王汀明出席公祭大典。直各部门、永州和其他市州领导，大舜文化研讨会、湖南省舜帝陵基金会、湖南省炎帝陵基金会、陕西省黄帝陵基金会代表，福建、河南、港澳台舜裔宗亲代表，共 3 万余人参加公祭大典。祭祀仪式结束后，主祭团成员步入舜帝陵，在舜帝陵正殿拜谒舜帝。谒陵仪式结束后，主祭人徐守盛为“舜帝陵碑林”一期工程奠基，并种下一株桂花树。

省长徐守盛恭读祭舜帝文

2015 年 9 月 24 日，湖南省公祭舜帝大典在宁远县九嶷山舜帝陵举行，中共湖南省委副书记、省长杜家毫主祭，副省长李友志主持祭祀仪式。省政协原主席、省九嶷山舜帝陵基金会理事长王克英、省人大常委会副主任谢勇、省政协副主席欧阳斌、省政协副主席、民建湖南省主委赖明勇、省军区政治部主任姜英宇、湖南省人大常委会原副主任、湖南省舜文化研究会会长唐之享、省直机关、舜帝陵基金会、黄帝陵基金会、神农炎帝研究会、山东大舜文化研究会有关领导，以及永州市、宁远县的领导，海外舜裔宗亲代表，商会、境内外旅游景区及旅行社代表，永州籍全国道德模范、劳动模范、先进工作者代表，新闻媒体记者，永州市、宁远县各界群众近万人参加此次大典。祭祀大典礼成后，主祭团成员步入舜帝陵，在舜帝陵正殿虔诚地拜谒

省长杜家毫恭读祭舜帝文

舜帝，深情缅怀中华民族人文始祖舜帝的万代恩泽。

永州市人民政府公祭舜帝大典

2000 年 9 月 9 日，永州市人民政府组织社会各界举办祭舜大典，由市政协主席欧学佳主持，市长刘爱才主祭并恭读祭舜帝文，中共永州市委书记邹金鸾恭读《追思敬悼文》。参加这次大典的有中共湖南省委常委、省委宣传部部长文选德，湖南省人大常委会副主任吴运昌，中共湖南省委常委、统战部部长、省政协副主席石玉珍，湖南省人民政府副省长唐之享，省政协副主席龙禹贤；湖南省有关部门的领导，中国香港、中国澳门、中国台湾、美国、泰国等十多个国家和地区的舜裔宗亲代表；舜文化研究会代表、企业界代表、文化新闻界代表、友好县市代表、永州市和宁远县各界代表 3000 余人，以及从各地到九嶷山舜帝陵观光的 6 万多名群众。

市长刘爱才恭读祭舜帝文

参加祭祀的省级领导与永州市委领导

2006 年 10 月 30 日（农历九月初九），永州市政府举办第二次公祭舜帝大典。这次祭舜大典的主题是“尊祖爱国，传承文明，和谐永州，促进发展”。大典由永州市政协主席蒋桃生主持，市长龚武生主祭恭读祭文，市委书记曾庆炎恭读《追思敬悼文》。全国政协原副主席毛致用，湖南省人大常委会原主任刘夫生，湖南省政协原主席王克英，湖南省人大常委会副主任唐之享，中共湖南省委常委、统战部部长、省政协副主席石玉珍，省政协副主席龙禹贤；历任中共零陵地委（永州市委）书记宁生、邓有志、唐盛世等，省、市有关部门负责人，国内外舜裔宗亲代表，以及宁远县各界人士共6000人参加祭典。同时，还举办表彰孝星活动，表彰100名孝星。当晚，邀请中央电视台举办“激情广场”演唱会。

市长龚武生恭读祭舜帝文

2014年9月20日，永州市人民政府会同世界舜裔宗亲联谊会，在九嶷山舜帝陵联合举办祭舜大典。这也是永州市人民政府第三次举办祭舜大典。祭典由中共永州市委常委、常务副市长易嘉良主持。世界舜裔宗亲联谊会常务委员会主席陈锦龙、永州市人民政府市长向曙光先后恭读祭舜帝文，中共永州市委书记陈文浩恭读《追思敬悼文》。

宁远县人民政府祭舜活动

1993年3月25日，在抢修舜帝陵工程开工典礼仪式上举行祭舜仪式，宁远县县长张复卿主祭。

2000年4月4日，宁远县人民政府组织社会各界人士公祭舜帝陵。这是中华人民共和国成立以来，宁远县人民政府组织的第一次公祭舜帝陵的活动。这次祭典，由县长李德勋主祭，县政协主席欧阳维西主持。

2001年10月24—26日，宁远县人民政府第二次公祭舜帝陵，同时举办第一届九嶷山舜文化旅游节。期间，召开全国以德治国方略与舜文化研讨会。中央党校原组织部长、博士生导师张虎林，中共湖南省委副书记文选德等出席。

2003 年 11 月 5 日，宁远县举办公祭舜帝陵，县长李光富主祭并恭读祭文，5000 多人参加祭舜典礼。同时，举办九嶷山舜文化旅游节，湖南省政协原副主席游碧竹、首都师范大学教授李燕杰、中国人民大学教授许启贤、国家行政学院副教授王伟参加并拜谒舜帝陵。

2008 年 10 月 7 日，宁远县社会各界公祭舜帝大典在九嶷山隆重举行。县长罗建华主祭，县政协主席欧阳维西主持。湖南省舜文化研究会、湖南省九嶷山舜帝陵基金会、菲律宾和福建等地舜裔宗亲联谊会、宁远籍企业家代表、干部群众、社会各界代表近万人参加公祭大典，世界舜裔宗亲联谊会荣誉主席陈守仁、主席陈捷中发来贺电。

2011 年 10 月 20 日，宁远县社会各界公祭舜帝大典在九嶷山舜帝陵举行。县长刘卫华主祭，并恭读祭文。期间，还开展旅游商贸活动。

2015 年 5 月 28 日，宁远县举行公祭舜帝二妃大典，县长桂砺锋主祭、恭读祭文，常务副县长刘君军主持。

三　民间祭舜

民间祭舜包括历代名人祭舜、舜裔及舜陵周边地区百姓祭舜、社会团体（民间组织）祭舜三种情况。

历代名人祭舜指历代各级官员、文化名人等，以非官方身份（个人身份）到九嶷山拜谒舜帝陵。有记载的名人祭舜始于东汉蔡邕。东汉灵帝时，蔡邕获罪遇赦亡命江湖期间，曾上九嶷山拜谒舜帝陵，并写下《九嶷山铭》，以歌颂九嶷山的王者气象和舜帝的不朽功勋。这篇铭文，后被收入唐代欧阳询等编撰的《艺文类聚》。南北朝时，北魏文学家温子昇到九嶷山祭舜，并写下《舜庙碑》，此文载于《汉魏六朝百三家集·魏温子昇集》。唐代以后，大批文化名人前往九嶷山拜谒舜帝陵，其如唐代李峤、宋之问、李白、刘长卿、戴叔伦、张谓、吕温、刘禹锡、刘言史、元稹、朱庆馀、僧齐己等，宋金时寇准、苏轼、刘敞、李纲、胡宏、陆游、方信孺、赵师侠、马大同、乐雷发、元好问等，元代虞集、张养浩等，明代王汝玉、杨汉英、曹学佺、何其贤、徐霞客等，清代王士祯、汪辉祖、杨大章、杨季鸾、何绍基等。这些名人在拜谒舜帝陵的同时，还写下大量咏舜诗文。中华人民共和国成立以来，到九嶷山拜谒舜帝陵的名人大量增加。九嶷山舜帝陵管理局、九嶷山国家森林公园管理局记录，自 1962 年 11 月—2015 年 12 月，以个人身份至九嶷山拜谒舜帝陵的副省部级以上领导干部，教授、研究员以上专家学者，著名文学家、艺术家，共有 317 人。其如乐天宇、萧克、张震、毛致用、李铎、王艺周、李学勤、黄景略、张忠培、单霁翔、金人庆、潘岳、秦光荣等。

舜帝后裔及九嶷舜帝陵周边地区的民间祭舜活动源远流长。舜帝后裔祭祀舜帝活动，始于舜帝崩葬九嶷之后。先秦时期，徙居各地的舜帝后裔，均由宗子（大宗的嫡长子）主持祭舜活动。可以追溯的舜裔到九嶷山舜帝陵祭舜的时间为东汉。1975 年，宁远县麦地公社太平大队（今九嶷山乡太平村，古九嶷“太平营”）一处祭祀坑，出土一批东汉白陶制品，其中有陶多子盘一件，其底部背面刻划有“第五”二字铭文。“第五”氏源于妫姓，为战国时期齐国田氏后裔。九嶷山及其周边地区的民间祭舜活动始于何时，无文字记载，尚无定论。但从九嶷山地区夏代遗址考古发现的、象征王权的磨制礼器石钺和象征古文“且（祖）”的石器来看，早在夏代，即舜帝去世不久，民间祭祀舜陵的活动即已开始。此后，民间祭祀舜陵的活动一直延续不断。

民间社团组织到九嶷山舜帝陵举行祭舜活动，是 1978 年改革开放后出现的新现象。20 世纪 80 年代后，各类民间社团逐步出现。一些社团为弘扬优秀传统文化，凝聚人心，开始以社团名义举办祭舜活动。21 世纪以来，大型社团祭舜活动主要有 7 次：

2004 年 9 月 25 日（农历八月十二），世界舜裔宗亲联谊会、湖南省九嶷山舜帝陵基金会在九嶷山联合举行公祭舜帝有虞氏大典。这次祭舜活动，由湖南省政协副主席王汀明主持，主祭人为省政协原主席、湖南省九嶷山舜帝陵志基金会理事长王克英，世界舜裔宗亲联谊会常务委员会主席陈守仁。永州市委书记曾庆炎、市长刘爱才等领导陪祭。前来参加祭典的舜裔宗亲有：世界舜裔宗亲联谊会常务副主席陈捷中、泰国舜裔总会代表团、菲律宾舜裔宗亲代表团、新加坡舜裔宗亲总会代表团、中国香港舜裔宗亲总会代表团、中国台湾舜裔宗亲代表团以及福建虞舜学术研究会代表团、福建厦门陈氏宗亲代表团、广东澄海陈氏谒祖团等。泰国总理他信，泰国泰爱泰党副主席、泰国舜裔宗亲总会主席陈保焜还给祭舜大典发来贺电。祭典通过卫星向全球进行现场直播。

舜帝陵基金会理事长王克英恭读祭文

世舜联主席陈守仁恭读祭文

2009 年 10 月 14—16 日，由福建省陈氏委员会副会长陈若健宗长、泉

2004 年 9 月世界舜裔宗亲联谊会、舜帝陵基金会联合举行祭舜大典

州祭祖团团长陈人物率领的闽南一带 1000 多名舜裔宗亲在九疑山隆重举行已丑年福建泉州舜裔宗亲祭祖大典。1000 多人的队伍在舜帝陵园新广场绕场一周后，正式举行仪式。在 20 多项仪式中，100 名主祭人身着代表皇家气质的黄色上衣，身披红色绶带以三跪九拜之礼向舜帝敬献香、花篮。祭祀人在舜帝陵正殿、寝殿分别以献香、烧纸钱、献贡品、捐款等不同方式向舜帝表示敬意。10 月 15 日，祭祖团在宁远县城举行大规模的踩街仪式。整个队伍服装统一，旗队、主祭人队、陪祭人队、各种乐队排列整齐，特别是 100 多名惠安女头披为防海风的花色头巾成为宁远县城一道亮丽的风景线。20 多名身强力壮的闽南男子抬着载着舜帝和二妃像的三顶大轿巡游县城。

福建泉州舜裔宗亲祭祖团

福建泉州舜裔祭祖团中的惠安女

祭祖团向舜帝敬献供品

祭祖团在宁远县城举行踩街仪式

2012 年 9 月 26 日，山东省大舜研究会在九嶷山舜帝陵举行祭舜典礼。原山东省副省长、山东省政协九届副主席、山东省大舜文化研究会会长谢玉堂恭读祭文。原湖南省副省长、省人大常委会副主任、湖南省舜文化研究会会长唐之享，山东大舜文化研究会、省外舜文化专家学者、湖南省舜文化研究会一行 60 余人参加祭典。祭典结束后，举行祭文碑揭碑仪式，谢玉堂、唐之享为祭文碑揭碑。然后，谢玉堂、唐之享一行在舜帝陵崇圣园种下一株桂花树，以示纪念。

2013 年 4 月 27 日，湖南异地商会华北协作区、北京湖南商会举行祭祀舜帝典礼。永州市政协原主席、湖南省舜帝陵基金会常务副理事长兼秘书长陈金荣，市政协原副主席、舜帝陵基金会常务副秘书长沈根元，湖南省府驻北京办事处原副主任、舜帝陵基金会常务副理事长唐铭植参加祭典。

2013 年 9 月 16 日，永州市工商界首次公祭舜帝大典在九嶷山舜帝陵隆重举行。这次祭典活动由永州市工商联（总商会）主办，湖南省舜帝陵基金会、宁远县委、县人民政府承办。祭典主题是“弘扬舜德精神，共谋诚信发展”。永州市政协副主席、市工商联主席、市总商会会长吕斌主祭，中共永州市委常委、组织部长、统战部长董石桂，市政协原主席、舜帝陵基金会常务副理事长兼秘书长陈金荣，市政协原副主席、舜帝陵基金会常务副秘书长沈根元参加这次祭典。

2013 年 11 月 6 日，癸巳年世界姚氏宗亲联谊会（总部设广东汕头）首届公祭舜帝大典在九嶷山舜帝陵举行。世界姚氏宗亲联谊会主席姚泽嘉主祭，在舜帝陵悬挂牌匾“舜德无疆”，并立碑纪念。这次祭典由世界姚氏宗亲联谊会主办。祭典的主题是“放飞梦想，奔向世界，弘扬舜德，振兴中华”。来自新加坡、泰国、美国、菲律宾等 10 多个国家及广东、四川、重庆、湖南、香港等 20 多个省市和地区的姚氏宗亲代表 3000 多人参祭。中共永州市委副书记唐松成、市政协原主席陈金荣、市政协原副主席沈根元等参加祭典。

2014 年 9 月 20—21 日，甲午年世界舜裔宗亲联谊会暨永州市社会各界祭舜大典系列活动在宁远县隆重举行。由世界舜裔宗亲联谊会主席陈锦龙、永州市市长向曙光主祭，湖南省政府原副省长、省人大常委会原副主任、省舜文化研究会会长唐之享，永州市委书记陈文浩，省侨联党组成员、副主席、秘书长孙民生，世界姚氏宗亲联谊会主席姚泽嘉等领导和嘉宾参加。来自印尼、新加坡、马来西亚、泰国、柬埔寨、美国及港澳台、广东、广西、江苏、山西、福建、河南、湖北、河北等海内外的舜裔宗亲代表，湖南、山东、山西、陕西等地舜文化研究机构的专家学者，湖南省九嶷山舜帝陵基金会、湖南省侨联和各地旅行社、新闻媒体及永州市社会各界的群众代

世舜联主席陈锦龙恭读祭舜帝文

表数千人参加活动。这次活动由湖南省舜文化研究会主办，世界舜裔宗亲联谊会暨永州市社会各界祭舜大典筹委会、九嶷山舜文化研究会承办，包括以“至孝笃亲，德泽天下，世界舜裔，梦圆九嶷”和“弘扬舜帝道德精神，建设品质活力永州”为主题的祭舜大典、以“抬祖巡街”和“舞龙表演”等传统仪式缅怀中华道德始祖舜帝的“踩街”、以“舜裔浓情，梦圆九嶷”为主题的文艺晚会、“舜文化与中国梦”研讨会、2014 世界舜裔九嶷山文化旅游商品展销会、宁远县第三届美食节暨第三届九嶷山民歌节颁奖典礼和植树等 7 大主题活动。

唐之享与世舜联人员在一起

第二节　祭祀礼仪

古往今来，祭舜的礼仪相沿成习，但各个朝代又不尽相同。各种不同类型的祭舜活动，其礼仪也不一样。祭舜礼仪主要有 7 种类型，即宗庙祭舜礼仪、郊祀礼仪、历代帝王庙祭祀礼仪、舜帝陵寝祭祀礼仪、公祭舜帝礼仪、民间祭舜礼仪、各界名人拜谒舜帝陵礼仪。

一　宗庙祭祀礼仪

舜帝作为始祖被祭祀，最重要的祭祀地点就是祖庙。宗庙祭祀主要为褅、宗庙时享两大类。在周人的宗庙祭祀中，“褅”为重要。“褅”的意思是“其祖之所自出，而以始祖配之”。亦即“褅”的目的是纪念始祖以前的远古祖先。有虞氏“褅黄帝而祖颛顼，郊尧而宗舜”，舜帝后裔在宗庙举行“褅”礼，即在宗庙中合祭远古祖先时，以黄帝为远祖，以舜配食。在宗庙举行“褅”礼，礼有九拜。《周礼·春官·太祝》指出九拜之名曰：“一曰稽首，二曰顿首，三曰空首，四曰振动，五曰吉拜，六曰凶拜，七曰奇拜，八曰褒拜，九曰肃拜。”稽首，是跪下后，两手着地，引头至地，停留一段时间。顿首是引头至地，稍顿即起。空首是两手拱地，引头至手而不着地。这三拜是正拜。振动是两手相击，振动其身而拜。吉拜是先拜而后稽颡，即将额头触地。凶拜是先稽颡而后再拜，头触地时表情严肃。奇拜，先屈一膝而拜，又称“雅拜”。褒拜是行拜礼后为回报他人行礼的再拜。肃拜是拱手礼，俯身拱手行礼。在宗庙祭祀时，都行稽首礼。至于宗庙时享，是指古代天子和诸侯及士庶按定制向祖庙献祭。如前所述，有虞氏视黄帝为始祖，自然以时享之礼祭黄帝。宗庙时享，按照《周礼·春官·大宗伯》的规定，是“以肆献享先王，以馈食享先王，以祠春享先王，以夏享先王，以尝秋享先王，以冬享先王”。

在周代宗庙祭祀礼仪中，有一个很有特色的“立尸制”，就是选定一活人作为祖灵的代表接受祭享。《礼记·坊记》说：“祭礼之有尸也，宗庙之有主也，示民有事也。”《通典》引《白虎通义》佚文说：“祭所以有尸者，鬼神听之无声，视之无形，升自阼阶，仰视榱桷，俯视几筵，其器存，其人亡，虚无寂寞，思慕哀伤，无所写泄，故座尸而食之，毁损其馔，欣然若亲之饱，尸醉若神之醉矣。”尸用卜筮选定，称为“筮尸”。《仪礼·特牲馈食礼》：“前期三日之朝，筮尸，如求日之仪。命筮曰：‘孝孙某，诹此某事，适其皇祖某子，筮某之某为尸，尚飨’”。筮尸的范围有限制，只在血缘关系最近的宗支中选择，“天子以卿为尸，诸侯以大夫为尸，卿大夫以下以子孙为尸”①。男用男尸，女用女尸（孙妇）。

宗庙祭祖仪式由相（傧相）担任赞礼司仪，卿大夫担任大相，士担任小相。祭品有严格规定，“国君有牛享，大夫有羊馈，士有豚犬之奠，庶人有鱼炙之荐。笾豆脯醢则上下共之”②。《仪礼》《礼记》中详细记载了士、大夫的祭祖礼。“特牲馈食礼”以豕另加黍稷、鱼腊祭祖，为士的祭祖礼；“少牢馈食礼”以羊豕（少牢）加黍稷、鱼腊祭祖，礼仪和所用祭器更为隆重，为卿大夫的祭祖礼。其仪节大体为：（1）以卜筮选定祭日和象征祖先的“尸”，在众宾中选定执事的“宾”。（2）准备祭器、祭品等。（3）迎尸、献尸：先由佐食、祝向尸献食（谷物、瓜果、牲肉）九次，再由主人献酒。尸祝福（“嘏”）主人并有辞。再由主妇，宾长向尸三献酒。（4）主人、主妇、众兄弟、众宾互相敬酒。（5）将祭食分给参与仪式的众人以分享祖先的福惠。

二　郊祀（望祀、圜丘祭天）礼仪

郊祀是古代最重要的祭祀天地活动之一。南郊祭天，北郊祭地，合称郊祀。与郊祀相近或相同的祭祀活动还有望祀与圜丘祭天。望祀本用于祭祀山川，与郊祀中的北郊祭地相近，也用于其他祭祀活动。如大禹在衡山、秦始皇在云梦、汉武帝在盛唐望祀九嶷山舜帝陵，就将望祀用于祭舜。圜丘祭天则与郊祀中的南郊祭天相同或相近，礼仪也基本相同，即可单独举行圜丘祭天活动，也可与南郊祭天合并举行。

在郊祀典礼中，先秦时以五方之帝（东方青帝、南方赤帝、西文白帝、

---

①《春秋公羊传·宣公八年》何休注。

②《国语·楚语》引《祭典》。

北方黑帝、中为黄帝）与帝王始祖配祀。秦汉时，又将五方之帝五人之帝（上古五个历史人物）相联系，于是有“苍（青）曰灵威仰，大昊食焉；赤曰赤熛怒，炎帝食焉；黄曰含枢纽，黄帝食焉；白曰白招拒，少昊食焉；黑曰汁光纪，颛顼食焉”的说法①。通过南郊祭天以五方之帝（五人之帝）与帝王始祖配祀，使帝王始祖在具有始祖身份的同时，也具有天神身份。在三皇五帝中，舜帝神性最少而人性最多。舜帝在商代就具有天神身份，但在夏商周及以后历朝历代的郊天大典中，舜帝很少在配祀之列。大多情况下，舜帝都是以祖先身份和先代帝王身份受到祭祀的。当然，舜帝也有以天神身份在郊天大典中作为配祀。如魏、晋两朝，魏明帝景初元年（237 年）在洛阳建立圜丘，在圜丘祭祀上帝时，以始祖帝舜配祀；晋武帝泰始元年（265 年），设坛于南郊祭天，也以始祖帝舜配祀。对这两次祭天的具体礼仪，《三国志·魏志》和《晋书》没有具体记载。但魏、晋均沿袭汉代祭祀礼仪，而《汉书》《后汉书》以及《陕西省志·黄帝陵志》中均有比较详尽的记载，可从中窥见魏、晋祭天礼仪之一斑。《汉书·郊祀志上》载有汉武帝在雍城郊天礼仪：“上遂郊雍，至陇西，登空桐，幸甘泉。令祠官宽舒等具泰一坛，祠坛放亳忌泰一坛，三陔。五帝坛环居其下，各如其方。黄帝西南，除八通鬼道。泰一所用，如雍一畤物，而加醴枣脯之属，杀一氂牛以为俎豆牢具。而五帝独有俎豆醴进。其下四方地，为腏，食群神从者及北斗云。已祠，胙八皆。其牛色白，白鹿居其中，彘在鹿中，鹿中水而洒之。祭日以牛，祭月以羊、彘、特。泰一祝宰则衣紫及绣，五部各如其色，日赤，月白。”

圜丘祀天一般是冬至之日在国都南郊圜丘举行。圜丘是一座圆形祭坛，象征天圆之形。祭祀之前，天子与百官都要斋戒并省视献神的牲畜和祭器。祭祀之日，天子率百官于清晨来到郊外，身穿饰日月星辰及山、龙图案的礼服，头戴前后垂有十二旒的冕，腰间插大圭，手持镇圭，面向西方立于圜丘东南侧。鼓乐声中，天子牵着献给天帝的牲畜，将它宰杀。迎神礼之后，这些牲畜随同玉璧、玉圭、缯帛等祭品被放在柴垛上，由天子点燃积柴，让烟火升腾于天，使天帝嗅到气味。随后在乐声中迎接“尸”登上圜丘。尸由

① 见《周礼·春官·小宗伯》郑玄注。

活人扮演，作为天帝的化身，代表天帝接受祭享。尸就坐，面前陈放着玉璧、鼎、簋等各种盛放祭品的礼器。这时先向“尸”献牲畜的鲜血，再依次进献五种酒，称作五齐。前两次献酒后要进献全牲、大羹（肉汁）、羹（加盐的菜汁）等。第四次献酒后，进献黍稷饮食。荐献后，尸用三种酒答谢祭献者，称为酢。饮毕，天子与舞队同舞《云门》之舞，相传是黄帝时的乐舞。最后，祭祀者还要分享祭祀所用的酒醴。由尸赐福于天子等，称为“嘏”，后世也叫“饮福”。天子还把祭祀用的牲肉赠给宗室臣下，称赐胙。此后便是送神。

三　帝王庙祭祀礼仪

唐代，在京师设立三皇五帝庙，对三皇五帝集中进行祭祀，称为“群祀”。三皇指伏羲、神农、黄帝，五帝指少昊、颛顼、高辛、唐尧、虞舜。经隋代、唐初至中唐，三皇五帝庙祭祀礼仪基本定型①。唐以后，又经宋、元发展，历代帝王庙祭祀礼仪不断得到完善。明代将三皇五帝庙改称历代帝王庙，祭祀黄帝、尧舜等 17 位古代帝王，并以古代名臣从祀。明洪武七年（1374 年），明太祖朱元璋亲自祭祀历代帝王庙。其祭祀典式分为斋戒省牲、迎神、初献、亚献、终献、饮福、受胙、彻豆、送神和唱祝望瘗十节，具体内容见《明太祖实录》。每节有固定的乐曲和颂歌，且由太祖御制：迎神，奏《雍和》之曲；奠帛，奏《保和》之曲；初献，奏《保和》之曲；亚献，奏《中和》之曲；终献，奏《肃和》之曲；彻馔，奏《凝和》之曲；送神，奏《寿和》之曲；望燎，奏《豫和》之曲。洪武二十年（1387 年），帝王庙祭祀对象略有变化，由以前的 17 位改为 16 位，即除去对隋文帝的祭祀，同时规定帝王庙中的从祀名臣数目。《明会典·群祀》对这次祭祀礼仪有详细记载。

清代建历代帝王庙于城西阜成门内，其祭祀礼仪在明代礼仪基础上，对所祭祀的历代帝王人数及配坐功臣人数上有所调整，礼器和乐章上也有所不同。清代顺治二年议定祭祀历代帝王礼，当时规定每年于春二月、秋八月致祭于历代帝王庙，具体礼仪是：

---

①《大唐开元礼·吉礼》。

（一）前期十日，太常寺任命承祭官、分献官。皇帝与祭祀文武官员斋戒二日。前期二日，太常官至牲畜所检查牲口。前期一日 ，太常寺官将写好的祝文捧至历代帝王神库内桌上安放。礼部都察院、太常寺、光禄寺等官朝服上香、监宰牲，并安置历代帝王神主。正殿：太昊伏羲氏、炎帝神农氏、黄帝轩辕氏（三位一室），帝金天氏、帝高阳氏、帝高辛氏、帝陶唐氏、帝有虞氏（五位一室），夏禹王、商汤王、周武王、汉高祖皇帝、汉光武皇帝（五位一室），唐太宗皇帝、辽太祖皇帝、金太祖皇帝、金世宗皇帝（四位一室），宋太祖皇帝、元太祖皇帝、元世祖皇帝、明太祖皇帝（四位一室）。两庑：东庑第一坛、第二坛，西庑第一坛、第二坛均供历代贤臣良佐，与明祖之制稍有差异。

（二）正祭日早晨，礼部太常寺官俱官服请正殿神主各于座上安设。两庑不请神牌，只开帐幔。并将祝文安放于殿西祝案上。承祭官、分献官及文武陪祀官就位，乐舞生就位。

（三）迎神。奏雍平之章，行三跪九叩礼。

（四）奠帛、行初献礼。奏安平之章。承祭官至十八位帝王位前上香、献帛、献爵，分献官至东、西庑神位前上香、献帛、献爵。行一跪三叩头礼。

（五）读祝。读祝官读祝文。承祭官、分献官及文武陪祀官俱跪听。读毕，将祝文字安放在正坛案上帛匣，俱三叩头。

（六）行亚献礼。乐奏中平之章。仪如初献。

（七）行终献礼。乐奏肃平之章。仪如亚献。

（八）彻馔。乐奏凝平之章。饮福受胙。

（九）送神。乐奏寿平之章。承祭官、分献官及陪祀官员等均行三跪九叩礼。

（十）燎炉焚供品。乐奏寿平之章。供品焚烧一半后宣告礼毕。太常官负责安放帝王神主。

四　陵寝祭祀礼仪

秦汉时期，九嶷山舜帝陵庙合而为一，位于玉琯岩旁。新莽时期，王莽大力推崇舜帝，并在九嶷山修建虞帝园，祭舜活动得到加强，具体祭祀礼仪尚不得而知。唐代加强对各地先代帝王陵庙的保护，对先代帝王的祭祀进行规范。《大唐开元礼·吉礼》记载的唐代地方祭祀先代帝王陵庙的仪式如下：

（一）前享五日，诸享官各散斋三日于正寝，致斋二日于所享先代帝王庙所。无庙者立坛，坛仿州社坛。祭官一般是地方刺史。诸享官致斋之日，供给酒食和明衣（祭祀时的礼服），在斋所习礼。

（二）前享一日，陵庙所在县的县官清扫陵庙内外，整拂神座，安置配祀神座。配祀神座安于主神之东南，向西而立，皆以莞为席。又造作瘗坎于陵庙后之壬地。赞礼者为祭官设初献、亚献、终献位。初献位设于庙之东阶东南，亚献、终献位设于初献之南少退，都是面朝西方而设位。为掌事者设位，位在终献位之西南，西向。设望燎瘗于庙堂东北，亦西向。又为赞唱者设位，位在瘗坎东北，向南。在南门之外道东，分行设享官以下与祭人员之位。俱西向，以北为上。陈设祭器：每神座前设六尊、十笾、十豆、二簠、二簋、三篚、三俎。县官率其属于庙堂前楹间室户之外设尊。正神座之尊在西，配座之尊在东。另设币篚和盥洗处。

（三）享日未明，烹牲于厨。夙兴，掌馔者实祭器。牲体牛羊豕皆有规定，其他供品也有等差。诸享官以下各服祭服。县官率其属将酒剂置入尊，并将制帛置于币篚。赞唱者就位，同时执尊篚者皆就位。赞礼者引享官以下俱就位于庙门之外。少顷，赞礼者引享官以下按秩序就位。赞唱者曰：再拜。在位者皆再拜。赞礼者至初献位之左，向有关官员汇报，请谨具行事，并退至原位。捧祝者取制币、掌馔者持馔各自东阶升，至神座前，向北而立。初献者从祝官手中取币，赞礼者引初献入、跪、奠于主神座，起来后出户，再拜。赞礼者又引初献于配神座前奠币，再拜复位。掌馔者各献馔，复本位。赞礼者引初献至盥洗处手洗爵，盛酒，献于主神。祝持版进于主神座之右，跪读祝文。初献者再拜。读祝官进，跪奠版于主神座。赞礼者引初献者至配神座前献酒。祝又读祝文，初献再拜。祝跪奠版于配祀神座。祝率执馔者取酒及三牲之前脚第二节共置于一俎，以授初献，初献再拜受。赞礼引初献复位。

（四）赞礼引亚献诣盥洗处盥手及爵，自东阶升，取酒献于主神，次献于配神。祝取酒饮亚献。亚献饮受。

（五）赞礼引终献如亚献礼。

（六）祝各进神座前跪、彻俎豆。与祭者皆再拜（三跪九拜）。

（七）赞礼者引初献就望瘗位。赞唱者转立于望瘗东北位，初献官拜。祝各进神位前跪取币，自西阶降，诣瘗坎北，置弊于坎。赞唱者曰：可瘗坎。东西面各二人填土。填土至半坎，赞礼者宣布礼毕。引初献以下皆出。祝和执尊者俱复执事位，赞唱者曰：再拜。祝以下皆拜。梵祝版于斋所。

唐代以后，对帝王陵庙致祭日益受到重视。明清时期，舜帝陵庙的祭祀活动达到高潮。明代还改变了由地方官员代祭的做法，而由朝廷派员致祭。清代规定，凡各处历代帝王陵寝，恭遇登极、亲政、亲加徽号、册立东宫、一应庆贺大典、颁布恩诏，必遣官分行祭告。朝廷遣官致祭又称为御祭。御祭的内容多为报告朝廷大事，故又可称为告祭。御祭舜帝陵庙的礼仪与京师历代帝王庙祭祀礼仪大体相同。对御祭的一般程序、参加御祭的人员、祭典仪程，均有非常严格的规定。

光绪十一年《湖南通志》载遣官致祀礼：

遇国家大庆典，以二品至四品京堂官充使，以礼部、太常寺笔贴式赍御祭文、香帛，导以伞仗龙旗，诹日发京师，祭南岳衡山之神于衡州府衡阳县，祭炎帝神农氏陵于衡州府酃县，祭有虞氏帝舜陵于永州府宁远县。使至，各官朝服出郭跪迎。地方官恭奉御祭文、香帛安置龙亭内，迎至公所中堂。各官行三跪九叩首礼。择定祭期，使者前期致斋三日，地方官备鼓乐、仪仗，行一跪三叩首礼。迎龙亭至祭所，各官具吉服，行一跪三叩首礼。至期黎明，各官齐集，行礼。每岁春秋仲月，所在有司诹吉致祭，以正印官将事。牲用羊一豕一，仪与遣官致祭同。

陈设

帛一，牛一，羊一，豕一，登一，鉶二，簠簋各二，笾豆各十，尊一，爵三，炉一，镫二。

仪节

祭日，主祭官衣蟒衣，礼生禀请行礼，至盥洗所。赞：“盥洗”。盥洗毕，引至殿内行礼处立。

通赞唱：“执事者各司其事”“主祭官就位”“陪祭官各就位”“瘗毛血”“迎神”“行二跪六叩首礼”“兴”“行初献礼”。

引唱："诣酒尊所""司尊者举幂酌酒""诣神位前""跪""进帛""进爵""叩首""兴""诣读祝位""跪""众官皆跪""读祝毕""叩首""俱兴""复位"。

通赞唱："行亚献礼"，如初献仪；"行三献礼"，如亚献仪。

通赞唱："饮福受胙""一跪三叩首""兴""复位"。

通赞唱："徹馔""送神""行二跪六叩首礼""兴""司祝者奉祝""司帛者奉帛"各诣燎所。

引唱："诣望燎位""焚毕""揖""复位""礼毕"。

综合明清京城祭祀历代帝王庙的礼仪，御祭九嶷山舜帝陵的大体程序如下：

御祭的一般程序与要求。遣官诣陵致祭前，由钦天监择定宜祭之日，翰林院撰拟祭文，太常寺、工部、户部分别预备祭品、仪仗；由礼部开列侍郎以下，四品以上堂官名单，题请钦派致祭官。致祭官行前一日斋戒，届期赴礼部恭取祭品、祭文、仪仗，祭文如遇皇帝亲阅，则另有程序。祭祀官择日从京师出发，前面以伞仗龙旗引路。告祭官到地方后，各官朝服跪迎，并恭奉御祭文、香帛置龙亭内，供公所中堂，各官行三跪九叩首礼。祭前三日，告祭官斋戒，地方官备鼓乐、仪仗，行一跪三叩首礼，迎龙亭往祭所。明代对祭前三日的斋戒，提出了以下八项具体要求：一是不食荤腥，不吸烟（一时做不到也要注意口中不得有烟味），不饮用、食用、使用任何带刺激性气味的东西。二是不参与丧事。不去污秽的地方或做过度劳累的工作。三是可食鱼肉但不可超过素菜，且肉必须新鲜。四是可饮酒但不得稍醉，不得饮用口气大的烈性酒。五是克制食色之思，不听音乐。六是三日必洗头，五日必沐浴。七是确保饮食健康，不食用、饮用、使用来路不明之物。八是如有病且有损威仪（如感冒腹泻抽搐），行礼不参礼，可观礼，不得耽误治疗。祭前一日到达路亭村，于路亭王氏虚堂歇息，或者直达永福寺歇息。在歇息时，由于奉诏祭舜的官员与陪祭官常常吟诗助兴，逐年累积，形成了王氏虚堂特有的诗歌集。祭前一日，由告祭官省视祭品、祭器，地方官监视宰牲，然后率礼生演习礼仪。祭日四鼓，陈设祭器、祭品、牲俎，乐工，集庙门外恭候。当地瑶总率瑶族青年男女百余人敲锣打鼓，盛装列队五里外，沿途铺以松针翠柏。祭祀队伍到来时，瑶族歌舞迎接。清代赵有德曾以诗记之："长腰小鼓和笙簧，黄蜡梳头竹板妆。虞帝祠前歌舞罢，口中犹自唱盘王。"祭日五鼓，告陪祭官各朝服，由山门入殿。待击鼓三通，告、陪祭官就位。仪式为前后行三跪九叩首礼，中间三献、读祭文。迎神、初献、亚献、终献、受胙、撤馔、送神等，每一项均演奏专用乐章。仪程进行中各官与参祭人员均按司仪的呼请行跪拜叩首之礼。其中，亚献礼奏恢平之章乐曲时，由朝廷太常寺乐舞生伴干戚舞；终献礼奏靖平之章，由九嶷山瑶族男女青年 32 人伴舞。执事礼生 39 人。

告祭仪式人员。这些人员包括献官、执事、参礼者、协助行礼者、观礼者等。献官由初献官、亚献官、终献官组成，如果有配位，设若干分献官。位置在北，面向神位，也可以立于东侧，但不得立于西侧。献官是行礼的主体，必须注重礼容。按照周制，侍奉于尊者当趋进，但明制无此规定。执事由引赞、捧爵者、执帛者以及读祝、司洗、司樽、乐生、舞生等组成。引赞，为每一次献爵的献官设一位引赞（人不够可省略）。捧爵者，每坛位一位。捧帛者，每坛位一位（人不够可以捧爵者兼任）。协助行礼人员由读祝、司洗（献官洗完供巾）、司樽、乐生、舞生等组成。参礼者随众官具礼即可。观礼者不作威仪要求，在参礼者之后。

祭典仪程。以明代为例，仪程有以下 11 项：

（一）瘗毛血（牲牢之献，先瘗毛血。焚香是迎神於阳，瘗毛血，是用阴物迎神於阴。先人以人死之后魄属阴，归于大地，而魂属阳，则无所不在，故祭祀於阴阳皆有所沟通）。

（二）就位。陈设完毕，献官、执事行四拜礼，盥洗，就位。执事焚香。（行礼必著履，履者礼，饰足以行礼也。）

（三）迎神。奏乐。（乐属阳，也是迎神於阳。所以乐奏半时，神其来格，乃行四拜礼迎神。四拜：鞠躬，拜兴、拜兴、拜兴、拜兴，平身。）

（四）奠帛、初献礼。奏乐。（引赞引献官诣盥洗所。然后诣酒樽所，此时司樽为所有捧爵者斟酒，捧爵者及捧帛者立刻到神位前东侧朝北立。初献官诣神位前，跪奠帛，奠爵，俯伏兴，平身。然后到读祝位，读祝在献官左侧，乐止，众官皆跪，读祝，读毕继续奏乐，众官俯伏兴，平身。帛用素帛，是古人行礼的信物。乐是礼的一部分，所以是在奏乐同时行礼。古代没有单独奏乐的。礼仪当中皆立，唯读祝需跪听。读祝也不需话筒，且面向神位，读与舜帝听，非读与大众。注意上下台阶要聚足：上下台阶先迈外侧脚，上下一级，两脚并拢，还是外侧迈出。但执事不必。)

（五）亚献，由亚献官献爵如上，但不献帛。

（六）终献，由终献官献爵如上。

（七）饮福受胙。奏乐。初献官到位，跪饮福酒，受福胙，俯伏兴，平身。复位。执事捧胙出，众官再拜：鞠躬，拜兴、拜兴，平身。众官一起分享酒蔬，其乐也融融。

（八）撤馔。执事象征性移动一下酒爵。

（九）辞神。奏乐，四拜。以上事死如事生，一如现实中迎宾、献酒、共餐、送宾。

（十）望瘗。通过焚祝文、焚帛，上达于天。

（十一）礼成，散胙。凡与祭者，皆受福胙。

五　公祭礼仪

公祭礼仪为现代官方祭舜礼仪。整个祭祀仪式分迎宾仪式、开道仪式、导引仪式、祭典仪式、谒陵仪式和祭文碑揭碑仪式。省、市、县人民政府举行的公祭舜帝大典，均采用公祭礼仪。一些民间社团举行的大型祭舜活动，如 2005 年湖南省舜帝陵基金会与世界舜裔宗亲联谊会联合举办的祭舜大典、2012 年山东省大舜文化研究会拜谒舜帝陵、2013 年永州市工商联祭舜等，亦采用公祭礼仪。公祭礼仪保留古代祭舜礼仪传统，同时增加一些新的内容，如鸣礼炮、敬献花篮等。行礼、礼器和读祝上也有所不同。古代行跪拜之礼，现在行鞠躬之礼。古代礼器突出用鼎，现代礼器则比较普通。古代读祝由执事唱读，现代读祭文由主祭朗读。古代祭祀礼仪烦琐重复，现代议程简洁鲜明。由于舜帝陵公祭礼仪继承优秀传统，符合时代要求，独具地方特色，2006 年被列入湖南省第一批省级非物质文化遗产目录；2011 年，被列入第三批国家级非物质文化遗产名录。

迎宾仪式　古代朝廷遣官致祭舜帝陵，地方官为迎接装载祭文的龙亭和祭祀的朝廷官员，常常举办盛大的迎宾仪式。日积月累，约定俗成，迎宾仪式成为祭舜大典的重要议程。古代迎宾仪式烦琐复杂。当代迎宾仪式，主要是民俗龙狮、瑶族长鼓和民间腰鼓。当参祭人员到达陵园大门，龙狮欢

迎宾仪式中的锣鼓队

迎宾仪式中的舞龙队

开道仪式中的龙狮队

腾，唢呐高奏。瑶家阿哥阿妹，唱着迎客山歌，跳着瑶族长鼓舞，百人腰鼓队敲打着激越的鼓点，迎接前来祭祀的宾客。

开道仪式　是在古代迎神仪式的基础上，结合现代祭祀组合的仪式。古代祭舜的序幕主要是“迎神”，即用一种礼节将舜帝的灵魂迎来，使之依附于神像或牌位之上接受祭祀。今之开道仪式，除古代迎神的含义外，还体现承接舜德，以德治国的追求；龙凤呈祥，官民同乐，社会和谐的太平世界；展现迎宾和祭祀队伍的风采，接受主祭团的检阅。开道仪式的表演队伍由迎宾队伍和祭祀舞演员组成，共 1500 人。当主祭队伍在明德广场两边站好后，开道仪式随即开始。开道仪式由“龙狮洗路”开头。九头大狮子伴随着九条金龙，在龙珠的引导下，从碑亭起舞，又从金水桥奔上神道，五头小狮在飞舞的龙阵中穿梭。龙狮伴和着威风锣鼓激烈的鼓声左右滚动，上下翻腾，象征呼风唤雨，为迎接舜帝神灵来临洗尽路上灰尘。接着鸣锣开道。两差役抬着大锣，鸣锣前行，向观众提示，队伍即将通过。跟随大锣的是“肃静”“礼让”牌，提示祭舜大典即将开始。鸣锣开道，“肃静”“礼让”牌引导仪仗巡游队伍慢慢走来。乐队奏着古典乐曲，在“肃静”“礼让”牌后，步步紧跟。礼生端举香火，随着丝丝香烟，款款而行。紧随着礼生的是大凤凰。凤凰是有虞氏部落的图腾，传说舜帝是凤凰的化身。这里的大凤凰，象征着舜帝神灵的来临。大凤凰后面，80 只小凤凰翩翩起舞，象征着舜帝精神代代相传。接着 2 位仙女迈着轻盈的步伐，飘飘而来，让人联想娥皇、女英与舜帝千古不朽的爱情故事。随后是竹叶舞女、小鸟队，她们让人联想舜帝历山开荒、象耕鸟耘，舜帝演奏韶乐、百鸟和鸣的场景。然后，由 24 人组成的傩面队，跳着傩舞，边舞边走，象征舜帝以干戚舞震慑三苗，征服人心，避免杀戮，以德服人。最后是 400 人的百官队伍，峨

开道仪式中的大凤凰

开道仪式中的小凤凰队伍

开道仪式中的百官队

冠博带，手捧笏牌，迈着方步，款款而来，象征舜帝只为苍生不为身。以德治国，勤政为民的精神代代相传。

导引仪式中的祭旗队

导引仪式 引导主祭陪祭团，进入祭祀广场，启动大典仪式。古代遣官致祭的仪仗队，由朝廷委派和地方人员组成。现在的仪仗队伍，由宁远县政府在各单位抽调人员以及永州市武警组成。仪仗队伍有祭旗队、长号队、锣鼓队、旗幡队、武士、民乐队、供品队、花篮队。导引仪仗队走在最前面的是三面祭旗。三名身着古装的高大男子汉，举着公祭帝舜有虞氏的竖播和凤凰旗。长号队紧随其后，低沉悠长的呜呜长号，增强祭祀的肃穆气氛。行进锣鼓，用反复不变的鼓点节奏，使场面显得更加严肃。旗幡队高举 56 面龙凤旗，代表着 56 个民族。迈着雄壮步伐、手持刀枪剑戟的武士，透露出一股威严，使场面更为壮观庄严。供品队在民乐队的带领下，缓步行进。供品有牛头、猪头、羊头。这是最高的祭祀礼遇——太牢之礼。24 名武警战士，抬着花篮，走在供品队之后。走在花篮队后面的是主祭团、陪祭团。

导引仪式中的长号队

导引仪式中的旗旛队

导引仪式中的武士队

导引仪式中的祭品队

导引仪式中的祭品队

导引仪式中的祭品队

导引仪式中的花篮队

导引仪式中的主祭团、陪祭团

祭典仪式　一般有 11 项仪程：

第一项，主祭人、陪祭人、参祭人就位。

第二项，鸣炮奏乐。

第三项，击鼓、鸣金。

第四项，全体肃立，向中华民族始祖帝舜有虞氏行鞠躬礼。

第五项，盥手。

第六项，上香。

第七项，主祭人恭读祭文。

第八项，主祭人焚帛书。

第九项，乐舞告祭。

第十项，向中华民族始祖帝舜有虞氏敬献花篮。

第十一项，礼成。

以上十一项仪程，为 2005 年 9 月 15 日湖南省乙酉年公祭舜帝大典的仪程。在祭典仪式中，第二项有鸣炮 21 响，表示最高礼节。第三项有击鼓 34 通，象征全国 34 个省、市、自治区对人文始祖的共仰与共祭；鸣金 9 响，象征九嶷山九峰同祭。

谒陵仪式　在主祭、陪祭敬献花篮后，陆续进入陵庙，到寝殿陵碑前，拜谒舜帝陵。

祭文碑揭碑仪式　在主祭拜谒舜帝陵后，到祭文碑前，为此次祭文碑揭碑。

六　民间祭祀礼仪

长期的民间祭祀活动，逐步形成具有地方特色的祭祀礼仪。由于籍贯不同、祭祀团体的性质不同，祭祀的时间、形式亦有所不同。福建一带的舜裔宗亲团体把 3 月 15 日定为舜帝生日，永州一带以农历八月十二日为舜帝生日，举行生日祭祀。世界各地的舜裔宗亲团体将舜帝作为先祖予以祭祀，在九嶷舜帝陵祭拜时，同时将自己姓氏的祖宗牌位或画像放置神堂，一同祭祀。九嶷山一带百姓，平时祭祀舜帝比较简单，供品是一只鸡、一碗猪肉、一壶酒、一盘糍粑，烧完香烛纸钱，拜上三拜即可。但规模较大的民间民祭特别是社会团体祭舜，其仪程、音乐、祭品均有自己约定俗成的规制。特别是司仪和读祭文，其朗朗上口、节韵分明，有“唱”读的旋律味。

在民间祭祀中，舜裔宗亲团体的祭祀相对比较复杂。如 2001 年清明节福建泉州舜裔谒陵团九嶷山祭舜，其仪程分为巡游、祭祀两个阶段。

附　泉州舜裔谒陵团九嶷山祭舜

泉州舜裔谒陵团祭祀队伍游街入山门次序：

1. 横批匾：泉州舜裔谒陵团

2. 竖联："改革开放欣舜日，国泰民安庆尧天"

3. 乐队

4. 香旗、"德披华夏"横匾

5. 前导旗

6. 三角龙旗八面

7. 五色旗

8. 五姓三角旗（胡、田、王、陈、虞）

9. 五姓彩灯、五姓横匾："历山传芳""飞钱传芳""庄口传芳""颍川传芳""五姓同宗"

10. 竖旗："太始祖有虞重华圣帝""至孝至公天下第一""笃亲笃敬人间无双"

11. 鸣锣开道

12. "肃静""回避"牌

13. 清道

14. 宫灯

15. 香炉

16. 片幡

17. 遮阳伞

18. 拂尘

19. 圣轿

20. 香队

泉州谒陵团祭祀议程：

东班：	西班：
执事礼生就位	披红
鸣钟三响	擂鼓五通
主祭就位	陪祭就位

绶赐披红	如意吉祥
盥洗（引赞引主、陪祭诣盥所）	复位
礼祭开始	鸣炮、奏大乐
一上兰香	香绕九疑
二上檀香	香溢潇湘
三上沉香	直上九天
进红盘	红盘如意
首进香茗	献武夷异珍
再进香茗	再献华夏佳品
三进香茗	敬献无极紫府
进爵	斟酒
进杜康佳酿	献谷忝香津
再进蟾宫桂酒	再献天厨玉液
三进玉皇恩赐	敬献瑶池琼浆
奉爵如意	乐止
俯伏	读祝生晋
绶赐披红、跪	恭读祝章
读毕退	兴
细乐侑食	进红盘
进蓬莱仙果	献仙苑精英
进三星拱照（三牲）	献鸿福齐天
进琼林春辉（冬粉）	献乡保弥长
进御前功宴（猪筋）	献鹿鸣翰苑
进三江破浪（甲鱼）	献甲第联芳
进太湖波臣（鲤鱼）	献高跳龙门
进济世经沦（猪肚）	献诗礼传家
进蛟龙伏波（乌鳗）	献腾飞有期
进大方祯祥（方肉）	献麟阁题名
进五德兼备（鸡）	献凤凰来仪
进红霞生辉（龙虾）	献明堂焕彩

进紫燕归巢（鸽）　献翎顶辉煌
进北海汉臣（羊肉）　献孺羊跪亲
进满门集庆（海参）　献四海升平
进蛙鼓齐鸣（青蛙）　献春风得意
进翅振翼张（鱼翅）　献鲲化溟洋
进麻姑献豆（豆）　献菽水奉亲
进福里存丹（猪肝）　献肝胆相照
进珠联璧合（干贝）　献棠棣联辉
进雪冬高士（银耳）　献银耳呈祥
进翰墨满腹（墨鱼）　献颖水流芳
进玉贻含珍（甜果）　献棘围玉印
进瑞钟金吾（鲟）　献英发芳姿
进季子悬梁（糕）　献长发祺祥
进朝君海珍（鲍鱼）　献及第三元
进珠丹福圆（四果汤）　献五福临门
进南朝时馐（芋圆）　献和睦团圆
进红珠宝塔（红丸）　献光芒万丈
进椒花瑞锦（春花）　献大有丰年
进锦丝玉帛（金帛）　献锦上添花
进田园珍宝（五谷种）　献丰衣足食
进春华秋实（服）　献金玉满堂
进红灯灿烂（卷灯）　献瓜瓞绵绵
进群芳祝寿（炮）　献两岸一统
侑止　红盘如意
奏大乐　叩首
再叩首　三叩首
兴　平身
焚祝文　焚宝帛
乐止　礼炮齐鸣
奠祭礼成

2001 年清明节福建泉州谒陵团向舜帝像敬献供品

民间舜裔宗亲社团祭祀舜陵的礼仪基本相同。但是，不同地域的舜裔也存在一些差别。福建舜裔在正式祭祀舜帝前，还有一个踩街的前行程序。“踩街”，实际上是一种巡游仪式，即抬着舜帝乘坐的圣轿巡街。巡街时，抬着华美的仪仗，簇拥着圣轿，沿着大街巡行，以宣示舜帝神灵已经归来。在巡街队伍中，还有妇女边行边作打扫状，表示为舜帝神灵清扫路上灰尘。

七　各界名人谒陵礼仪

九疑山舜帝陵自 20 世纪 90 年代恢复祭舜以来，不仅省、市、县人民政府定期或不定期举办公祭舜帝大典，省内外民间社团不时来此举行祭舜活动，而且各级领导干部、各界名人以及海内外舜裔与游客，也纷纷前来拜谒舜帝陵。经过实践总结，舜帝陵园管理局对个人拜谒舜帝陵的礼仪进行规范。拜谒仪式均在舜帝享殿前举行，一般有以下几项仪程：

（一）拜谒者就位。

（二）鸣炮奏乐。

（三）向中华始祖舜帝行礼（鞠躬礼、跪拜礼均可）。

（四）上香。

（五）敬献花篮。

（六）礼成。

对于一些有特殊要求者，亦可根据其要求增加或减少仪程。如有的要求敬献祭品（太牢或少牢），有的要求恭读祭文，有的要求乐舞告祭等，有的则要求按传统礼仪不献花篮等，均可根据拜谒者的要求做特殊处理。

第三节　祭祀用品

舜帝祭祀物品主要包括祭品、礼器、仪仗服饰三大类。其中祭品是向舜帝神灵敬献的食品和用品，礼器是用于盛载祭品的器具，仪仗是献祭时所用的各类道具，服饰则是参加祭祀仪式人员的服装佩饰。不同时代，祭舜时所用的祭品、礼器、服饰不尽相同。

一　祭品

祭品是指向舜帝神灵敬献的各类物品的总称。祭品有两大类：一类为食品，一类为用品。在敬献的食品中，又有肉类（牛、羊、猪三牲齐备称大牢或太牢，只有羊、猪称少牢）、五谷（粮食）、百果、酒水等；用品则包括石器、玉器、陶器、钱币等。在古代宗庙祭祀中，这些祭品（包括食品和用品）均有其特定的名称。《礼记·曲礼》载："凡祭宗庙之礼，牛曰一大元武，豕曰刚鬣，豚曰腯肥，羊曰柔毛，鸡曰翰音，犬曰羹南，雉曰疏趾，兔曰明视；脯曰尹祭，槁鱼曰商祭，鲜鱼曰脡祭；水曰清涤，酒曰清酌；黍曰芗合，粱曰芗萁，稷曰明粢，稻曰嘉蔬；韭曰丰本，盐曰咸鹾；玉曰嘉玉，币曰量币。"

向舜帝神灵敬献食品，是舜帝祭祀的主要内容之一。其目的就是让舜帝神灵享用祭品，以尽子孙后代之孝道，祈求舜帝神灵的护佑。敬献食品的种类，古代有着严格的规定。如祭祀社稷之礼，"天子社稷皆大牢。诸侯社稷皆少牢。大夫、士宗庙之祭，有田则祭，无田则荐。庶人春荐韭，夏荐麦，秋荐黍，冬荐稻；韭以卵，麦以鱼，黍以豚，稻以雁。祭天地之牛角茧栗，宗庙之牛角握，宾客之牛角尺。诸侯无故不杀牛，大夫无故不杀羊，士无故不杀犬豕，庶人无故不食珍。”（《礼记·王制》）舜帝祭祀也是如此。敬献食品的最高规格或礼遇是太牢。所谓太牢，指祭祀时牛羊豕三牲具备。《庄子·至乐》：“具太牢以为膳。”成玄英疏：“太牢，牛羊豕也。”《清史稿·礼志一》：“太牢：牛一、羊一、豕一。”亦有专指牛为太牢者。《大戴礼记·曾子天圆》：“诸侯之祭，牛，曰太牢。”纵观古代舜帝祭祀，自夏、商至西周、春秋时期的陈国，舜帝后裔封国均为诸侯，按照“诸侯社稷皆少牢”的规定，只能以少牢之礼献祭舜帝。所谓少牢，即祭祀时只用羊、豕二牲。而自秦汉至南北朝，秦始皇、汉武帝以帝王之礼望祀舜帝，新莽、曹魏、晋司马氏皆以宗庙之礼祭舜，祭祀皆用太牢。唐代朝廷祭祀三皇五帝，则是用少牢之礼。唐天宝六年（747 年），玄宗派人建尧、舜庙，进行祭祀。《文献通考》卷一〇三载：“六载，敕三皇五帝，创物垂范，永言龟镜，家有钦崇。三皇：伏羲、神农、黄帝。五帝：少昊、颛顼、高辛、唐、虞舜。其择日及择庙地，量事营立，其乐器请用宫悬，祭请用少牢，仍以春秋二时致享，共置令、丞、太常寺检校。”宋代以后，特别是明清时期，无论是在京城历代帝王庙祭祀，还是遣官到历代帝王陵寝祭祀，均用太牢之礼，无一例外。现代祭舜敬献祭品，无论县、市、省公祭舜帝大典，亦用太牢之礼。祭品种类及要求，历代均有所不同。民国 31 年《宁远县志》所载祭品图如下：

民国时期祭舜祭品陈放图

各类祭品的具体要求如下：

太羹 为淡牛肉汁。如无，以羊肉汁代之。不用盐、酱、五味。

和羹 用猪脊齐肉，切薄片，滚汤焯漉，起盐、醋、酱、椒拦匀腰子，切荔枝盖面。

稻 白米，蒸熟，较干，粒粒可见，突显白色。

黍 一年生草本植物，叶线形，子实淡黄色，比小米稍大，煮熟后有黏性。如无，以小麦代之。

稷 高粱。突显红色。

铏盐 出自山东的一种贡盐。舜陵祭祀时，常以普通海盐代替。

枣 选用红鲜洁净者。

栗 板栗。选用无虫害的大个板栗。如无，以龙眼、核桃、荔枝代之。

榛 剥去粗壳，生用。如无，以莲肉代之，或以白果代之。

菱 菱米，鲜菱不拘，拣净者。

芡 一年生草本植物，花托形状像鸡头，种子供食用，俗名鸡头子。

白饼 以麦面为饼，外敷白芝麻。

黑饼 以麦面为饼，外敷黑芝麻。

鹿脯 以鹿肉一块，酱水、椒、姜、茴香等料煮干为度，阴干候用。若无鹿肉，以羊肉代之。

糗饵 将米麦炒熟，捣粉制成的食品。

粉餈 用稻米黍米之粉做成的饼状食品，上粘豆屑。

醓醢 带汁的肉酱。

酏食 薄粥。

糁食 肉粥。

鹿醢 用鹿肉切小方块，造法同前。若无，以羊肉代之。

鱼醢 用鱼肉，切小方块。造法同前。

兔醢 用兔，宰取肉，切小块。若无，以羊肉代之。

藁鱼 用白鱼（鲢鱼）一尾，以白盐少许腌过。临用洗净，酒浸半时。

脾析 即牛百叶肚，盐腌，煮用。

笱菹 洁干笱切长片，煮过，淡用。“菹”即菹，切碎。

芹菹 拣洁净生芹，切长段用。

豚舶　即猪肋骨连肉带脊，切一大方块，煮用。

菁菹　拣过菁菜，略经沸汤，切长片，淡用。

牛、羊、豕。先日省牲，净毛，囫囵陈献。

与官方公祭舜帝的祭品相比，一些舜裔社团祭舜，除用太牢之礼外，其他食物更为丰富。如2001年清明节，福建泉州舜裔谒陵代表团到九疑山祭舜时，各类食品多达三十余种，且每种食品均有一个吉祥名称：三星拱照（三牲）、琼林春辉（冬粉）、御前功宴（猪筋）、三江破浪（甲鱼）、太湖波臣（鲤鱼）、济世经纶（猪肚）、蛟龙伏波（乌鳗）、大方祯祥（方肉）、五德兼备（鸡）、红霞生辉（龙虾）、紫燕归巢（鸽）、北海汉臣（羊肉）、满门集庆（海参）、蛙鼓齐鸣（青蛙）、翅振翼张（鱼翅）、麻姑献豆（豆）、福里存丹（猪肝）、珠联壁合（干贝）、雪冬高士（银耳）、翰墨满腹（墨鱼）、玉贻含珍（甜果）、瑞钟金吾（鲟）、季子悬梁（糕）、朝君海珍（鲍鱼）、珠丹福圆（四果汤）、南朝时馐（芋圆）、红珠宝塔（红丸）、椒花瑞锦（春花）、锦丝玉帛（金帛）、田园珍宝（五谷种）。

向舜帝神灵敬献各类用品，也是祭祀的主要内容之一。古代祭舜时，向舜帝神灵敬献的用品，主要为石器，如石钺、石斧、石簇等；玉器，如玉璧、玉玦等；陶器，如陶罐、陶壶等；钱币，如先秦刀币、秦半两、汉五铢钱等。但秦汉以后，已较少使用石器、陶器等祭品。唐代以后，玉器作为祭品也已经较少使用。宋代以后，钱币作为祭品，则逐步由纸质冥钱所替代。现代祭祀，则一律使用纸质冥钱。

向舜帝敬献食品和用品的方式，古往今来大体可以分为两类：一类是燎祭，多为唐代以前所用；一类为供奉，多为唐代以后乃至现在所用。《礼记·郊特牲》载："有虞氏之祭也，尚用气。血、腥、爓，祭用气也。"因此，先秦时期，有虞氏祭祀舜帝多用燎祭，即将祭品（包括食物与用品）置放于燎祭坑的柴堆之上，然后点燃柴堆，柴堆燃烧祭品，使柴堆燃烧之烟与祭品燃烧之气达于天庭，让舜帝闻到祭品的气味。秦汉时，秦始皇、汉武帝望祀九嶷山舜帝陵，也是用这种方式向舜帝敬献祭品的。秦汉以后，燎祭方式逐步减少使用，逐步取而代之的是供奉，即将祭品陈放于舜帝像前的几案之上，敬请舜帝享用。唐宋以后，祭祀舜帝时的献祭方式，大多采用供奉而非燎祭。在由燎祭方式向供奉方式转变的过程中，一些燎祭的做法也在供奉方式中，以各种不同形式保留下来。如为继承有虞氏“尚用气”的祭舜传统，在现代供奉方式中，古代燎祭演变成焚香、燃蜡烛、焚帛书，燎祭时的玉、币变成化纸钱等等，不一而足。

二　礼器

礼器，也称“彝器”，是在祭舜礼仪中所使用的器具。古代礼器种类繁多，形制复杂。而现代礼器相对简单。

（一）古代礼器

祭祀舜帝，历代王朝都把它定为大祀，相关礼器和制品，都是由朝廷制定规制，明确礼器的形制、材质、大小。秦汉至唐宋，礼器要求较高，金、银、铜器使用较多。宋、明以后有所改变。《明史·礼志》载，洪武元年（1368年）诏制太庙祭品。太祖曰：“礼顺人情，可以义起。所贵斟酌得宜，随时损益。近世泥古，好用古笾豆之属，以祭其先。生既不用，死而用之，甚无谓也。孔子曰：‘事死如事生，事亡如事存。’其制宗庙器用服御，皆如事生之仪。”因而太祖规定，除了太庙器皿用金制造外，乘舆服御诸物应用金者以铜代。洪武二年，明太祖更规定，所有祭器皆用磁（瓷）。由此，确定明代祭祀礼器皆用瓷的基本制度。也就是说，除璧、琮、圭这几种传统的玉制礼器外，其余的爵、尊、盏、登、铏、簋、簠、豆、笾、篚等，基本上都是用瓷依照内廷制作的复古的饮食器。据此，洪武元年诏定祭品时，已不再完全“用古笾豆之属”，而代之以日用器，其类别大致有酒壶、盂、盏、盘、碗等。

清顺治初期的坛庙祭祀制度沿袭明朝旧制，多以瓷器为祭器。《清史稿》载：“初沿明旧，坛庙祭品遵古制，惟器用瓷。雍正时，改范铜。”说明雍正时期，祭器“改范铜”，即以铸铜为祭器。正因为这样，清代其他各朝都发现有瓷器爵杯，唯独雍正朝没有。

清乾隆《大清会典事例》载：“考之前古，笾、豆、簠、簋诸祭器，或用金玉以示贵重，或用陶匏以崇质素，各有精义存乎其间。历代相承，去古浸远。至明洪武时更定旧章，祭器祭品悉遵古，而祭器以瓷代之，惟存其名。我朝坛庙陈设祭品，器亦用瓷，盖沿前明之旧。皇考世宗宪皇帝时，考按经典，范铜为器，颁之阙里，俾为世守，曾宣示廷臣，穆然见古先遗制。”随着乾隆对礼制的建设，祭祀礼器完备自身的各类和形制，登、簠、簋、豆、铏恢复古代青铜器的形制，实现既遵用古，又悉仿古制的目的。

几千年来，在九嶷山舜帝陵祭祀活动过程中，历朝历代，遵守本朝礼器规制，涉及的相关器具和制品繁杂多样。如清光绪三十二年（1906 年），舜帝像前正位摆放就有十六案，案设爵三，登一，铏、簠、簋各二，笾、豆十，篚一，俎七，尊七。除摆放在案桌上的祭器外，还备有盥手用的壶，饮福受胙用的觚、斛、盘等。总而言之，古代舜陵礼器有鼎、鬲、簋、簠、豆、笾、俎、登、铏、篚、爵、尊、壶、卣、觥、觚、觯、盘、匜等。

鼎 圆腹，立耳，三足。舜陵的鼎有三类。一类是镬鼎，是用来煮牲畜及鱼、腊肉的大鼎。最大的镬鼎可装下一条大黄牛。第二类是食鼎，或叫正鼎，主要功用是盛放镬鼎煮熟的肉食。第三类是羞鼎，又称陪鼎。羞，就是滋味鲜美的调味羹。它是用牲畜及禽兽肉为主料制成的。镬肉及盛到正鼎内的肉是无滋味的，所以食用时还需要以羞鼎内的羞味调和裹汁。由于舜帝陵有御祭，所以用鼎规格最高，有正鼎九个，镬鼎七个，羞鼎三个。御祭九鼎，第一鼎盛牛，以下依次盛羊、猪、鱼、肉脯、肠胃、肤、鲜鱼、鲜腊（新鲜的干肉）。

鼎

鬲 圆颈、大口，三足与腹连为一体，主要用途是煮粥和饭。作为礼器的鬲，在使用时，与鼎有一定的组合关系，八个鬲可与九个鼎相配。

簋 圆形似碗，敞口，凹圜颈，圆腹、圈足，有的带耳、带方座，主要用途是盛黍、稷、稻、粱等熟饭，相当于后世的大饭碗。天子八簋、诸侯六簋、大夫四簋、士两簋，分别与等量的鼎、鬲相配。

鬲

簋

簠 侈口，长方形，由大小、纹饰相同的盖、身两部分组成，用途与簋同。

豆 上为圆盘或碗形盘，高圈足或高柄圈足，或有盖，盛黍稷类，也盛酸菜及肉酱。

簠

豆

笾 似豆而盘平浅，是豆分化出来的，但也像豆一样，既有竹编，又有木制、陶制和铜制多种。笾的用途是盛果脯之类的供品。

俎 案具，形似小凳，上横长方形板面，中央微凸，横板下两端有立足。俎是用于切熟肉的砧板。

铏 盛菜或羹的祭器。最高级的用玉制成，有用铜制，或用陶瓷制作。有时铏与羞鼎合用，因而“据羹在铏而言之，谓之铏羹。据器而言之，谓之铏鼎。”

笾

俎

铏

篚　盛物的圆形竹筐。

酒器中，又分为盛酒、温酒、调酒、饮酒诸器种。

尊　一般为侈口，高颈，鼓腹或筒腹，圈足，盛酒用。在礼器中的地位仅次于鼎。尊又是酒礼器的通名。

壶　一般为小口，有盖，长颈，圈足，贯耳，用于盛酒，兼盛水。

篚

尊

壶

卣　一般为小口，有盖，长颈，椭圆鼓腹，圈足，有提梁，挂于两肩，为中等盛酒器。

觥　椭口带流，有盖，椭圆腹或方腹，圈足或四足，有手提部分。盖多作兽形，去盖后，形似后世带滑稽戏的有把的漱口盂。觥主要为盛酒器，或兼用饮酒。

爵　口颈浑一。口侈而狭长，前为流，后为尾。流的根部有两个立柱，柱顶圆帽。也有两个立柱向中靠拢合成单柱，圆腹，凸圜底，三只棱锥足，腹侧有鋬。爵的形制多样，后来温酒、饮酒混用。

卣

觥

爵

觚　大侈口，细腰，高圈足，饮酒之器。

觯　侈口、短颈、鼓腹、圈足，或有盖，形似尊而小，多为椭圆形或圆形，个别有方形。觯为饮酒器，其用途与觚同。九嶷山舜帝陵例祭祭酒多来自瑶民酿制的家酒。此酒薄，多饮无妨。祭祀多用觚觯饮酒，因而礼生把它叫作觚觯酒。瑶民常把觚觯读成瓜单，因此瓜单酒名一直沿用至今。

觚

觯

盘 大口、直沿、浅腹，双耳或无耳，平底，圈足或三足。盘为盥器，用时需与匜配合。

匜 椭圆形、敞品、长流、龙形鋬，有四足、三足或无足。为盥手注水器，即以匜浇水，供洗手用，流下的污水则用盘接受。

盘

匜

古代对礼器的使用有着极其严格的规定。如清朝，除规范案桌上摆放的礼器外，还规定礼器内的祭品。《清史稿》载："凡笾、豆之实各十二，笾用铏盐、薨鱼、枣、栗、榛、菱、芡、鹿脯、白饼、黑饼、糗饵、粉餈，豆用韭菹、醓醢、菁菹、鹿醢、芹菹、兔醢、笋菹、鱼醢、脾析、豚拍、酏食、糁食。用十者，笾减糗饵、粉餈，豆减酏食、糁食。用八者，笾减白、黑饼，豆减脾析、豚拍。用四者，笾止实形盐、枣、栗、鹿脯，豆止实菁菹、枣、榛、葡萄、桃仁、莲实。豆二者，止用鹿醢、兔醢。登一，太羹。铏二，和羹。簠二，稻、粱。簋二，黍、稷。”

古代舜帝陵礼器，还有用于祭祀乐器大钟、编钟、编磬等。其余乐器，朝廷告祭时，由朝廷太常寺乐工带来；例祭时，则由郡县乐工带来。

（二）现代礼器

现代舜陵祭祀礼器比较简单，有香案、供品桌、供品盘、盥手盆、烛台、香炉、焚表炉、酒壶、酒杯、大钟、大鼓、编钟、礼炮、民族乐器等。

祭品案桌

案桌 仿古案桌，长 2 米，宽 1 米，用于神像前摆放香烛祭品。

供品盘 盛三牲（口含尾巴的猪头、牛头、羊头）的供品盘较大，长 1 米、宽 0.5 米。盛五谷百果的供品盘较小一点，一般长宽各 0.4 米左右。供品盘大多仿制古代簠、簋，2015 年后改用现代长方盘。

盥手盆 盛水用的铜盆，供主祭人盥手之用。

烛台 主要用于固定神像前燃烧的蜡烛。

香炉 摆放在大殿外，供祭祀时燃烧香烛之用。现代祭祀，流行烧高香，高香越做越大，因此香炉内有插放高香的筒架，避免高香倒斜。

焚表炉 放置正殿的月台上，用于焚烧黄表纸钱。舜帝陵两座石雕焚表炉造型奇特，是世上独一无二的焚表炉。它为建筑造型，重檐攒尖顶，高 2.9 米，兽头方脚，方形炉身。炉脚凸出的四脚为猛兽头，此兽似狮非狮，似虎非虎，眼珠往外凸出，嘴张开，一副承重像。炉膛的四柱由四个力士组成。力士赤脚、挺肚微蹲，双手托举，身壮如柱。炉膛上部由四个倒立的人像组成四柱，支撑炉顶。这四人虽然倒立，但喜笑颜开，轻松自如，象杂质团的小丑，幽默有趣。上部四面分别是“福”、“禄”、“寿”、“喜”安板格封闭。炉顶是一只凤凰，炉尖就是凤凰头。

香炉

焚表炉

酒壶、酒杯　盛酒用，仿古造型。

大钟、大鼓　祭祀时，鸣钟、击鼓仪式用。

编钟　用于祭祀时，演奏乐曲。

大鼓

编钟（仿制品）

民族乐器　乐队经常使用的民族乐器有唢呐、筝、琵琶、笛、萧、笙、鼓锣、钹、京胡、板胡、中胡、低胡等。

礼炮　土硝地炮，俗名地铳，用于仪式中的鸣炮。近年引进接待外宾的现代先进礼炮，但却失去民族民间特有的祭祀气氛。

三　仪仗与服饰

（一）仪仗

仪仗，举行祭祀仪式时，用于仪卫的兵仗。

古代祭舜仪仗有幡、旗、表、联幛、舜字灯笼、祭字方旗、龙图案三角旗等。朝廷祭祀仪式由朝廷礼部配给；例祭则由郡县按规定制作。

现代舜帝祭祀仪仗主要有旗幡制品、道具制品两类。

旗幡制品有：舜麾、凤凰旗、刀旗。

舜麾　高 2.4 米，宽 1.2 米，上顶部篆书“祭”，中部隶书“中华始祖舜帝”，绣有龙凤。

凤凰旗　高 2.4 米、宽 1 米，枣红色，周边及旒为黄色，绘日月星辰、升龙降龙等。

刀旗　旗面高 3 米，宽 1.2 米，旒长 0.6 米，旗面分别绣凤凰、虎、豹、狼、熊、狮、鹰、象等禽兽。

舜麾与凤凰旗

刀旗

道具制品有：兵仗 8 对，它们分别是钺、斧、刀、叉、戈、戟、矛、殳；告祭乐舞道具有笏、梧桐凤凰：笏供身穿古代官服的合唱队员双手握着，作上朝状；梧桐凤凰为舞蹈道具。

（二）服饰

古代祭舜时，主要有礼生服装、干戚舞服装、瑶族服装。主、陪祭人员穿官服。

现代祭舜时，服饰主要有以下几种：

佩饰　2004 年以前，主祭、陪祭、参祭人员均佩带挂有徽章的中国结，佩带为金黄色，中国结为红色，徽章正面为舜帝像，背面为公祭图案。2005 年以后，主祭、陪祭、参祭人员均披戴“舜”字披件。披件为金黄色缎面，长 180 厘米，宽 17 厘米；正中一个带圈福字，福字左边为龙图案，右边为凤图案；龙凤图案两边为会徽，会徽外圈为圆形云纹圈，圈内为当年公祭舜帝大典字样及年月，正中为龙形“舜”字；“福”字、龙凤图案、会徽均为深灰色。

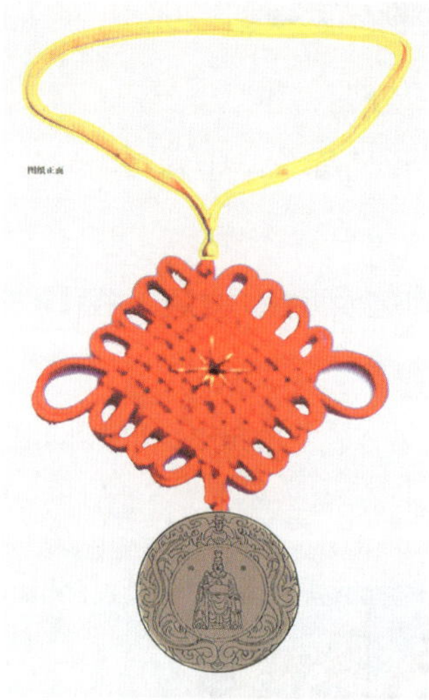

中国结佩饰

“舜”字形绶带

主、陪祭人员服装　一律着正装。

民乐队及礼生服饰（照片）：

武士服饰（照片）：

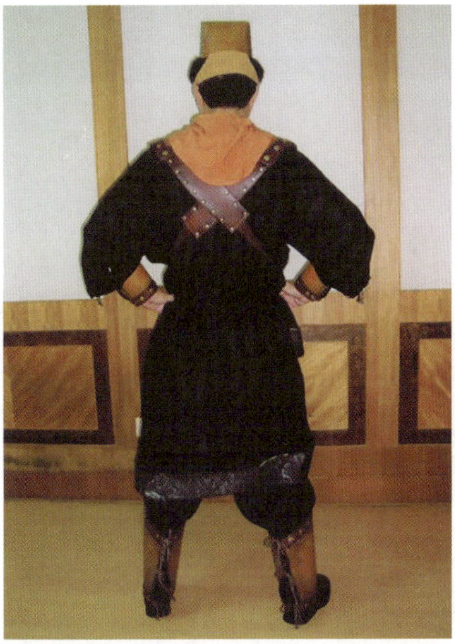

武士服装之一

武士服装之二

合唱队员服装（照片）：

弦乐队及礼生服装（照片）：

锣鼓队服装（照片）：

舞蹈《箫韶引凤》大凤凰服饰（照片）：

小凤凰服装设计图：

舞蹈《卿云歌》竹叶服饰与傩舞服饰（设计图）：

舞蹈《南风歌》梧桐凤凰道具与羽毛装服饰（设计图）：

第四节　祭祀乐舞

古代，祭祀为国之大事，而祭必有乐舞以娱神。随着时代的变迁，祭祀乐舞也在不断地发生变化。先秦以来，舜帝祭祀乐舞大体可以划分为三个阶段：第一阶段，自先秦至隋朝，舜帝祭祀用《韶》乐；第二阶段，自唐朝至民国，舜帝祭祀用《大唐乐》；第三阶段，1978 年改革开放以来，舜帝祭祀用现代乐舞。

一　韶乐

自先秦至隋代，舜帝祭祀皆用《韶》乐。

《韶》乐亦称舜乐，为尧舜时期乐正夔所作，被称为华夏第一乐章，也是天下第一庙乐。

《韶》乐的制作，古文献有明确的记载。《尚书·舜典》引帝舜曰：

“夔！命汝典乐，教胄子。”《孔丛子·嘉言》引孔子曰：“夔为帝舜乐正。”《史记·五帝本纪》载：“以夔为典乐，教稚子。”《史记·夏本纪》曰：“于是夔行乐，祖考至，群后相让，鸟兽翔舞，《箫韶》九成，凤凰来仪，百兽率舞，百官信谐。”又《史记·五帝本纪》云：“此二十二人咸成其功……四海之内，咸戴帝舜之功。于是禹乃兴《九招》之乐，至异物，凤凰来翔。”《史记索引》曰：“招音韶，即舜乐《箫韶》。九成，故曰《九招》。”由以上可知，禹兴《韶》以庆贺舜用二十二贤臣成就平治天下之功，故后人以《韶》乐为舜乐。

《韶》乐有着诸多不同名称，见诸古代文献典籍的有《韶》《韶箾》《箫韶》《韶舞》《大韶》《招》《九韶》《九歌》《九招》《九辩》《招箾》等：

《韶》乐之“韶”，其本义为绍、为继。《史记·乐书》引丞相公孙弘曰：“《韶》，继也。”《集解》引郑玄曰：“舜乐名，言能继尧之德。”《春秋繁露·楚庄王》载：“舜时，民乐其昭尧之业，故曰《韶》。《韶》者，昭也。”《古本竹书纪年》引吴大澂《韶字说》云：“古文召、绍、韶、招、佋、昭为一字。”这些说明，夔制《韶》乐，其目的就是歌颂舜帝的九功九德。由于《韶》乐艺术形式完美，思想内容至善，具有强大的艺术感染力和思想感召力，以至于后来的孔子在齐闻《韶》而三月不知肉味。正因为如此，《韶》乐产生后，虞、夏、商、周四朝均将《韶》乐作为处理军国大事时的重要乐舞。舜帝去世以后，《韶》乐又成为有虞氏祭祀舜帝的乐舞。秦王朝以后，《韶》乐更成为历代王室的宗庙之乐。《韶》乐的传承与《韶》乐作为舜帝祭祀乐章的演变情况大致如下：

大禹受禅继帝位后，在“四海之内，咸戴帝舜之功”的形势下，于是“禹乃兴《九招》之乐”（《史记·五帝本纪》），以凝聚人心，巩固自己的统治地位。后来，大禹巡狩各地，并在衡山筑紫金台，望祀九嶷山舜帝陵，以《韶》为乐章。商均及其后裔也是《韶》乐的传承者，他们祭祀舜帝，均演奏《韶》乐。

夏时以《韶》为国乐。夏后启登位或巡狩，均用《韶》乐。史载夏启十年巡狩时，舞《九韶》于大穆之野。《古本竹书纪年》载：“夏后开（启）舞《九招》也。”王国维《今本竹书纪年疏证》云：“帝启十年，帝巡狩，舞《九韶》于大穆之野。”《帝王世纪》则说：“启升后十年，舞《九韶》。”屈原在《离骚》中也说：“启《九辩》与《九歌》兮，夏康娱以自纵。”在夏代，有虞氏部落的势力依然强大，地位较高，他们对始祖舜帝的祭祀亦用《韶》乐。

殷商时期，《韶》乐仍然是商王朝的国乐。但到商纣王时，情况发生很大变化。《汉书·礼乐志》载：“殷纣断弃先祖之乐，乃作淫声，用变乱正声，以悦妇人。乐官师鼓，抱其器而奔散，或适诸侯，或入河海。”这样，致使王宫《韶》乐不继。而《韶》乐在舜裔中的传承并未中断。汤灭夏后，将舜帝的一支后裔虞遂封于陈地，也有人认为是将舜帝的一支后裔封于遂地。因此，虞遂将《韶》乐传承下来。后来，虞遂的一支后人妫满投奔周文王，《韶》乐也随之入周。

西周初，将《大韶》列为“六舞”之一，使《韶》乐成为天子之乐。《白虎通·礼乐》载：“王者有六乐。”清人陈立《疏证》曰：“《御览》引《春秋释例》云：‘周用六代之礼乐，故用《云门》《咸池》《大韶》《大夏》《大濩》《大武》。’”同时，由于陈是舜帝后裔妫满的封国，是《韶》乐的继承者；而鲁是周公封国，可享受天子礼仪。因此，在西周时期，周王室及陈、鲁二诸侯国皆有《韶》乐。后来，陈公子完奔齐，改称田姓，其后人则取代齐国，史称田齐，故田齐亦有《韶》乐。孔子在齐闻《韶》，三月不知肉味，亦可证齐有《韶》乐。秦始皇灭齐，得《韶》乐，故《韶》乐入秦。

秦始皇统一中国后，在确立皇帝制度的同时，确立皇帝宗庙乐章。他亲自在周代六舞中选取《韶》乐与《武》乐（又称《大武》，秦始皇于二十六年即前 221 年将其改名《五行》），一并定为皇帝庙乐。秦始皇又于二十七年（公元前 220 年），在渭南作信宫，不久更名信宫为极庙，以象天极（《史记·秦始皇本纪》）。秦始皇于三十七年（公元前 210 年）病逝。秦二世元年（公元前 209 年），将极庙（即始皇庙）尊为“帝者祖庙”，并以秦始皇亲自选定的《韶》《武》（易名《五行》）作为文、武二舞，从而确定《韶》《武》的庙乐地位。

汉承秦制。汉高祖六年（公元前 201 年），以“德自舜明”，将《韶》乐更名《文始》。同年，将《文始》《五行》（原周舞《大武》，秦始皇改名

《五行》）定为祀诸帝庙之乐舞。《文始》为文舞，《五行》为武舞。西汉皇帝祀五帝庙，汉武帝在盛唐（南郡）望祀九嶷山舜帝陵，王莽祀宗祠九庙，均用《韶》乐。东汉明帝永平三年（60 年），采《文始》《五行》等乐舞，荐光武帝庙。

东汉末年，东京大乱，无金石之乐，乐章亡缺。建安十三年（208 年），曹操平荆州，获乐官杜夔等，使之创定雅乐，复先代古乐。魏文帝曹丕受禅，命《文始》复称《大韶》（一曰《大招》）。晋承魏制，晋初庙乐多仍汉魏之旧。南朝梁天监元年（502 年），武帝自定郊庙雅乐，以《大韶》名《大观》，以《大武》名《大壮》。北朝于后魏太武帝时灭夏得古乐，平凉得乐官、乐器；宣武帝时，刘芳掌乐，集明乐者教习之，于建德二年（573 年）郊庙乐成。隋文帝初用北周之乐。开皇九年（589 年）平陈，获南朝旧乐，用梁之《文》（《大观》）、《武》（《大壮》）二舞为庙乐。

二 大唐乐

唐高祖统一天下，命太常少卿祖孝孙考订雅乐，斟酌南北之乐，参以古音，制作大唐雅乐。唐太宗时，初制为十二和乐。玄宗开元中又制三和乐，合称十五和乐，云：元和、顺和、永和、肃和、雍和、寿和、太和、舒和、休和、凝和、祴和、正和及承和、丰和、宣和。开元二十九年（741 年），正式将唐十五和乐定为《大唐乐》。至此，历时三千余年的《韶》乐，终于销声于大唐，“折衷”为和乐。但是，也有人认为，《韶》乐并未消失，至今留存的《浏阳古乐》与山东曲阜孔庙的《祭祀古乐》，即来自对《韶》乐的传承。

自唐代以后，直到明朝，祀典皆参用《大唐乐》，只不过在使用时选用数量多寡不同、名称不同、次序不同而已。明洪武七年（1374 年），明太祖亲自祭祀历代帝王庙，并亲定乐曲：迎神，奏《雍和》之曲；奠帛，奏《保和》之曲；初献，奏《保和》之曲；亚献，奏《中和》之曲；终献，奏《肃和》之曲；彻馔，奏《凝和》之曲；送神，奏《寿和》之曲；望燎，奏《豫和》之曲。即明太祖此次祭祀历代帝王庙，共选用《大唐乐》十五曲中的七曲，其排列次序也与《大唐乐》的次序不同。

清代，顺治帝对乐章曲牌进行变动，即由明代的《雍和》《保和》《中和》《肃和》《凝和》《寿和》《豫和》，改成《肇平》《兴平》《崇平》《恬平》《淳平》《匡平》。据《清史稿》记载：迎神，用《肇平》曲；奠帛、初献，用《兴平》曲；亚献，用《崇平》曲；终献，用《恬平》曲；彻馔，用《淳平》曲；送神，用《匡平》曲；望燎，用《匡平》曲。

具体到九嶷山舜帝陵祭祀活动，其所用乐章均与当朝祀典所用乐舞一致。但是，由于年代久远，前代所用乐舞的乐谱没有保存下来。据光绪《湖南通志》载遣官致祀礼，祭舜礼乐分春季和秋季两种乐章。春季乐章和秋季乐章各有七章，乐谱均为工尺谱，辑录如下：

春季乐章

春夹钟均清，倍应钟起调，箫尺除上乙，笛六除五上。

迎神·格平之章

懿变宫尺	铄商凡	兮角六	焜徵五	煌角六，	神徵五	威羽上	
灵宫尺	兮徵五	赫羽上	八宫尺	方羽上 。	伟六	烈凡	昭五
兮六	累凡	禩六，	祀尺	事上	明五	兮尺	永五
光上 。	达上	精五	诚凡	兮六	黍凡	稷六	馨尺
香上 ，	俨凡	如六	在上	兮六	洋凡	洋尺。	

初献·翊平之章

英尺	风凡	飒六	兮五	神五	格五	思上 ，	纷凡
绮尺	盖上	兮五	龙凡	旗六	炬凡 。	桂尺	醑工
兮五	盈五	卮工，	香六	始凡	升五	兮六	明凡
粢六 。	惟五	降上	鉴凡	兮五	在凡	兹上 ，	流凡
景尺	祚工	兮五	翊六	昌凡	时尺 。		

亚献·恢平之章

觞尺	再凡	酌六	兮五	告尺	虔五 ，	舞凡	干六
戚五	兮上	合凡	宫五	悬六。	歆上	苾五	芬尺
兮上	洁五	蠲上	扇凡，	巍尺	显上	翼五	兮上
神六	功凡	宣尺。					

终献·靖平之章

郁尺	鬯凡	兮六	三五	申五，	罗尺	笾尺	簋上
兮五	毕凡	陈六 。	仪尺	卒五	度五	兮六	肃凡
明六	禋五，	神五	降尺	福上	兮五	宜凡	民六
宜凡	人尺。						

彻馔·彝平之章

物尺	惟凡	备五	兮六	咸凡	有六，	明五	德上
惟五	馨尺	兮上	神凡	其五	受六。	告尺	彻上
兮五	礼五	终工	罔尺	咎凡，	佑尺	我上	家五
邦五	兮六	孔凡	厚尺。				

送神·康平之章

幢尺	葆凡	葳六	蕤五	兮上	神五	聿五	归工，
驭尺	凤五	轸凡	兮六	骖五	虬凡	騑六。	降尺
烟上	煴五	兮上	馀五	馚尺	馡五，	愿凡	回尺
灵上	盼五	兮上	德凡	洽六	明凡	威尺。	

望燎·康平之章

焄尺	蒿凡	烈六	兮五	燎凡	有六	辉五，	神五
光上	遥五	烛尺	兮上	祥凡	云五	霏六。	祭尺
受五	福凡	兮六	茂凡	典六	无五	违上，	庶凡
扬尺	骏上	烈尺	兮五	永凡	奠六	畺五	畿尺。

秋祭乐章

秋南吕清均，仲吕起调，箫六除五工，笛上除尺五。

迎神·格平之章

懿角六	铄徵	兮羽上	焜宫尺	煌羽上，	神宫尺	威商凡	灵角六
兮宫尺	赫商凡	八角六	方商凡，	伟工	烈乙	昭尺	兮上
累乙	禩上，	祀六	事凡	明尺	兮六	永尺	光凡。
达凡	精尺	诚乙	兮上	黍乙	稷上	馨六	香凡，
俨乙	如上	在凡	兮上	洋乙	洋六 。		

初献·翊平之章

英六 风乙 飒工 兮尺 神尺 格尺 思凡， 纷乙
绮六 盖凡 兮尺 龙乙 旗工 炬乙。 桂六 醑凡
兮尺 盈尺 卮凡， 香上 始乙 升尺 兮上 明乙
粢上。 惟尺 降凡 鉴六 兮尺 在六 兹凡， 流乙
景六 铄凡 兮尺 翊上 昌乙 时六。

亚献·恢平之章

觞六 再乙 酌上 兮尺 告六 虔尺， 舞乙 干上
戚尺 兮凡 合乙 宫尺 悬上。 歆凡 苾尺 芬六
兮凡 洁尺 蠲凡 扇乙， 巍六 显凡 翼尺 兮凡
神上 功乙 宣六。

终献·靖平之章

郁六 鬯乙 兮上 三尺 申尺， 罗六 笾六 簋凡
兮尺 毕乙 陈上 。 仪六 卒尺 度尺 兮上 肃乙
明上 禋尺， 神尺 降六 福凡 兮尺 宜乙 民上
宜乙 人六 。

徹馔·彝平之章

物六 惟乙 备尺 兮上 咸乙 有上， 明尺 德凡
惟尺 馨六 兮凡 神乙 其尺 受上。 告六 徹凡
兮尺 礼尺 终凡 罔六 咎乙， 佑六 我凡 家尺
邦尺 兮上 孔乙 厚六。

送神·康平之章

幢六 葆凡 葳上 蕤尺 兮凡 神尺 聿尺 归凡，
驭六 凤尺 轸乙 兮上 骖尺 虬乙 騑上 。 降六
烟尺 煴凡 兮尺 馀六 馚五 馡尺， 愿凡 回六
灵凡 盼尺 兮凡 德乙 洽上 明乙 威六。

望燎·康平之章

焄六 蒿乙 烈上 兮尺 燎乙 有上 辉尺， 神尺
光凡 遥尺 烛六 兮凡 祥乙 云尺 霏上 。 祭六

受尺　福乙　兮上　茂乙　典上　无尺　违凡，　庶乙
扬六　骏凡　烈六　兮尺　永乙　蓂上　亹乙　畿六
（编者注：工、尺、上、凡、五、六、乙等七字，原谱均加亻旁。）

三　现代祭舜乐舞

20 世纪 80 年代以来，九嶷山舜帝陵祭舜活动逐步恢复并迅速发展。与此同时，现代祭舜乐舞应运而生。现代祭舜乐舞的主题是“舜帝颂”，由近千名演员表演，规模宏大，气势恢宏。所用乐谱，2005 年以前，采用中央音乐学院傅雪漪教授作曲的《南风歌》。

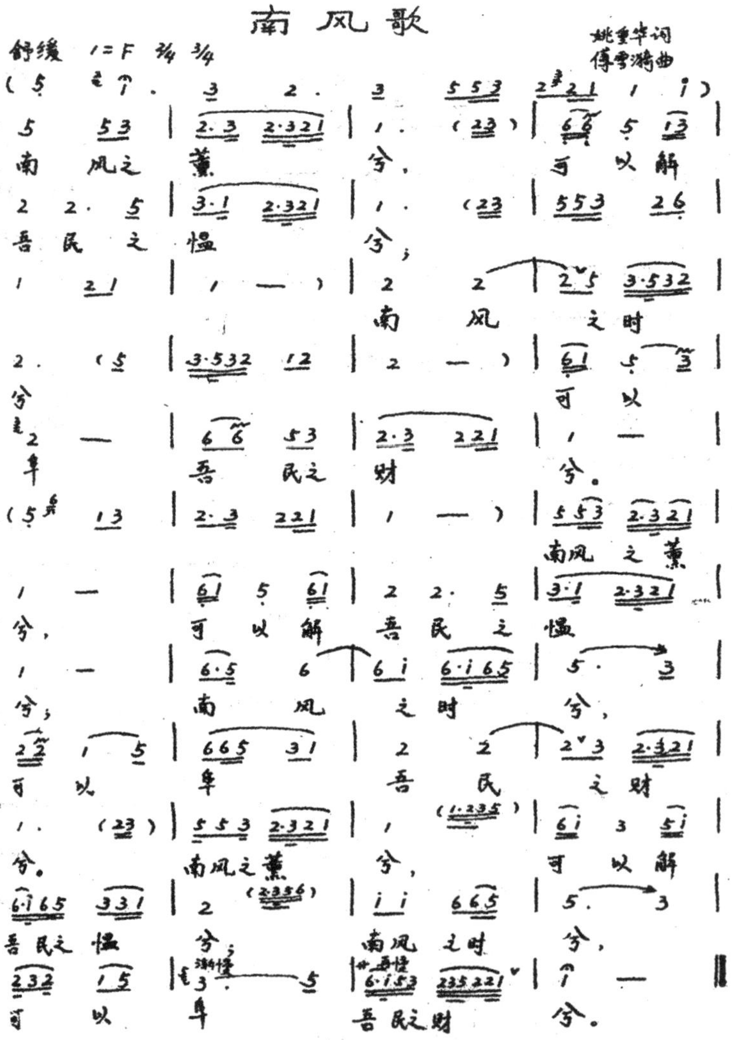

2005 年以后，采用作曲家杨天解所作的仿韶乐的祭祀乐曲，舞蹈总导演钱济民。祭祀乐舞共分为三个乐章：第一乐章为《箫韶引凤》。所表现的是箫韶九成，凤凰来仪，百鸟飞翔的生动场面。第二乐章为《百兽率舞》。相传舜帝晚年南巡，曾经演奏《韶乐》抚慰三苗，从而化干戈为玉帛，成为人类历史上第一个用音乐化解战争的典范。第二乐章所表现的就是《尚书·舜典》中，关于《韶乐》演奏之时，“击石拊石，百兽率舞”的记载，展示舜帝“以德感人，以仁化人”的人格魅力。第三乐章为《南风祈福》。该章以《南风歌》为基调，以源于九疑山的“手诀”为舞蹈语言，展现舜帝南巡，崩葬九疑的远古历史和舜帝忧国忧民、“只为苍生不为身”的伟大情怀，表达人们对“德圣”“孝祖”舜帝的无限敬仰与崇拜。

祭祀乐舞演出服

《箫韶引凤》演出照

《百兽率舞》演出照

《南风祈福》演出剧照

2009年湖南省公祭舜帝大典现场演出图

乐舞告祭曲谱

一、萧韶引凤

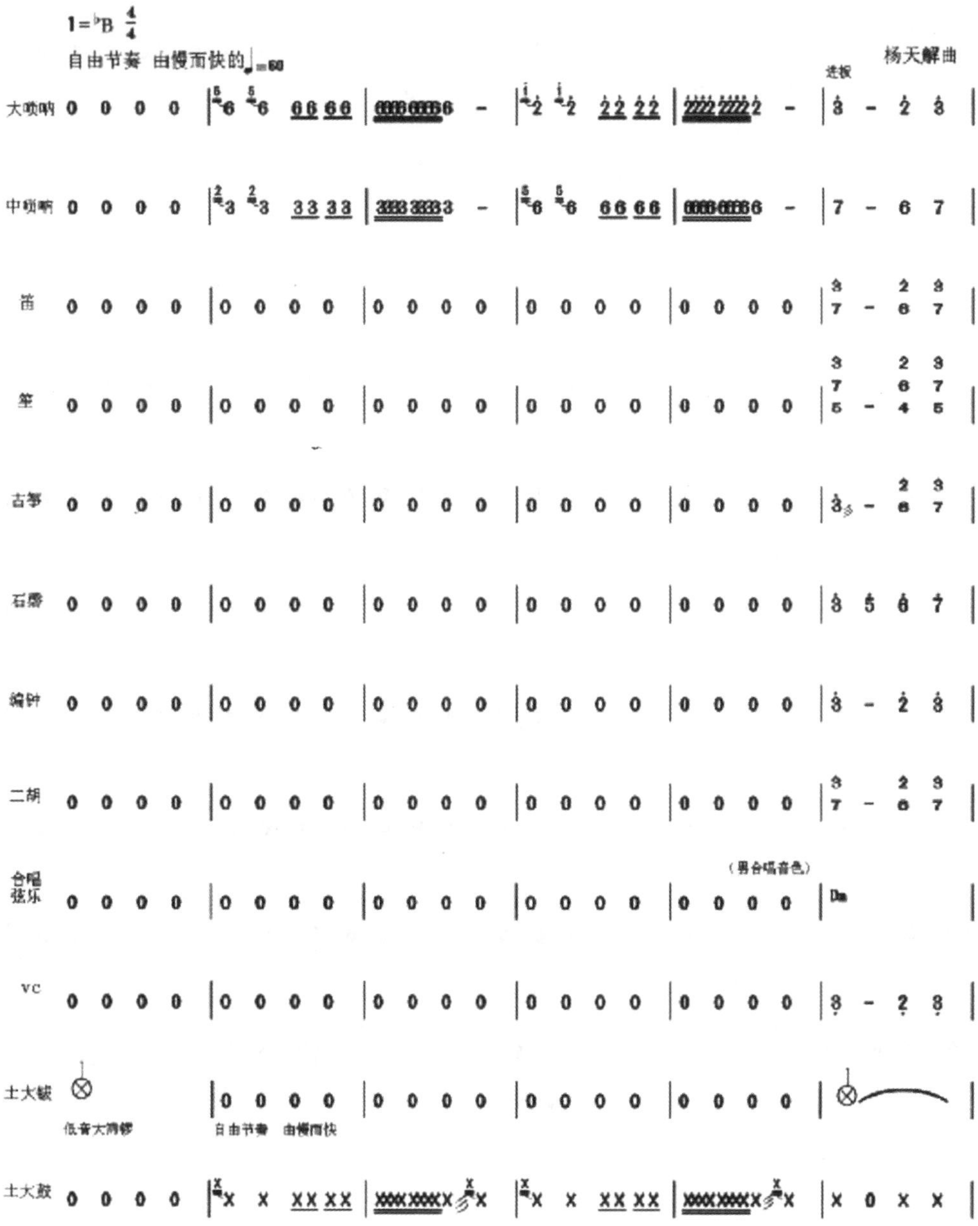

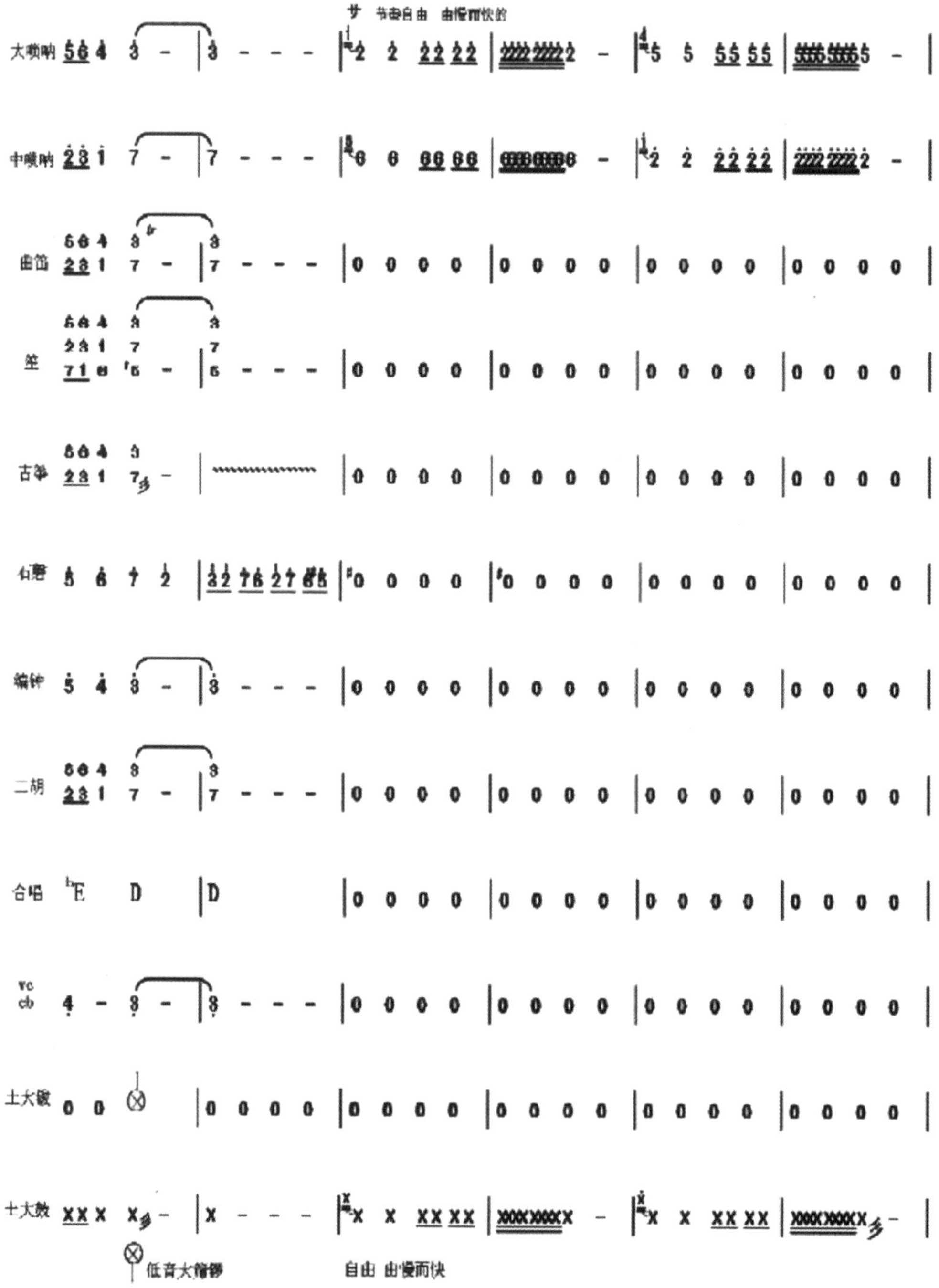
节奏自由 由慢而快的
大唢呐
中唢呐
曲笛
笙
古筝
石磬
编钟
二胡
合唱
vc
cb
低音大镲锣
自由 由慢而快

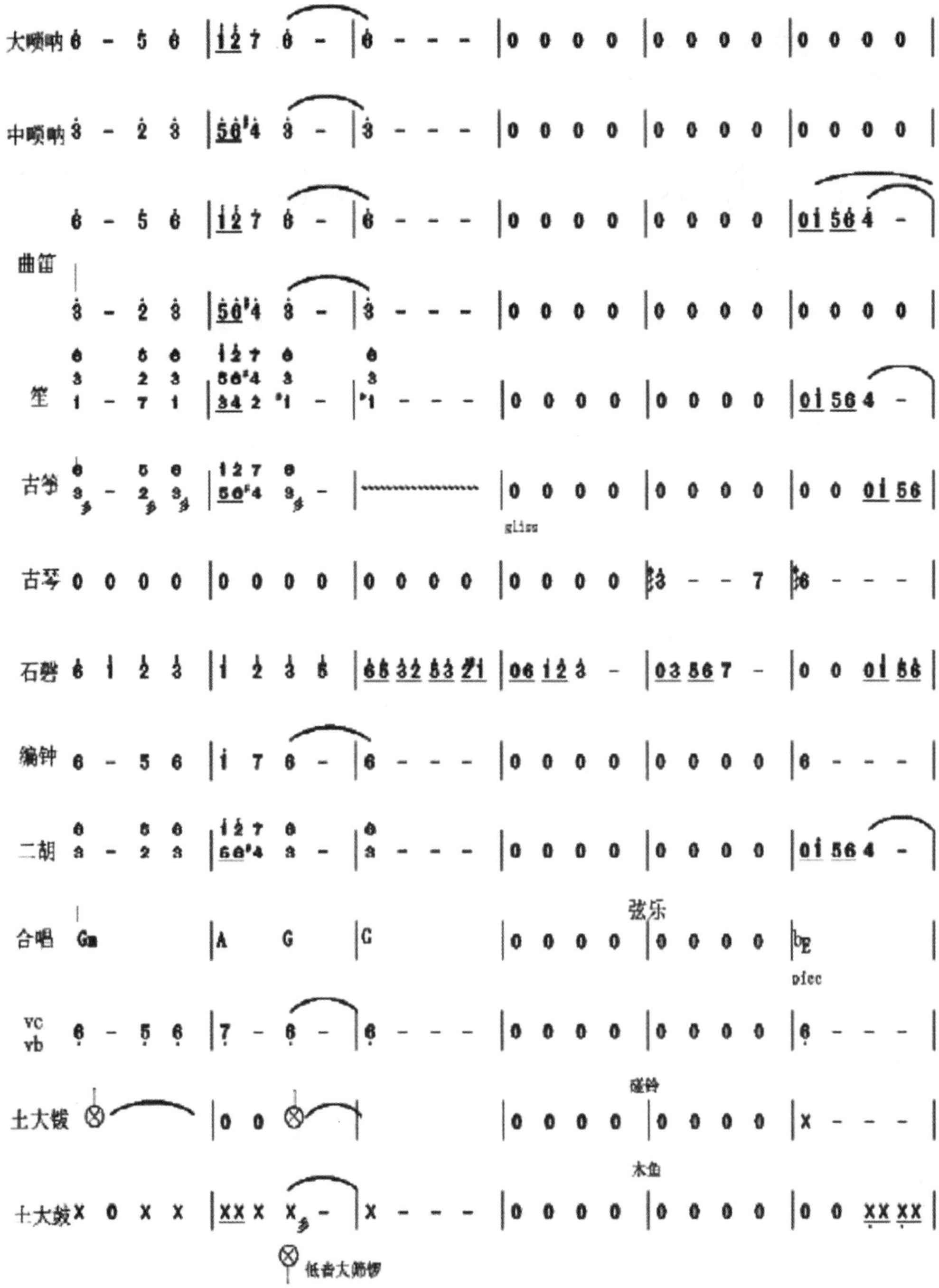
大唢呐
中唢呐
曲笛
笙
古筝
古琴
石磬
编钟
二胡
合唱
vc
vb
gliss
弦乐
picc
碰铃
木鱼

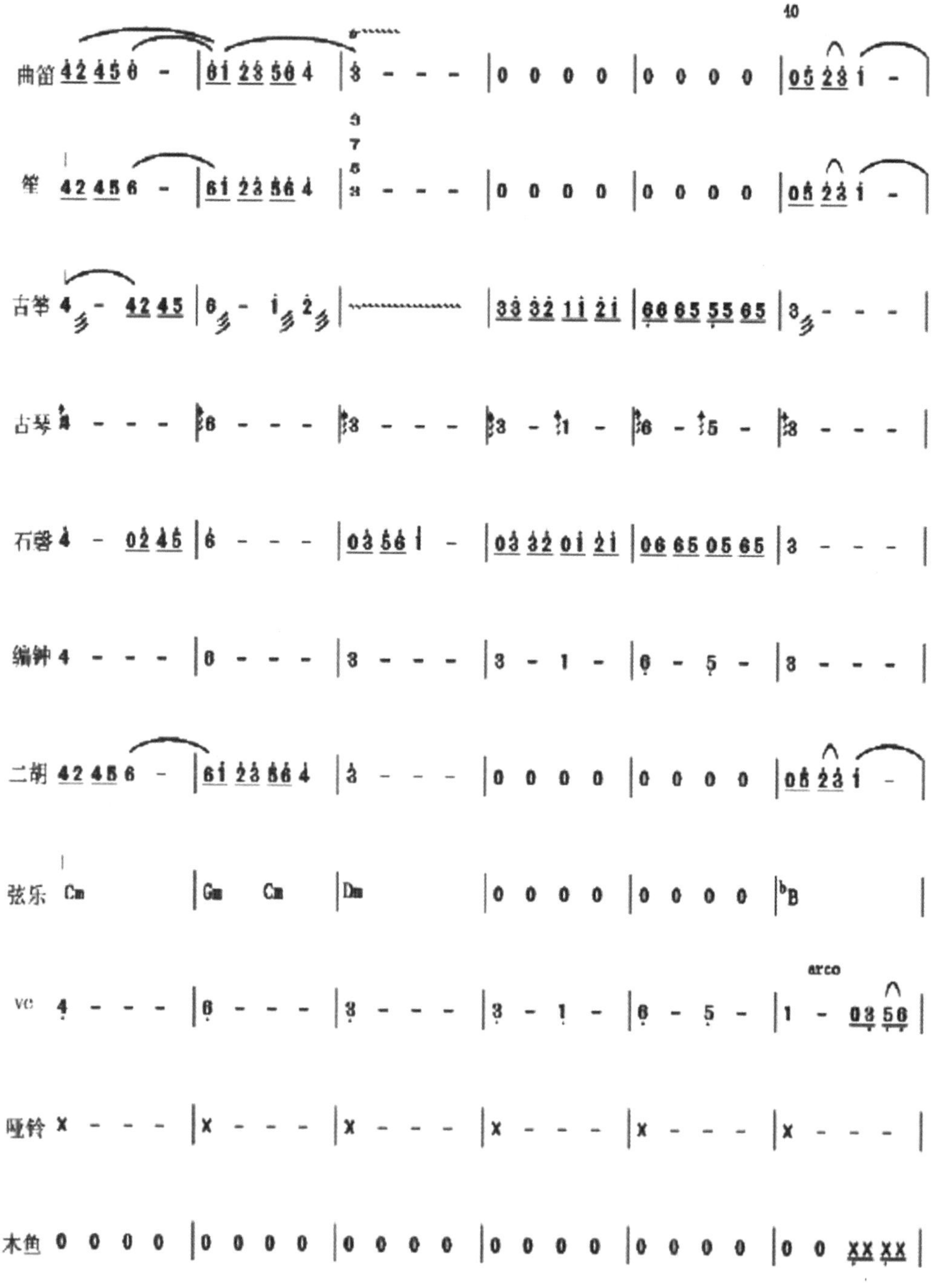
10
曲笛
笙
古筝
古琴
石磬
编钟
二胡
弦乐
Cm
Gm
Cm
Dm
♭B
VC
arco
碰铃
木鱼

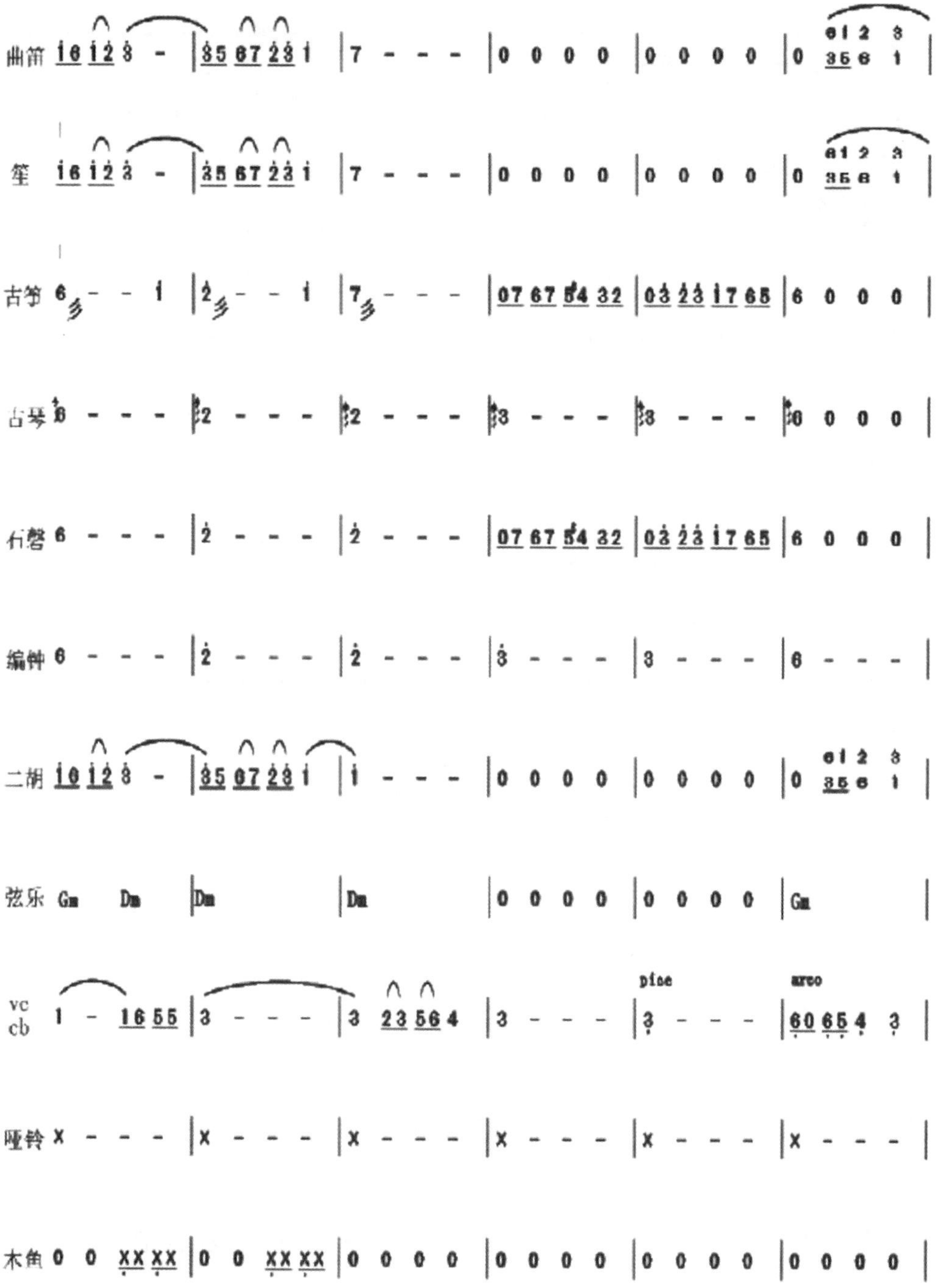
曲笛
笙
古筝
古琴
石磬
编钟
二胡
弦乐
Gm Dm
Dm
Dm
Gm
vc
cb
arco
碰铃
木鱼

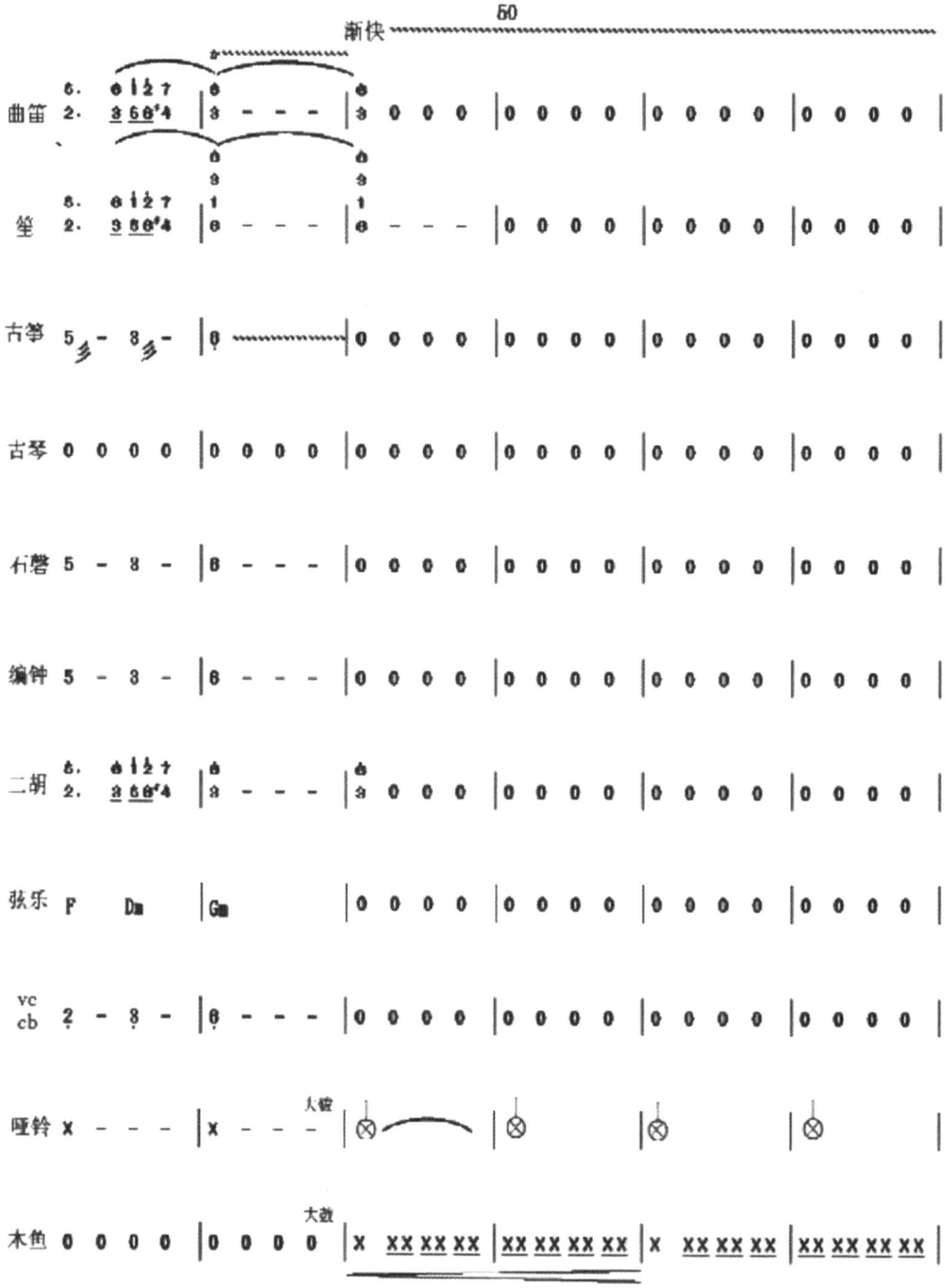
渐快
50
曲笛
笙
古筝
古琴
石磬
编钟
二胡
弦乐
F
Dm
Gm
vc
cb
碰铃
大锣
木鱼
大鼓

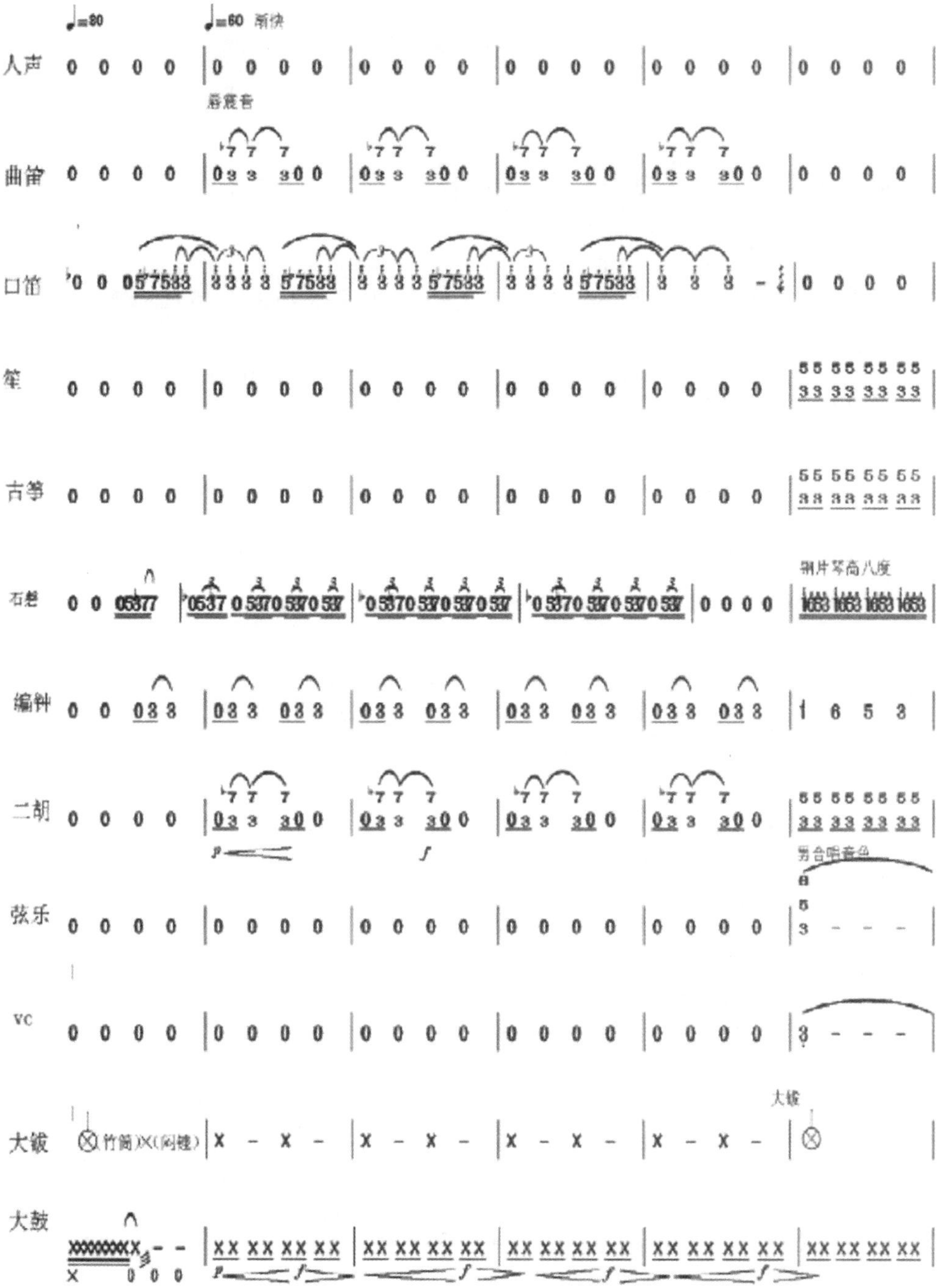
♩=80
♩=60 渐快
人声
唇震音
曲笛
口笛
笙
古筝
石磬
钢片琴高八度
编钟
二胡
男合唱音色
弦乐
vc
大镲
竹筒
大鼓

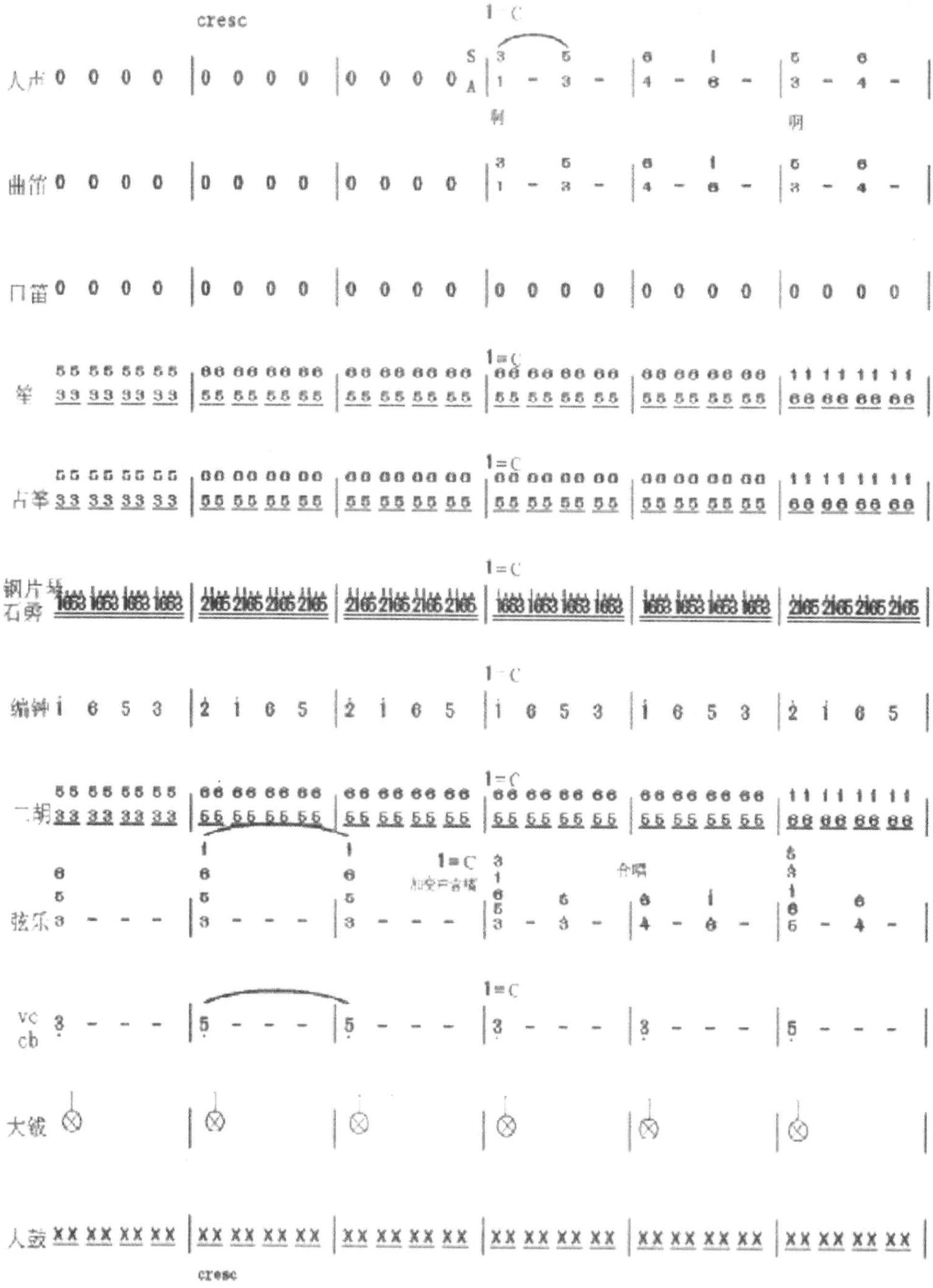
cresc
1=C
人声
S
A
曲笛
口笛
笙
古筝
钢片琴
石磬
编钟
二胡
弦乐
vc
cb
大钹
大鼓
cresc

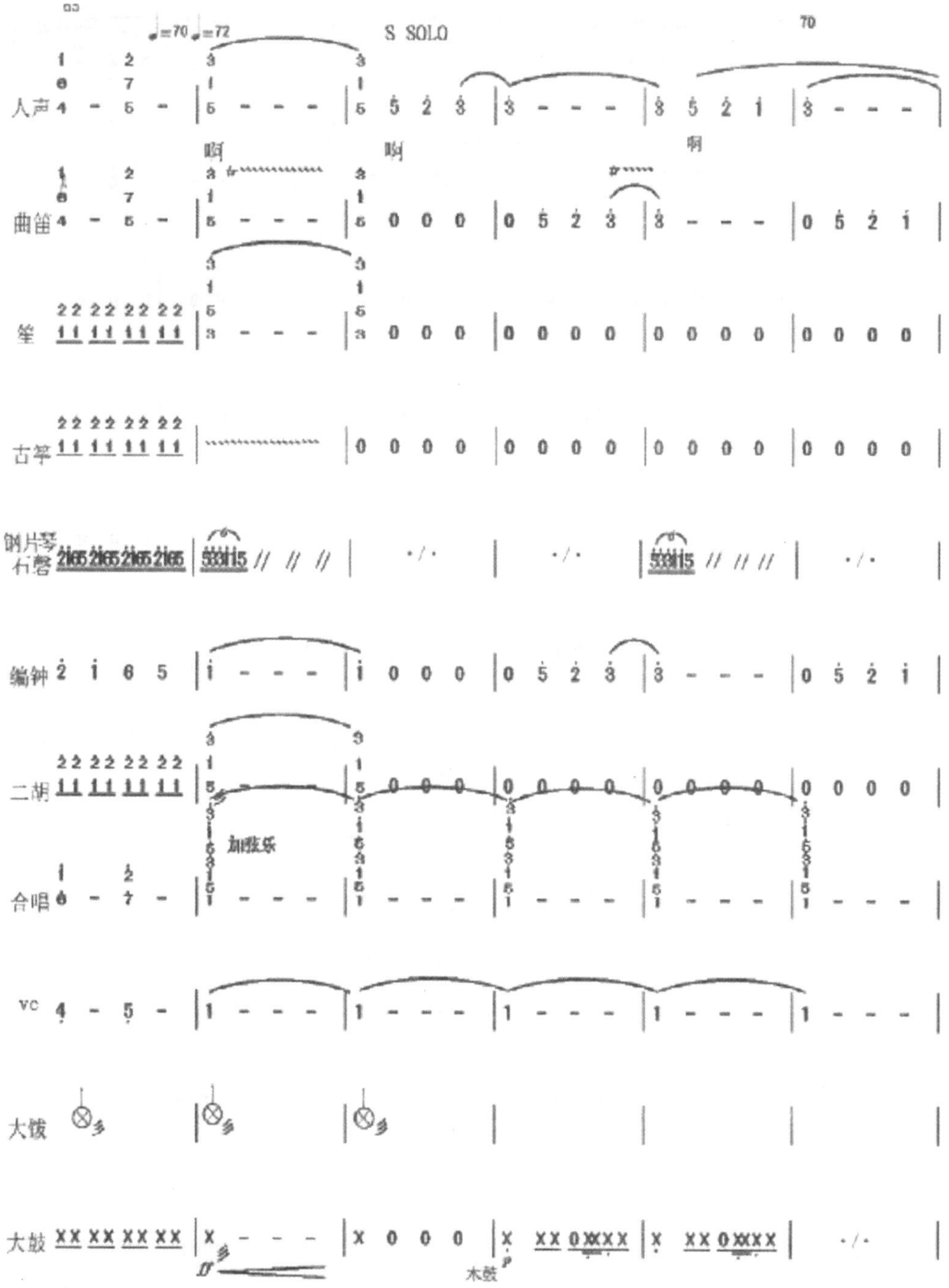
S SOLO
70
人声
啊
啊
啊
曲笛
笙
古筝
钢片琴
石磬
编钟
二胡
加鼓乐
合唱
VC
大钹
大鼓
木鼓

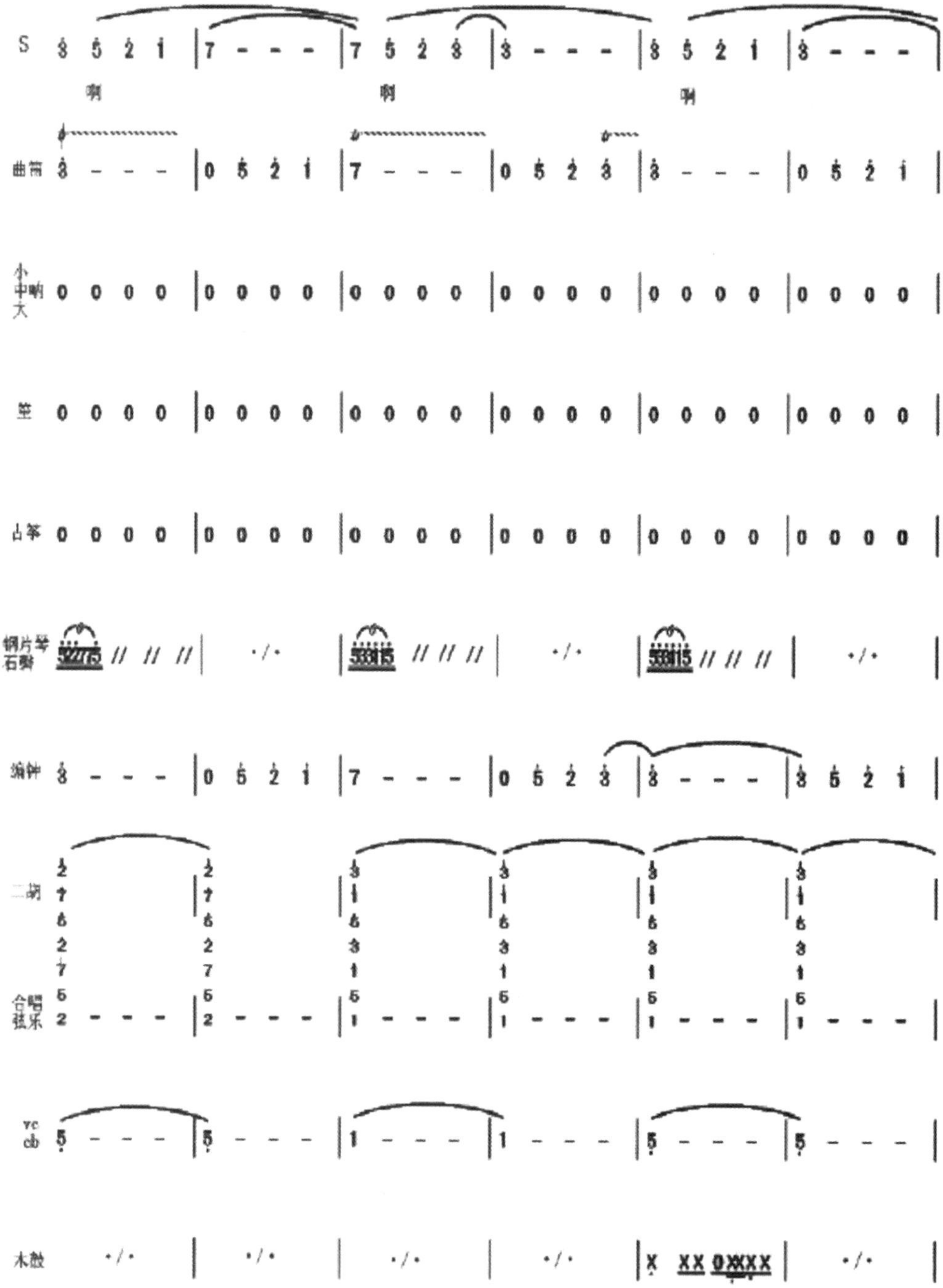
S
啊
啊
啊
曲笛
笙
古筝
钢片琴
石磬
编钟
二胡
合唱
弦乐
vc
cb
木鼓

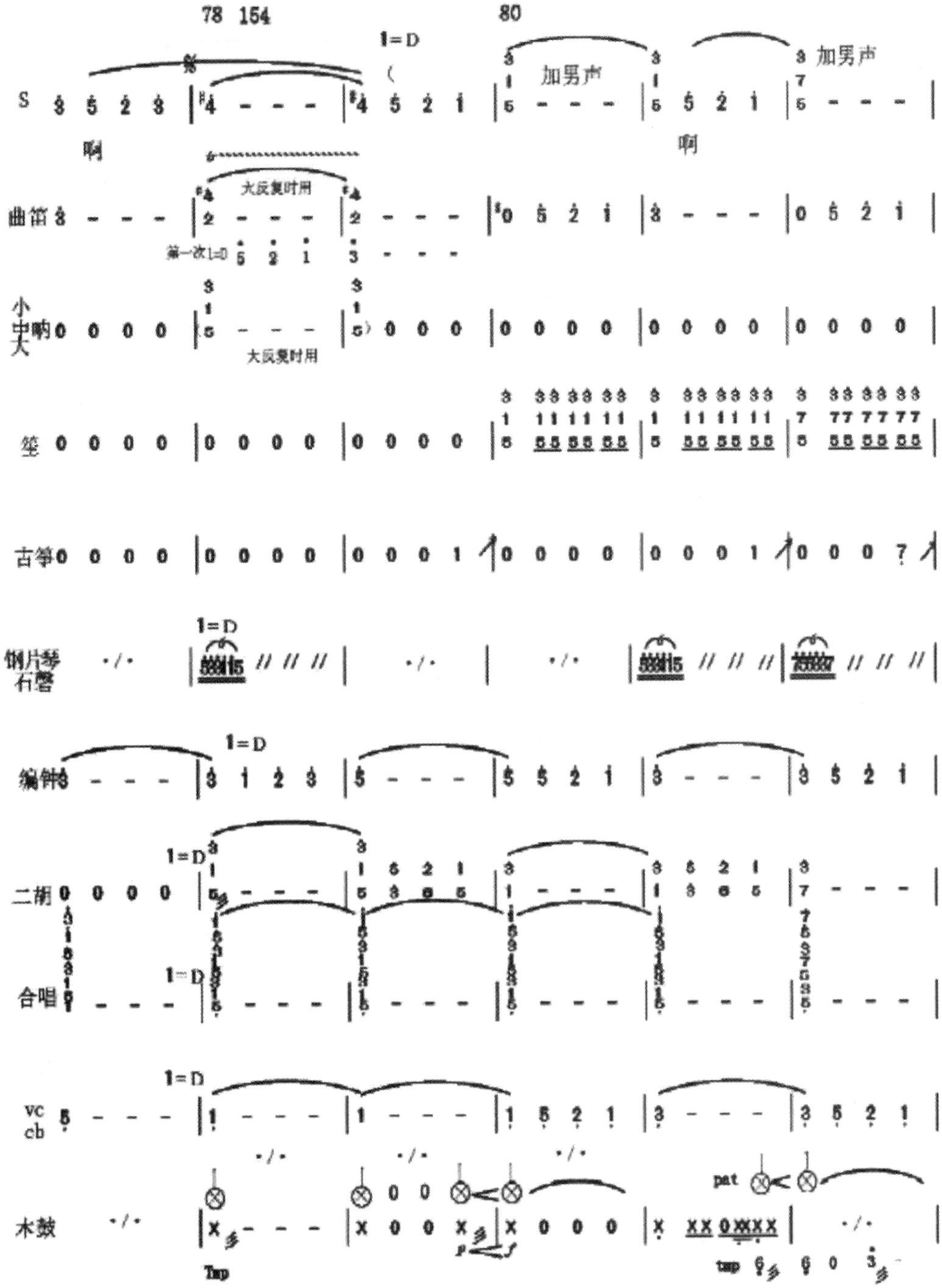
78 154
80
1=D
S
啊
加男声
加男声
啊
曲笛
大反复时用
第一次1=D
小
中 呐
大
大反复时用
笙
古筝
钢片琴
石磬
编钟
二胡
合唱
vc
cb
木鼓
pat
Tap
tap

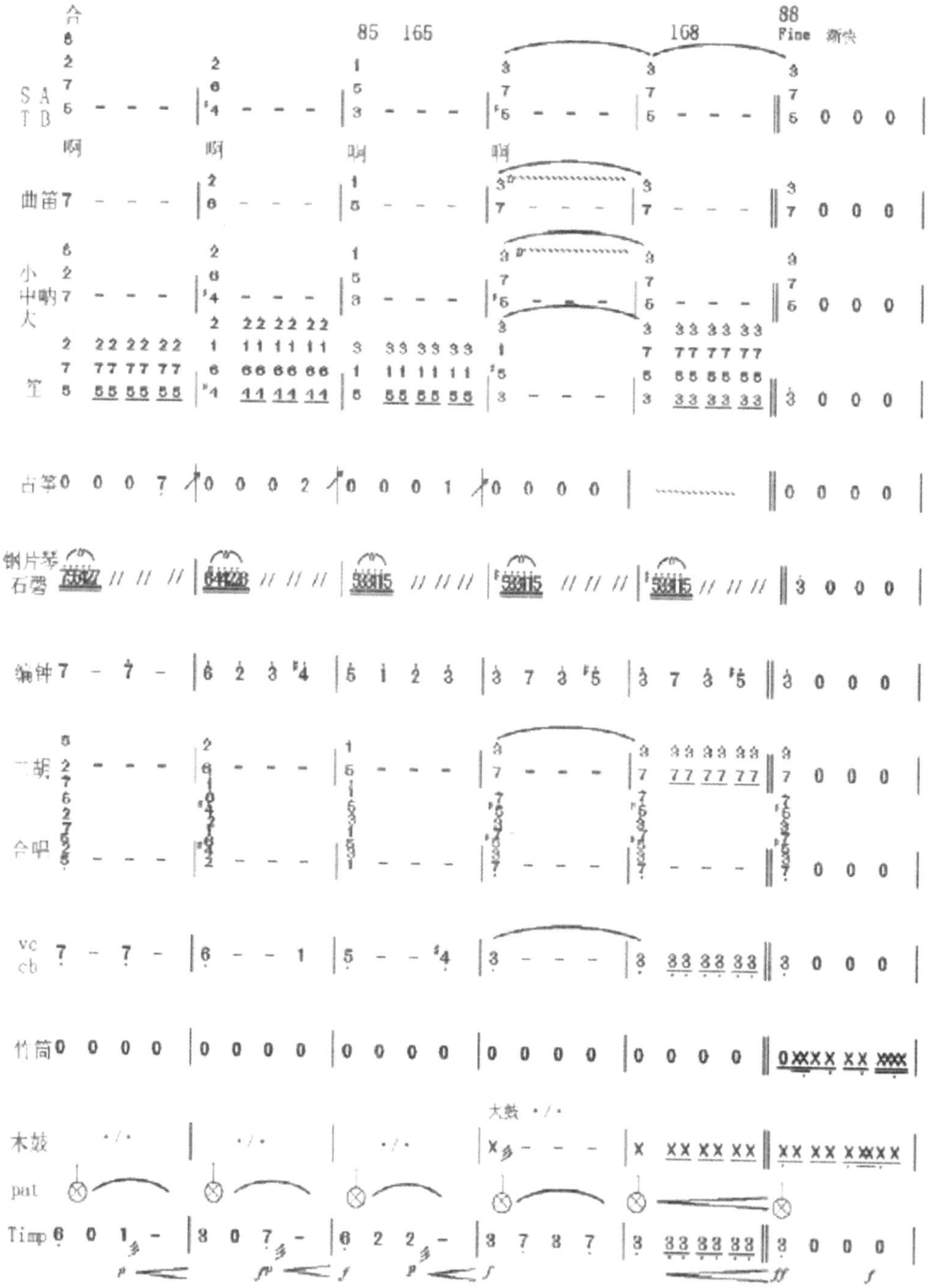
合
85 165
168
88
Fine 渐快
S A
T B
啊
曲笛
小
中呐
大
笙
古筝
钢片琴
石磬
编钟
二胡
vc
cb
竹筒
大鼓
木鼓
pat
Timp

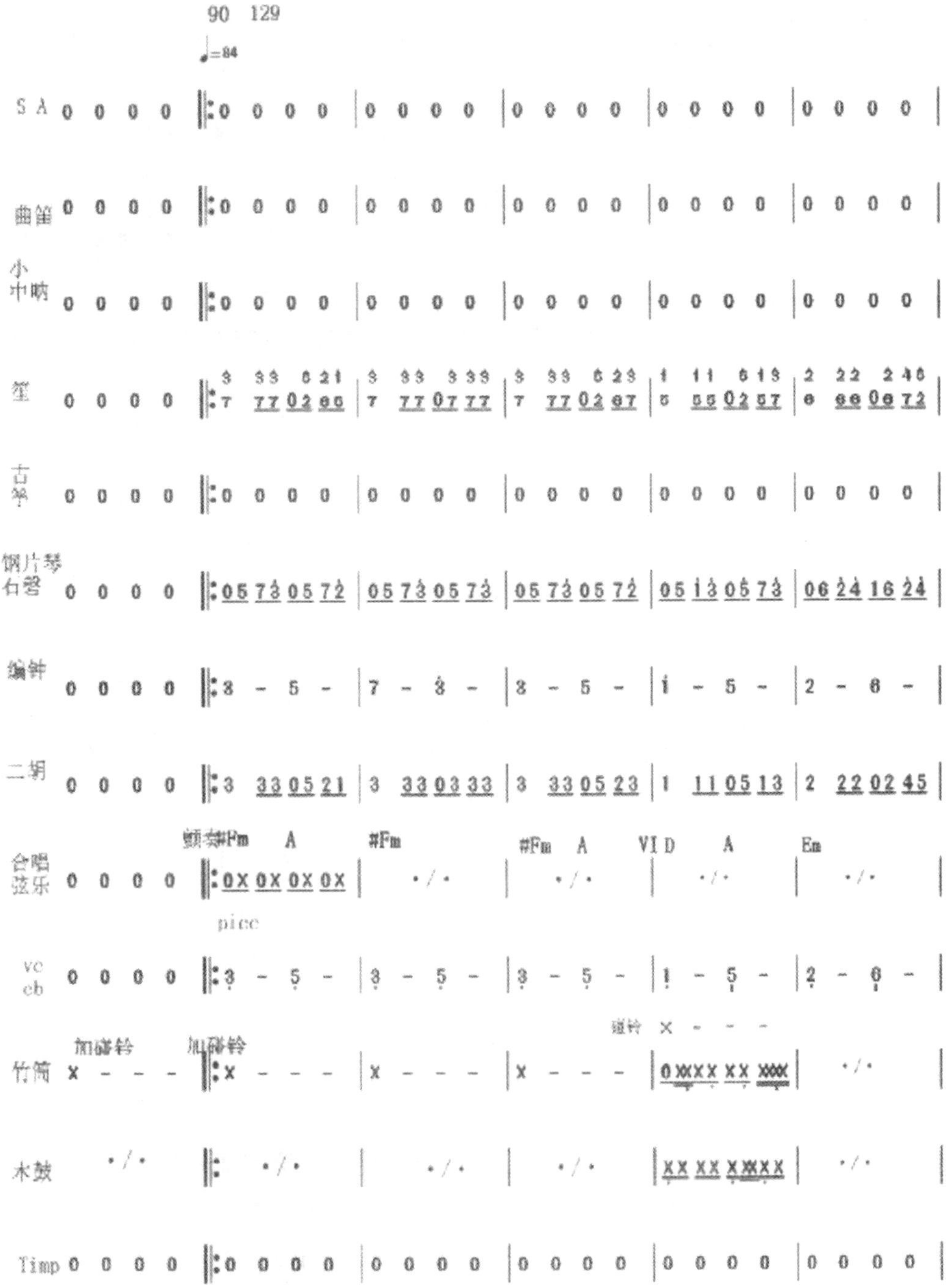
90 129
S A
曲笛
笙
古筝
钢片琴
编钟
二胡
#Fm A
#Fm
#Fm A VI D A Em
合唱
弦乐
picc
vc
cb
加碰铃
竹筒
木鼓
Timp

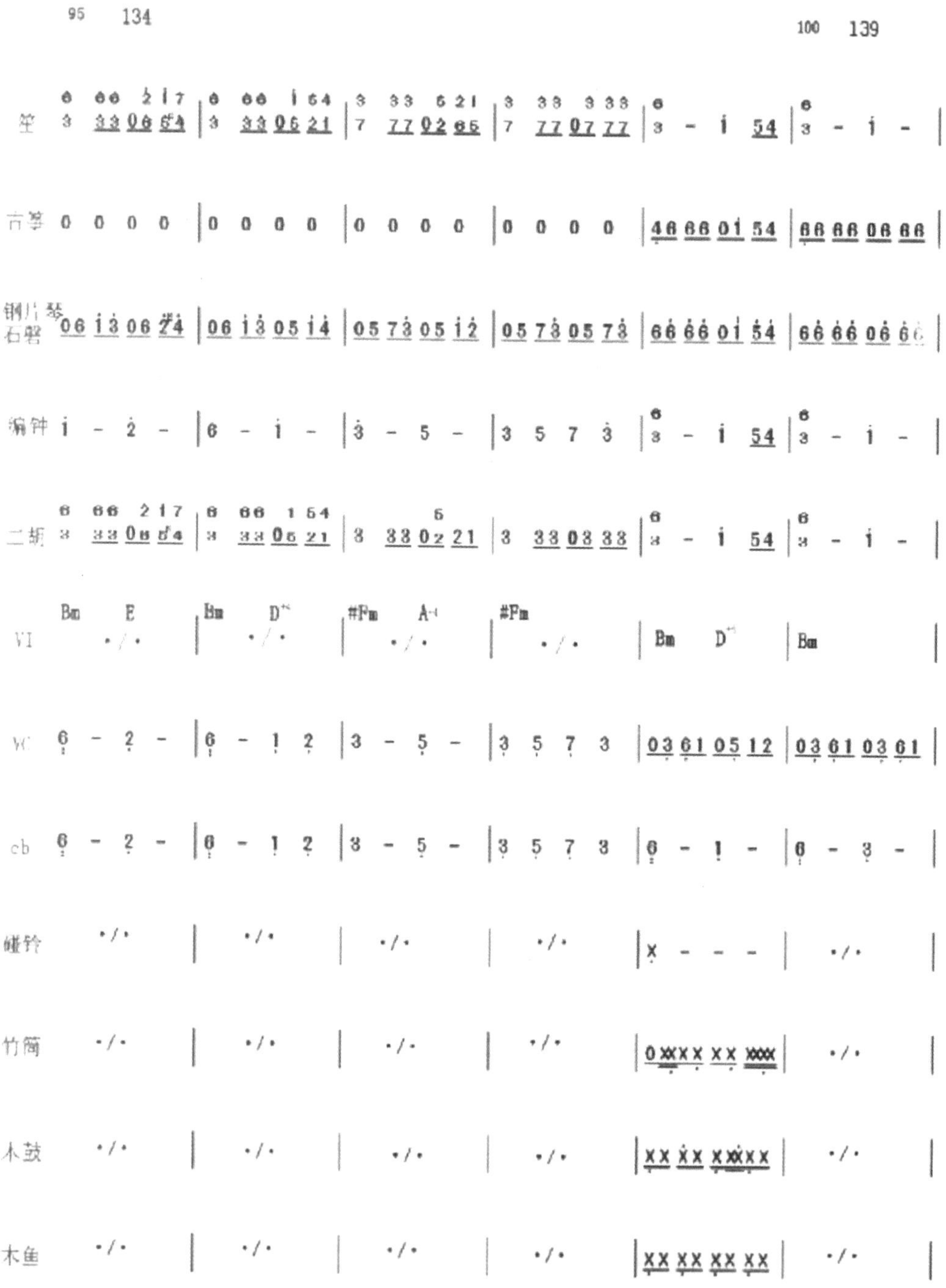
95 134
100 139
笙
古筝
钢片琴
石磬
编钟
二胡
Bm E
Bm D
#Fm A
#Fm
Bm D
Bm
VI
VC
cb
碰铃
竹筒
木鼓
木鱼

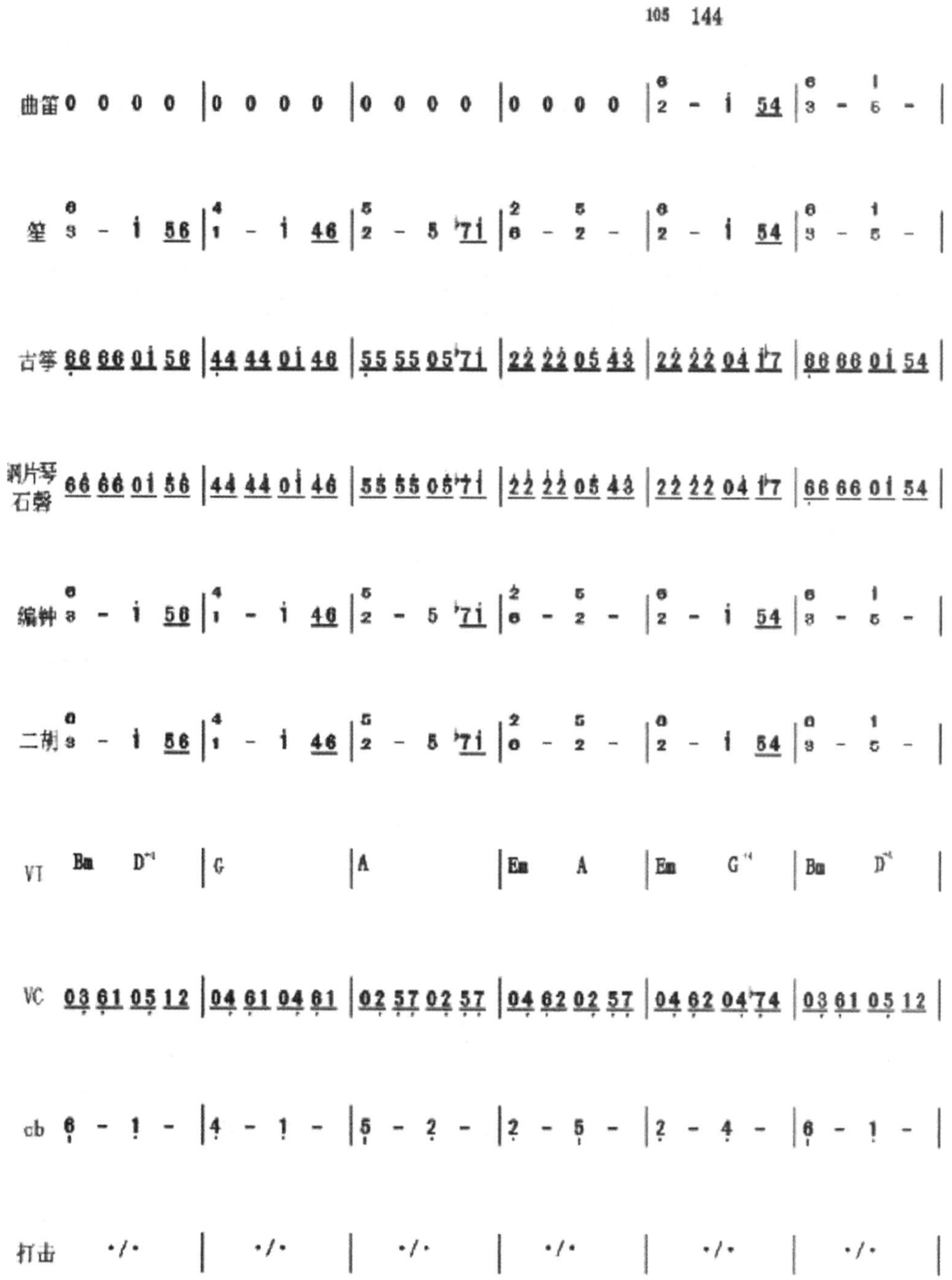
105 144
曲笛
笙
古筝
钢片琴
石磬
编钟
二胡
VI
Bm
G
A
Em
VC
cb
打击

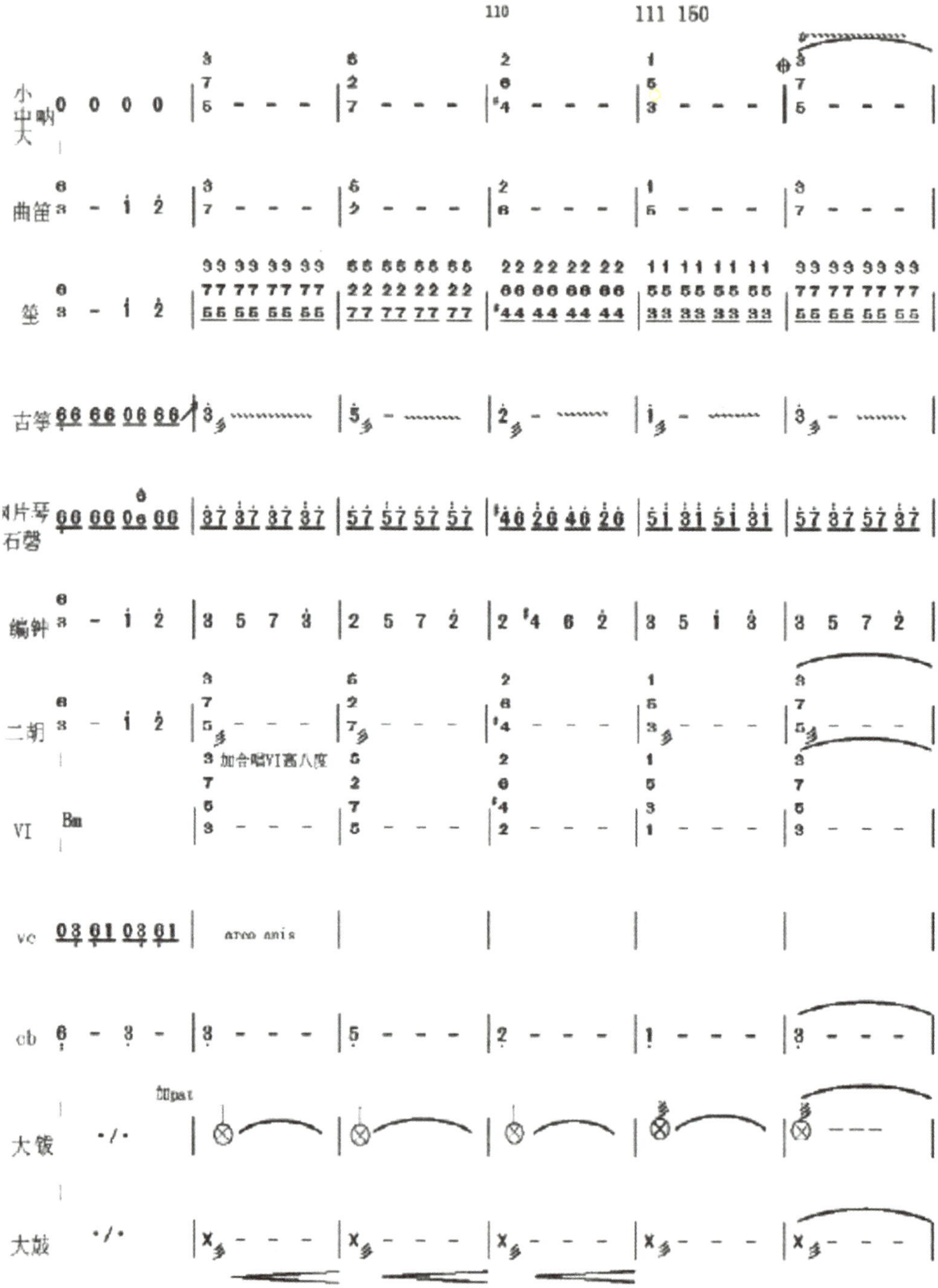
110
111 150
唢呐
曲笛
笙
古筝
石磬
编钟
二胡
加合唱VI高八度
VI
Bm
vc
cb
大钹
大鼓

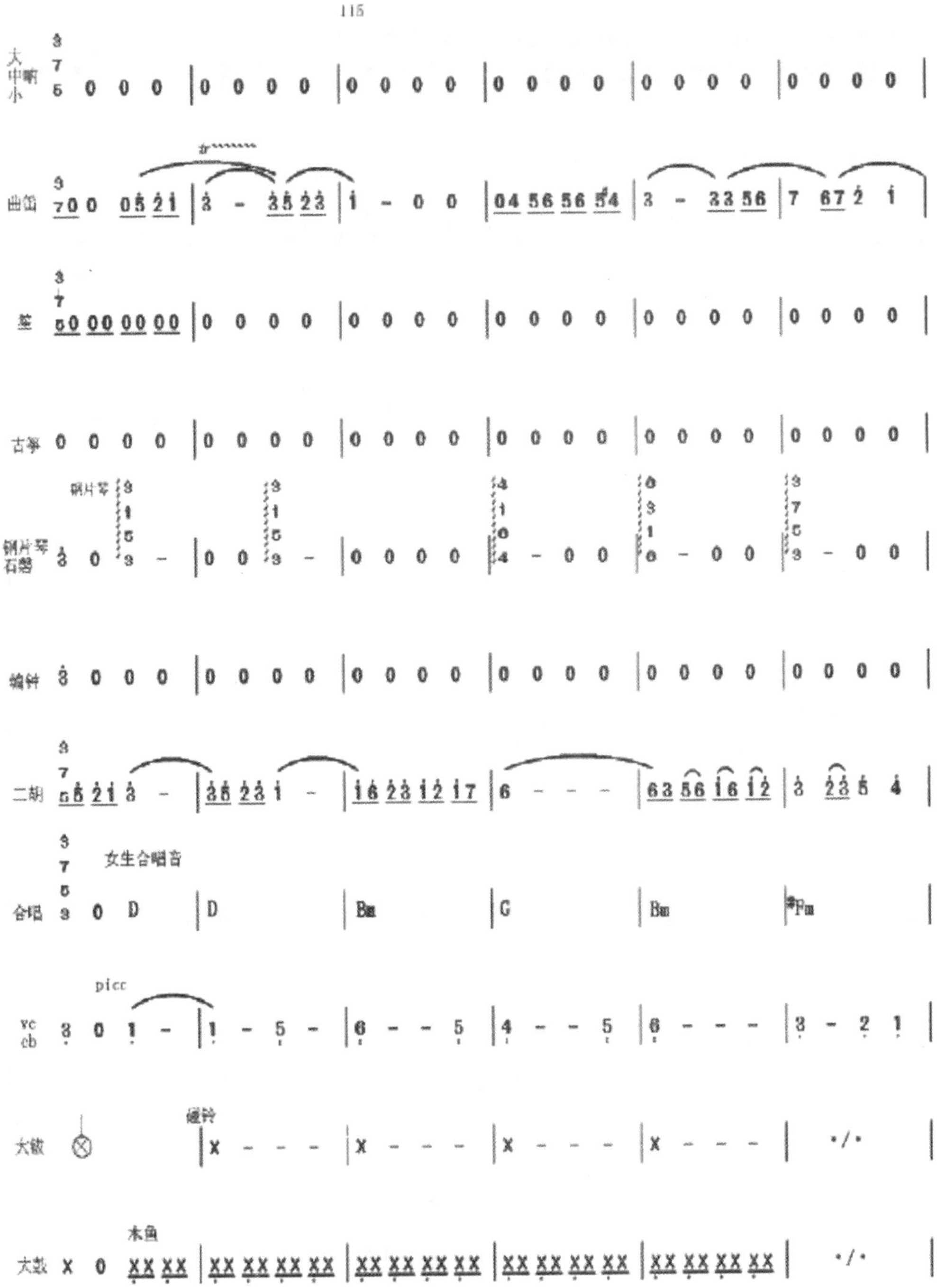
115
大 中 响 小
曲笛
笙
古筝
钢片琴
钢片琴 石磬
编钟
二胡
女生合唱音
合唱
D
Bm
G
#Fm
picc
vc cb
碰铃
大钹
木鱼
大鼓

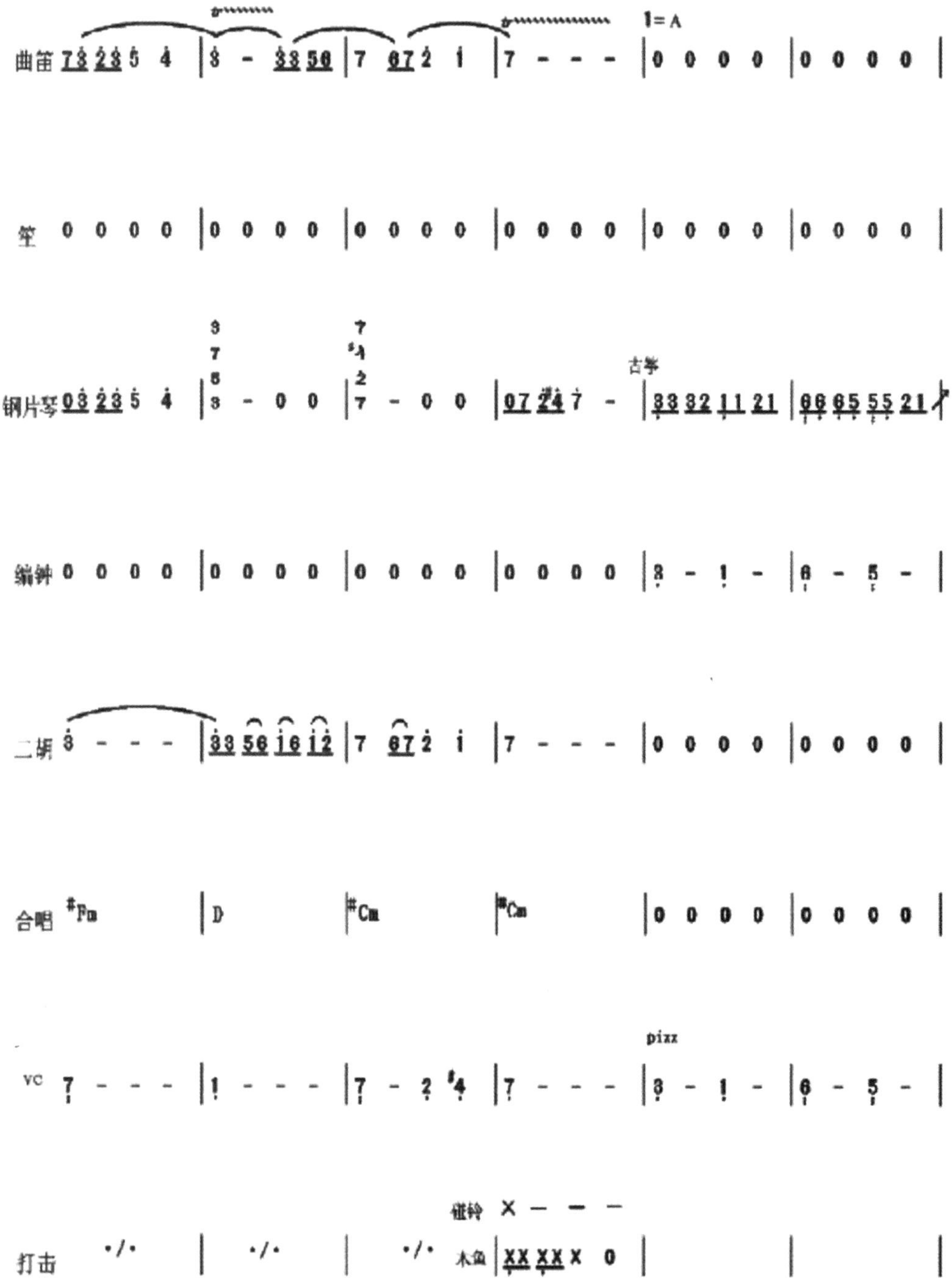
1= A
曲笛
笙
钢片琴
古筝
编钟
二胡
合唱
#Fm
D
#Cm
#Cm
vc
pizz
碰铃
打击
木鱼

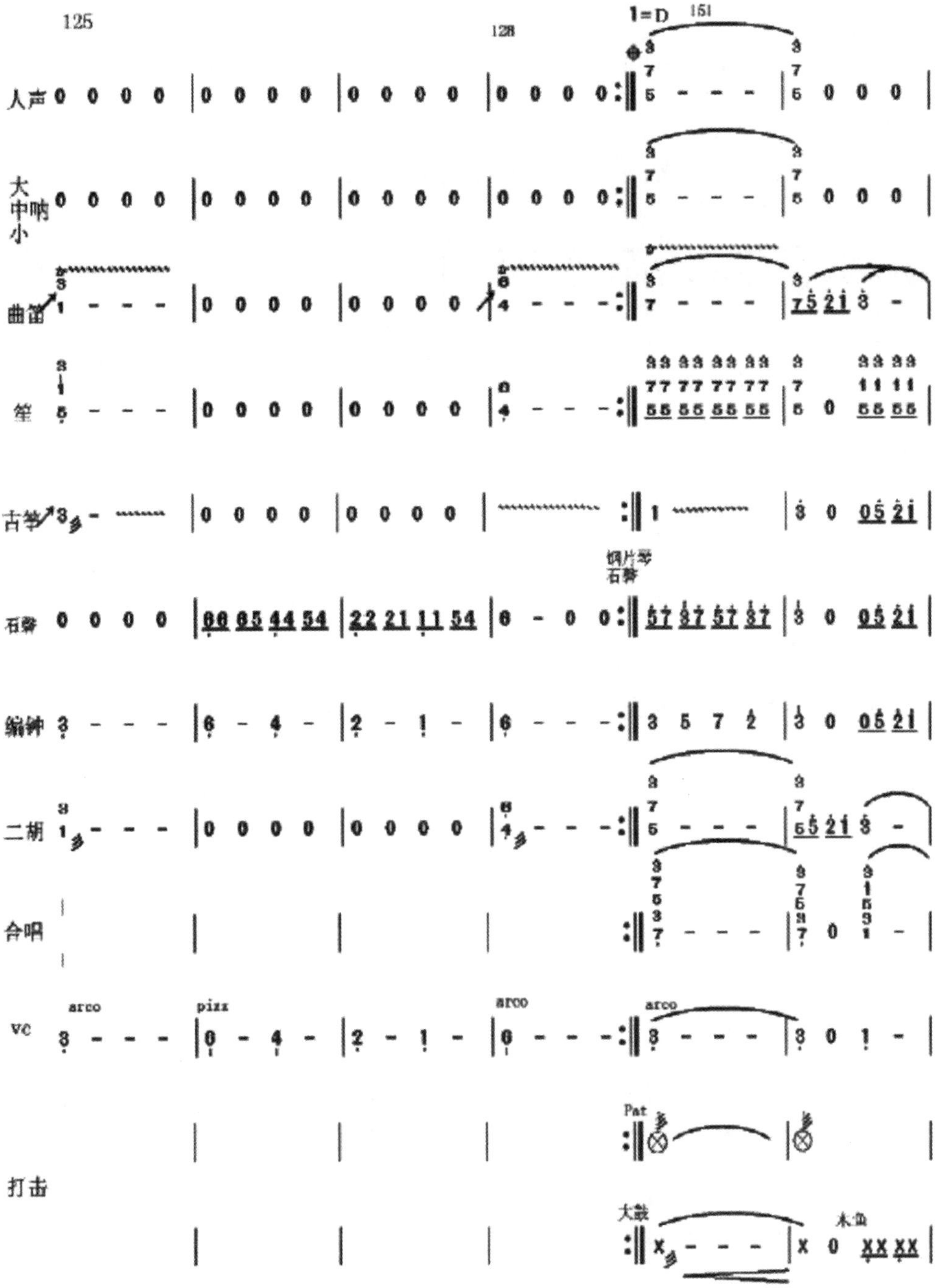
125
128
1=D
151
人声
大
中呐
小
曲笛
笙
古筝
钢片琴
石磬
石磬
编钟
二胡
合唱
VC
arco
pizz
arco
arco
Pat
打击
大鼓
木鱼

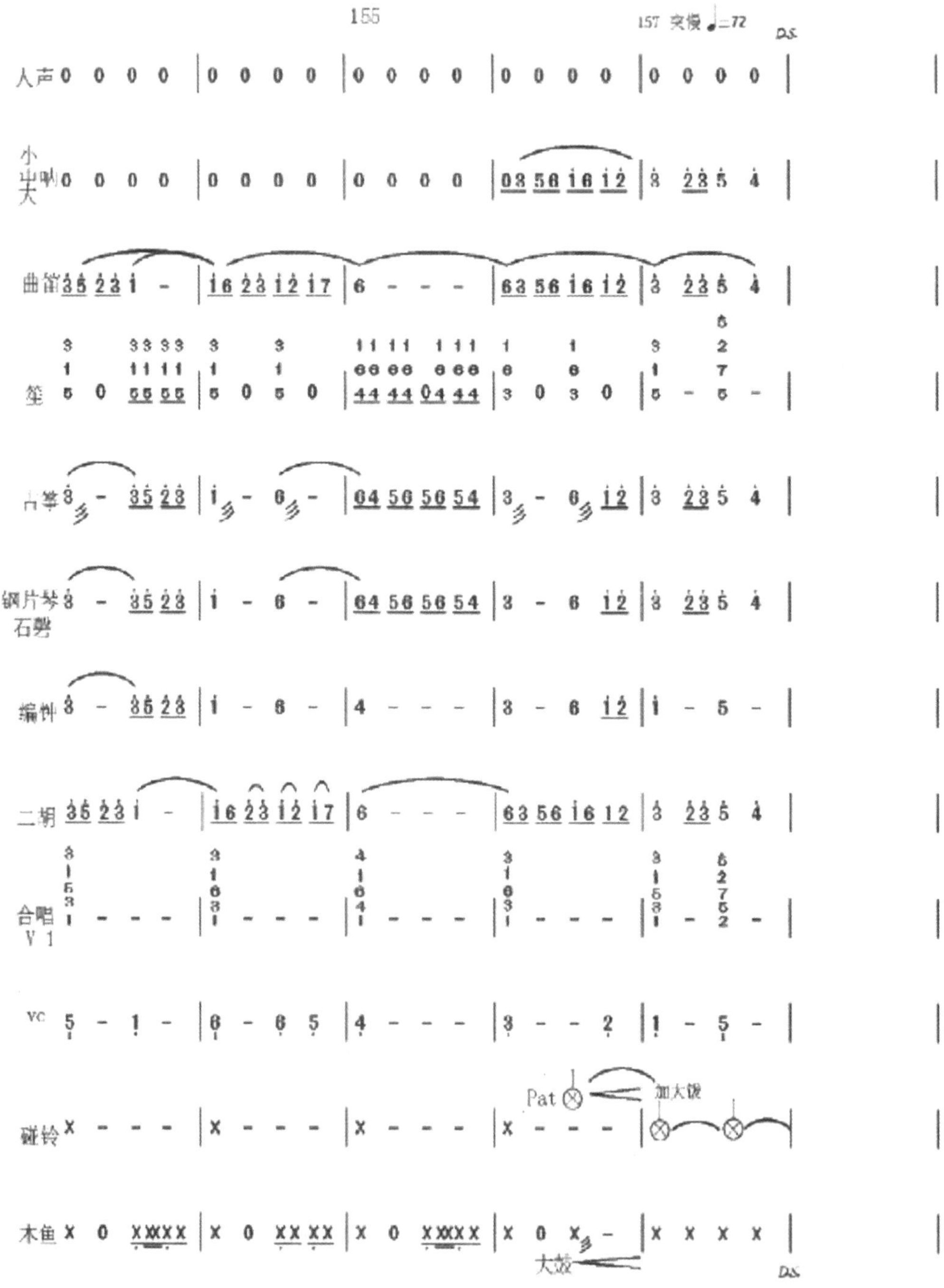
155
157 突慢 ♩=72
D.S.
人声
曲笛
笙
钢片琴
石磬
二胡
合唱
V 1
VC
Pat
加大镲
碰铃
木鱼
大鼓
D.S.

二、卿云歌颂

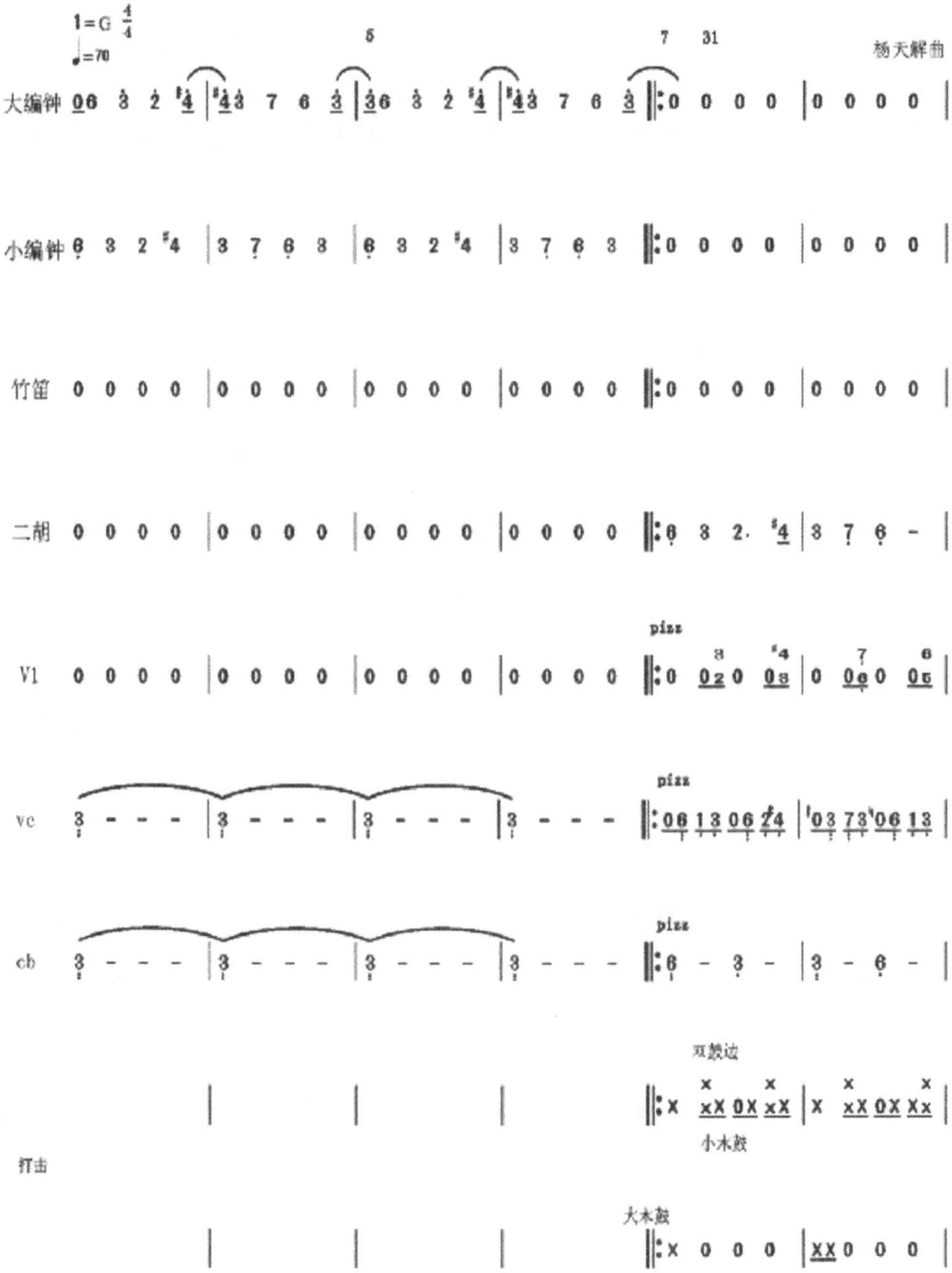

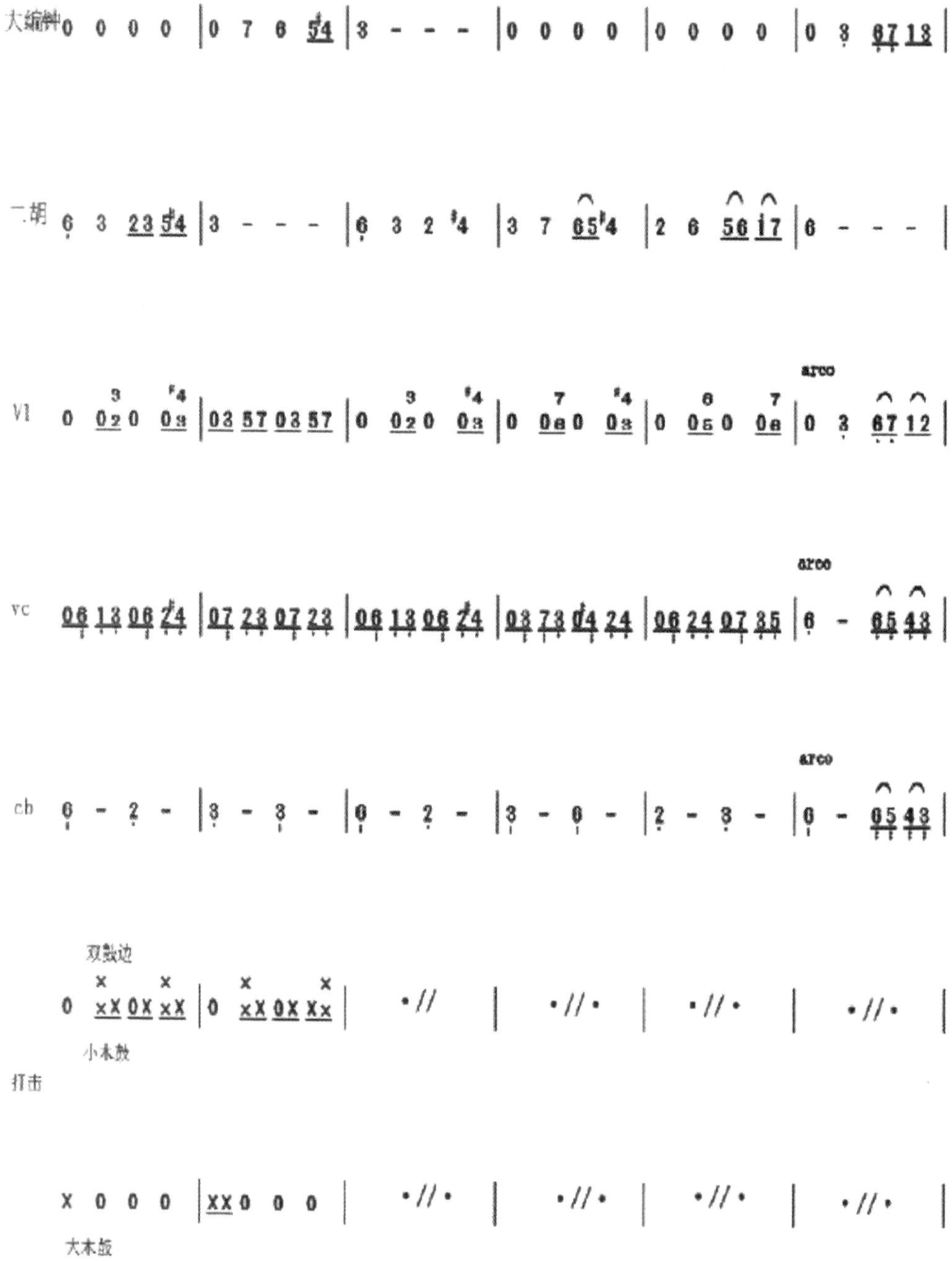
大编钟
二胡
VI
arco
vc
arco
ch
arco
双鼓边
小木鼓
打击
大木鼓

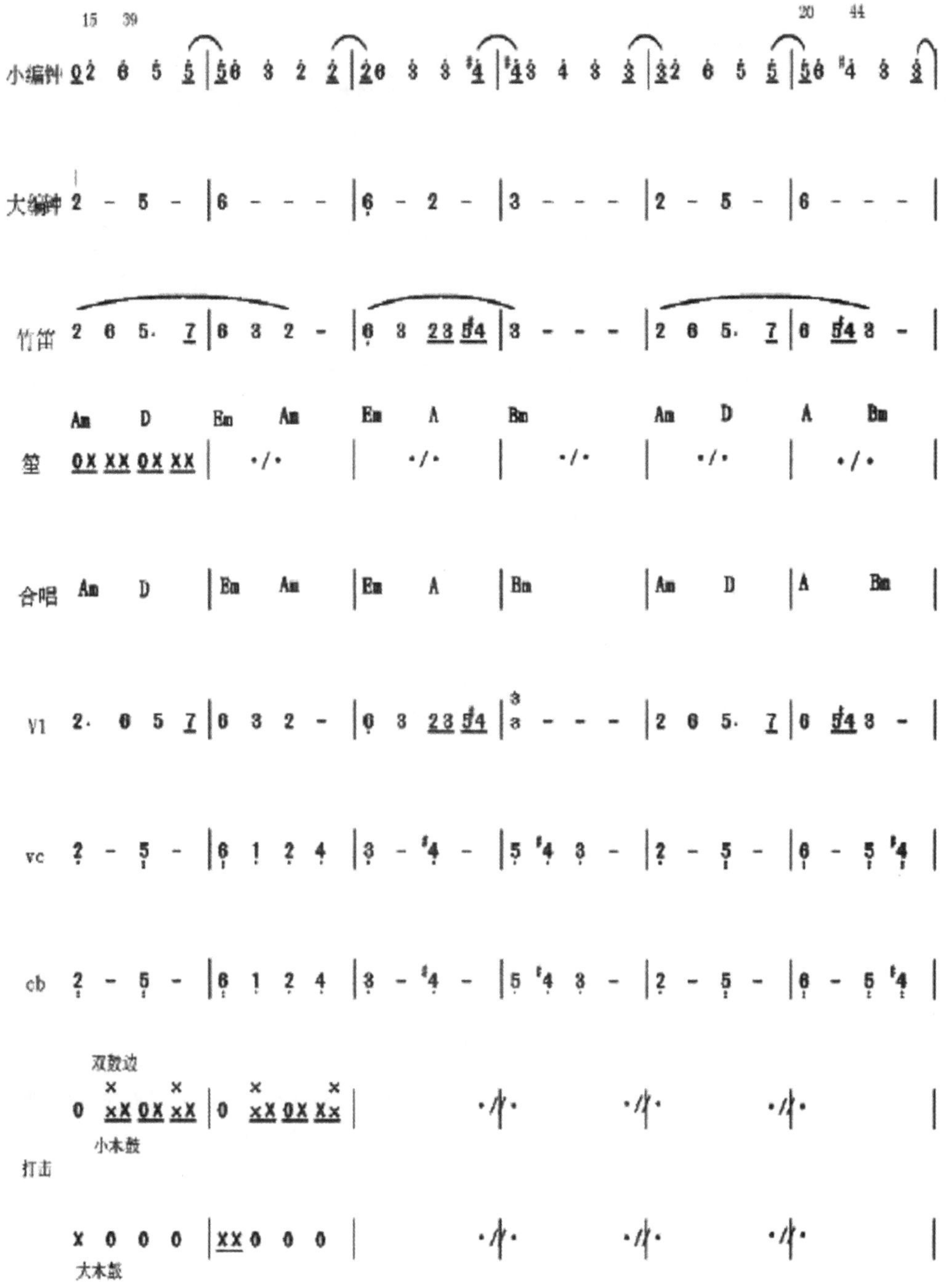
小编钟
大编钟
竹笛
Am D Em Am Em A Bm Am D A Bm
笙
合唱
Am D Em Am Em A Bm Am D A Bm
V1
vc
cb
双鼓边
小木鼓
打击
大木鼓

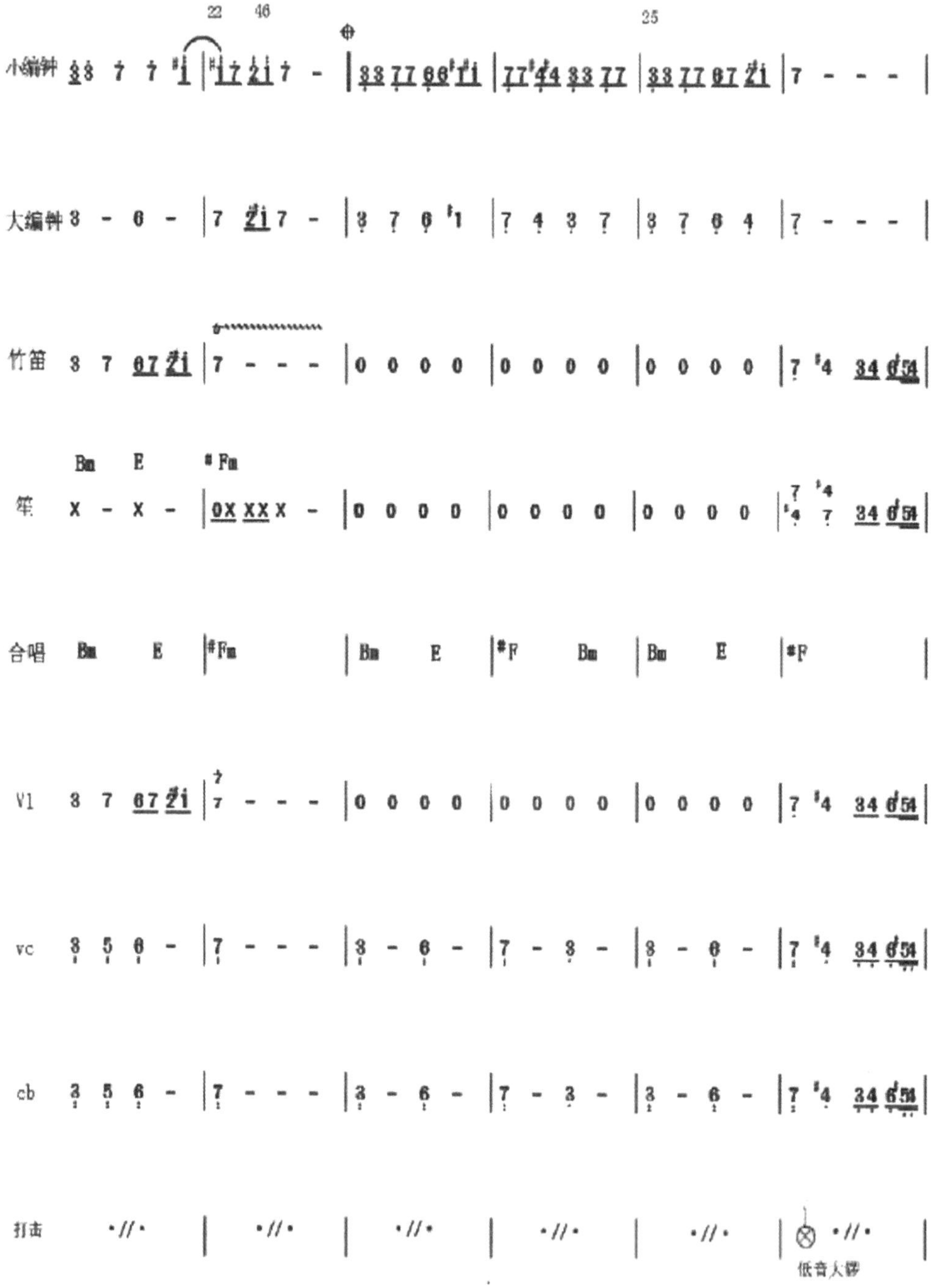
小编钟
大编钟
竹笛
笙
Bm E #Fm
合唱
Bm E #Fm Bm E #F Bm Bm E #F
Vl
vc
cb
打击
低音大锣

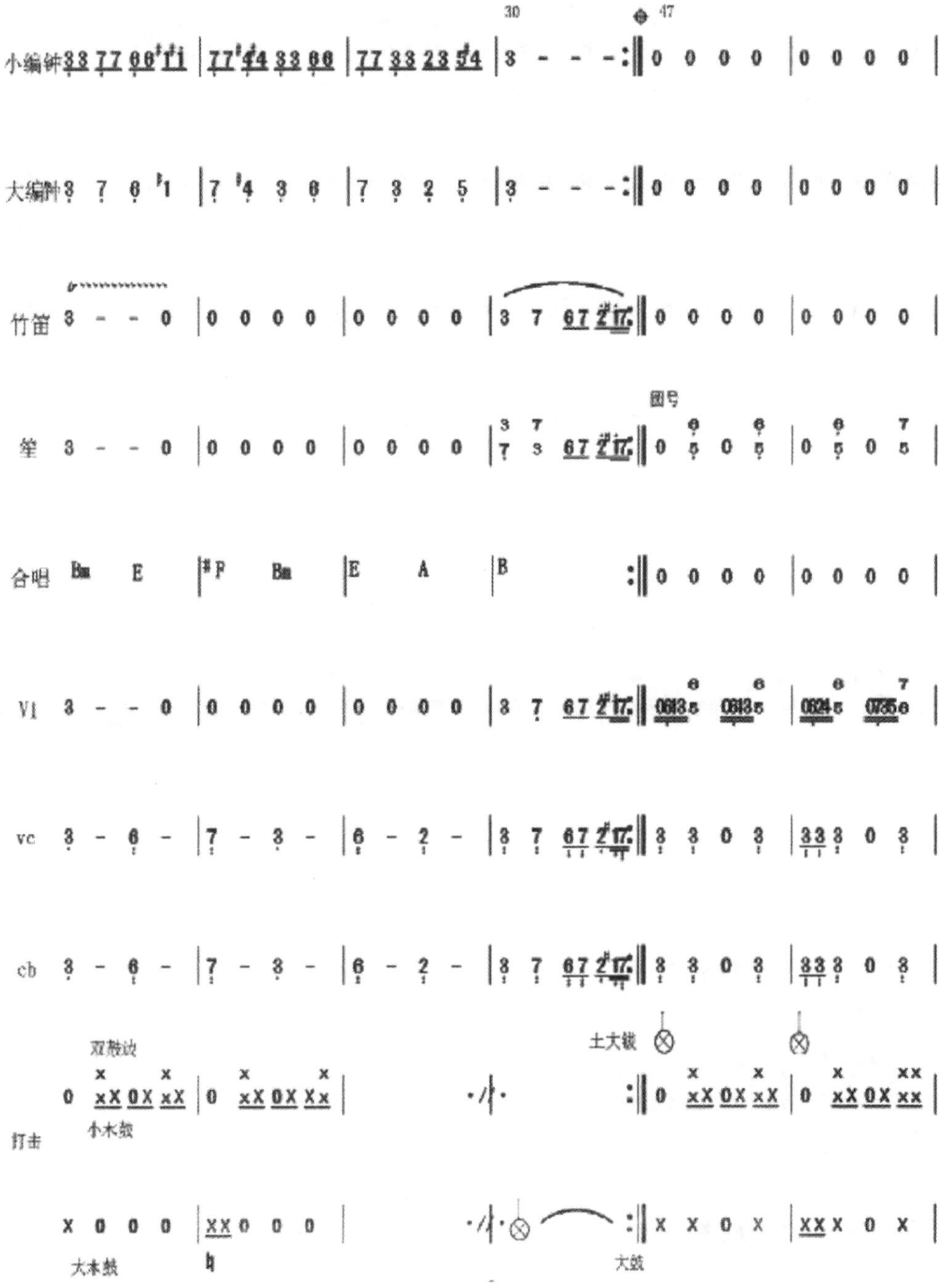
小编钟
大编钟
竹笛
圆号
笙
合唱
Vl
vc
cb
土大钹
打击
大鼓

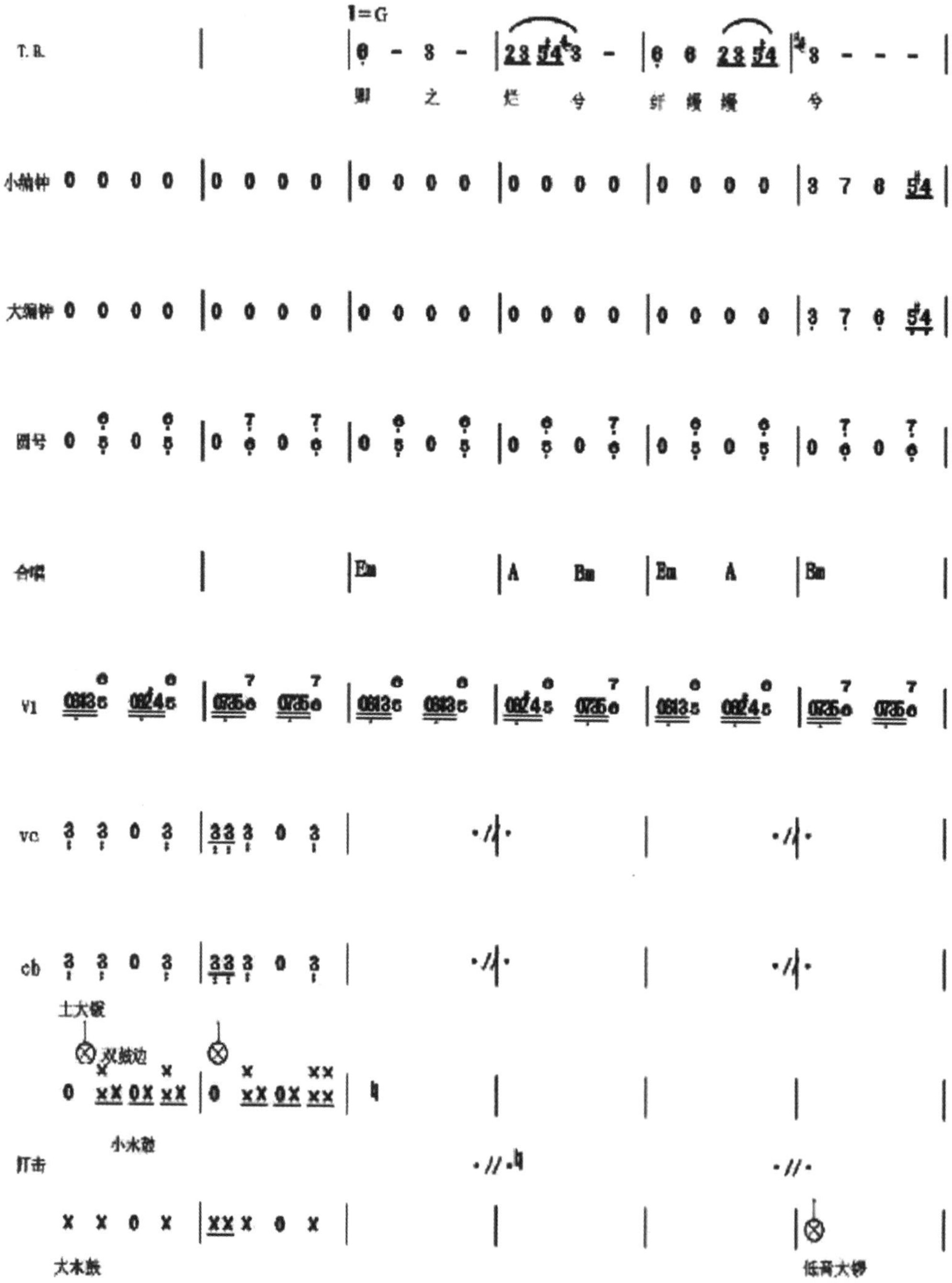
1=G
T. B.
卿 之 烂 兮 纠 缦 缦 兮
小编钟
大编钟
圆号
合唱
Em
A Bm
Em A
Bm
V1
vc
cb
土大钹
打击
大木鼓

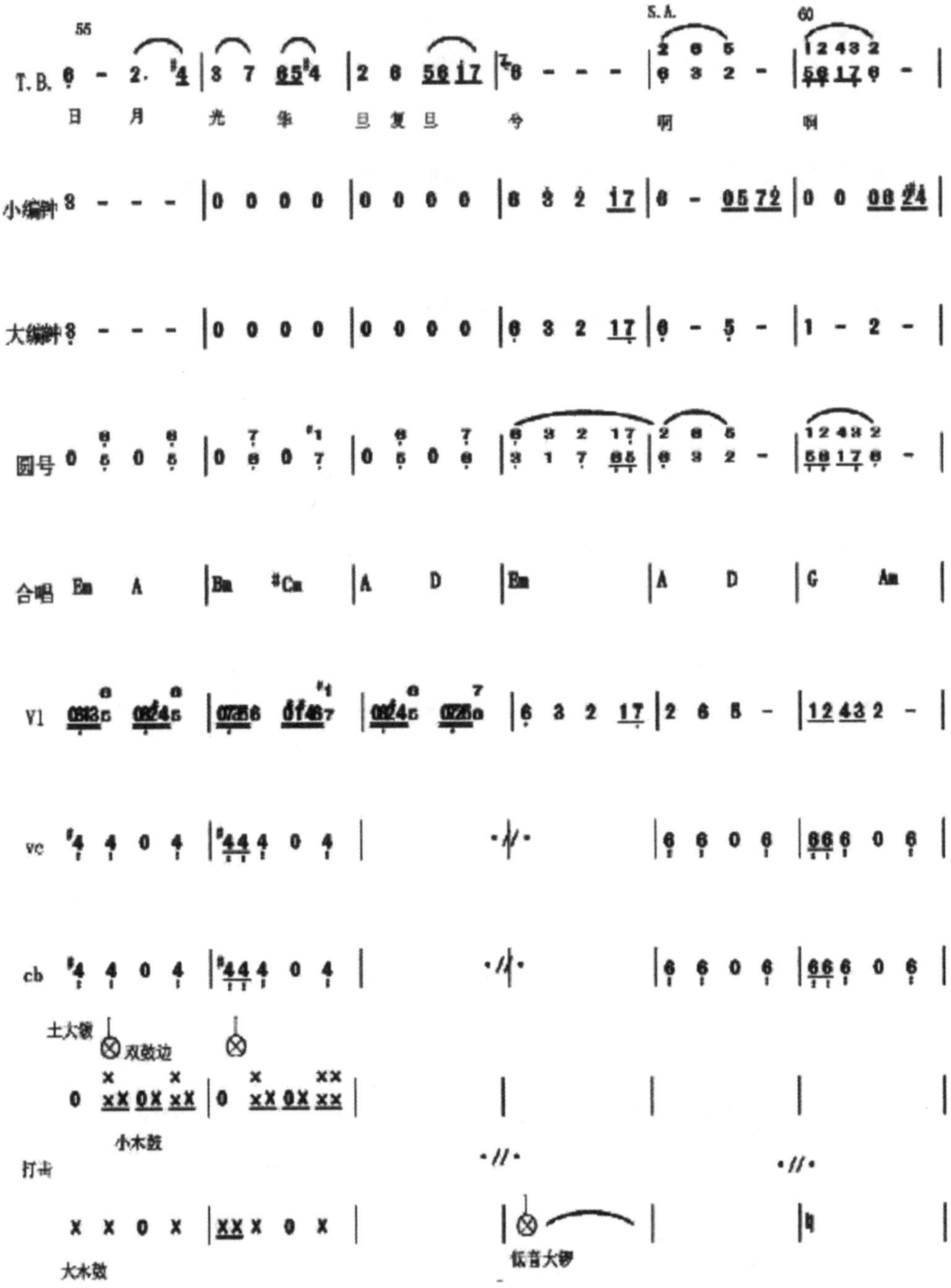
55
S.A.
60
T.B.
日 月 光 华 旦 复 旦 兮 啊 啊
小编钟
大编钟
圆号
合唱
Em A Bm #Cm A D Em A D G Am
Vl
vc
cb
土大镲
双鼓边
小木鼓
打击
大木鼓
低音大锣

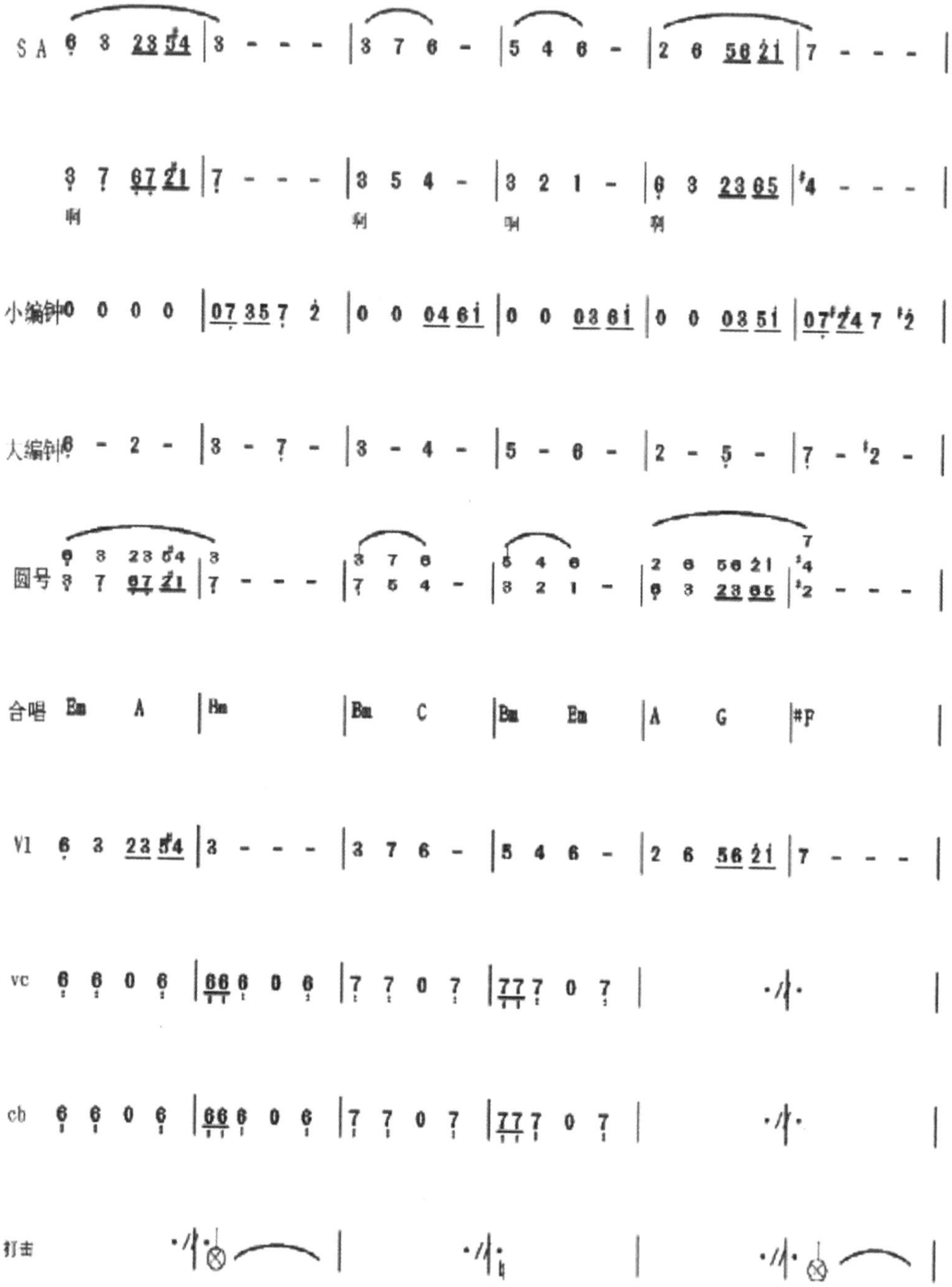
S A
啊 啊 啊 啊
小编钟
大编钟
圆号
合唱 Em A Bm Bm C Bm Em A G #F
Vl
vc
cb
打击

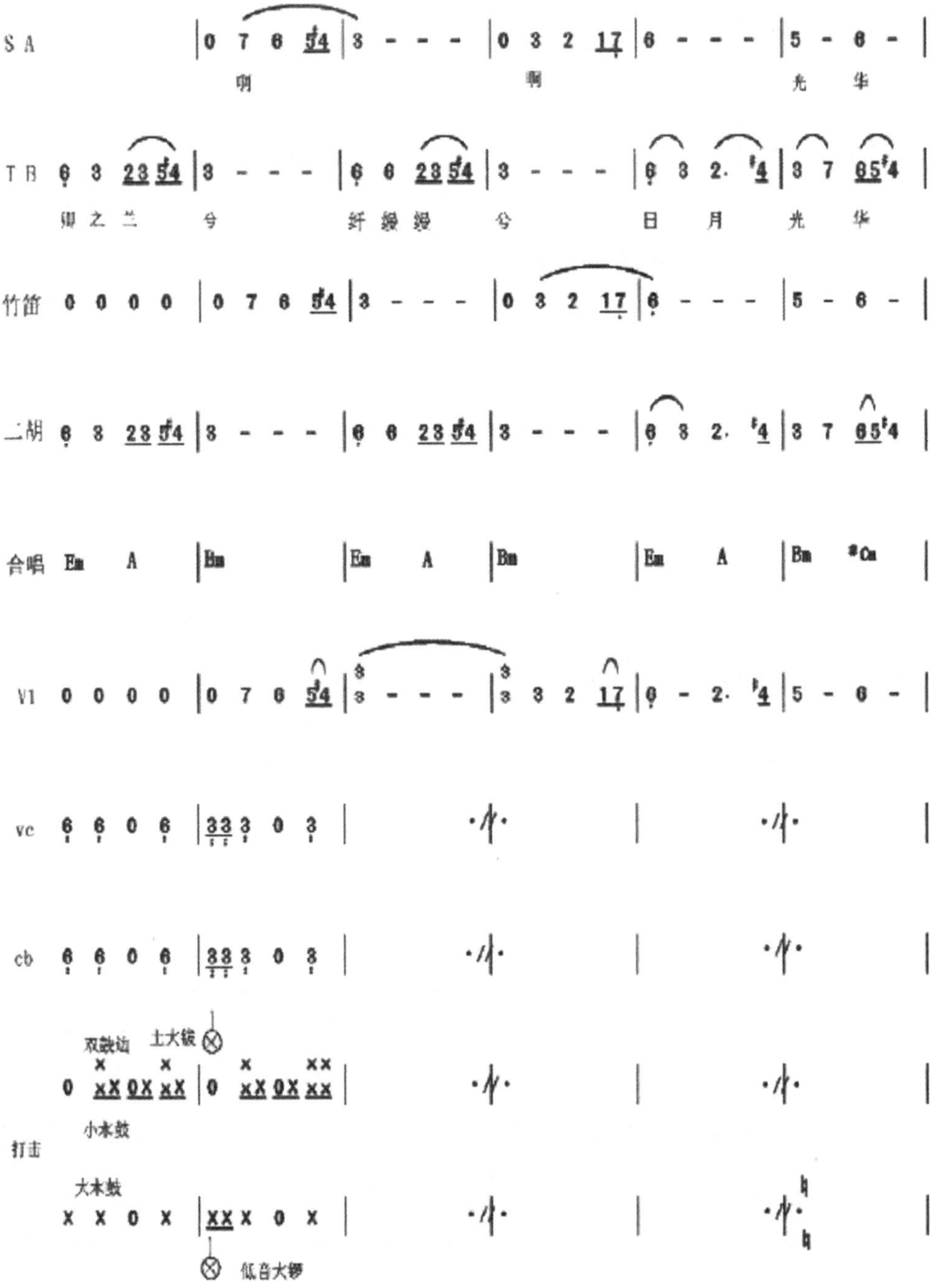
S A
啊
光 华
T B
兮
兮
日 月 光 华
竹笛
二胡
合唱
Em A Bm Em A Bm Em A Bm
V1
vc
cb
双鼓边
土大镲
小木鼓
打击
大木鼓
低音大锣

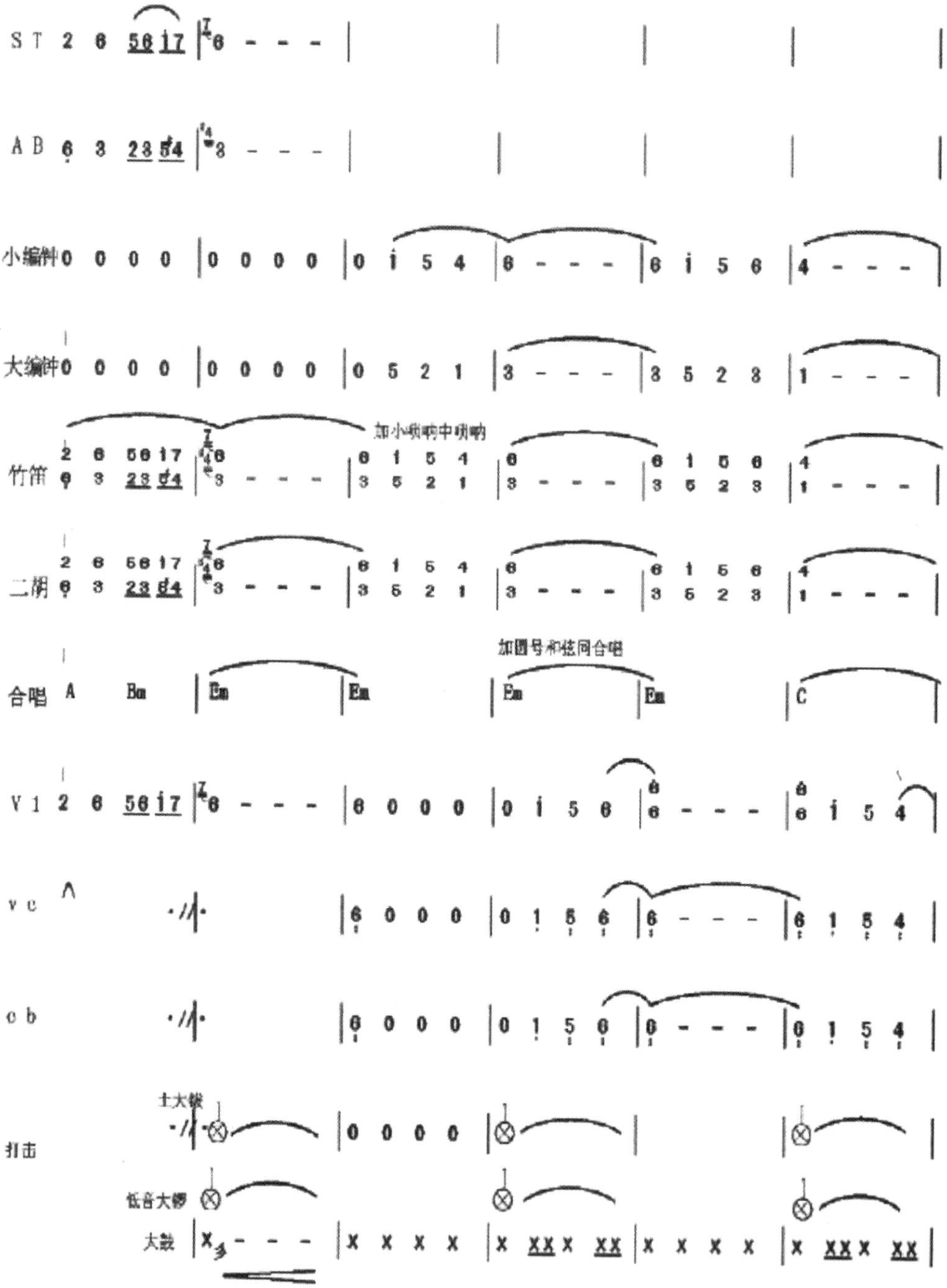
S T
A B
小编钟
大编钟
加小唢呐中唢呐
竹笛
二胡
加圆号和弦同合唱
合唱
A
Bm
Em
Em
Em
Em
C
V 1
v c
c b
打击
低音大锣
大鼓

三、南风祈福

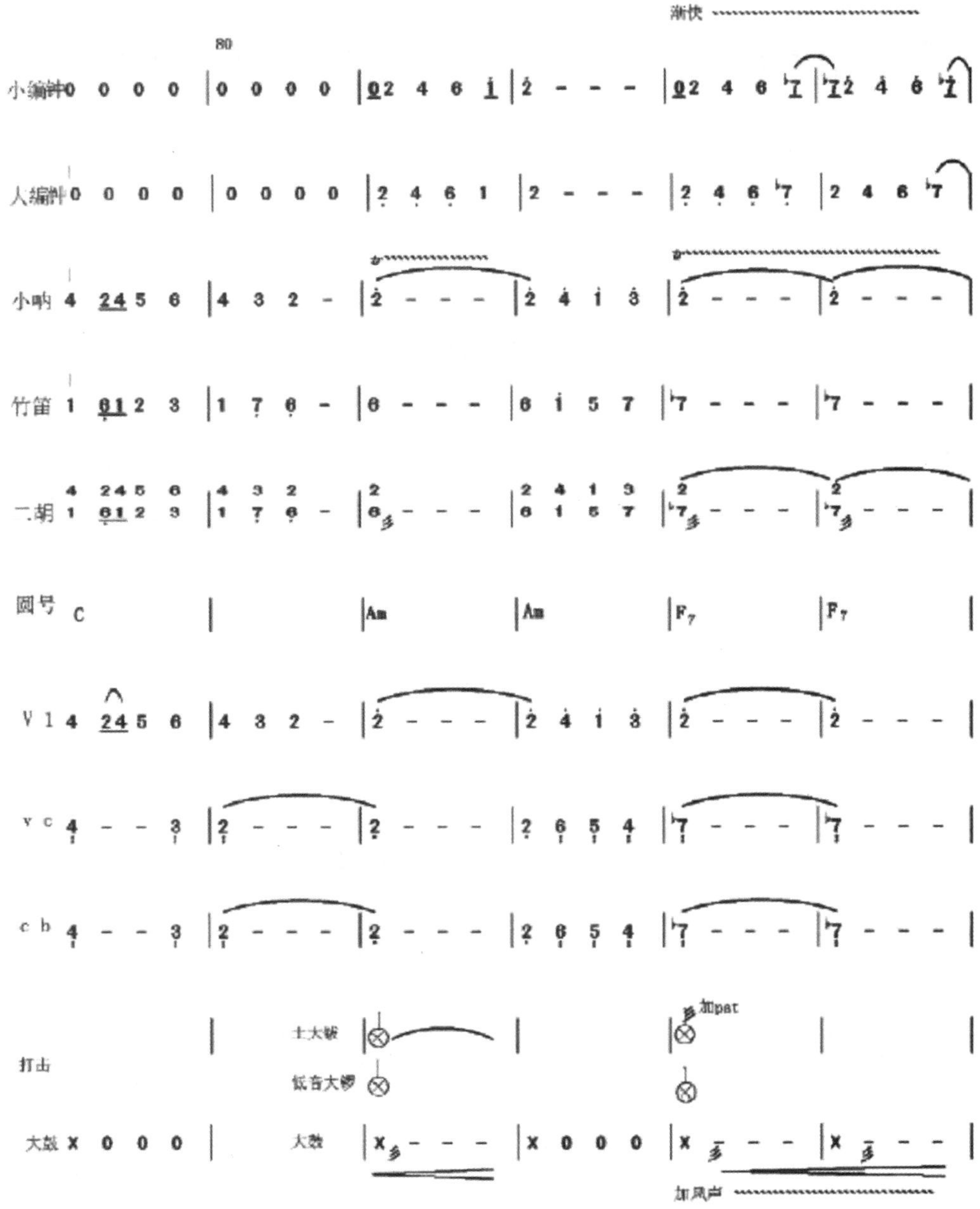
渐快
80
小编钟
大编钟
小呐
竹笛
二胡
圆号
C
Am
Am
F7
F7
V1
vc
cb
打击
大鼓
低音大锣
大鼓
加pat
加风声

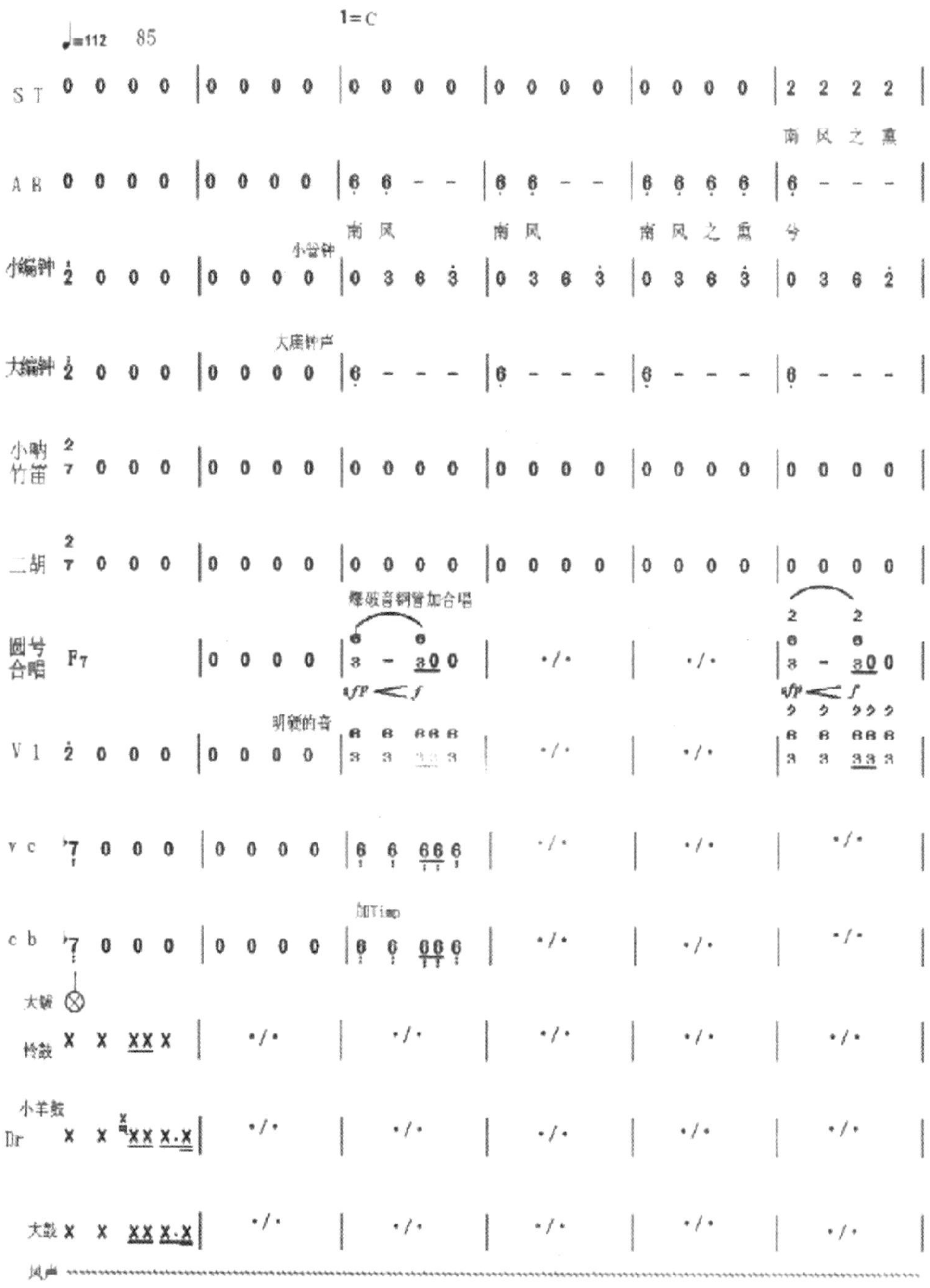
♩=112 85
1=C
S T
南风之熏
A B
南 风
南 风
南 风 之 熏 兮
小编钟
小管钟
大编钟
大唐钟声
小呐
竹笛
二胡
爆破音铜管加合唱
圆号
合唱
F7
明亮的音
V 1
v c
加Timp
c b
大镲
铃鼓
小羊鼓
Dr
大鼓
风声

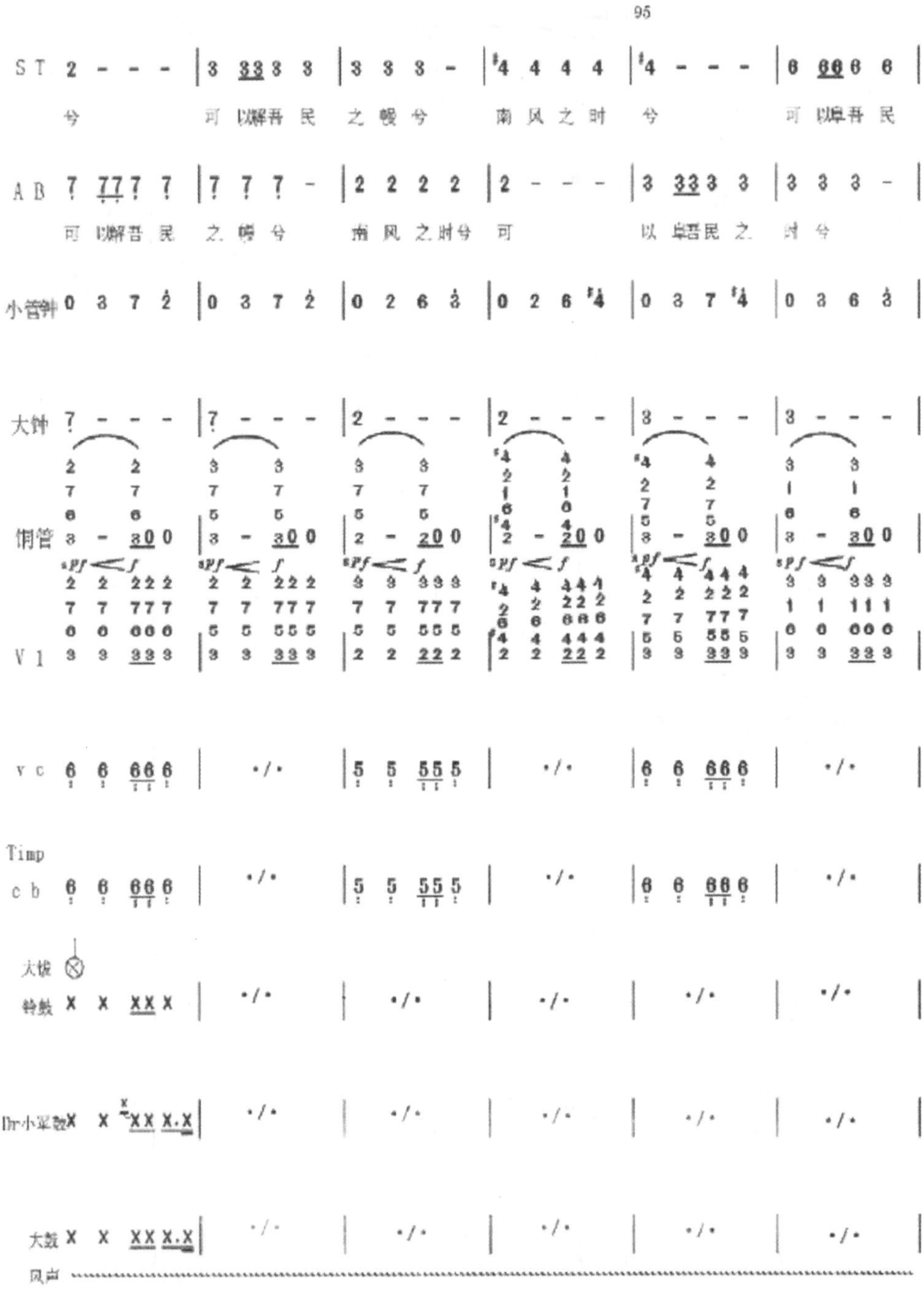
95
ST
兮 可以解吾民之愠兮 南风之时 兮 可以阜吾民
AB
可以解吾民之愠兮 南风之时兮 可 以阜吾民之 时兮
小管钟
大钟
V1
vc
Timp
cb
大镲
Dr小军鼓
大鼓
风声

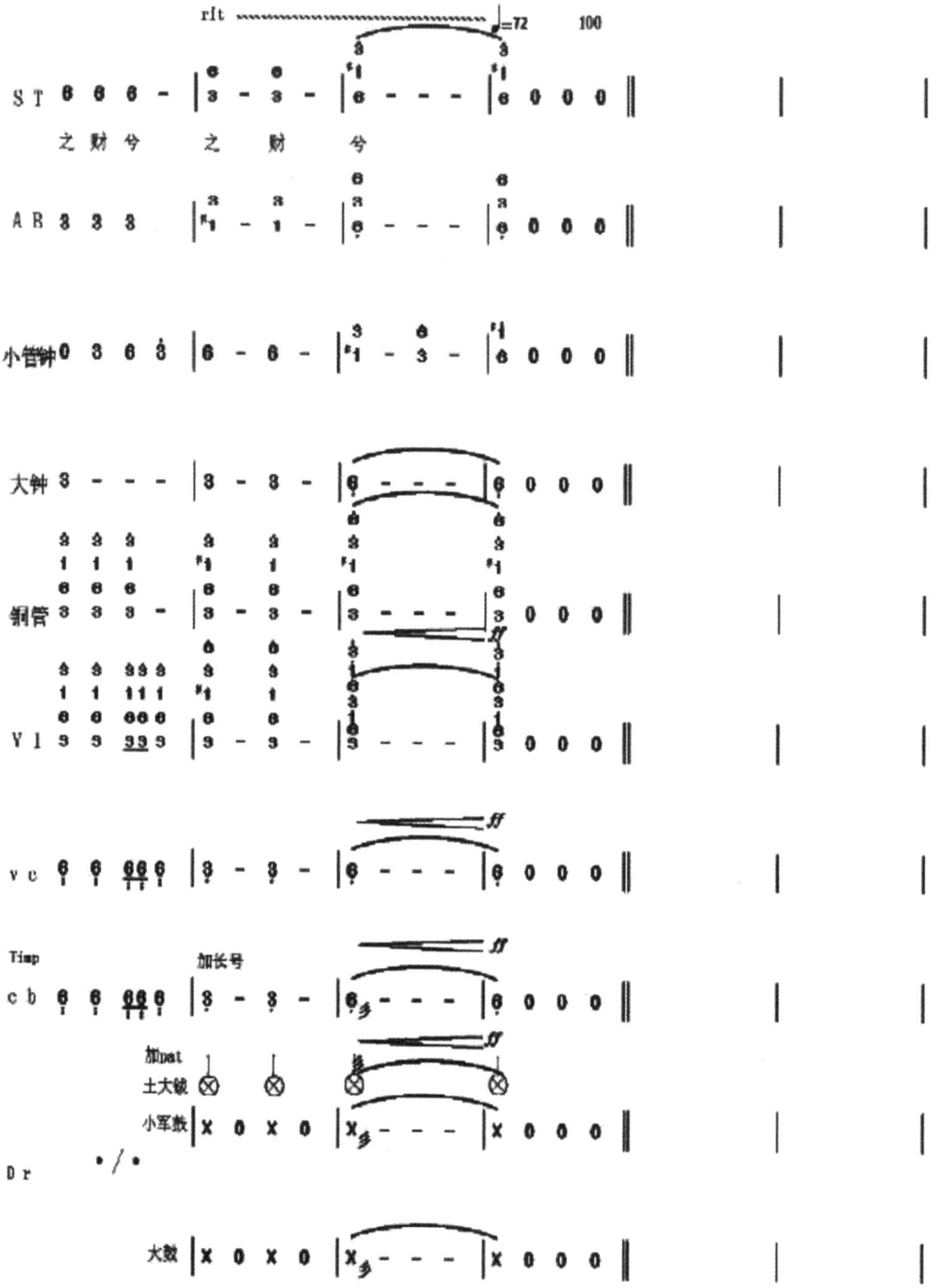
rit
♩=72
100
S T
之 财 兮 之 财 兮
A B
小管钟
大钟
铜管
V I
v c
Timp
加长号
c b
加pat
土大钹
小军鼓
D r
大鼓

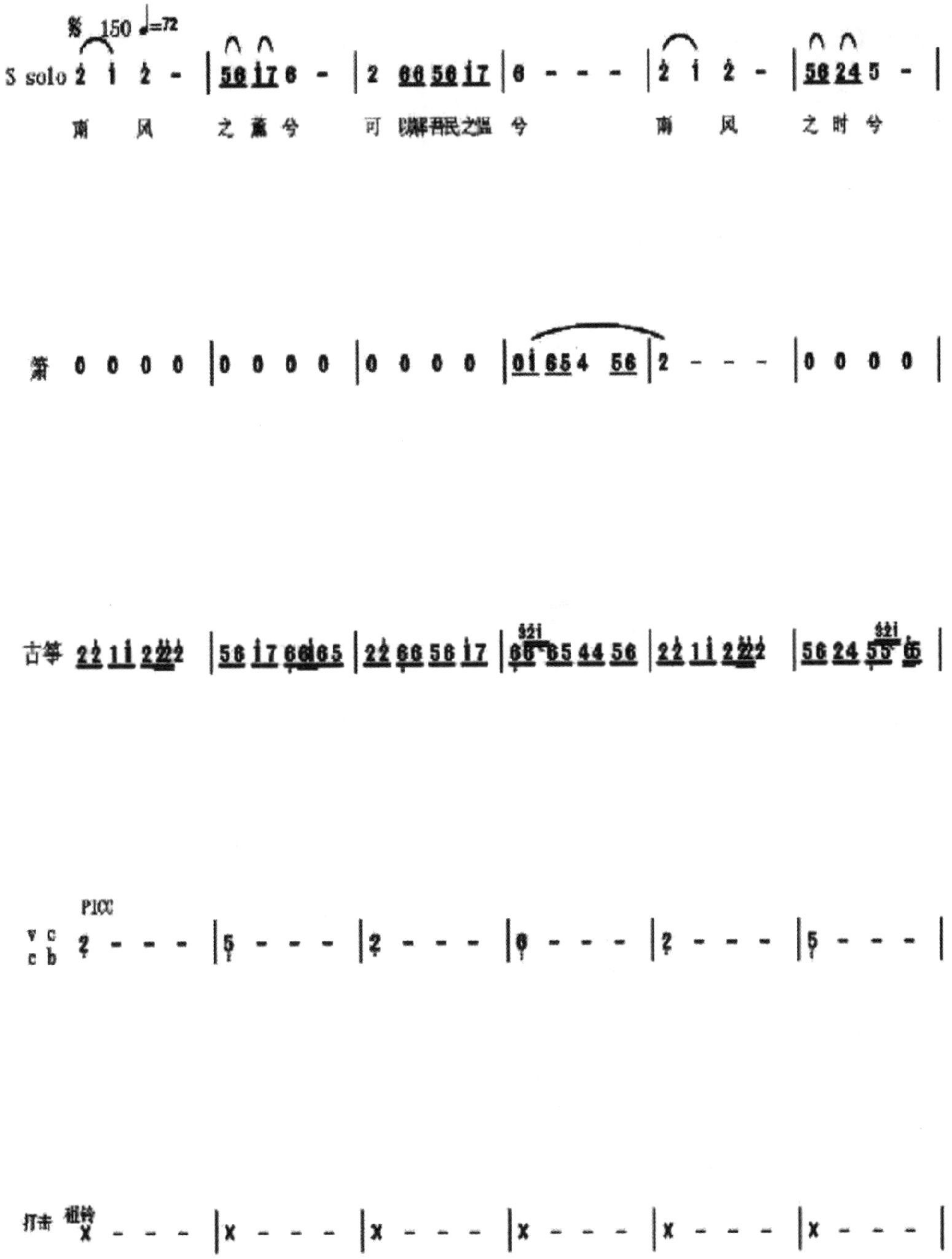
150 ♩=72
S solo
南 风 之薰兮 可以解吾民之愠 兮 南 风 之时兮
箫
古筝
PICC
vc
cb
打击

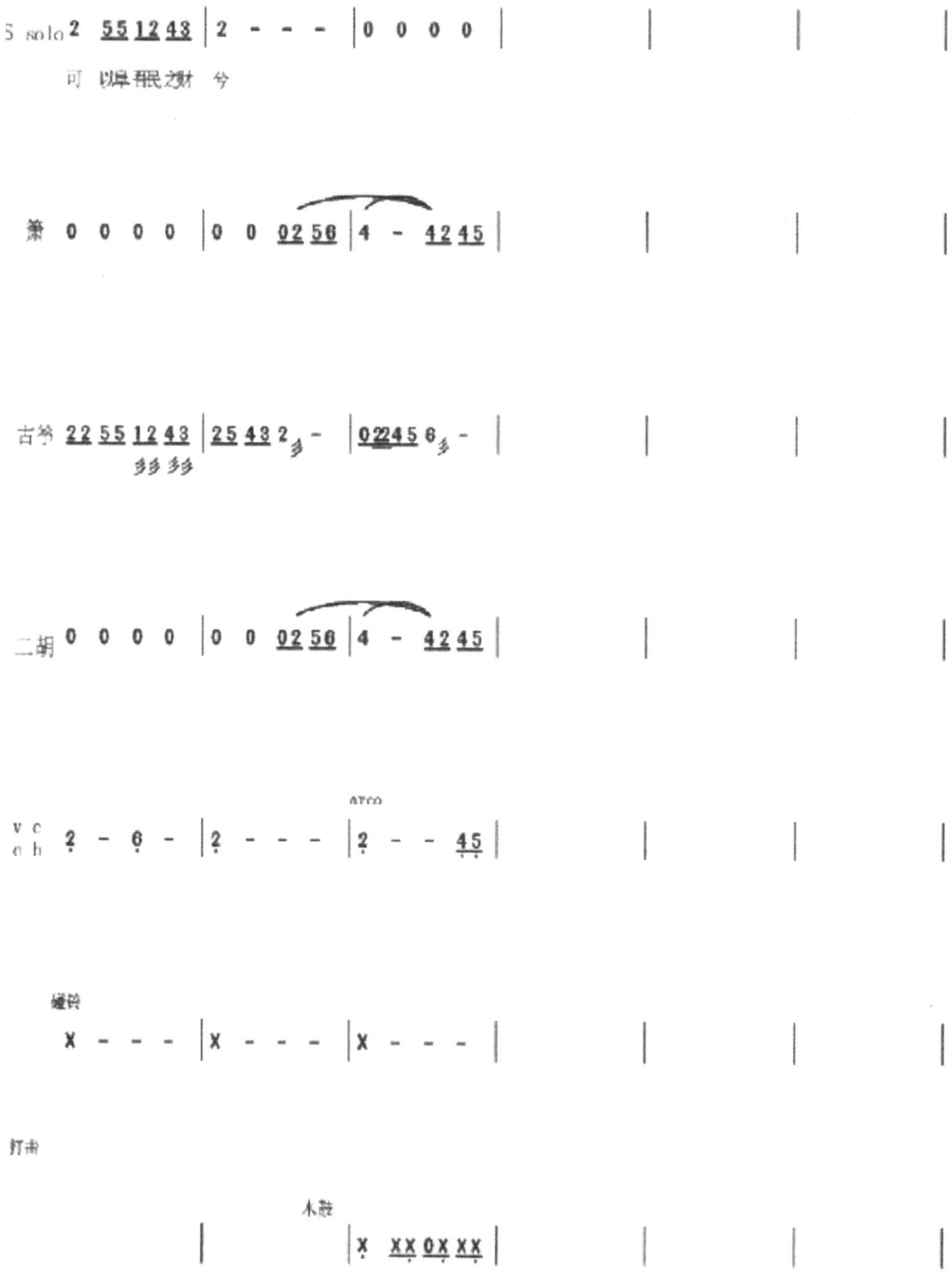
S solo
可 以阜吾民之财 兮
箫
古筝
二胡
碰铃
打击
木鱼

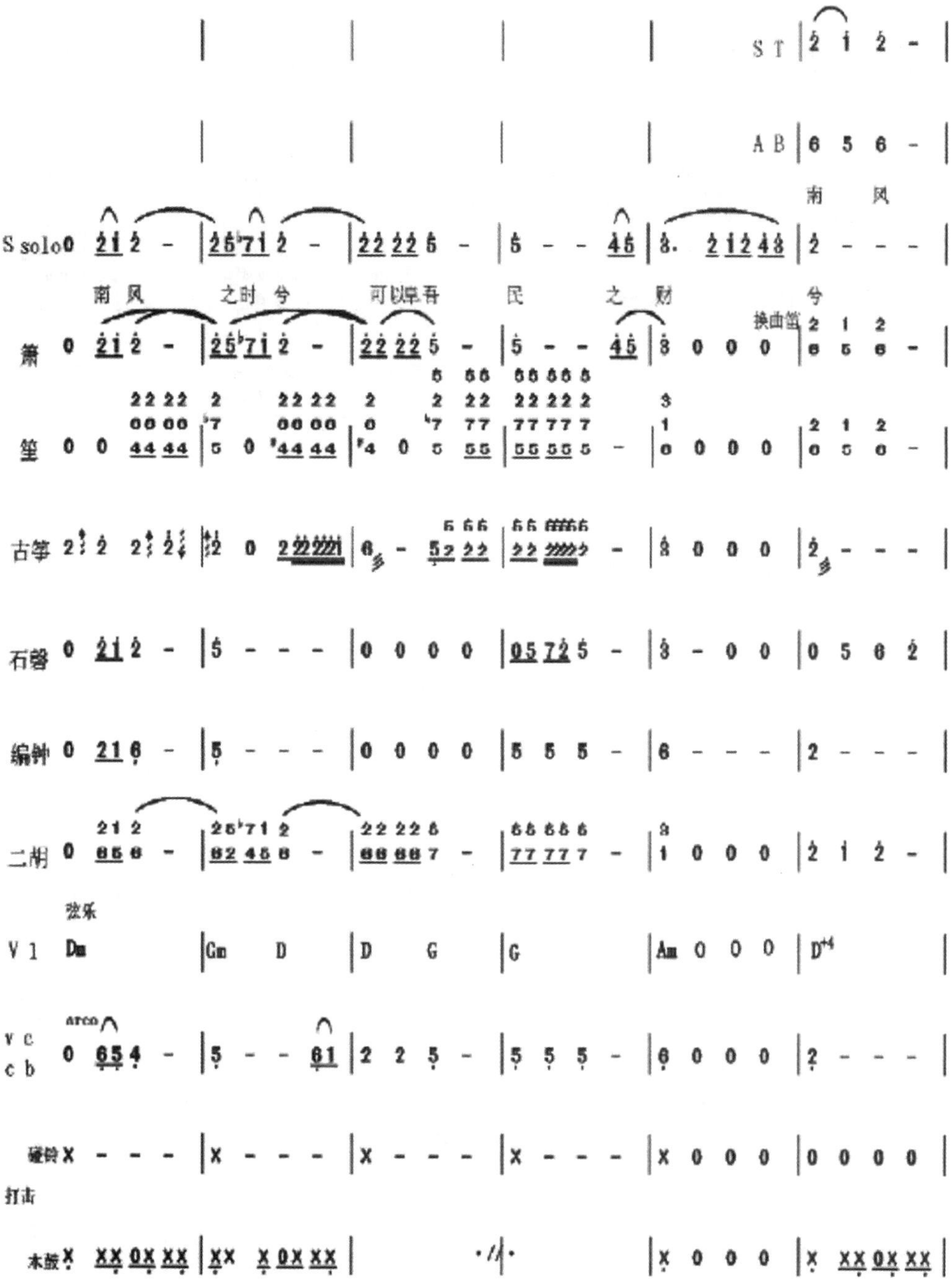
S T
A B
南 风
S solo
南 风 之时 兮 可以阜吾 民 之 财 兮
箫
换曲笛
笙
古筝
石磬
编钟
二胡
弦乐
V 1
Dm
Gm D
D G
G
Am
arco
v c
c b
碰铃
打击
木鼓

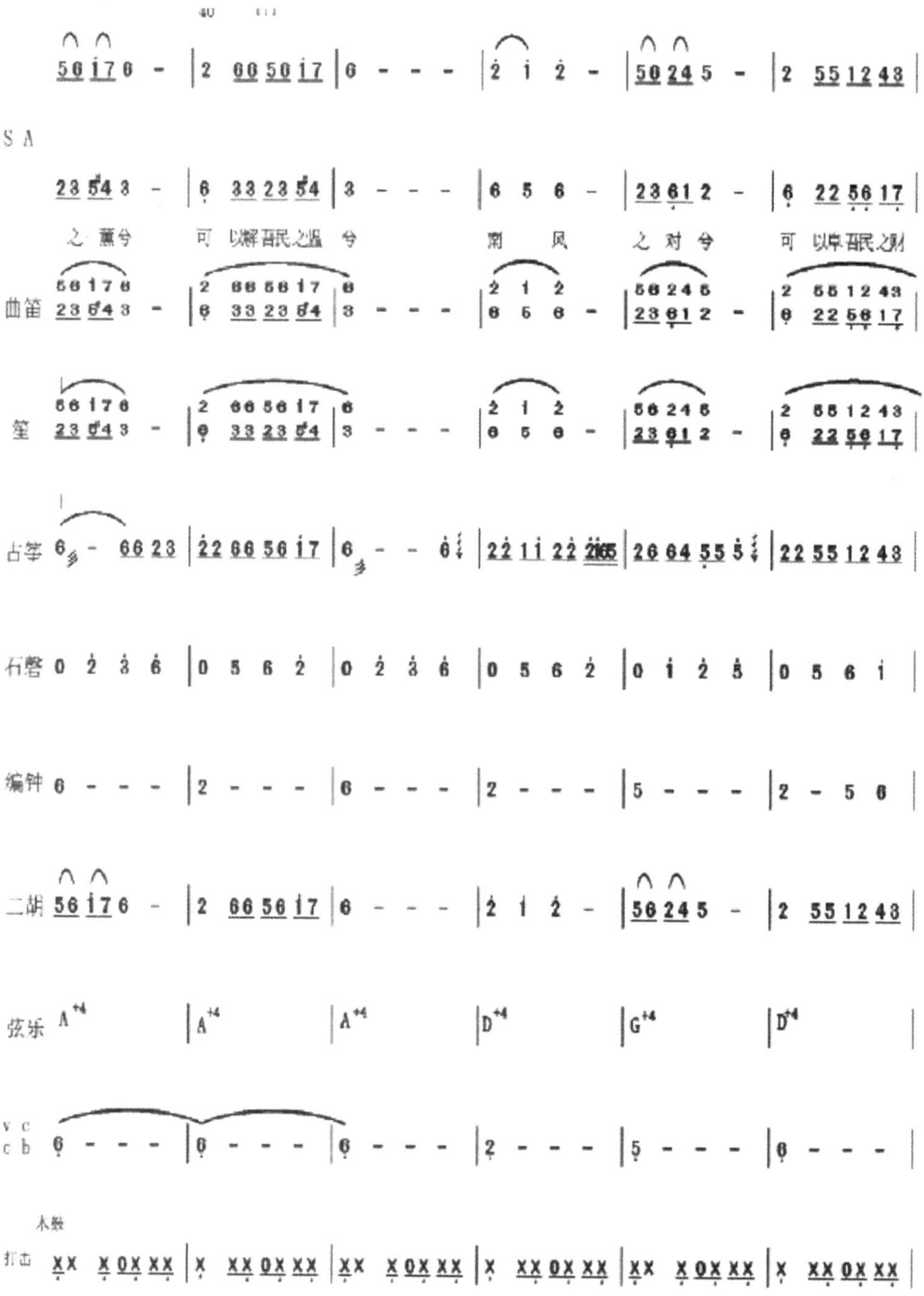
S A
之 薰兮
可 以解吾民之愠 兮
南 风
可 以阜吾民之财
曲笛
笙
古筝
石磬
编钟
二胡
弦乐
vc
cb
打击

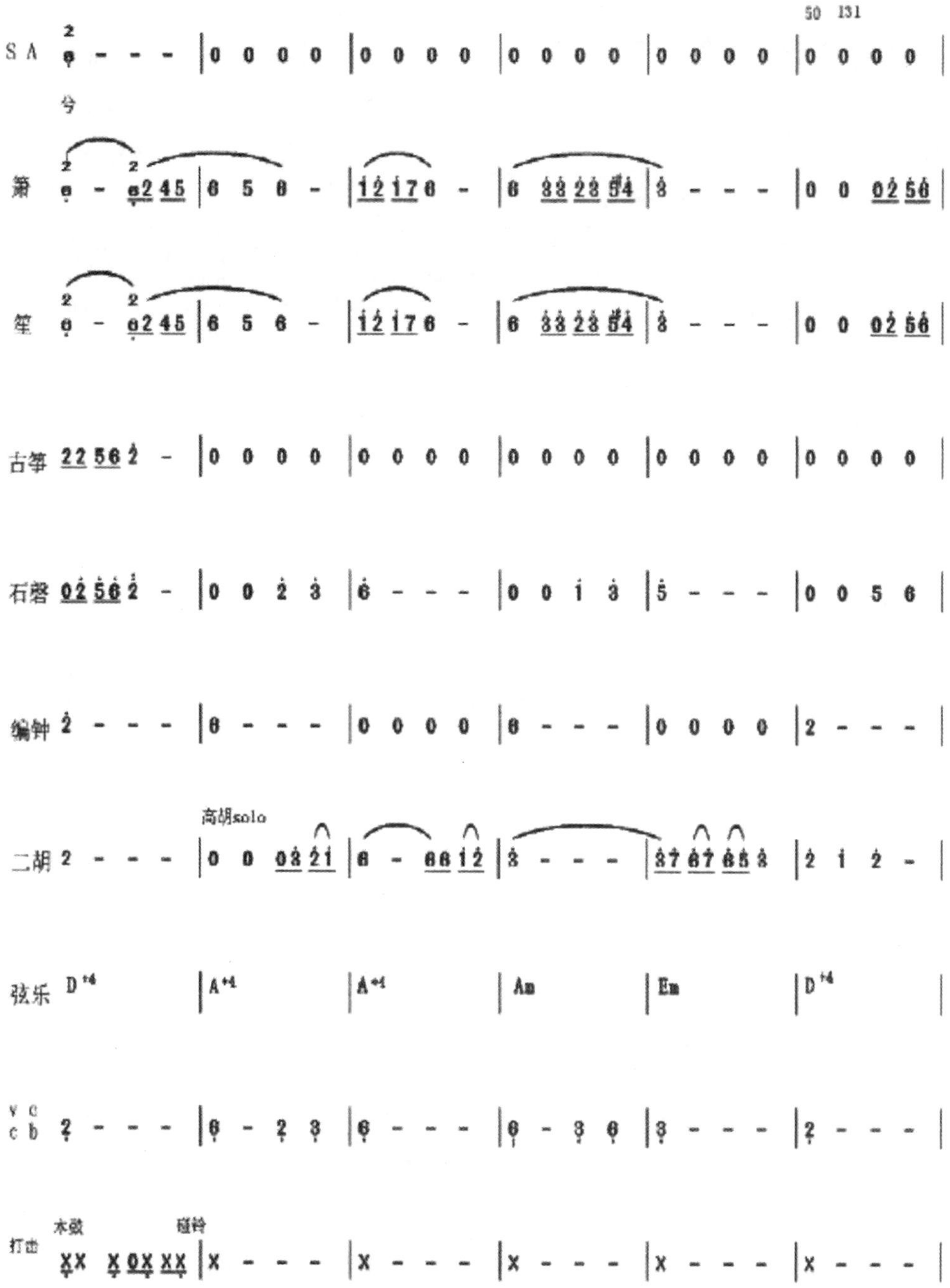
S A
兮
箫
笙
古筝
石磬
编钟
高胡solo
二胡
弦乐
v c
c b
打击
木鼓
碰铃

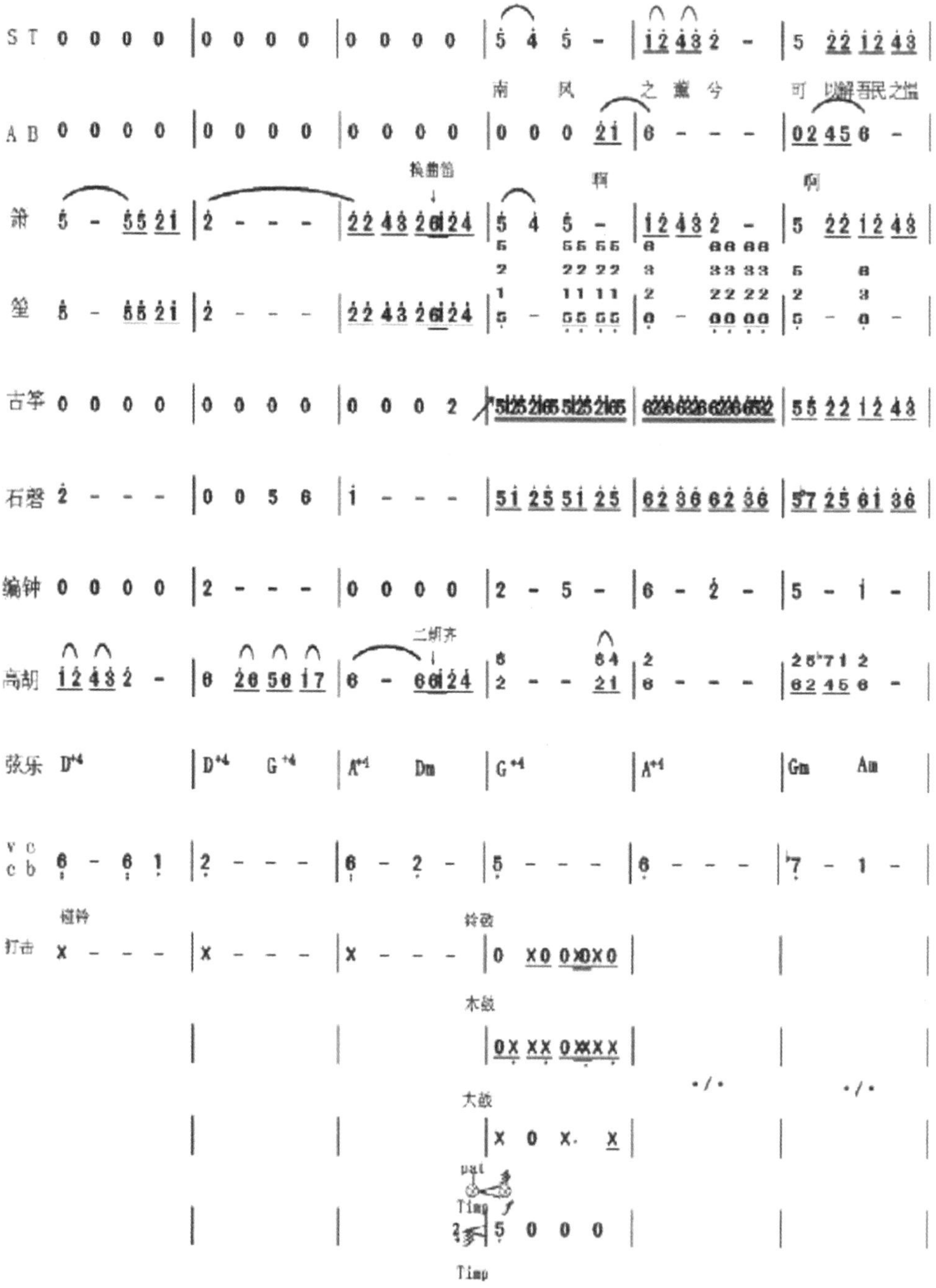
ST
南 风 之 薰 兮 可 以解吾民之愠
AB
啊
啊
箫
笙
古筝
石磬
编钟
二胡齐
高胡
弦乐
D+4 G+4 A+4 Dm Gm Am
vc cb
碰铃
铃鼓
打击
木鼓
大鼓
Timp

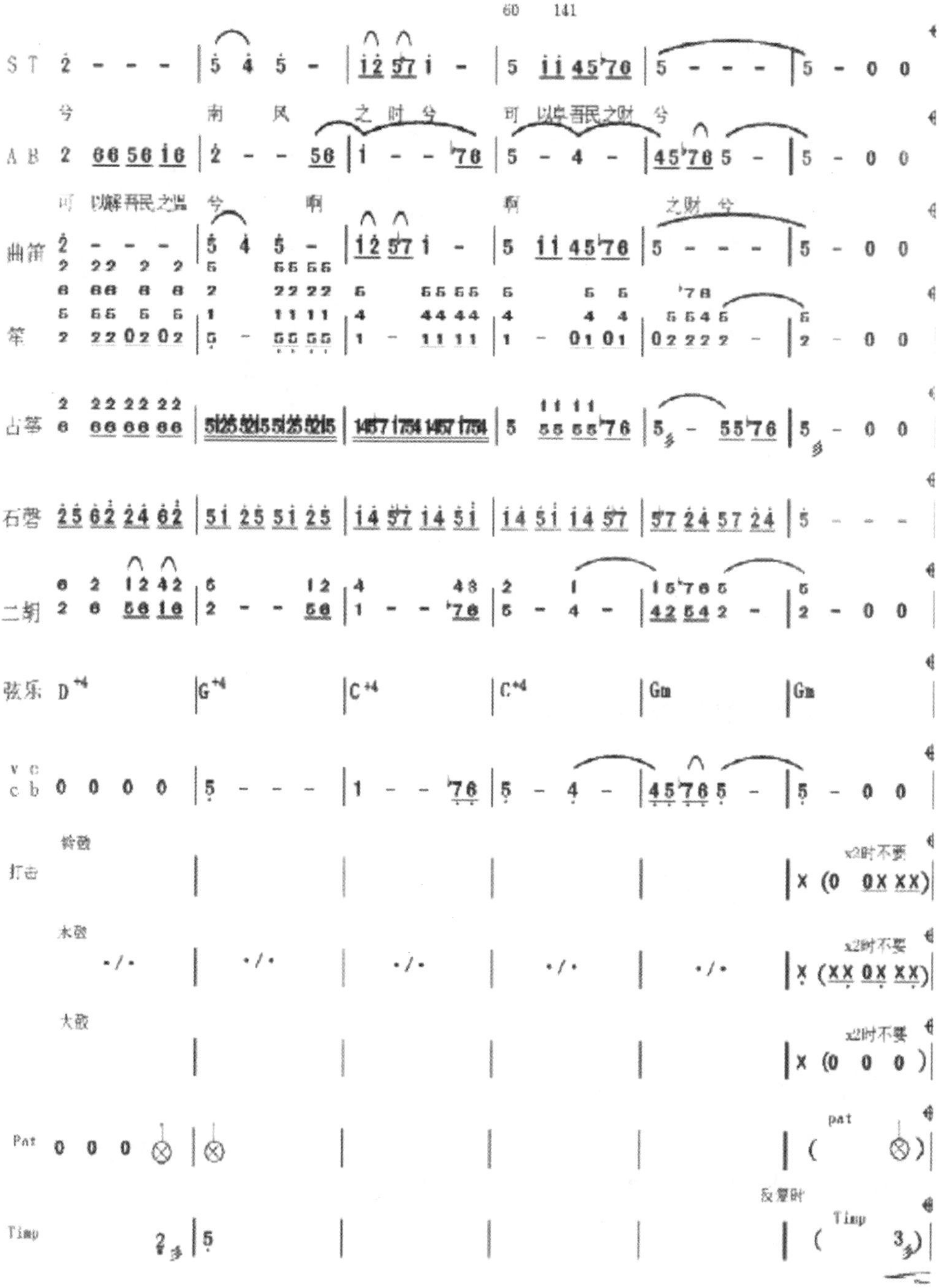
60 141
ST
兮 南 风 之 时 兮 可 以阜吾民之财 兮
AB
可 以解吾民之愠 兮 啊 啊 之财 兮
曲笛
笙
古筝
石磬
二胡
弦乐
D+4 G+4 C+4 C+4 Gm Gm
vc cb
打击
铃鼓
x2时不要
木鼓
x2时不要
大鼓
x2时不要
Pat
pat
反复时
Timp

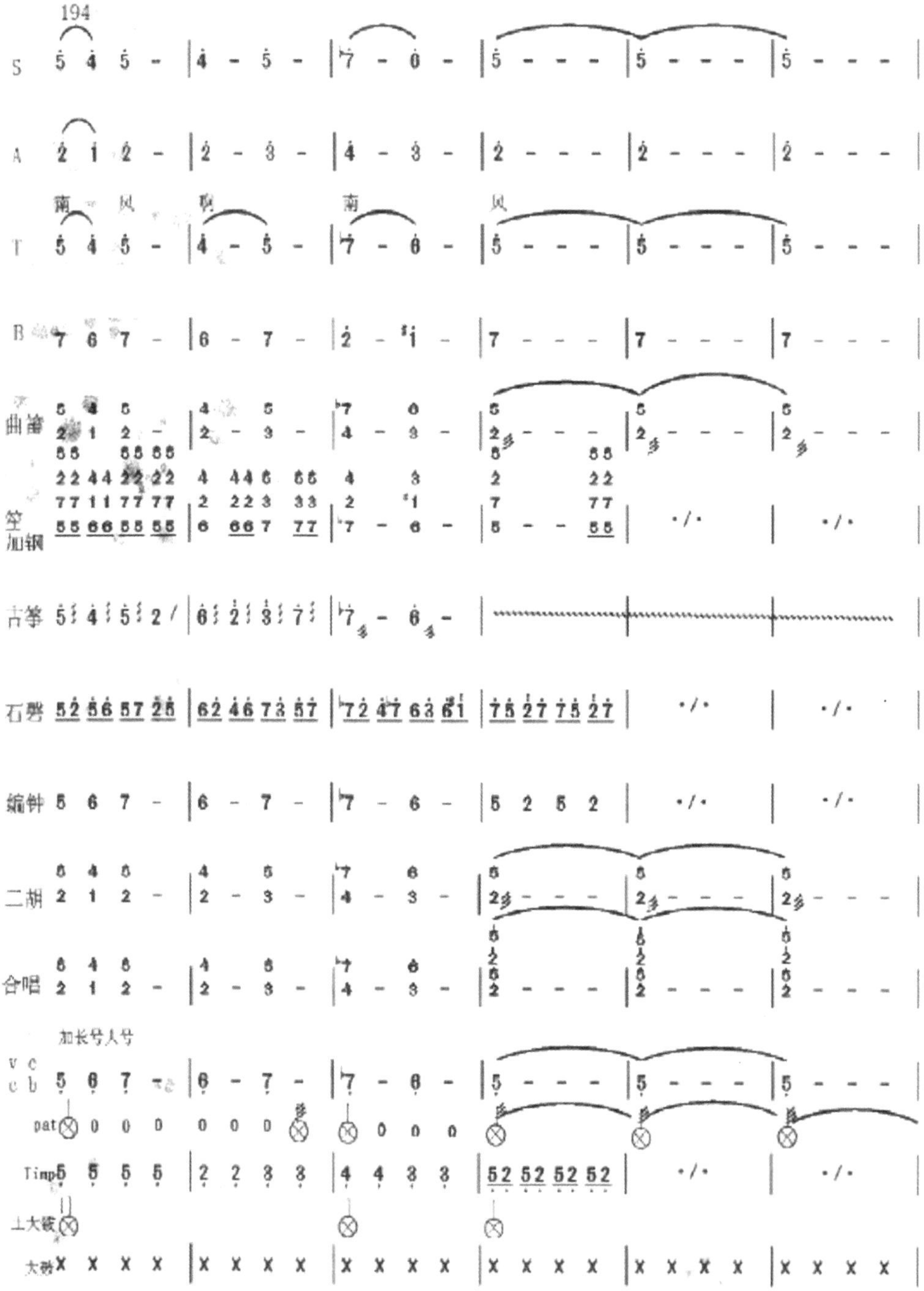
194
S
A
南 风 啊 南 风
T
B
曲笛
古筝
石磬
编钟
二胡
合唱
加长号人号
pat
Timp

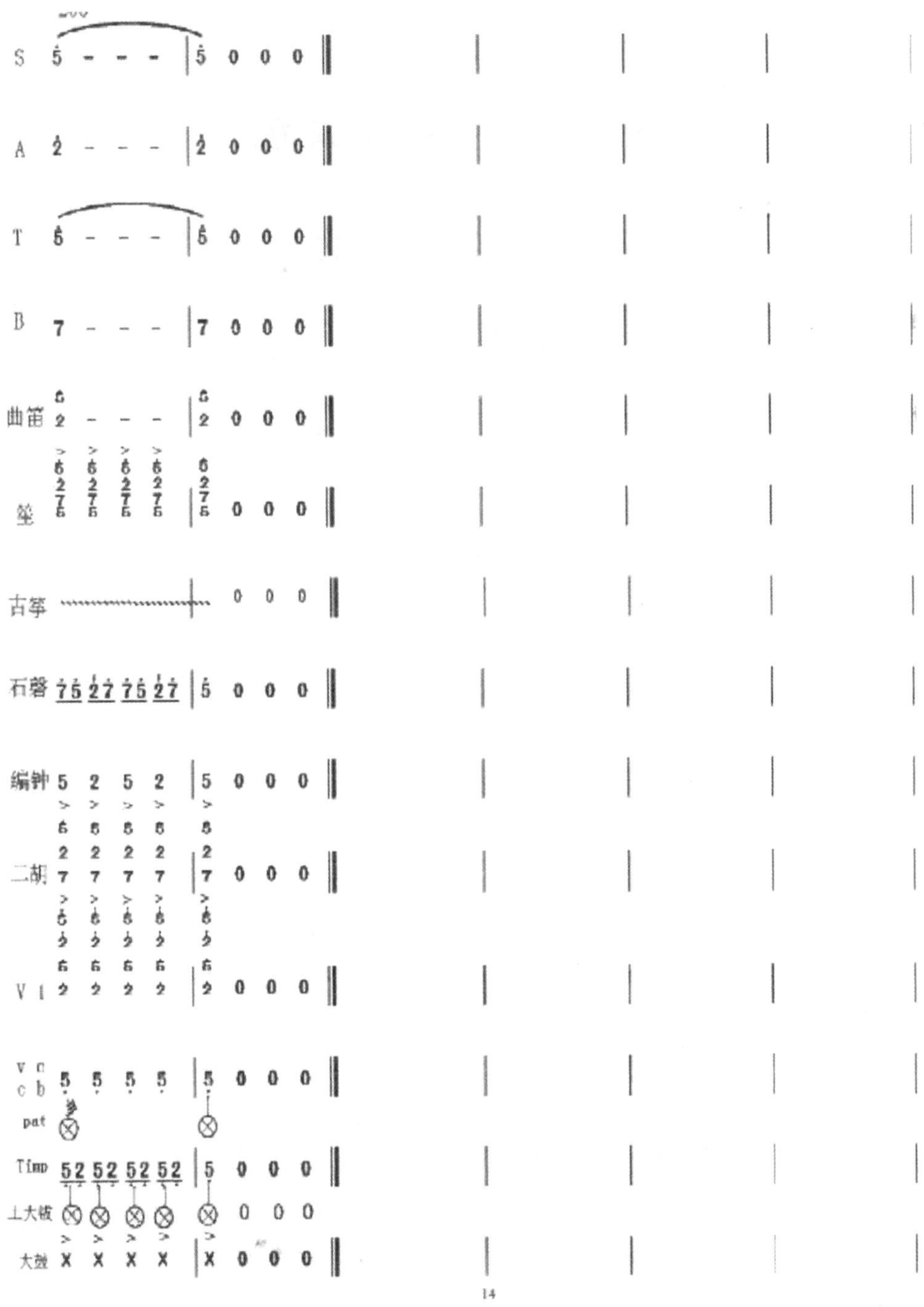
S
A
T
B
曲笛
笙
古筝
石磬
编钟
二胡
V I
v c
c b
pat
Timp
大鼓
14

第五节 祭舜文选

一 帝王祭舜文

为张湘州祭虞帝文

（南朝宋・颜延之撰）

惟哲化神，继天作圣。藏器渔陶，致身爱敬。是以二妃嫔德，九子观命。在麓不迷，御衡以正。唐历既终，虞道乃光。咨尧授禹，素俎采堂。百龄厌世，万里陟方。敬询故老，钦咨圣君。职奉西湘，虔属南云。神之听之，匪酒伊荤。

（选自明・梅鼎祚编《宋文纪》卷十一）

唐开元祭祀帝舜祝文及配坐祝文

（唐・李隆基撰）

帝舜祝文

维某年岁次月朔日，子嗣开元神武皇帝讳，谨遣具官姓名，敢昭告于帝有虞氏：惟帝道光七政，绩宣五典，式遵故实，敬以制币牺齐，粢盛庶品，祗荐于帝有虞氏。尚飨！

配坐祝文

维某年岁次月朔日，子嗣开元神武皇帝讳，谨遣具官姓名，敢昭告于皋陶氏：伏维爰定五刑，载敷九德，率由旧典，配享于帝有虞氏，敬以制币牺齐，粢盛庶品，明荐于皋陶氏。尚飨！

（选自唐・萧嵩等撰《大唐开元礼》卷五十）

祭舜庙文

（唐·张九龄撰）

维某月朔日，中散大夫、使持节都督桂州诸军事、守桂州兼当管经略使、岭南道按察使、摄御史中丞、赐紫金鱼袋、上柱国、曲江县开国男张某，告昭于大舜之灵：惟神以大孝而崇德，以大圣而奋庸，以至公而有天下，以至均而一海内。故不以荒服之外，不以黄屋之尊，巡狩而来，殂落于此。倦勤之造，永结于黎庶；惠怀之仁，长存于寿宫。戴祀之遥，灵威如在。今圣朝绍兴至道，憨兹远人，爰遣使臣，按理边俗。惟神幽鉴，愿表微诚。若私僻为谋，公忠有替，明鉴是殛，俾无远图。如悉心在公，惟力是视，当福而不福，为善者惧矣。今至止之日，辄诣陈诚。伏惟神道聪明，亮期钦到，愿俯垂真佑，俾输力明时。尚飨！

（选自《曲江集》卷十七）

赛舜庙文

（唐·李商隐撰）

年月日，昭赛虞帝之祠：

伏以帝狩南方，神留下土。翠华莫返，积怨望于他年；大麓不迷，昭威灵于终古。比忧嘉种，久熸骄阳。端简陈词，洁衷引咎。果蒙凭离掣电，跨巽扬风，布沾渥于九皋，起焦枯于一瞬。敢布瑶席，敬事兰羞。帝其罢奏南琴，停吹西琯。使东皇太乙，兼预于灵游；俾山鬼江妃，无藏于沴气。庶将善政，以奏明辉。

（选自清代徐树穀笺徐炯注《李义山文集浅注》卷八）

御制祭舜陵文（明洪武四年）

（明·朱元璋撰）

维洪武四年，岁次辛亥，二月乙卯朔，越五日己未，皇帝御名，谨遣翰林院国史编修官臣雷燧敢昭告于皇舜之陵，曰：

朕生后世，为民于草野之间。当有元失驭，天下纷纭，乃乘群雄大乱之秋，集众用武。荷皇天后土眷佑，遂平暴乱，以有天下，主宰庶民，今已四年矣。君生前世，作蒸民主，大德无穷，垂法至今，后人不忘者，以其量同天地故也。朕典百神之祀，考君陵墓在此，然相去三千余年。观于帝典，大哉圣德，非天者何？虽窃慕于心，奈禀性之愚。时有古今，民俗亦异，仰惟圣谟，万世所法，特遣官奠祀修陵。圣灵不昧，尚其鉴纳焉。

尚飨！

（选自明万历《九疑山志》卷之一《皇朝御制祭舜陵文》）

御制祭舜陵文（明永乐元年）

（明·朱棣撰）

成祖文皇帝靖难大统，遣翰林院编修杨溥致祭，告靖难，其文曰：

仰惟圣神，继天立极，功被生民，万世永赖。予祗承祖训，获承大统，式严礼事，用祈佐我国家，永底升平！

（选自明万历《九疑山志》卷之一《皇朝御制祭舜陵文》）

御制祭舜陵文（明宣德元年）

（明·朱瞻基）

宣德章皇帝登极，则遣翰林修撰曾鹤龄致祭，告即位也。其文曰：

仰惟圣神，经天立极，德被生民，垂范无穷，万世永赖。予祗承天序，式修明祀，用祈佐我邦家。

（选自明万历《九疑山志》卷之一《皇朝御制祭舜陵文》）

御制祭舜陵文（明正统元年）

（明·朱祁镇撰）

英宗睿皇帝则遣行人司行人雷复致祭，告即位也，其文曰：

仰惟前古，圣神继作，润泽生民，功在万世。予恭承大统，祗严祀事，用祈鉴佑，永祚我国家！

（选自明万历《九疑山志》卷之一《皇朝御制祭舜陵文》）

御制祭舜陵文（明景泰元年）

（明·朱祁钰撰）

景皇帝则遣尚宝司卿朱礼致祭，告即位也。其文曰：

仰惟圣神，继天立极，功被生民，万世永赖。予嗣大统，祗严礼事(4)，用祈佑我国家，永底升平！

（选自明万历《九疑山志》卷之一《皇朝御制祭舜陵文》）

御制祭舜陵文（明天顺元年）

（明·朱祁镇撰）

裕陵复辟，辄遣尚宝司卿凌信致祭，告复位也。其文曰：

粤惟遂古，圣神挺生。继天出治，爰立人极。功德之隆，延于永世。兹予复正大位，祗严祀事，恭祈圣贶，佑我邦家，永臻熙皞。

（选自明万历《九疑山志》卷之一《皇朝御制祭舜陵文》）

御制祭舜陵文（明成化元年）

（明·朱见深撰）

宪宗纯皇帝则遣中书舍人解祯亮致祭告即位也，其文曰：

於惟圣神，挺生前古，继天立极，著人文功化之隆，惠利万世。兹予继承天序，式修明禋，用祈鉴佑，祚我邦家。

（选自明万历《九疑山志》卷之一《皇朝御制祭舜陵文》）

御制祭舜陵文（明弘治元年）

（明·朱祐堂撰）

孝宗敬皇帝则遣翰林院编修于材致祭，告即位也，其文曰：

伏维圣神挺生，继天出治，德迈千古，功被蒸民。予缵承天序，爰正祀典，恭祈昭格，永奠我邦家!

（选自明万历《九疑山志》卷之一《皇朝御制祭舜陵文》）

御制祭舜陵文（明正德元年）

（明·朱厚照撰）

武宗毅皇帝则遣太仆寺少卿何孟春致祭，告即位也。其文曰：

仰惟圣神挺生，继天立极，宣著人文，功德之隆，万世永赖。兹予嗣承大统，式严明祀，用祈鉴佑，永祚我邦家。

（选自明万历《九疑山志》卷之一《皇朝御制祭舜陵文》）

御制祭舜陵文（明嘉靖年间）

（明·朱厚熜撰）

世宗肃皇帝则遣翰林院编修尹襄致祭，告即位也。其文曰：

於惟圣神，挺生前古，继天立极，宣著人文，功化之隆，惠利万世。兹予缵承天序，式修明祀，用祈鉴佑，永祚我邦家。

（选自明万历《九疑山志》卷之一《皇朝御制祭舜陵文》）

御制祭舜陵文（明隆庆元年）

（明·朱载垕撰）

穆宗庄皇帝则遣太常寺少卿王凝致祭，告即位也。其文曰：

仰惟圣神，挺生前古，继天立极，宣著人文，功化之隆，惠利万世。兹予祗承天序，式修明祀，用祈鉴佑，永祚我邦家。

（选自明万历《九疑山志》卷之一《皇朝御制祭舜陵文》）

御制祭舜陵文（明万历年间）

（明·朱翊钧撰）

今皇帝则遣吏科给事中张楚城致祭，告即位也。其文曰：

仰惟圣挺生，继天立极，德被黎元，垂佑之隆，万世永赖。今承天庥，履震继离，式修明祀，用祈钦格，永佑邦家。

（选自明万历《九疑山志》卷之一《皇朝御制祭舜陵文》）

御制祭告炎帝陵舜陵文（清顺治八年）①

（清·爱新觉罗福临撰）

顺治八年，四月庚戌，遣侍读学士白允谦致祭，告亲政：

自古帝王，受天明命，继道统而新治统。圣贤代起，先后一揆。功德载籍，炳如日星朕诞膺天眷，绍缵丕基。景慕前徽，图追芳躅。明禋大典，亟宜肇隆。敬遣专官，代将牲帛，

爰修殷荐之诚，用展仪型之志。伏惟格歆，尚其鉴飨！

（选自清《湖南通志》卷七十三《祀典二》）

御制祭告舜陵文（清康熙七年）

（清·爱新觉罗玄烨撰）

康熙七年，遣宗人府丞高珩致祭，告亲政也。祝文曰：

自古帝王，继天立极，功德并隆。治统道统，昭垂奕世。朕受天眷命，绍缵丕基。庶政方亲，前徽是景。明祀大典，亟宜肇修。敬遣专官，拜将牲帛，爰昭殷荐之忱，聿修尊崇之礼。伏惟格歆，尚其鉴享！

（选自清雍正《湖广通志》卷首）

---

① 炎陵、舜陵祭文同。致祭年月、遣官衔名均与祭南岳庙同。《（光绪）湖南通志》卷七十三《祀典二》载："顺治八年，遣侍读学士白允谦致祭"南岳衡山之神。清嘉庆《九疑山志》卷一《御祭文》载："顺治九年，遣内臣白允谦致祭。时永州未靖，望祭于衡州江东岸祖师殿。祭文旧志俱未详。"故"顺治八年"、"顺治九年"之两次祭祀记载，当为一次。

御制祭告舜陵文（清康熙二十一年）

（清·爱新觉罗玄烨撰）

康熙二十一年，遣督捕理事官魏双凤致祭，告平滇也。祝文曰：

自古帝王，受天显命，继道统而新治统。圣贤代起，先后一揆。成功盛德，炳如日星。朕诞膺眷祐，临制万方。扫灭凶残，廓清区宇。告功古后，殷礼肇称。敬遣专官，代将牲帛，爰修禋祀之诚，用展景行之志。仰企明灵，尚其鉴享！

（选自清雍正《湖广通志》卷首）

御制祭告舜陵文（清康熙二十七年）[①]

（清·爱新觉罗玄烨撰）

康熙二十七年，遣詹事府少詹事舒书致祭，告祔庙礼成。曰：

自古帝王，受天明命，御宇膺图。时代虽殊，而继治同道，后先一揆。朕承眷祐，临制万方。稽古礼文，肃修祀事。兹以皇祖妣、孝庄仁宣、诚宪恭懿、翊天启圣、文皇后，神主升祔太庙礼成，特遣专官，代将牲帛，虔修禋祀之典，用抒景行之忱。仰冀明灵，鉴兹忱悃！

（选自清雍正《湖广通志》卷首。）

御制祭告舜陵文（清康熙三十五年）

（清·爱新觉罗玄烨撰）

康熙三十五年，遣太仆寺少卿王绅致祭，告为民祈福。曰：

自古帝王，继天出治，道法并隆，莫不慈惠嘉师，覃恩遐迩。朕勤恤民依，永期殷阜。迩年来，郡县水旱间告，年谷歉登。蚤夜孜孜，深切轸念。用是专官，秩祀为民祈福。冀灵爽之默赞，溥乐利于群生。尚鉴精忱，俯垂歆格！

（选自清嘉庆《九疑山志》卷一《御祭文》）

---

① 清光绪《湖南通志》卷七十三《祀典二》载，此次祭祀时间为康熙六年。

御制祭告舜陵文（清康熙三十六年）

（清·爱新觉罗玄烨撰）

康熙三十六年，遗翰林院侍读学士张廷瓒致祭，告平漠北：

自古帝王，受天景命，制治绥猷，必禁暴除残，以乂安黎庶。缅怀往烈，道实同符。朕钦承帝祉，临御九围。兹以狡寇跳梁，亲征漠北，荡涤寇氛，廓清边徼，永靖兵革，以与普天率土，乐育太和。敬遣专官，代将牲帛，昭告古先哲后，虔修禋祀，式彰安攘之模，用展景行之志。仰企明灵，俯垂鉴飨！

（选自清嘉庆《九疑山志》卷一《御祭文》）

御制祭告舜陵文（清康熙四十二年）①

（清·爱新觉罗玄烨撰）

康熙四十二年，遣通政司左通政张格致祭，告万寿：

自古帝王，继天立极，出震承乾，莫不道洽寰区，仁周遐迩。朕钦承丕绪，抚驭兆民，思致时雍，常殷惕厉，历兹四十余载，今岁时届五旬。宵旰兢兢，无敢暇逸，渐致民生康阜，世运升平。顷因淮黄告成，亲往巡历，再授方略，善后是期。睹民志之欢欣，滋朕心之轸恤，遄回銮驭，大沛恩膏。用遣专官，敬修祀典，默赞郅隆之治，益弘仁寿之休。

尚鉴精诚，俯垂昭格。

（选自清雍正《湖广通志》卷首。）

御制祭告舜陵文（清康熙四十八年）

（清·爱新觉罗玄烨撰）

康熙四十八年，遣通政司左通政戴璠致祭，告复储：

自古圣神挺生，正位临民，代有令德，是以享祀千秋，用昭范典。朕

① 清光绪《湖南通志》卷七十三《祀典二》对此次祭祀遣官失载。今编《九疑山志》第五章《祭祀》载："康熙三十六年，遣翰林院侍读学士张廷瓒致祭，告平漠北。"

仰荷天庥，俯临海宇，建立元良，历三十余年，不意忽见暴戾狂易之疾。深维祖宗宏业及万邦民生，所系至重，不得已而有退废之举。嗣后渐次体验，当此大事，时性生奸恶之徒，各庇邪党，借端搆衅。朕觉其日后必成乱阶，随不时究察，穷极始末。 而确知病源，皆由镇魇，亟为除治。幸赖上天鉴佑，平复如初。朕比因此事，耗损心神，致成剧疾。皇太子晨夕左右，忧形于色。粢饵必亲，寝膳必视。惟诚惟谨，历久不渝。令德益昭，丕基克荷，用是复正储位，永固国本。特遣专官，敬申殷荐。尚其歆格！

（选自清嘉庆《九疑山志》卷一《御祭文》）

御制祭告舜陵文（清康熙五十二年）

（清·爱新觉罗玄烨撰）

康熙五十二年，遣通政使罗占致祭，告万寿：

自古帝王，继天出治，建极绥猷，莫不泽被生民，仁固寰宇。朕躬膺宝历，仰绍前徽，夙夜孜孜，不遑暇逸。兹御极五十余年，适当六旬初届。所幸四方宁谧，百姓乂和，稼穑岁登，风雨时若。惟庶徵之协应，妥群祀之咸修。特遣专官，式循旧典，冀益赞雍熙之治，尚永贻仁寿之休。俯鉴精诚，用垂歆格！

（选自清嘉庆《九疑山志》卷一《御祭文》）

御制祭告舜陵文（清康熙五十八年）

（清·爱新觉罗玄烨撰）

康熙五十八年，遣翰林院编修惠士奇致祭，告祔庙礼成：

自古帝王，受天景命，建极绥猷，垂万世之经常，谨一朝之典礼。朕钦承帝祉，临御九围，夙夜惟寅，敬将祀事。兹以皇妣、孝惠仁宪、端懿纯德、顺天翼圣、章皇后，神主升祔太庙礼成，特遣专官，代将牲帛，用展苾芬之敬，聿昭禋祀之虔。仰冀明灵，尚其歆格！

（选自清嘉庆《九疑山志》卷一《御祭文》）

御制祭告舜陵文（清雍正元年）

（清·爱新觉罗胤禛撰）

雍正元年，遣都察院左副都御史金应璧致祭，告即位。

自古帝王，继天出治，建极绥猷，莫不泽被生民，仁周海宇。惟我皇考，峻德鸿勋，媲美前古，显谟承烈，垂裕后昆。朕以藐躬，缵膺大宝。当兹嗣位之始，宜修享祀之仪。特遣专官，虔申昭告。惟冀时和岁稔，物阜民安；淳风遍洽乎寰区，厚德长敷于率土。尚其歆格，鉴此精诚！

（选自清雍正《湖广通志》卷首）

御制祭告舜陵文（清雍正二年）

（清·爱新觉罗胤禛撰）

雍正二年，遣都察院左副都御史杨汝谷致祭，告配享礼成：

自古帝王，继天立极，表正万邦，恺泽遍于寰区，仁风及于奕禩。朕丕承大统，遥契曩徽。兹于雍正元年十一月十五日，恭奉圣祖、合天宏运、文武睿哲、恭俭宽裕、孝敬诚信、功德大成、仁皇帝，主配享圜丘礼成，特遣专官，虔申昭告。惟冀永赞修和之治，益昭安阜之休。鉴此精诚，尚其歆格！

（选自清嘉庆《九疑山志》卷一《御祭文》）

御制祭告舜陵文（清乾隆元年）

（清·爱新觉罗弘历撰）

乾隆元年，遣太常寺少卿雅尔呼达致祭，告即位：

礼崇祀典，光俎豆于前徽；念切景行，荐馨香于往哲。维帝舜有虞氏继天建极，抚世諴民，丰功焜燿于简编，骏烈昭垂于宇宙。溯典型之犹在，钦遗迹之未湮。朕以藐躬，继登大宝。属膺图其伊始，宜展祀以告虔。特遣专官，祇遵彝典。苾芬在列，备三献之隆仪；灵爽式凭，仰千秋之明德。尚其歆格，永锡鸿禧！

（选自清嘉庆《九疑山志》卷一《御祭文》）

御制祭告舜陵文（清乾隆二年）

（清·爱新觉罗弘历撰）

乾隆二年，遣内阁学士兼礼部侍郎吴金致祭，告配飨礼成也，曰：

朕惟自古帝王，宪天出治，建极绥猷，德泽洽于万方，轨范昭于百世。朕纂承鸿绪，影像前徽。兹于乾隆二年四月十六日，恭奉世宗敬天昌运建中表正文武英明宽仁信毅大孝至诚宪皇帝，主配享圜丘礼成，特遣专官，虔申昭告。惟冀永祐雍熙之盛，益昭安阜之隆。尚其歆格！

（选自清嘉庆《九疑山志》卷一《御祭文》）

清乾隆二年祭舜文碑

清乾隆十四年祭舜文碑

御制祭告舜陵文（清乾隆十四年）

（清·爱新觉罗弘历撰）

乾隆十四年，遣官大理寺少卿陈世烈致祭，告中宫报位、慈宁晋号：

惟帝王继天建极，抚世绥猷。教孝莫先于事亲，治内必兼于安外。典型在望，缅怀至德，要道之归，景慕维殷，心希武烈文谟之盛。兹以边徼敉宁、中宫摄位、慈宁晋号，庆洽神人，敬遣专官，用申殷荐。仰惟歆格，永锡鸿禧!

（选自清嘉庆《九疑山志》卷一《御祭文》）

御制祭告舜陵文（清乾隆十七年）

（清·爱新觉罗弘历撰）

维乾隆拾柒年，遣官大理寺卿李世倬致祭，告慈宁万寿、晋徽号：

惟帝王宪天作极，受箓承庥。教孝莫先于事亲，敛福用光乎继治。是彝是训，缅怀至德，要道之归，寿国寿人，允怀锡类推恩之盛。兹以慈宁万寿，懋举鸿仪，敬晋徽称，神人庆洽，爰申殷荐，特遣专官。冀鉴兹忱，永绥多福!

（选自清嘉庆《九疑山志》卷一《御祭文》）

清乾隆十七年祭舜文碑

清乾隆二十年祭舜文碑

御制祭告舜陵文（清乾隆二十年）

（清·爱新觉罗弘历撰）

乾隆二十年，遣大理寺卿罗源汉致祭，告平定准噶尔、晋徽号：

朕惟帝王建极乘时，绥猷驭世。制临无外，德威之服远者神；教化有原，孝道以尊亲为大。景典型于在昔，实天经地义之丕昭；宏佑启于方来，惟文治武功之交凛。兹以平定准噶尔大功告成，加上皇太后徽号，神人洽庆，中外蒙庥。敬遣专官，用申禋祀。伏惟鉴格！

（选自清嘉庆《九疑山志》卷一《御祭文》）

御制祭告舜陵文（清乾隆二十五年）

（清·爱新觉罗弘历撰）

乾隆二十五年，遣礼部侍郎程景伊致祭，告平定回部：

朕惟帝王建极绥猷，经文纬武。诞敷德教，仁义备其渐摩；克诘戎兵，声灵彰其赫濯。惟恩威之兼济，先后道本同符，斯命讨之，昭垂今古，功归一轨。兹以西师克捷，回部荡平。缅骏烈于前型，敷奏其勇；远徂征于绝域，遒观厥成。中外腾欢，神人协庆，专官肃祀。昭鉴惟歆！

（选自清嘉庆《九疑山志》卷一《御祭文》）

清乾隆二十五年祭舜文碑

清乾隆二十七年祭舜文碑

御制祭告舜陵文（清乾隆二十七年）

（清·爱新觉罗弘历撰）

乾隆二十七年，遣官左都御史董邦达致祭，告慈闱万寿、晋徽号：

惟帝王本仁祖义，明物察伦。修人纪以绥猷，则天经而立极。面羹墙其可接，先后攸同；奉俎豆以常新，楷模斯在。兹以慈闱万寿，懋举鸿仪，敬晋徽称，神人庆洽。展尊亲之义，思克绍夫前型；广锡类之仁，期永绥夫后禄。爰申祀告，式荐馨香。尚鉴悃忱，俾膺多福！

（选自清嘉庆《九疑山志》卷一《御祭文》）

御制祭告舜陵文（清乾隆三十七年）

（清·爱新觉罗弘历撰）

乾隆三十七年，遣户部左侍郎范时纪致祭，告慈闱万寿、晋微号：

惟帝王体元则大，抚世諴民。勋被寰区，德昭往古。羹墙匪隔，累朝之统绪相承；俎豆维新，百代之英灵如在。兹以慈闱万寿，懋举鸿仪，敬晋徽称，神人庆洽。孝道以尊亲为大，式仰前型；母仪之锡类者宏，永绥厚福。彝章载举，祀典斯崇。布肸蠁以告虔，庶灵明之来格！

（选自清嘉庆《九疑山志》卷一《御祭文》）

御制祭告舜陵文（清乾隆四十一年）

（清·爱新觉罗弘历撰）

乾隆四十一年，遣内阁侍读学士欧阳瑾致祭，告平定两川：

朕惟帝王，德洽恩威，义严彰瘅。除奸禁暴，昭命讨之无私；辑远绥荒，振声灵之有赫。兹以两金川大功全蒇，逆党咸俘。殄遗孽于番陬，戢武协求宁之志。缅丰功于前代，庆成觇耆定之庥。特遣专官，肃将禋祀。惟冀鉴歆！

（选自清嘉庆《九疑山志》卷一《御祭文》）

清乾隆三十七年祭舜文碑

清乾隆四十一年祭舜文碑

御制祭告舜陵文（清乾隆四十五年）

（清·爱新觉罗弘历撰）

乾隆四十五年，遣官詹事府詹事梦吉致祭，告万寿：

惟帝体元赞化，建极绥猷。泽被生民，勋垂奕世。简编明备，累朝之治法相传；弓剑留藏，千载之英灵如在。兹以朕七旬展庆，九有胪欢，懋举崇仪，特申昭告。缅当日之膺图受箓，每深景仰之忱；抚此时之集嘏凝禧，弥切祇寅之念。冀佑郅隆之运，永贻仁寿之庥。式荐精禋，惟祈鉴格！

（选自清嘉庆《九疑山志》卷一《御祭文》）

御制祭告舜陵文（清乾隆五十年）

（清·爱新觉罗弘历撰）

乾隆五十年，遣官礼部左侍郎庄存与致祭，告绵国祚：

惟帝体元赞化，建极绥猷。泽被生民，勋垂奕世。简编明备，累朝之治法相传；弓剑留藏，千古之英灵如在。兹当鸿图锡羡，凤纪增绵，懋举崇仪，特申昭告。缅当日之膺图受箓，每深景仰之忱；怃此时之集嘏凝禧，弥切祇寅之念。冀佑郅隆之运，永贻仁寿之庥。式荐精禋，惟祈鉴格！

（选自清嘉庆《九疑山志》卷一《御祭文》）

清乾隆四十五年祭舜文碑

清乾隆五十年祭舜文碑

御制祭告舜陵文（清乾隆五十五年）

（清·爱新觉罗弘历撰）

乾隆五十五年，遣内阁学士傅森致祭，告万寿：

惟帝膺图抚运，建极宜民。泽洽当时，声教动寰瀛之慕；勋垂奕世，典章昭方册之貽。思英爽以长存，秩春秋而匪懈。兹以朕八旬展庆，万国胪欢，懋举崇仪，特申昭告。荷蕃厘于昊綍，益缅皇春帝夏之隆；仰景行于前朝，倍殷夕惕朝乾之志。尚其来格，鉴此惟馨！

（选自清嘉庆《九疑山志》卷一《御祭文》）

御制祭告舜陵文（清嘉庆元年）

（清·爱新觉罗颙琰撰）

嘉庆元年，遣官湖南衡州协徐锟致祭，告万寿。祝文曰：

惟帝王体元赞化，建极绥猷。泽被生民，勋垂奕世。简编明备，累朝之治法相传；弓剑留藏，千载之英灵如在。兹以乾隆周甲、嘉庆纪元，懋举崇仪，用申昭告。缅当日之膺图受箓，每深景仰之忱；抚此时之集嘏凝禧，弥切祇寅之念。冀佑郅隆之运，长贻仁寿之庥。式荐精禋，惟祈鉴格！

（选自清光绪《湖南通志》卷七十三《祀典二》）

清乾隆五十五年祭舜文碑

清乾隆嘉庆元年祭舜文碑

御制祭告舜陵文（清嘉庆五年）

（清·爱新觉罗顒琰撰）

嘉庆五年，遣国子监祭酒玉麟致祭，告配飨礼成：

自古帝王，受箓膺图，乘时御宇，罔不宪天立极。宥密单心，故能泽洽万方，范昭百世。朕寅成鸿典，景仰前徽。兹以嘉庆四年十一月二十六日，恭奉高宗、法天隆运、至诚先觉、体元立极、敷文奋武、孝慈神圣、纯皇帝，主配享圜丘礼成，特遣专官，虔申昭告。惟冀孚佑皞熙之运，益昭安阜之风。鉴此精禋，尚其歆格！

（选自清光绪《湖南通志》卷七十三《祀典二》）

御制祭告舜陵文（清嘉庆十四年）

（清·爱新觉罗颙琰撰）

嘉庆十四年，遣官理藩院右侍郎策丹致祭，告万寿：

握符御宇，徵一心一德之传；建极宜民，差百世百王之等。惟帝王肇开鼎祚，递席萝图。统元会以循环，书典谟而合揆。溯高庙寅承祖志，睿吟窥升降之原；抚朕躬式缵丕基，治法契登咸之蕴。兹以陈畴锡庆，合宇胪欢。际重熙累洽之期，大衍之数五十；缅骏德丰功之辟，古史之纪廿三。昔年像展南薰，闻见本通乎礼乐。此日心斋左个，馨香伫洽乎人天。用荐精英，特申昭告。山陵不远，樽俎宜歆！

（选自清光绪《湖南通志》卷七十三《祀典二》）

清嘉庆五年祭舜文碑

清嘉庆十四年祭舜文碑

御制祭告舜陵文（清嘉庆二十四年）

（清·爱新觉罗颙琰撰）

嘉庆二十四年，遣官都察院左副都御史韩鼎晋致祭，告万寿：

维帝肇握乾符，递承泰筴。制礼作乐，垂明备于简编；腾茂蜚英，留声灵于弓剑。兹以朕庆逢六袠，欢洽万方；周甲筭以提厘，萃壬林而锡福。

知其政知其德，迄今钦治统之隆；作之君作之师，稽古荷心传之赐。忆五旬之介祉，曾荐惟馨；阅十载以升香，用昭有恪。伏祈歆格，虔奉精禋！

（选自清光绪《湖南通志》卷七十三《祀典二》）

御制祭告舜陵文（清嘉庆二十五年）

（清·爱新觉罗颙琰撰）

嘉庆二十五年，遣官荆州副都统七克唐阿致祭，告即位：

功存宇宙，留百世之松楸；德在山河，有两楹之俎豆。兴怀往烈，肃奉精禋。朕以藐躬，初承大统。自今日宵衣旰食，兢业方殷；念古来帝绪王猷，典型不远。既切景行之慕，宜修秩祀之文。敬遣祠官，虔申礼奠。眷藏弓之有地，邈矣风徽；问宰木以何年，佳哉葱郁。神其佑享，福我寰区！

（选自清光绪《湖南通志》卷七十三《祀典二》）

清嘉庆二十四年祭舜文碑

清嘉庆二十五年祭舜文碑

御制祭告舜陵文（清道光元年）

（清·爱新觉罗旻宁撰）

道光元年，遣荆州副都统七克唐阿致祭，告配享礼成：

心源递衍，球图灿御世之模；祀典常昭，俎豆肃侑神之礼。惟致治莫先稽古，斯率初宜重升香。朕缵绍丕基，尊崇先烈。廿五载神功圣德，聿符峻极于瑶坛；四千年帝绪王猷，遥企遗徽于玉检。兹以道光元年四月初六日，恭奉仁宗、受天兴运、敷化绥猷、崇文经武、孝恭勤俭、端敏英哲、睿皇帝，主配享圜丘礼成，特遣专官，敬申昭告。累叶睇松楸之荫，往迹殷怀；两楹荐黍稷之馨，懋仪载举。式摅诚悃，庶格精禋！

（选自清光绪《湖南通志》卷七十三《祀典二》）

御制祭告舜陵文（清道光九年）

（清·爱新觉罗旻宁撰）

道光九年，遣官湖南镇总兵陈阶平致祭，告荡平回疆：

维帝王治奉三无，功彰九伐。诘戎兵而肄武，骏烈绥戡；扬弧矢以宣威，鸿猷震叠。兹以凶酋剪灭，疆土盂安。昭耆定于极边，共觇一道同风之盛；缅声灵于列代，益著万方向化之庥。敬荐馨香，伏祈昭鉴！

（选自清光绪《湖南通志》卷七十三《祀典二》）

清道光九年祭舜文碑

清道光十六年祭舜文碑

御制祭告舜陵文（清道光十六年）

（清·爱新觉罗旻宁撰）

道光十六年，遣官湖南绥靖镇总兵李约文致祭，告慈闱万寿：

惟帝王膺图御宇，握镜临宸。泽被黄舆，勋垂青史。羹墙不远，仰皇煌帝谛之模；俎豆常新，昭崇德报功之典。兹以慈宫万寿，懋举上仪，敬晋徽称，神人庆洽。天经地义，绍百王至治之馨香；日升月恒，申亿载无疆之颂祝。彝章式叙，祀事攸隆。致蠲洁以明虔，庶神灵之歆格！

（选自清光绪《湖南通志》卷七十三《祀典二》）

御制祭告舜陵文（清道光二十六年）

（清·爱新觉罗旻宁撰）

道光二十六年，遣官湖南永州镇总兵英俊致祭，告慈闱万寿：

惟帝王乘乾握纪，御箓登极。玑镜呈仪，瑶华垂范。羹墙如见，竭高山景仰之诚；黍稷咸登，昭明德馨香之报。兹以慈宫万寿，懋举上仪，敬晋徽称，神人庆洽。万年有道，永垂郅治之鸿猷；百福来同，用协吉蠲之燕飨。综灵囊而肇祀，陈绣篚以致虔。鉴此诚祈，庶其歆格！

（选自清光绪《湖南通志》卷七十三《祀典二》）

御制祭告舜陵文（清道光三十年）

（清·爱新觉罗旻宁撰）

道光三十年，遣官荆州副都统官文致祭，告即位：

功昭宇宙，千秋之明德惟馨；祀展陵园，旷代之隆仪备举。缅怀前烈，敬奉精禋。朕以藐躬，继登大宝。念天命民碞之可畏，夙夜不遑；思皇煌帝谛之同符，典型未远。肃将享礼，特遣专官。灵爽常存，弥切景行之慕；馨香斯荐，用申昭告之诚。惟冀来歆，福兹亿兆！

（选自清光绪《湖南通志》卷七十三《祀典二》）

清道光二十六年祭舜文碑

清道光三十年祭舜文碑

御制祭告舜陵文（清咸丰二年）

（清·爱新觉罗奕詝撰）

咸丰二年，遣荆州副都统官文致祭，告配飨礼成：

渊源递衍，前型昭方策之贻；统绪相承，明德肃苾芬之祀。缅英灵之如在，稽彝典以宜遵。朕寅绍丕基，遵崇先烈。神功圣德，深翼戴者万方；帝绪王猷，绍心传于百世。咸丰二年四月初二日，恭奉宣宗、效天符运、立中体正、至文圣武、智勇仁慈、俭勤孝敏、成皇帝，主配享圜丘礼成，特遣专官，虔申昭告。瞻松楸之庇荫，往迹殷怀；荐黍稷之馨香，明禋懋举。尚其歆格，鉴此精诚！

（选自清光绪《湖南通志》卷七十三《祀典二》）

御制祭告舜陵文（清咸丰十年）

（清·爱新觉罗奕詝撰）

咸丰十年，遣湖南布政使文格致祭，告万寿：

膺图抚运，创垂之统绪常昭；锡福諴民，嬗易而后先合揆。惟帝王肇开鼎祚，递握乾符。典章窥制作之精，声教永渐摩之泽。缅行民之矩矱，方策如新；奉累禩之馨香，羹墙可接。兹以朕三旬介祉，九宇胪欢。敷忠闿于遐区，企仪型往哲。薪传遥溯，益钦百世之隆规；芗合告虔，庶迓万禔福。载陈苾芬，尚冀歆依！

（选自民国31年《宁远县志》卷第五《祠祀上》）

清咸丰二年祭舜文碑

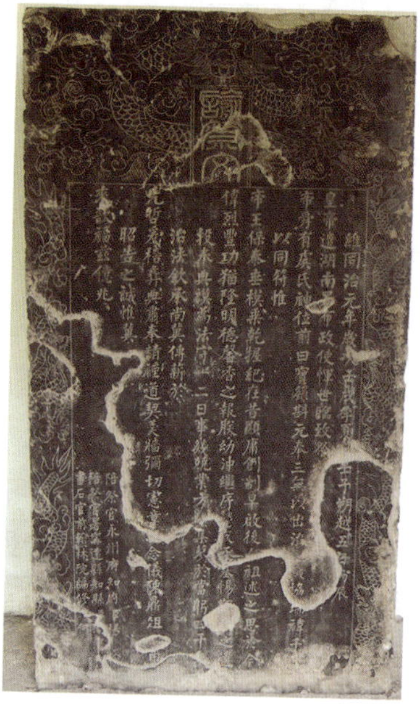

清同治元年祭舜文碑

御制祭告舜陵文（清同治元年）

（清·爱新觉罗载淳撰）

同治元年，遣官湖南布政使司文格致祭，告万寿。祝文曰：

宝箓斟元，奉三无以出治；璇玑协瑞，祎千圣以同符。惟帝王保泰垂模，乘乾握纪。在昔显庸创制，早启后人祖述之思；于今伟烈丰功，犹隆明德馨香之报。朕幼冲继序，茕疚承基。惕艰大之遗投，奉典谟为法守。一二日事几兢业，方廑集蓼于当躬；四千年治法钦承，尚冀传薪于先哲。爰稽彝典，肃奉精禋。道契羹墙，弥切宪章之念；仪陈鼎俎，用申昭告之诚。惟冀来歆，福兹亿兆！

（选自民国31年《宁远县志》卷第五《祠祀上》）

御制祭告舜陵文（清同治十二年）

（清·爱新觉罗载淳撰）

同治十二年，遣官湖南永州镇总兵朱洪章致祭，告亲政。祝文曰：

宝箓斟元，奉三无以出治；璇玑协瑞，祎千圣以同符。惟帝王保泰垂模，乘乾握纪。在昔显庸创制，早启后人祖述之思；于今伟烈丰功，犹隆明德馨香之报。朕藐躬嗣统，庶政新裁。惕艰大之遗投，奉典谟为法守。一二日事几兢业，方廑继序于当躬；亿万年治法钦承，尚冀传薪于先哲。爰稽彝典，肃奉精禋。道契羹墙，弥切宪章之念；仪陈鼎俎，用申昭告之诚。惟冀来歆，福兹亿兆！

（选自民国 31 年《宁远县志》卷第五《祠祀上》）

清同治十二年祭舜文碑

清光绪元年祭舜文碑

御制祭告舜陵文（清光绪元年）

（清·爱新觉罗载湉撰）

光绪元年，遣官荆州副都统穆克德布致祭，告即位。祝文曰：

光昭宇宙，千秋之明德维馨；祀展陵园，旷代之隆仪备举。缅怀前烈，敬奉精禋。朕以藐躬，继登大宝。念天命民喦之可畏，夙夜不遑；思皇煌帝谛之同符，典型未远。肃将享礼，特遣专官。灵爽常存，弥切景行之慕，馨香斯荐，用申昭告之诚。惟冀来歆，福兹亿兆！

（选自民国31年《宁远县志》卷第五《祠祀上》）

御制祭告舜陵文（清光绪十四年）

（清·爱新觉罗载湉撰）

维光绪十四年，岁次戊子，季春月壬子朔，越祭日丙子，皇帝遣湖南永州镇总兵韩晋昌，致祭于帝舜有虞氏神位前，曰：

维帝王斟元建极，抚世諴民。至治馨香，百代之神灵如在；显谟懿铄，千秋之统绪相承。稽方策以常新，秩春秋而匪懈。朕藐躬嗣服，庶政亲裁，特遣专官，虔申昭告。播庥声于后世，益缅皇煌帝谛之隆；仰景行于前朝，敢忘旰食宵衣之意。羹墙默契，俎豆祗陈。庶鉴精诚，来歆享祀！

承祭官永州镇总兵臣韩晋昌

陪祭官永州府知府臣光熙

陪祭官宁远县知县臣侯名扬

编者按：本祭祀文未见于其他载籍，录自九嶷山舜帝陵现存碑。

御制祭告舜陵文（清光绪十五年）

（清·爱新觉罗载湉撰）

维光绪十五年，岁次己丑，九月甲辰朔，越十有五日戊午，皇帝遣湖南永州镇总兵韩晋昌，致祭于帝舜有虞氏之神位前，曰：

天生民作之君，故制治必归一统；礼覆古不忘始，故报祀上及百王。惟帝王出震膺图，向离握纪。赫声有截，阴阳早协乎神符；熙号无穷，风雨长思乎王会。朕亲裁庶政，统御万方。典学则言必称先，敷治则事多由旧。心存兢业，一日二日万几；志切宪章，先圣后圣同揆。精意以享，明德惟馨。众所往谓王，永垂灵于五德；功加民则祀，庶锡福于群黎。神其鉴兹，尚来歆格！

承祭官永州镇臣韩晋昌

陪祭官永州府臣光熙

陪祭官宁远县臣侯名扬

编者按：本祭祀文未见于其他载籍，录自九嶷山舜帝陵祭文碑。

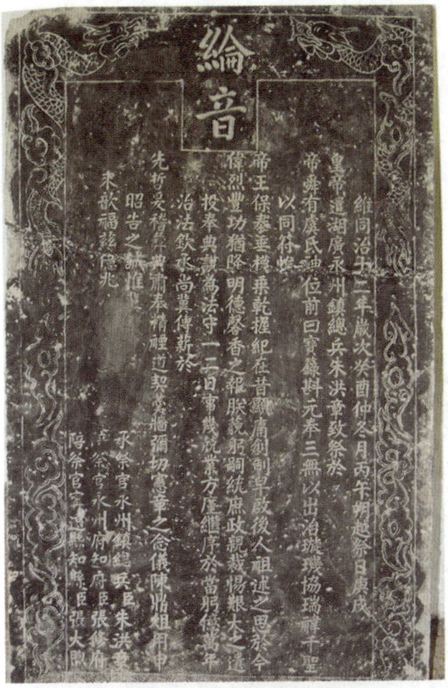

清光绪十四年祭舜文碑

清光绪十五年祭舜文碑

御制祭告舜陵文（清光绪十六年）

（清·爱新觉罗载湉撰）

维光绪十六年，岁次庚寅，十一月丁卯朔，越六日壬申，皇帝遣荆州右翼副都统德禄，致祭于帝舜有虞氏神位前，曰：

勋垂宇宙，典型昭方策之贻；庆协神人，俎豆展山陵之祀。惟帝王建中立极，抚世绥猷。德泽被乎寰区，轨范光乎来叶。朕诞膺景命，式缵丕基。仰慕前徽，勤求上理。缅廿三君之骏烈，想皇煌帝谛之同符；殚十六载之小心，矢夕惕朝乾而靡懈。兹以二旬展庆，万宇胪欢，特遣专官，用申昭告。希咸五登三之治，景行维殷；际重熙累洽之期，蕃厘永锡。尚祈来格，鉴此惟馨！

承祭官荆州右翼副都统臣德禄

陪祭官永州府知府臣光熙

陪祭官署宁远县知县臣林佑

御制祭告舜陵文（清光绪二十九年）

（清·爱新觉罗载湉撰）

光绪二十九年，遣官湖南按察使司黄建笎致祭，告万寿。祝文曰：

维帝王斟元御宇，赞化临宸。泽被九垓，勋垂百代。皇煌帝谛，羹墙如接乎心传；崇德报功，俎豆宜隆夫血食。兹以三旬之笃庆，用申一瓣之心香。地义天经，总百世不祧之祀；礼明乐备，罄一人昭告之忱。巨典攸关，彝章式焕。庶神灵之来格，谨蠲洁以明虔！

（选自民国31年《宁远县志》卷第五《祠祀上》）

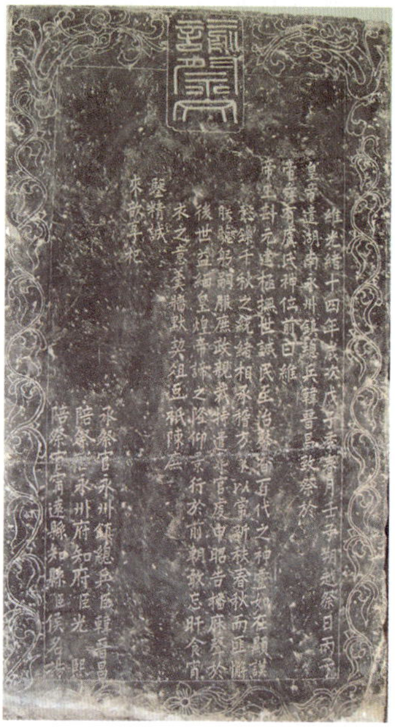

清光绪十六年祭舜文碑

清光绪二十九年祭舜文碑

御制祭告舜陵文（清光绪三十一年）

（清·爱新觉罗载湉撰）

维光绪三十一年，岁次乙巳，四月癸卯朔，越祭日庚午，皇帝遣荆州右翼副都统德禄，致祭于帝舜有虞氏神位前，曰：

维帝王膺图御宇，握镜临民。德溥海隅，沦洽遍当时之泽；功垂天壤，辉煌贻奕世之庥。思英爽以长存，肃烝尝而罔懈。兹以慈禧、端佑康颐、昭豫庄诚、寿恭钦献、崇熙皇太后七旬展庆，万宇胪欢，懋举崇仪，特申昭告。荷蕃厘于昊綍，益缅蟠天际地之隆；仰茂渠于前朝，用纾涓日练时之敬。尚祈来格，鉴此维馨！

承祭官荆州右翼副都统臣德禄

陪祭官永州府知府臣德泰

陪祭官宁远县知县臣李宗琎

书石官宁远县训导臣潘学海

御制祭告舜陵文（清宣统元年）

（清·爱新觉罗溥仪撰）

宣统元年，遣官湖广永州镇总兵张庆云致祭，告即位。祝文曰：

缅怀洪业，丕基递嬗于累朝；景慕前徽，郅治渐臻于上理。惟帝王建极乘时，绥猷御宇。裕经纶于自古，宏启佑于方来。朕以藐躬，继登大宝。伏念膺图之始，宜修致礼之诚。特遣专官，用申祇告。典型在望，监成宪以无愆；肸蠁遥通，肃明禋而有恪。尚祈昭格，来享苾芬！

（选自民国31年《宁远县志》卷第五《祠祀上》）

清光绪三十一年祭舜文碑

清宣统元年祭舜文碑

二　地方官员祭舜文

舜庙祈晴文

（唐·柳宗元撰）

年月日，某官某，敢用牲牢之奠，昭祭于虞帝之神：

帝入大麓，雷雨不迷。帝在璇玑，七政以齐。九泽既陂，锡禹玄圭。至德神化，后土与稽。勤事南巡，祀典以跻。此焉告终，宜福遗黎。庙貌如在，精诚不睽。今阳德愆候，有淹凄凄。降是水潦，混为涂泥。岸有善崩，流或断堤。泛滥畴陇，滂沱圃畦。恒雨获戾，循咎增凄。忍兹嘉生，均彼蓬藜。望诛黑蜧，以扶阴蜺。式乾后土，以廓天倪。粢盛不害，余粮可栖。或簸或溲，为酒为醯。跄跄笙镛，坎坎鼓鼙。百代祀德，旷心不携。岂独蘋藻，徵诸涧溪！神其听之，毋作神羞。

（选自《柳河东集》卷四十一。此文系柳宗元为时任永州刺史冯叙祭舜而撰。元和二年（807年），永州发生严重的洪涝灾害，刺史冯叙带领柳宗元等僚属到舜庙祈晴消灾，嘱柳宗元撰写祭舜文。）

代道州祭九疑帝舜文

（宋·华镇撰）

皇帝嗣位初，郊昊天，礼洽百神，庆覃四表，凡载典祀，罔有弗钦。矧惟潜德升闻，粤帝甚盛，尽善尽美，惟时惟几，功茂百王，名高四代，陵寝攸在，威神所依。祗若诏书，敬修祀事，惟帝降格，歆国之馨。尚飨。

（选自《云溪居士集》卷三十）

民国3年宁远县知事张立德祭舜帝文

民国三年，县知事张立德以匪乱平息致祭：

国徽五色，跻一世于共和；祀典千秋，仰重华之上圣。惟帝心传揖让，治本文明。肇后圣之薪传，作民国之基础。朴范长昭专奕也，陵园宜荐以馨香。立德承乏舂陵，偏膺重寄。赖神灵之佑助，俾祸乱以削平，萑苻焰销。喜阅闾阎，各安职业。羹墙神契，对俎豆更懔趋跄。不版是将，尚祈来格！

民国14年宁蓝嘉临保安司令李子青
宁远县知事唐劲中祭舜帝文

维中华民国十四年，岁次乙丑，仲春月甲辰日，湖南宁蓝嘉临保安司令李子青、宁远县知事唐劲中，躬率文武僚属等，谨以羊一豕一，致祭于帝舜有虞氏之神，曰：

粤稽古圣，惟帝独隆。开景运于中天，百王冠冕；留圣灵于南服，万世馨香。兹值仲春，聿修祀典。太羹玄酒，借申报赛之忱；土鼓蒉桴，敢效均天之奏。伏冀光华复旦，重见地平天成；风雨和调，共乐民康物阜。精诚可格，灵爽式凭。

谨告！

民国26年湖南省保安处长刘膺古祭舜帝文

维中华民国二十有六年，岁次丁丑，仲春月中浣之九日，湖南省保安处长兼湘东警卫司令刘膺古，率同僚属暨宁远县长、各公法团等，谨以香楮、花果、大牢之仪，致祭于帝舜有虞氏之神前，曰：

大哉圣人！天地之心，人伦之极。以道德治国，以仁义化民。得十六字之心传，开来继往；举神禹而禅让，天下为公。为政以德，垂衣裳而天下治，诚乾坤之真宰；协和万邦，由小康以进大同，仰德业之崇隆。原夫天道无为，自然生成，圣人则之；是能民胞物与，十雨五风。诛四凶寰宇咸服，斯为神武；舞干羽有苗来格，感召精诚。致中和则天地位育，故不怒而四海畏威，不言而过化存神。为天地立心，为万民立命，为往圣继绝学，为万世开太平。可大可久，辅相裁成。德配天地，道贯古今。无终无始，若日月之运行。非至圣至神，其孰能与于此哉？兹者，膺古奉令巡视湘南，道经九嶷，仰止圣神，为民求治，时逢春祭。谨具菲仪，虔修祭典，以崇圣德，而展诚敬。其时山上原民相与乐舞，目为之歌曰："圣德巍巍兮，冈陵郁郁。

天人悲仰兮，万世之则。愿普天下兮，同登圣域。”

尚飨！

民国28年宁远县长李毓九祭舜帝文

中华民国二十有八年十月二十三日，湖南宁远县县长李毓九率县属人员刘映楚、李犹龙、李迪元、张绍堪、欧阳维亚、欧阳振鼎等，谨具以太牢、刚鬣、香楮之仪，恭祭帝舜有虞氏之神位前，曰：

惟帝德配陶唐，心公天下；垂裳以治，道大莫名。羽舞阶除，早著雍和之象；驾巡苍梧，永为神化之区。毓九适丁国难，回宰乡邦。振抗战之精神，作建国之基础。仰瞻神圣，如见羹墙。

谨荐明禋，伏祈昭格，默佑后昆，复兴民族！

民国29年湖南省政府主席薛岳祭舜帝文

民国二十九年，湖南省政府主席薛岳，遣第九区行政督察专员姚雪怀，恭代致春祭：

於乎！万物人贵，曰有人伦。帝处境艰，克孝于亲。人伦之至，玄德升闻。尧荐于天，用康我民。康民伊何？命禹治水。可居可耕，教养事起。命契教民，命稷司稼。更命皋夔，刑弼乐化。惟尧则天，惟帝绍尧。知人善任，帝视尧高。元恺毕登，四凶尽去。最弗可及，殛鲧用禹。公而匪私，共鉴此心。无为而治，颂仰到今。帝昔巡狩，尝陟南岳。苍梧九疑，辙迹攸托。既崩于南，陵寝在兹。民不能忘，祀典昭垂。忝主湘政，会国多故。矧总戎重，鞅掌兼顾。帝尚默佑，穆穆在上。俾殄岛夷，且芟伏莽。我民幸苏，殚虑教养。牲醴致虔，望古遐想。

尚飨！

1990年湖南省人民政府参事室舜源峰谒陵团祭舜帝文

1990年4月3日，湖南省人民政府参事室舜源峰谒陵团致祭：

维公元一九九〇年，岁次庚午，四月三日，清明前日，湖南省人民政府顾问、原副省长刘亚南，湖南省政协副主席徐君虎，原副主席谷子元，湖南省人民政府参事室主任李国玺，偕湖南省人民政府参事室谒陵团及知名人士共四十人，由原中共零陵地委书记唐盛世、零陵行政公署副专员卞翠屏、中共宁远县委书记贺梅楚、县长周建达陪同，谨以香花鲜果清礼庶馐之仪，掬诚致祭于我有虞舜帝之灵，曰：

节序清明，缅怀祖源。恭谒九疑，拜展灵前。伏维舜帝，大德大贤。父顽母嚚，终无尤嫌。以天下养，大孝谐全。弟象凶傲，封而常见。不怒不怨，忧喜同弦。初于历山，侧微在田。耕稼陶渔，善与人咸。闻善则拜，见佞则迁。历试诸难，靡不绩现。重华协帝，四岳举荐。视德自民，天人与选。询岳咨牧，辟门纳言。柔远能迩，惇德允元。知人善任，与民同忺。礼乐教刑，农工虞佃。不违民时，无为而恬。流放四凶，天下平宴。庶绩咸熙，如日中显。老而南巡，深入瘴烟。苍梧之野，陟方登仙。两妃悲恸，湘竹泪涟。人称尧舜，圣世相连。千古祭奠，亿万仰焉。人心惟危，道心惟微；惟精惟一，允执厥中。十六字铭，圣教法宪。传统文化，一脉相延。可爱非君？可畏非民？众需后戴，后需众援。无稽勿听，弗询勿践。至理明训，至今新鲜。党导正确，继承发衍。党群关系，血肉相连。人民建国，史写新篇。卌年成就，崭新面颜。九十年代，振兴关键。改革深化，治理细纤。团结稳定，人和政廉。独立自主，制裁岂陷？中流砥柱，何惧浪险？风云万变，我自岿然。域中海外，爱国同坚。炎黄子孙，人争贡献。慎终追远，勿忝祖先。读典忆祖，祭祀诚虔。维我舜帝，灵爽式瞻。美言美德，永世恒衔。伟陵伟典，万古流传。福我传人，龙飞鹏骞。佑我华夏，国祚长绵。大同之路，日月经天。人类前途，光明无限。一统中华，亿万斯年。

尚飨！

2000年宁远县长李德勋祭舜帝陵文

维公元二〇〇〇年四月四日庚辰清明，宁远县人民政府县长李德勋率宁远县各界人士，虔备三牲五谷、六畜百果、鲜花美酒之薄仪，祭奠于中华民族始祖帝舜有虞氏之陵，曰：

堂堂中华，雄立东方。英杰辈出，祖德流芳。帝舜有虞，文明始创。至孝至德，广被遐荒。九疑何幸，得享精藏。蛮越之地，遂为帝乡。为彰盛德，为求发展。作帝之文，兴县大纲。全县人民，同心比肝。苦奋经年，圣陵重光。今逢千禧，世纪发端。祭奠先祖，岂待彷徨？值此清明，乾坤朗朗。群峰叠翠，万木薰香。万众匍匐，虔诚致奠。但求微波，能引巨澜。红叶诗成，酒熟花黄。三湘共祭，四海同觞。天下舜裔，心驰神往。宁远僻地，因之荣昌。拳拳此心，敬祈见鉴。

尚飨！

2000 年永州市长刘爱才祭舜帝陵文

维公元二〇〇〇年九月九日，岁次庚辰八月十二，白露后二日，永州市市长刘爱才率万千各界公祭人士，代表五百六十万永州人民，虔备美酒时馐，敬献祭品供果，掬诚致祭于帝舜有虞氏之陵，曰：

圣君舜帝，穆穆皇皇！孝动天地，德播人间。父顽母嚚，弟象凶悍。至孝一德，笃亲谐全。耕陶渔贩，与人为善。四岳举荐，试之诸难。治邦圣智，代尧受禅。举贤惩凶，亲疏一般。推崇教化，泽被荆蛮。广施德政，宇内平晏。革故鼎新，励精图变。禅让大禹，公心明鉴。百岁南巡，九疑寝安。鞠躬尽瘁，魂撼地天。皇英悲恸，竹染泪斑。千秋酹奠，万民仰瞻。呜呼！开道德文明之先河，润千古后世之人寰。

太平盛世，千禧龙年。吾辈有幸，九疑祭奠。山高峰秀，英灵久远。功德并隆，伏惟尚飨！

2001 年永州市政协主席蒋桃生祭舜帝陵文

惟公元二〇〇一年十月二十五日，农历九月初九，重阳佳节，时值首届九疑山舜文化旅游节之际，谨备牲礼花果之仪，永州市政协主席蒋桃生等率社会各界人士祭奠于帝舜有虞氏之陵，并献之以文，曰：

巍巍舜帝，万古流芳。德播九州，泽被八方。治国以德，协和万邦。齐家以德，人伦之光。教民以德，和睦吉祥。选贤任能，树纪立纲。各安其业，农牧工商。施政以德，政风纯良。黎民拥戴，历史名扬。百岁南巡，九疑崩藏。历代祭奠，献诗陈章。今逢佳节，游客繁忙。率众来祭，敢告以祥。改革开放，纲举目张。经济发展，国富民强。精神文明，誉满三湘。社会安定，人民乐康。九疑山下，鸟语花香。全新气象，喜气洋洋。舜帝之德，永放光芒。新世腾飞，精神高昂。以德治国，再创辉煌。

呜呼舜帝，伏维尚飨！

2003年宁远县长李光富祭舜帝陵文

维公元二〇〇三年十一月五日，岁次癸未十月十二，宁远县县长李光富恭率各界人士，代表七十八万宁远人民，谨以太牢果酒香烛之仪，竭诚致祭于帝舜有虞氏之陵，曰：

巍巍德圣，有虞舜皇！天下明德，从兹肇端。巍巍法圣，有虞舜皇！宇内明法，自此始彰。巍巍政圣，有虞舜皇！治世清明，国基初奠。巍巍农圣，有虞舜皇！播时百谷，人和农昌。舜帝南巡，期颐崩葬。玉带围陵，九疑长眠。万山拱卫，皇英双伴。魂灵栖此，四千余年。吾辈祭祀，祈福宁远。稳定发展，早达小康。

呜呼舜帝，伏维尚飨！

2004年湖南省舜帝陵基金会理事长王克英祭舜帝陵文

维公元二〇〇四年九月二十五日，岁次甲申八月十二，湖南省九嶷山舜帝陵基金会理事长王克英，副理事长王汀明、周昌贡、卢平、曾献兵、李建新，秘书长谭政暨全体理事，敬致祭于中华圣祖舜帝有虞氏之陵，曰：

伏惟舜帝，圣哲吾君。明德天下，启开文明。情感傲弟，孝动顽亲。义舍自我，礼让乡邻。继尧帝位，勤政为善。求贤辅己，竭诚纳谏。施行五教，德治甫建。颁布五刑，法治有宪。设定职官，政体规范。大同世界，上古伊甸！今逢盛世，百业蓄昌。举国奋进，共奔小康。拜谒陵前，思绪激扬。得帝灵气，催人图强。谨奉仪礼，以表衷肠。祈赐洪福，佑我家邦！

尚飨！

2004年湖南省高级人民法院代院长江必新祭舜帝陵文

维公元二〇〇四年十月二十四日，岁次甲申九月十一，湖南省高级人民法院代院长江必新代表湖南法院全体干警、《人民法院报》总编王运声率《人民司法》编辑工作座谈会与会全体代表，谨以太牢、美酒、五谷、百果、香烛之仪，掬诚致祭于中华道德文化、法制始祖帝舜有虞氏之陵，曰：

皇皇大舜，孝悌双馨。顺适父母，至孝蒸蒸。和睦兄弟，笃亲沉沉。正道明德，毕生以行。率先垂范，诚善待人。德高望重，民心归顺。皇皇大舜，民安政兴。十有二牧，官设职分。同音共律，一统量衡。征伐有道，蛮夷服宾。法涛既治，黎庶安宁。舜日尧天，万民颂称。皇皇大舜，法制初兴。皋陶为士，制作五刑。贼刑怙终，肆赦灾眚。允执厥中，惟刑是悯。先教后刑，德重罚轻。恩威并举，宇内清明。

我辈有幸，九嶷祭舜。缅怀吾祖，壮志凌云。大禹为范，皋陶为型。科学发展、和谐为根。公正司法，一心为民。勤政高效，定纷止争。清虚自守，刚正廉明。强我华夏，慰吾祖心。

圣灵不昧，来享苾芬。大礼告成，昭鉴惟歆！

2005年湖南省人大常委会副主任唐之享赞祭舜帝文

惟公元二〇〇五年，岁在乙酉，仲夏之初，湖南省人大常委会副主任唐之享、教科文卫委员会主任委员季益贵，会湖南省人大教科文卫工作联席会议各位同仁于宁远，博议德育大计，并赞之以辞，曰：

皇皇帝舜，功高穹苍。人伦之极，立德孔彰。惟时帝降，与民同艰。父顽弟傲，孝悌弥坚。不怒不怨，忧喜同弦。二女嫔降，内行谐庄。陶滨贩夏，仁孚众望。耕历渔泽，与人为善。受尧之命，七政齐张。除凶举俊，树纪立纲。元恺毕登，王道宏扬。敬敷五教，敦睦未央。作歌《南风》，《韶》曲乐章。神人以和，诗乐教焉。十六字铭，圣教经典。禅让大禹，万世崇仰。天下为公，大道垂范。百岁巡狩，九疑寝安。神女悲恸，竹染泪斑。陵寝在兹，千古祭奠。孝感天地，德配人间。帝舜之风，山高水长。上善若水，创新自强。中华文明，永放光芒。礼义廉耻，治教有方。至孝笃亲，万世承传。孝敬父母，尊敬师长。诚实守信，勤俭黾勉。忠是责任，敬业爱岗。爱国守法，团结友善。科学发展，天人相安。情为民系，利为民想。民之所本，为政之纲。美人之美，世界和畅。千古缅怀，深忱纪念。拳拳此心，敬祈永安。

2005年湖南省人民政府省长周伯华祭舜帝文

维公元二零零五年九月十五日，湖南省省长周伯华谨代表湖南省人民政府暨湖南六千七百万人民，敬致祭于中华圣祖舜帝有虞氏之灵，曰：

伏惟舜帝，圣哉吾君。成一代之教化，启万古之文明。父瞽嚚顽，未失晨昏之礼；弟象倨傲，仍怀手足之情。居妫汭而和宗亲，内行笃谨；耕历山而睦邻里，外德芬馨。三十发于畎亩，辅君无爽；六十践于帝位，秉政有方。举八恺与八元，国多贤哲；流四凶于四裔，民享安康。五教昌明，德育由之兴盛；五刑清肃，法制因以成章。设官定职，政体规整有范；制礼作乐，民风和乐无央。奏《九招》，歌《南风》，弹五弦，来凤凰。号大同之世，称明德之邦。讵知驾巡南国，梦断苍梧；礼葬九疑，魂系潇湘。圣哉舜帝，其德周洽；伟哉舜帝，其业辉煌。缅前贤之雅韵，谱当世之华章。忝一省之重托，诚惶诚恐；兴三湘之伟业，亦豪亦壮。视听唯民，清廉是尚。锐意进取，敢为天下先行；夙夜匪懈，力求乘时而上。奔小康而臻大同，安天心而顺民望。灵兮不昧，鉴我赤忱。绵绵瓜瓞，万世其昌。

尚飨！

2006年永州市人民政府市长龚武生祭舜帝文

维公元二零零六年十月三十日，岁次丙戌九月初九重阳佳节之期，永州市人民政府市长龚武生，代表五百八十万永州人民，具五谷琼浆，进太牢大礼，掬诚致祭于帝舜有虞氏之陵曰：

巍巍帝舜，大圣吾君。崇孝明德，毕生践行。笃敬父母，谨奉晨昏。友爱邻里，和善待人。诚信敬业，泽润民风。广敷五教，慎施五刑。仁及海内，奖惩分明。公达天下，宇内澄清。奏九韶，歌南风，凤来仪。大同世界，昭垂古今。讵料驾巡苍梧，灵爽九疑常存。永州铭德，奉享至恒。仰圣崇高，扬今伟成。尚科学发展理念，铸社会和谐文明。祈福圣灵，佑我民生。英灵不昧兮，伏惟格歆。

2008 年宁远县人民政府县长罗建华祭舜帝文

维公元二零零八年十月七日，岁次戊子九月初九重阳之期，宁远县人民政府县长罗建华，代表八十万宁远人民，谨具菲薄之仪，掬诚致祭于帝舜有虞氏之陵曰：

伏惟舜帝，圣哉吾君。垂千古孝悌典范，启万世道德文明。举贤能，流逆恶，赏罚相济；制刑律、明教化，福泽苍生。奏韶乐而引凤凰，神人共和；舞干戚以服有苗，天下归心。位禅大禹，高风永炳。精藏九嶷，青史长存。欣逢北京奥运，神七问天。改革开放，卅载辉煌。华承桑梓厚望，重任在肩。惟以鞠躬尽瘁，科学发展。抓机遇，谋求赶超憨直。强工业，打造承接基地。兴旅游，争创国家名县。谱新篇，建设区域中心。恭祈舜帝，佑我宁远。社会和谐，人民安康。

尚飨！

2009 年湖南省人民政府省长周强祭舜帝文

维公元二〇〇九年九月吉日，湖南省人民政府省长周强谨代表全省六千八百万人民，以三牲清酒之奠，爰祭于中华圣祖舜帝有虞氏之陵前。其辞曰：

伏维舜帝，伟哉圣祖！继唐尧之鸿业，开文明之新途。耕历山而让畔，渔雷泽而让居。孝感愚顽，万众皆讥瞽叟；德昭天地，兆民不附丹朱。和为贵，善为珍。使民以爱，执政以仁。政通人和，风清俗淳。远谗慝，亲贤人；修法制，顺人心；兴礼乐，睦四邻。垂衣裳而天下治，歌《南风》而四海春。巡行天下，足历洞庭。情系北国，魂托零陵。伟哉舜帝，民无得而称。

湖湘文化，源远流长；上承虞舜，中嗣屈贾，下接朱张。近代以来，英才辈出，兰蕙芬芳。三湘儿女，勇于担当。时逢盛世，争奔小康。秉科学发展之理念，创中部崛起之辉煌，建两型社会之佳境，谱日新月异之华章。芙蓉灼灼，湘水汤汤，舜帝有灵，增其辉光。灵其来格，伏惟尚飨！

2011 年宁远县人民政府县长刘卫华祭舜帝文

维公元二零一一年十月十四日，岁次辛卯九月十八，宁远县县长刘卫华偕各界公祭人士，谨备太牢之礼，掬诚敬祭于帝舜有虞氏之陵，曰：

圣哉舜帝，穆穆皇皇。孝道德政，万古流芳。人伦之至，以德报怨。治邦创新，德法圆满。盛世大同，中道公鉴。八三禅禹，卿云呈祥。百岁南巡，九疑精藏。大禹赢彻，望祀疑山。后世拜谒，如在羹墙。吟诗题词，更有毛江。

苦奋经年，成绩斐然。陵庙遗址，国保上榜。非遗承传，国录祭典。舜陵景区，德脉潇湘。承接产业，转型示范。现代农业，培优调强。二广厦蓉，通达四方。全民三创，古邑新颜。民生优先，人和政廉。

忝位主政，重任在肩。时不我待，发奋求变。解放思想，勇往直前。万众一心，富民强县。民营经济，勇挑重担。工业旅游，两翼翩翩。以人为本，科学发展。努力建设，幸福宁远。灵兮眷佑，再造非凡。

尚飨！

2012 年湖南省人民政府省长徐守盛祭舜帝文

维公元二零一二年九月二十八日，湖南省省长徐守盛谨代表全省七千一百万人民，肃拜恭祀，致祭于中华圣祖舜帝有虞氏之陵，曰：

伟哉帝舜，照临八荒。肇华夏文明，基大同主张。行至孝以感嚚顽，德纯备而叙伦常。耕稼渔陶，民享安康。居百揆，职事时叙；宾四门，和谐万邦。象五刑，吏民惟恤；齐七政，杓魁有章。歌《南风》以解民愠阜民财；奏《大韶》而承善美舞乘黄。巡狩南国，崩于苍梧，厝灵九疑，魂寄潇湘。舜日昭昭，崇德垂祥；恩泽绵绵，申锡无疆。

守盛有幸，忝政湖湘。勉竭微诚，冀民富强。惟精惟一，建四化之伟业；克勤克俭，谱两型之华章。夙夜惟寅，不敢追遑。明灵降止，佑我家邦。神其不昧，伏惟尚飨。

2012年山东省原副省长谢玉堂祭舜帝文

维公元二〇一二年九月二十六日，岁次壬辰，时值仲秋，山东省原副省长、山东省政协九届副主席、山东省大舜文化研究会会长谢玉堂谨代表舜帝故里九千四百万人民，以太牢、美酒、五谷、百果之仪，掬诚致祭于中华圣祖帝舜有虞氏之陵前。其辞曰：

皇皇重华，穆穆舜帝。出生诸冯，归葬九嶷。幼失倚恃，母嚚相欺。父顽弟傲，沆瀣一气。帝承孝恩，待以友悌。河滨制陶，历山耕犁。雷泽捕鱼，寿丘作器。教化百姓，烝烝以治。虽在民间，盛名远溢。尧帝以闻，亲考其实。遂嫁二女，封为爱婿。舜回沩汭，省亲拜室。仓廪逢火，撑笠落地。下土实井，匿空化夷。尧帝钟情，欲膺重寄。使其理政，慎从典礼。百官时序，四方雍熙。摄政三年，七政修齐。尧帝殒世，舜帝登基。四门穆穆，九官分职。禹平水土，契教礼义。后稷稼穑，皋立法制。倕主工师，伯益主虞。龙主宾客，夔主诗律。伯夷主礼，上下有序。勤廉用贤，举事先机。擘划疆域，分州治理。中央集权，四海统一。视民如伤，爱民如已。德法兼治，公平正义。仁服有苗，义归戎狄。四方来朝，交趾鸟夷。夷夏融合，天下大治。泱泱虞国，傲立当世。暮年禅让，位传大禹。心系苗民，江南行迹。箫韶响奏，南风起兮。协和万邦，九州怡怡。苍梧劳瘁，毅葬九嶷。以躯保和，南北一体。在位卅九，尽瘁后已。美德育世，功勋卓异。万民举哀，如丧考妣。忌酒悲咽，湘竹泪滴。零陵巍巍，叆叇云起。千秋万代，享祀不已。舜德昭明，顶天立地。光照玉宇，流芳万世。中华一统，辉煌壮丽。虞舜之功，永世铭记。尚飨！

2014年永州市人民政府市长向曙光祭舜帝文

维公元二零一四年九月二十日，岁次甲午，序属仲秋，永州市人民政府市长向曙光率社会各界，代表全市六百二十万人民，谨备太牢、五谷、百果、美酒、香烛之仪，虔诚致祭于帝舜有虞氏之陵，曰：

伏维帝舜，孝德齐天。父顽母嚚，敬奉堂前。弟象倨傲，友爱无嫌。耕稼渔陶，德播人间。四岳荐举，代尧受禅。知人善任，辟门纳言。阜财解愠，天下平安。尧天舜日，代代颂传。天下为公，让禹玑璇。南巡苍梧，九疑寝安。皇英悲恸，泪染竹斑。伟哉圣祖，其业辉煌。千秋祭奠，万方仰瞻。时序几易，神州新颜。民族复兴，黎庶俱欢。我辈有幸，忝政虞园。诚惶诚恐，亦豪亦壮。夙兴夜寐，岂敢彷徨。跨越赶超，同肩担当。品质活力，齐心激扬。和谐幸福，携手共创。全面小康，早臻梦圆。伏望我祖，护祐无间。

尚飨！

2015 年湖南省人民政府省长杜家毫祭舜帝文

维公元二零一五年九月吉日，湖南省省长杜家毫偕各界代表，谨以牲醴时鲜、钟鼓雅乐之仪，致祭于中华圣祖帝舜有虞氏之陵前，曰：

於穆帝舜，与日同光。大孝丕显，至公流芳。揆百事以系时序，布五教而敦伦常。选 元举恺，日就月将；立义垂则，民安国祥。协律被声，凤凰仪翔。敷美尽善，明德始觞。修德求远，抚度四方。

三湘承惠，既阜且昌。於斯盛世，再谱华章。缅虞舜之轨范，稽彝典而昭彰。万亿及秭，“十二五”收官完满；十千维耦，“十三五”擘划启航。齐心协力，全面小康同筑；维新其业，中华梦圆共襄。家毫有幸，恭政湖湘。改革开放，创新图强。谨行节度，莫敢迨遑。视听惟民，矢志不忘。思皇多祜，德洽无疆。

神鉴厥诚，伏维尚飨。

三　其他祭舜文与祭二妃文

（一）其他祭舜文

谒舜庙文

（唐・吕温撰）

唐贞元十一年，岁次乙亥，四月一日，东平吕温，敢涫沐斋洁，敬谒于舜帝之神：恭惟至仁无方，大孝不匮。德馨声闻，允厘百揆。以圣授圣，犹言历数。择人付君，良不可易。圣功无全，相待而宣。雷驱四凶，云起八元。大冶陶玉，璇玑转天。垂衣岩庙，万物浩然。是称至神，是曰帝老。混成雍熙，永锡大嘏。乃眷南顾，苍梧之野。归尧鸿名，付禹天下。茫茫推迁，邈万斯年。三代之后，谁为圣贤？政如颓波，俗若坏山。《韶》乐犹存，薰风不还。於戏！道有通变，事有同异。官帝家王，随时之义。揖让而禅，固非力致。所以识者，存而不昧。若辅相之宜，裁成之规，焕乎文章，百代可知。九官惟旧，七政有仪。宏道在人，太平无时。如何后王，莫若是思。甚易甚简，舍而弗为。历山岿然，河水东驰。唐虞日远，杨墨谁推？瞻彼历山，薄言往愬。庶几精诚，必我依据。假我以灵，俾飞层云。行神之道，以致吾君。不然归来，鸟兽为群。敢竭微志，托于明神。

（选自《吕衡州集》卷八）

齐州到任谒舜庙文

（宋·曾巩撰）

岳庙，云维神以丰功盛德，作镇此方，宜有以称民望。

维帝侧微之妆，躬耕此土。历数千载盛德弥新，传于无穷，飨有庙食。巩受命妯守，敢陈薄荐。维帝常维荫，施惠此困穷。庶使遗民，永有依赖。

（选自《元丰类稿》卷三十九）

祭告舜庙文

（宋·晁补之撰）

维崇宁元年正月八日，朝散郎、权知河中军府兼管内勤农事、兼提举解州庆成军兵马巡检公事晁补之，谨以清酌庶羞之奠，敬告祭于帝舜之神曰：禹治洪水，功施于河为多。迄今河宾，济者呼禹。且蒲，帝之所尝居，而帝使禹者也。今梁绝病济，且司图复之。帝相斯人，河受其职。俾无坏于成，则禹之功。犹赖蒲之民，克永事帝。尚飨。

（选自《鸡肋集》卷六十一）

知绍兴府诸庙祈雨文

（宋·綦崇礼撰）

舜帝庙

维帝以圣，绍尧以功，传禹道德之盛，万世所师。至神无方，庙祀于此，民所疾苦，帝宜图之。（云云）伏愿默相，上帝指撝神龙，以雷霆霈为甘霖，救此旱虐，下以慰疲民嗸嗸之望，上以解明天子旰食之忧，而郡县之吏亦得以宽其责。神之赐也，敢望所报。尚飨。

（选自《北海集》卷三十六）

祭舜祠祝文

（宋·张栻撰）

某谨以牲醴，致祭于虞帝之祠：

惟斯民之所以生，斯世这所以立，繄人伦之教是赖。而圣人，实人伦之至也。帝之盛德，冠冕万代，固岂下臣所敢赞述。苍梧之野，谓帝尝临。寅缘此邦，获奉庙祀。某莅官之初，适修常事。周视栋宇，缺坏弗称。悚栗汗下，不敢遑宁。肇新规模，兹焉获考。敬率官僚，俯伏以告。惟帝之泽，化育并行。动植蒙赖，何有穷极。敢云此邦，独私其赐。

（选自宋·魏齐贤、叶芬同辑《五百家播芳大全文粹》卷八十四）

2004 年世界舜裔宗亲联谊会主席陈守仁祭舜文

维公元二零零四年九月二十五日，岁次甲申八月十二，世界舜裔宗亲联谊会常务委员会主席陈守仁，副主席陈来金、陈捷中暨全体常委，代表本会海内外舜裔，谨以太牢、五谷、百果、美酒、香烛之仪，叩首拜祭于我祖帝舜有虞氏之陵，曰：

伟哉神矣，德圣我皇。以孝立家，以德治邦。推行五教，人伦大昌。道德文化，我祖首创。颁刻五刑，慎法惟宽。法制文化，我祖肇端。播时百谷，界定职壤。农耕文化，我祖彰扬。治世清明，人和政安。政体文化，我祖凸显。伟哉神矣，德圣我皇。孝冠今古，德侔地天。呜呼始祖，九疑崩葬。精魂栖此，万民敬仰。我辈临祭，祈福久远。护佑胄裔，发达兴旺。尚飨！

2005 年李学勤祭舜文

维公元二〇〇五年九月六日，岁次乙酉八月初三日，适逢全国虞舜文化学术研讨会暨中国先秦史学会第八届年会在山西运城盐湖区隆重召开，中国先秦史学会谨率来自全国 26 个省、市、自治区的专家学者及运城市区各界人士和民众万千，掬诚致祭于我中华民族五帝之一虞舜圣帝鸣条之陵前。献辞曰：

一

盛皇虞舜，千古圣帝。睿哲文明，万世崇尊。
承尧传禹，拓新人文。功德丰伟，立极乾坤。
事亲尽孝，感天动地。以德化民，淳风普世。
施政以仁，万邦来仪。至孝仁德，天下驰誉。
举禹治水，开凿龙门。命弃稼穑，稷山教民。
制定刑律，以法治本。功在社稷，泽被后昆。
高歌南风，勤政爱民。禅位大禹，天性公心。
创建政体，为国奠基。大道光炎，盛德清馨。

二

黄河浩荡，中条崔嵬。圣帝之乡，万象呈辉。
英雄儿女，同德同心。强市强区，图宏业伟。
放眼世界，风生云起。圣帝之裔，傲立寰宇。
艰苦创业，勤劳智慧。竭诚报国，可歌可泣。
中华美德，长存永继。民族精神，终不失弃。
尊祖爱国，勿忘根本。传承文明，和谐社会。
尧天舜日，世代永追。太平世界，人类翘企。
仰帝圣灵，光我河东。祈帝福庇，强我华裔。

吾侪今齐聚陵前，奠酒焚香，共祭圣帝，特表万般景仰，伏维尚飨！

中国先秦史学会

理事长：李学勤

二〇〇五年九月六日

（选自《先秦史动态》2005 年 12 月总第 42 期）

2014 年世界舜裔宗亲联谊会主席陈锦龙祭舜文

惟公元二〇一四年九月二十日，岁在甲午八月廿七，世界舜裔宗亲联谊会主席陈锦龙率出席第 22 届国际大会全体宗亲，代表全球舜裔，仅以太牢之礼，五谷、百果、鲜花之仪，叩祭于始祖灵位前。曰：

圣帝吾祖，人文拓荒。孝悌以闻，受荐陶唐。耕历陶河，守诚敬业。笃亲友邻，成邑成邦。举贤任能，八恺八元。以德治国，日月昭光。高龄禅让，代狩南苍。勤民忘己，青史留芳。胄裔繁衍，广播人寰。宗亲联谊，世纪百年。秉承祖德，与人为善。济贫助困，相扶相帮。传承家风，尊祖孝亲。牵手共挽，屹立人间。木本水源，人根之望。铭记祖陵，九疑江南。四海齐聚，谒陵舜源。祈望圣祖，佑我后昆。家和业兴，祖德绵长。五洲同心，中华梦圆。

尚飨！

（二）祭二妃文

祭湘君夫人文

（唐·韩愈撰）

维元和十五年岁次庚子，十月某日，朝散大夫、守国子祭酒韩愈谨令前袁州军事判官张得一，以清酌之奠，敢昭告于湘君夫人二妃之神：前岁之春，愈以罪犯黜守潮州，惧以谴死，且虞海山之波雾瘴毒为灾以殒其命，舟次祠下，是用有祷于神，神飨其衷，赐以吉卜，曰“如汝志”。蒙神之福，启帝之心，去潮即袁。今又获位于朝，复其章绶。退思往昔，实发梦寐凡累年，于今乃合。夙夜悚惕，敢忘神之大庇。伏以祠宇毁顿，凭附之质，丹青之饰，暗昧不蠲，不称灵明；外无四垣，堂陛颓落，牛羊入室，居民行商，不来祭飨。辄敢以私钱十万，祈于邦伯，修而作之。旧碑断折，其半仆地，文字缺灭，几不可读。谨备而树之，庙成之后，将求玉石，仍刻旧文。因铭其阴，以大振显君夫人之威神，以报灵德。俾民承事，万世不怠。惟神其鉴之。尚飨。

始将既修树旧碑，乃刻其文于石，因铭其阴。旧碑石既多破落，文不可尽识，移之于新，或失其真，遂不复刻。

（选自宋·魏仲举编《五百家注昌黎文集》卷二十三）

黄陵庙祝文二首

（宋·邹浩撰）

维崇宁元年岁次壬午，九月癸未朔，初七己丑，责授衡州别驾永州安置邹浩，谨以清酌茗果之奠，敢昭告于湘君、湘夫人二妃之神：元符中以谏官论中宫不当，立削籍，流新州。明年，今天子嗣兴，召复秩序，遂□（1-1-1057）禁从为中书舍人，又为尚书吏部、兵部侍郎，又以宝文阁待制出帅杭、越。顾虽报效未昭，而宿罪往愆亦埽然尽矣。日者，元符皇后重有诉述，于是复窜湖外，其所以播告天下，有特降之诏，有中出之疏，典刑所被，竦动一时。在神聪明，宜已洞察。惟神，其尧为父而嫔于虞，这之所以去四凶，所以命九官，所以辨真伪是非之实，而待君子小人各当其分，神固得之矣，用以照物，岂不明哉！唐韩愈黜守潮阳，舟次祠下祷焉，蒙神之福，启帝之心，以获位于朝，人到于今仰》《。浩愚不肖，不足以方愈，傥其诚果在所飨，庶几亦邀大庇，早获旋归，以奉老母。若夫获位于朝，如愈之前日事，则非所敢望也。惟神其听之。尚飨。

维崇宁五年岁次丙戌，二月甲子朔，前责授衡州别驾邹浩，谨以清酌茗果之奠致祭于湘君、湘夫人二妃之神：浩，元年秋九月舟舣祠下，尝有祷于神，今蒙恩归侍，悉如初愿，神之所以赐浩者效矣。敢不肃恭，澡雪进谢。灵德乃若，调柔风伯，纳来冯夷，使江湖安帖，早达乡国，则尚于神有望焉。惟神终相之，尚飨。

（选自《道乡集》卷三十八）

有虞氏二妃祝文

（宋·张栻撰）

惟神，唐帝之女，嫔于有虞，协德圣神，垂则万代。新宫肇建，内阃是严。修祠于春，敢率彝典。

（选自《南轩集》卷四十二）

2015 年黄二良、唐太勇祭二妃文

惟公元二零一五年五月二十九日，岁次乙未四月十二，岳阳楼君山景区与九疑山舜帝陵景区“舜帝湘妃情·九疑君山亲”活动隆重举行。岳阳楼君山岛管委会主任黄二良、九疑山舜帝陵管理局局长唐太勇，偕各界人士，虔备太牢美酒时馐香烛之仪，掬诚致祭于娥皇女英之陵墓前，曰：

尧女二妃，令德皇皇。母仪天下，中华之冠。不以帝子之贵，厘降有矜重华，辞都平阳，义居妫湾。恪尽妇道，遵尧所饬钦哉，承事畎亩之间，恭俭谦谦。身置危境，谋舜献计往哉，化廪井酒三险，敦厚湛湛。相夫君，敬公婆，谐弟妹，教稚子，全家和宁而安。尧崩践位，迁都蒲坂。图变鼎新，宇内大治，天下大同，享誉舜日尧天。皇英二妃，辅佐有方。

舜禅大禹，别妃而南。崩葬九疑，日月同喑。闻耗寻夫，泪染竹斑。命丧湘渊，殉情而亡。呜呼！七十至爱留千古，百年至情成绝唱。疑山君山两陵在，魂躯各自共湖湘。

吾辈有幸，君山祭奠。妃灵不昧，伏惟尚飨！

舜　帝　陵　志

（下册）

湖南省地方志编纂委员会　编

方志出版社
Publishing House of Local Records

目　录

（上　册）

第二章　舜帝陵庙

第三章　舜陵风物

第四章　舜帝祭祀

（下　册）

第五章　舜裔宗亲

第六章　考古发现

第七章　舜陵艺文

第八章　舜文化研究

第九章　陵区管理

附　录

索　引

后　记

第五章　舜裔宗亲

参加祭舜大典的海内外舜裔代表团

舜帝后裔是中华民族的重要组成部分。在漫长的迁徙繁衍历程中，舜裔逐步由鲁西、晋南、豫南一带向各地迁徙繁衍。有的南迁安徽、浙江、湖北、湖南、广东、广西乃至东南亚等地；有的西迁陕西、甘肃、四川、云南乃至中亚等地；有的则北迁辽宁、吉林、黑龙江乃至朝鲜、日本等地。经过4000多年迁徙，舜裔遍布全国和世界各地，并演变成200多个姓氏，总人口超过2亿。各种不同名称的舜裔组织，为加强舜裔间的相互联系与交流提供广阔平台，将全国和世界各地的舜裔紧密联系在一起。

第一节　舜裔迁徙与人口分布

一　舜裔迁徙

舜帝去世后，舜帝后裔就开始迁徙历程。按时间，大体可以分为先秦、秦汉、魏晋南北朝、唐宋、元明清、近现代等不同时期。

（一）先秦时期

在舜帝去世后的一段时间里，舜帝部族主要活动于豫南、晋南、商洛、湘南一带。《竹书纪年·帝舜有虞氏》载，舜帝嫡子叔均封于虞，封地在今河南虞城。其后徙封于商，即今之陕西商洛市商州区，后人称为商均。商均徙封后，仍有部分部族留居虞地。舜的另一支部族，则留居舜都蒲坂及其附近地区。还有一支部族随舜帝南巡。舜帝崩葬苍梧九嶷后，这支部族留在南方，活动于今湘南、桂北和粤北一带。

夏代，有虞氏封国或失或存。《路史·后纪十二·疏仡纪·有虞氏》载：舜帝后裔，在“夏之世，有箕伯、直柄、伯戱，中衰”。箕伯之后有箕氏、遂氏；直伯之后则有直氏、直柄氏。而留居虞地的舜帝后裔，其势力还相当强大。《左传·哀公元年传》载，夏王仲康失国以后，其孙少康逃奔有虞氏。有虞氏首领虞思不仅收留少康，而且将两个女儿嫁与少康，并封少康于诸纶，使少康“有田一成，有众一旅”。后来，少康依靠有虞氏提供的“田一成，众一旅”，收聚斟灌与斟鄩余众，打败过浇，恢复夏王朝，史称

“少康复国”。而居于蒲坂的舜帝后裔，则陆续向山西南部各地迁徙，到达平陆、垣曲、洪洞等地。

商代，成汤封舜帝后裔于遂。《路史·后纪十二·疏仡纪·有虞氏》载：“成汤实之于遂，遂世守之，后为齐所灭。”夏时所封舜裔圭、卫、蒲、传，为商所灭；胡、潘尚存，为周所灭；息、负、庐、邹，则春秋时被强国兼并。后各以国命氏，有虞氏、幕氏、司徒氏、申徒氏、信都氏、胜屠氏、胜氏、胜徒氏、舀氏、咸氏、遂氏、须遂氏、合傅氏、李氏（汉，胡不害封合博，唐李文思本姓胡，为胡不害之后）等，皆为直伯之后。《世本》则说，陈遂，舜后，虞思后。箕伯、直柄中衰，汤封遂于陈，以奉祀舜帝。在商代，舜裔位于山西南部的虞、芮等国仍然存在。“虞芮观周”说的就是虞国与芮国之事。商朝末期，虞、芮之人发生争执，久久不能解决。他们听说周国的姬昌是仁德之君，便到周国请求他们给予解决。当他们进入周国时，发现这里没有人与人之间的你争我夺，人们互相礼让，蔚然成风。虞、芮之人感到非常惭愧，便没有见周王就返回各自领地。此即“虞芮观周”故事。

西周时，虞思的后裔遏父（又作阏父）投靠周文王，担任陶正。因制陶有功，周文王将长女太姬嫁给遏父之子妫满。武王灭商后，将妫满封于陈，以取代虞遂之后裔的陈国。从此，妫满统辖陈国故地，以奉帝舜之祀。妫满逝世后谥号“胡公”，故又称胡公满。从胡公满开始，经过10代12个国君的世袭传承，到陈桓公时，陈国发生内乱，国力逐步衰弱。陈闵公二十四年（公元前479年），楚惠王兴兵灭陈，陈地正式并入楚国版图，成为楚国一个县。自妫满起，陈国经历23个国君，将近600年。陈氏、遏氏、辕氏、榬氏、袁氏、爰氏、庆氏、衡氏、柳氏、鍼氏、逄氏、歅氏、弱氏、杵臼氏、五父氏、驷氏、恩氏、甄氏、番氏、斗门氏、壶丘氏、偃师氏、司甄氏、仪氏等，皆为妫满后裔。妫满去世后谥号胡公，其一支后裔以胡为姓，是为胡姓始祖。

在陈国内乱中，陈厉公之子完，字敬仲，因惧祸及自己而奔齐，被齐桓公任为工正之职。妫完在齐以国为姓，是为陈完，成为当今中国陈姓的主要源头。陈完在齐又以田为氏，成为田姓源头。还有三支陈国公族后裔，在陈国乱亡期间，避居他乡，以国为姓。陈完的后裔在齐国迅速壮大。齐景公（公元前547年—公元前490年）时，田完五世孙田书因伐莒有功，齐景公封田书于乐安，故城在今山东广饶县，并赐姓孙氏，成为妫姓孙氏之祖。周安王十六年（公元前386年），田和代齐自立，建立田氏齐国政权，史称田齐。齐宣王封母弟于母乡，为胡母氏、胡非氏、威氏、慈母氏、慈氏之源。田和六传至齐王建，田齐灭亡，田建被迁到共（今河南辉县），国土被并入秦为郡。有敬氏、皮氏、车氏、恪氏、穰氏、汲氏、稑、稺（禾辱）氏、辱氏、薛氏、法氏、王氏、文氏、荀氏、光氏、纥于氏、尉迟氏、司马氏、子穆、子占、子沮（《世本》：烈子后）、子与、子献（本桓公孙）、子鞅、子梧、子坊、子芒（《世本》：僖子子，子芒后。一作芷）、子尚（《世本》：僖子。生廪子尚）、子寤、丘子石（《世本》：桓子生。子石后）、子夏子、宋子、禽犨子、子仲，皆为田齐后裔。

经过近两千年的迁徙繁衍，到战国时期，舜帝后裔已经遍布中原、西北地区东部、江淮、湖广等地。其时，往西北迁徙的一支舜裔，已经到达河西走廊一带，居住于洮河之畔，并逐步同甘青一带羌人融合。而南方舜裔，则广泛活动于两湖至五岭以北的广大地区。特别是湘桂走廊一带，舜裔活动更为频繁。湖南东安县坐果山遗址，可能就是商周时期舜裔的活动遗迹。春秋战国时期的《鄂君启节》，是楚怀王颁发给封地在今湖北鄂城的鄂君启在水陆两路运输货物的免税通行证，上面明确载有洮阳邑。洮阳，在今之广西全州黄沙河，西汉时在此设立洮阳县。1960年，长沙汉墓中出土的两枚文景时期的滑石印章，一为“洮阳长印”，一为“逃阳令印”①。1973年长沙马王堆汉墓出土的《长沙国南部地形图》则作“桃阳”。

（二）秦汉时期

秦汉之际，田氏齐国王族的后裔人口众多，势力强大。其中一部分王族开始向西、北之地播迁。汉初，田氏贵族曾裂地称王，田儋、田荣、田横三兄弟相继为王，最后被韩信消灭。田齐失国后，齐人谓之王家，成为妫姓王氏始祖。汉高祖刘邦为削弱各地豪强的残余势力，将战国时齐、楚、燕、韩、赵、魏六国王族后裔和豪族名门共十万多人，都迁徙到关中阳陵（本弋阳县，汉景帝在此筑阳陵并改县名）一带定居。在迁徙原齐国田姓贵族时，因族大人众，以门第顺序被分为第一至第八氏。如大族田广的弟弟田英

---

① 《长沙马王堆三号汉墓出土地图的整理》，载《文物》1975年第2期。

为第八氏，其孙田登为第二氏，田癸为第三氏等。《姓氏考略》载："齐田氏后，汉时齐诸田徙至京兆房陵，以次第为姓，有第一至第八。"

汉代，陈姓在全国各地迅速发展，成为不少地方的名门望族。其中，最著者有颍川、汝南、下邳、广陵、东海等郡。还有一支陈姓，即东汉名臣陈蕃被杀后，其子裔逃亡于比景（今越南中部），成为最早进入越南的陈姓。与此同时，胡氏自河南淮阳一带，向北迁入山东、河北、山西，向西迁入陕西、甘肃，向南迁入湖北、安徽等地。其中迁入甘肃境内的胡建一族，在后汉成为一大望族，是各地胡氏衍生的主要来源。而源于田齐的妫姓王氏，势力逐步强大起来。到元帝和成帝时，新都哀侯王曼次子、西汉孝元皇后王政君之侄——王莽（公元前 45—23 年），权倾朝野。公元 8 年 12 月，王莽取代西汉，建立新朝，建元"始建国"。经过西汉及新莽王朝，王氏迅速发展为全国巨型族群之一。源于妫姓的袁姓族属也发展迅速，名人辈出，地位显赫。东汉时，祖籍汝阳的袁安担任汉章帝司徒，其后一门显宦，称为"四世五公"，成为当时特别有名的世家大族。东汉末，天下大乱，袁绍称霸于河北，袁术称帝于淮南，成为当时最具影响的两个割据集团。

（三）魏晋南北朝时期

三国时期，徙居江东的孙氏迅速发展，成为江东巨族。江东孙吴政权建立后，与北方的曹魏、西边的蜀汉三分天下，鼎足而立。

西晋末，号称"江左衣冠望族"之一的陈姓，为避"八王之乱"，开始迁入闽中。到南朝时，陈姓已是闽中四大姓氏之一。而由陕郡西迁，活动于甘肃洮河流域、融入西羌的一支舜裔烧当氏，在西晋时期强大起来。烧当氏首领弋仲改姓姚氏，即姚弋仲。此后，姚姓成为南安大姓。姚弋仲之子姚苌灭前秦苻氏，于东晋太元十一年（386 年）建立后秦，为东晋十六国之一，建都长安。后秦共历 3 主、34 年，于东晋义熙十三年（417 年）为刘裕所灭。后秦灭亡后，南安姚氏"余宗迁于江南"，全部融入汉族，成为南方姚氏主体。无弋氏、研氏、滇氏、东氏、迷氏、锺氏、罕羌氏、那氏、襄萇氏、铫氏等姓氏，皆为西羌姚氏演变而成。未南迁的后秦姚氏，则向西南发展，迁往四川、云南、贵州等地。无弋氏的支庶曰印，南徙祈地，支系分為三种：犛牛氏、白马氏、参狼氏。

南朝时，南方陈姓迅速发展壮大。齐王田建第三子陈轸的第 28 代孙、汉太丘长陈实的第18代孙陈霸先，于梁武帝时授直阁将军，封亲安子。梁太平二年（557年），陈霸先代梁自立，建立陈朝。陈朝共历5帝、33年。陈朝统治时间虽然短暂，但由于皇室子孙众多，有不少人被封为王。其中，陈文帝有13子、封9王，陈宣帝有42子、封31王，陈后主22子、封11王。陈亡后，这些陈朝皇室子孙被全部迁往长安，然后安置于全国各地。此后，陈姓子孙繁衍极快，足迹遍布长江以南的广大地区，为此后快速发展奠定基础。

（四）唐宋时期

唐宋时期，陈姓遍布全国特别是江南、华东、华南各地。唐高宗总章二年（669年），河南固始人陈政任岭南行军总管，征讨闽南蛮獠叛乱，其后代在福建、台湾居留繁衍，成为闽台陈氏重要的一支。特别是陈宣帝第六子陈叔明的后裔，避居江西庐山，再徙德安县太平乡常乐里永清村（今德安车轿乡义门陈村），为江州义门陈氏开派祖。经唐宋二朝，至北宋天圣四年（1026年）人口达3700余口，有田庄300多处。宋仁宗嘉祐七年（1062年），文彦博、包拯、范师道、吕海等上疏，论义门陈氏过于集中，朝野太盛，建议分析。同年7月3日，江西转运使谢景初率同吕海、刘献等众官，奉旨临门，监督分析义门陈氏。翌年3月，将义门陈氏拆分为大小291庄，分别迁往各府、州、镇，其中江南110庄，楚地91庄，两直、川、浙、广、闽共90庄。除义门陈氏外，唐宋时期，大量陈姓从福建、广东迁入越南。南宋宝庆元年（1225年），徙居越南的陈姓后裔陈京改名陈日照（亦称陈照），取代安南李氏王朝，建立陈氏王朝，统治安南170余年。

华林胡氏自胡藩传24代至唐侍御史胡稟成，他的五个儿子珰、瑜、告、球、琼分居五处为五宗。其中胡珰以宗子留居华林，三传至宋初，有国子监胡仲尧、仲容、仲雅等8兄弟，累世聚居，至数百口，建造学舍于华林山别墅，藏书万卷，以延四方游学之士。又置浮云山麓田，岁收米千斛，以供四方学徒。宋太宗雍熙二年（985年）诏旌其门，曰义门。其后裔分布在江西、湖南等地。胡瑜一支先徙陈留，后转崇仁，至宋时繁衍成福建崇安著族，以胡安国、胡宏父子为代表。胡琼一支徙居毗陵，其族宋、明不衰，宋时有胡宿为代表的晋陵胡氏，明时有武进胡洁源，官礼部尚书，为一代名臣。

田氏族人从京兆迁入北平（河北、天津、北京一带），故以“北平”为堂号，并成为当地一大望族。三国时魏议郎田畴的22世孙田璟为唐郑州司马，子田守义为安东都护，生田承嗣为魏博节度使，唐代宗时被封为雁门郡王，其后子孙遂以封地为其堂号。唐宋时，田姓已基本上分布于长江中下游以北广大地区。宋时，田氏南迁，繁衍于今福建、广东等地。

袁姓子孙或因做官、或因避祸逃难，四散分居北方广大地区，并散布江南许多地方。经过漫长的繁衍，形成彭城、京兆、东光、太原、华阳、襄阳、濮阳、陈留、宜春等郡望，而这些支系又多出自陈郡和汝南望族后裔。宋时，袁姓在南方也成为望族，其中以浙江、江苏、江西分布最多。福建、广东也开始有袁姓进入。

（五）元明清时期

元明清时期，舜裔继续向全国各地拓展。元末明初“扯江西填湖南”，明末清初“扯湖广填四川”等大型人口迁徙活动，使大批陈姓、胡姓等舜裔大量进入湖南、四川等地。

明清时期，舜裔继续向东南亚、日本、朝鲜等国家和地区迁徙。特别是越南，成为舜裔迁徙的主要目的地之一。陈姓、胡姓舜裔还在越南（安南）几度建立起封建王朝。明惠帝二年（1400年），始建于南宋的安南陈氏王朝灭亡。祖籍浙江的胡季犛，取代陈氏王朝，建立起安南胡氏王朝，改国号为“大虞”。胡氏王朝共历2王、7年，明成祖永乐五年（1407年），为后陈朝简定帝所灭。后陈朝于永乐十一年（1413年）为明王朝所灭，又于明宣宗宣德元年（1426年）恢复。明宣德三年（1428年），安南后陈王朝为黎氏王朝所取代。

明末清初，随着郑成功入主台湾，陈姓、胡姓、姚姓、袁姓开始大量进入台湾，散布于台湾各地。特别是陈姓，经播迁繁衍，人口迅速增加，迅速成为台湾第一大姓，有“陈林半天下”之说。

清代，亦发生几次大的人口迁徙活动，即闯关东、走西口、下南洋。在这几次大的迁徙活动中，大批舜裔随迁各地。特别是广东、福建沿海的陈、姚等姓舜裔，大批进入菲律宾、马来西亚、印尼、柬埔寨、泰国、越南等地，成为当地华人华侨的主干。特别是越南、马来西亚两国，陈姓成为第一大姓。

（六）近现代

民国时期，战乱频仍，民众迁徙更为频繁。特别是抗日战争时期，大批难民逃离家园，或由东北内迁，或由东部西迁，或由中原南迁。在此期间，各姓舜裔也有一部分随迁全国各地。

中华人民共和国成立后，在较长一段时期内，国内人口相对稳定。1978 年改革开放以后，大批内地民工进入沿海发达地区，大批农村人口进入城镇，还有大批人口出国出境求学、经商或从事其他行业，舜裔人口也因此进入快速流动时期。

二　舜裔人口

经过 4000 多年的迁徙繁衍，到 21 世纪初，舜裔成为遍布全国和世界各地的超巨大族群，构成中华民族重要主体。第六次全国人口普查（2010 年 11 月 1 日零时），全国总人口 13.7 亿人，其中舜裔总人口约为 2 亿，约占全国总人口 14.5%。全国人口最多的前 10 个姓氏，舜裔姓氏占有 3 个，即王姓，8890 万人，居第 2 位，占全国汉族人口 7.41%；陈姓，5440 万人，居第 5 位，占全国汉族人口 4.53%；吴姓，2460 万人，居第 10 位，占全国汉族人口 2.05%。而在全国人口第 11~300 位的姓氏中，也有众多舜裔姓氏，其中孙姓居第 12 位，胡姓居第 13 位，袁姓居第 33 位，薛姓居第 48 位，田姓居第 58 位，姚姓居第 64 位，邹姓居第 67 位，陆姓居第 70 位，孔姓居第 72 位，邱姓居第 77 位，文姓居第 100 位，陶姓居 106 位，伍姓居第 121 位，莫姓居第 137 位，甄姓居第 162 位，车姓居第 197 位，饶姓居 203 位，虞姓居第 268 位。而海外（不包括港澳台地区）舜裔人口约为 800 万人，约占海外华人总数 28.5%。

三　舜裔分布

舜裔人口在全国各地的分布很不平衡，有着比较明显的地域性特点，不少舜裔姓氏人口居于所在省市区各姓氏前列。据第六次全国人口普查，进入全国部分省市区人口前 10 名的舜裔姓氏有王、陈、吴、孙、胡、陆等 6 姓。其中，王姓人口分布最为广泛，在山东、内蒙古、河南、北京、江苏、山西、天津、辽宁、安徽、新疆、黑龙江、贵州、甘肃、吉林等14省市区中均居于首位。陈姓人口分布，除新疆外，在全国各省、市、自治区中均位居10位以内；而广东、海南、福建、浙江、江苏及香港、澳门、台湾的陈姓人口，均居这些地区首位。孙氏人口分布，以东北三省、山东、河南、河北、安徽，江苏、浙江等地为多。田姓人口，主要集中于河北、河南、山东、贵州四省。胡姓人口分布，主要集中在湖北、江西、安徽、浙江、四川、山东、湖南。袁姓人口，主要集中在河北、四川两省。陆姓分布以江苏、广西、广东、浙江、上海较多。车姓则以四川、山东、甘肃等省居多。

第二节　舜裔姓氏

一　舜裔姓氏概况

舜帝，有虞氏，父亲瞽叟妫姓，舜帝因生于姚墟，又以姚为姓。舜裔其他各姓氏，皆由妫、姚二姓演化而来。

周武王时，封舜帝后裔妫满于陈，其后裔以国为姓，衍生出陈、田、胡、孙、袁、王、陆、车等诸多支姓。

随着舜裔的播迁繁衍，舜裔姓氏不断增多。唐代《元和姓纂》收录舜裔姓氏26个。宋代《百家姓》收录舜裔姓氏20个。清代姚振宗著《姚氏百世源流考》，收录舜裔姓氏82个。福建姚恩健撰《姚氏衍生繁姓纂》，收录舜裔姓氏60个[①]，其中有20个不与姚振宗重合。山西运城舜帝陵“舜帝后裔传五洲”匾，标有舜裔姓氏81个。河南濮阳舜帝宫“舜裔姓氏录”碑，标称舜裔姓氏104个；碑文撰者“世界舜裔宗亲联谊会常务委员会主席陈守仁博士，2004年4月9日”。湖南九嶷山舜帝陵《舜裔姓氏系统简图》碑，录入舜裔姓氏80个，为姓氏之间有连线和吊（竖）线的系统简图，“乙酉仲夏（2005年）菲律宾裔孙姚嘉熙敬献”。湖南永州李生顺著

① 《八闽姚氏源流》，八闽姚氏宗亲联谊会董修出版，2001年，第55—59页。

《有虞舜帝》(湖南人民出版社，2005 年)，书中录有舜裔姓氏 214 个。湖南科技学院王田葵教授在《中国伦理的轴心突破——历史语境中的舜文化》(湖南人民出版社，2011 年) 中，列出舜裔姓氏 183 个。而华南理工大学姚钟尧教授撰《我也来说说舜裔姓氏》(中华姚氏宗亲网 www.yaogens.cn，“潮阳及广东姚氏专栏”，2015 年)，所收录的舜裔姓氏亦为 183 个。王、姚所录舜裔姓氏虽然数量相同，但具体姓氏则多有不同。二者相同的姓氏为 150 个，不相同的为 66 个，二者相加共计 216 个。

综合各类记载，舜裔姓氏总数在 250 个左右。其中，源流较为明确且可考的舜裔姓氏有 202 个，包括单姓 121 个，复姓 81 个：

妫、姚、虞、陈、田、胡、孙、袁、陆、王、车、爰、辕、榬、湲、援、舜、娥、英、吴、甄、遂、须、敬、靖、庆、威、兹、夏、鍼、宗、原、舀、仪、来、司、尝、孔、赐、法、穰、第、满、苟、濮、圭、迷、直、负、歂、蒲、招、梧、占、幕、慕、暮、募、威、陶、文、饶、莫、衡、观、卫、邹、商、藿、庐、潘、息、傅、咸、戏、丁、薛、储、咸、研、滇、东、迷、锺、那、铫、庹、容、苴、厉、芒、谷、种、光、束、艾、胜、李、遏、柳、逄、弱、驷、恩、番、皮、恪、汲、稑、耨、辱、母(毋)、有、何、箕、鲜、丘、邱、箴、广、與；须遂、胡母(毋)、胡仰、胡非、慈母、子夏、少西、颛孙、原仲、偃师、司城、司徒、司马、公良、斗门、子仲、子宋、子石、子與、子沮、子献、子鞅、子穆、子枋、子尚、子芒、子禽、子寤、廪邱、子占、子沮、子梧、子坊、禽犨、於陵、五王、仇子　威王、第一、第二、第三、第四、第五、第六、第七、第八、濮阳、登北、癸比、登比、原仲、陈方、五父、西虞、上虞、馀虞、馀姚、厘子、罕羌、襄萇、无弋、罗陈、即墨、安平、陆费、陆叶、申屠、信都、胜徒、合慱、杵臼、壶丘、纥于、尉迟、鲜于、釐牛氏、白馬氏、参狼氏、丘子石、陈佳、毋丘(母丘)。

此外，在姚恩健、李生顺、姚钟尧、王田葵等人著述以及山西运城舜帝陵、河南濮阳舜帝宫、湖南宁远舜帝陵等匾、碑中，尚有收录为舜裔姓氏但不可考者 49 个，其中单姓 32 个，复姓 17 个。具体如下：

高、齐、盎、尧、古、笃、沮、归、绩、缓、蟜、胜、象、因、茵、尹、姆、姥、蕻、苫、假、甿、垄、梧、禽、铎、禾、坊、鞅、恭、公、贺，息夫、纥干、李铁、鍼尹、鍼巫、司甄、慈父、子芸、因孙、胡掖、母仰、占尹、田球、田章、孙阳、沈陈、姚李。

二 部分舜裔姓氏源流

在舜裔姓氏中，妫、姚二姓为宗姓。虞为舜子叔均封地，其后以为氏。西周封舜裔妫满于陈，谥号胡公，其后繁衍演变陈、胡、袁、田、文明、王、孙诸姓。20 世纪 80 年代，陈、胡、袁、姚、虞、田、王、孙、陆、车十姓联宗，成立世界舜裔宗亲联谊会。因此，妫姓与陈、胡、袁、姚、虞、田、王、孙、陆、车等 11 姓，构成舜帝后裔代表姓氏。

（一）妫姓

妫姓为有虞氏之宗姓。有虞氏兴起于燕山一带，始居于燕山之麓妫水流域，辖有其地，遂以地为姓，成为中华民族最古老的八大始姓（姜姓、姬姓、妫姓、姒姓、嬴姓、姞姓、姚姓、妘姓）之一。唐代在此地设置妫州，即源于此。一说舜被尧帝启用后，迁其部族于蒲坂（今山西永济）妫水之畔，其父瞽叟遂以水为姓，成为妫姓始祖。

周武王时，舜帝裔孙妫满受封于陈地（今河南淮阳），以奉帝舜之祀。妫满逝世后，谥号胡公，故妫满又称胡公满、陈胡公满。妫满的后裔又有以祖辈谥号为氏者，奠定薛、陈、胡、袁、田、齐、王、孙等诸多姓氏的发展根基。但在其后，随着姓氏的演变，舜裔不断受封，以国、以爵为姓几乎替代妫姓。唐宋以后，已无妫姓载于典籍。

妫姓郡望有二：吴兴，战国时始置县，孙吴宝鼎元年（266 年）置郡，治所在乌程（今浙江吴兴）。南郡，治所在郢（今湖北荆州）；唐改江陵郡，旋升江陵府。

（二）陈姓

陈姓源于以国为姓。周武王灭商后，封舜帝后裔妫满于陈，妫满也因此成为陈姓始祖。妫满传 10 代 12 君至桓公时，陈国发生内乱。公子完逃奔齐国，被齐桓公任为工正之职。公子完便以国为姓，称陈完，成为最早使用陈姓的人，亦为当今陈姓的主要源头。

陈国为陈姓的得姓之国。自妫满受封立国于陈地，经历 23 个国君，将近 600 年。到周敬王 41 年（公元前 479 年），陈国为楚惠王所灭，成为楚国的一个县。陈的末代国君陈湣公被迁于共（今河南辉县）。而在此前，在陈国内乱中逃奔齐国的公子完，以国为姓称陈完，又以田为姓称田完。其后裔在齐国迅速发展，到田完八世孙田和时自立为王，建立田氏齐国，史称“田氏代齐”。七传至田建，最后为秦所灭。末代齐王田建生有四子，其中三子轸为楚相，封颍川侯，复姓陈，后成为各地颍川陈氏分支的始祖。

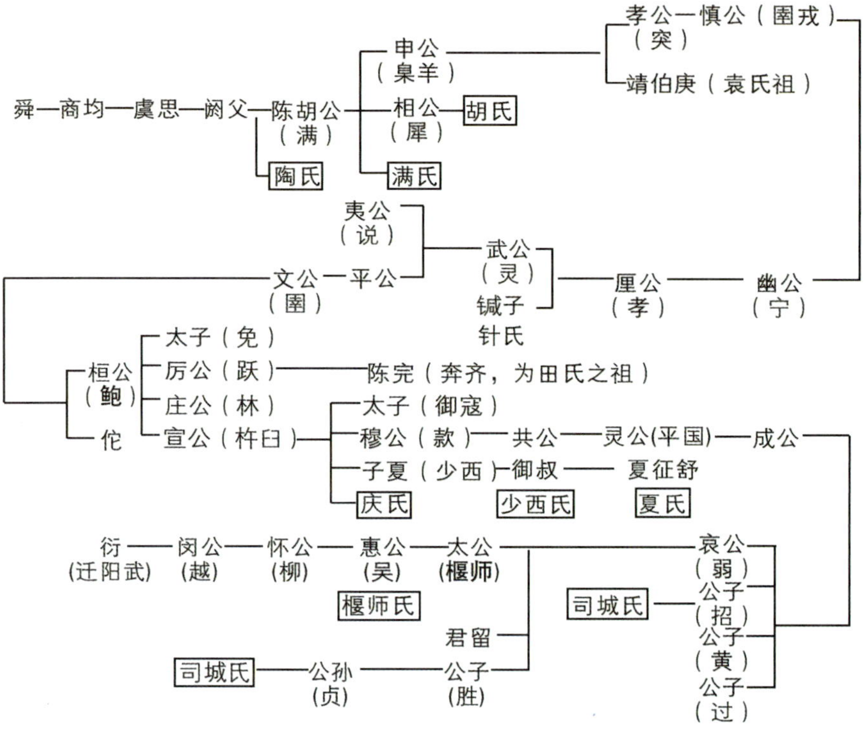

陈国世系表

秦汉时期，陈姓在全国各地迅速发展，成为不少地方的名门望族。其中，最著者有颍川、汝南、下邳、广陵、东海等郡。特别是颍川郡，为汉代陈姓集中居住的地方。其他各郡陈姓，多为颍川陈姓的分支。西晋末，号称“江左衣冠望族”之一的陈姓，为避“八王之乱”，开始迁入闽中。到南朝时，闽中陈姓已是闽中四大姓（陈、林、郑、刘）之首。另一支陈姓，即齐王田建第三子陈轸的第 28 代孙、汉太丘长陈实的 18 代孙陈霸先，在进入南朝后，于梁太平十年（557 年）取梁建陈，定都建康（今南京）。陈王朝共传 3 世 5 帝、33 年。隋开皇九年（589 年），陈为隋所灭。隋军入建康，尽俘陈后主及各王，全部迁往长安。此后，隋皇将陈朝皇族安置于关中和全国各地，后任职各地。隋大业二年（606 年），隋炀帝以陈后主第六女女婤为贵人，陈氏子弟由是并为守宰遍于天下。

唐宋时期，陈姓遍布全国特别是江南、华东、华南各地。唐高宗总章二年（669 年），河南固始人陈政任岭南行军总管，征讨闽南蛮獠叛乱，其后代在福建、台湾居留繁衍，成为闽台陈氏重要的一支。特别是陈宣帝第六子陈叔明的后裔，避居江西庐山，再徙德安县太平乡常乐里永清村（今德安车轿乡义门陈村），为江州义门陈氏开派祖。宋英宗治平元年（1064 年）年三月，义门陈氏被拆分为大小 291 庄，分别迁往各府、州、镇。除义门陈氏外，唐宋时期，大量陈姓从福建、广东迁入越南。南宋宝庆元年（1225 年），徙居越南的陈姓后裔陈京改名陈日照（亦称陈照），取代安南李氏王朝，建立安南陈氏王朝。

元明清时期，陈姓继续向全国各地拓展。明清时期，陈姓较大的迁徙活动是向台湾迁移。经播迁繁衍，台湾陈姓人口迅速增加，成为台湾第一大姓，有“陈林半天下”之说。据台湾 1979 年公布，全台 1740 万人口中，陈姓有 185 万，占台湾总人口 11%。同时，还有一些陈氏子孙，继续向东南亚、日本、朝鲜等国家和地区拓展。特别是越南陈氏，一直繁衍旺盛，人口众多，居越南十大姓之首。

陈姓郡望为：颍川郡，秦置，治所在阳翟（今河南禹县）；汝南郡，汉置，治所在上蔡（今河南上蔡西南）；下邳郡，东汉置，治所在下邳（今江苏睢宁）；广陵郡，西汉置，治所在广陵（今江苏扬州）；东海郡，秦置，治所在郯（今山东郯城北）；河南郡，汉置，治所在雒阳（今洛阳城北）；武当郡，北魏置，治所在均县西北（今湖北丹江口均县镇）；新安郡，晋代、东魏、隋代均曾置郡，晋相当于今浙江，东魏相当于今河南新安、渑池一带，隋相当于今安徽；冯翊郡，西汉置，治所在临晋（今陕西大荔）；庐江郡，楚汉之际置，治所在舒（今安徽庐江西南）；京兆郡，西汉太初元年（公元前 104 年）改右内史分置京兆尹，曹魏时改郡，治所在长安（今陕西西安）。陈姓堂号：上列 11 个郡望，亦即陈的堂号。此外，还有取其德泽传家或是勉励后世的堂号，如“德聚堂”“德星堂”“渑武堂”等。

陈姓是全国人口最多的姓氏之一。宋代，陈姓有 300 余万人，约占全国人口的 3.9%，为宋朝第六大姓。2010 年人口普查，全国总人口为 13.7

亿人，其中陈姓 5440 万人，约占全国总人口 4.53%，居第五位。陈姓遍布全国各省市区。全国各省、市、自治区的陈姓人口，除新疆外，均位居 10 名以内。其中，陈姓位居人口首位的有广东、海南、福建、浙江、台湾；位居人口前 5 名的有重庆、江西、湖南、江苏、湖北、上海、安徽、四川、广西、云南、贵州。

陈姓图腾

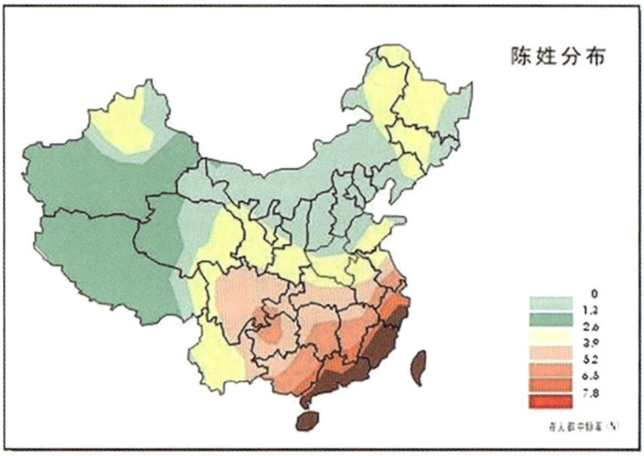

2010 年陈姓人口分布示意图

（三）胡姓

胡姓是一个非常古老的姓氏，可以追溯到原始社会时期，以白头翁为部落图腾。现有胡姓则为一个多源姓氏，其中，源于妫姓者居多。

妫姓胡源出有二：其一，源出妫满。周武王灭商后，封舜帝后裔妫满于陈地，以奉舜祀。《逸周书·谥法解》云：保民耆艾曰胡，弥年寿考曰胡。妫满年高寿长，品德高尚，去世后谥号胡公，因此又称胡公满、陈胡公。其后裔以先祖谥号为姓氏，称为胡氏。其二，源出妫姓胡母氏。齐宣王于周慎靓王（姬定）元年（公元前 320 年）即位后，封其弟田婴于毋仰(即母乡，今山东东平)。田婴后来成为齐相国，遂“远本胡公，近取母邑”，立姓胡毋。其后裔多有称胡毋者。战国至秦汉时，胡毋分衍为三个支系，即胡毋氏（胡母氏）、胡仰氏、毋氏（母氏）。秦时有太史令胡母敬，汉朝时期有胡母生、胡母班。晋朝以后，胡母氏渐渐省文简化为单姓胡氏。因胡母氏亦源于妫满，故实为同源。

胡姓郡望有：安定郡，西汉朝元鼎三年（公元前 114 年）置，治所高平（今宁夏固原）；淮阳郡，汉高祖十一年（公元前 196 年）置淮阳国，东汉章和二年（88 年）改为陈国，隋唐时为淮阳郡；新蔡郡，原为周朝吕国地域，晋惠帝置新蔡郡，治所在新蔡（今河南新蔡）；洛阳郡，治所在今洛阳；义阳郡，三国时曹魏置，治所在今湖北枣阳东南；庐陵郡，东汉兴平元年（194 年）置，治所在雩都（今江西于都东北），隋改吉州，明清为吉安府；弋阳郡，隋置，武德三年（620 年）改为光州，郡治在今河南潢川；定城郡，陈置，治所在今河南信阳。

胡姓堂号有：安定堂、淮阳堂、新蔡堂、洛阳堂、义阳堂、弋阳堂、定城堂，均为以望立堂；三恪堂，始祖胡氍公立堂；庐陵堂，以始迁祖胡公霸（胡杲）立堂；澹安堂，得名于宋朝胡诠《谭安集》；绩溪堂，得名于近代大学者胡适。

在《百家姓》中，胡姓排名第 158 位。2009 年，按身份证统计，全国胡姓人口为 1400 万，跃居全国人口第 13 位，约占全国汉族人口 1.31%，为中国人口超过 1%的 19 个大姓之一。胡姓在全国的分布，主要集中在湖北、江西、安徽、浙江、四川、山东、湖南。此七省胡姓约占全国汉族胡姓人口的 65%。其中湖北胡姓约占全国汉族胡姓的 10.4%，为当代胡姓第一大省。

胡姓图腾

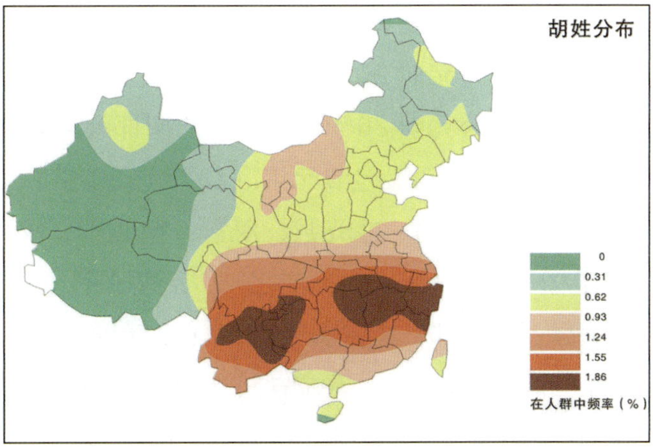

2009 年胡姓人口分布示意图

（四）袁姓

袁姓源于妫姓。周武王封妫满于陈。陈胡公满卒后，子申公犀侯继位。申公犀侯有庶子靖伯庚，靖伯庚九世孙陈诸字伯爰。伯爰的孙子涛涂率军参加齐桓公伐楚，被齐桓公扣押。归来后，陈宣公封涛涂于阳夏（今河南太康），成为卿士。涛涂就以祖父的字为氏，形成爰姓，世袭陈国上卿。上古时，爰、袁、辕、溒、榬、援六字同音通用。后因传写不同，一姓分为六家，后世子孙就分别以这六个字为姓。《袁枢年谱》云：“一姓有六字五族之异。”辕涛涂的后代世居阳夏（河南太康），秦末年，传至辕告，避难居河、洛之间，告少子辕政以袁为氏。后来大部分辕、爰等都改为袁，因此袁政成为袁姓的立姓始祖。

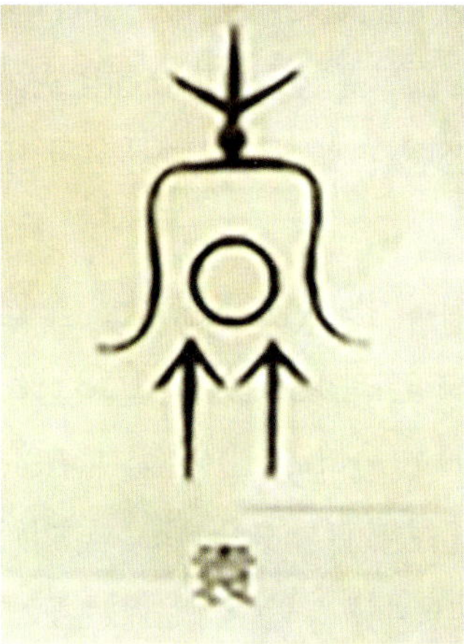

袁姓图腾

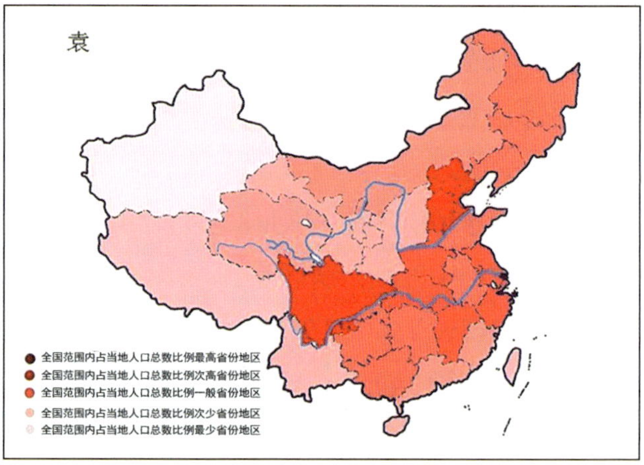

2010 年袁姓人口分布示意图

袁姓郡望主要有：陈郡，秦置，治所陈县（今河南淮阳）；汝南郡，汉高帝四年（公元前 203 年）置，治所在上蔡（今河南新蔡）；河南郡，汉高帝二年（公元前 205 年）改秦三川郡为河南郡，治所在雒阳（今河南洛阳）；彭城郡，西汉地节元年（公元前 69 年）改楚国为彭城郡，治所在彭城（今江苏徐州）；东光县，汉置；京兆郡，汉太初元年（公元前 104 年）改右内史置京兆尹，为三辅之一，治所在长安；华阴县，秦置宁秦县，汉改华阴县；太原郡，秦庄襄王四年（公元前 246 年）置郡，治所在晋阳（今太原西南）；濮阳郡，晋咸宁三年（ 公元前 277 年）改东郡置国，治所在濮阳；陈留郡，西汉元狩元年（公元前 122 年）置郡，治所在陈留（今河南开封）；襄阳郡，东汉建安十三年（ 208 年）分南郡、南阳两郡治郡，治所襄阳宜春县，汉置，晋改宜阳县，隋改宜春县，宋为袁州。

袁姓堂号有“陈郡”“汝南”“彭城”“陈留”等，均以郡望为堂号。

袁姓是中华民族的大族之一。2010 年，全国袁姓人口约 700 万，占全国总人口的0.54%，在全国姓氏人口中排名第33 位。袁姓人口在全国的分布，主要集中于四川、河北两省，大约占袁姓总人口的 23%。在北方，河南、河北是袁姓聚居地；在南方，江西、江苏、四川、浙江、湖北五省，集中袁姓总人口的 38%。

（五）姚姓

姚姓为中华民族最古老的姓氏之一。其来源主要有二：其一，源于舜帝。《说文解字》载："虞舜居姚虚，因以为姓。"《通志·氏族略》载："舜有二姓，曰姚曰妫。"后来世代相传，妫姚二姓为同宗，曾经互用。其二，源于西羌，出自后汉西羌烧当羌部首领姚弋仲。弋仲，汉朝西羌烧当氏后人。《晋书·姚弋仲载记》云："姚弋仲，南安赤亭羌人也。其先有虞氏之苗裔，禹封舜少子于西戎，世为羌酋，其后烧当亡于洮、罕之间……虞九世孙迁那率种人内附，汉朝嘉许之……处之于南安之赤亭。那玄孙柯迴为魏征西将军、绥戎校尉、西羌都督，迴生弋仲。"弋仲改姓姚，称姚弋仲。弋仲后裔皆称姚氏，世代相传至今。

姚姓图腾

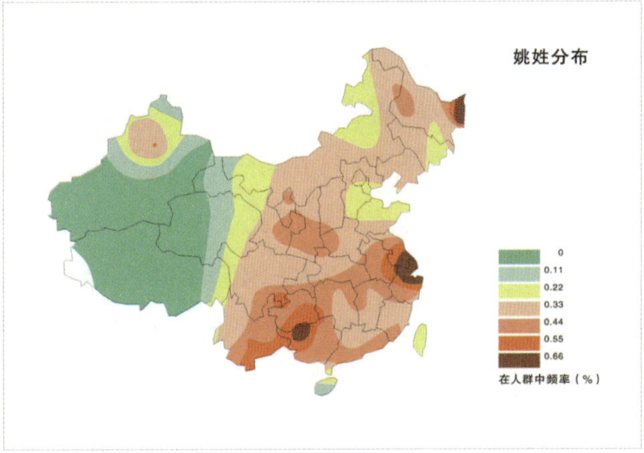

2007 年姚姓人口分布示意图

姚姓郡望有：吴兴郡，三国吴宝鼎元年（266 年）置，治所在乌程（今浙江吴兴南）；范县，西汉高祖元年（公元前 206 年）置；南安郡，东汉建安中（196—220 年），析汉阳郡置，治所原道（今甘肃陇西渭水东岸）。姚姓堂号有：吴兴、南安。

宋人编撰的《百家姓》中，姚姓排名第 101 位。宋朝时期，姚姓大约有 32 万人，约占全国总人口的 0.41%，排第 56 位，主要集中于河北、浙江、陕西、江苏四省，形成河北、江浙、陕西三大聚集中心。明朝时期，姚姓大约有55万人，约占全国总人口的0.59%，排第33位，主要集中于浙江、江苏，占姚姓总人口的45%，其中浙江约占32%，为姚姓第一大省。其次分布于广东、江西、安徽、山西4省。2007年，全国姚姓人口470余万，约占全国汉族人口0.35%，排第51位。在姚姓人口分布中，四川、江苏、浙江、安徽四省的姚姓人口，约占全国汉族姚姓人口的35%。

（六）虞姓

虞姓起源有二：一为姚姓虞氏。姚姓虞氏的得姓始祖为舜帝。舜子商均因封于虞地（今河南虞城），其子孙“以国为氏”而姓虞。《姓纂》载：“舜有天下，号曰虞，子商均封虞，因以为氏。”二为姬姓虞氏。周武王封仲雍之后于虞（今山西平陆东北），春秋时被晋国所灭。后来，仲雍的子孙也“以国为氏”而姓虞。

虞姓自河南虞城和山西永济得姓，历夏商周播衍迁徙，以河南为中心向四方扩散。唐末，虞皎、虞恺自余姚双雁迁诸暨渔村，越八世，裔孙恺开派宜仁村，是为暨阳虞氏始祖。五代后周时，侍御史虞克文谪吴宁，闻桥墩（陈桥）兵变，耻于仕宋，隐居邑之永宁乡水下村，成为东阳永宁虞氏始祖。宋绍兴时，唐虞世南第19世孙虞维由丹徒迁至甓溪，是为甓溪（今江苏溧阳别桥）虞氏始祖。南宋末，虞荐发（虞世南第22世孙）自晋陵城南迁至无锡西溪，是为无锡虞氏始祖。元大德年间，虞一龙自义乌华溪迁东阳双泉，未几复迁至莲溪，是为莲溪虞氏始祖。明初，虞睿良自镇海札马洋迁邑至灵岩布陈岭下，是为灵岩虞氏始祖。明洪武二十四年（1391年），虞睿才受命由昌国卫之金藏迁镇海札马，是为燕翼堂虞氏始祖。

虞姓郡望有三：济阳郡，晋惠帝置，治所在今河南兰考；会稽郡，秦置，治所在吴县（今江苏苏州）；陈留郡，秦置陈留县，汉改陈留郡，治所在今河南开封。虞姓堂号有五绝堂，源自唐太宗夸赞虞世南：“德行绝好，忠直绝好，博学绝好，文词绝好，书翰绝好。”

虞姓为汉族大姓之一。宋代，虞姓约有12.5万人，占全国总人口0.16%，排大姓第100位。主要分布在四川、浙江、河北；其次分布于江苏、河南、广东等地。当时，四川为虞姓人口第一大省，约占虞姓总人口的43%。明代，虞姓人口大幅下降，大约只有9万人，占全国总人口0.1%，排在大姓第150位。浙江成为虞姓人口第一大省，约占全国虞姓总人口

40%。2007 年，全国虞姓人口大约有 31 万，占全国总人口 0.025%，排第 244 位。虞姓第一大省仍为浙江，约占全国虞姓总人口 30%。其次分布于安徽、江苏、广东、广西、江西等地。

虞姓图腾

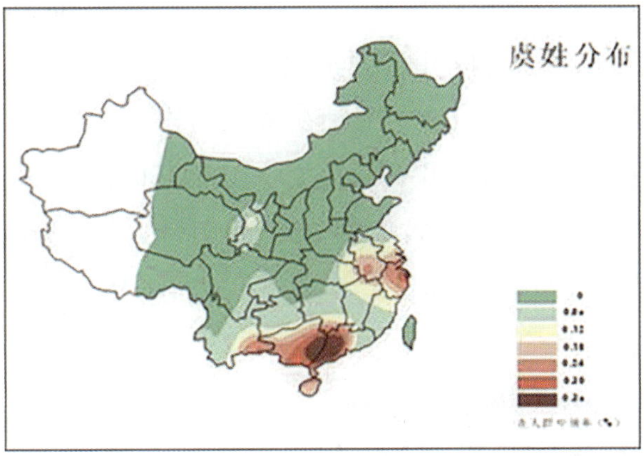

2007 年虞姓人口分布示意图

（七）田姓

田姓源于妫姓，与陈姓同宗。周武王灭商后，封舜帝后裔妫满于陈，建立陈国。公元前 707 年，陈桓公去世，陈国发生内乱。公子完避祸奔齐，以田为姓，称为田完，成为田姓始祖。《史记 · 田敬仲完世家》载：“敬仲之如齐，以陈字为田氏。”田完后裔逐步强大。周安王十六年（公元前 386 年），田和代齐自立，史称“田氏代齐”。田和六传至齐王建，历七代而为秦所灭，子孙散居以田为田。

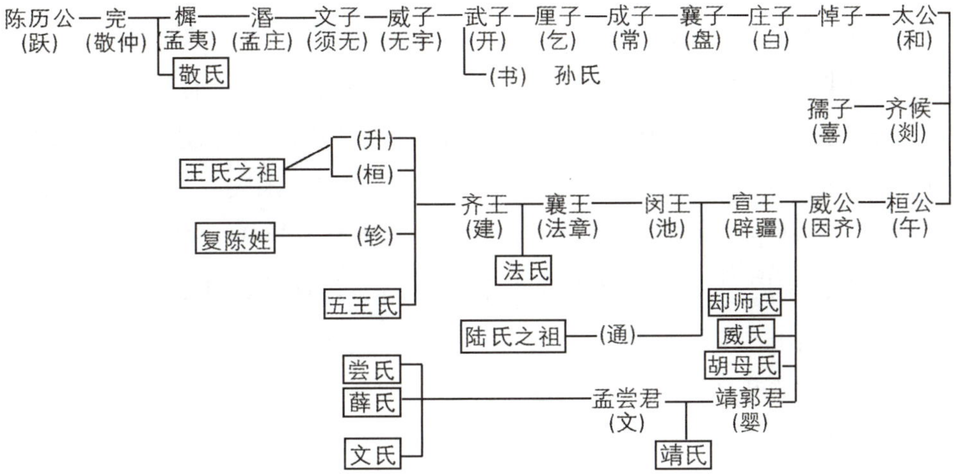

齐国田氏世系表

田姓郡望为：北平郡，西汉置郡，治所在今河北满城北；雁门郡，战国始置郡；京兆郡，汉时置京兆尹，为三辅之一；河南郡，汉时改秦三川郡置。此支田氏，其开基始祖为北宋右谏大夫田瑜。田姓堂号有贫骄堂。

田姓自战国以来，一直位居大姓之列。明代，田姓人口 32 万。2009 年，公安部身份证数据库中，田姓人口近 520 万，居全国第 46 位，约占全国人口的 0.41%。田姓在全国的分布，目前主要集中于河北、河南、山东、贵州四省，大约占田姓总人口的 35%；其次分布于四川、湖南、陕西、山西、湖北，这五省集中 29%的田姓人口。河北为当代田姓第一大省，占田姓总人口的 11%。

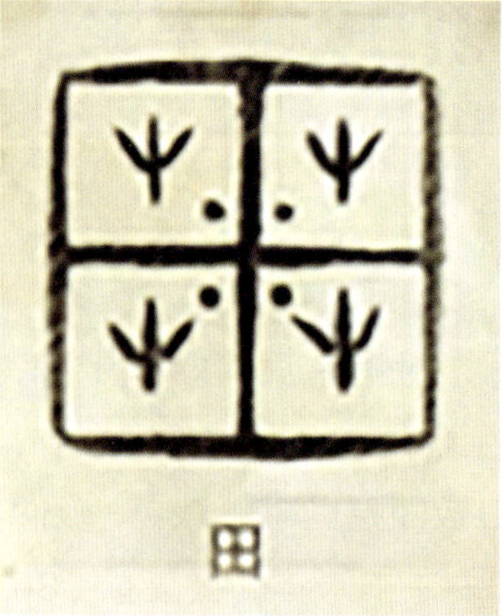

田姓图腾

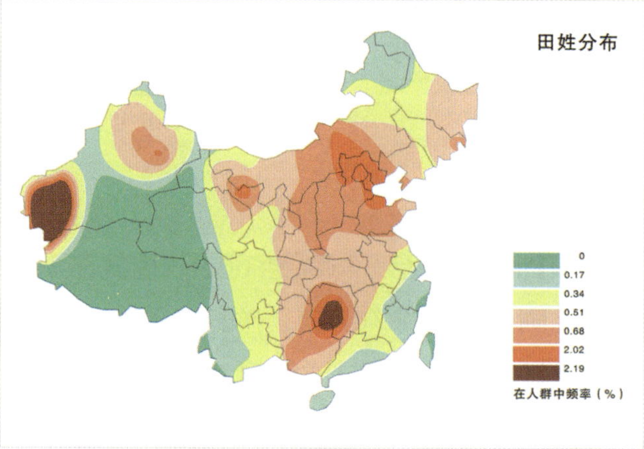

2009 年田姓人口分布示意图

（八）王姓

王姓亦为多源姓氏，有姬姓王、子姓王、妫姓王、少数民族王等。妫姓王出自齐国田氏，《隶释·冀州刺史王氏碑》载：王氏，有虞之胄，封陈兴齐，遂为王氏。秦灭六国，齐王田建降，次子桓因王族被别人称为王家，又为避害，遂改田为王。《北史·王宪传》载："其先田氏"。田齐灭国，人呼为王家，因姓王，祖父王猛，父王休。齐王建长子田升生田安，秦末项羽封为济北王，其后虽失国，仍称其为王家，田安孙遂改姓王，迁居东平陵，为东平王氏之祖。齐王建四子改姓为五王氏，后分别姓五或王。

妫姓王的郡望主要有三：北海郡，秦汉时置，治所在营陵（今山东昌乐东南），此支王氏开基始祖为齐王田建次子田桓，是王猛之族；魏郡元城，在今河北大名府一带，此支王氏为齐王建后裔王贺开基，是王莽之族；

陈留郡，西汉元狩元年（公元前 122 年）置，治所在陈留（今河南开封东南）。妫姓王堂号有“三槐堂”“槐阴堂”等，其中“三槐堂”比较有名。

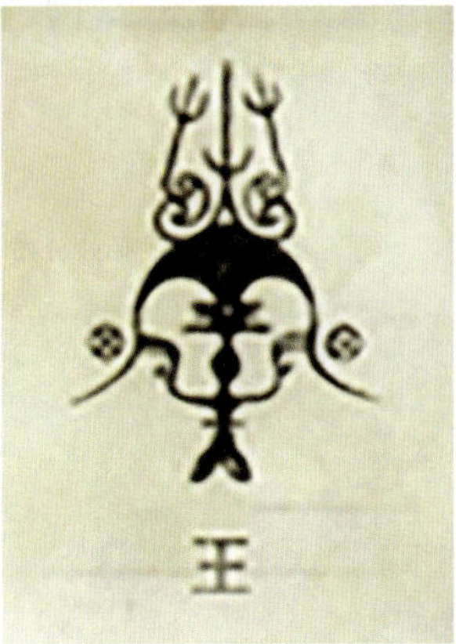

王姓图腾

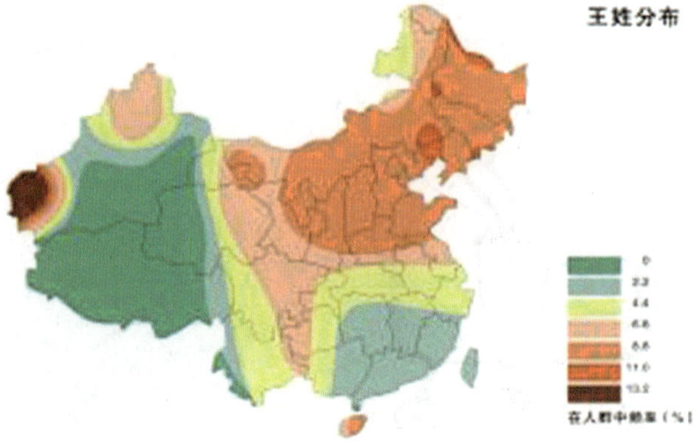

2010 年王姓人口分布示意图

王姓在宋代《百家姓》中排第 8 位。2010 年第六次全国人口普查，王姓人口为 8890 万人，占全国汉族人口的 7.41%，仅次于李姓列第二位。王姓南北分布不平衡，长江以北地区，约占北方汉族人口的 8.8%，为第一大姓，而南方地区，仅占 4.5%，为第四大姓。在全国汉族中，以内蒙古王姓的比例最高，广东最低。内蒙古、山东、河南、北京、江苏、山西、天津、宁夏、安徽、新疆、黑龙江、贵州等 12 个省市区的王姓，均居其总人口比例的第一位。除中国外，在朝鲜、韩国也有王姓分布。

（九）孙姓

孙姓是一个多民族、多源流姓氏，主要源自姬姓、妫姓、芈姓等。孙氏的发源地主要有两支，一为河南濮阳，二为山东博兴。孙氏自商末周初立姓之后，一直活跃在河南和山东一带。战国时期，妫姓孙氏出现兵家之圣孙武。后因齐国内乱，孙氏子孙首次南迁于江苏、浙江一带。这一支孙氏，后来成为孙氏播衍于北方各地及南方浙江、江苏一带的主要来源。

孙姓郡望有：汲郡，始置于西晋朝泰始二年（266 年），治所在汲县（今河南汲县）；陈留郡，始置于汉武帝元狩元年（公元前 122 年），治所在陈留（今河南开封）；太原府，亦称太原郡，始置于战国时期秦国庄襄王四年（公元前 246 年），治所在晋阳（今山西太原）；乐安郡，始置于东汉永元十年（98 年），治所在临济（今山东青州高苑镇）；东莞郡，西汉时期有东莞县，治所在今山东沂水，晋朝晋武帝泰始元年乙酉（265 年）置东莞郡，治所在晋陵（今江苏常州）东南；吴郡，始置于东汉朝永建四年（129 年），治所吴县（今江苏苏州）；富春郡，秦置富春县，晋太元中改富阳，五代吴越为富春，宋复为富阳，治今浙江富阳。

孙姓图腾

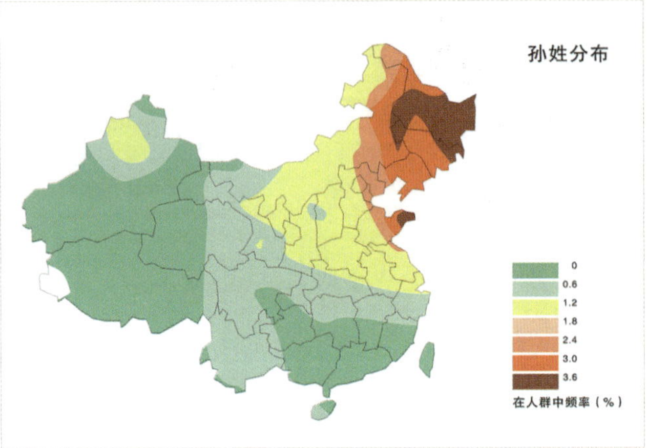

2012 年孙姓人口分布示意图

孙姓堂号有东莞堂、太原堂、江东堂、安庆堂、乐安堂、平治堂、富春堂、映雪堂等。

在宋版《百家姓》中，孙姓排名为第 3 位。现在，全国各省市区都有孙氏人口分布，其中以东北三省、山东、河南、河北、安徽，江苏、浙江等地为多。截至 2012 年，孙姓在中国姓氏按人口排序中，为第 12 位，约 2215.3 万人，占中国人口总数的 1.38%左右。

（十）陆姓

陆姓是一个多源姓。主要来源有三：一为陆终之后。颛顼玄孙吴回之子终，被封于陆乡（今山东平原县一带），其子孙以陆为氏。二为陆浑陆氏。春秋时有陆浑国，本伊川之地，因一支陆浑之戎居于此而得名。在《左传·僖公二十二年》载：“秦、晋迁陆浑之戎于伊川。”陆浑之戎的公族子孙以族名命姓氏，称为陆氏。三为妫姓陆氏。《元和姓纂》：“陆氏，齐宣王田氏之后。宣王封少子通于平原陆乡，因氏焉。”《新唐书·宰相世系表》说：陆氏“出妫姓，田完裔孙齐宣王少子通，字季达，封于平原般县陆乡，因以氏焉。”《通志·氏族略》也说：“陆氏，妫姓，田敬仲之后也。十一世孙齐宣王少子通封于平原般县陆乡，即陆终氏之故地，因以为氏。”

陆姓郡望有：吴郡，三国吴宝鼎元年（266 年）置，治所在乌程（今江苏苏州）；河南郡，汉高帝二年（公元前 205 年）改秦三川郡置，治所在雒阳（今河南洛阳东北）；颍川郡，秦王政十七年（公元前 230 年）置，治所在阳翟（今河南禹县）；平原郡，西汉置郡，治所在平原（今山东平原县南）；河内郡，楚汉之际置郡，治所在怀县（今河南武陟县西南）。

陆姓堂号有忠烈堂、黜霸堂、河南堂、平原堂、河内堂、吴郡堂、怀忠堂、三德堂、源本堂、绳武堂、咸秩堂、天随堂等。

陆姓在宋版《百家姓》中排第 198 位。陆姓在 2006 年中国姓氏人口排名第 70 位，总人口大约 420 万，约占全国汉族人口的 0.31%。陆姓当今分布极为广泛，以江苏、广西、广东、浙江、上海较多。台湾也有陆姓分布，排列较后。《台湾区百大姓源流简介》（林添福、何金赐、何钦藤、林金山撰辑，台湾省名姓渊源研究学会编印，1990 年 5 月出版）书中排列，陆姓在台湾诸姓中占第 94 位。

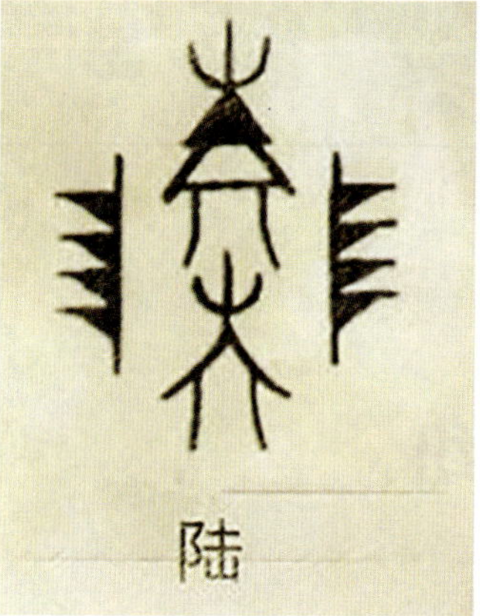

陆姓图腾

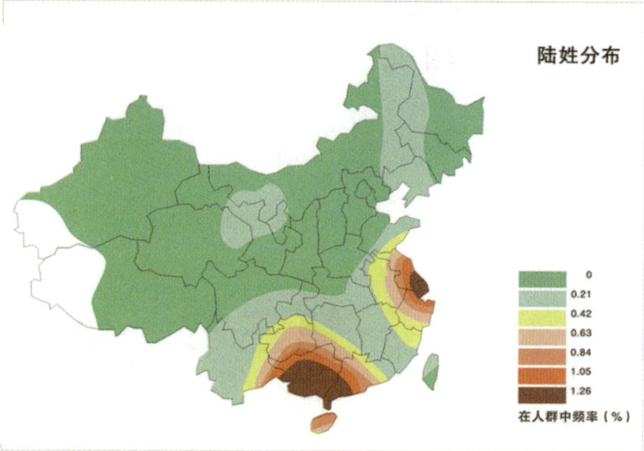

2006 年陆姓人口分布示意图

（十一）车姓

车姓亦为多源姓。有妫姓车、嬴姓车、赐姓车、少数民族车等。妫姓车源于汉丞相田千秋。田千秋被武帝委为顾命大臣。因年老行走不便，汉昭帝特准其乘车进宫，人称“车丞相”。后代以此为荣，改田为车，因而有车姓。

车姓郡望主要有：鲁郡，西汉改薛郡为鲁郡，治所在曲阜；京兆郡，汉太初元年（公元前 104 年）改右内史置京兆尹，治所在长安（今陕西西安)；淮南郡，汉置淮南国，三国时改淮南郡，治所在寿春（今山东寿春）；南平郡，晋改南郡治，治所在作唐（故城在今湖南安乡北）；河南郡，汉改三川置郡，治所在雒阳（故城在今河南洛阳东北）；天水郡，西汉元鼎三年（公元前441年）置，治所在平襄（今甘肃通渭）。

截至2013年，车姓人口约占全国汉族人口的0.04%，排行第196位。车姓在全国分布较广，尤以四川、山东、甘肃等省居多。此三省车姓约占全国汉族车姓人口的55%。

车氏图腾

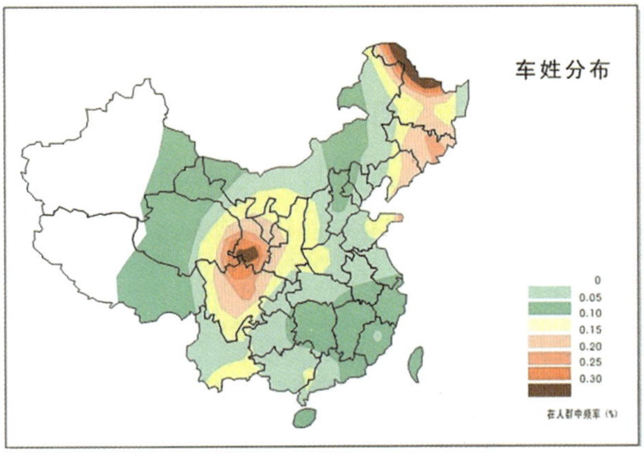

2013年车姓人口分布示意图

第三节　舜裔组织

19世纪末至20世纪初，旅居海外的舜裔开始成立舜裔宗亲组织。1900年5月，由旅居美国华盛顿的陈程学发起成立“笃亲公所”。此后，在美洲、东南亚等地，各类“至孝笃亲”组织相继成立。1982年8月，舜裔宗亲组织第一届国际大会在香港召开。1992年10月，舜裔宗亲组织国际大会正式更名为“世界舜裔宗亲联谊会”。21世纪以来，内地舜裔宗亲组织也迅速发展，并与境外舜裔组织密切交流与合作。

一　世界舜裔宗亲联谊会

（一）机构

世界舜裔宗亲联谊会（INTERNATIONAL SHUN CLAN ASSOCIATION），简称“世舜联”，亦简称“世舜会”，是陈、胡、袁、姚、虞、田、王、孙、陆、车十姓联宗的国际性宗亲联谊组织。其宗旨是“至孝笃亲，传承孝道，发扬祖训，团结宗亲，联络友谊，促进商贸，世界大同”。经过百年发展，“世舜联”逐步成为一个有章程、会徽、会旗、会歌的大型跨国界非政府组织，也是仅次于世界华人大会的海外第二大华人组织。

“世舜联”前身为世界至孝笃亲总会。至孝笃亲，出自《礼记》“至孝近乎王”和《论语》“君子笃于亲”。

舜裔至孝笃亲组织，发端于美国华盛顿舍路市。1900 年 5 月，旅居美国华盛顿州的陈程学以弘扬祖德、提倡孝道为宗旨，发起成立“笃亲公所”，以陈、胡、袁 3 姓宗亲为组成对象。1906 年，芝加哥亦创设“笃亲堂”。不久，美国、加拿大各地先后成立“至孝堂”或“笃亲堂”。1916 年，全美舜裔宗亲有感于各地宗族渐繁、堂号不一，为加强联络，在三藩市成立“美洲至孝笃亲总公所”，范围包括美国、加拿大、墨西哥的所有舜裔组织。

亚洲的中国香港、关岛（美）也于 1916 年成立“至孝笃亲公所”。之后，东亚各地华人社区普遍成立宗亲会，其名称各异。如菲律宾“菲华沩汭五姓联宗总会”，为陈、胡、姚、虞、田五姓之宗亲联合组织，包括“沩汭”“颍川堂”等分布菲律宾各地的 14 个舜裔组织。马来西亚以陈氏宗亲会为主，先后成立 32 个单位，于 1988 年 12 月 14 日，在首都成立“马来西亚陈氏宗亲总会”。新加坡则以陈、胡、虞、姚、陆、孙、袁、田八姓联宗，创建保赤宫大宗祠，属下 29 个单位。泰国则有“陈氏宗亲总会”及胡、袁、姚、王、田、孙、陆等宗亲会，后来联合成立“泰华各姓宗亲总会联谊会”。中国台湾有世界陈氏总会，台北有陈氏宗亲会，台中有陈姓宗亲会，嘉义有陈姚胡虞田宗亲会等，共有 50 余个单位。

1979 年 5 月 31 日，香港至孝笃亲公所举行第四届领导班子就职典礼时，倡议发起筹备国际大会。之后，联合陈、胡、袁各宗亲总会具体研究召开国际大会的筹备工作。1982 年 8 月 28—30 日，香港至孝笃亲公所邀请世界各地之宗亲会，派团到香港大会堂举行第 1 届国际大会。应邀出席的有中国台湾、菲律宾、泰国、新加坡、马来西亚、美国、加拿大等地宗亲团体 300 余人。会议决定筹组“世界至孝笃亲公所（总会）”。总会设理事长 1 人，陈立夫为首任理事长，陈树琛为首任秘书长。1983 年 10 月 7 日（一说 1984 年 5 月 15 日），世界至孝笃亲总会在台北“三军军官俱乐部”召开成立大会。1985 年 9 月，在美国屋伦市召开第 3 届国际大会，世界至孝笃亲总会更名为“世界至孝笃亲舜裔总会”。尔后，又分别在美国、中国香港、菲律宾、中国台湾、泰国召开国际大会。

1992 年，在马来西亚召开第 9 届国际大会时，正式使用“世界舜裔宗亲联谊会”称谓，并接纳由马来西亚陈氏宗亲总会为联谊会制订的会徽、会旗和会歌。联谊会仍沿袭至孝笃亲总会的机构设置。1997 年 11 月 4—6 日，世界舜裔宗亲联谊会第 12 届国际大会决定，成立世界舜裔宗亲联谊会常务委员会，作为联谊会的常设机构，总部设在香港九龙观塘鸿图道 57 号南洋广场五字楼。常委会设主席 1 人，陈守仁为首任主席。设副主席若干人，分别由中国台湾、香港与马来西亚、菲律宾、泰国、美国等地舜裔宗亲联谊会负责人出任；后又增加中国大陆副主席 3 人。同时，设立世界舜裔宗亲联谊会秘书处，秘书处设秘书长 1 人，处理常委会日常工作。秘书处设在香港北角蚬殼街 9-23 号秀明中心 9 楼 E 室，与香港陈氏宗亲总会合署办公。

（二）会徽、会旗、会歌

会徽 世界舜裔宗亲联谊会的会徽系地球冠以大象为图，寓有“执大象而天下往”之精神，环以弧形，列以名衔，乃寓意促进世界大同。颜色分为红、黄、蓝、白四种。红色代表热忱、活泼、敦亲，黄色代表显祖、尊贵和团结，蓝色象征祥和，白色代表博爱、和睦宗族。

会旗 底色深黄，旗中央为会徽。

会歌 由陈金锯作词、陈洛汉作曲。会歌歌词为：舜裔子孙遍天下，同源异流同一家。谱牒详载扬祖德，孝悌忠信无比价。陈胡袁姚虞，田王孙陆车。血缘认同力量集，精诚团结总会立。传统伦理待发扬，国际交流齐联谊。伟哉吾舜祖，歌颂吾舜祖。

世舜联会徽

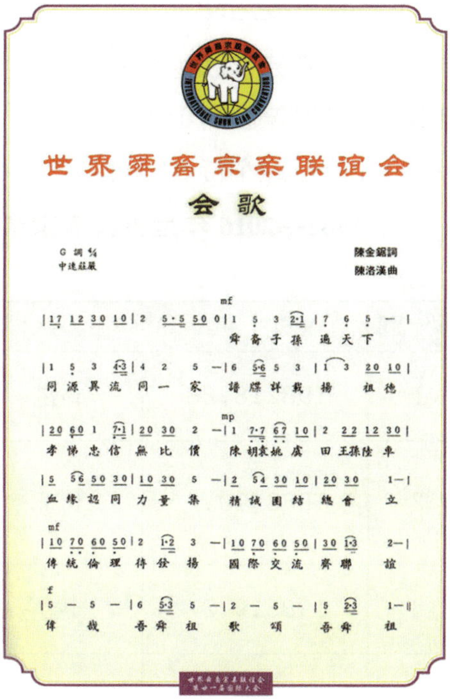

世舜联会歌

世舜联会旗

（三）主要活动

世界舜裔宗亲联谊会的活动主要以国际大会的形式，在世界各地举行。自香港至孝笃亲公所于1982年举办第1次国际大会到2016年，世界舜裔宗亲联谊会已经举行24届国际大会。

1982—2016年世界舜裔宗亲联谊会历届国际大会情况一览表

表1

届　别	日　期	主办区域	主办单位	主　席	秘书长
1	1982.8.28	香港	香港至孝笃亲公所	陈普芬	陈树深
2	1983.10.7	台北	世界至孝笃亲舜裔总会（台北宗亲会联办）	陈立夫	陈建中
3	1985.9.27	美国屋仑市	美国至孝笃亲会所	陈立夫 陈水逢代	陈建中 陈延厚代
4	1986.11.11	美国檀香山	檀香山至孝笃亲公所	陈立夫 陈水逢代	陈建中 陈延厚代
5	1988.1.17	香港	香港五宗亲会联办	胡法光	陈树深
6	1989.5.20	菲律宾马尼拉	菲华妫妠五姓联宗总会	胡炳南	陈瑞时
7	1990.5.23	台北	世界至孝笃亲舜裔总会（台北宗亲会联办	胡国栋	袁希光
8	1991.4.27	泰国曼谷	泰国至孝笃亲舜裔联谊会	陈　纯	陈荣泉
9	1992.10.15	马来西亚云顶高原/吉隆坡	马来西亚陈氏宗亲总会	陈来金	陈雪峰
10	1994.3.20	菲律宾马尼拉	菲华妫汭五姓联宗总会	陈文彬	陈瑞时
11	1996.5.18	台北	世界至孝笃亲舜裔总会（台北宗亲会联办	袁希光	袁治农

续表

届　别	日　期	主办区域	主办单位	主　席	秘书长
12	1997.11.4	香港	香港五宗亲会联办	袁兆英	袁永安
13	1999.4.21	河南长葛	颍川陈氏研究会	王申亭	王喜超
14	2000.10.25	福建晋江	虞舜学术研究会	陈渊源	陈永钦
15	2001.8.24	马来西亚云顶高原/吉隆坡	马来西亚陈氏宗亲总会	陈良民	陈金锭
16	2002.8.2	新加坡	新加坡舜裔宗亲联谊会	陈积谋	陈再成
17	2003.11.14	泰国曼谷	泰国舜裔总会	陈保焜	王继智 陈　静
18	2004.11.20	菲律宾马尼拉	菲华妫五姓联宗会	陈　山	陈燕胜
19	2006.9.24	河南濮阳	濮阳舜裔海外联谊会	陈　静	陈景涛
20	2008.9.24	山西运城	运城舜帝后裔联谊会	陈永信	史　凯
21	2013.10.25	马来西亚吉隆坡	马来西亚陈氏宗亲总会	陈锦龙	陈声评
22	2014.9.19	湖南宁远	湖南省舜文化研究会 九嶷山舜帝陵管理局	唐之享	陈建华
23	2015.10.30	印尼棉兰	印尼棉兰颍川堂宗亲会	陈明宗	—
24	2016.11.11	泰国曼谷	泰华各姓宗亲总会联合会	陈保焜	王杏生

2014 年 9 月 19—21 日，第 22 届世界舜裔宗亲联谊大会在舜帝陵所在地——宁远举行，来自海内外的 31 个代表团、910 人参加会议。

此届联谊大会由世界舜裔宗亲联谊会副主席陈天津主持。大会执行主席陈建华作大会筹备工作报告。世界舜裔宗亲联谊会主席陈锦龙致欢迎辞。湖南省舜文化研究会会长唐之享，中共宁远县委副书记、县长桂砺锋分别向大会致辞。

此届国际大会由湖南省舜文化研究会主办，世界舜裔宗亲联谊会暨永州市社会各界祭舜大典筹委会、九嶷山舜文化研究会共同承办。大会合影留念后，香港陈氏宗亲总会、泉州晋江虞舜学术研究会、泰国舜裔总会、台湾世界至孝笃亲舜裔总会及台湾世界陈氏宗亲总会等代表团团长分别发言。大会通过相关提案，决定接纳泰国申办 2016 年世界舜裔宗亲联谊会 24 届大会。

参加第 22 届世界舜裔宗亲联谊会国际大会的代表到步入九嶷山舜帝陵

这次国际大会与永州市社会各界共同举办祭舜大典。祭舜大典的主题是“至孝笃亲、德泽天下、世界舜裔、梦圆九嶷”“弘扬舜帝道德精神，建设品质活力永州”。来自海内外的舜裔宗亲代表、舜文化研究学者、旅行社代表、永州社会各界群众代表等参加祭舜活动。20 日上午 9 时，主祭队伍到达九龙柱广场。9 时 50 分，祭祀典礼正式开始，省舜文化研究会会长唐之享与世界姚氏宗亲联谊会主席姚泽嘉盥手、上香。世界舜裔宗亲联谊会主席陈锦龙与永州市委副书记、市长向曙光，分别恭读《祭舜帝文》、焚帛书，中共永州市委书记陈文浩恭读《追思敬悼文》。各界代表敬献花篮。最后，举行祭文碑揭碑仪式和植树活动。

下午，在宁远县举行舜文化研讨会、福建舜裔宁远县城踩街活动。

二　其他舜裔团体

（一）国外舜裔团体

马来西亚陈氏宗亲总会　马来西亚陈氏宗亲总会成立于 1988 年。会址：马来西亚吉隆坡邮区 5000 茨厂街，门牌 172 号。其宗旨为：团结宗亲、联络感情、共谋福利，促进社会繁荣，各族亲善，公平、效忠国家，设立助学、奖学、贷学基金，推动各项健康文娱活动。马来西亚陈氏宗亲总会共有 29 个属会，即隆雪陈氏书院宗亲会、甲洞陈氏真山家族会、巴生滨海陈氏宗亲会、丹绒士拔陈氏宗祠、浮罗吉胆陈氏公会、马来西亚永春鸿榜陈氏公会、瓜拉冷岳仁嘉隆陈氏公会、麻六甲颍川堂陈氏宗祠、麻六甲客属颍川堂陈氏宗祠、柔佛颍川陈氏公会、麻属保赤宫陈氏宗祠、麻坡潮州颍川公会、笨珍颍川公会、柔中区保赤宫陈氏宗祠、霹雳陈氏宗祠、北霹雳陈氏宗祠（太平）、威省大山脚陈氏颍川堂、北海威省陈氏颍川堂、槟城颍川堂陈公司、槟城陈氏宗义社、槟城宗盟社陈氏宗祠、槟城陈氏潮塘社、槟城琼崖陈氏祠、吉玻陈氏颍川堂、彭亨文冬陈氏联宗会、砂劳越古晋颍川陈氏公会、砂劳越拉让区颍川陈氏公会、直凉举溪陈氏宗亲会、永春东关伟公陈氏公会。

菲律宾菲华妫汭五姓联宗总会　菲律宾菲华妫汭五姓联宗总会是陈、胡、姚、虞、田五姓宗亲联合组织。该会成立于 1936 年。下有菲律宾粤侨陈颍川堂、菲律宾永春仙乡陈氏宗亲会、菲律宾深沪颍川陈氏宗亲总会、浮光陈氏公会、潮安金砂陈氏同乡会、碧翟陈氏公会、客属陈氏公会、星州陈氏公会、洛乡陈氏公会、元光陈氏公会、潮安东风陈氏同乡会、榕西陈氏公会、四邑陈氏公会、莒乡陈氏公会、官山呈美陈氏公会等 15 个单位，分布在菲律宾各地。

新加坡舜裔宗亲联谊会　新加坡舜裔宗亲联谊会，是以新加坡保赤宫陈氏大宗祠为核心的舜裔宗亲组织。保赤宫陈氏大宗祠由陈、胡、虞、姚、陆、孙、袁、田八姓联宗创办，至今已有120余年历史。

印尼棉兰颍川堂宗亲会 印尼棉兰颍川堂宗亲会，会长陈明宗。

柬埔寨陈氏宗亲总会 柬埔寨陈氏宗亲总会成立于2001年1月14日，首任会长陈平川。成立之初，没有固定会址。2005年购置固定会址于金边市玛卡拉区威旺分区134Z号路门牌7F号旧运动村内。

泰国泰华各姓宗亲总会联谊会 泰国泰华各姓宗亲总会联谊会，成立于1970年，首任主席为陈保焜。该会由泰国陈氏宗亲总会及泰国至孝笃亲舜裔联谊会、旅逻海南陈家社、泰国宋卡府陈氏宗亲会、泰国艾陈氏宗亲会等14个舜裔宗亲会联合而成，简称“泰华宗联”。到2005年，已经发展到62个成员单位。泰华宗联采取轮流值月制组织形式，即由数个姓氏联合值月，值月时间为2个月。之后，改为14个姓氏联合值月，值月时间改为半年。泰华宗联会址位于曼谷挽叻石龙军路第四十七之三巷宝石大厦16楼，于2002年7月18日启用。

美洲至孝笃亲总公所 美洲至孝笃亲总公所成立于1916年。总部设在三藩市（旧金山）。其覆盖范围包括美国、加拿大、墨西哥等地的所有舜裔组织。在美国的舜裔组织有：美国麻省波士顿陈氏公所、沙加缅度至孝笃亲公所、市作顿至孝笃亲公所、波士顿陈颍川堂、沙加缅度至孝笃亲颂扬理事会、舍路至孝笃亲公所、金山大埠陈颍川总堂、芝城至孝笃亲公所、省亚至孝笃亲公所、保地磨至孝笃亲公所、美洲至孝笃亲公所、美京至孝笃亲公所、纽柯连至孝笃亲公所、美国费城至孝笃亲公所、纽约陈颍川堂、纽约至孝笃亲公所、砵仑至孝笃亲公所、纽英伦至孝笃亲公所、夏威夷陈氏宗亲会、晓市顿至孝笃亲公所、罗省至孝笃亲公所、积彩至孝笃亲公所、檀香山至孝笃亲公所、揽面顿至孝笃亲公所、麻坡客家公会等。在加拿大的舜裔组织有：加拿大云高华至孝笃亲公所、卡技利至孝笃亲公所、列治文至孝笃亲公所、多伦多陈颍川堂、温地辟至孝笃亲公所、Chin Wing Chun Tong、满地可陈颍川堂、关岛塞班舜裔宗亲会等。

（二）中国台港舜裔团体

世界陈氏宗亲总会 由台湾省陈氏宗亲总会、菲律宾侨领陈淡水、台北陈德星堂、台北市陈氏宗亲会及香港陈氏宗亲总会等发起成立。会址中国台北市。世界陈氏宗亲总会会歌歌词："皇皇舜日，天下为公。德泽远播，四海景从。浩浩颍川，枝叶永丰。惟精惟一，允执厥中。孝悌仁之本，后裔尤尊崇。进德修业建吾躬，或耕或读乐融融。互助合作分工，立言立德立功。宏扬伦理文化，继承吾祖遗风。守亲亲其亲，国族日兴隆。宗族会其通，世界进大同。"台湾其他舜裔宗亲组织有：台北台湾陈氏宗亲会，台中陈姓宗亲会，嘉义市陈、姚、虞、胡、田姓宗亲会，基隆胡、姚宗亲会等，共 50 余个单位。

香港陈氏宗亲总会 成立于 1924 年。近年来，香港陈氏宗亲总会通过修改会务章程，相继售出旧会所，购置新物业。2014 年 5 月 31 日，举行新会所启用仪式。新址位于香港北角蚬殻街 9—23 号秀明中心 9 楼 E 室。除香港陈氏宗亲总会外，香港还有以下舜裔宗亲组织：九龙深水埗林西河堂亲联谊总会，会址在香港湾他庄士敦道 188—192 号 4。桥柱陈铖峰纪念会，会址在九龙红磡漆咸道 391 号高发大厦 4 楼 B 座。香港崇正总会，会址香港摩利臣山道 84—86 号崇正大厦、香港中区皇后大道中 31 号。潮州陈氏四大夫堂宗亲会，会址在香港西区北街 4—8 号五福大厦 B 座 2 楼 8 室。香港陈氏宗亲总会元朗分会，会址香港新界元朗。

（三）中国内地舜裔组织

姚氏宗亲团体 内地姚氏宗亲团体有：世界姚氏宗亲联谊会、河南省姚姓及姚崇文化研究会、安徽省姚氏宗亲会、老四川姚氏宗亲会、湖南省姚氏宗亲会、陕西省姚舜文化研究会、福建八闽姚氏宗亲联谊会、江西省姚氏文化研究会、河南姚氏宗亲联谊会、湖北姚氏宗亲联谊会、上海姚氏宗亲联谊会、广西姚氏宗亲理事会等。其中，世界姚氏宗亲联谊会于 2013 年 11 月 3 日在广东汕头成立。大会审议并通过世界姚氏宗亲联谊会筹委会的工作报告；审议并通过世界姚氏宗亲联谊会章程；选举菲律宾舜裔姚泽嘉为联谊会主席，姚元坚、姚镜财、姚学谋、姚松勇、姚传文为副主席；参观海内外姚氏大宗祠并祭拜古埕潮汕姚氏始祖孚公。会议结束后，全体代表赴湖南宁远九嶷山舜帝陵祭拜太始祖舜帝。

陈氏宗亲团体 内地陈氏宗亲团体有：福建省陈氏委员会、福建泉州晋江虞舜学术研究会、福建省厦门市颍川陈氏宗亲会、义门陈氏宗亲联谊会（江西）、河南驻马店陈氏文化研究会、澄海陈氏忠顺思成堂联谊会、江苏盐城市陈氏历史文化研究会、广西桂东南陈氏宗亲联谊会、广西玉林陈氏宗亲联谊会、江苏江阴陈氏宗亲联谊会（聚星堂）等。其中，福建省陈氏委员会成立于 1995 年，首任会长陈及霖。

胡氏宗亲团体　内地胡姓宗亲团体有：中华胡姓联谊会、江西省胡氏宗亲联谊会、奉新华林书院管委会、浙江省胡氏宗亲联谊会、四川胡氏宗亲联谊会、湖北省胡氏宗亲协会、广东汕头胡氏大宗祠、广东南雄珠玑古巷胡氏宗亲会、九江周边地区胡氏宗亲联谊会、湖南省胡氏宗亲联谊会、安徽省胡氏宗亲联谊会等。其中，中华胡姓联谊会始建于 2006 年 7 月 30 日。来自江西、湖南、湖北、安徽、浙江、福建、广东、河南、四川等省胡氏宗亲负责人，与中华胡姓通谱联修筹委会主要发起单位九江周边地区胡氏宗亲联谊会负责人，在庐山西湖宾馆举行常务理事会，决定成立中华胡姓联谊会。会议通过中华胡姓联谊会章程；确立江西九江市为中华胡姓联谊会总部所在地；选举胡德谦为会长，胡云兴为常务副会长，胡婉萍、胡立谦、胡汉新、胡家煌、胡镇、胡正林为副会长，胡立谦兼任秘书长，胡晏平、胡小义、胡彪凌、胡精华为副秘书长。联谊会下设办公室，负责处理联谊会日常事务。

孙氏宗亲团体　内地孙氏宗亲团体有：世界孙氏宗亲联谊总会、吉林省孙氏宗亲会、山东临沂孙氏宗亲联谊会、四川孙氏宗亲联谊会、延边孙氏宗亲会、洛阳孙氏文化研究会、濮阳孙氏文化研究会等。其中，世界孙氏宗亲联谊总会是世界孙氏宗亲自愿组成的非营利性社会团体组织，于 2010 年 10 月 22 日在香港正式注册登记，2011 年 10 月 21 日于厦门召开成立大会，并通过章程，确定会旗、会徽、会歌。厦门建安集团董事长孙吉龙出任会长，中绿集团董事局主席兼总裁孙少锋出任监事长。

袁氏宗亲团体　内地袁氏宗亲团体有：中华袁氏宗亲联谊总会、湖南省袁氏宗亲联谊会、北京袁氏宗亲联谊会、广西袁氏宗亲联谊会、江西袁氏宗亲会、安徽寿州袁氏宗亲联谊会等。

陆氏宗亲团体　内地陆氏宗亲团体有：世界陆氏宗亲联合总会、无锡陆氏宗亲联谊会、山东陆氏联谊会、潮汕陆氏宗亲联谊会等。其中世界陆氏宗亲联合总会于 2012 年 8 月在香港正式注册成立，并在民政部门登记备案，会址设于安徽合肥。

田氏宗亲团体 内地田氏宗亲组织有：世界田氏宗亲会、四川田氏宗亲联谊会、中原田氏宗亲会、田氏宗亲中国西南联谊总会等。

其他舜裔宗亲团体 内地还有山西运城舜帝后裔联谊会、全国车氏宗亲会、世界王氏宗亲总会、中华虞氏宗亲联谊会等舜裔团体。

第六章　考古发现

玉琯岩舜帝陵庙遗址全图

自秦汉以来，在九嶷山一带及其周边地区，与舜帝相关的考古发现接连不断。其如秦代掘玛瑙瓮于舜崩之堂前，汉代九嶷山出土古乐器玉琯，唐代九嶷山出土上古打击乐器——石磬等。1973 年，长沙马王堆西汉古墓出土的帛书地图，上面明确标有舜帝陵庙，其地点在九嶷山。1993 年，在宁远县天堂镇大阳洞村发现石钺等象征王权的小型祭器。2002 年以来，古舜帝陵庙遗址在九嶷山玉琯岩被发现，与长沙马王堆西汉古墓帛书地图标记的位置相一致。所有这些考古发现都指向一个共同方向，证实司马迁在《史记·五帝本纪》中写下的千古定论："（舜）南巡狩，崩天苍梧之野，葬于江南九疑，是为零陵。"

第一节　马王堆汉墓帛书地图标记舜帝陵

最早直接印证司马迁关于舜葬九嶷的考古发现，为 20 世纪 70 年代长沙马王堆西汉古墓出土的帛书地图。在这帛书地图上，明确标绘舜帝陵庙在九嶷山南。司马迁曾于西汉元朔四年（公元前 125 年）到九嶷山考察舜帝陵墓。当时距帛书地图主人下葬的时间，仅仅 43 年。因此，司马迁到九嶷山时，九嶷山舜帝陵庙可能尚存。

马王堆位于长沙市西北部。20 世纪 70 年代初，这里发现震惊世界的西汉古墓群。从一号西汉古墓出土的女尸、帛画等，到三号西汉古墓出土的大量图书资料，展示出马王堆汉墓的考古学价值。在出土的图书资料中，有两幅用帛绘制的古地图，绘制的主区域是深水流域（今潇水流域，即永州南部六县），为确证舜葬九嶷提供考古学支持。

这两幅地图，一幅为地形图，画有山、水、村庄、道路等，即汉代通常所谓的舆地图；另一幅为驻军图，除画有上述山、水、村庄、道路等，又画有某某军的驻所，一些专家认为很可能就是《汉书·江都易王传》中所提到过的"军陈图"。这两幅地图的出土，是中国乃至世界地图史上的一项重大发现。

两幅地图所绘主区域为深水流域，亦即以九嶷山为中心的西汉长沙国南部地区。深水就是现在的潇水。成书于两汉时期的《水经》云："深水，出桂阳庐聚，西北过零陵营道县、营浦县、泉陵县，至燕室，邪入于湘。”庐聚，指庐聚山。郦道元在《水经注》中说：“庐聚山，在南平县之南，九疑山之东。”营浦县，即今道县；泉陵，属零陵郡，汉代辖今永州市冷水滩、零陵二区及祁阳、祁东、东安、双牌县地，县治今永州市零陵区。燕室，即今潇水与湘江汇合处的萍岛，相传这里古有石燕，每逢雷雨则能起飞，故名。从《水经》记载看，深水的流向与今之潇水完全一致。潇水，发源于蓝山县野狗山麓，即《水经》中所说的庐聚，流经江华、道县、零陵，在零陵区萍岛与湘江汇合。而将深水改称为潇水，始于东晋以后。由于深水流域为汉代零陵郡南部地区，而零陵郡又是长沙国南端，因此专家学者将这次出土的这两幅帛书地图分别命名为《长沙国南部地形图》《长沙国南部驻军图》。由于驻军图中军队大本营叫“深平城”（今江华瑶族自治县的涛圩镇一带），也有的将驻军图叫作《长沙国深平防区图》。

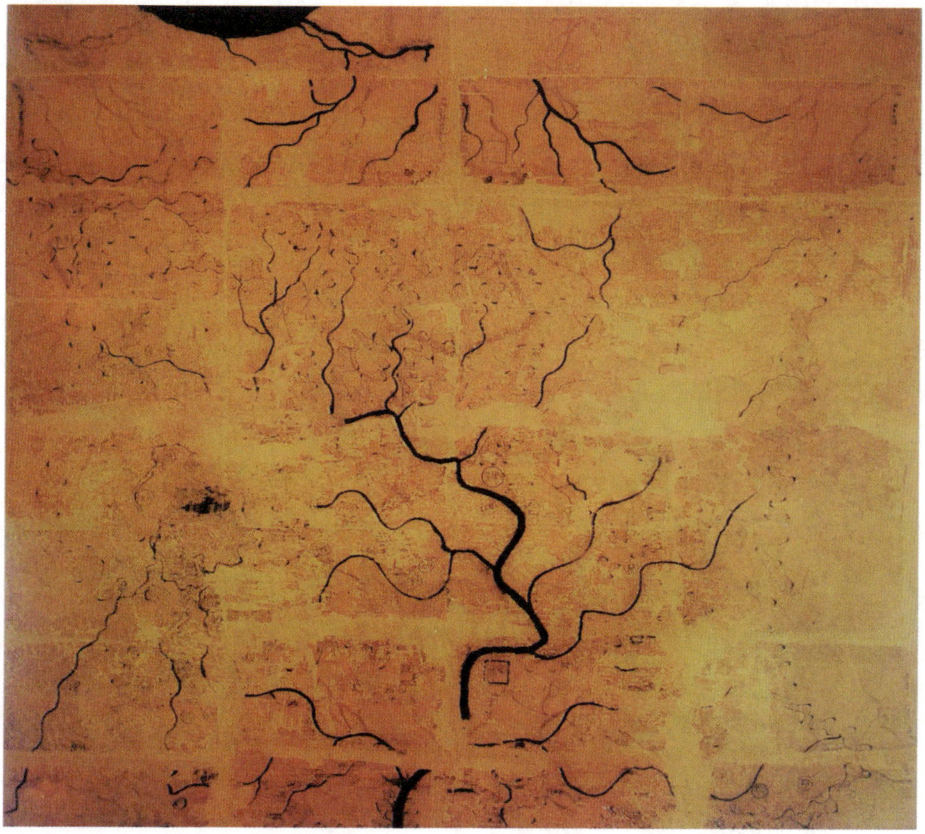

◎修复后的《长沙国南部地形图》

这两幅帛书地图的主区域画得非常准确。图中已经有统一的图例，如居民点采用两种符号，县治用方框表示，乡、里用圆框表示。细而径直的线表示道路。粗细不等而有弯曲的线表示水道。山脉一般勾出逶迤转曲的两麓，中间加画横细线；遇大山则按山体勾出大山的盘亘范围，中间细线画成层层重叠状。居民点的注记都在符号（即方框或圆框）之内。水道的注记都在下游将近与其他河流汇合处。而道路和山脉都没有注记。全图大体可以划分为三个区域。主区域为深水流域的营浦县（治今道县）全境、舂陵县（治今宁远柏家坪）南部、泠道县（治今宁远冷水镇胡家村）中西部、龁道县（治今蓝山所城）西部。主区域画得很详细也很精确。居民点除县治外，还画了乡、里。山脉如九嶷山周旋盘亘数百里。图的北端是《水经注》所说的营阳峡。邻近区为舂陵县北部、泠道县东部、龁道县东部以及南平县治（今蓝山县城老县村）一带。邻近区画得没有主区域准确。邻近区还包括今广西境内的桃阳（今广西全州）、观阳（今广西灌阳）二县，湘粤分水岭以南的桂阳县（今广东连州）。远邻区已不是长沙国范围之内，属于秦末以来割据岭南的南越王赵佗的辖境，画得非常简略，海岸线不画曲线而只画了一个半月形，水道全无记载，且极其粗讹，山脉道路完全不画。

◎复旦大学历史地理研究室复原的《长沙国南部地形图》

考古专家在对修复后的《长沙国南部地形图》进行整理后，得到如下地图：

在这幅地图上，最突出、最显眼的是在九嶷山南部，清楚地画着九条柱状物，柱后有建筑物，旁注“帝舜”二字。这九条柱状物和柱后建筑物，很明显就是舜

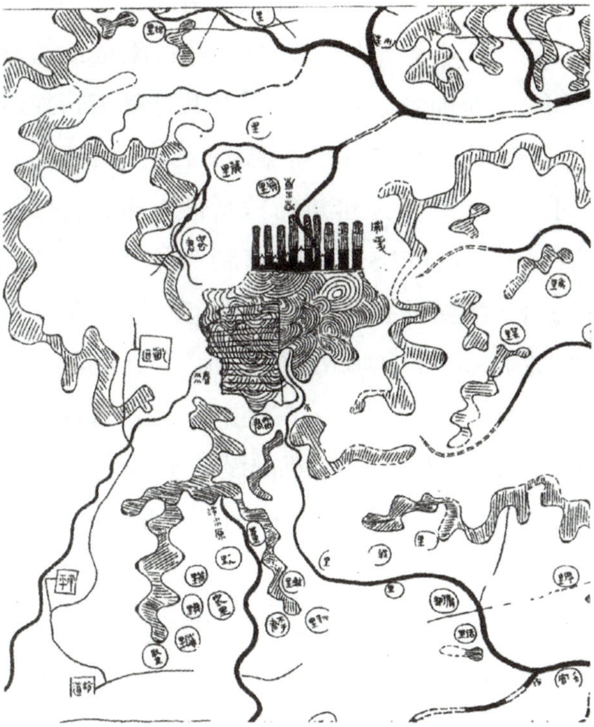

《长沙国南部地形图》局部

帝陵庙。对此，中国历史地理学界泰斗谭其骧教授说：“据《水经·湘水注》，九嶷山‘南山有舜庙，前有石碑，文字缺落，不可复识’，这座建筑物即舜庙，九条柱状物当系舜庙前的九块石碑。将著名建筑物夸大地画在地图上，这是古今地图惯用的手法，并不足奇。”

在《地形图》上，还绘有 8 座用方框表示的县级居民点，即营浦（今道县）、舂陵（今宁远北部）、泠道（今宁远）、南平（今蓝山）、龁道（今蓝山西部）、桃阳（今广西全州）、观阳（今广西灌阳）、桂阳（今广东连州）等八县（其中舂陵、龁道、观阳三县不见于《汉书·地理志》）；有 57 个用大小不等圆框表示的乡里名的君、里和军队驻扎的部、鄣等居民点。地图中的“君”在古代同“郡”，是郡县制出现后的地名用词。而在马王堆帛书地图上标注为“君”的居民点共有 4 处：即蛇君、不于君、垒君、雷君。这四个君居民点分别设在下面四个地方：即“蛇君”，在龁道县南，今蓝山县大桥乡境内，地图标注的“帝舜”九根神柱东侧；“不于君”，在泠水上游西，其东南隔河为泠道县治，今宁远县冷水镇隔江庄屋村；“垒君”，在地图标注的“帝舜”九根神柱西侧，今道县井塘瑶族乡境内；雷君，在不于君南、地图标注的“帝舜”九根神柱南，今宁远县水市镇驻地。在这4个以“君”命名的地名中，“蛇君”和“不于君”两处与舜帝南巡或舜葬九疑有关。“蛇君”，是与蛇相关的一处地名。九嶷山历史上有舜帝斩蛇除害、中毒身亡的传说。“不于君”，表明这个地点“不属于”某个行政区管辖。2005年修建泠九公路时，对“不于君”遗址进行抢救性发掘，在距地表三米深的地层中，发现圆形祭祀坑，坑内出土带肩磨制石斧两件、“石祖”一件。对照《汉书·地理志》泠道条下注“南有九疑山”，山门脚与泠道县城遗址隔泠水相望，这处“山门”即是指舜帝陵的“山门”，而其地又远在山门之下，故称“山门脚”。又据《九疑山志·古迹》记载：舜坛，在由村，去舜祠二十里，近周由寺，仙政水绕之。下灌曾设“仙政乡”的记载，泠水俗称仙政水。这说明山门脚亦即《九疑山志·古迹》所载“舜坛”遗址。

这两幅帛书地图的用途，目前尚无定论。有的认为，这幅地图的墓主人是长沙国丞相利仓之子，也是当时驻防长沙国南部的军事将领。出于驻防需要，于是绘制这些地图。但是，近来也有一些学者提出不同看法。美国夏威夷大学历史学博士、中央研究院历史语言研究所特聘研究员邢义田认为，马王堆汉墓出土的《地形图》《驻军图》并非军队驻防所用。他说：“如果驻军图真的是在汉和南越国冲突的时期所绘，或如有些学者所说是‘前线指挥中心’使用的地图，图上似乎应该注记‘敌军’之所在，或者注记其兵力布署。这是所谓守备图、驻军图或防区图不可少的内容。这幅图上却完全没有和南越国军事行动或部署相关的标示或文字注记。”① 湖南科技学院张京华教授认为，《地形图》和《驻军图》为祭舜之用。他在《马王堆汉墓〈地形图〉〈驻军图〉再探讨》（原刊《湖南省博物馆馆刊》第六辑，岳麓书社2010年3月出版）一文中提出：“《地形图》应当是指示舜陵（又称虞陵）祭祀的行程路线图，《驻军图》应当是舜陵祭祀的警跸图，二图可能都与九疑山舜陵的祭祀有关。”其理由是，汉高祖、吕后及文帝时期，长沙国与南越国之间没有严重的战争对峙。《地形图》《驻军图》中很少南越国的地名（岭南地名只有“封中”一处），特别是没有五岭关隘的标记，明显

① 邢义田《论马王堆汉墓“驻军图”应正名为“箭道封域图”》，《湖南大学学报（社会科学版）》2007年第5期。

缺少实际攻防或假想攻防的目标。整个地图看来似乎是自成一体不暇他顾的。因此，他认为，《地形图》的核心要素是舜陵，《驻军图》中的军队也可能不是为实战，而是为警跸。“马王堆汉墓主人因为参与祭祀舜陵的典礼而将二幅地图作为荣耀珍藏，陪葬纪念，大约是一个合乎情理的推测。”

第二节　玉琯岩舜帝陵庙遗址考古发现

玉馆岩古舜帝陵庙遗址位于宁远县城东南约 34 公里处，地属九嶷山乡九嶷洞村。中心坐标北纬 25°20′，东经 111°59′，海拔高程 363 米。遗址背依舜源峰，面向五臣峰，西望子江（潇水上源），北邻砀水。舜庙故址主区坐落于玉馆岩以南，地处山间盆地之中，东隔洼地与“祭户村”相望，西缘抵“社山”，南缘与“汉唐坪”自然村南部人工护坡相接。1972 年，长沙马王堆西汉古墓《地形图》与《驻军图》出土后，考古界和史学界对于九嶷舜帝陵的具体位置，尚不甚了了。2000 年 12 月，文物考古工作者在玉琯岩西南至汉唐坪一带发现有文化遗存，经专家确认年代不晚于汉。经 2002 年 3—5 月、2003 年 12 月至 2004 年 1 月、2004 年 3 月三次考古发掘，确定这一文化遗存为秦汉至宋元时期的舜帝陵庙。

古舜帝陵庙遗址发掘现场图

一　遗址发现与发掘

2000 年 4 月 20 日，宁远县文物管理所周九宜在九嶷洞获知，当地百姓曾在耕作中发现古代大型砖瓦残片，并偶然见到村民旧宅有用完整古代筒瓦压脊的现象。周九宜拍下照片，将有关情况上报湖南省文物局。

2001 年 3 月 28 日，湖南省舜文化研究小组考察专家至现场，在村民准备修补的田埂下发现包含大量筒瓦、板瓦碎片的建筑废弃堆积，初步判断可能与文献所载秦汉以来舜帝陵庙有关。同年 9 月 25 日，湖南省文物局文物处负责人何强与考古研究所所长袁家荣商定，由省考古所吴顺东承担舜帝庙遗址的考古科研课题。同年 10 月 18 日，湖南省考古研究所吴顺东将舜帝庙遗址的第一个 5 年考古工作规划报请国家文物局审批。

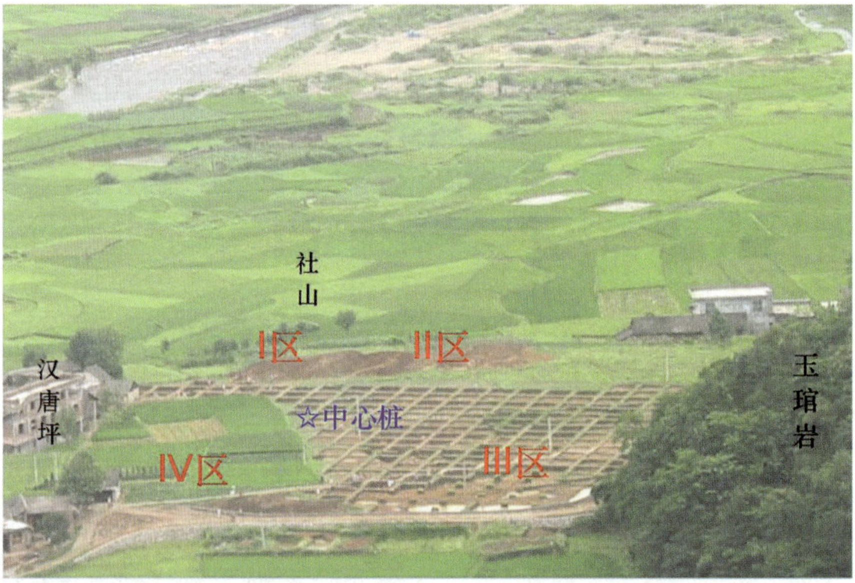

分区依逆时针方向设置。每个分区可容纳200个探方编号。

考古发掘现场图

2002 年 3 月 22 日，湖南省考古研究所吴顺东率队进入玉琯岩，旨在对遗址进行全面的调查勘探。3 月 25 日，首次发现第一段东西向墙垣砖基。吴顺东分析所见条砖为唐宋建筑材料风格。3 月 26 日，吴顺东在第二条小型探沟内发现第一段南北向墙垣砖基，并由此分析唐宋建筑可能属于非常规范的坐北朝南建筑，进而确定以大网格状探沟方式探明遗址的基本范围。5

月 1 日，吴顺东综合 3 纵 3 横 6 条探沟中出露的遗迹现象，初步断定舜帝庙遗址属于唐宋大型建筑基址，而整个遗址面积超过 3.2 万平方米。5 月 23 日，在试掘探方（2002T1）的下部堆积中发现汉代祭祀坑，初步认定遗址的上限年代不晚于东汉早期。

2003 年 12 月 5 日至 2004 年 1 月 9 日，舜帝庙遗址首次正式考古发掘。于发掘 I 区发现不晚于东汉早期的早 II 期柱坑建筑遗迹。这是继 2002 年汉代祭祀坑之后，在早期遗存方面探索中比较重要的发现。

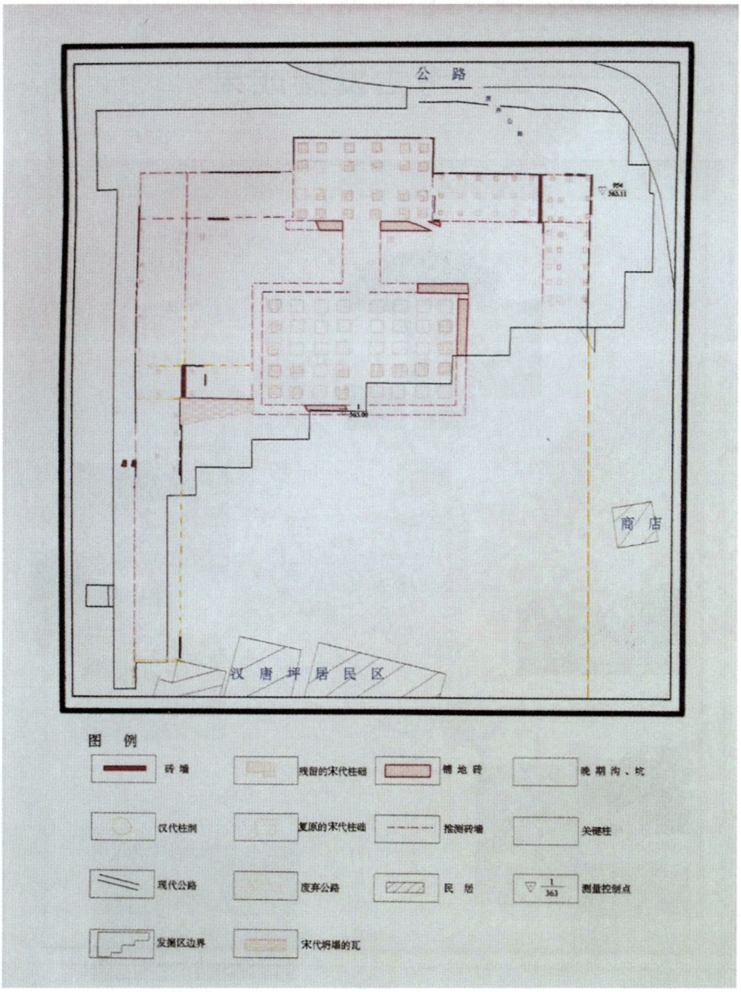

考古发掘总平面图

2004 年 3 月 1 日，吴顺东组队进驻九嶷洞，准备对舜帝庙遗址唐宋阶段的大型殿阁建筑遗迹进行比较大规模的系统发掘。3 月 21 日，舜帝庙遗址发现目前唯一的一座东汉砖室墓。从墓葬结构与出土文化遗物分析，可能属于当时陵庙管理人员的夫妻合葬墓。3 月 22 日，舜帝庙遗址发现可以直接与北宋文献印证的重要标本——歙州斋遣匠人吴四（皿）“铭文筒瓦”。4 月 14 日，舜帝庙遗址出土的兽面瓦当经过修复研究，可认定属于龙的正面构图，从而对于诠释同类型纹饰性质取得重大突破。4 月 22 日，舜帝庙遗址大殿建筑的前后单元及其附属建筑遗迹出露渐告完整。7 月 29 日，舜帝庙遗址出土重要纪年铭文残陶器有“开宝”的明确纪年，正与文献所载宋太祖乾德、开宝年间两度饬修九嶷山舜帝陵庙的史实吻合无间。

二　考古发掘成果

玉琯岩舜庙遗址文物构成分布图

（一）汉代建筑遗迹

发掘Ⅰ区见有排列整齐间距一致的椭圆形柱坑，在本遗址早期建筑遗存中具有特殊意义：柱坑彼此之间的距离仅为 130 厘米，空间角度过于密集，不能视为普通房屋的建筑基础。东西邻方中完全不见同时期的类似柱坑，意味着该组柱坑很可能只是“独立的”一列，每一个柱坑中的圆形柱洞“全无开口层位”的奇特截面形态，显示出相关柱木在建筑主体废弃后仍存在相当长的时间，直至在后期堆积中渐渐腐朽。该组柱坑所在层面存在着多个杂细碎灰土的炭末板结薄层，表明该活动面所在地段有可能曾是比较集中的“燔柴升烟”性质的祭祀场所。因此，推测该组柱坑代表的是关涉早期舜祠燎祭禋祀仪轨的标志性建筑遗迹，其时代为不晚于东汉早期。

两种类型的磉墩结构解剖图。其一以砾石为主；其二杂沙砾、碎瓦构成。层厚2～6厘米不等。

柱基剖面

砖铺便道

（二）唐、宋时期遗迹

（1）建筑遗迹。有“土基建筑”与“砖基建筑”两个基本大类。“土基建筑”专指该遗址内“中古建筑”出现以前即已存在的早期和较早时期的以木柱为建筑基础，可能辅以土垣或木墙的建筑。“砖基建筑”专指所有以条砖为墙基的梁柱式建筑类型。遗址中多期多阶段建筑具有非常强烈的传承延续特征，且现有工作区的绝大部分探方均停止在南宋建筑早段以下层面。遗址中主要有以下建筑遗迹：

后殿（寝殿）遗迹。位于建筑群北端，长 24.8 米，宽 16.8 米，面积 416 平方米。墙基、柱坑、“回廊”等相关遗迹均得到较为完整的保存。墙砖为灰白胎红衣，胎质细腻，火候较高，长 33 厘米，宽 20 厘米。大门居中，门左存有柱础（石础长 90 厘米、宽 60 厘米。柱径当为 30 厘米）。大门左右皆设“回廊”。“回廊”以灰白胎青黑衣饰“仙鹤云气纹”方砖铺成（砖边长 30~33 厘米，厚 4.8~5.6 厘米。模印花纹），砖面轮廓及花纹因长期磨蚀而稍显模糊。回廊邻近门道一端皆以条砖包砌，外侧皆有双重边线砖。左右前廊远端皆超出大殿之东、西墙线。右前廊西段被近现代取土坑破坏殆尽。殿内等距离分布着 24 个巨型柱坑，用以承托木柱。柱坑皆圆角方形，边长约 1.5 米，以卵石、瓦片等材料加土筑实。柱坑间距离几乎完全一致（中心点到中心点 160 厘米），可以肯定未使用“减柱法”。根据解剖断面，可知柱坑的现存深度 80~120 厘米。石础皆已不存。后殿（寝殿）左、右翼为完全对称配置的昭穆殿，并向两侧延伸而与配享殿、厢房等类型建筑毗邻。

后殿建筑遗迹

主殿（正殿）遗迹。殿后回廊边线砖距后殿前廊边线砖约 10.8 米。连“回廊”在内，长 36.8 米、宽 23.8 米，单元建筑面积 876 平方米。四周“回廊”宽度与后殿殿前“回廊”完全一致，为 160 厘米。铺地方砖除后殿前廊所见灰白胎青黑衣饰“仙鹤云气纹”者外，同时杂见橙黄素面砖和青灰色素面砖，显系修补所致。殿内立柱40根，柱坑平面与内部结构与后殿内柱坑一致，但更大更壮观，一般柱坑边长达到220~240厘米，柱坑间距离（中心点到中心点）为400厘米。殿中央过道计两旁立柱柱径100厘米，则过道间宽度为400厘米。主殿（正殿）两侧亦存在类似于后殿两侧的“配殿”建筑。

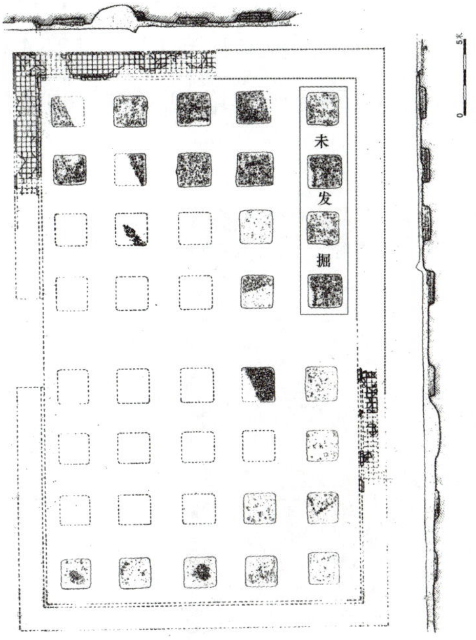

大殿建筑平剖面图

主体建筑遗址

昭穆殿遗迹。比邻轴心大殿如后殿（寝殿）、主殿（正殿）以及前经勘探尚未纳入正式发掘的前殿（献殿）。昭穆殿中比邻后殿者长18.8米，宽8.8米，面积165平方米。殿内18个长方形柱坑均衡分布。坑长70厘米、宽60厘米、残深约20厘米。部分石础犹存。石础宽40厘米。唐宋建筑制度，柱径一般为柱础宽度的一半（宋人李诫《营造法式》一书对此有明确记述），故可推测昭穆殿柱径为20厘米。比邻“主殿”者稍小，殿内8柱，建筑面积72平方米。殿外“散水”以残瓦铺垫。此类殿阁现仅发掘出3座。由本建筑群的对称营建规则，可确定共有6座，即3昭3穆，合乎秦汉以来帝庙营造法则中的七庙之制。

配享殿遗迹。比邻昭穆殿。现可见大小两种规格。大者殿内9柱，方长8.8米，面积78平方米。小者殿内6柱，面积56平方米。由柱础宽度推测，柱径亦应为 20 厘米。此类殿阁目前已清理数量以及实有数量，都应与昭穆殿方面一致。

厢房夹室遗迹。处于“配享殿”之间。若以现有发掘数据计，单元厢房内 27 柱，面积 554 平方米，但这里仅仅是以北端“配享殿”与中部“配享殿”之间的实有空间为计算依据，南部厢房的情况还暂时不宜推测。

亭榭遗迹。厢房两侧的小型建筑。在整个建筑群中位置偏南。平面形态一般呈方形，面积 4 平方米或稍大（2002TG8；2004 年 I 区 T1354），功用当属焚香亭、省牲房一类。据建筑用砖、使用及废弃堆积所包含的瓷器残片看，这类型建筑遗存多属南宋时扩建。

廊庑建筑遗迹

（2）道路遗迹。

轴心大道遗迹。沿建筑群中轴线自南而北贯通已经发掘的“轴心大殿”。北端可确定的道路宽度为 6 米，已知长度为 30 米。由于近代取土与改土造田运动的严重破坏，路面构造情况暂时不明。

西门便道遗迹。用砖侧铺，路中央微微隆起略呈龟背状。已出露的路面宽度为 2 米，已清理可见长度约 3.2 米。从位置看正对西面“社山”（即昔日之社稷坛)。推测此通道主要用于连接“社山”等庙外祭祀场地。

(3)排水设施遗迹。南方丰水多雨。该遗址早期采取露天排水方式，稍后则采取露天排水与地下导流相结合的排水方式。

排水沟遗迹。根据现有工作结果，我们发现至少从最早一期的“砖基建筑”出现伊始，昔日的建筑家便视排水的经营为建筑整体的重要环节。因此，业已发现的排水遗迹其实都与史前聚落环壕的规模极其相似：沟口宽度多达200厘米以上，沟底宽度视沟深浅而有所不同，即愈深愈窄，愈浅愈宽。沟深则视地形地势而变化。各期排水沟延伸到遗址西南部时均显示出最规范的沟体构造，而深度也最为突出（150厘米左右)。借助于排水沟与建筑台基之间的层位关系，本遗址多期多阶段建筑的延续与发展的轨迹愈益明朗（依据T1354、T1355、T1356等方东隔梁的清理，初步发现东汉以来的建筑台基外缘也呈现出与同阶段台基对应的沟状堆积形态，并且在逐次填平后构成新一期的建筑台基。由台基与沟状堆积之间的布局可知，由早及晚，各主要时期的建筑空间均渐次“膨胀”中)。

排水管遗迹。仅在东壁内侧清整剖面时发现。开口于“砖基建筑”之下，由两片筒瓦相合构成，其出水口通向建筑台基外的露天排水沟。

(4)祭祀遗迹。此处专指坑状或台状的土构祭祀遗存。考古发掘中，发现祭祀坑和祭坛各1处，均位于遗址西南部。

祭祀坑。平面呈椭圆形，弧壁外张如袋形坑状。长径45厘米，短径42厘米，残深12厘米。坑内填土深黑色，以炭末为主体。同一件麻布纹陶钵的残片分为三处，对称或完全对等地放置在坑壁与坑底的结合部（该器物已修复)。很明显包含了禋祀与瘗埋这两种祭祀仪轨。时代东汉。

祭坛。位于遗址西南部。20世纪60年代以前，尚有比较完整的轮廓。改土造田时该坛始遭重创，其后耕作者对其蚕食不止，现仅存残高约1.2米，残长才10余米的月牙形土丘。2002年调查时，已知此坛由包含方格纹硬陶片的黄土筑成，故其时间上限为东汉。当地人俗称“社山”，即社稷坛。

(5)墓葬。位于遗址东北角，接近台地边缘。砖室墓。双室构造。平面酷似新莽“大布黄千”。明清前后被盗掘。出土文化遗物皆陶瓷碎片。仅修复方格纹陶瓮2件。据墓葬形制、墓砖特征以及陶器与早期青瓷风格综合判断为东汉墓。

（三）部分出土文物

遗址发掘中所发现的文化遗物可概括为两个大类，即建筑陶瓷和祭祀陶瓷。建筑陶瓷为数甚众，几乎占出土器物总数比的 90%。器类如筒瓦、板瓦、花头板瓦、脊兽（含螭吻与鸱尾）、滴水、条砖、边线砖、铺地砖等等，大体上一应俱全。祭祀陶瓷大多出土于炭末堆积内，皆为碎片。经拼对修复，碗盏杯碟居多，壶瓶类器形较为少见。

（1）陶瓷器皿。用于祭祀。该类型文化遗物总体来说具有器类单纯，造型简洁的特点。早期陶器多为两汉方格纹或编织纹灰胎硬陶，极少泥质或夹砂低火候陶器。除祭祀坑与特殊砖室墓所出硬陶钵与大型陶瓮尚能复原成器，

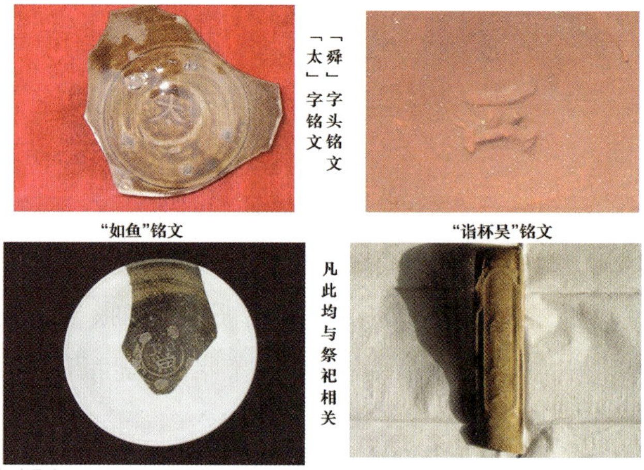

与祭祀舜帝有关的出土器物

余皆碎片，可辨器型有盆、钵、壶、罐，并以盆、钵为主。伴出少量胎酥釉薄高吸水率青瓷残片，工艺特征尚停留在原始青瓷到早期青瓷的过渡阶段。两汉以后，瓷器在出土陶瓷大系中成为绝对主流，而在时代归属上又以唐宋瓷品居多。唐、宋瓷器底皆多铭文及徽记图形，其中唐器多模印刻写于外底，宋瓷则主要刻铭于内底。一覆一仰，功用不同，覆者瘗埋，仰者奠祭。唐瓷青中闪黄，釉色匀净，造型大器，铭文似徽记，徽记亦铭文；宋器釉色丰富，但剥落严重，铭款普遍，“太”字为首，总之精细方面稍显欠缺。器类中，碗为君长，碟为重臣，执壶、胆瓶捉鞭而已。从器物组合加以考察，似非民间生活所宜。

（2）建筑材料。本建筑基址上下延续 1600 余年，因此各期建筑材料的埋藏极为丰富，且种类多、工艺精、规格高，令人印象深刻。按类有砖、瓦和相关装饰构件，按质有洗泥、夹砂，按色有灰白胎黑衣、黄（白）胎

红衣、橙（米）黄、青灰，按火候有高温、低温，按规格有大小、厚薄、轻重。

砖。包括条砖（墙砖）、方砖（铺地砖）和边线砖。

条砖有三大主流规格。大者长 36 厘米、宽 19 厘米、厚约 4.5 厘米。白胎黑衣、白胎红衣与橙黄色砖皆大体依此规格。青灰砖次之，较大者残长 18 厘米、宽 13 厘米、厚 3 厘米；最小者长 11 厘米、宽 7 厘米、厚 2 厘米。另在 II、III 发掘区见到巨型墙砖，其长、宽、厚分别为 60 厘米、30 厘米和 6.5 厘米，与近古城壁、皇陵用砖风格颇近。

方砖除橙黄砖外，都有长、短边之别。经反复测算，长边多出短边 1 厘米者占绝大多数。长 32 厘米、宽 31 厘米、厚 6 厘米者属于比较常见的规格。中央大殿周边的铺地砖有深浅 4 种颜色和大小 5 种规格（白胎黑衣、黄胎红衣、米黄色与青灰色；长边 31~36 厘米，短边 30~35 厘米不等）。砖面多模印“仙鹤云气纹”。除白胎黑衣系列外，均可见少量素面砖与花纹砖共存。

边线砖用以界分单元建筑区间。发掘所见比较标准的“边线砖”长 37~38 厘米、厚 3.5~4 厘米。但条砖、方砖也常做边线砖代用品，如后殿（寝殿）、主殿（正殿）回廊边线便纯用铺地砖侧嵌“勾边”，而后殿（寝殿）左侧的“昭穆殿”与“配享殿”之间则侧砌 2 块条砖以示两座殿阁由此分界。

遗址出土建筑构件瓦当总汇

瓦。遗址中的筒瓦、板瓦可按胎质胎色区分为 4 个基本系列，即灰白胎黑衣、黄胎红衣、米黄和青灰。以体量计，前三个系列普遍体现为长大厚重，青灰瓦相对轻薄纤巧。遗址中出土的瓦各类繁多，有筒瓦、板瓦、瓦当、滴水、螭吻、鸱尾、压脊瓦等。

筒瓦多为灰白胎黑衣瓦，体量相近，但瓦颈、瓦身各具变化。如粗颈无槽棒槌形瓦、细颈有槽扇形瓦和长颈有槽瓶形瓦，长 41～43 厘米、宽 15～19 厘米、厚 1.5 厘米。

板瓦多为青灰瓦，有大、中、小三种。俱呈扇形。大型板瓦大头宽 23 厘米、小头宽 16 厘米，长 37 厘米，厚 2 厘米；中型板瓦大头宽 19 厘米、小头宽 14 厘米，长 26 厘米，厚 1.6 厘米；小型板瓦大头宽 18 厘米、小头宽 15 厘米，长 15 厘米，厚 1.5 厘米。

瓦当有两个大类，即莲花纹和兽面纹瓦当，以兽面纹瓦当为主。

兽面纹瓦当有一种以紫泥状陶土为原料烧造的暗红胎青衣瓦当，胎质细腻，造型规范，模印兽面精细入微，代表该遗址兽面瓦当艺术的最高水平。米灰色瓦当前述大当系列相近，制作圆整，但艺术风格已截然不同。莲花纹瓦当皆非圆形。大者形似“半当”，印模精良，花叶肥硕，具有强烈的立体感。长径 19～22 厘米，短径 17～18 厘米，轮宽 0.6～1.6 厘米，厚 0.6～1.6 厘米。完整连当瓦长度为 16 厘米。小者近桃形，模印图案粗糙模糊。长径 16 厘米，短径 15 厘米，厚 1.8 厘米。

滴水。含灰白胎青黑衣、浅灰和青灰等陶系。火候普遍较高。主题装饰为圆圈纹、水波纹，以及圆圈与水波复合纹。装饰变化包含从较复杂到较简单的过程。出土标本多残缺不全，残长 13～30 厘米，厚 1.8～3.1 厘米，“花头”残宽 17～25 厘米。

螭吻。脊上兽头。灰胎夹砂，火候较高。浮雕式构图，浓眉大眼鼓睛高鼻，獠牙已残，俱手工捏制，并剔刻眉毛、鳞甲。底座残长 16 厘米、残宽 11.5 厘米，残高 20 厘米。传说中龙生九子，其中老二名螭吻，性喜登高遥望，所以用做殿脊上的守望神兽。

鸱尾。俗称鱼尾。导源于西汉。标本有两种。或为长方匣形，或为扁长方形，主纹为炯纹或出长弧脊棱。前者灰白色，底座残长 30 厘米、残宽 17 厘米，胎厚 4 厘米，残高 20 厘米；后者灰胎青黑衣，底座残长 17 厘米、残宽 8 厘米，残高 20 厘米。一做半圆形，灰白胎，面径 30 厘米，主纹状如炯纹。

压脊瓦。灰胎青黑衣。残宽 16 厘米，残长 13 厘米，厚 3 厘米。背座有长方形钉孔，残长 2.8 厘米，宽 2 厘米。

龙头构件。基本完整。灰白胎青黑衣。额顶微弧，有双角向两侧微举，鼻翼翕张，眉曲卷上扬，双目微凸，张吻，卷舌，獠牙如戟，长颔垂须，虎虎生威。残长 18 厘米、宽 17 厘米、厚 2 厘米。

在以上各类出土遗物中，均包含有具有典型意义的铭文标本。“祭器”大系的重要铭文有反映器物规格与等级内容的“太”字，有体现器物用途的“如鱼”“诣杯”，有暗含祭祀对象的“舜”字头（省写“舛”字）；“建筑构件”大系重要铭文有结合地名、事件、人物的“歙州斋（遣？建？）匠人吴皿（四？）”，有包含时间、事件与人物的“开宝……”“……作头张……”“□作头永清”，有表示器物制作数量的“五”“千”等等。

“歙州斋遣匠人吴四”铭文筒瓦结合筒瓦风格，一反映铭文宿主的相对时代为北宋，一表明玉琯岩当时的陵庙筑造属于全国性的调度模式。

“开宝……”铭文陶器（残）文献载，宋太祖乾德与开宝年间曾颁敕筑造九嶷山舜帝陵庙。这一铭文应该反映了相关历史真实。

能够反映建筑年代的出土建筑构件

三　考古成果论证与新闻发布

（一）考古成果的论证

九嶷山玉琯岩古舜帝陵庙遗址的考古发掘，在考古学界和历史学界引起很大震动。2004 年 8 月 8 日，国家文物局考古专家组组长黄景略和故宫博物院前院长张忠培视察玉琯岩考古工地。8 月 11 日，李学勤、吴家安、吕烈丹、高至喜、钟晓清、李零等 20 多名考古学家、历史学家、人类学家、建筑学家齐聚九嶷山，到玉琯岩舜帝陵庙遗址进行考察。

黄景略（左二）、张忠培（中）考察考古工地

李学勤（中）等专家学者赴考古现场考察

2004 年 8 月 12 日，玉琯岩舜帝陵庙遗址考古成果论证会在宁远县国际大酒店举行。参加论证会的有清华大学教授、中国社科院历史研究所原所

长、“夏商周断代工程”首席科学家李学勤，中国文物研究所所长、研究员吴家安，香港中文大学人类学系教授吕烈丹，湖南省博物馆原馆长、研究员高至喜，中国建筑历史研究所研究员钟晓清，北京大学中文系教授李零，北京市文物研究所副所长、研究员赵福生，湖南省考古所原所长、研究员何介钧，湖南省考古所所长、研究员袁家荣，湖南省博物馆原副馆长、研究员傅举有，湖南省博物馆研究员单先进等。

通过考察与论证，专家认为，九嶷山玉琯岩舜帝遗址的发现具有极其重要的意义，我国考古学上首次发现的舜帝祠庙，可为我国“五帝”断代史提供历史物证。其中的兽面饰纹、凰鸟纹饰等，具有上古社会东夷部族特征，对于研究南方文明起源具有很高的历史价值。其建筑规制，在遗址中大部分保存完整，历代重修重建的遗址均有不同的遗迹体现，对研究我国古代“始祖类陵庙”建筑，具有重大的科学价值。出土的兽面纹带“王”字瓦当等器物纹饰，对研究我国古代绘画、雕塑艺术具有很高的艺术价值。最后，与会专家在以下 5 个方面达成共识：

第一，考古发掘严格遵循了《中华人民共和国文物保护法》的相关规定和《田野考古操作规程》，发掘现场整洁，地层关系清楚，遗迹现象区分明确，遗物处理和记录严格，资料翔实可信，是一次高质量的考古发掘。

第二，已揭露的面积和发现的遗迹基本弄清了玉琯岩遗址的年代和属性，正殿（编号 F20）和寝殿（编号 F15）以及相关建筑可以确认为不晚于南宋时期的建筑，其上限年代早至北宋甚至更早。

第三，F20 和 F16 等建筑遗迹，规模宏大，性质明确。根据其所处位置，参照玉琯岩摩崖石刻及有关文献记载，该建筑群为陵庙祭祀建筑遗存。该时期的五帝陵庙建筑基址在全国范围内尚属首次发现，为古代陵庙祭祀建筑的研究提供了考古证据。

第四，已发现的汉代遗存为寻找更早的舜祠建筑基址提供了线索，应当在现有的基础上扩大考古发掘规模。

第五，考古发掘研究与遗址的现场保护是一个有机整体。舜帝文化是中华民族珍贵的非物质文化遗产，舜庙遗址作为舜文化的物质载体，其重要性是不言而喻的，应当尽快制订文物保护和利用的总体规划，确保人文景观与自然景观的和谐共存。

最后，与会专家在《会议纪要》上签字。

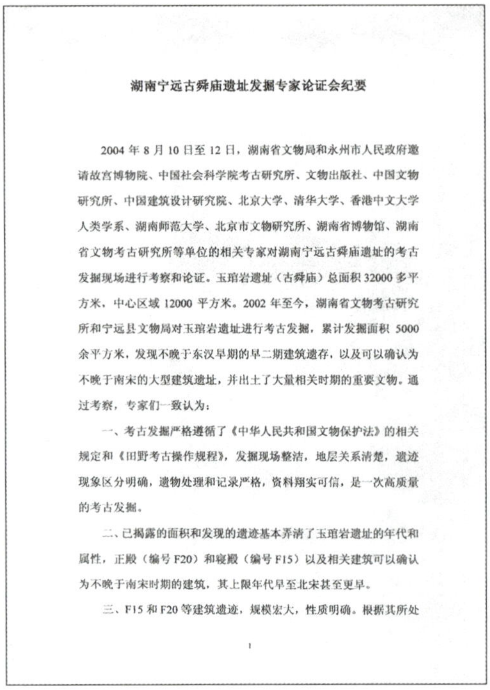
湖南宁远古舜庙遗址发掘专家论证会纪要

2004 年 8 月 10 日至 12 日，湖南省文物局和永州市人民政府邀请故宫博物院、中国社会科学院考古研究所、文物出版社、中国文物研究所、中国建筑设计研究院、北京大学、清华大学、香港中文大学人类学系、湖南师范大学、北京市文物研究所、湖南省博物馆、湖南省文物考古研究所等单位的相关专家对湖南宁远古舜庙遗址的考古发掘现场进行考察和论证。玉琯岩遗址（古舜庙）总面积 32000 多平方米，中心区域 12000 平方米。2002 年至今，湖南省文物考古研究所和宁远县文物局对玉琯岩遗址进行考古发掘，累计发掘面积 5000 余平方米，发现不晚于东汉早期的早二期建筑遗存，以及可以确认为不晚于南宋的大型建筑遗址，并出土了大量相关时期的重要文物。通过考察，专家们一致认为：

一、考古发掘严格遵循了《中华人民共和国文物保护法》的相关规定和《田野考古操作规程》，发掘现场整洁，地层关系清楚，遗迹现象区分明确，遗物处理和记录严格，资料翔实可信，是一次高质量的考古发掘。

二、已揭露的面积和发现的遗迹基本弄清了玉琯岩遗址的年代和属性，正殿（编号 F20）和寝殿（编号 F15）以及相关建筑可以确认为不晚于南宋时期的建筑，其上限年代早至北宋甚至更早。

三、F15 和 F20 等建筑遗迹，规模宏大，性质明确。根据其所处

1

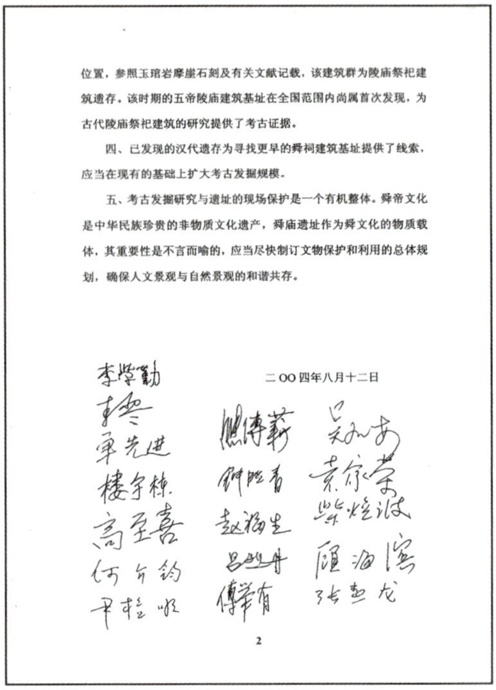
位置，参照玉琯岩摩崖石刻及有关文献记载，该建筑群为陵庙祭祀建筑遗存。该时期的五帝陵庙建筑基址在全国范围内尚属首次发现，为古代陵庙祭祀建筑的研究提供了考古证据。

四、已发现的汉代遗存为寻找更早的舜祠建筑基址提供了线索，应当在现有的基础上扩大考古发掘规模。

五、考古发掘研究与遗址的现场保护是一个有机整体。舜帝文化是中华民族珍贵的非物质文化遗产，舜庙遗址作为舜文化的物质载体，其重要性是不言而喻的，应当尽快制订文物保护和利用的总体规划，确保人文景观与自然景观的和谐共存。

二OO四年八月十二日

2

《专家论证会纪要》复印件

（二）考古成果新闻发布

2004 年 8 月 13 日，湖南省文物局、永州市人民政府在长沙联合举行“九嶷山古舜帝陵庙遗址考古新发现新闻发布会”。会议公布九嶷山古舜帝陵庙遗址考古调查与发掘所获得的成果。一是这次考古发现宋代祭祀舜帝的陵庙遗址，其建筑面积 3.2 万平方米。这一发现，在全国尚属首次，也是目前所知考古发掘证实的时代最早的舜帝陵庙。二是在宋代舜帝陵庙基址之下，还发现唐代舜帝陵庙的建筑遗址、建筑构件和大量的唐代文物，印证历史文献关于唐代舜帝陵庙的记载。三是在唐代舜帝陵庙的建筑基址之下，还进一步发现汉代建筑遗址，印证成书于东汉的《风俗通义》中关于玉琯岩前有舜祠的记载，从而为进一步寻找和发掘汉及汉以前舜帝陵庙提供重要的依据与线索。四是此次考古成果，进一步证实马王堆出土古地图及司马迁《史记》中关于舜帝与九嶷关系的记载的真实性与可靠性。五是此次考古成果与发现，为进一步研究“舜帝传说”这一非物质形态的文化形成、演变、发展及文化内涵提供珍贵的考古学资料。

九嶷山舜庙遗址考古新发现新闻发布会

新闻发布会上，清华大学教授、中国社科院历史研究所原所长、“夏商周断代工程”首席科学家李学勤回答记者的提问。

附一　玉琯岩舜帝陵庙遗址考古成果论证会专家发言摘要

2004 年 8 月 12 日，九嶷山玉琯岩古舜庙遗址考古发掘专家论证会在湖南省宁远县国际大酒店举行。有 14 位专家学者在论证会上发了言。摘要如下：

国家文物局原局长、国家文物考古专家组组长、研究员黄景略：总的看，玉琯岩遗址的整个发掘工作是符合科学考古规程的，做得比较好，已经揭示的层位关系比较清楚。最上一层显示的宋代祭祀遗址，应该是大殿，规模非常大，大约 900 平方米，周围可能还会有其他建筑遗址。宋代这一层建筑遗址是最重要的，这是最能体现遗址价值的部分，千万不能揭掉。遗址和出土文物已经表明宋以下的唐代和南北朝遗址、遗迹现象也很明显。（袁家荣：建筑殿址地表显现的是南宋的，但基址是唐代的，砖是唐代的，建筑瓦件是北宋的，有过多次翻修，现在最上一层的使用面是宋代的。）如果是唐代的，唐代规模有没有这么大？南宋建筑自程朱理学兴起后一般都扩大了规模，应该是宋代在唐代的基础上进行了重建、扩大、加修。现在也有可能找到了汉代至南北朝的遗址，但有宋代的就已经是发掘最早的了，就已经很不错了。总之，遗址的年代定在唐宋时期，主要是宋代，我们要把注意力放在这个上面，工作可以做得更细。舜帝陵庙传说几个地方有，但唯独只有九嶷山这里有像样的考古发掘的舜帝陵庙遗址。国保单位中，陕西有黄帝陵，湖南有炎帝陵，浙江有大禹陵，山西有尧庙，唯一没有舜帝陵。九嶷山玉琯岩遗址是有文献记载的，司马迁《史记》有记载，马王堆出土地图有记载，并且大的环境也很不错，能与马王堆地图和司马迁的记载相印证。虽然还只是唐宋时期的遗址，但已经很不一般。再结合在明代遗址上新建的舜帝陵，说明历史上在此建舜庙是一脉相承的。

北京故宫博物院原院长、研究员张忠培：昨天看了九嶷山玉琯岩遗址的发掘现场和出土文物，感到很高兴。玉琯岩遗址的考古发掘是严格按照国家文物局的要求和考古操作规程进行的，总的来看做得比较细。遗址与文献记载的九嶷山舜帝陵庙是基本一致的。遗址层位关系还是清楚的，最上一层不晚于南宋，最下一层有不晚于东汉的遗迹现象。如何定性？玉琯岩遗址应该是一个庙或者说是祭祀建筑，一个祭祀舜帝的建筑。要把相关的文献尽可能地收集起来，然后把它整理清楚，以增加对遗址性质的旁证。玉琯岩遗址是一个重要发现。我不相信尧舜禹在这里活动过，但玉琯岩遗址的发掘，与马王堆汉墓出土地图和《史记》的记载能相互印证，应该可以肯定这里就是舜帝陵庙。历史上舜帝陵庙的建设，对促进国家统一起到了很好的作用。玉琯岩遗址的发掘，有利于九嶷山舜帝陵庙申报全国重点文物保护单位，有利于传承中华民族的传统信念，有利于促进中华民族的团结和统一，有利于提高民族素质和增强民族凝聚力。

清华大学教授、中国社科院历史研究所原所长、“夏商周断代工程”首席科学家李学勤：我认为，首先应该充分肯定本次发掘所达到的质量和成果。整个遗址的发掘工作做得非常细，关键点都没有被忽略，能给我们很清楚的交待，疑虑问题都能得到很好的解答，这件事本身就做得很好。对于这样一个大型建筑基址，应该区分多个层次。第一个层次，就是已经揭露的层次，比较清楚的部分主要是宋代的遗址，这一点已经没有人有什么异议。第二个层次，就是对叠压其下的我们可以追溯到的层次，现在已经提出了明确的目标，已经探测到了宋以前的遗迹现象，如早二期已追溯到东汉偏早这样的时期。这两个层次，工作都做得很成功。我们发现的到底是什么？遗址是什么现象和性质？我觉得已不是单纯的考古学上的问题，还要结合历史文献，从历史考古学的角度来分析。第一，大面积揭露的、可以明确的是宋代的基址。它的性质，结合旁边的玉琯岩摩崖石刻明确提到的，应该肯定这就是宋代的舜庙，这完全可以宣传。舜庙绝对可以往前推，这是没有问题的，但还要作出努力。第二，根据文献进行考证，那是另外一个层次的问题。从这个意义上讲，这里确实就是舜庙。第三，对一些小建筑单元的性质、名称、功能等，暂时不能确定的，以后再进行讨论。现在已经看到了西汉的线索，下一步在继续寻找西汉建筑遗址的同时，还要注意有没有王莽“新政”时期的建筑。

中国文物研究所所长、研究员吴家安：九嶷山舜帝庙的发掘有什么意义？我认为，它在于增强中华民族的历史认同感。对于这样一个古遗址，不能仅仅着眼于发掘，还要高度重视遗址的保护问题。遗址中有不同时期的堆积，都要保护好。要保护遗址的完整性和真实性。遗址的环境，不仅仅是自然环境，而应该是人文环境，要特别注意保护。要重视发掘中的保护，发掘工作要进一步做好，基本的资料要尽可能全面。保护规划的制定，需要大量的资料。这次发掘与保护结合得很好，下一步的发掘要继续结合好。

香港中文大学人类学系教授吕烈丹：九嶷山舜帝陵遗址首先是一个物质性文化遗产。与此同时，它还是一个非物质文化遗产的载体。中华民族数千年来的舜帝传说、舜帝崇拜、祭舜历史、民间故事、文学典籍等非物质文化遗产，都是靠舜帝陵这个载体来传承的。同时，这些非物质文化遗产对了解中国古代祭祀文化将起到很大的作用。因此，我们不仅要注意对古舜庙的发掘和保护，还要加强对非物质类遗产的研究和保护。这些非物质文化遗产，也是中华民族的宝贵财富。

中国建筑历史研究所研究员钟晓清：九嶷山舜庙遗址的时间问题，主体是宋代的，这一点可以确定。遗址的整体格局现在还不清楚。南面是否还有其他建筑物？有待发掘。特别是中轴线以南，还有待于进一步发掘。从现在发掘的迹象看，可能有几个朝代的建筑，包括唐代的、汉代的。遗址的基地破坏很大，雕刻没有见到，因此先说得保守一点，就说是宋代的。应进一步弄明白是否还有唐代的或者汉代的，这涉及到遗产的价值评估问题。

北京大学中文系教授李零：玉琯岩遗址是一个非常重要的文物对象，是一种祭祀性建筑遗址。它是舜庙还是舜陵，是唐庙还是宋庙？值得深入研究。要将各种有关九嶷山、舜帝、马王堆地图等文献资料收集起来进行研究，与考古发现结合起来解决问题。比如，马王堆出土地图中的九根柱子是什么？七个格子是什么？九嶷山这个地方，历代都遣官致祭，已经说明了它的地位和规格。在研究舜陵时，不论在时间上还是空间上，都要拓宽视野。

北京市文物研究所副所长、研究员赵福生：考古发掘工作做得很好。宋代遗址的性质，肯定不是民居，而是官方祭祀遗址。在不破坏宋代建筑层面的情况下，往下发掘，应该有更早的发现。

湖南省考古所原所长、研究员何介钧：玉琯岩遗址总体规模、结构、柱洞、型制等显得很有气势，后期建筑规模相当大，气势宏大。功能上不好推测，但从它所处的位置和历史文献看，很可能是一种大型祭祀建筑。我们包括市县政府都希望能追溯到对舜帝最早的祭祀建筑遗迹。早二期遗址的揭露，显示了很光明的前景。地层应该是东汉早期。东汉早期遗存中有西汉编织纹陶器遗物。再做工作，应该可以找到西汉遗址；因为马王堆汉墓出土地图中有记载。马王堆出土地图是西汉早期的东西，地图的记载是确定无疑的，九嶷山在西汉早期就已建有舜庙，这是确凿的事实。要不然地图中就不会有反映。如果在遗址的中心地带找不到，边缘地带也可以找一找，或许会有更好的结果。我非常乐意地预计到有这样大的发现。

这个遗址是什么东西？根据马王堆出土地图和民俗调查，九嶷山周围地区已经出土了许多新石器时代和夏商周至秦汉时期的大量文物。同时，我们在周围县区的像江华、蓝山等县区发现了一些城址，但规模不太大，出土了一些印纹硬陶，没有发现什么高级的建筑。玉琯岩这里为什么有这么大规模、高规格的建筑遗迹？筒瓦、板瓦、铺地砖都非常好，我认为这里就是舜帝陵庙。有很多的证据和现象可以证明这一点。其中我觉得最重要的证据，是一件陶器提梁上刻印的字迹，反映“歙州”的工匠邀请来协助建庙。如果不是官方的庞大建筑，就没有必要这样做。所以我认为这里就是舜帝陵庙。关于时代问题，最早的遗物是汉代，魏晋、三国到唐宋的东西更多。我同意继续往遗址以南做工作，该拆的房子就要拆。不找到汉代的遗址，那是件很遗憾的事情。

湖南省考古所所长、研究员袁家荣：九嶷山舜庙遗址的考古发掘，经过各位专家的实地考察和充分论证，大多数专家都主张把已经揭露的遗址的年代放在宋代，不要一味追求年代上的早，宋代已经是很重要的了。苏老先生、徐萍芳先生也都说宋代的舜庙遗址，也是很重要的。年代保守一点，可以避免争论。南宋绝对没问题，也有北宋的，还有唐代的。名称定为“舜帝陵庙遗址”。祭祀舜帝是中华民族凝聚力的象征，是国家大一统的象征。因此，舜帝陵庙遗址的发掘具有非常重要的意义。

湖南省博物馆原副馆长、研究员傅举有说：我想结合马王堆汉墓出土的帛书地图来谈谈。这次九嶷山古舜帝陵庙的发掘，作为整理马王堆帛书的当事人之一，我亲身经历对帛书内容的解析和论证。在马王堆古帛书《南部地形图》中，有“帝舜”二字，并有九个柱状物。那么，这九个柱状物是什么？经讨论，比较一致的意见是指九块碑（谭其骧也是这个观点）。地图是绝对可靠的。所以“帝舜”也绝对可靠，指的就是舜庙。地图早于公元前 168 年绘制，说明在此之前就有舜庙了。玉琯岩遗址与地图所标志的舜庙是否一致？九嶷山这么大，确切的位置在哪里？这是一个值得研究的问题。北魏郦道元《水经注》说，舜帝石碑已分不清，就是说舜庙从北魏距今已有 2000 多年了。但舜庙不止一个，还有一个在泠道县治附近，时间稍晚，距今约 1600—1700 年。从玉琯岩遗址的发掘现场看，出土了西汉早期的陶器标本，说明这次舜庙的发掘与古地图的标志是基本吻合的。西汉时期九疑山有舜庙是没有疑问的。当然，如果能发现西汉早期的瓦当、瓦片（那时的舜庙规模可能不大），那大致就可以定下来是中国最早的舜庙，一定是马王堆出土帛书地图所标记的舜庙。这将是一个伟大发现，我们期待着。

湖南省博物馆研究员单先进：玉琯岩古遗址的地层关系和出土遗物，清晰地反映了东汉以来各时代祭祀建筑。出土瓦当很粗很厚很大，表明规模很大，是一个大型的庙宇建筑，汉唐舜庙的可能性很大。汉代王墓都是一座山堆，以山为陵。这是汉陵的一个重要特点。玉琯岩应当与舜陵有关，有可能是汉代人心目中的舜帝陵墓。陵前建庙宇，符合汉制。庙肯定为政府所为，绝非私人所建。当然，是否为中央政府所为，还有待考证。

附二　李学勤在九嶷山舜庙遗址考古新发现新闻发布会答记者问摘要

中央电视台记者问："九嶷山舜庙遗址的发现对研究上古时期的宗教祭祀有什么意义？"

李学勤说："应该说，遗址对研究古代宗教具有十分重要的意义。这次发掘，最早已经追溯到了汉代，这是没有问题的。从文献记载看，这里在汉代就建有舜祠这一重要祭祀建筑，而且一直沿用到宋代，这些记载都在这次发掘中得到证实。所以说，遗址的考古发现对研究中国古代的祭祀活动有重要价值。"

山东卫视记者问："我们都知道，山东也有舜耕历山、舜井和娥皇、女英的传说等，这如何解释？"

李学勤说："中国古代历史上的传说，它涉及到的地理范围相当广泛。五帝中的最后一帝舜帝，根据传说，是东夷之人。'陶于河滨，耕于历山'，这些传说跟济南后来的传统地名是有关系的。"

又问："这次发掘说明舜葬九嶷，这是怎么来的，不知道怎么解释？"

李学勤说："根据历史的传说，这一段历史的解释是很清楚的。帝舜即帝位后，四方巡狩，南巡到了南方，死在路上，'崩于苍梧之野'，苍梧是个很大的地方。但'葬于江南九嶷'，九嶷山只有这个地方，这是没有争论的。"

又问："这有定论吗？"

李学勤说："我们对古史传说可以从两个方面来看。一方面，包括希腊等这些文明古国在内，任何古史传说都是神话性质的，越古神话性质越浓厚，中国也是这样。但与此同时，我们强调任何古史传说，包括希腊雅典神话，在神话里面常常包含了历史的真实，或者说，透过传说，我们常常可以看到历史的真实。"

山西卫视记者问："大家都知道，周朝的疆域都没有到达永州，为什么在舜帝的时候，却能够南巡到永州的九嶷山？"

李学勤说："这是传说，传说到底反映了多少历史真实，这需要我们做工作。但我要强调一点，不要把古人的能力估计太低了。"

新华社记者问："舜帝陵庙遗址的发掘，使舜帝从神话走向了现实，这是不是说舜以前的尧和以后的禹帝也从神话变成了现实呢?"

李学勤说："舜帝庙的发现是不是能说明舜帝从神话走向了现实，我觉得这是另一个意义上的问题。舜帝庙的发现和发掘，只是证明汉以来对舜帝的看法和祭祀传统。舜帝的传说反映了怎样一个历史真实，还需要做更深入的工作。尧和禹的情况也是一样。最近山西运城出土了龙山时期的一个城址，就很接近尧帝时期，但是不是就说明尧帝走向了活生生的现实，这已经不是一个考古发现就能解决的问题。对大禹的研究也是一样，我们的研究在不断地接近历史的真实。舜帝的传说究竟哪些是传说，哪些是历史的真实，我们的考古已经正在逐步接近科学。至于真正的事实，那是我们科学研究的结果。我们所要做的工作，就是通过科学的方法，尽可能地揭开历史的真实。当然这需要一个过程。"

江苏卫视记者问："舜帝陵庙遗址的发掘，它的价值和意义在什么地方?"

李学勤说："这可以从多个方面去看。首先，从大面积揭露的遗址表面这一层宋代的完整的舜庙遗址，这本身就是一个非常重大的发现。因为通过考古发掘找到唐宋及其以前的祭祀三皇五帝的建筑遗址，这在全国还是第一次。另一方面，在宋代遗址下累积的有传统线索的各个时代建筑基址，与历史文献的记载吻合无间，对研究历史的真实具有十分重要的意义。古舜帝庙遗址的发现，是具有全国意义的重要考古成果。它是我国目前发现的始建年代最早的五帝陵庙，也是我国唯一有文献可考的舜帝庙。《山海经》《史记》以及长沙马王堆出土的文物资料中，都证实了它的存在。就在它附近的玉琯岩岩壁上所刻的诗句，也提供了佐证。"

湖南日报记者问："唐宋时期的舜庙是不是当时中国南方的宗教文化中心?"

李学勤说："九嶷山舜帝庙前后经历了一个很长的时间，是儒教文化的区域中心。我们经常说'儒、释、道'三教，儒教的两大经典《尧典》和《舜典》都把舜帝放在中心位置，对舜帝的祭祀是儒家文化最核心的部分。从这个意义上讲，九嶷山舜帝陵庙曾经是中国历史上的一个地方性的宗教文化中心。"

新华社记者问："舜文化的发掘对贯彻以德治国方略有什么重要意义？"

李学勤说："集中反映在《虞书》中的舜文化，是中华民族传统道德文化的源头。司马迁在《史记》中说：'天下明德皆自虞帝始。'社会主义道德建设是发展先进文化的重要内容，是贯彻'三个代表'重要思想和'以德治国'方略的一个十分重要的环节。作为中华道德文化源头的舜文化，它对中华民族道德文化的整合、形成和发展影响深远。今天，我们强调以德治国，深入发掘和弘扬舜文化，对实现中华民族的伟大复兴有着重大的现实意义。

第三节　其他考古发现

在长沙马王堆汉墓发现标有舜帝陵的帛书地图和九嶷山舜帝陵庙遗址考古发掘前后，还有诸多与舜葬九嶷有关的考古发现。其中，主要有以下5个：

一　东汉"第五"氏多子盘出土

太平村古称"太平营"，位于宁远县城南13公里，是历代官员陆路祭祀舜陵必经之地。1975年，九嶷山乡太平村（原麦地乡太平村）民，在村前农田从事农业生产时出土了一批东汉白陶制品，其中有陶多子盘一件长18厘米、宽16.5厘米、厚3.5厘米。该器物底部背面刻划有"第五"二字铭文。现该件出土物保存在宁远县文物局。

"第五"氏，源于妫姓，出自汉高祖刘邦强迁原战国时期齐国田氏公族时封的编序，属于帝王赐姓改姓为氏。复姓第五可以追溯到舜帝，系舜帝后裔，为舜帝之后陈胡公的后代，是战国时期齐田氏贵族所传承下来的稀有复姓。《姓氏考略》载："齐田氏后，汉时齐诸田徙至京兆房陵，以次第为姓，有第一至第八。"又《后汉书·第五伦传》载："后或改姓。"汉高祖刘邦建立汉朝后，为增强关中的经济实力，削弱各地豪强的残余势力，将战国时齐、楚、燕、韩、赵、魏六国王族后裔和豪族名门共十万多人迁徙关中房陵。在迁徙原齐国田姓贵族时，因族大人众，以门第顺序被分为第一至第八氏，例如大族田广的弟弟田英为第八氏，其孙田登为第二氏，元孙田癸为第三氏，第五氏就是其中的一支，也就产生第五姓氏。唯有“第五”氏这一支后来得以较普遍流传，并作为显姓收到《续百家姓》中。在九嶷山舜帝陵附近的古“太平营”，出现“第五”氏这一支舜裔，说明至晚在东汉时期，已有舜裔为舜帝守陵的规制。

二　祭祀礼器——穿孔石钺出土

1986 年 12 月，宁远县开展第二次全国文物普查时，于中和镇宝峰村宝峰山采集到大量磨制石器及夹砂粗陶残片，同时，在村民中征集到建房时出土的陶盘口高颈陶壶、青铜洗（残）、穿孔石钺；认定宝峰山为古人类遗址。宝峰山位于宁远县城西 14 公里，直距九疑山 18 公里，东傍仁水，坐西向东，为山丘形遗址。出土的石钺原有三件，是一户村民在厅堂内建烤烟房时挖出，随手放在窗台上，一件丢失了。收集的两件均为柔石磨制的单孔石钺。一件长 17 厘米，宽 11.6 厘米，厚 0.6 厘米；一件长 13.6 厘米，宽 11.6 厘米，厚 0.6 厘米。石钺磨工精细，穿孔由双面对磨贯通，显然不是实用器物，而是象征权杖的礼器。其集中埋藏于一地，证实其为祭祀所用。现由宁远县文物局收藏。

三　祭祀礼器——双穿孔石钺出土

1987 年元月，有一村民在原大阳洞乡（今为天堂镇）牛头山村取土打砖时，挖出石器两件。一村民将一件送交县文物管理所，为细柔石磨制双孔石钺。牛头山位于宁远县城南偏西 15 公里的大阳河（溪，潇水）南，距九疑舜陵 10 公里。石钺出土地为一黄土山丘。另一件石器，去时已不见踪迹。该石钺长约 11 厘米，宽约 9.3 厘米，厚约 0.6 厘米；双穿孔。磨工精细，器身光滑。现由宁远县文物局收藏。据历史文献记载，大阳溪三代时就建有舜庙，牛头山出土祭祀礼器——双穿孔石钺，印证古代对九嶷的崇祀。

四　里耶秦简出土

2002 年 4 月 17 日，为配合碗米坡水电站工程建设，湖南省考古研究所组织的考古工作队进驻湘西龙山县里耶镇进行抢救性发掘，里耶古城的风貌也随之一点点地显露出来。里耶古城临河而建，遗址包括城墙、城壕、井、道路、作坊、管署及贫民居住区等。南北长 210 米，东西残宽 120 米，面积 2 万余平方米。始建于战国时期，沿用至秦汉时期。其形制、结构和布局都很讲究，修有城墙城壕，从城外的居住区和城内的高规格建筑以及相应的配套设施如陶制的下水管道、返瓦、筒瓦、古井及竹简、木牍、铜器、铁器、陶器和石、蚌、麻制品等大量的出土文物来看，当时人们的生活设施及军事设备。数百座古墓葬群与这座古城同时重见天日。

古城城址呈长方形，现存面积近两万平方米，城西北部尚存一段城壕遗迹，城内发现了 3 口古井，其中一口命名为“一号井”。井的结构十分考究，井圈直径在 4.2 米至 4.5 米左右，深达 14.28 米，井面距地表面 3 米。它是用 43 层套榫的木板叠砌起来的，每块木板长 2 米，宽 30 厘米，厚 15 厘米，以榫卯结构依层叠砌。在木框与井壁间隙中填以青膏泥，井底是原生的鹅卵石。

2002 年 6 月 3 日上午，一号古井出土大量的竹、木简牍近 3.6 万枚，后经整理统计 20 余万文字。每一枚简牍所记录的内容就是一段珍贵的秦国时期的历史，整个简牍所涉及的内容，是一部楚、巴、秦及少数民族政治、经济、文化发展交流的一些过程，揭开许多悬而未决的谜底，是研究秦史的最关键性的资料。经考证，出土秦简的“一号井”始建于战国，废弃于秦末。出土简牍中记有发往“洞庭、苍梧”的邮件。苍梧，古代地区名，《史记· 五帝本纪》：舜“崩于苍梧之野”。《战国策・楚策》载：苏秦说楚威王，大王“南有洞庭、苍梧”。说明“洞庭、苍梧”为战国时楚国设置。当时的苍梧，即包含今湖南湘东、湘南九嶷山及南岭一带的地域。汉武帝元鼎六年（公元前 111 年）灭南越，置九郡，其中之一为苍梧郡，在楚国之后，已不是简所记载的“古苍梧”。2002 年湖南龙山县里耶古井中发现大量秦简，简中有“苍梧郡”，秦朝“苍梧郡”，史书未见。说明秦袭楚制，保留了楚置郡县。

五　“石祖”出土

山门脚遗址位于宁远县城东偏南 12 公里的冷水镇隔江村南，为一处河岸二级台地遗址，东邻泠水，西依砠山，南为田洞，北倚村居。2005 年版《九疑山志·古迹》载：舜坛，在由村，去舜祠二十里。近周由寺。仙政水绕之。下灌曾有设“仙政乡”的记载，泠水曾被地方人士俗称为仙政水，它由下灌南来，绕山门脚东则，北流而去。今山门脚遗址距玉琯岩约 10 公里，而由村村标立在距山门脚北仅数百米处的泠九公路西侧。这一地理位置，恰好证明山门脚遗址就是《九疑山志·古迹》卷中记载的“舜坛”遗址。山门脚、不于君、舜坛虽是古今人们对它的不同称谓，但都与舜陵祭祀相关。

1986 年第二次全国文物普查时，在此发现一处商周遗址，并采集到磨制石器、夹砂粗陶器物残片、器型有釜、罐、钵、盘、鼎、鬲（袋足）、豆（穿孔）柄等物。经与长沙马王堆汉墓出土的帛书地图核对，该址又为地图中的“不于君”居民点遗址。1990 年，宁远县人民政府将山门脚遗址公布为县级文物保护单位。

2005 年，因修建泠九二级公路选线经过遗址区，经与工程指挥部协调，采取保护性抢救发掘（即只对公路穿过遗址路段部分进行考古发掘，路段两侧保持原貌，不得取土。）抢救性考古发掘队由湖南省考古所与宁远文物局共同组成，向桃初任领队，考古发掘进行了近 40 个工作日。在距地表 3 米余深的地层中，发现了近 1 平方米的圆形祭祀坑，坑内出土了带肩磨制石斧两件，动物肋骨两根，40 厘米长、一头小、一头大的卵石 1 个（象征“祖”，考古学称“石祖”，即男性生殖器）。这些器物，特别是带肩磨制石斧（石钺，代表权杖）的出现，证实这是一处上古时期部落首领祭祀祖先的祭坛遗址。对照《汉书·地理志》泠道条下注“南有九疑山”，山门脚与泠道县城遗址隔泠水相望，这处“山门脚”的“山门”，即是指九嶷山舜帝陵的“山门”。

第七章　舜陵艺文

毛泽东主席《七律·答友人》碑

第一节 诗词

先秦以来，舜帝以其在中国历史上的巨大贡献和特殊地位，受到历代帝王、官吏与文人墨客的尊崇和赞誉。人们用诗词歌赋等文学形式，歌颂这位中华民族人文始祖。有记载的最早用诗歌形式歌颂舜帝始于屈原。汉代至南北朝时期，咏舜诗词迅速增加。唐宋时期，咏舜诗词写作达到高峰。元明清时期，咏舜诗词仍然大量涌现。中华人民共和国成立后，咏舜诗词写作曾停滞一段时间。自毛泽东《七律·答友人》发表后，咏舜诗词写作热潮重新兴起。自先秦到现代，咏舜诗词总数约 5000 首（阙）。这些咏舜诗词，包括咏颂舜帝、舜帝陵、九嶷山及二妃等四个方面。本志共辑录 319 名诗人、373 首（阙）诗词。其中，先秦至南北朝时期辑录 23 人、34 首，唐宋时期 113 人、136 首，元明清时期 161 人、181 首，民国时期 2 人、2 首，中华人民共和国时期 20 人、20 首。诗词辑录的原则，一般每人收录 1 首，屈原、李白、杜甫、刘长卿、刘禹锡、苏轼等大诗人，每人收录 2~5 首。此外清代安南（今越南）出使清廷的使者，途中写下诸多咏舜诗，这一节也收录其中 13 人、13 首诗，置于清代诗词之内。

一 先秦至南北朝时期

尧时康衢童谣

佚名

立我烝民，莫匪尔极。
不识不知，顺帝之则。

（选自宋郭茂倩辑《乐府诗集》卷八十八）

思亲操

虞舜

陟彼历山兮崔嵬，有鸟翔兮高飞。
瞻彼鸠兮徘徊，河水洋洋兮青泠。

深谷鸟鸣兮鷖鷖，设罥张罝兮思我父母。
力耕日与月兮往如驰，父母远兮吾当安归。
（选自宋郭茂倩辑《乐府诗集》卷五十七）

南风歌

虞舜

南风之薰兮，可以解吾民之愠兮；
南风之时兮，可以阜吾民之财兮。
（选自宋郭茂倩辑《乐府诗集》卷五十七）

卿云歌三首

虞舜　八伯

之一

卿云灿兮，糺缦缦兮。
日月光华，旦复旦兮。

之二

明明上天，灿然星陈。
日月光华，弘于一人。

之三

日月有常，星辰有行。
四时顺经，万姓允诚。
於予论乐，配天之灵。
迁于贤善，莫不咸听。
鼚之鼓之，轩乎舞之。
精华已竭，褰裳去之。
（选自宋郭茂倩辑《乐府诗集》卷八十三）

舜歌

虞舜　皋陶

舜歌

股肱喜哉，元首起哉，百工熙哉。

赓歌一

元首明哉，股肱良哉，庶事康哉。

赓歌二

元首丛脞哉，股肱惰哉，万事堕哉。

（选自元左克明辑《古乐府》卷一）

二女歌

娥皇　女英

时唯其戕汝，时唯其杰汝，
鹊如汝裳衣，鸟工往。
时亦唯其戕汝，时亦唯其掩汝，
汝去裳衣，龙工往。

（选自宋洪兴祖《楚辞补注·天问章》所引古本《列女传》）

离骚（摘句）

楚　屈原

济沅湘以南征兮，就重华而陈词。
百神翳其备降兮，九疑缤其迓并。

（选自东汉王逸编《楚辞·离骚》）

湘君

楚　屈原

君不行兮夷犹，蹇谁留兮中洲？美要眇兮宜修，沛吾乘兮桂舟。令沅湘兮无波，使江水兮安流。望夫君兮未来，吹参差兮谁思？驾飞龙兮北征，邅吾道兮洞庭。薜荔拍兮蕙绸，荪桡兮兰旌。望涔阳兮极浦，横大江兮扬灵。扬灵兮未极，女婵媛兮为余太息。横流涕兮潺湲，隐思君兮陫侧。桂櫂兮兰枻，斲冰兮积雪。采薜荔兮水中，搴芙蓉兮木末。心不同兮媒劳，恩不甚兮轻绝。石濑兮浅浅，飞龙兮翩翩。交不忠兮怨长，期不信兮告余以不闲。朝骋骛兮江皋，夕弭节兮北渚。鸟次兮屋上，水周兮堂下。捐余玦兮江中，遗余佩兮澧浦。采芳洲兮杜若，将以遗兮下女。时不可兮再得，聊逍遥兮容与。

（选自梁萧统编，唐李善注《文选》卷三十二）

湘夫人

楚　屈原

帝子降兮北渚，目眇眇兮愁予。袅袅兮秋风，洞庭波兮木叶下。登白薠兮骋望，与佳期兮夕张。鸟何萃兮蘋中，罾何为兮木上？沅有芷兮澧有兰，思公子兮未敢言。恍忽兮远望，观流水兮潺湲。麋何为兮庭中，蛟何为兮水裔？朝驰余马兮江皋，夕济兮西澨。闻佳人兮召余，将腾驾兮偕逝。筑室兮水中，葺之兮以荷盖。荪壁兮紫坛，播芳椒兮成堂。桂栋兮兰橑，辛夷楣兮药房。罔薜荔兮为帷，擗蕙櫋兮既张。白玉兮为镇，疏石兰以为芳。芷葺兮荷屋，缭之兮杜衡。合百草兮实庭，建芳馨兮庑门。九疑缤兮并迎，灵之来兮如云。捐余袂兮江中，遗余褋兮澧浦。搴汀洲兮杜若，将以遗兮远者。时不可兮骤得，聊逍遥兮容与。

（选自梁萧统编，唐李善注《文选》卷三十二）

有虞二妃颂

汉　刘向

元始二妃，帝尧之女。
嫔列有虞，承舜于下。
经尊事卑，终能劳苦。
瞽叟和宁，卒享福祐。

（选自《古列女传》卷一《母仪传·有虞二妃》）

舜庙怀古

西汉　刘熊渠

游湘有余怨，岂是圣人心。
竹路猿啼古，祠宫蔓草深。
素风传旧俗，异迹闭荒林。
巡狩去不返，烟云愁至今。
九疑天一畔，山尽海沉沉。

（选自明蒋镆撰《九疑山志》卷七《赋诗》。

南巡颂（有序）

汉　崔骃

建初九年，秋谷始登，犹斯嘉时，举先王之大礼。假于章陵，遂南巡楚路，临江川以望衡山，顾九嶷叹虞舜之风。是时庶绩咸熙，罔可黜陟。

惟休蒸之鸿德，允天覆而无遗。

壮云行之博惠，淑雨施于庶黎。

（选自明张溥编《汉魏六朝百三家集》卷十二《汉崔骃集》）

九疑山铭

东汉　蔡邕

岩岩九疑，峻极于天。
触石肤合，兴播建云。
时风嘉雨，浸润下民。
芒芒南土，实赖厥勋。
逮于虞舜，圣德光明。
克谐顽傲，以孝蒸蒸。
师锡帝世，尧而授征。
受终文祖，璇玑是承。
太阶以平，人以有终。
遂葬九疑，解体而升。
登此崔嵬，托灵神仙。

（选自《古文苑》卷十八）

清调曲

魏　曹丕

尧任舜禹，当复何为。
百兽率舞，凤凰来仪。
得人则安，失人则危。
唯贤知贤，人不易知。
歌以詠言，诚不易移。
鸣条之役，万举必全。

明德通灵，降福自天。

（选自宋郭茂倩辑《乐府诗集》卷三十六）

帝舜赞

魏　曹植

颛顼之属，重瞳神圣。
克协顽嚚，应唐莅政。
除凶举俊，以齐七政。
应历受禅，显天之命。

（选自《曹子建集》卷七）

惟上古尧舜

魏　嵇康

二人功德齐均，不以天下私亲。
高尚简朴兹顺，宁济四海烝民。

（选自明张溥编《汉魏六朝百三家集》卷三十五《魏嵇康集》）

唐虞世道治

魏　嵇康

万国穆亲无事，贤愚各自得志。
晏然逸豫内忘，佳哉尔时可喜。

（选自明张溥编《汉魏六朝百三家集》卷三十五《魏嵇康集》）

咏怀

魏　阮籍

二妃游江滨，逍遥从风翔。
交甫解环珮，婉娈有芬芳。
猗靡情欢爱，千载不相忘。
倾城迷下蔡，容好结中肠。
感激生忧思，萱草树兰房。
膏沐为谁施，其雨怨朝阳。

如何金石交，一旦更离伤。

（选自明张溥编《汉魏六朝百三家集》卷三十四《魏阮籍集》）

虞舜赞

晋　夏侯湛

有虞愔愔，揖让鼓琴。

垂拱临民，咏彼南音。

世澄道玄，天下混心。

民思王度，如玉如金。

（选自明梅鼎祚编《西晋文纪》卷十二）

虞舜二妃赞

晋　左芬

妙矣二妃，体灵应符。

奉嫔于妫，光有此虞。

沅湘示教，灵德永敷。

（选自唐欧阳询《艺文类聚》卷十五《后妃部》）

神二女

晋　郭璞

神之二女，爰宅洞庭。

游化五江，惚恍窈冥。

号曰夫人，是维湘灵。

（选自明张溥编《汉魏六朝百三家集》卷五十七《晋郭璞集》）

虞舜像赞

晋　庾阐

玄像焜燿，万物含灵。

飞龙在天，阳德文明。

神道虽寂，务由机生。

拥琴高咏，寄和五声。

玄风既畅，妙尽无名。

民鉴其朗，孰测窈冥。

（选自唐欧阳询《艺文类聚》卷十一《帝王部一》）

二妃像赞

晋　庾阐

二妃玄达，含灵体妙。
协德坤元，配虞齐耀。
明两既丽，重光作照。
有邈其徽，神风遐劭。

（选自唐欧阳询《艺文类聚》卷十五《后妃部》）

采药

晋　庾阐

采药灵山嘌，结驾登九疑。
悬岩漏石髓，芳谷挺丹芝。
泠泠云珠落，璀璀玉蜜滋。
鲜景染冰颜，妙气翼冥期。
霞光焕萧靡，红景照参差。
椿寿自有极，槿花何用疑。

（选自清吴玉山重编《九疑山志》卷四）

新亭渚别范零陵云

南朝·齐　谢朓

洞庭张罗地，潇湘帝子游。
云去苍梧野，水还江汉流。
停骖我怅望，辍棹子夷犹。
广平听方籍，茂陵将见求。
心事俱已矣，江上徒离愁。

（选自《谢宣城集》卷三）

湘夫人

南朝·齐　王僧孺

桂栋承薜帷，眇眇川之湄。
白蘋徒可望，绿芷竟空滋。
日暮思公子，衔意默无辞。

（选自宋郭茂倩辑《乐府诗集》卷五十七）

湘夫人

南朝·梁　沈约

潇湘风已息，沅澧复安流。
扬蛾一含睇，媥娟好且修。
捐玦置澧浦，解佩寄中洲。

（选自宋郭茂倩辑《乐府诗集》卷五十七）。

江上酬鲍幾

南朝·梁　吴均

振棹出江湄，依依望九疑。
欲谒苍梧帝，过问沅湘姬。
折荷缝作盖，落羽纺成丝。
吾行别有意，不为君道之。

（选自明张溥编《汉魏六朝百三家集》卷一百一《吴均集》）

登二妃庙

南朝·梁　吴均

朝云乱入目，帝女湘川宿。
折菡巫山下，采荇洞庭腹。
故以轻薄好，千里命舻舳。
何事非相思，江上葳蕤竹。

（选自宋李昉等编《文苑英华》卷三百二十）

舜舞干戚

南朝·梁　庾信

平风变律，击石来仪。

先齐七政，更服三危。

朱干独舞，玉戚空麾。

《南风》一曲，拱己无为。

（选自明张溥编《汉魏六朝百三家集》卷一百十一《庾信集》）

二　唐五代时期

箫

唐　李峤

虞舜调清管，王褒赋雅音。

参差横凤翼，搜索动人心。

（选自 2005 年《九疑山志》第十一章《艺文》）

桂州黄潭舜祠

唐　宋之问

虞帝巡百越，相传葬九疑。

精灵游此地，祠树日光辉。

禋祭忽群望，丹青图二妃。

神来兽率舞，仙去凤还飞。

日暝山气落，江空潭霭微。

帝乡三万里，乘彼白云归。

（选自明高棅编《唐诗品彙》卷二）

谒二妃庙

唐　宋之问

还以金屋贵，留兹宝席尊。

江皋啸风雨，山鬼泣朝昏。

（选自《御定全唐诗》卷五十三）

湘夫人

唐　李颀

九嶷山已暮，三湘云复愁。
窅蔼罗袂色，潺湲江水流。
佳期来北渚，捐玦在芳洲。

（选自宋郭茂倩辑《乐府诗集》卷五十七）

悲清秋赋

唐　李白

登九疑兮望清川，见三湘之潺湲。水流寒以归海，云横秋而蔽天。余以鸟道计于故乡兮，不知去荆吴之几千。于时西阳半规，映岛欲没。澄湖练明，遥海上月。念佳期之浩荡，渺怀燕而望越。荷花落兮江色秋，风嫋嫋兮夜悠悠。临穷溟以有羡，思钓鳌于沧洲。无修竿以一举，抚洪波而增忧。归去来兮人间不可以讬些，吾将采药于蓬丘。

（选自清王琦撰《李太白集注》卷一）

远别离

唐　李白

远别离，古有皇英之二女。乃在洞庭之南，潇湘之浦。海水直下万里深，谁人不言此离苦？日惨惨兮云冥冥，猩猩啼烟兮鬼啸雨。我纵言之将何补？皇穹窃恐不照余之忠诚，雷凭凭兮欲怒吼。尧舜当之亦禅禹。君失臣兮龙为鱼，权归臣兮鼠变虎。或云尧幽囚，舜野死。九疑联绵皆相似，重瞳孤坟竟何是？帝子泣兮绿云间，随风波兮去无还。恸哭兮远望，见苍梧之深山。苍梧山崩湘水绝，竹上之泪乃可灭。

（选自《李太白集》卷二）

陪族叔刑部侍郎晔及中书贾舍人至游洞庭（五首选二）

唐　李白

洞庭西望楚江分，水尽南天不见云。
日落长沙秋色远，不知何处吊湘君。

帝子潇湘去不还，空余秋草洞庭间。
淡扫明湖开玉镜，丹青画出是君山。

（选自《李太白文集》卷十七）

古意三首之一

唐　常建

二妃方访舜，万里南方悬。
远道隔江汉，孤舟无岁年。
不知苍梧处，气尽呼青天。
愁泪变楚竹，蛾眉丧湘川。
后人立为庙，累世称其贤。
过客设祠祭，狐狸来坐边。
怀古未忍还，猿吟彻空山。

（选自《御定全唐诗》卷一百四十四）

江上曲

唐　李嘉祐

江上澹澹芙蓉花，江口蛾眉独浣沙。
可怜应是阳台女，坐对鸬鹚娇不语。
掩面羞看北地人，回首忽作空山雨。
苍梧秋色不堪论，千载依依帝子魂。
君看峰上斑斑竹，尽是湘妃泣泪痕。

（选自明高棅编《唐诗品彙》卷三十三）

湘夫人祠

唐　杜甫

肃肃湘妃庙，空墙碧水春。
虫书玉佩藓，燕舞翠帷尘。
晚泊登汀树，微馨借渚蘋。
苍梧恨不浅，染泪在竹筠。

（选自宋郭知达编《九家集注杜诗》卷三十五）

祠南夕望

唐　杜甫

百丈牵江色，孤舟泛日斜。
兴来犹杖履，目断更云沙。
山鬼迷春竹，湘娥倚暮花。
湖南清绝地，万古一长嗟。

（选自宋郭知达编《九家集注杜诗》卷三十五）

补乐歌·大韶

唐　元结

自伏羲至于殷室凡十代，乐歌有其名亡其辞，考之传记而义或存焉。呜呼！乐声自太古始，百世之后尽无（一作亡）古音。呜呼！乐歌自太古始，百世之后遂无（一作亡）古辞。今国家追复纯古，列祠往帝，岁时荐享则必作乐，而无《云门》《咸池》《韶》《夏》之声，故探其名义以补之，诚不足全化金石、反正宫羽，而或存之，犹乙乙冥冥有纯古之声，岂几乎司乐君子道和焉尔！凡十篇，十有九章，各引其义以序之，命曰《补乐歌》。《大韶》，有虞氏之乐歌也。其义，盖称舜能绍先圣之德。

森森群象兮日见生成，欲闻朕初兮玄封冥冥。
洋洋至化兮日见深柔，欲闻大濩兮大渊油油。

（选自《次山集》卷一）

邵陵作

唐　张谓

尝闻虞帝苦忧人，只为苍生不为身。
已谓一朝辞北极，何须五月更南巡。
昔时文武皆销铄，今日精灵长寂寞。
斑竹年年笋自生，白蘋春尽花空落。
遥望零陵见旧邱，苍梧云起至今愁。
惟余帝子千行泪，化作潇湘万里流。

（选自《唐全诗》卷一百九十七）

竹枝曲

唐　顾况

帝子苍梧不复归，洞庭叶下荆云飞。
巴人夜唱竹枝后，肠断晓猿声渐稀。

（选自2005年《九疑山志》第十一章《艺文》）

湘南曲

唐　戎昱

虞帝南游去不还，翠娥幽怨水云间。
昨夜月明湘浦宿，闺中珂珮度空山。

（选自宋洪迈编《万首唐人绝句》卷十七）

赴柳州经九疑

唐　戴叔伦

地尽江南戍，山分桂林北。
火云三月合，石路九疑深。
暗谷随风过，危桥共鸟寻。
羁魂已愁绝，不复待猿吟。

（选自2005年《宁远县志》第三十一篇《九疑山》）

将至道州寄李使君

唐　戴叔伦

九疑深路绕山回，木落天清猿昼哀。
犹隔箫韶一峰在，遥传五马向东来。

（选自《御定全唐诗》卷二百七十四）

湘灵鼓瑟

唐　魏璀

瑶瑟多哀怨，朱弦且莫听。
扁舟三楚客，藂竹二妃灵。
淅沥闻余响，依稀欲辨形。
柱间寒水碧，曲里暮山青。

良马悲御草，游鱼思绕萍。
知音若相遇，终不滞南溟。

（选自《文苑英华》百八十四）

湘灵鼓瑟

唐　钱起

善鼓云和瑟，常闻帝子灵。
冯夷空自舞，楚客不堪听。
逸韵凄金石，清音入杳冥。
苍梧来怨慕，白芷动芳馨。
流水传潇浦，悲风过洞庭。
曲终人不见，江上数峰青。

（选自《文苑英华》卷一百八十四）

湘灵鼓瑟

唐　庄若纳

帝子鸣金瑟，馀声自抑扬。
悲风丝上断，流水曲中长。
出没游鱼听，逶迤彩凤翔。
微音时扣徵，雅韵乍含商。
神理诚难测，幽情讵可忘。
至今闻古调，应恨滞三湘。

（选自《文苑英华》百八十四）

湘灵鼓瑟

唐　王邕

宝瑟和琴韵，灵妃应乐章。
依稀闻促柱，仿佛梦新妆。
波外声初发，风前曲正长。
凄清和万籁，断续绕三湘。
转觉云山迥，空怀杜若芳。

诚能传此意，雅奏在宫商。

（选自《文苑英华》百八十四）

湘灵鼓瑟

唐　陈季

神女泛瑶瑟，古祠严野亭。
楚云来泱漭，湘水助清泠。
妙指微幽契，繁声入杳冥。
一弹新月白，数曲暮山青。
调苦荆人怨，时遥帝子灵。
遗音如可赏，试奏为君听。

（选自《文苑英华》百八十四）

江上赛神

唐　李端

疏鼓应繁丝，送神归九疑。
苍龙随赤凤，帝子上天时。
骤雨归山疾，长江下日迟。
独怜游宦子，今夜泊天涯。

（选自《御定全唐诗》卷二百八十五）

琴曲歌辞·湘夫人

唐　郎士元

娥眉对湘水，遥哭苍梧山。
万乘既已殁，孤舟谁肯还。
至今楚竹上，犹有泪痕斑。

（选自宋郭茂倩辑《乐府诗集》卷五十七）

琴曲歌辞·湘夫人

唐　邹绍先

枫叶下秋渚，二妃愁渡湘。
嶷山空杳霭，何处望君王。

日落水云里，油油心自伤。

（选自宋郭茂倩辑《乐府诗集》卷五十七）

斑竹

唐　刘长卿

苍梧千载后，斑竹对湘沅。

欲识湘君怨，枝枝满泪痕。

（选自《刘随州集》卷一）

湘妃庙

唐　刘长卿

荒祠古木暗，寂寂此江濆。

未作湘南雨，知为何处云。

苔痕断珠履，草色带罗裙。

莫唱迎仙曲，空山不可闻。

（选自《刘随州集》卷六）

斑竹岩

唐　刘长卿

苍梧在何处，斑竹自成林。

点点留残泪，枝枝寄此心。

寒山响易满，秋水影偏深。

欲觅樵人路，蒙笼不可寻。

（选自《刘随州集》卷六）

琴曲歌辞·湘妃

唐　刘长卿

帝子不可见，秋风来暮思。

婵娟湘江月，千载空蛾眉。

（选自《刘随州集》卷一）

题舜庙

唐　张濯

古都遗庙出河汾，万代千秋仰圣君。
蒲坂城外长逝水，苍梧野外不归云。
寥寥象设魂应在，寂寂虞篇德已闻。
向晚风吹庭下柏，犹疑琴曲韵南薰。

（选自《全唐诗》卷二百六十二）

湘南曲

唐　卢纶

虞帝南游不复还，翠娥幽怨水云间。
昨夜月明湘浦宿，闺中珂珮度空山。

（选自宁洪迈编《万首唐人绝句》卷十七）

道州秋夜南楼即事

唐　吕温

谁念独坐愁，日暮此南楼。
云去舜祠闭，月明潇水流。
猿声何处晓，枫叶满山秋。
不分匣中镜，少年空白头。

（选自《吕衡州集》卷二）

潇湘游

唐　刘言史

夷女采山樵，缉纱浸江水。
野花满髻妆色新，闲歌欸乃深峡里。
欸乃知从何处生，当时泣舜肠断声。
翠华寂寞婵娟没，野筱空余红泪情。
青烟冥冥覆杉桂，崖壁凌天风雨细。
昔人幽恨此地遗，绿芳红艳含怨姿。
清猿未尽鼯鼠切，泪水流到湘妃祠。

北人莫作潇湘游，九疑云入苍梧愁。

（选自宋王安石编《唐百家诗选》卷四十）

湘妃怨

唐　孟郊

南巡竟不返，二妃悲逾积。
万里丧娥眉，潇湘水空碧。
冥冥荒山下，古庙收贞魂。
乔木深青春，清光满瑶席。
搴芳徒有荐，灵意殊脉脉。
玉珮不可亲，徘徊烟波夕。

（选自宋郭茂倩辑《乐府诗集》卷五十七）

湘妃

唐　李贺

筠竹千年老不死，常伴秦娥盖湘水。
蛮娘吟弄满寒空，九山静绿泪花红。
离鸾别凤湘梧中，巫云蜀雨遥相通。
幽愁秋气上青枫，凉夜波间吟古龙。

（选自宋郭茂倩编《乐府诗集》卷五十七）

过二妃庙

唐　崔涂

残阳楚水畔，独吊舜时人。
不及庙前草，至今江上春。

（选自宋洪迈编《万首唐人绝句》卷十六）

湘川怀古

唐　僧清江

潇湘连汨罗，复对九疑河。
浪势屈原冢，竹声渔父歌。
地荒征骑少，天暖浴禽多。

脉脉东流去，古今同奈何。

（选自2005年《九疑山志》第十一章《艺文》）

赠韩退之

唐　张署

九疑峰畔二江前，恋阙思乡日抵年。

白简趋朝曾并命，苍梧左宦一联翩。

鲛人远泛渔舟水，鹏鸟闲飞露里天。

涣汗几时流率土，扁舟西下共归田。

（选自2005年《九疑山志》第十一章《艺文》）

送惠师（节选）

唐　韩愈

吾闻九疑好，夙志今欲伸。

斑竹啼舜妇，清湘沈楚臣。

衡山与洞庭，此固道所存。

（选自宋魏仲举编《五百家注昌黎文集》）

奉和窦容州

唐　元稹

明公莫讶容州远，一路潇湘景气浓。

斑竹初成二妃庙，碧莲遥从九疑峰。

禁林闻道长倾凤，池水那能久滞龙。

自叹风波去无极，不知何日又相逢。

（选自《元氏长庆集》卷十八）

斑竹（得之湘流）

唐　元稹

一枝斑竹渡湘沅，万里行人感别魂。

知是娥皇庙前物，远随风雨送啼痕。

（选自唐·丰榖《才调集》卷五《元稹》）

秋梦行

唐　卢仝

客行一夜秋风起，客梦南游渡湘水。
湘水泠泠彻底清，二妃怨处无限情。
娥皇不语启娇靥，女英目成转心惬。
长眉入鬓何连娟，肌肤白玉秀且鲜。
裴回共咏东方日，沈吟再理南风弦。
声断续，思绵绵，中含幽意两不宣。
殷勤纤手惊破梦，中宵寂寞心悽然。
心悽然，肠亦绝。
中宵寐兮玉枕寒，夜深夜兮霜似雪。
镜中不见双翠眉，台前空挂纤纤月。
纤纤月，盈复缺，娟娟似眉意难诀。
愿此眉兮如此月，千里万里光不灭。

（选自《御定全唐诗》卷三百八十八）

咏史

唐　李商隐

楞览前贤国与家，成由勤俭败由奢。
何须琥珀方为枕，岂得真珠始是车。
运去不逢青海马，力穷难拔蜀山蛇。
几人曾预南薰曲，终古苍梧哭翠华。

（选自《御定全唐诗》卷五百三十九）

苍梧云气

唐　项斯

何年化作愁，漠漠便难收。
数点山能远，平铺水不流。
湿连湘竹暮，浓盖舜坟秋。
亦有思归客，看来尽白头。

（选自《全唐诗》卷五百五十四）

酬瑞州吴大夫夜泊湘川见寄一绝

唐　刘禹锡

夜泊湘川逐客心，月明猿苦血沾襟。
湘妃旧竹痕犹浅，从此因君染更深。

（选自《刘宾客文集》卷二十四）

潇湘神

唐　刘禹锡

之一

湘水流，湘水流，九疑云物至今愁。
君问二妃何处所？零陵香草露中秋。

之二

斑竹枝，斑竹枝，泪痕点点寄相思。
楚客欲听瑶瑟怨，潇湘深夜月明时。

（选自《刘宾客文集》卷二十七）

与崔策登西山

柳宗元

鹤鸣楚山静，露白秋江晓。
连袂度危桥，萦回出林杪。
西岑极远目，毫末皆可了。
重叠九疑高，微茫洞庭小。
迴穷两仪际，高出万象表。
驰景泛颓波，遥风递寒筱。
谪居安所习，稍厌从纷扰。
生同胥靡遗，寿比彭铿夭。
蹇连困颠踣，愚蒙怯幽眇。
非令亲爱疏，谁使心神悄。
偶兹遁山水，得以观鱼鸟。
吾子幸淹留，缓我愁肠绕。

（选自《柳河东集卷》）

送郑长史之岭南

唐　贾岛

云林颇重叠，岑渚复幽奇。
汨水斜阳岸，骚人正则祠。
苍梧多蟋蟀，白露湿江蓠。
擢第荣南去，晨昏近九疑。

（选自《长江集》卷九）

太平乐词（二首之二）

唐　白居易

湛露浮尧酒，薰风起舜歌。
愿同尧舜意，所乐在人和。

（选自《白氏长庆集》卷十八）

听弹湘妃怨

唐　白居易

玉轸朱弦瑟瑟徽，吴娃徵调奏湘妃。
分明曲里愁云雨，似道萧萧郎不归。

（选自《白氏长庆集》卷十九）

重台莲

唐　李绅

绿荷舒卷凉风晓，红萼开萦紫药重。
游女汉皋争笑脸，二妃湘浦并愁容。
自含秋露贞姿洁，不晓春妖冶态秾。
终恐玉京仙子识，却持归种碧池中。

（选自《文苑英华》卷三百二十二）

二妃愁

唐　陈羽

二妃怨处云沉沉，二妃哭处湘水深。

商人酒滴庙前草，萧飒风生班竹林。

（选自《文苑英华》卷二百四）

湘川怀古

唐　施肩吾

湘水终日流，湘妃昔时哭。

美色已成尘，泪痕犹在竹。

（选自选自宋代洪迈编《万首唐人绝句》卷十）

湘竹词

唐　施肩吾

万古湘江竹，无穷奈怨何。

年年长春笋，只是泪痕多。

（选自宋代洪迈编《万首唐人绝句》卷十）

琴曲歌辞·湘妃列女操

唐　鲍溶

有虞夫人哭虞后，淑女何事又伤离。

竹上泪迹生不尽，寄哀云和五十丝。

云和经奏钧天曲，乍听宝琴遥嗣续，三湘测测流急绿。

秋夜露寒蜀帝飞，枫林月斜楚臣宿。

更疑川宫日黄昏，暗攜女手殷勤言，环珮玲珑有无间。

终疑既远双悄悄，苍梧旧云岂难召，老猿心寒不可啸。

目眄眄兮意蹉跎，魂腾腾兮惊秋波。

曲一尽兮忆再奏，众弦不声且如何。

（选自宋郭茂倩辑《乐府诗集》卷五十七）

悲湘灵

唐　鲍溶

山上凉月收，日斜川风止。

娥皇五十弦，秋深汉江水。

初因无象外，牵感百忧里。

霜露结瑶华，烟波劳玉指。
将随落叶去，又绕疏蘋起。
哀响云合来，清余桐半死。
女颜万岁后，岂复婵娟子。
不道神无悲，那能又如此。
魂魄无不之，九山徒相似。
没没竟不从，唯伤远人耳。
斑斑泪篁下，恐有学瑟鬼。

（选自《鲍溶诗集》卷五）

斑竹筒簟

唐　杜牧

血染斑斑成锦纹，昔年遗恨至今存。
分明知是湘妃泪，何忍将身卧泪痕。

（选自宋洪迈编《万首唐人绝句》卷二十五）

湘妃庙

唐　李涉

斑竹林边有古祠，鸟啼花发尽堪悲。
当时惆怅同今日，南北行人可得知。

（选自《御定全唐诗》卷四百七十七）

湘川吊舜

唐　马戴

伊予生好古，吊舜苍梧间。
白日坐将没，游波凝不还。
九疑云动影，旷野竹成斑。
雁集蒹葭渚，猿啼雾露山。
南风吹早恨，瑶瑟怨长闲。
玄化谁能问，天门恨久关。

（选自《御定全唐诗》卷五百五十五）

望九疑

唐　朱庆馀

浮生犹役役，未得便寻真。
白日如无路，青山岂有人。
烟收遥岫小，雨过晚川新。
倚杖何凝望，中宵梦往频。

（选自《御定全唐诗》卷五百五十）

舜井

唐　朱庆馀

碧甃磷磷不记年，青萝锁在小山颠。
向来下视千山水，疑是苍梧万里天。

（选自《御定全唐诗》卷五百五十）

湘中古愁

唐　李群玉

南云哭重华，水死悲二女。
天边九点黛，白骨迷处所。
朦胧波上瑟，清夜降北渚。
万古一双魂，飘飘在烟雨。

（选自《李群玉诗集》卷上）

黄陵庙

唐　李群玉

小姑洲北浦云边，二妃容华自俨然。
野庙向江春寂寂，古碑无字草芊芊。
回风近暮吹芳芷，落日深山哭杜鹃。
犹似含颦望巡狩，九疑如黛隔湘川。

（选自《李群玉诗后集》卷三）

过湘妃庙

唐　许浑

古木苍山掩翠娥，月明南浦起微波。

九疑望断几千载，斑竹泪痕今更多。

（选自宋洪迈编《万首唐人绝句》卷二十四）

招帝子

唐　刘蜕

招湘灵兮澄澜之渚，云蔽烟沈兮明月之浦。

唱宵歌兮抚云珰，击鸣根兮荐清醑。

鸾去凤飞兮云不归，九疑叠翠兮横湘雨。

飒轻飏兮扬微波，激楚怨兮下湘娥。

缉荷盖兮集云坛，洁桂席兮纫芳兰。

霞为裳兮琼为珮，举云旗兮持风旛。

若有来兮窸窣，敲悬珂兮珊珊。

张孔盖兮临琼台，月凝袖兮云裁冠。

目眇眇兮千里春，怅无言兮苍梧滨。

戢蕙带兮握芬芳，抚瑶琴兮泪斑筠。

乘桂华兮下清湘，掩无波兮涉沧浪。

九疑之翠兮不可寻，怀沙之水兮恨之深。

（选自《文泉子集》卷一）

景阳宫井

唐　陆龟蒙

古堞烟埋宫井树，陈主吴姬堕泉处。

舜没苍梧万里云，却不闻将二妃去。

（选自《甫里集》卷十二）

代人听琴

唐　赵嘏

湘娥不葬九疑云，楚水连天坐忆君。

惟有啼鸟旧名在，忍教呜咽夜长闻。

（选自宋洪迈编《万首唐人绝句》卷三十七）

湘妃庙

唐　高骈

帝舜南巡去不还，二妃幽怨水云间。

当时珠泪垂多少，直到如今竹尚斑。

（选自《御定全唐诗》卷五百九十八）

湘妃庙

唐　罗隐

刘表荒碑断水滨，庙前幽草闭残春。

已将怨泪流斑竹，又感悲风入白蘋。

八族示来谁北拱，四凶犹在莫南巡。

九峰相似堪疑处，望见苍梧不见人。

（选自《罗昭谏集》卷三）

湘川

唐　胡曾

虞舜南捐万乘君，灵妃挥泪竹成纹。

不知精魄游何处，落日潇湘空白云。

（选自明曹学佺编《石仓历代诗选》卷一百三）

苍梧

唐　胡曾

有虞龙驾不西还，空委箫韶洞府间。

无计得知陵寝处，愁云长满九疑山。

（选自明曹学佺编《石仓历代诗选》卷一百三）

合欢莲华

唐　韦庄

虞舜南巡去不归，二妃相誓死江湄。

空留万古香魂在，结作双葩合一枝。

（选自《浣花集》卷二）

舜颂

唐　贯休

高高历山，有黍有粟。皇皇大舜，合尧玄德。
五典克从，四门伊穆。大道将行，天下为公。
临下有赫，选贤用能。吾皇则之，无斁无逸。
绥厥品彙，光光得一。千幅临顶，十在随跸。
大哉大同，为光为龙。吾皇则之，圣谋隆隆。
纳隍孜孜，考考切切。六宗是禋，五瑞斯列。
排麟环凤，披香立雪。四夷纳賮，九围有截。
昔救世师，降生竺乾。寿春亦然，万年万年。

（选自《禅月集》卷五）

唐虞门·舜妃

唐　周昙

苍梧一望隔重云，帝子悲寻不记春。
何事泪痕偏在竹，贞姿应念节高人。

（选自《御定全唐诗》卷七百二十八）

虞舜

唐　周昙

进善惩奸立帝功，功成揖让益温恭。
满朝卿士多元凯，为黜兜苗与四凶。

（选自《御定全唐诗》卷七百二十八）

湘妃庙

唐　僧齐已

湘烟朦朦湘水急，汀露凝红裛莲湿。
苍梧云叠九疑深，二女魂飞江上立。
江上立，相携泣，凤盖龙舆追不及。

庙荒松朽啼飞猩，笋鞭迸出陛基倾。
黄昏一片阴风起，新月如眉生阔水。

（选自明曹学佺编《石仓历代诗选》）

湘妃怨

唐　王贞白

舜欲省蛮陬，南巡非逸游。
九山沉白日，二女泣沧州。
目极楚云断，恨深湘水流。
至今闻鼓瑟，咽绝不胜愁。

（选自《文苑英华》卷二百四）

马嵬

唐　崔道融

万乘凄凉蜀路归，眼前珠翠与心违。
重华不是风流主，湘水犹传泣二妃。

（选自宋洪迈编《万首唐人绝句》卷四十七）

湘夫人祠

唐　太易

灵祠古木合，波飏大江濆。
未作湘南雨，知为何处云。
苔痕涩珠履，草色妬罗裙。
妙鼓彤云瑟，羁臣不可闻。

（选自《御定全唐诗》卷八百十）

舜庙怀古

唐　张吉辅

大舜陟方地，疑名更不沈。
是非应未定，从古到于今。
玄德长垂范，熏风尚满林。
殿凉青嶂合，碑峭绿苔深。

帝子经湘浦，空余怨慕心。

（选自清嘉庆《九疑山志》卷三《艺文上》）

虞帝庙

唐　刘陟

诗人如不颂，谁识太平心。
石老碑文古，庭芳蚁穴深。
白云生绝壑，斑竹销疎林。
行客自南北，青山无古今。
登游寻胜迹，望望日西沈。

（选自清雍正《湖广通志》卷八十六《艺文志》）

河瀆神

五代　孙光宪

江上草芊芊，春晚湘妃庙前。一方柳色楚南天，数行雁联翩。
独倚朱栏情不极，魂断终朝相忆。两桨不知消息，远汀时起鸂鶒。

（选自《花间集》卷八）

送人南还

五代　李中

浪迹天涯去，南荒必动情。
草青虞帝庙，云暗夜郎城。
越鸟惊乡梦，蛮风解宿程。
早思归故里，华髪等闲生。

（选自明曹学佺编《石仓历代诗选》）

晚次湘源县

五代　张泌

烟郭遥闻向晚鸡，水平舟静浪声齐。
高林带雨杨梅熟，曲岸笼云谢豹啼。
二女庙荒汀树老，九疑山碧楚天低。

湘南自古多离怨，莫动哀吟易惨凄。

（选自《才调集》卷四）

渔歌子

五代 李珣

九疑山，三湘水。芦花时节秋风起。水云间，山月里。棹月穿云游戏。鼓清琴，倾渌蚁。扁舟自得逍遥志。任东西，无定止。不议人间醒醉。

（选自 2005 年《九疑山志》第十一章《艺文》）

三 宋金时期

湘妃庙

宋 周渭

代变时迁事迹存，见来谁不暗消魂。

上程此日湘江过，依旧修篁有旧痕。

（选自《永乐大典》卷之五七六九）

讽虞嫔诗并序

宋 柳开

湘水导全州城下，北走州之境，又独能产筠竹成纹。古书今俗，通谓二妃溺于沅湘，挥泪为竹斑者，在此也。复东南望九嶷山，才可百数里，州岸佛寺，傍有妃庙，因讽妃事，作七言十九句诗一章，刻石留于妃庙中。

惟尧则天舜弗复，诞妃罔极恩亭育。

遏密无闻血盈目，南巡胡为泪染竹。

父轻夫重当何淑，沅湘岸筠烟莓覆。

凝纹叠斑殷郁郁，猿缘鼯号钓輈宿。

朋悽助惋声几哭，牍疑下尤禹湮渎。

功充民戴荷百禄，重晕并耀难停毂。

元居不宁逝如逐，悲啼负冤生莫卜。

卒颠沉澜远昌族，讴讼肇私归永福。

柔阴惨刻咎深速，前睇九山排矗矗，到今云颜愁何掬。

（选自《河东集》卷十三）

黄陵二妃庙

宋　宋白

重瞳天子狩南方，二妃音容已渺茫。
静听瑶琴当皓月，再闻珠泪洒幽篁。
松愁老鹤清无梦，水映疏萤冷放光。
一夜辽辽千古意，香魂信约绕潇湘。

（选自《宋文安公宫词》）

黄陵庙

宋　陈舜俞

明月辉在天，落日光转地。
天维地轴千万年，粉篁尚有春风泪。
苍梧茫茫九疑高，湘江之水多怒涛。
袗衣不和，禦琴弦绝，黄陵庙前碑已裂。
春禽啼，秋叶飞，
行人舟楫去复返，虞舜南巡胡不归。

（选自《永乐大典》卷之五七六九）

虞帝

宋　司马光

虞帝老倦勤，荐禹为天子。
岂有复南巡，迢迢渡湘水。
至德远无象，异论纷纷起。
意疑大圣人，奸憸亦如已。
乃知中下士，何由逃谤毁。

（选自《传家集》卷三）

湘竹

宋　梅尧臣

劈竹两分开，情知无合理。
织作湘纹簟，仍然泪花紫。
泪花虽复合，疑岫几千里。
欲识舜娥心，无穷似湘水。

（选自嘉庆《零陵县志·艺文志》）

湘夫人祠

宋　胡宿

翠华独去苍梧野，红袖同沈楚水濆。
休把兰汤招怨魄，空留竹泪忆明君。
风前有恨啼湘瑟，天外无言拟峡云。
不比石城双姊妹，帝家釐降有遗文。

（选自《文恭集》卷四）

九疑山图

宋　刘敞

苍梧南岸碧嵯峨，直上云衢不甚多。
天使九峰迷万世，可怜虞舜不悲歌。

（选自《公是集》卷二十八）

二妃庙

宋　陶弼

溪上龙蛇屋，萧条帝女祠。
竹痕当日落，山色故人疑。
故服霞流绮，新妆月献眉。
楚民无水旱，箫鼓谢神禧。

（选自宋·陈思编、元陈世隆补《两宋名贤小集》卷九十六）

和象之石磬

宋　范纯仁

谁向西山选翠林，中含太古自然音。
昔逢虞帝来祥凤，今与陶家伴素琴。
清越乍敲修竹里，坚方真合哲人心。
一镌名姓将难朽，千载知君道德深。

（选自《范忠宣集》卷二）

过黄陵庙

宋　杨傑

黄陵二妃庙，客过动愁颜。
湘水有时尽，帝车何日还。
血斑千亩竹，魂断九疑山。
欲问苍梧事，白云生栋间。

（选自《无为集》卷五）

和仁仲之荆门

宋　胡寅

虞帝当年辟四门，三苗那更蠢迷昏。
茫茫旧楚祇芳草，处处朱楼空断垣。
不愿耦耕招索隐，要看良耜接深村。
韩公守戒谁能用，虎豹难凭折柳樊。

（选自《斐然集》卷四）

九疑吟

宋　苏轼

吾谪海南，子由雷州，被命即行，了不相知，至梧乃闻尚在藤也。旦夕将追及，作此诗示之。

九疑联绵属衡湘，苍梧独在天一方。
孤城吹角烟树里，落日未落江苍茫。
幽人拊枕坐叹息，我行忽至舜所藏。

江边父老能说子，白须红颊如君长。
莫嫌琼雷隔云海，圣恩尚许遥相望。
平生学道真实意，岂与穷达俱存亡。
天其以我为箕子，要使子意留要荒。
他年谁与舆地志，海南万里真吾乡。

（选自《东坡全集》卷二十四）

竹枝歌（九首选一）

宋　苏轼

苍梧山高湘水深，中原北望度千岑。
帝子南游飘不返，惟有苍苍枫桂林。

（选自《东坡全集》卷三十）

黄陵庙

宋　张舜民

青草仍残照，黄陵一望中。
壁书迁客泪，簾卷过湖风。
斑竹痕犹浅，苍梧恨莫穷。
年年秋水上，瑶瑟伴惊鸿。

（选自《画墁集》卷八《郴行录》。诗题为编者所拟）

斑竹

宋　张耒

重瞳陟方时，二妃盖老人。
安肯泣路傍，洒泪留丛筠。
频疑葛陂化，点点留斑鳞。
慎勿脱水去，入世多埃尘。

（选自《柯山集》卷七）

九疑山图

宋　郭祥正

噫吁嚱！九疑山色何雄奇。
坡陁诘曲不足状，九峰万丈排天扉。
崭崭俨若九老坐，乾颠坤弱能扶持。
崖回时复见华尘，原本旋有山经题。
白云绵联芳草歇，拱木夭矫狂风吹。
上有源源不绝之寒泉，下有沄沄不断之深溪。
初疑青铜照碧落，忽见云汉飞虹霓。
丹青画出尚如此，而况高步穷岖崎。
或云重瞳一来不复返，二妃血泪斑竹枝。
惜哉不经孔子辨，后世谁能公是非？
尧非幽囚，舜非野死。
尧崩民如丧老妣，舜非游仙而幸此。
群猪耸耳听童子，游人击之变风雨。
见豕负塗圣所恶，仙人护之亦何补？
我知神仙术已卑，但爱此山雄而奇。
背图南望未能到，高吟尽日长吁嚱。

（选自《青山集》卷十）

岳阳书事

宋　杨时

洞庭水落洲渚出，叠翠疏峰远烟没。
重楼百尺压高城，画栋沉沉倚天阙。
湖光上下天水融，中以日月分西东。
气凌云梦吞八九，欲与溟渤争雌雄。
澄澜无风雨新霁，一日尤顷磨青铜。
琉璃夜影贮星汉，骑鲸已在银河中。
湘妃帝子昔何许，但有林壑青浮空。
苍梧云深不可见，遗恨千古嗟何穷。
须臾晦冥各异色，风怒涛翻际天黑。

乘陵濑壑走魑魅，渟滀百怪谁能测。
忽看舟子玩行险，更欲飞帆借风力。
安得晴云万里开，依旧寒光浸虚碧。

（选自《龟山集》卷三十九）

望九疑

宋　李纲

洞庭渺漭芦苇秋，九疑联绵烟霭浮。
重瞳一去不复返，苍梧云物空疑愁。
两阶干羽久寂寞，千古夷夏相仇雠。
安得垂衣转琴轸，薰风为解吾民忧，

（选自《梁溪集》卷十九）

二妃庙

宋　黄彦平

舜生诸冯没负夏，南游晚葬苍梧野。
九峰中隐土一抔，草树苍茫谁辨者。
皇英不祔只孤坟，妃祠别占清湘原。
略无石马充故物，但有丛筠志泪痕。
山川相远终相望，衣冠来游环珮响。
风急直成鹤羽飞，波寒不隔龙工往。
蛟室何人相与居，月明警跸万灵趋。
未论甄后拾翠羽，定见李白骑鲸鱼。

（选自《三余集》卷一）

黄陵庙

宋　李邦彦

苍梧杳霭迷遐躅，晚云愁入修眉绿。
薰风不动五弦空，清血斑斑在山竹。

（选自清厉鹗撰《宋诗纪事》卷三十八）

江神子（湘灵鼓瑟）

宋　叶梦得

银涛无际捲蓬瀛，落霞明，暮平，遥见青鸾紫凤下层城。二十五絃弹不尽，空感慨，有余情。

苍梧云水断归程，卷霓旌，为谁迎，空有千行流泪寄幽贞。舞罢鱼龙云海冷，千古恨，入江声。

（选自宋黄昇编《花菴词选续集》卷一）

谒虞帝祠

宋　胡宏

有姚心妙赞乾坤，尧禹兴亡赖两存。
蒲坂旧都西望远，苍梧陈迹事难论。
九官效职群英聚，二女宜家圣德尊。
万代君王模范表，吁嗟一庙破荒村。

（选自《五峰集》卷一）

黄陵庙

宋　陆士规

东风吹草绿离离，路入黄陵古庙西。
帝子不知春又去，乱山无主鹧鸪啼。

（选自清厉鹗撰《宋诗纪事》卷五十）

湘夫人歌

宋　刘才邵

湘山影落重湖中，中有菌阁临珠宫。
霞衣兰佩杂香风，莲旂闪闪拖晴红。
朱弦凄怨指法鬆，绿烟洗尽山重重。
湘云远与苍梧通，腾空宛转如游龙。
云中帝子谒重暗，宝车倏忽穿遥空。

（选自《檆溪居士集》卷二）

湘妃怨

宋　郑樵

黄埃游辇毂，翳日冷旌旗。
龙去攀髯远，鸾孤对影微。
魂沉江缥渺，泪染竹依稀。
枯树空千载，寒松已十围。
芦花深月色，燐火劚萤飞。
横笛潇湘暮，哀猿何处归。

（选自《夹漈遗稿》卷一）

欸乃歌

宋　薛季宣

欸乃曲名见《元次山集》，读如“襖靄”，《柳子厚集》字作“欸乃”，见刘言史《潇湘诗》曰：“暧乃知从何处生，当时泣舜断肠声。”音复不同，今名从次山，诗从言史。

欸乃兮江湘，缭兮绕兮衡之阳。龙衣兮黼裳，帝何之兮陟方，我不见兮搅我心肠。

欸乃兮苍梧，杳兮渺兮远隔重湖。龙驾兮鸾车，帝何之兮升遐，我不见兮泣涕涟洳。

云梦兮漪沦，欸兮乃兮岣嵝峋。青天兮白云，帝何之兮上宾，我不见兮感此下民。

（选自《浪语集》卷十二）

古渔父词（十二首之六）

宋　王铚

虞舜遗风远可寻，烟波一棹古犹今。
九疑苍莽三湘阔，尽是云山韶濩音。

（选自《雪溪集》卷五）

舜庙怀古

宋　陆游

云断苍梧竟不归，江边古庙锁朱扉。
山川不为兴亡改，风月应怜感慨非。
孤枕有时莺唤梦，斜风无奈客添衣。
千年回首消磨尽，输与渔舟送落晖。

（选自《剑南诗稿》卷一）

虞帝庙迎送神乐歌词

宋　朱熹

桂林郡《虞帝庙迎送神乐歌》者，新安朱熹之所作也。熹既为太守，张侯栻纪其新宫之绩，又作此歌以遗桂人，使声于庙庭侑牲璧焉。其词曰：

皇无为兮山之幽，翳长薄兮俯清流。
渺冀州兮何有？眷兹土兮淹留。
皇之仁兮如在子，我民兮不穷以爱。
沛皇泽兮横流，畅灵威兮之无外。
洁尊兮肥俎，九歌兮招舞。
嗟莫报兮皇之祐，皇欲下兮俨相羊，烈风雷兮暮雨。

虞之阳兮漓之浒，皇降集兮巫屡舞。
桂酒湛兮瑶觞，皇之归兮何许。
龙驾兮天门，羽旄兮缤纷。
俯故宫兮一慨，越庙宇兮无邻。
无邻兮奈何，七政协兮群生。
嘉信玄功兮不宰，犹彷佛兮山阿。

（选自《晦庵集》卷一）

谒舜祠

宋　马大同

（一）

平生梦想九疑高，原隰驱驰敢惮劳。

肃肃衣冠朝帝所，此行端不为游遨。

（二）

行尽平岗十里间，好山迎我翠相环。
九疑更在云深处，只恐天高不可攀。

（三）

宇宙才分便有山，兹山戢戢序成班。
重华远矣遗风在，拟似相从揖逊还。

（四）

人与韶音渺莫闻，山如羽卫自森森。
不封不树知何处，漫说零陵古到今。

（五）

二妃千古恨难刊，不谓南巡遂不还。
空使湘江江上竹，至今犹染泪痕斑。

（六）

何侯拔宅登仙去，虞帝因山作庙基。
人物由来相代谢，不知陵谷几迁移。

（选自清光绪《宁远县志》卷二下《建置·祠祀》）

黄陵庙

宋　蔡戡

之一

千载追崇古帝祠，不知世代几推移。
未须回首叫虞舜，今日亲逢虞舜时。

之二

苍梧杳霭暮云阴，尚记南巡岁月深。
不但邦人严祀事，至今千古想韶音。

（选自《定斋集》卷二十）

黄陵题咏二首

宋　林掞

之一

舣棹黄陵岸，虔趋帝女祠。
酎椒随楚俗，拂石读韩碑。
北渚来何远，南巡事莫追。
凄然鼓灵瑟，起舞想冯夷。

之二

地接熊湘尾，天开龙寿山。
精蓝依石峡，远岫点烟鬟。
青草渺茫外，黄陵顾盼间。
攀缘寻古迹，足倦不知还。

（选自《永乐大典》卷五七六九）

湘中

宋　徐玑

旧说湘中事，身来又可寻。
庙存虞帝迹，江照楚臣心。
为客人俱远，题名刻自深。
春回洲渚绿，遥望正沈吟。

（选自《二薇亭诗集》）

桂州黄潭舜祠

宋　方信孺

西风搅桂树，落日明枫林。
游子怀归期，余悲渺登临。
虞山一何高，湘水一何深。
英皇仅枯冢，寂寞薰兮琴。
我欲奏古曲，俗耳更洼淫。
古器不可见，聊作相思吟。

相思长相思，相思无古今。
一歌众鸟听，再歌万籁音。
携手君勿歌，有酒且孤斟。
落落此时意，寥寥千载心。
五弦毋庸绝，四海谁知音。

（选自明曹学佺编《石仓历代诗选》卷一百九十一）

黄陵题咏

宋　赵希鄂

怅望鸾舆不复还，令人疑尽九疑山。
朱弦一断南风操，粉泪长留楚竹斑。
往事悠悠流水去，空祠寂寂暮云闲。
客情吊古多悲恨，趣理归舟溯碧湾。

（选自《永乐大典》卷五七六九）

舜庙

宋　刘克庄

粤俗安知帝，遗祠亦至今。
青山人寂寂，朱户柏森森。
雨打荒碑缺，苔封古洞深。
曾闻张侍讲，来此想韶音。

（选自《后村集》卷五）

湘竹

宋　李曾伯

纹竹起嫔虞，因怀二女居。
君泪夫人添，思欤抑怨欤？

（选自《可斋续藁后》卷十）

舂陵道中望九疑

宋　乐雷发

九歌悲咽九疑峰，万里孤臣怨莫从。

楚雨那归汾水曲，岭云别向洞天封。
祠宫秋老哀回雁，寝苑春寒响夜松。
待向寒来携玉琯，月明吹彻几芙蓉。

（选自吕国康主编《永州古代诗文选》）

舜祠送桂林友人

宋　乐雷发

尧山分手舜山逢，呼酒旗亭两鬓蓬。
客思且须论契阔，诗文应不计穷通。
儿曹富贵秋烟外，前辈风流落叶中。
明日吟船又何处，渡江衣冷荻花风。

（选自《雪矶丛稿》卷三）

尧任舜禹行

宋　释文珦

尧任舜禹，圣化日熙。二臣至德，惟尧克知。
明良胥会，徽庸弗疑。佐命垂统，股肱纲维。
行尧之道，蚤夜孳孳。上齐七政，大録万幾。
与人为善，念兹在兹。举相去凶，咨牧授时。
执德于心，其化若驰。洪水滔天，浩浩无涯。
下民昏垫，荒度为宜。乃乘四载，奠决刊随。
栉风沐雨，手胼足胝。四海会同，九泽具陂。
诞敷文德，帝命是祇。翔泳咸若，凤皇来仪。
尧嘉阙功，翕受敷施。同声相应，百僚师师。
是知官人，安危之基。用贤则安，用佞则危。
惟彼陶唐，百工允釐。后世有述，先天弗为。
能赏能禅，缵承伏犧。为民之极，黄收纯衣。
明并日月，照临无私。不言而治，端拱无为。
民无能名，荡荡巍巍。惟天为大，惟尧则之。
先圣斯言，当深致思。或未之思，室是远而。

（选自《潜山集》卷一）

舜庙

宋　林景熙

声断薰弦万壑幽，三千年事水空流。
衮衣剥落星辰古，野庙凄凄鹿豕秋。
孝友风微惟故井，神明胄冷尚荒州。
九疑回首孤云远，老泪斑斑楚竹愁。

（选自《霁山文集》卷一）

斑竹

宋　易元矩

一别虞妃去不还，愁云空锁九疑山。
世间多少相思泪，洒遍修篁染不斑。

（选自宋陈景沂撰《全芳备祖后集》卷十六）

湘中送人

宋　余靖

疑山晴拂汉，啼竹冷澄烟。
后夜思君意，空歌皓月篇。

（选自《武溪集》）

游玉琯岩

宋　黄甲

桥山往日葬衣冠，玉琯深藏在此山。
料得当日十二枚，也随龙驾到其间。

（选自明蒋镄撰《九疑山志》卷七）

石城峰

宋　黄甲

岧峨第二石城峰，雉堞天然不费工。
妙典飞升何处是，城头咫尺紫霞宫。

（选自明蒋镄撰《九疑山志》卷七）

题紫霞岩

宋　曾唯

我是凡人身，漫游仙人境。
若执凡人见，怎识仙人隐。
仙户重重开，仙境层层整。
空怅古虞皇，不赋思归引。

（选自零陵地区文化馆编《九疑诗集》）

湘夫人咏

金　元好问

木兰芙蓉满芳洲，白云飞来北渚游。
千秋万岁帝乡远，云来云去空悠悠。
秋风秋月湘江渡，波上寒烟引轻素。
九疑山高猿夜啼，竹枝无声坠残露。

（选自《遗山集》卷六，《九疑山志》题为“九疑”）

四　元代

舜

元　侯克中

历山雷泽复河滨，非舜谁能处此身。
孝瞽慈均全父子，事尧让禹尽君臣。
四门既辟群凶去，五教惟宽百姓亲。
莫怪古今疑未信，圣人所以异常人。

（选自《艮斋诗集》卷二）

唐虞

元　许衡

唐尧一百岁，虞舜五十年。
禅让官天下，有子不相传。

（选自《鲁斋遗书》卷十）

舜殿薰风

元　段成巳

烦暑人间不可支，暂来陊殿独委蛇。
南风一拂清如水，犹似当年解愠时。

（选自《二妙集》卷五）

舜殿薰风

元　陈赓

德化当年被海隅，熙熙物性尽昭苏。
不知今日吾民愠，一听琴声解得无。

（选自元房祺编《河汾诸老诗集》卷四）

题湘灵鼓瑟

元　马臻

沅湘水阔风萧萧，水风敲珮天光摇。
为弹宝瑟传幽愫，一点柔红泻香露。
苍梧恨锁云欲流，湘花背日烘春愁。
人间有梦到不得，仙山翠滑江浪黑。

（选自《霞外诗集》卷三）

虞帝庙

元　刘因

淫祀偏区宇，空山余帝宫。
皇灵有天在，像沉与人同。
身世千年后，尘埃百感中。
清泉分一酌，毛骨润南风。

（选自《静修集》卷四）

续舜庙碑

元　王恽

至元廿年二月七日，同刘节使景融，由西园过舜祠，入真阳庵观。唐贞元间鲁公子頵所书，幽州节度使韦稔重修舜祠，碑书画端庄，殊有父风。

刘君邀余闲散适，行过西园感畴昔。
来游长忆至元初，隐隐故墙犹竹色。
半陂春水浸遗台，岁与都人作寒食。
绿波干后燕无泥，野粉飘香土华碧。
相将步入野人庐，来访真元虞庙迹。
我欲远叫苍梧云，重华一去宁复得。
残碑不逐劫灰空，扶持信有神明力。
道人拱手说向予，拂拭颜书三叹息。

（选自《秋涧集》卷九）

湘妃笺

元　吾丘衍

湘水一万顷，九疑共茫然。
南巡叹重华，影落苍梧烟。
娥皇与女英，泪洒泣野泉。
竹冷湿幽翠，鸾飞望寥天。
凄凉水云飘，魂断五十弦。
曲尽人不忘，才子遗妙篇。
观此拂空素，南风起楼前。

（选自《竹素山房诗集》卷二）

过舜祠

元　张养浩

太古淳风叫不还，荒祠每过为愁颜。
苍生有感歌谣外，黄屋无心揖让间。
一井尚存当日水，九嶷空忆旧时山。
能令子孝师千古，瞽叟元来并不顽。

（选自《归田类稿》卷十九）

竹

元　沈梦麟

墨池洗玉净无泥，叶叶凉阴绿未齐。

记得沧江听夜雨，湘灵鼓瑟鹧鸪啼。

（选自《花溪集》卷三）

送胡继叟赴道州知事

元　傅若金

天子绥荒服，郎官映列星。

铨曹严遴选，幙府待仪刑。

迢递苍梧郡，微茫有庳亭。

玉京秋始动，金掌露先零。

去路缘湘竹，归船傍楚萍。

道询虞舜治，江吊屈原醒。

丹极元非远，苍生久未宁。

忌投伤器鼠，思去食心螟。

五岭当群盗，千山震百灵。

日光兵后白，云气瘴余青。

忆昨过洺水，寻君隔洞庭。

北来还邂逅，南望正羚㟝。

網罟今逾密，干戈岁未停。

浩歌怀古昔，远别恋朝廷。

久客缘三釜，时人笑一经。

看君万里翮，从此薄青冥。

（选自《傅与砺诗集》卷七）

江湖八境图

元　吴师道

君山隐隐暮碧，洞庭渺渺秋波。

羁客白头怀古，湘灵莫奏云和。

（选自清陈邦彦编校《御定历代题画诗类》卷二十九）

书昔人出入西广诗后

元　虞集

道路无险难，征人多故伤。

穷愁一酌恩，感旧忘他乡。

九疑不能从，二妃在潇湘。

无以写忧思，吹笙为凤皇。

（选自《道园遗稿》卷一）

舜洞秋风

元　吕思诚

西风飒飒桂林秋，万叠云山舜洞幽。

晓气沿崖秋色冷，凉飙吹树桂香浮。

轻摇斑竹江头恨，远送苍梧天外愁。

一旦薰风随律变，露华山色满南州。

（选自清·汪森《粤西诗载》卷十四）

九疑山行

元　叶懋

君不见，湘江之水秋沄沄，凤凰叫断苍梧云。

嫞娥恸哭几千载，竹间之泪犹纷纷。

夏王掩泣伤黎兆，箫韶不作乾坤老。

莘野孤儿泣槁桑，首阳饿骨埋秋草。

秋黯黯，秋云阴，妖狐夜走猩猩吟。

碧峰九点翠烟墨，零陵古窆应难寻。

南风之琴竟何在，湘江水阔愁如海。

（选自清史简编《鄱阳五家集》卷十一）

湘妃怨

元　舒頔

湘江清，湘月明，月明不照湘妃心。水清翻污湘妃裙。九疑云深苍梧死，万古千秋只如此。含双泪，竹上弹，至今湘竹留斑斑，空令后世人长叹。

（选自《贞素斋集》卷五）

湘江曲

元　杨学文

二妃泪洒湘竹斑，湘江沉沉凝晓烟。
月照古祠江水边，商船来往烧纸钱。
桂花滴露湘云寒，竹间一声啼断猿。

（选自元周南瑞编《天下同文集》卷四十六）

雨水竹

元　胡助

楚云飞不起，翠雨湿低垂。
南望九嶷远，湘妃泣舜时。

（选自《纯白斋类稿》卷十三）

李夫人画竹

元　马祖常

夫人闺房秀，手洒千亩雨。
不见苍梧妃，弹瑟潇湘浦。

（选自清陈邦彦编校《御定历代题画诗类》卷七十九）

九疑何侯石室题壁

元　杨汉英

湖湘巨岳衡为奇，衡山之南推九疑。
千峰插立云汉表，万壑交锁松萝垂。
真人厌世不事俗，骑龙跨凤相攀追。
结茅烟灶入杳渺，灵迹往往传丰碑。
穷奇极巧擅南服，有虞祠冢宏门楣。
何年远狩坐勿返，天以圣德彰遐夷。
箫韶娥皇及女英，玉笋鼎拔犹枪旗。

衣冠剑履亦安在，灵麓霭霭猿猱悲。
自余琐细不足料，兹欲挂一嗟万遗。
披图目弦胆亦颤，况若亲履临陂峡。
爱山不舍自我癖，画山远致南天移。
残年仙迹倘有分，管豹或可容微窥。

（选自清光绪《宁远县志》卷四上《山川·题咏》）

德风亭诗

元　元恺

亭下双旌拂绿莎，花边五马系鸣珂。
拘回天籁秋声早，浸澈云阶月色多。
公退不妨同坐啸，吏闲犹可共吟哦。
阜财解愠南风操，时逐丝桐人浩歌。

（选自《御选元诗》卷五十四）

五　明代

潇湘夜雨

明　夏原吉

二女南来正断魂，那堪风雨又黄昏。
潇潇无限相思泪，都作江边竹上痕。

（选自《忠靖集》卷六）

潇湘水云

明　乌斯道

英英水上云，乃在潇湘间。
朝随江风出，暮逐江风还。
盘旋复缥缈，遥边九疑山。
重瞳不可见，但见江竹斑。
明月照洲渚，於焉发长叹。

（选自《春草斋集》卷一）

湘灵操

明　杨维桢

湘之水兮九支，湘之山兮九疑。
皇一去兮何时归，攀龙髯兮逐龙飞。
生同宫死同穴，招黄衣兮复皇辙。
九疑水九疑山，九疑辙迹在其间。
望飞龙兮未来，还湘之泪兮成水，湘之石兮成斑。

（选自《元艺圃集》卷四）

长相思（四首之二）

明　刘基

长相思，在苍梧，九疑愁云隔明都。
湘神泪滴湘水枯，冥冥雾雨啼短狐。
枫林沈阴天色晡，凤皇不食鸱鸮呼，嗟我欲往空长吁。

（选自《诚意伯文集》卷二）

竹枝歌

明　刘基

阳台云雨漫荒唐，巫峡啼猿枉断肠。
莫向苍梧山下去，九疑愁色满潇湘。

（选自《诚意伯文集》卷二）

题诚道原潇湘八景（潇湘夜雨）

明　贝琼

江空夜如何，急雨千里洒。
水生黄陵庙，云暗苍梧野。
鼓瑟来湘灵，移舟近渔者。
重华不可见，竹上泪如泻。

（选自《清江诗集》卷二）

湘妃曲

明　徐贲

蛮娘唱怨鲛房黑，冰瑟嘈嘈机罢织。
寒浓翠薄妬蝉衫，烟梧风竹斓斒色。
凤声天远有谁闻，双娥黛影愁不分。
楚山九点秋未老，泪花染尽潇湘云。

（选自《北郭集》卷一）

舜庙诗次韵牛士良

明　张以宁

苍梧落日百灵悲，韶石清风万代思。
洪水一从咨禹后，深山几见避秦诗。
鸟耘历历传遗迹，鸡卜纷纷异俗祠。
白髪舜弦峰下路，老儒独咏卿云诗。

（选自《翠屏集》卷二）

长相思

明　孙蕡

洞庭清秋灏气多，金盘彩月摇碧波。
湘灵朱丝奏云和，九疑木落风娑娑。
长相思，渺何极。
湘山云断湘水深，泪竹年年雨花碧。

（选自《西菴集》卷二）

山鹧鸪词

明　胡奎

劝郎莫过洞庭湖，湘妃庙前啼鹧鸪。
可恨九疑山隔断，翠华无处问苍梧。

（选自《斗南老人集》卷二）

题舜庙

明　蓝智

虞帝传闻葬九疑，苍梧远在桂江湄。
空山黼黻瞻龙御，落日箫韶想凤仪。
墓木曾经巡狩地，风云谁见陟方时。
空遣二女潇湘曲，明月沧波万里思。

（选自《蓝涧集》卷五）

斑竹图

明　方孝孺

湘君泣尽泪痕干，翠袖萧萧倚暮寒。
却忆洞庭为客处，满湖风月泛舟看。

（选自清陈邦彦编校《御定历代题画诗类》卷七十七）

舜洞秋风

明　严震直

隐隐重华祠，玲珑倚翠峦。
西风吹我衣，八月生昼寒。
遥知南巡日，銮舆此盘桓。
逝思阜民财，五弦琴一弹。
至今江上流水声，声声呜咽鸣前滩。

（选自清汪森编《粤西诗载》卷七）

零陵道中望九疑山

明　蒋兟

九峰吐翠隔湘川，咫尺征途万里天。
欲诉重华无限恨，鴝鵒啼处雨如烟。

（选自清汪森编《粤西诗载》卷八）

洞庭谒湘君庙

明　徐成

帝辇南巡竟不还，乱云愁绝九疑山。

空怜湘水通三楚，遥想苍梧近百蛮。
墜泪有痕留竹上，落花无梦返人间。
千秋哀怨存遗庙，怅望兰旌不可攀。

（选自清朱彝尊编《明诗综》卷六十七）

湘竹箫歌

明　王汝玉

君家洞箫天下奇，碎红乱点香淋漓。
浓如丹砂沁冰肌，淡似猩血封琼枝。
持来世人莫能识，疑是秦王儿女之所贻。
几回吹向霜江晓，皎月不明风悄悄。
一声卷入碧云中，惊散飞鸿落天表。
君不见，重华去兮归路遥，二妃泣向湘江皋。
江皋之竹竹间泪，万古千年长不消。
我将挟君携此同上黄鹤楼，醉弄一曲离鸾秋。
曲终飞度洞庭去，试听苍梧猿夜愁。

（选自明沐昂编《沧海遗珠》卷二）

湘江曲

明　邱濬

湘江之水清弥弥，流下零陵会潇水。
沿江两岸竹低垂，斑□尽是英皇泪。
竹上泪痕江心波，千秋万古哀怨多。
君山香火常不断，行人谁复悲汨罗。

（选自《重编琼台稿》卷二）

桂林暮烟

明　雷复

一角抹残阳，山气浮日夕。
杳然冥色来，漠漠寒烟碧。
九疑千万状，桂林清心迹。

松涛契静虚，竹籁含幽僻。
连村起暮炊，青霭霏霏积。
浅深浓淡意，点染出格姿。
几缕横峰腰，三分露石脊。
想见鬓丝飏，环肥胜燕瘠。
缥缈英皇灵，黛眉扫恰适。
鲛绡写秋光，帷箔现咫尺。
绿意净人天，仙鬟妙姽婳。
须臾浮翠销，澄鲜含月魄。

（选自《九疑山志》第十一章《艺文》）

湘妃吟

明　朱诚泳

茫茫楚泽湘云高，泽中禽兽多鸣号。
君王猎射乐忘死，竟日驰驱无乃劳。
不见秦人劙豺虎，正恐他年作囚虏。
禽荒有戒在周书，我愿君王鉴前古。
秦人笑谈楚人哭，贱妾忍尝禽兽肉。

（选自《小鸣稿》卷一）

湘灵鼓瑟辞

明　童轩

若有人兮江之中，竹萧萧兮水溶溶。
鹧鸪啼兮欲雨，猿狖啸兮生风。
翩灵旗兮来下，云和作兮三终。
亡命九疑兮烟濛濛，声泠泠兮意何穷。
渺翠华兮何许，独江上兮青峰。

（选自《清风亭稿》卷一）

长沙竹枝歌（十首之二）

明　李东阳

南船北船满洞庭，萧公祠前牲酒馨。
二妃枉作君王后，君看君山山自青。

（选自《怀麓堂集》卷九十一）

赠别阳明子王伯安

明　湛若水

行行过湘浦，举首望九疑。
若见重华墓，为我三拜之。
三拜之不足，稽首重致辞。
都俞事久阔，嗟予将安归。

（选自明曹学佺编《石仓历代诗选》卷四百八十二）

咏怀（十首之六）

明　何景明

寂寂沅湘流，长江上有枫。
青蕙缘广隰，绿蘅被洲中。
扬舲泝烟沚，遥瞻二妃宫。
二妃何婉娈，搴馨振微风。
解珮遗下女，将以明我衷。
光彩不易合，精诚渺难通。
浮云蔽江皋，白日忽已晚。
还顾苍梧原，何时翠华返。

（选自《大复集》卷九）

湘妃怨

明　李梦阳

采兰湘北沚，搴木澧南浔。
渌水含瑶彩，微风讬玉音。
云起苍梧夕，日落洞庭阴。

不知篁竹苦，惟见泪斑深。

（选自《空同集》卷十七）

大舜赞

明　李梦阳

圣狂天渊，一念则分。孟钦大孝，孔赞克君。
袗衣鼓瑟，今如见之。我犹乡人，允鸣孳孳。

（选自《空同集》卷六十）

送汪佥事之湖南

明　陆粲

汉上春风吹驿舟，汉南箫鼓作春游。
夏口莺啼虞帝庙，江陵花满仲宣楼。

（选自《陆子馀集》卷八）

湘妃祠

明　张凤翔

虞帝南巡不复归，湘君日暮啼青衣。
秋风娜娜湘水冷，愁云化作清霜飞。
清霜著草草欲死，著竹竹黄印斑紫。
苍梧云色凝不流，夫君渺渺云上头。
曼声浣月正愁绝，何处雌凤声不歇。
蟠龙起舞潭水波，幽吟咽咽生盘涡。
癡云作雨老天泣，竹中奈此双愁娥。

（选自明曹学佺编《石仓历代诗选》卷四百七十一）

舜庙

明　王佑

南海苍梧万里遥，重华遗迹在山椒。
地灵尚忆迎龙鼓，天籁如何奏凤韶。
大禹玄圭功已告，二妃斑竹恨难销。

小臣再拜瞻龙衮，但觉薰风满袖飘。

（选自明曹学佺编《石仓历代诗选》卷三百六十四）

古像赞

明　孙承恩

帝舜

大孝格天，玄德配帝。精一执中，圣学攸始。

焕乎文章，巍巍成功。千万世下，仰瞻无穷。

（选自《文简集》卷四十一）

九疑篇纪游作

明　黄佐

九疑连蜷插南斗，顾视群山骏奔走。

三湘秀色如虹横，万壑虚涛作雷吼。

雷吼虹横自古今，徭吹牧唱悠人心。

春秋牲玉荐明祀，褰帷谁复来登临。

全侯自是循良者，夙驾行春渡平野。

桃花开落讼庭静，邀我寻幽舜祠下。

我来晓逐东风行，千树万树皆流莺。

六鳌蹩踏谷神动，仿佛箫韶天际迎。

天际相携蹑飞步，自笑登高未能赋。

轻袂飘飘萦紫氛，曲蹬盘盘生苍雾。

苍雾紫氛长不消，木石欹侧鹿豕骄。

重华灵坟莽何处，英娥泪竹空萧萧。

此邦路隔关河外，岂有鸣条葬炎海？

倦勤已矣复来巡，抱乌号者曾谁在。

呜呼野死胡足稽，金舆芜没山鸟啼。

陟方之说误千古，瑶佩无言春日西。

日西秉烛斜岩欹，笑问全侯嫌昼短。

多露惊看征旌湿，灵风忽送青茄满。
归来祠下月微明，飒飒垂裳如有声。
明朝拜别巾车去，更听流莺消客情。

（选自《泰泉集》卷五）

湘妃怨

明　佘翔

九嶷何处是，玉辇几时过。
千秋悲帝子，竹上泪痕多。

（选自《薜荔园诗集》卷一）

九日谒舜庙

明　黎民表

仙驭曾留桂树丛，冠裳肃穆俨升中。
地盘五岭朝衡岳，城阙双流绕閟宫。
蘋藻馨香犹楚俗，山川淳朴有虞风。
严趋正忆群龙会，王气燕台倍郁葱。

（选自《瑶石山人稿》卷十一）

湘妃竹

明　王世贞

几点苔痕上翠筠，千秋长见泪痕新。
从他帝子夸江渚，不是苍梧望里人。

（选自《弇州续稿》卷二十三）

题祝生无殊潇湘坐同司马汪公二首

明　胡应麟

之一

万绿围轩窗，蒲团弄秋色。
时听湘夫人，云中鼓瑶瑟。

之二

兀兀幽篁里，槁桐同嗒然。

科头抱双膝，目尽九疑天。

（选自《少室山房集》卷六十九）

送屠博士之岭南（四首选一）

明　王穉登

之四

九疑山前云雾沉，二妃祠下竹森森。

竹枝不及江南柳，竹枝泪浅柳枝深。

（选自清汪森编《粤西诗载》卷二十四）

谒舜祠四首

明　邓云霄

之一

帝德光千古，遗踪在九疑。

搴芳荐瑶席，酌桂礼彤墀。

百兽犹环舞，群山相向悲。

欲知龙蜕处，高峰觅铜碑。

之二

俎豆传舜代，蘋蘩啸汉官。

岂应迷冢墓，或恐葬衣冠。

松韵如听乐，瑶歌仍舞干。

寄言吊古客，当作鼎湖看。

之三

万里辞黄屋，千秋寄碧岑。

莫嫌山庙冷，方称土阶心。

木石时为偶，英皇恨转深。

微闻松竹里，恍惚凤仪音。

之四

翠辇虚驰道，玄泉不复通。

国家同弃屣，日月见重瞳。

山鬼幽篁里，鹧鸪秋雨中。

峰头帝子泪，又洒在丹枫。

（选自明万历《九疑山志》卷八）

游九疑

明　梁应期

疑山胜迹有中无，惟喜茏葱集帝宫。

九疑泪霞迷紫岫，千年杉柏吼苍龙。

湘筠带雨犹闻响，石藏涵经欲启封。

行役不禁怀古意，尚余归兴绕丹枫。

（选自明万历《九疑山志》卷八）

恭祭虞陵三章

明　管大勋

一章

於皇赫兮帝灵，德广运兮好生。

协巍焕兮重华，开景会兮文明。

格两阶兮有苗，狩八埏兮洞庭。

遒岳南兮戾止，向阊阖兮遐升。

垂功德兮永世，妥冈陵兮不崩。

峨庙貌兮炯光，修祀典兮尝蒸。

台小子兮德凉，被帝命兮南征。

过灵祠兮问俗，采兰芳兮展情。

二章

月始夏兮乾阳，日维吉兮时良。

云火生兮郁炎，礼乐举兮铿锵。

玉瑞陈兮璀璨，椒桂奠兮芬香。

七弦调兮风和，六舞谐兮凤翔。

发骏奔兮上下，载拜跪兮趋跄。

格英爽兮明德，顾予祀兮洋洋。

三章

神居歆兮陶陶，倏回銮兮逍遥。

测诸源兮潭潭，瞻九峰兮峣峣。

神何依兮峻极，山何疑兮光昭。

既屏营兮送之，睹徘徊兮见招。

恍承训兮曰咨，嗟下民兮尔劳。

式有位兮无懈，永终誉兮夙宵。

钦受辞兮旁皇，仰重瞳兮寂寥。

托斯文兮告虔，庶邃古兮人交。

（选自明万历《九疑山志》卷八）

望九疑

明　吴鹏

近入黄村路，遥从粤峤还。

云连五溪外，雨渡九疑间。

秋尽草花白，林疏树叶斑。

停车问虞庙，目极古苍山。

（选自明万历《九疑山志》卷八）

谒舜陵礼成

明　蒋鐄

之一

叆叇连朝夜若何，名山如待两骖过。

寝园春荐三湘藻，复洞寒生二月波。

雷雨犹能迷大麓，风云常为护鸣珂。

两阶今日重干羽，一啸青天愧枕戈。

之二

朝来紫雾更氤氲，閟寝馨香彻夜闻。

斑竹旧沾天上雨，苍梧不散岭头云。

微传虚谷箫韶奏，忽印当年剑佩文。

太乙蓬瀛看咫尺，明珰先拜九疑君。

（选自明万历《九疑山志》卷八）

刘检讨谈九疑景，因赋

明　杨廷和

疑山深处绝纤埃，泪竹红梅自古栽。
华盖簇环山色翠，二妃双侍画图开。
鸟从林外含花舞，客向岩前问字来。
拟上虞陵求胜迹，何时乘兴一徘徊。

（选自清嘉庆《九疑山志》卷四）

分得九疑山送屠田叔守辰州

明　徐熥

楚都山水称奇险，突出高峰青九点。
天外巫黔路渺漫，峰阴溪谷流深浅。
峰峰相间色参差，无数青螺镜里窥。
变幻烟霞看莫辨，满天云雨望堪疑。
重华当日巡南服，驻跸苍梧穷地轴。
一夕龙髯上鼎湖，数声鸾吹传空谷。
鸾吹龙髯去不还，湘江帝子惨朱颜。
愁眉久锁锋前黛，血泪长流竹上斑。
山色含颦望巡狩，时时似听箫韶奏。
飞瀑寒流到处奇，丹崖朱洞天然秀。
潇湘烟月洞庭云，远岫联绵一带分。
鹧鸪夜叫黄陵庙，狐兔秋悲虞帝坟。
古迹荒凉不堪语，果有啼烟兼啸雨。
使君剖竹向荆门，正近潇湘洞庭浦。
有时行部拥双旌，定吊娥皇与女英。
风前好荐琼芳把，月下如闻环珮声。
九疑峰影何重叠，峰下褰帷劳应接。
怀古宁辞驻一麾，搜奇不惜停双屐。

摇摇桂櫂楚江濆，嫋嫋秋风木叶闻。
遗我不须攀杜若，骚成只待寄湘君。

（选自《慢亭集》卷三）

恭祭虞陵一章

明　万元吉

九疑渐渐，弓剑斯藏。舜陵之名，与山无疆。
臣极既立，帝德乃章。山空庙古，灵气惝荒。
有明小臣，拜舞趋跄。规矩在焉，敢曰未遑。
登高四望，兵气何扬。有君无臣，渐负陶唐。
小臣对此，引疚诚惶。盟辞帝前，尽瘁以将。
干羽不言，自服瑶羌。蛮歌且舞，神来洋洋。

（选自清嘉庆《九疑山志》卷三）

重华岩

明　金椿

昔日梦里谒重华，凤城金阙帝王家。
今朝走马来重华，苍崖古木高含岈。
岩中风物知几许，寓目游观难尽数。
海龙蜷石草生烟，仙掌擎珠帘挂雨。
那更半壁蝌蚪文，纵横错落堆香云。
青莲倒吐出秋水，白鸟惊飞带夕曛。
千奇万状夺天巧，中有芝田产瑶草。
二女峰回虚翠屏，五官壁立垂羽葆。
乃知倦勤厌尘世，跨鹤鞭霆忽飞驻。
箫韶日日奏钧天，紫霞燠燠供晨餐。
悬崖不碍梧月白，洞门深锁松风寒。
常年杜宇悲春老，万古精灵薄穹昊。
朝从沧海还玉京，暮入蓬莱遍三岛。
吁嗟史书野死真，妄传鸣条之说犹未全。
神仙上界多宫府，但人不识徒茫然。

君不见轩辕氏鼎湖功成骑龙去，
又不见葛仙翁丹炉九转俄飞冲。
形迹若幻化，神理终无穷。
不信与君直上太华峰头看，赠尔十丈青芙蓉。

（选自清嘉庆《九疑山志》卷四）

二妃祠

明　栾景初

苍梧山老湘流渴，古竹新痕几明灭。
重瞳玉棺置何许，江上红扉祠二女。
锦瑟声沉调不起，小女琵琶老郎鼓。
鼓瑟凭谁问水滨，风吹昙花满路春。
何物情痴遣不去，峰头来往女儿神。

（选自清沉季友编《槜李诗系》卷十八）

谒舜庙览九疑山

明　应钦

公余来访九疑山，献秀呈奇可悦颜。
舜帝灵祠今古在，何侯幻迹有无间。
洞中绿水应难度，云外丹梯未易攀。
堪叹二妃挥泪处，满林尚染竹斑斑。

（选自民国 31 年《宁远县志》卷二十二）

谒舜庙览九疑山

明　萧祯

九疑天作镇湖南，虞庙巍巍俨舜颜。
山列五官朝日表，峰连二女侍云间。
箫韶有象真难测，凤鸟无踪杳莫攀。
前史独遗千载惑，细看碑篆眼成斑。

（选自民国 31 年《宁远县志》卷二十二）

九疑虞帝庙

明　王会

之一

深山木石旧居时，遗庙凄凉又九疑。
可是终身甘饭糗，野人原有旧襟期。

之二

苍梧云深水潺湲，怅望龙髯不可攀。
无限湘妃当日泪，竹枝点点今成斑。

（选自民国31年《宁远县志》卷二十二）

九疑歌

明　何其贤

望仙桥外望灵都，峥嵘万寿对香炉。
玉琯云深龙驭杳，桂林秋老月轮孤。
日奉五官苍佩肃，峰回二女翠屏虚。
洞庭不洗娥眉恨，斑竹潇潇鸠乱呼。

（选自清嘉庆《九疑山志》卷四）

望九疑

明　周子恭

皇风日以荡，我心日以恍。
旷哉千载人，何由称心赏。
重华不可作，九疑吾焉访。
深山见野人，或以通精爽。

（选自明万历《九疑山志》卷八）

九疑山

明　蒋向荣

一

虞帝元陵致宛然，传疑传信几经年。
云笼树梢层层玉，霞映峰头点点烟。

我吊重华携彩笔，官偕一鹤问朱弦。
君臣千古神相契，日月萤光也并悬。

二

混沌初分九疑削，人传虞寝在其中。
山当聚处皆环北，水会流时尽向东。
岂谓二妃频怨竹，肯教四海未从风。
至今酾酒荒祠下，古木森森花自红。

（选自清吴玉山重编《九疑山志》卷四）

九疑

明　顾延桂

黄虞勋业只千古，青塚依稀傍九疑。
往日升沉都入梦，至今桃李自成蹊。
顽嚚不妨谐允诺，耕渔宁复老垂衣。
陟方未必投荒野，念弟犹应过有庳。

（选自民国三十一年《宁远县志》卷二十二）

题斑竹岩

明　钱达道

肠断君王去不还，六飞遥隔九疑山。
当年血泪知多少，点点犹存竹上斑。

（选自清嘉庆《九疑山志》卷四）

宁远道中晓行望九疑舜陵

明　陈良珍

野葛肩舆冒暑天，帝陵回望转凄然。
屏开叠嶂英娥侍，树拥仙班岳牧前。
凤辇南巡经万里，龙髯中坠已千年。
循崖忽见扶桑影，恍忽重华在日边。

（选自明万历《九疑山志》卷八）

再望苍梧

明　陈良珍

苍梧云压楚天低，中有娥皇叠嶂齐。
欲酌春风荐蘋藻，满山烟雨鹧鸪啼。

（选自明万历《九疑山志》卷八）

九疑斋居

明　尹襄

今夕此何夕，坐我名山中。
雨声高叶里，秋意浮崆峒。
幽闲绝人境，冈峦况万重。
向非秩元祀，讵容寄凡踪。
冲淡忘世虑，所思惟重瞳。
涧响疑韶奏，岚光想山龙。
淳风日以远，怅恨难再逢。
性善谅非诬，庶几一念通。

（选自明万历《九疑山志》卷八）

谒舜陵有感

明　邵城

群峰相对帝祠幽，凤辇何年倦此游。
翠竹迎风疑堕泪，碧杉带雨为含愁。
四时冠盖交陵寝，千古江山瘗冕旒。
展拜几回伤往事，满天霜露不胜秋。

（选自清嘉庆《九疑山志》卷四）

九疑山

明　郭崇嗣

踏断松根上九疑，半空云气冷侵肌。
群峰滴翠藏仙洞，万木迎风锁舜碑。
湘女尚传斑竹泪，瑶娃多唱大堤词。

六龙一去箫韶寂，落日苍梧叫子规。

（选自清吴玉山编《九疑山志》卷四）

舂陵道中望九疑怀古

明　桑日昇

群峰天表出南荒，虞帝当年万岁乡。
玉辇乘云春自老，铜碑无字草生香。
半程雾入庳林静，一水风来湘瑟凉。
安得依依青嶂里，细看竹陨泪千行。

（选自清吴玉山重编《九疑山志》卷四）

游九疑永福寺

明　李敷

俗远风尘隔，春还初服迟。
林栖疑岭地，人似舜皇时。
芳杜湘君曲，幽兰楚客词。
忘忧草长在，惠我慰相思。

（选自清嘉庆《九疑山志》卷四）

玉琯岩

明　郭凤

芒鞵踏遍九山青，厌浥濡裳杖露零。
梧野竟幽虞舜冢，琯岩谁识蔡邕铭。
飞身纪化诚妖妄，中学传神足典型。
疑岭愁云千古锁，吊思无已奠空庭。

（选自清光绪《宁远县志》卷四上）

游虞帝祠次金道隐韵

明　瞿式耜

祠宇萧疏迥绝尘，孤峰随意著闲人。
窥云应傍巢松鹤，破浪终同入釜鳞。
茶盌酒铛全部史，风篙月桨一片春。

却念岭峤曾无恙，便托荒岩老此身。

（选自清朱彝尊编《明诗综》卷七十八）

过韶石

明　区大相

玉辇南巡日，纵天降九韶。

仍闻舞百兽，真想格三苗。

风雨仙灵集，云霞绛节朝。

有时盘石上，天籁暮萧萧。

（选自清朱彝尊编《明诗综》卷十一）

游三峰石

明　阮敬清

缥缈西峦叠翠浓，九峰不辩辩三峰。

铜碑漶汗已无字，古冢微茫似有踪。

扪树乍摇花蓓蕾，穿萝能步草蒙茸。

元郎图记欲移岳，每忆奇情一荡胸。

（选自 2005 年《九疑山志》第十一章《艺文》）

入紫霞洞

明　张勉学

舜源峰下紫霞开，有客探奇策马来。

高下石田悬涧壑，参差玉柱拱楼台。

乳泉天外晴飞雪，阴洞空中地隐雷。

仙境攀跻怅幽独，只疑身世在天台。

（选自 2005 年《九疑山志》第十一章《艺文》）

登舜陵

明　王时春

虞帝祠寝何处寻，苍松翠竹自森森。

千山共护英灵气，四野犹思沕穆春。

宫阙平临南斗灿，箫韶幽度白云深。

都俞所咈何年事，遗下前峰有五臣。

（选自 2005 年《九疑山志》第十一章《艺文》）

游九疑

明　欧邦孚

野怀何处足幽栖，万仞峰头把杖藜。

苔拥石傍云掩映，锦铺岩下树高低。

藤枝溜雨猿争下，花片飘香鸟乱啼。

赢得松风闲岁月，无烦银鹿问秦稽。

（选自清吴玉山重编《九疑山志》卷四）

九疑怀秋

明　曹学佺

次第春平汗漫游，无如兹地对高秋。

直凌山迥潇湘上，一览天南楚粤收。

黄菊正宜彭泽令，清风如在武昌楼。

无端丛桂能招我，我已腰肢付督邮。

（选自 2005 年《九疑山志》第十一章《艺文》）

潇湘神·零陵作

明　屈大均

一

潇水流，湘水流，三闾愁接二妃愁。

潇碧湘蓝虽两色，鸳鸯总作一天秋。

二

潇水深，湘水深，双双流水逐臣心。

潇水不如湘水好，将愁送去洞庭阴。

三

潇水长，湘水长，三湘最苦是潇湘。

无限泪痕斑竹上，幽兰更作二妃香。

（选自2005年《九疑山志》第十一章《艺文》）

蝶恋花·舜岭云峰（潇湘十全景词之一）

明　王夫之

九疑参差无定影。泪竹阴森，回合清溪冷。一片绿烟天际迥，迷离千里寒宵暝。

香雨飞来添碧凝。认是当年，望断苍梧恨。东下黄陵知远近，西崦落日回波映。

（选自2005年《九疑山志》第十一章《艺文》）

题何侯石室

明　林遂

九疑叠翠插穹苍，路转峰回是一乡。
聊唤瑶民询往事，漫从石室觅仙方。
山中地僻无车辙，洞底云深有学堂。
总谓清时如舜日，吾曹游乐敢相忘。

（选自2005年《九疑山志》第十一章《艺文》）

题斑竹岩

明　钱达道

肠断君王去不还，六飞遥隔九疑山。
当年血泪知多少，点点犹存竹上斑。

（选自清康熙《永州府志·艺文》

宿王氏虚堂

明　高珩

不信苍梧画，篮舆到始真。
水穷三楚遍，山入九疑新。
文献徵前代，箕裘启后人。
高堂秋作爽，初月倍相亲。

（选自清吴玉山重编《九疑山志》卷四）

六　清代、民国时期

南风

清　吴伟业

玉尺披图解愠篇，相乌高指越裳天。
终南云出松桧响，双阙雨飞铃索悬。
师旷审音吹不競，钟仪怀土操谁传。
九疑望断黄陵庙，谁共湘灵拂五弦。

（选自《梅村集》卷十五）

虞帝墓

清　赵三麒

虞舜昔南巡，不见南巡迹。
但余此墓旁，一片潇湘石。

（选自清王士祯《池北偶谈》卷十一）

湘夫人祠

清　施闰章

帝子苍梧望，荒祠楚水湄。
湘云摇珮带，岳雨送旌旗。
夜静鱼龙入，情深草木知。
维舟寻往迹，春藓没残碑。

（选自清嘉庆《零陵县志·艺文志》）

舜祠翠华亭

清　王士祯

仿佛南巡迹，重华事有无。
雨痕上斑竹，云气接苍梧。
仪凤何年逝，啼鹃岁又徂。
不胜怀古意，江色日荒芜。

（选自《精华录》卷九）

帝舜凤仪麟舞

清　钱陈群

玉瑞既班，琴弦斯抚。
九成箫韶，两阶干羽。
应律风平，谐音石拊。
鷟凤为宝，来仪率舞。
群后至止，虞宾在斯。
扬帝之华，曲乐唯夔。
敷教行赏，象刑方施。
薰风自南，恭己无为。

（选自清张廷玉等编《皇清文颖》卷三十）

谒舜庙

清　爱新觉罗·弘历

孝称千古独，德并有唐双。
历下仪刑近，城中庙貌庞。
春风余故井，云气护虚窗。
缅继百王后，钦瞻心早降。

（选自《御制诗二集》卷三）

赋得舜歌南风（得薰字八韵，散馆试题）

清　爱新觉罗·弘历

溯维鳏在下，玄德早升闻。
钦受心传秘，奋庸帝载勤。
四门惟竽俊，八伯已歌云。
大鹿兴于野，五弦咏是薰。
阜财期畅遂，解愠化嚣纷。
初虑同时舞，中谣比律殷。
咸熙庶哉续，用协焕乎文。
岂不怀景仰，瞠如空自勤。

（选自《御制诗三集》卷三十一）

解愠书屋

清　爱新觉罗·弘历

选题额楧榱，虞帝昔闻遵。
解愠言何易，民碞畏是真。
稍欣暑雨过，披得爽风新。
万宝西成后，庶几鲜馑贫。

（选自《御制诗三集》卷四十）

湘竹

清　黄佳色

遥望苍梧天外山，共传湘竹泪潸潸。
想来不是竹垂泪，还是当年人泪班。

（选自清嘉庆《零陵县志·艺文志》）

湘妃祠

清　黄佳色

帝子南巡去九疑，至今斑竹尚低垂。
湘妃独对湘江水，雨雨风风无尽时。

（选自清嘉庆《零陵县志·艺文志》）

皇帝遣官画九疑山图，歌以记之

清　李应期

今皇一统靖烽烟，绘图海内名山川。
楚南方广属地偏，丹崖矗矗多奇颠。
衡山屹屹戴星躔，七十二峰袤相连。
虞帝南巡度阡陌，翠华莫返邃龙渊。
九疑崇巃势插天，举头瞩目形相然。
玉琯之岩轩且妍，传言王母献诸筵。
奚生所得不虚传，蔡邕笔力为铭镌。
紫霞高出舜陵前，古木修森石磴悬。
悠然如磬俯鸣泉，有台有像三千年。

蝌蚪文字剥石薦，岩前乳石下垂田。
大者华表小者拳，丹青碧绿五色全。
神工不能喻其鲜，崖中乳窦左右边。
倾斜幻阒绝跻搴，投炬而入见月穿。
无为天柱杂缀篇，名人手泽尚未干。
玉楼箫韶万寿联，女英娥皇峙集贤。
杞桂二林相先后，石楼石城势危颠。
朱明日照舜源漩，龙岩临水卦峰坚。
折马二峰自并肩，五臣笔架金印圆。
鳌头淹口为邑巅，九峰之胜过龙眠。
画中莫尽山水缘，即此图名山气宣。
上陈睿览见飞仙，宸游即在御榻前。
何事蓬莱把云骞，车书之同不异焉。

（选自清吴玉山重编《九疑山志》卷四）

虞陵陪祀恭纪二律

清　李应期

其一

当今三遣祭虞陵，翠节云华式所凭。
夹道松杉迎瑞霭，九天雨露沛崚嶒。
明禋肇备钦崇礼，殷荐专咨内府丞。
守土骏奔勤献藻，恍听韶乐凤飞腾。

其二

无为托体在岩阿，楚水湘云吊女娥。
万古丛生环拱向，三峰矗峙郁嵯峨。
虞陵自古标金阙，祀典于今动玉珂。
肃肃王臣同对越，千秋礼乐并山河。

（选自清吴玉山重编《九疑山志》卷四）

九疑怀古

越南·后黎朝　阮宗窐

晓发苍梧过九疑，停舟凝望去迟迟。
南巡车盖云浓淡，北拱桓蒲树陆离。
松响偏怀琴解愠，鸟声恍讶凤来仪。
凄其试问昌仙子，迩听萧韶几曲儿。

（选自《越南汉文燕行文献集成》第二册《使华丛咏录》）

黄陵庙

越南·后黎朝　黎贵惇

南游帝子佩声飘，竹点成斑恨未消。
惆怅黄陵遗庙在，九疑辇路去迢迢。

（选自《越南汉文燕行文献集成》第三册《桂堂诗汇选》）

有庳

越南·后黎朝　黎贵惇

令弟堂堂有庳封，时巡四觐万方同。
粤南尽辟由来久，谁谓秦时路始通。

（选自《越南汉文燕行文献集成》第三册《桂堂诗汇选》）

九疑怀古

越南·后黎朝　武辉珽

一望青苍插乱岑，九疑未信已前临。
南巡方岳空烟雾，东去江流自古今。
竹点是非双女泪，树声仿佛五弦琴。
十分谁是无疑者，徐有昌仙见道深。

（选自《越南汉文燕行文献集成》第五册《华程诗》）

秋祀虞陵

清　徐旭旦

凤笙导入重华宫，杉木阴森解愠风。
日映红云开紫殿，香飘绛节引青童。

山川不改秋容肃，俎豆长祈岁月丰。
阶下荆蛮歌万舞，至今犹想格苗功。

（选自清吴玉山重编《九疑山志》卷四）

恭祀虞陵

清　杨汝谷

九疑积翠仰穹窿，古木萧森护寝宫。
当日鼎湖悲二女，至今文德仰重瞳。
群山星列皆依北，众水支分尽绕东。
一望苍梧云黯淡，教人何处觅遗弓。

（选自清光绪《宁远县志》卷四）

虞陵奉祭礼成恭纪

清　陈世烈

苍梧缥缈隐巑岏，拱秀陵宫万丝攒。
岭对娥英分侍从，峰排岳牧拜衣冠。
烟清日照双楮老，地静阴生七月寒。
向晓山禽声细细，如闻韶奏出林端。

（选自清嘉庆《九疑山志》卷四）

虞陵陪祀恭纪和廷尉韵

清　沈永肩

何年鬼谷凿巑岏，青玉连云翠欲攒。
黛色回环新寝殿，山谷整肃旧衣冠。
泉声如听琴声古，松影还同月影寒。
幸获趋承宗祝事，荣膺章甫共元端。

（选自清嘉庆《九疑山志》卷四）

恭祀虞陵

清　钟人文

苍梧崩葬自何年，振古如兹荐豆笾。
山立千官朝寝殿，松流万古杂宫县。

芳蘋洁藻春秋候，荆舞蛮歌陟降前。
将事微臣深庆幸，至今犹得仰中天。

（选自清嘉庆《九疑山志》卷四）

九疑怀古

清　钟人文

维山亦何疑，疑山奇特著。
绵亘千万里，道里难记数。
登临试纵观，应接无暇顾。
紫霞特深邃，寻丈不可度。
风雨云雷吼（皆岩中洞名），恍与大麓遇。
洞溪真怪幻，万状罔弗具。
天然巧自成，人力何能与。
入山成疑薮，九峰聊寄寓。
虞帝昔南巡，传说翠华驻。
何年苔藓蒙辇路，苍梧升鼎湖，山中瘗鸾驭。
闻之太史云，兹言差堪据。
五臣岳牧峰，各各都臣附。
悲风起白云，诸臣尽缟素。
帝子不复还，二妃湘难渡。
至今泪竹痕，枝枝泣夜雨。

（选自清嘉庆《九疑山志》卷四）

三分石

清　王定元

一峰浮黛插云高，石作三分结构劳。
天外有人攀玉笋，山石何处觅仙桃。
基蟠萌渚开青嶂，源溯清潇涌素涛。
欲问铜碑已磨灭，苍梧日暮冷风飋。

（选自清嘉庆《九疑山志》卷四）

九疑怀古

清　钟自牧

闻说苍梧帝迹沉，几回凭吊此登临。
寝陵缥缈存疑信，山木萧森历古今。
叠嶂尽含诸翠色，行年不死娥英心。
只今但看潇湘竹，点点斑痕染泪深。

（选自清嘉庆《九疑山志》卷四）

虞陵

清　叶于梅

三峰鼎峙逼南天，一脉中抽走蜿蜒。
巽水涵青流曲折，潇江泻翠荡漪涟。
嶙峋叠嶂鹓班立，峻峭层峦玉笋联。
结就垂裳端拱座，北来千岫尽输虔。

（选自清嘉庆《九疑山志》卷四）

斑竹岩

清　李承纲

九疑袤延数十里，传昔龙髯堕湘水。
二妃血泪凌空挥，竹上分明今尚紫。
鸾驭当年过洞庭，迤逦便造空山里。
登岩恸哭断柔肠，至情感召非凡理。
舜源峰下古祠南，异穴天开擅绝美。
一迳云深碧草荒，遗踪隐约犹堪指。
山花终古恋帝王，野鸟至今悲帝子。
嘉名肇锡是何人，中天风景长如此。
颇闻好古刘长卿，五字诗工过苏李。
穷岩千古有辉光，读罢香魂呼欲起。
我求凭吊意忡忡，至圣精灵常戾止。
秋风林下环珮响，月明想像来芳趾。

（选自清嘉庆《九疑山志》卷四）

咏湘竹

清　黄达吉

湘竹年年长，斑痕自浅深。
可怜千载恨，空向九疑寻。
点点无多泪，悠悠共此心。
临风怀帝子，惆怅寄苔岑。

（选自清嘉庆《九疑山志》卷四）

舜庙

清　景星

上日宏图禅，中天景连隆。
一人兼授受，千古仰明聪。
忆昔陶渔贱，偏遭井廪穷。
力田鳏在下，谟盖象居功。
蒸人亲心顺，摵闻睿鉴通。
馆男釐二女，宅帝率群工。
沙土平成奏，君臣喜起同。
无为神肃穆，不与德渊冲。
北极勤宁倦，南巡祚竟终。
梦髯龙驭远，回首翠华空。
云暗苍梧白，斑凝碧竹红。
薰琴成绝调，湘瑟写幽衷。
异域悲藏剑，蛮荒泣堕弓。
几疑留寝庙，万壑閟玄宫。
殿宇形巍焕，罔峦气郁葱。
深山仍木石，大麓自雷风。
历代馨香荐，熙朝俎豆崇。
春秋严巨典，苹藻竟微忠。
先甲明禋肃，良辰淑景融。
鸾旂来缥缈，凤管响珑璁。
端冕瞻遗像，垂裳意圣躬。

拜扬趋下吏，歌舞列徭童。
诚敢祈昭格，神应泯怨恫。
灵坛欣执事，愿祝岁年丰。

（选自民国31年《宁远县志》卷二十二）

游九疑

清　赵有德

云际两峰立，相传是二妃。
山山朝帝寝，树树带春晖。
有泪洒斑竹，无人尚翠衣。
领衔松柏里，还见彩鸾飞。

（选自清嘉庆《九疑山志》卷四）

疑山怀古

清　钟兴诰

寒山十月净烟霏，数尽峰峦趁晚晖。
却只都从疑处信，由来谁解是耶非。
千年帝墓松偏古，一曲薰风草尚肥。
潇水不复流旧憾，苍梧蒲阪总同归。

（选自清嘉庆《九疑山志》卷四）

恭祀虞陵

清　石文成

苍梧云暗泣遗弓，万木森森护寝宫。
斑竹祇今悲二女，青山终古属重瞳。
幛开光满彤墀月，殿敞香飘宝鼎风。
小吏灵坛承祀典，蛮歌想见格苗功。

（选自民国31年《宁远县志》卷二十二）

游九疑

清　何朝宗

楚南之南连百越，九峰雄峙中分揭。

若谓阳数极于斯，五岭不闻阴气发。
由来万物因人名，圣贤于疑故多阙。
苍梧缥缈望中来，传道虞帝巡行殁。
陵寝在昔托此山，粤稽经史终不悖。
我来吊古览林丘，追逐群公兴亦悠。
访胜贪奇忘力倦，相呼笑傲入深幽。
陵前三木参天碧，岩畔烟霞带翠浮。
窈冥紫霞秉烛入，还寻玉琯访何侯。
难名花卉香频送，惹得游人去复留。
君见否？最奇峰顶三峰石，万古青青不白头。

（选自清嘉庆《九疑山志》卷四）

秋日游九疑山

清　冯庭渠

霜清玉宇气森萧，疑岫秋光锁寂寥。
鸭绿带环清可掬，螺青髻拥翠难描。
月明湘瑟来双怨，风动虞弦奏九韶。
望里烟云通碧落，一声长啸楚天遥。

（选自清嘉庆《九疑山志》卷四）

谒至德祠

清　余演

山廓引细岑，披荆惬野趣。
卓哉至德祠，秋光俯嘉树。
簷寮罥蛛丝，拂拭肃丹垩。
瓦罏贮清流，瞻礼敷坐具。
我怀荒岐时，帝眷实西顾。
剪商势则然，伊余守臣素。
天心不可回，采药骋高步。
发轫苍梧间，文身触荒雾。
讵怀重华风，明德载荒路。

节与日月齐，时遭风雨妒。
千秋一畎官，往往来牧竖。
吁嗟黄屋尊，弃走如脱兔。
吁嗟万乘贵，摆落如敝袴。
宁与野人争，春秋恋二胙。
出门临流泉，泉声日西注。
乃识三让心，终古犹孺慕。

（选自民国31年《宁远县志》卷二十二）

望九疑

清　陈肇奎

遥望苍梧列翠峦，江山如在画中看。
远云谁挂诸峰外，野寺高悬密树端。
修竹林清闻客语，钓船水静狎鸥闲。
登高欲谒重华帝，万古高风日月寒。

（选自清嘉庆《九疑山志》卷四）

望九疑诸山

清　汪辉祖

乱峰合沓树槎枒，圣帝遗踪去鹿豭。
仙路应从猿鸟辟，洞天时见雨云遮。
重重异境搜难遍，缓缓归舆兴未赊。
一事他年堪自诩，虞陵作吏夏陵家。

（选自清光绪《宁远县志》卷四上）

游九疑

清　吴绳祖

疑山万态奇，九峰独开朗。
造化异神巧，奇变应无两。
一气接混茫，界分楚粤壤。
我闻古翠妫，龙蜕寄苍莽。

鼎湖竟安归，迷离景难象。
矗立舜源山，端凝惬瞻仰。
灵閟自天开，元珠探象罔。
环北山拱护，流东水导漾。
英皇侍依稀，岳牧象惚恍。
奥如三壶颠，森然寇云上。
缥缈烟雾中，百灵列仙仗。
步移忽换形，流目注遐想，
从知疑山性，孕奇郁精爽。
传疑始何年，纠纷竞扰攘。
修道与飞升，幻说堕尘坱。
陵寝定中峰，析疑赖吾党。
缅昔诵虞书，羹墙结神往。
到来吊遗弓，悠悠物外赏。
松杉新弄发，如听箫韶响。

（选自2005年《九疑山志》第十一章）

游九疑

清　孙祚泰

稽首重华踏野坰，庞鸿元气九峰青。
仙山被我偷看尽，带得山云出路亭。
莫道青鞵力不如，初游领略已非疏。
他时更上三分石，细译铜碑补尚书。

（选自民国31年《宁远县志》卷二十二）

题九疑

清　官文

九疑昔或属苍梧，舜帝南巡墓有无。
千古庙堂开楚域，三分石岭自灵区。
铜碑遥望迷荒莽，玉琯曾经入画图。

史载陟方应不误，五臣朝拱尚山呼。

（选自清光绪《宁远县志》卷四上）

题九疑

清　王嵩龄

潇水发源处，诗人著屐寻。

鱼龙蟠绝壑，鸾鹤啸平林。

斑竹皇英邈，苍梧烟雨深。

名山看接武，读画意登临。

（选自民国31年《宁远县志》卷二十二）

题九疑

清　吴世荣

湘中九疑山，夙称名胜区。

往迹探隆古，直上溯有虞。

风雨离奇泣斑竹，云烟葱郁迷苍梧。

亘古数千百年中，游人游屐无时无。

行吟骚客竞歌咏，大半约略空描摹。

谁为一发此中奥，大气旁薄盘扶舆。

徵君万石公，丘壑罗心胸。

曾经汗漫游，足迹岩泉穷。

兴酣归来发豪咏，下笔吐气如长虹。

洋洋二千五百言，神妙直欲夺天工。

几疑此境太奇绝，缥缈不在尘寰中。

方之摩诘诗中画，令人想像将毋同。

（选自清光绪《宁远县志》卷四上）

登九疑绝顶放歌

清　宗稷辰

万八千里来凤凰，口吐丹山之实成湘篁。

重瞳入林竟何去，一弹红泪啼罂盲。

悲不止兮咽玉琯，梦不成兮空麓床。
虎豹夜啸兮墓草死，薜荔昼舞兮蛮天霜。
铜碑古字剥蚀不可读，谁辨商均窆阴舜窆阳。
突见硊魄九峰拔地起，飞泉百道迸落三分疆。
三分石顶一放眼，万象罗列天正苍。
我欲石室呼安期，龙门召子长。
责以九疑究待几时白，岂任巨迹归昏茫。
耐如次山竟夺祝融席，坐使七十二峰俯首屈节歌妫皇。
墓既不可见，山亦不易详。
长此萧萧摵摵数万古，仰见白云飞鸟往复而翱翔。
箫韶古调叹久绝，惟有太白别离一曲宛转歌之伤。

（选自清光绪《宁远县志》卷四上）

斑管

清　李星沅

苍梧云惨蛾眉绿，湘灵夜傍秋阴哭。
珠珍错落红阑干，泪痕血染江头竹。
竹生千年老不死，老人采之如采玉。
拓木碧騣松枝凋，日中书君此君属。
粉香斑肃烟墨浓，厥距九分修二握。
霜筠雪干自精妙，秦将西还丑瞻伏。
投上直比双南金，有子标格亦不俗。
跗床卧晕潇水深，时觉龙吟声断续。
我幼故种五色花，绿毫当制清平曲。
蛮荒触热强作书，细或牛毛大笥束。
便思十指任挥洒，管城坐叹老且秃。
青林风雨山鬼呼，昨梦逢君九疑麓。

（选自清光绪《宁远县志》卷三）

斑管

清　邓显鹤

美人家住九疑麓，日对斑斑几丛竹。
挥毫欲写万古秋，搦管聊裁千个绿。
昌黎好事传毛颖，服艾盈腰动成俗。
遂令疑崖泠道旁，溪畔家家截苍玉。
泠然一缕湘灵魂，墨卿石友时追逐。
想见含毫得意初，永夜歌声幽林谷。
至今荒山叫烟雨，掩卷犹闻二妃哭。
贤郎橐笔能传业，猝然遇我湘江曲。
琼词玉琯并持赠，泪洒西风欲盈掬。
嗟我穷年守破砚，惭愧中书老而秃。
胸中积泪向谁泻，拟弃狸毫抱黄犊。
诵君世德不能忘，一借霜筠表芳躅。

（选自清光绪《宁远县志》卷三）

九疑山

清　周鹤

数遍名山此更希，卧游几度切攀依。
凌空泉溅行真幻，百里峰回势若围。
混沌何年遗石室，重华到处哭湘妃。
虞陵自足成千古，休说苍梧是与非。

（选自清嘉庆《九疑山志》卷四《艺文下》）

舜陵

清　何绍基

衡山之阳帝修宇，南面无为万方睹。
九疑陵庙乃北向，魂兮归来恋中土。
神器有托有何憾，天下臣民泪如雨。
计从受命神宗后，万机大录已授禹。
帝因耄期代巡狩，亦藉游观节倦苦。

有弟封邑百里近，汤沐无劳璧假许。
初致山祇效玉琯，遂使苗民格干羽。
山国俗不隔时代，二三千载犹父祖。
至今春秋肃祀享，尚感遗风献歌舞。
南方畏神兼服教，何异冀都星拱聚。
古皆有死葬者藏，神归于天掩其腐。
委蜕于斯盖末命，九州何适非扆宁。
后世山陵示不广，饰观讵只封与树。
同治初元命祭告，承宣恽公奉香俎。
野人看山乃先至，未由伏瞻盛仪举。
皇华未临物静旷，游屐方贪蹑深阻。
三日风雨任飏逐，岩峦已可谈其粗。
吁嗟涂山会玉帛，南征不归踵前武。
禹陵窆石今尚在，我尝手拓笔可数。
亦如承帝是岣嵝碑，留俟学僮藉稽古。
岂若重华天子体魄严且神，万代茫茫迷处所。

（选自民国31年《宁远县志》卷二十二）

望九疑山

越南·阮朝　佚名

经过前川望九疑，愁凝山色望低迷。
云浮芳渚南巡日，树列蒲信北拱时。
琴韵曲沉松韵爽，凤声唱罢鸟声悲。
在人德泽千余载，一望悠悠在远思。

（选自《越南汉文燕行文献集成》第八册《使程诗集》）

苍梧即事

越南·阮朝　阮攸

虞帝南巡更不还，二妃洒泪竹成班。
悠悠陈迹千年上，历历群书一望间。
新潦初添三尺水，浮云不辨九疑山。

寻声遥谢琵琶语，千里青衫不耐寒。

（选自《越南汉文燕行文献集成》第十册《北行襍录》）

九疑怀古

越南·阮朝　丁翔甫

南巡此地古传闻，访古徘徊对夕曛。

斑竹至今悲帝子，苍梧何处盖都君。

愁云不辨疑山色，往迹难徵信史文。

惟有帝功长在望，起人馀韵长南薰。

（选自《越南汉文燕行文献集成》第十册《北行偶笔》）

九疑览古

越南·阮朝　黄碧山

九山疑似山联绵，山里孤坟锁暮烟。

远别几回悲乐府，咏怀终古忆湘川。

迷离云幻重华色，仿佛松敲九奏弦。

极目苍梧何处是，南巡野外碧如天。

（选自《越南汉文燕行文献集成》第十一册黄碧山《北游集》）

望九疑山

越南·阮朝　黎光院

相传虞帝迹，犹在九疑山。

圣德周流盛，神光查蔼间。

共嗟龙去远，虚道竹成班。

千载悠悠意，浮云一片闲。

（选自《越南汉文燕行文献集成》第十二册黎光院《华程偶笔录》）

过苍梧访九疑山次韵

越南·阮朝　范芝香

粤缴犹传古地名，苍梧曾忆驻龙旌。

重羲宇宙何寥寂，五岭烟岚自晦明。

湘水悠悠班竹泪，珠丘杳杳白云程。

罗岩九峰知谁是，闲咏南薰客思生。

（选自《越南汉文燕行文献集成》第十七册范芝香《志庵东溪诗集》）

庚过苍梧访九疑山元韵

越南·阮朝　潘辉泳

记得苍梧古地名，梧山何处挂霓旌。
海隅一望重华远，岳会犹闻故典明。
虚忆韶音遗岭表，共传湘泪隔江程。
茫茫陈迹疑应缺，薰送新歌笔思生。

（选自《越南汉文燕行文献集成》第十七册潘辉泳《骃程随笔》）

九疑山

越南·阮朝　阮思僩

苍梧城郭水烟间，虞帝南巡此不还。
无限白云秋草里，行人遥指九疑山。

（选自《越南汉文燕行文献集成》第二十册阮思僩《燕轺诗文集》，为《梧州八首》第一首，标题为编者所加）

苍梧九疑山

越南·阮朝　裴文禩

白云黄叶满桥山，望断潇湘泪竹斑。
营道松楸霜雨里，九疑缥缈半疑间。

（选自《越南汉文燕行文献集成》第二十一册裴文禩《万里行吟》）

斑管

清　潘曾莹

妙制传斑管，新诗富锦囊。
滴来秋露润，画取远山苍。
泪湿红冰晕，纹镌绿玉凉。
美人杳何处，遗恨写潇湘。

（选自清光绪《宁远县志》卷三）

斑管

清　卢蕺

美人隔我苍江曲，万点斓斑余此竹。
制为一管任纵横，伐取潇湘无限绿。
当时怀古思郁陶，眼中突兀疑山高。
红兰白芷多幽怨，时向秋风拂兔毫。

（选自清光绪《宁远县志》卷三）

玉琯岩

清　杨大章

熏风十二琯，一奏阜民财。
遂扈苍梧狩，应吹赤凤来。
只今题朽壁，自古剩荒台。
四望惟黄叶，寒云冻不开。

（选自清光绪《宁远县志》卷四上）

游玉琯岩

清　袁珩

晓起披衣出，朝旭霭东方。
宿露凝纤草，幽鸟声初扬。
逶迤赴玉琯，白云参差翔。
竹枝夹道绿，苍藤满岩墙。
旧是何侯宅，九井芜在傍。
忆昔十二牧，执琯拱垂裳。
又闻西王母，来献玉辉光。
迄汉哀帝时，溪璟启幽藏。
得琯十二枚，献廷名以彰。
滴沥滋泉乳，食之饥可忘。
壁有蔡邕铭，飞白列数行。
九疑山三字，字大劲而壮。
帝德实巍巍，兹岩凭流芳。

淩空听古瑟，恍似洞庭张。

（选自清嘉庆《九疑山志》卷四）

虞陵执事恭纪

清　欧世炜

虞陵肇祀几千春，今日龙章五色新。
罗列云峰环秀岭，辉煌俎豆荐祀明。
羹墙见处情无极，灵爽凭时礼在因。
此际趋跄从虎拜，微忱故自凛丝纶。

（选自清吴玉山重编《九疑山志》卷四）

舜祠古樧

清　骆孔僎

森列祠边树，苍然古黛皴。
根株盘百结，岁月纪南巡。
溜雨骨常润，拏云气自伸。
神灵呵护地，草木亦长春。

（选自清光绪《宁远县志》卷四上）

舜陵

清　李承第

我家九疑下，招魂苍梧颠。
苍梧何渺渺，洞壑横秋烟。
吊古谒舜庙，瞻拜冕旒前。
山河阅万载，沧海成桑田。
独此庙貌新，高樧青参天。
碑阴咽蟋蟀，深林啼杜鹃。
伤心千古恨，湘江沈哀弦。
凄清不可听，明月生婵娟。
石壁藤蔓蔓，阶草春芊芊。
但见荒灵飞，白气对玉椽。

二妫环珮来，鬼风吹蹁跹。
九峰绕陵寝，泪竹痕涓涓。
忆昔萼绿华，兹山成飞仙。
何侯有石室，人去空寂然。
紫霞并玉琯，崖谷流清泉。
惟慕崇祠尊，今古自年年。
帝王谁无庙，所阙名山传。
我怀南薰操，摩挲重华篇。
今逢道光始，隆礼伸几筵。
星使来祭告，鹿豕陈豆笾。

（选自清光绪《宁远县志》卷三）

虞陵执事恭纪

清　樊在廷

炎方奥处宛蓬瀛，南狩重华莅翠旌。
碧涌潇澜钦过化，光摇疑岫仰文明。
芳馨玉瓒升琼液，懿铄龙章焕日精。
庆典扬休崇祀事，云收天外晓峰晴。

（选自清嘉庆《九疑山志》卷四）

玉琯岩

清　曾钰

有虞继唐称郅治，黎民风动声教施。
九州四海悉臣仆，率土威仰裳衣垂。
大荒有国西王母，慕化来献舆图披。
加以玉琯一十二，琅玕球琳光陆离。
乃命后夔协其律，阴阳各六雄和雌。
九招一奏神人格，鸟兽翔舞凤凰仪。
此宝自应藏内府，为何零落荒夷世？
世传当时五龙驭，南巡衡岳登九疑。
陟方不返二妃泣，道葬苍梧时所遗。

重崖湮没三千载，紫气夜夜射斗维。
哀平之间炎火熄，争言祥瑞夸珍奇。
文学奚景博识士，搜岩远献辉尊彝。
天生至宝彰虞德，毋乃所出非其时。
记籍流传吾未信，证以所见无异词。
神物显晦固难测，空山想像心狐疑。
穷搜冥讨得遗迹，何侯石室青崔嵬。
曾从禹穴求文字，还向舜塚求铜碑。
霜侵土蚀长埋没，山高溪肆猿猱悲。
龙门不作昌黎死，俦能好之又沉思。
使我怀古不忍去，日暮松竹秋风吹。

（选自清光绪《宁远县志》卷四上）

舜源峰谒舜陵

清　杨明上

舜源峰影对人来，振策登临秋色开。
绝顶青烟分楚粤，大荒白日走风雷。
英皇庙远频伤目，稷契时遥尚有才。
岁暮湮沦飐拜地，高天翘首独低徊。

（选自民国31年《宁远县志》卷二十二）

虞　陵

清　杨象绳

历劫香烟在，垂裳尚人望。
屏藩连象译，汤沐指潇湘。
日月尧天旧，松云舜甸长。
群山如万笋，拱立自跄跄。

（选自民国31年《宁远县志》卷二十二）

游九疑望三分石

清　杨季鸾

忽风忽雨离合间，非烟非雾千叠山。
九疑灵异不可状，谁能振策穷跻攀。
奇花怪石莽难数，篁深不辩溪头路。
我来正值春未阑，连日阴晴变朝暮。
篮舆导出千层松，烟光晃荡青芙蓉。
空中素练忽飞下，乃有秀插天半之三峰。
或言萼绿华，驻景餐流霞。
往来倏忽无定所，峰头时驻乘云车。
又言上有铜碑不识字，传是古帝陟方之所志。
我闻一笑且置之，休论四千年来事。
白云黯黯愁潇湘，离忧哀怨为文章。
李白能吟不能到，神随越鸟空飞扬。
何如径从此去朝玉皇，翩然举袂凌苍苍。
仙之人兮约同驾，风马云车定争迓。
遥闻玉琯吹参差，十二凤凰空际下。

（选自民国31年《宁远县志》卷二十二）

舜陵

清　李家麒

帝子不可见，苍梧何苍苍。
大野渺千里，愁云白日黄。
九峰插霄汉，终古疑想望。
下有重瞳陵，寒封阅沧桑。
神丘殊难指，隐见真无常。
古祠悲风雨，乃在山之阳。
双槠大十抱，叶叶含冰霜。
青樾高百丈，天灯炯夜光。
侗僚勤修酌，俎豆存蛮荒。
忆昔南巡狩，翠盖来仓皇。

遗弓遂不返，二女心悲伤。
香脂洒斑竹，潇潇忽成行。
黄陵子规泣，声声哀断肠。
宝琴弹再鼓，幽怨鸣清湘。
尧囚舜野死，其言殊荒唐。
遗庙衔峰阴，岂无山精藏。
我来四千岁，跪进溪毛芳。
方令元载洽，祀造稽成章。
南薰歌一曲，凤凰千仞翔。
想见有苗格，干羽两阶扬。

（选自民国31年《宁远县志》卷二十二）

玉琯岩

清　李家瑞

虞绍唐运至治赓，中天之世歌成平。
七政既齐五瑞辑，琛球悉纳周八弦。
慕化远来西王母，舆图奉献气纵横。
兼有玉琯一十二，其光灼烁声琤琤。
后夔取以协诸律，雄雌各六凤凰鸣。
南薰曲奏民财阜，箫韶至乐归九成。
此宝允宜秘内府，胡然遗落埋荒坪。
历传为舜南巡日，州牧执此觐礼行。
无何陟方不复返，九疑山畔竟修茔。
神器顿散谁为守，二妃竹泪空盈盈。
烟苔沈郁二千载，紫光岁岁凝寒晶。
汉哀帝时宝忽见，争言符瑞夸休祯。
文学奚璟偶得之，博物鉴古识特精。
登之于朝彰虞德，光辉直与樽罍争。
得毋天怜炎火衰，使之出而和其声。
神物显晦固有定，出非其时感喟并。
古人一名或一器，皆当护识寓真诚。

况乃重华所过化，尤动人思系幽情。
至今何侯石室侧，猿猱夜哭神鬼惊。
玉琯长没不复觅，啸谷徒听寒风生。
俯仰空岩劳想像，青山相对远峥峥。
拟将裂石奏仙乐，松篁写韵如鸾笙。

（选自民国31年《宁远县志》卷二十二）

斑竹岩

清　欧阳泽闿

化工造物日不足，佳水佳山无一复。
佐以岩壑更幽怪，欲令游客穷双目。
九疑峰峦亦大好，紫霞玉琯皆矗矗。
泪痕渍入湘云深，二女峰前长斑竹。
斑竹瑟瑟几千年，如松依涧兰生谷。
岩壁苔藓映古苍，紫笋芒棱青簇簇。
蛮烟蜑雨洒琅玕，鬟翠新妆整膏沐。
二妃仙驭邈无期，古篆摩崖不可读。
只今岩畔软尘土，年年抽玉供樵牧。
苍梧云影护冥冥，空寄相思泪一掬。
潇江萧飒秋毫寒，仿佛犹和幽弦哭。

（选自民国31年《宁远县志》卷二十二）

舜陵

清　樊世经

采遍疑山窟，舜陵望渺然。
中天悬化日，峦洞锁愁烟。
响寂仙入琯，魂消帝女弦。
铜碑今在否，摹刻自何年。

（选自民国31年《宁远县志》卷二十二）

斑竹岩

清　李绍白

终古魂栖处，空山咽暮云。
无言悲楚竹，有泪泣湘君。
点点都成血，斑斑尽是纹。
珮环明月夜，惆怅影难分。

（选自民国 31 年《宁远县志》卷二十二）

舜　陵

清　欧阳宗佶

远溯中天世，今存古帝祠。
九峰森在望，千古竟传疑。
岂识巡方日，无殊纳麓时。
古称此南岳，来或自东夷。
野可苍梧辨，人争翠辇期。
弼谐群后拱，釐降二妃随。
逊位年逾耄，勤民力已疲。
鸾舆长逝矣，龙蜕更何之。
屍解谈玄幻，灵栖地亦奇。
头头山拥载，面面水逶迤。
万岁峰回抱，三床石护持。
玄宫欣有托，閟寝卜攸宜。
尘自珠丘积，风兼玉琯吹。
有声传铁磬，无字没铜碑。
铭石中郎竹，浮湘太史词。
许由邨近接，彭祖迹同遗。
漫以讹传故，而忘过化思。
累朝崇秩祀，大典肃光仪。
雨露彤廷渥，星霜绛节驰。
羹墙情倍切，端拱仰裳垂。

（选自民国 31 年《宁远县志》卷二十二）

舜庙

清　陈自勤

舜庙传闻已累迁，不知享祀几千年。
舞阶树影疑干羽，入座薰风杂管弦。
二女峰低青欲滴，五臣山遍翠相连。
巍巍气象规堂陛，一曲箫韶奏九天。

（选自清吴玉山重编《九疑山志》卷四）

玉琯岩

清　李永绍

穷岩复奇壑，白云随作伴。
到此偶忘言，音寻十二琯。

（选自2005年《九疑山志》第十一章）

辛未与祭虞陵重游九疑山

民国　萧志仁

南巡一去不生还，揖让风流宇宙间。
五指望峰齐拜倒，双妃洒泪尚成斑。
梳妆美女鸡声起，歌舞瑶娃鸟道攀。
三十年来重到此，心心相印九疑山。

（选自民国31年《宁远县志》卷二十二）

忆江南·疑山舜冢

民国　郑谦

疑山好，大舜长此眠。斑竹千滴寻帝泪，红霞万朵染妃裳。绝顶插云天。

（选自2005年《九疑山志》第十一章）

七　中华人民共和国时期

七律·答友人

毛泽东

九嶷山上白云飞，帝子乘风下翠微。

斑竹一枝千滴泪，红霞万朵百重衣。
洞庭波涌连天雪，长岛人歌动地诗。
我欲因之梦寥廓，芙蓉国里尽朝晖。

（选自《毛泽东诗词》）

九疑山颂呈毛公

乐天宇

三分石耸楚天极，大气磅礴驱舞龙。
南接三千罗浮秀，北压七二衡山雄。
西播都庞越城雨，东嘘大庾骑田虹。
我来瞻仰钦舜德，五风十雨惠无穷。
为求山河添锦绣，访松问柏谒石枞。
瑶汉同胞殷古谊，长林共护紫霞红。
于兹风雨更调顺，大好景光盛世同。

（选自 2005 年《九疑山志》第十一章）

陪箫克将军游九疑山

熊清泉

帝舜南巡崩苍野，白云垂联挂长天。
二妃泪洒千竹染，九峰披发万山怜。
天宇设馆舜源下，肖克祭舜玉琯前。
德祖泉下如有知，当慰古风有人传。

（选自 2005 年《九疑山志》第十一章）

水调歌头

王建文

望众峰神秀，看异石凌空。莺飞草长蝶舞，万象竞争雄。豪爽东畴耕汉，巧笑西坡锄女，同奋岁新丰。四化有成日，策马骋春风。　舜之陵，妃之泪，象之农。苍梧万古，多少骚人兴正浓。凭吊南巡帝子，咏赏多情斑竹，题石颂前功。长颂白云句，文采跃寰中。

（选自 2005 年《九疑山志》第十一章）

访九疑舜帝庙

任光椿

上古有虞舜，天下以为公。
胼胝治中原，天戈殛四凶。
茅茨常不剪，功高不居功。
禅位于大禹，让贤树新风。
衰年勤民事，万里赴南封。
殉职苍梧野，葬身九疑峰。
我来潇湘源，寻碑蔓草中。
仰望青峰顶，万古一青松。

（选自 2005 年《九疑山志》第十一章）

拜舜陵

程鹤轩

舜帝南巡近海隅，史书追记死苍梧。
后人只解尊传说，未识当时字尚无。
闻信奔丧哭有虞，二妃飞渡洞庭湖。
相思泪洒千枝竹，点点斑痕似跳珠。

（选自 2005 年《九疑山志》第十一章）

丙寅元日邀吉坤等四友游九疑

廖奇才

九疑风光孰与俦？新春作伴畅同游。
融融日丽千山翠，汩汩飞瀑万壑幽。
斑竹啼痕空念远，奇峰结彩自风流。
留连难禁拳拳意，把酒登高唱大猷。

（选自 2005 年《九疑山志》第十一章）

登三分石

卢恒华

同上三分石，放眼看山河。

钦虞勤民事，我唱南风歌。

（选自 2005 年《九疑山志》第十一章）

游九疑作（三首选一）

胡六皆

长郊草色绿无涯，虞帝当年到处家。
摘取一竿红泪竹，舜源峰下拜重华。

（选自 2005 年《九疑山志》第十一章）

游九疑（二首选一）

桂多荪

游了九疑生九疑，舜皇争得葬兹溪。
可信千古湘妃竹，赢得诗人多少诗。

（选自 2005 年《九疑山志》第十一章）

忆江南

邹志强

九疑美，山色洗空濛。一水三湾摇倩影，千岩万壑竞奇雄，人在画屏中。

（选自 2005 年《九疑山志》第十一章）

游九疑山

刘飘然

千秋艳说九疑山，虞帝南巡到此间。
有意为民谋福利，无心替己觅清闲。
白云片片人何在，斑竹枝枝泪不干。
帝庙倾颓犹未复，高歌一曲万峰寒。

（选自 2005 年《九疑山志》第十一章）

泪竹

李长廷

虞帝南巡去不返，千秋风雨动疑山。

惟余缕缕丝丝恨，点点长存竹上斑。

（选自2005年《九疑山志》第十一章）

祭舜五十韵

郑国栋

巍巍帝舜，赫赫名扬。千秋景仰，万古流芳。耕历渔泽，雨雪风霜。出山入谷，虎豹豺狼。父顽弟傲，心正志刚。躬行五教，身避百殃。举贤去凶，树纪立纲。历试诸难，德厚才良。黎民拥戴，葵藿趋阳。遂践帝位，治国安邦。百岁南巡，僻壤穷乡。风云险阻，艰苦备尝。苍梧之野，竟以身亡。葬诸九疑，林谷深藏。封山为陵，建庙立堂。历代谒奠，陈诗献章。白云紫霞，瓜果牛羊。洞庭波兮，木落心伤。帝子降兮，南极潇湘。朝斯夕斯，痛断肝肠。斑竹一枝，泪雨千行。红霞万朵，泪眼一双。庙宇重修，画栋雕梁。名山胜境，凤翥龙翔。今我来祭，敢告以详。三湘四水，谷满粮仓。永州市区，日富月昌。九疑山人，丰乐寿康。公园百里，鸟语花香。春秋佳节，游客繁忙。一路欣赏，岩洞风光。登斯山也，林海茫茫。游斯地也，喜气洋洋。观斯庙也，富丽堂皇。礼斯陵也，素裹红妆。高朋胜友，到此彷徨。世纪之交，慨当以慷。改革开放，纲举目张。社会发展，历史沧桑。赋诗以颂，李杜苏黄。美我九州，宇宙飞航。誉我华夏，火箭国防。一星两弹，威震八方。港澳回归，举国欢狂。台海同胞，故土难忘。中华文化，永放光芒。承先启后，和平吉祥。开来继往，再度辉煌。疑山苍苍，江水泱泱。舜帝之风，山高水长。

（选自2005年《九疑山志》第十一章）

万山朝九疑

罗名泓

峰销白云水染蓝，万山怀舜尽朝南。
几疑虞帝苍龙驾，恰似皇英碧玉簪。
滚滚流山山起舞，滔滔逝水水经滩。
都因黎庶怀先哲，因使今朝竹更斑。

（选自2005年《九疑山志》第十一章）

登舜源峰

何运武

舜源峰高喜登临，万仞山巅揽北辰。
放眼收入舜公岭，伸足即达驻龙门。
我歌红日经天丽，众感重华护民恩。
莫道二妃千竹泪，须知疑岭妙入神。

（选自2005年《九疑山志》第十一章）

七绝·忆九疑

阙德基

九疑奇胜制衡山，帝子当年去未还。
留得二妃千古泪，骚人寻句彩云间。

（选自2005年《九疑山志》第十一章）

舜帝颂

陈大络

皇皇帝舜，功格穹苍。继天立极，王道孔彰。
泽被苍生，敷教纲常。孝思不匮，至仁无方。
天下为公，德布八方。庶政清明，孝悌馨香。
雅乐和鸣，九韶铿锵。贵义尚齿，道统有光。
德和天地，焕乎文章。龙腾京畿，协和盟邦。
孔作虞书，骏业隆昌。千秋明德，百姓吉祥。
巨烈昭垂，圣庙堂皇。儒生作颂，旨在推扬。

（选自2005年《九疑山志》第十一章）

千禧年清明登九疑怀古

王田葵

山川难洗旧，圣迹尚存留。
孝仁感天地，明德昭千秋。
仲尼若未降，道德何传流？
扭曲儒道统，皇胜更皇囚。
周期辗转率，谁解其中由？

千年一俯仰，均是为权谋。
乌托梦寥廓，百姓空忧愁。
何时民作主，权利或能纠。
帝灵岂有悟，风雨满重楼。

（选自 2005 年《九疑山志》第十一章）

登三分石

张泽槐

山之高兮岩岩，水之流潺潺。风之歌兮萧萧，云之舞兮翩翩。虞舜之陵兮何处，铜碑之字兮不传。帝子之泪兮千滴，荆篁之斑兮万年。我今登攀兮绝顶，独自长啸兮九天。道德文化兮明后世，中华复兴兮慰先贤。

（选自 2005 年《九疑山志》第十一章）

第二节　文赋

一　碑文

舜庙碑

北魏　温子昇

怀山不已，龙门未辟。大道御世，天下为公。梦感长人，明扬仄陋。厘降二女，结友九男。执耜历山，耕夫所以谢畔；施罟雷泽，渔父于是让川。亦既登庸，以之纳麓。九官咸事，百揆时叙。有大功于当世，集历数而在躬。受文祖之命，致昭华之玉。班五瑞于群后，禋六宗于上玄。舞干戚而远夷宾，弃金璧而幽灵应。青云浮洛，荣光塞河。符瑞必臻，休祥咸萃。以君人之大德，为帝王之称首。陟方之驾遂往，苍梧之窆不归。爰自先民，实存旧庙。既缉药房，遂镇瑶席。龙驾帝服，盖依稀于慕舜；交鼓亘瑟，实仿佛于闻韶。其辞曰：

虹气降灵，姚墟诞圣。
树荫未徙，帝图已定。

乃宾四门，以齐七政。
天眷功高，民归德盛。
治既荡荡，化亦巍巍。
南风在咏，西环有归。
嶷山永逝，潇水长违。
灵宫肃肃，神馆微微。

（选自明张溥编《汉魏六朝百三家集》卷一百八《魏温子昇集》）

虞帝庙碑铭并序

唐　张谓

尧有天下七十载，将逊于位，久难其人。伯支许由，全其节而固让；羲仲和叔，审其才而固辞。帝德合于天，天命归于帝，帝尽善也，我其试哉。由是宾于四门，纳于百揆，星辰合度，雷雨不迷。尧之二女，釐降于汭；尧之九男，服勤于外。受昭华之玉，允洽神人；泥封祀之金，大报天地。五臣皆进，明赏也；四族皆黜，明刑也。先质后文，孰俗也；贵德尚齿，优贤也。于斯之时，君明于上，人化于下。山川鬼神，亦莫不宁。鸟兽鱼鳖，众乎咸若。无为而治，其圣也欤！夫以万乘之尊，一人之贵，多见轶其轨度，少能窒其嗜欲。瑶台琼室，尧舜则茅茨土阶矣；玉食宝衣，尧舜则藿羹皮裘矣；历代多嫔御，尧舜顾礼经娶一姓矣；自古好征伐，尧舜舞干戚怀四夷矣。百姓乐，尧舜未尝不乐；百姓忧，尧舜未尝不忧。历数之来，人以位授我；讴歌之去，我以位授人。其来也婴于樊笼，其去也脱于桎梏。形神非吾有，天地之委和；子孙非吾有，天地之委蜕。此其所以禅代也。近日曹丕父子，世为汉贼。当鼎易之时，发荒唐之论，高视前古，大夸群雄。猥以汉魏之间，辄同尧舜之际。此河伯不知于海，若盗跖自方于仲尼也。古人云：尧以义终，舜以勤死，稽诸祀典，永垂世教。游夏之徒，岂诬也哉？称尧见囚，小儒之虚诞；为禹所放，曲士之穿凿。攻乎异端，斯害也已。九疑北麓，三湘南澨，帝之遗庙存焉。地僻易芜，徒生荆棘；水深难涉，谁荐蘋蘩。先圣不祀，后贤之过。摄邵阳令、前监察御使宇文宣，大树风教，小康黎元，相冈峦，移栋宇。前豁林莽，得爽垲之地焉；下指城隅，见祈祷之人焉。如或宣室言微，閟宫灵降，娥英近侍，稷契旁趋，则歌南风，觐东后，朝众圣，会群臣。则知汤武不敢升堂，自愧于庙庑之下；高光不敢及户，退惭于阃阈之外谓也。无孔氏之祖述，有颜子之希慕。作颂于清芬，勒文于玄石。其铭曰：

系自颛顼，家于句芒。大口奇表，重瞳异相。
俗变山中，风移河上。其器不窳，其人皆让。
二年成邑，三年成都。维彼陶唐，禅于有虞。
域中交泰，天下昭苏。彩凤听乐，黄龙负图。
其德难名，元功不宰。脱屣城阙，遗形江海。
陵庙有依，山川无改。象耕未辍，鸟耘犹在。
托此岩阿，神心若何。蒸尝昔少，俎豆今多。
百越迢遥，九疑嵯峨。湘云古色，楚水新波。
庭罗松桂，森若容卫。瞻度风飙，宛如箫韶。
黎庶以宁，阴阳以调。凭兹圣灵，助我皇朝。

（选自《唐文粹》卷五十一）

黄陵庙碑

唐　韩愈

湘旁有庙曰黄陵，自前古立，以祠尧之二女、舜二妃者。庭有古碑，断裂分散在地，其文剥缺。考《图记》言汉荆州牧刘表升之立，题曰“湘夫人碑”。今验其文，乃晋太康九年。又其额曰“虞帝二妃之碑”，非景升立者。秦博士对始皇帝云：湘君者，尧之二女、舜妃者也。刘向、郑玄皆以二妃为湘君，而《离骚》《九歌》既有《湘君》，又有《湘夫人》。王逸之解，以湘君者自其水神，而谓湘夫人乃二妃也，从帝南征三苗不返，道死沅湘之间。《山海经》曰：“洞庭之山，帝之二女居之。”郭璞疑二女者帝舜之后，不当降小君为其夫人，因以二女为天帝之女。

以余考之，璞与王逸俱失也。尧之长女娥皇为舜正妃，故曰君；其二女女英，自宜降曰夫人也。故《九歌》词谓娥皇为君，谓女英为帝子，各以其盛者推言之也。《礼》有小君。明其正自得称君也。《书》曰舜陟方乃死，《传》谓舜升道南方以死。或又曰舜死葬苍梧，二妃从之不及，溺死沅湘之间。余谓《竹书纪年》，帝王之没皆曰‘陟’。陟，升也，谓升天也。《书》曰殷礼陟配天，言以道终，其德协天也。《书》纪舜之没云陟者，与《竹书》《周书》同文也。其下言“方乃死”者，所以释陟为死也。地之势东南下。如言舜南巡而死，宜言“下方”，不得言“陟方”也。以此谓舜死葬苍梧，于时二妃从之不及，而溺死者，皆不可信。二妃既曰以谋语舜，脱舜之厄，成舜之圣，尧死而舜有天下为天子，二妃之力，宜常为神，食民之祭。今之渡湘江者，莫敢不进礼庙下。

元和十四年春，余以言事得罪，黜为潮州刺史。其地于汉南海之揭阳，厉毒所聚，惧不得脱死，过庙而祷之，其冬称袁州刺史。明年九月，拜国子祭酒。使以私钱十万抵岳州，愿易庙之圮桷腐瓦于州刺史王堪。长庆元年，刺史张愉自京师往。余与愉故善，谓曰：“丐我以碑石，载二妃庙事，且令年世知有子之名。”愉曰：“喏。”既至州，报曰：“碑谨具。”遂记其事，俾刻之。

（选自《五百家注昌黎文集》卷三十一）

湘源二妃庙碑

唐　柳宗元

元和九年八月二十日，湘源二妃庙灾。司功椽守令彭城刘知刚，主薄安邑卫之武，告于州刺史御史中丞清河崔公能，祗栗厥戒，会群吏洎众工，发开元诏书，惧废守祀。搜考赢羡，均凶委积。咸执牍聿，至于祠下。稽度既备，傭役惟时。斩木于上游，陶填于水崖。乃桴乃载，工逸事遂。作邈显严，粲然而威。十有一月庚辰，陈奠荐辞，立石于庙门之宇下。唯父子夫妇，人道之大。大哉二神，咸极其会。为子而父尧，为妇而夫舜。齐圣并明，弼成授受。内若嚚瞽，上承辉光。克艰以乂，德罔不至。帝既野死，神亦不返。食于兹川，古有常典。驱袚戾孽，恢宣淑灵。敢或失职，以奸天刑。有翼其恭，有苾其馨。沉牲爰告，即石是铭。铭曰：

渊懿承圣，舜妻尧女。德形妫汭，神位湘浒。
揆兹有初，克硕厥宇。唐命秩祀，兹邑攸主。
胤于万年，期保伊祜。潛火煽孽，燉于融风。
毛牷既肆，椒馨爰糈。神用播迁，时罔克袭。
邑令群吏，告于君公。廉用积余，以就尔功。
桴木负埴，载流于江。既夷以成，崇宇峻墉。
洁严清间，左右率从。神乐来归，徒御雍雍。
神既安止，邦人载喜。奉其告主，以对嘉祉。

南风湑湑，湘水如舞。将子无护，神听钟鼓。

丰其交报，邦邑是与。刻此乐歌，以极终古。

（选自《柳河东集》卷五）

咎繇碑

唐　皮日休

噫！淳淳之命，必归于德盛者，出不徒然。上应运次命代，苟非相者数十祀，翼出于一时者，其运与命，彼失此得，咸在乎淳淳之命焉，奚在归乎德也？夫帝挚之德不盛于尧？尧而得焉；直与此六族之德不盛于舜？舜而得焉。至于咎繇德齐于舜、禹，道超乎稷、啟，禹荐于天，不命而殁，则谆谆之命奚归乎？呜呼！天何为哉？不付咎繇之命者，将欲空受天下哉？未必独死咎繇也。设咎繇得天下，其暮必荐益，益得天下，其暮之荐必有其人。自咎繇之降，空授之主，其暴民黩天者，可忍言也哉？太史公曰：禹封咎繇之后于英六。五年春日，休自淝陵之江左，道出英六城下，因求遗实，厥祀存焉。乃絓马于古木，再拜于庙庭，退而碑之，请枞阳小尹刋于壁。铭曰：

惟天降圣，不锡厥命。一篇帝谟，百王之镜。

禹有奚遏，荐之不定。啟有令德，受之而正。

已矣何伤，明德逾盛。

（选自《文薮》卷四）

静江府虞帝庙碑

宋　朱熹

静江府故有虞帝祠，在城东北五里，而近虞山之下皇泽之湾，盖莫详其始所自立，而有唐世刻词在焉。有宋淳熙二年春二月，今直秘阁张侯栻始行府事，奉奠进谒，仰视栋宇，倾塾弗支，图象错陈，篚以淫厉，则竦然曰：“帝德在人，其神在天，威灵所加，无有远迩，降祠兹土，粤有故常，而因陋踵讹以至于此，弗图弗革，某实惧焉。”已事，则命撤而新之。时又方按国典，毁诸旁事不如法者，因悉致其美材文石以奉兹役，作治逾时，讫事以告。门观严显，庞杂远屏，外朝内寝，惟帝及二妃之神，恭己面南，俨然临之。秋七月癸未，侯率其僚，奉承牢醴，俯伏灌荐，以妥皇灵。肸蛮既通，拜手言曰：“天降生民，厥有常性。仁义礼智，父子君臣，爰及昆弟、夫妇、朋友。是曰天叙，民所秉彝，失之毫分，穹壤易位。惟帝躬圣，诚明自然，慈孝于家，仁敬于邦，友弟刑妻，取人与善，从容钜细，各极其极。如规之圆，如矩之方，使凡天下后世之为人伦者，莫不取则。高明博厚，化育并流，孰是遐陬，敢私其施。惟苍梧野，谓帝所藏，寅缘此邦，获恭明祀。兹率群吏，釁于新宫，穆穆威神，不仁者远，敢不再拜稽首，惟帝之神，实临照之。”于是三献礼成，神人浃和，吏民骏奔，咏叹兴起，合辞恳请，愿著石章，伻来谒辞，以诏无极。熹窃惟帝之所以配天立极法施无穷者，既非文字形容所及，而传记所称南巡不返遂葬苍梧者，又非经言，无所考信，则皆罔敢知。惟是天理人伦之际，帝之所以教后世者，盖尝与侯讲而志之，于侯之意，庶几识其所以然者。乃敬篆而显诗之。其诗曰：

虞山之土，漓水之浒，谁修虞祀，九歌招舞。
有翼侯张，牧此南州，怀帝之仁，答其祐休。
载瞻祠宇，颓剥支柱。明灵弗蠲，淫傲骈伍。
乃教纲纪，乃夷乃攻，乃堂乃基，峻宇崇墉。
帝降不迟，四门穆穆，侯乐其成，来馈来祝。
惟帝之德，规圆矩方，即物而则，大伦以光。
爰自侧微，动植潛被，恭已当天，云行雨施。
惠于来世，亿万斯年，穹天博地，峙岳流川。
矧是卉裳，旧惟声教，愀然见之，兴起则效。
子隆于孝，臣力其忠，侯拜稽首，惟帝之功。

（选自《晦庵集》卷八十八）

蔡邕九疑山铭碑跋

宋　李袭之

九疑名昉《离骚》，祠庙古矣，乃无汉以来刻碑。阅欧阳询《艺文类聚》有蔡邕碑铭，然仅载铭词而碑文不著，惜也他所遗逸多矣。袭之既考新宫，遂属郡人李挺祖书于玉琯岩，以补千载之阙云。淳祐六年秋八月郡守潼川李袭之题。

（选自清雍正《湖广通志》卷九十八《艺文志》）

帝舜庙碑

元　刘傑

帝有虞氏之德之盛，如天地之大，日月之明，人无能名。惟是南巡以来，重华所被，潇湘之滨，粤岭之南，所在有祠，式昭毖祀，祗答灵祝。桂林城阴，虞山之下，故有帝庙，肇修于唐观察使李公昌巙，文之者礼部郎中韩云卿，宋经略使张宣公载新之，而齐国朱文公一《记》且与虞山争高焉。元一六合，百年余列圣屡诏，帝祀攸先，所司固陋，莫克称旨。岭南监宪，今湖广平章唐古公额尔济讷至，始起宋季之废而庙之。庙故有田，以工計者百圃，以亩計者八十有三，岁久牟没，庙缘是废。公廉得实，命所司访故址，模崖刻既，徵前闻益信，乃先正典岁租之人，会城桂，未遑庙。至正二十年冬，城成，捐俸规材，庀功拓故，所劖菅芜而宇之。其明年春，傑实来，以帝人伦之至，若稽礼度庙，宜如校宫，则为前殿后寝、左右宾序、应门、灵星门，缭以周垣，直南加甃，其涂旁树之松，又因庙之左故有亭址而亭之。起是年之冬十月，毕二十有二年之冬十月。望之蔚然，前是未有也。殿貌帝袗衣，南面五臣，禹受禅不与，皋、稷、契、益，咸以次端委，侑坐二妃像。诸寝殿又范铜为祭器，凡九十有九。今年闰三月三日告成，行释奠礼，公与宪僚以次三献，其常祭则有司莅之焉。嗟乎！地之废兴有时，庙之成毁以人。由唐而宋，迄今历几兴废矣，而美之以宗庙，富之以百官，必待乎公，得非山川之气郁而当舒，故出作兴其人俾尔。民观像思德，复还世道于雝熙也哉！规模远矣！是举也，傑与其事，故摭典实而记之。

（选自清汪森编《粤西文载》卷三十八）

重修九疑观碑记

明　蒋鐄

出延唐东门数百武，有九疑观，乡耆老言古建于三峰石下，唐贞观中迁于斯，我明洪武五年再经始。余令延唐，经其门，询诸耆老，谓旧宫历二百余年，已圮尽。数年间邑民慕义者，共聚财薪之工，未半而力不任，遂中辍。余惟九疑，楚之也，立命鸠工卒业。旬月，缭有垣，塈有茨，虚有牖，一切颓敝者悉举，自中宫既左右庑，重牖列闥，庙貌俨然。外屏高门，饰以丹垩，父老过而韪之。观以九疑，重观迁而故额犹存，居人不知有邑之镇山，犹知有观，殆九疑之饩羊乎？吾子之勤斯，其有意乎？余曰：夫潇湘之南，自昔在南鄙，逐臣迁客，泽畔行吟之地也。余浮湘登九疑，觅所谓三峰石者，皆目为穷荒异域，乃自贞观以前，斯观翚革如故也。今日崭绝鸟道菁棘蓁蓁之路，犹昔年香火不绝之通衢。夫昔以投荒厌苦之而胜事若彼，今稍以为中土安居之而虚墟若此，岂山川之衰旺有数与？抑古今物力不相及也。夫敬事山川以祝釐，绍修余业以志古，徵文考献以鼓吹休明，邑令事也。父老又请曰：比岁之不易泽若焦，方数千里艰食，自吾子之来而时雨，若亩有栖，野有被也，庶几山川之灵其庇予乎？祈年以保我遗黎，敢邀吾子之贶，实居歆之。余曰：天子之福也。二三子之劳也。余兹所图者，既不望贞观以前之故宫，俾湘灵生色，又何忍洪武以后之遗构，重夷为里社。自今以往，父兄子弟，其毋剪伐，以水告虔不谷，将借手以服采风者。于是具岁月土工，勒诸石。

（选自清黄宗羲编《明文海》卷三百六十三）

重修虞庙碑记

清　刘章

章于庚子岁奉命参藩楚南，于永州为属郡。阅志乘，得识有虞氏陵寝宁远城南六十里九疑山。岭高林茂，路径崎岖，仆夫有况瘁之虞，车马有尘涉之苦，以故逡巡岁月，未克即遂瞻仰之怀。

我皇上御极之二年，政成化洽，迈越千古，特崇圣祖仁皇帝配享天地大典，爰遣大中丞今升少司马杨公汝谷致祭于帝舜有虞氏之陵。章叨陪祭，得睹御颁香巾隆仪，鸿文诰祝，殷然仰见圣天子，有如在之诚，昭同日月。又见古帝王之庙貌尊严，巍焕轶常。猗欤休哉！与斯祭者，荣幸何已。瞻对之下，又惜其建制之未周：殿庭而外，止存一亭一栋，乔木数株而已；初虽置备，或有缺略，而兴废亦因乎时。考自有明洪武四年鼎新以来，距今四百载，岁月既深，兴修未及，其颓废也固宜。章趋承目睹，抚膺生感，愿捐已俸廓之。随呈制宪杨公宗仁、抚宪魏公廷珍，均获奖允。于是庀材鸠工，委巡员吴国栋董其事。设头门三楹，省牲亭一栋，两旁立朝房各三间；正殿增瓦补葺窗棂；周围筑墙三十四丈。斯岂章之博名而为此哉？不过官斯土者尽其力之所为，以不负九任重使之意云尔！至有虞氏绍尧致治，立隆千古，如日月经天，江河行地，书传所载详矣，章何庸赘辞！

是役也，始于雍正二年十月，落成于十一月。巡员吴国栋为文记其事，以俟后之君子嗣而葺之，庶几悠远而不复致有倾圮云尔。

（选自清嘉庆《九疑山志》卷三）

重修玉琯岩记

清　徐旭旦

游九疑者，去舜源峰五里许有岩，上刻蔡邕《九疑山铭》及方信孺“九疑山”字，其下轩豁呈露，方广如丈室，则玉琯岩也。

询所自，曰：舜朝方岳登九疑，十二牧执玉琯以觐，后为奚璟得去，因以名。或曰：玉琯盖西王母所献也。二说未暇深考，然岩之得名，吾知以玉琯；而岩之自来，则不以玉琯而以真元也。元，唐时人，舜南巡狩止其家，封为何侯。后感五老化形，于是，慕长生之术，采药炼丹，遂拔宅仙去。岩固元石室也。予因低徊登望，慨然者久之。

夫士君子志慕古。初于古人，一名一器犹必珍重护惜之，况为圣人所常经历者乎！迄于今，丹灶犹在，九井如故。虽侯之神，方与高远、刘施言辈相羊于十洲三岛间。抚摩日月，吐纳烟霞，视弃尘世如敝屣，而维桑与梓必恭敬。止设月明华表，鹤影徘徊，偶作故邱之想，则韩陵片石能无感慨系之乎？故人只知有玉琯，不知有何侯；止知玉琯为奚璟持去，不知石室为何侯尚留也。且夫莫为之前，虽美弗彰；莫为之后，虽盛弗传。使听其倾欹、坍踏、剥落于荒烟蔓草间，为风雨所蚀，为猿穴所居，为樵夫牧竖所蹂躏，俾后之志古者凭吊无从，喟然增慨，此亦今日司土者之责也。时有释子自通来言，与予志有合，遂捐赀俾董其事并记之，使后人知有何侯；则玉琯一岩，当与汉议郎碑铭、宋刺史书迹同其不朽云。

（选自清吴玉山重编《九疑山志》卷四）

舜帝陵修复记（碑文）

湖南省人民政府

2000 年 9 月 9 日

舜帝为中华民族初祖之一。史传炎帝创造了农耕文化，黄帝创造了政体文化，舜帝创造了道德伦理文化。文献记载：舜南巡，崩于苍梧之野，葬于江南九疑，依山为陵，初未有冢也。禹至衡山，筑紫金台，望九疑而祭舜。秦始皇、汉武帝亦曾遥祭。秦汉后，始立庙于玉琯岩前。明代迁于舜源峰下。后经多次增修，至清乾隆间，规模兹大，陵寝殿宇，堂构俨然。此后，年久失修，历经风雨沧桑。至人民共和国建立前，虽枫柏犹存，陵碑犹在，然荒芜蔓草，凋零不堪。

建国后，为保护文物古迹，1956 年，湖南省人民政府将舜帝陵列为省级重点文物保护单位，1993 年又将其列为重点文物抢修项目，拨专款予以修缮。至 1999 年底，主体工程全面完工。此次地依原址，按清代建筑风格设计，占地约 5. 7 万平方米，建筑面积 3700 平方米，主要建筑有山门、午门、拜殿、正殿、厢房、碑廊及神道、广场等附属设施。修复工程得到了国家文物局、社会各界及海内外舜裔宗亲等组织之大力支持。特别是永州市和宁远县，倾注了巨大的人力、物力、财力，团结协作，共襄盛举，其爱国敬祖、慎终追远之精神，感人至深。

舜帝陵自始建以来，以此次修复规模最大，超越前人。凡我中华民族子孙，来此问祖寻根，缅怀舜帝功德，诮兴肃穆虔敬，景行仰止之思。对于弘扬优秀传统，传承先进文化，建设精神文明，促进民族复兴与祖国统一，实具有深远意义，爰勒碑为记。

祭舜帝陵碑记

山东省大舜文化研究会

舜，名重华，上古五帝之一。出生于东夷重地诸冯（今山东诸城市），自幼丧母，父冥顽，继母凶悍，异母弟傲慢，舜犹能恪尽孝悌而为天下称颂。后耕种于历山，渔猎于雷泽，制陶于河滨，作器于寿丘，以其有明德而民皆争附之，徙居之地一年成聚，二年成邑，三年成都。尧闻其名，察其实，遂将娥皇、女英二女嫁舜为妻。考验三年，禅让传贤，命舜摄行天子之政。舜乃祭告群神，巡狩四方，布五教，制刑法，举贤才，去凶慝，天下大治。尧帝崩，舜即帝位，改国号曰虞。允执其中，发明王道。设官分职，立禹、契、弃等二十二人，皆使居官相事，各司其职。三年一考功，三考定绌陟。分天下为十二州，用禹治水，改堵为疏，历十三年而告成功。水土既平，开拓疆域。南抚交阯，西至氐羌，北迄息慎，东抵鸟夷，四海之内，方五千里，虞俨然成为世界文明大国。晚年遵禅让之例，荐禹于天。南巡视察，崩于苍梧之野，葬于九疑山麓，是为零陵，享祀不绝。舜作韶乐，歌卿云，复歌南风，其辞曰：南风之薰兮，可以解吾民之愠兮；南风之时兮，可以阜吾民之财兮。大哉虞舜，万世景仰。己丑年秋，会长谢玉堂应湖南省舜文化研究会会长唐之享先生邀请，参加公祭虞舜大典，自此鲁湘两省舜文化研究会携手合作。明舜之明德，赞舜之教化，继承舜之精神。同心戮力，共襄盛世，先后三次举办舜文化研讨会，又合作出版《虞舜大典》下集。壬辰年九月，鲁湘两省研究会又会聚九疑举行研讨，谢玉堂会长谒舜陵祭祀舜帝，故勒石铭记，以志敬情。

二零一二年九月

二　辞赋

心箴

唐　皮日休

大化之精，孕之曰人；大纯之灵，形之曰心。
心由是君，身由是臣；中既龃龉，外乃纷纶。
耳厌闻义，目恶视仁；手持乱柄，足践祸门。
舜为天子，舜不得尊；其不尊者，与心为臣。
纣为天子，纣乃得尊；其得尊者，与心为君。
天子之外，复有尊者；乃舜之心，将舜之身。
天子之外，复有卑者；乃纣之心，将纣之身。
危乎惕哉，臣之谏君；辅相不明，诸侯不宾。
君为秽壤，臣为贼尘；未及于斯，良可自勤。
呜呼吾君，无复兹文。

（选自《文薮》卷六）

南风之薰赋

唐　张正元

昔有南风和醇，明德维新。创五法而配夏，感万物之如春。不然者，夔何以得为典乐，舜何以尊为圣人者哉？其风乃周流遐裔，荡涤庶物。廓宇宙以澄清，屏腐余之伊郁。故表太平之至理，俾寰宇之无咈也。且顺而随时曰《巽》，气之相感曰《咸》。合之宁间于幽林旷野，散之何啻乎万壑千岩！当其南正司辰，朱明应节。我风在德，何以验乎枯桑；我风在仁，何必浮于空穴。物既斯悦，薰不在乎器，人奚以钦，物莫能同。叶不在乎兰，人何以结。知执德不回，嘉祥有开。始斯人之解愠，倏仪凤以员来。有孕容若，至德休哉。足以成天下之务，畜天下之财。今国家以义为利，知风之自。实皇猷之穆穆，因王道之易易。竹帛之功斯在，丝桐之音不墜。夫如是，未有灵瑞之不臻，生成之不遂者也。宁与夫蓬振尘惊，飕飗凄清。或败物者有墜，或中人而丧精。未若我皇内协正德，外和厚生。在乎野而草自偃，入乎林而条不鸣。是则良哉元道，克洽九有。仰南薰兮何翕尔而纯和？幸得咏时康与俗阜。

（选自《文苑精华》卷十三）

南风之薰赋

唐　吴仲舒

歌《南风》之黛兮，肇自前烈。关《凯风》以时兮，流乎俊哲。澹澹荡荡生乎无间，馥馥微微播于有截。故功成作乐而上下昭著，治定制礼而君臣有别。吾亦乘日月之至明，臻中和之令节。言而覆之万国称庆，动而法之千寮胥悦。此所谓规模帝舜，慰洽吾人。操五弦之琴而八风从律，征三代之乐而六气平均。使天下霈然而有感，穷海外飒尔而知春。至于传之永久，垂之不朽。可以动萌芽，可以荣林薮。薰之有德也，使国富以人安；薰风之有惠也，使时和而俗阜。若乃燠佳气兮允塞，埽祥烟兮乍开。早绽青门之柳，先惊上苑之梅。晦入阳春之曲，潜吹玉管之灰。此亦韶年之丽景，况有顺时而丰财。或披襟而乍对，或临水而轻拂。承长养则芳气袭于一人，阐煦妪则膏露沾于万物。斯以发号施令，前规后监。三农以之协洽，兆人以之无疑。咸如此则典礼备，麟凤至。吾道不乐兮发身有时，薰风自南兮万物咸遂。物本无情，因时而生。百姓日用而不觉，五音岁兆于未萌。傥高飙之借便，顺下风而长鸣。

（选自《文苑英华》卷十三）

南风之薰赋

唐　李夷亮

时之和兮道之至，彼南风兮舒以肆。发于地鼓万物以生成，登于天叶三光而能粹。岂不以律有席而咸应，乐无声而大备。郁郁也从四气之攸分，熙熙然见群芳之已遂。若乃涉维夏，背芳晨。蒸人已乂，率土惟淳。云物必书，识烟霞之改旧；君臣有礼，知动植之怀仁。符元化，越洪钧。式观风于我后，终解愠于吾人。伊昔虞帝君临，忧劳是切。将纳隍为己任，垂大训于前烈。援琴写操，知庶政之惟和。负扆居尊，俾含生之是悦。然后泽及幽岩，九区克威。气扬湮郁，四海无咈。且攸叙于彝伦，故克遣于一物。国家敬授惟明，稽古作程式，宜其和以厚其生。是以东作之勤不遣于帝力，《南风》之咏屡起于皇情。亹亹多士，茫茫万有。犹偃草而咸若，沐薰风之自久。惟德斯硕，惟财孔阜。

（选自《文苑英华》卷十三）

南风之薰赋

唐　李叔

至矣哉！如天之君声明化淳。穆南端而作乐，播薰风以养人。顺圣时而和，则气无留慝；解吾氓之愠，故物无不亲。所以应乎品类，遍乎天地。感一德而当阳，处八方之正位。使夫微者必扇，幽者必遂，不以动而有光，和而能至，风之始也。日月贞明，星辰齐平，然后荡荡而起，熙熙而生。触类而煦然长育，无朕而潜来备盈。行而有孕，倚五弦而调四气；广而不费，匝九垓而周八紘。非比夫抵华叶，陵高城，转蘗蕙而渥彩，合万籁而成声者也。风之达也，本于元首，播于群，有使五福富昌，万物殷阜。宜其叶无为之大化，匪独革有苗之小丑。亦有广莫北动，阊阖东来。不如自其南而掩器，一其薰而阜财。则知端拱垂黻，化人无拂，则必合其君其资；岂惟三国不监，二叔不咸，徒偃其禾而表其谗。故我君烈烈行道有载，歌祖德而庶事用康，谐舜乐而鸣琴不徹。被《南风》之溥畅，慰远黎之胥悦。士有欲搏风于九霄，希假势于一挈。

（选自《文苑英华》卷十三）

舜有羶行赋

唐　谢观

肉不爱蚁，蚁自来依；舜不求人，人自来归。尔则以膻生向慕，我则以思深侧微。祁祁孑来，竟欢怀于德饱；侁侁类聚，各沾濡以家肥。自知取喻于彼，欲明于此。播薰风于酷烈，比黎庶于蝼蚁。温恭允塞，谅不阻于幽微；玄德升闻，固无间于遐迩。是故四海纷会，千门競追。共仰来苏之日，诚非逐臭之时。以孔甘为味，以润下为脂。率从其旨，爰度乃私。应其欲而徇矣，思所利而啖之。各竭血诚，汝则如饥如渴；无劳肉视，吾乃龙章凤姿。载求膻不在身，三嗅而膻不在服。在乎安长幼，资亭毒。行叶扬芳，言兰芬馥。以膏腴及万姓，万姓熙熙；以霈泽旁四门，四门穆穆。咸遂其性，各安其族。并饮其风顺雨调，岂止于觞酒豆肉。若乃望之如日，戴之如天。不销不歇，沛然霭然。如此乃闻膻者焉。如或失之于上，迷之于下。四罪之徒，三苗之野。如此乃闻膻之者，喻既斯大，义岂凭虚。以心求芬芳者得，以鼻求芬芳者疏。自发德馨之惠，宁同乳臭之余。服媚媲之而孰可，芬香拟之而岂如。由是蒸黎子来，蛮夷蚁附。八方咸戴其煦育，九土其臻其道路。惠然若归，往也如慕。焕重瞳而日月清朗，齐七政而恩威布濩。至矣哉！巍巍堂堂，可谓承天有裕。

（选自《文苑英华》卷四十三）

舜歌南风赋

唐　杨迺

巍巍舜德，于今人称。居北极而惟大，歌《南风》以敷宏。歌之伊何？制丝桐而合奏；风之至矣，信长育而有徵。兹可谓无为而自理，天纵而多能。美夫诚，发深衷。物能应感，悯沃瘠之劳逸，均阴阳之舒惨。是用作则于世，利之孔多。风咏凯兮，美万物之藩衍；乐操琴也，佳五声以同和。复而不厌，远而匪他。方将煦妪之为意，岂徒娱乐为斯歌！观其发宫应徵，扬清激浊。自南习习，同诗人喻彼棘心；入夜泠泠，异贫士叩其牛角。则知圣人审音以知政，化俗而作乐者有矣！夫懿其出乎幽谷，应以繁声；若云龙之潜召，同律吕之相生。万籁动，八音清，匪鸣条而扇物，方靡草而作程。是以人荷时康，功归帝力，四气以之而不挠，百谷从兹而蕃殖。节有度，守有则。始从迩以求远，终自南而徂北。尔乃匪除匪疾，乍遏乍闻。飒飒清音，疑少女之初至；泠泠余韵，谓别鹤之求群。亦为父母之罔极，何必声变而成文。是以德冠百王，致成万物，正南面而恭己，懋功千载而不咈。

（选自《文苑英华》卷四十三）

湘妃泣竹赋

唐　蒋防

昔舜之南巡不回，繄二妃兮心伤以摧。对三湘之遥兮，积水无际；望九疑之疑兮，愁云不开。郁丹诚而饮恨，攀绿筱以兴哀。泪汤汤而千重随睫，竹冉冉而万点凝苔。敛蛾之怨盈臆，如狸之斑变色。落红脸而珠影争圆，染碧纤兮缬文交织。夭绍婵娟，呜咽潸然。沥青简兮丹书粲粲，洒绿枝兮白露涟涟。所以精神达而理归其著，悲哀集而物谢其坚。想夫万里迎秋，重江向夕。引苍翠以歔欷，忽阑干而委积。仗拳然之手，两点垂丝；探密尔之丛，众痕凝碧。是知至哀必感，有怨必通。竹无情而发外，泪有感而从中。慷慨成行，乍洗龙吟之管；谰媥绕节，如交凤食之丛。宁类夫声伯再怀其梦想，杨朱徒叹其西东。岂无芳菲，渝其霜霰；岂无浩淼，忘其顾盼。是以委檀栾，寄葱蒨。来非鼓瑟，玉箸之滴沥双流；去乃望夫，粉箨之淋漓一变。懿乎！岩峦满目，今古同情。事虽迁于岁月，理不昧乎坚贞。或剪修竿，对潭中而锦落；或成长簟，施堂上而霞腾。岂不以拂水捎云，逾千越万。庶夫知我者，谓我点点而成文；不知我者徒曰青青而怀怨。

（选自《文苑英华》卷一百四十六）

尧舜师天下以仁赋

宋　范仲淹

穆穆虞舜，巍巍帝尧。伊二圣之化仁，致四海之富饶。协和万邦，盖安人而为理。肆觐群后，但复礼以居朝。当其如天者尧，继尧者舜。守位而时既相接，行仁而性亦相近。内睦九族，善邻之志咸和；外黜四凶，有勇之风遐振。聪明作圣，濬哲如神。一则命羲和而钦历象，一则举稷契而演丝纶。孰谓各行其道，但见同致于仁。谤木设时，恻隐之情旁达；薰弦奏处，生成之惠皆臻。民保淳和，政无谲诈。实博施而可大，亦无为而多暇。茅茨何耻，方不富以为心；璿玑有伦，惟罕言而自化。故得兆民就日，万国纂羶。诚同心而同德，又何后而何先。水沴久忧，曷三月而违也；朝纲历试，非一日而用焉。然则帝者民之宗也，仁者教之大也。帝居大于域内，仁为表于天下。谘询四岳，何异乐山之情；统御八元，允谓长人之美。夫五帝之最，百王之宗。物无不遂，贤无不从。於以见昭德於文思，於以见播美於温恭。殊途同归，皆得其垂衣而治；上行下效，终闻乎比屋可封。大哉！光宅无私，文明由己。稽陶唐之道，法有虞之理。是则万彙熙熙，咸颂声而作矣。

（选自《范文正别集》卷二）

舜琴歌《南风》赋

宋　舒亶

帝意虽远，琴音可通。欲发扬于孝道，遂歌咏于《南风》。寓意五弦，写生成之至德；讬言万物，荷长养之元功。粤其耕稼陶渔至为君，聪明睿智积诸己日深。臻孝之念，躬尽事亲之理。以谓鞠养之德，欲言之不足；受生育之爱，欲报之何以。缘情指物孰形孝子之思，流咏在琴且载《南风》之旨。时其比屋熙乂岩廊靓深，包我万虑写于一琴。协天地以同趣，按丝桐而播音。作以敘情，适在无为之日；薰兮八奏，永言至孝之心。盖曰风之于物也，有化育之恩覃；亲之于己也，有劬劳之博德。眷物理之明甚，假琴声而远讬。一弹而欢意悉写，再鼓而群心咸若。按弦而奏，声参韶乐之淳；寓象而言，义并凯风之作。议夫琴求以意而不求于形器，帝乐在孝而升于弦歌。感民之义岂并于《北里》，思亲之志固深于《蓼莪》。藏韵于心非止解一时之愠，寄声于政又将陶万国之和。自是正音畅而化洽幽遐，协气流而时消沴澧。闺门听之则翕尔和顺，朝廷闻之则欢然感厉。风披乃俗，功归于帝。又得夔公之奏，同乐于民；不烦邹律之吹，阜财于世。玆盖渊然玩意，优游面南。歌孝风之远暨，讬琴理以中含。惜乎道与世汩，乐非德参。操变而亡，徒起后人之叹；音调而理，空闻前史之谈。夫岂知音者，导乐理之淳淳，达教思之进进。内将报德之罔极，外以格民之大顺。然则歌琴之意盛矣哉！莫如虞舜。

（选自宋吕祖谦编《宋文鑑》卷十一）

湘竹赋

宋　韩元吉

余怀古而不见兮，将吊舜于九疑。望湘江之沄沄兮，惮褰裳而涉其涯。款二女于丛祠兮，庭有翠条而参差。睨枝榦之斓斒兮，淡猩血之淋漓。手欲触而不敢兮，心欲置而复思。故老谂余以前闻兮，此皇英之泪痕。帝遐征而不复兮，泪潺湲于竹根。朝日暴而不灭兮，严霜洗而不昏。度凄风之萧瑟兮，如有余哀之远闻。彼圣人其亡欲兮，岂暱劈而惑私。虽嫠者其抱情兮，何一哀之至于斯。夜将寐而太息兮，梦恍惚其见之。委玉佩以琴弦兮，有美一人其颀鬈。青蛾而启皓齿兮，肃予前而臻辞。曰吾父之至仁兮，择吾嫔于有虞。惟虞之能继帝兮，功甚巍而不居。艺稷黍于艰难兮，派百川而东驶。制礼乐与法度兮，世盖跻于极治。忧勤终以损寿兮，南巡五月其未已。乘白云以逍遥兮，无复帝车之可还。悼予躬之至弱兮，抚予娣而长叹。考殒落而夫逝兮，予之息又不令。天下其将安归兮，生民又安取正息。既不任于养兮，嗟予死其孰瘗。天既高而莫升兮，地之厚其可入。蹇念此以长号兮，涕交堕而弗知。滋草木以如雨兮，与江水之争流。惟此君其谅余兮，含余泪之莫收。历千祀而弗改兮，亦其节之素修。彼昧者其腾口兮，殆妃嫔之后先抑。予哭犹罔于夜兮，顾于此则岂然。嗟神言之谆谆兮，羌不知其梦也。且端拂以求诸神兮，虽龟荚其不贰也。退而告于君子兮，咸举以为信也。遂再拜兮而谢之兮，吾将敬而植此也。

（选自《南涧甲乙稿》卷一）

舜五弦琴铭

宋　周必大

五弦者，有虞氏所作也。昔舜既闢四门，明目达聪，放殛之罪得，元凯之相举，垂拱无为，坐视民阜，乃命后夔，大备朝堂之乐，戛击鸣球，搏拊琴瑟以咏。祖考既来格矣，犹以为未也，别制琴歌《南风》焉。琴具五弦，弦具五声，角觸而商章，祉止而羽宇，合是四者，宫以总之。上以寫事亲之心而念长养之恩，下以宣爱民之情而解暑雨之愠。呜呼！斯亦孝之至仁之尽矣。参诸箫韶，无惑乎凤凰之来仪也，又岂至志在山水而夸六马之仰秣哉！惟商盘夏鼎，为器轻眇，尚勒铭诗，震耀无穷。是琴也，兼述事亲爱民之志，乃徒见于《乐记》而杂出于史氏之书，兹非翰林主人子墨客卿过欤？谨追美舜德而为铭曰：

大哉虞舜，重华帝尧。功去四凶，德格三苗。
曰元曰恺，服休于位。曰夷曰夔，乐作礼制。
八音既谐，神人既和。六府三事，时皆可歌。

帝心益谦，不有其美。思制雅琴，以寓厥旨。
乃命峄阳，轮尔孤桐。乃命海岱，檿丝其供。
良材告备，大智以创。薄言鼓之，疏越憀亮。
帝在岩廊，拱手垂裳。乃奏斯琴，其音远扬。
叩商叩宫，小廉大浊。心和手敏，愉醳深攖。
孰匪制器，孰匪审音。事亲爱民，则惟斯琴。
事亲伊何，歌此南风。长養恩厚，如风之功。
爱民伊何，薰风是咏。既阜尔财，亦鲜其愠。
琴具五弦，弦具五声。五声之间，有孝有仁。
在昔庖牺，制琴之始。惟孝与仁，舜极其美。
厥后周文，足琴之弦。惟孝与仁，莫如舜先。
乐由心作，德以音著。勒铭昭之，万世无斁。

（选自《文忠集》卷九十二）

九疑山赋

明　黄表卿

天下一景，湖南九疑。按诸古以为据，老其图而可知。龙驾不还，万世衣冠安在？马蹄所至，十分山水之奇。载尧天而身属尧民，履舜土而心知舜事。数千年百千载之遐踪遗迹，七十二三十六之洞天福地，此则居其一也。何为渺茫，彼乃疑其九焉？见诸图志，父老常言，迄今以传。

巫中黔中，属乎楚之邦，吴之境；零陵舂陵，分于秦之后，汉之前。仙踪显天皇之始载，郡名标贞观之初年。地方千里，而物外胜地；天南一角，而壶中有天。攀断龙髯，黄鹤莫留于仙驭；空遗虎鼎，白鸦犹养于玄田。八井俱涸，而一井涌泉；九峰极高，而三峰压众。桂林杞林，左右森列；石楼石城，东西护送。有朱明，有华盖，而簇成葶绿一华；曰娥皇，曰女英，而笑对桃花一洞。下临玉琯，依稀玉琯之吹鸾；有箫韶，仿佛箫韶之来凤。古者得道，帝之有虞。浮湘江而泝潇浦，登疑岭而望苍梧。洒西江之泪兮，斑斑之纹竹千亩；奏南风之琴兮，戛戛之古松数株。三麓床中，丹炼九转；万岁山上，声齐一呼。所以《尚书》，已有陟方之语；至于《史记》，广为考古之图。乾坤大而圣境亦宽，日月长而仙家不老。碧虚岩前，千怪万状；紫霞洞中，十洲三岛。六月无夏，惟木惟石；四时有春，非花非草。兹境为胜，异时可考。经藏石室，隐然六甲之护持；亭立仙梯，宛若五丁之开道。

客难之曰："舜居蒲坂，本属乎冀之北；舜卒鸣条，不在乎夷之西。"殊不知无本不立，非文孰稽。有舜江则可浣可漱，有舜坛则可攀可跻。月披兮明月上，云阁兮白云齐。九溪源下之流派，万丈天边之石梯。鸟篆穹碑，刺史元公之笔；电文道字，舍人李峤之题。余应之曰："百岂无于一二，十未丧其八九。紫霞高卧，前后十四辈；白日飞升，大小三百口。不然，是赋也何以作焉？以代门下抠衣而藉手。"

（选自清康熙《御定历代赋彙》卷十九。2005 年《九疑山志》作［宋］黄表卿）

奉诏抚瑶颂有序

明　丁懋儒

自我大明皇帝嗣位正统，是为万历纪元，发德音，下明诏，与民更新。两粤余寇虽经剿处，恐潜遁煽惑令复业，所司优恤甚大惠也。有陈世禄者，系粤寇漏网，九疑七峒训兵谋叛。诸瑶风靡，六年弗共。抚院汝阳赵公、按院德兴舒公，乃更置长吏，增秩受策。分守肥乡郭公、兵巡西蜀边公，密操机宜，曰抚曰剿，期罪人必得峒瑶归正。瑶目盘法胜为世禄所持，志犹两可。会迎诏旨给舍张公以遣祭至，暨二道及前守王君莅其境，宣示朝廷威德。知州蔡光柦奉招抚，法胜内向，云世禄作鲠，因伏兵擒之。数日之内，释矛弩率妻子来归者三千余人，立籍承租，悉为良民。于是，论功行赏，远迩胥悦。夫数年之恶一旦尽除，仙政、太平等乡有若开拓，此百世之利也。宁远古百粤之地，密迩三苗，舞干羽而致来格，斯实再睹。诏谕甫及，人心回响。圣君贤相，至诚感动。固文德覃敷，俄顷功化也。敬为颂言，勒之贞珉，以告世世。颂曰：

惟天生人，陶铸至神，肖状别伦。
爰有百粤，跧伏疑窟，文身板髪。
王化渐被，亦既怀只，同仁斯视。
有田有租，输公弗逋，粤人则吾。
彼丑败残，穷归苟安，乃生祸端。
厥心孔异，叛窃罔忌，鲠我至治。

穆穆中臣，宪典佥凭，蛮夷是膺。
曰难遥度，吏轸民瘼，进止有绰。
戈矛载除，糗廪悉储，议捣其居。
傥携可招，租复兵销，何忧有苗？
彼凶不知，恃险弗离，逆谋将施。
天厌其乱，党与解散，况也永叹。
惟明天子，德诏至止，回生起死。
昔为桀猖，今则良民，寒谷逢春。
伊谁之功，文治大同，吁俞虞风！
十有七总，招主瑶从，分北顽懵。
为帝好生，治于山氓，奕世其平。

（选自 2005 年《九疑山志》第十一章）

九疑山赋

清　杨逢魁

维炎帝之边疆，经巨灵之神手。边衡岳以插峰，界粤区而中纽。潇水以之发源，芝山因而为牖。赤城霞起，建同天半之标；园圃云封，接作地维之守。屏障连卷，崟岑奔赴。登临者不必闻呼嵩之三，凭眺者奚啻如面衡之九。明经非比乎三公，秘奥逾深乎二酉。

繄有虞巡游辇凤，于此地过化藏龙。目对两山，仿佛两妃之星御；指排五岭，依稀五后之云从。四面岚光皆效顺，千重峦障尽为墉。俄而白雾幕玉露零，似千官之缟素从虞殡；洎乎飚风扇轰雷击，俨百辟之扬镳赴重九。羌万笏之齐端而跄跄济济，向一陵以环拱而肃肃雍雍。高列围帝畿之座，幽栖截仙子之峰。

故其凝瞬物色，随四季以长新；帀地风光，历百回而可慕。浮琼花于水面，碧绿昭隐映之。宜张莲幕于涧中，黄白得暄妍之趣。此景也，烂如春与夏之所具，又若风瑟瑟以虚空。碧虚洞里，匀调七月之篇，雪霏霏而黏物。紫霞岩前，妆点六花之树。此致也，悠然秋与冬其交互，尔乃众壑幽而灵异集，元气融而物华呈。丹砂与水银俱出，赤蓍偕紫茜齐生。蒲挺奇于九节，松纪异于两楹。杉则身托舜祠，天灯悬而照远；竹则号称妃子，血泪染而痕赪。鸟则白练素鹇傍湘灵，而圣水仙源之随泳；兽则文狸玄豹乘山鬼，而洞天福地之时行。信钟英之无乎不有，欲志怪而难以记名。

至若呼猪峡口，寺连高远之居；钓鱼台边，路达许由之境。朝呈十二琯，零陵郡卓有文人；字刻三千年，重华肇得之贤令。火烷布、金条脱，今古流传；何贞元、房日茨，后先辉映。遣麋墨者惟阶，得瓮臼者是郑。岂特石床、石鉴标异迹于群仙，桂林、杞林表奇峰于虞舜？则有灵运蹑屐，刻意搜求；禽庆褰粮，尽情顾望。读蔡邕之载记，神思一开；缅李峤之留题，诡谲万状。青苔护寇老文辞，苍壁镌元公字样。轮囷灶井，十洲仙子，倘佯屈曲。溪潭九曲，寒泉鼓荡。洵不数天台洞中，又何感山阴道上。原夫氤氲绿润，霮䨴青披。矗轰而起，巉峭而奇。绵亘几二千余里，追崇在三代前时。兄泰岱而弟衡华，不必如半在苍梧、半在零陵之说；撑南天而瞰西粤，要当如九疑为尊、昆仑为柱之词。缅神舆而观止矣，谒圣帝兮将见之。方今命祀酌乎旧制，成功报以昌期。燔柴大告，瘗玉隆仪。瞻明禋之弗替，惟胜地之修宜。故溯秦皇汉武之皆祭，可读《尚书》《孟子》而无疑。

（选自清光绪《宁远县志》卷四）

祭虞帝陵赋

清　张九思

肃令典以将事，曰余至乎九疑。俨先期而斋祓，命舆夫以前驱。经桂山而嶕峣，望五臣以委蛇。偕晋笏兮耸立，像列指兮嶟危。由兹峰以环拱兮，若儿孙之谒妣祖；羌临水其清湲兮，若膏露之沛村畦。至路亭而一息，望仆夫以遄趋。洒公馆而靓洁，仰陵寝以崔嵬。其夜百神卫直于周庐兮，九霄缤纷翼降。夫灵旗森森沉沉而更漏接响兮，洞洞渊渊而鼓吹希夷。星月皎而风露凄凄兮，古木葱茏蟠屈而苍翠，漱滴乎紫微。影亭矗而直上，又若藻荇之交横兮，幂觚棱而参差。

时届凌晨，执事以告。乃趋跄于殿庭兮，窃俯伏于丹墀。何重华之邃杳兮，得仿佛乎陈词。九献毕而肸蠁浃兮，夷歌属而苗舞嬉。岂干羽之犹昔兮，当甲日之未曦。若有人兮山阿，哀猿啸兮山鬼。呵帝德则元兮，帝功不磨；天地平成兮，府事修和。木石鹿豕与居游兮，闻善沛然。若决江河，俨皇灵兮无极。神醉饱兮，享祀芬苾。佑我大清兮，世千亿纪，盛典兮微臣是职。

（选自清光绪《宁远县志》卷四）

虞庙双楮赋

清　徐旭旦

帝舜有虞氏之陵前有双楮树并峙，蟠根屈曲，大十数围，高可参天，翼守如门，古封将军，不知几千百岁物也。观此，悟修德乐道之怀焉。爰笔而为之赋。其辞曰：

何大造之灏灏兮，始一气之鸿濛。既两仪之絪缊兮，普资生以为功。睹朕兆之方萌兮，乃根荄于黄锺。嘉品物之咸亨兮，槖籥夫万有而不穷。爰曲直以为性兮，秉幽贞以为姿。挺刚健而不屈兮，亦轮囷而离奇。仰舜源之偃盖兮，俯亘带夫二妃。锡将军之崇封兮，历千古其如斯。本既遍于溟渤兮，末乃干青云而上之。阅灵椿于海峤兮，陋峄阳之孤桐。岂新甫之翠柏兮，徒侣夫徂来之松。俨正笏垂绅之端士兮，跻跄翱翔乎无为之宫。自非表乾坤之正气兮，曷特立乎天地之中？值岚光之夕照兮，疑非云而非烟。灵乌愉悦而集其上兮，白鹤舞其蹁跹。好风来以婆娑兮，明月出而娟娟。骚人坐爱以吟咏兮，隐士矢寤寐而盘桓。览群汇之纷敷兮，独淡静以自安。挹沆瀣之夜虚兮，适天牲之自然。骨干嶙峋而枝扶苏兮，高明而克之以沉潜。厥德合于无疆兮，与博厚而相延。资润下之膏泽兮，乃固结于重泉。得黄离之火亘耀兮，光辉发越而鲜妍。彼樵夫竖牧之往来其下兮，经百炼而愈坚。挹朝曦而披和风兮，蔼元善之发舒。历霜雪之劲节兮，岂甘自处夫卑污。伊左右之有秩序兮，何揖让而容与。能择地而处夫重华之陵兮，虽明哲其奚如。沧桑变而不改其柯兮，洵守贞而不渝。雷轰电掣而不慑兮，力能敌乎万夫。受阴阳之气而取之不奢兮，深砥砺夫廉隅。始托体于合抱兮，辟登高而自卑。终矗然其苍茫兮，志上达以为期。缅虚怀而仰止高山兮，信端严其可师。叶叶相承而无谬兮，允念兹其在兹。日长月益而不能自已兮，悟进德修业之以时。含贞抱朴以全内美兮，岂炫鬻夫华滋？偃蹇磊砢于九疑兮，有似遁世而不见知。

乱曰：猗欤双楮，洪惟帝灵，默护持兮。嘉名灵寿，又似扶老，诗咏柽楮兮。五臣岳牧，箫韶万寿，共垂拱兮。乐山之体，敦庞醇固，仁者静兮。寒暑推迁，钧陶簸荡，厚其德兮。造物所植，沐雨栉风，控八垓兮。远接虞夏，中更秦汉，历百代兮。西引若木，东窥扶桑，垂叆叇兮。安土不流，乐天不忧，其任运兮。疑峰叠翠，潇水涵清，同悠远兮。

（选自清吴玉山重编《九疑山志》卷四）

三　表记

高士岩得乐器贺表

唐　王维

高士岩距舜祠二里，一名啸父岩，旧名野猪岩。唐时有猎者遇群豕，逐之入岩不见。乃即其地掘之，得乐器一部，以献于朝。

臣维言，伏见今月七日中书省门下敕牒。道士申泰芝奏称：“伏奉恩旨，今臣往名山修功德。去载六月二十日，于南海葛洪去处，至诚祈请。中夜恍惚见一老人，云是茅山罗浮神人，常于七曜洞来往。昔曾于九疑山桂阳石室中，藏天乐一部，岁月久远，变为五野猪；彼郡百姓捉获，汝可往取献皇帝。每祈祭，但依方安置。奏之，即五音自和；天仙百神，应声降福；所求必遂，寿命延长。臣奉神言，即往桂阳寻问。百姓云：‘天宝二年，村人常见有五野猪，逐之便走入石室。就里寻觅，化为石物五枚，众俱惊异。’臣取以扣之，音律相和，与神人言不异，今将奉进者。”

臣闻阴阳不测之谓神，变化无方之谓圣，唯神与圣感而遂通。伏维开元天宝圣文神武应道皇帝陛下，居皇建之极中，得混成之大道。奉先天之圣祖，元化协于无为，育率土之群生，至仁侔于阴骘。然犹情意不倦，圣祀逾崇，遍礼群仙，思祐九服；故得庞眉皓发，遥同入昴之人。真诀元言，来告驭风之客。栖身七曜，以俟唐尧。藏乐九疑，不传虞舜。留兹石室，思献玉墀。凭野矢以呈形，表洞仙之属意。且神物思变，古亦有之。龙跃平津，化为宝剑。凫飞叶县，空余素履。器非上品，人才下仙。犹能精诚聿修，神变焕若。况殊庭致贶，天老效祥，愿授至尊，以享上帝。亦既考击，动谐律吕。《韶》《濩》惭其九奏，《云》《咸》失其八音。翠凤入于洞箫，殊非雅韵；朱鹭传于鼗鼓，敢比仙声。天地洞和，神祉降福。无穷之寿，永抚宝图。无疆之休，以唐庶绩。实由至德，斯感大道，元通神人。亲告于休徵，灵仙不秘其宝乐。稽之古昔，实未见闻。臣等限以留司，不获随例抃舞，不任踊跃喜庆之至。

（选自《王右丞集》）

九疑山图记

唐　元结

九疑山方二千余里，四州各近一隅。世称九峰相似，望而疑之，谓之九疑。亦云舜登九疑，疑已而悲，从臣有作九悲之歌，因谓之九疑。

九峰殊其高大，远望皆可见也。彼如嵩华之峻峙、衡岱之方广，在九峰之下磊磊然如布棋石者，可以百数。峰之下，水无鱼鳖，林无鸟兽，时闻声如蝉蝇之类，听之亦无。往往见大谷长川，平田深渊，杉松百围，榕栝并之。青莎白沙，洞穴丹岩，寒泉飞流，异竹杂华，回映之处，似藏人家。实有九水出入山中：四水南流，注于南海；五水北注，合于洞庭。若度其高卑，比洞庭南海之岸，直上可二三百里。不知海内之山，如九疑者凡几焉。或曰："若然者，兹山何不列于五岳?"对曰："五帝之前，封疆尚隘，衡山作岳，已出荒服。今九疑之南，万里臣妾，国门东望，不见涯际；西行几千里，未尽边陲。当令以九疑为南岳，以昆仑为西岳；衡华之辈，听逸者占为山居，封君表作园圃耳。但苦当时议者，拘限常情，牵引古制，不能有所改。创也如何？故图画九峰，略载山谷，传于好事，以旌异之。"如山中之往迹，峰洞之名称，为人所传说者，并随方题记，庶几观者易知。

时永泰丙午年也。

（选自《元次山集》）

舜庙状

唐　元结

谨按地图，舜陵在九疑之中，舜庙在大阳之溪。舜陵古老已失，大阳溪今不知处。秦汉以来，置庙山中，年代寝远，祠宇不存。每有诏书，令州县致祭，奠酹荒野，恭命而已。岂有盛德大业，百王师表，殁于遐方，陵庙皆无？臣谨遵旧制，州西山下，已立庙讫。特乞天恩，许蠲近祠一两家，令岁时拂洒，示为恒式。岂独表圣人至德于万代，实使彰陛下元泽于无穷矣。谨奏录闻。

（选自《元次山集》）

九疑说

宋　孟程

陈希夷谓山自天来。盖天倾西北，故山自西北来。西北乾亥，阳之始；阳顺阴逆，至于巽巳，阴之极。禹之治水，起于冀州，地势极高。衡山之顶与冀州之地适平，故曰衡山阳极尊，而阴极卑也。中国之山起于冀朔极阳之地。而至于湘南，盖阴极之地也。夫阳极，不生阳而生阴；阴极，不生阴而生阳。故曰阴疑于阳必战。九疑者，其阴极生阳之所乎？故曰九疑。予登其山，盖十二峰相连凑合，世之所传九疑山图，盖画九峰相似，其形难辨而疑，非也。九其义也，非数也。

（选自2005年《九疑山志》第十一章）

永福禅寺记

宋　郑舜卿

东南名山，曰茅山，曰庐山，曰衡，曰武夷，曰九疑。衡庐之古佛刹，茅山、武夷、九疑号神仙窟。今茅山、武夷道家所居，九疑亦然。

余去年秋从山间谒虞帝祠，求何侯之丹井、郑安期之铁臼，访成武丁于石楼、张正礼于娥皇，与萼绿华、王妙想之故迹，因留永福寺齐云阁数日。朝烟夕云，出没栏楯，望三麓床于缥缈之际。桂林、万寿诸峰，四顾如揖：岿然为一奇观。主僧意超言曰："寺故有门阁于法堂隅。路芜。临夜，童仆秉烛困于风。山深易雨，设盖曳芒屦上下。暑月宜凭高，蛇虺当道，释子弗居，客弗居。时扫落叶于户限。前年岁次丁酉，作堂于法堂之后，曰彻堂。堂上别作一阁，曰华严。自彻堂为梯，历华严凡三转四十二级以登齐云。寝于斯，颂于斯，爇而拜于斯。童仆每谢虎豹不为顾，因呼门徒听晨钟，就方丈门列劝说，共办庄严佛事。今三门两庑与昆庐之殿、海云香积雨花之所，增疏易朽，加涂丹垩，翼翼一新。凡自文佛以下罗汉、菩萨、弥陀、无量寿佛及诸散圣，饰以金碧丹彩，胥极庄严。四围窗棂墙垣，罔弗周密。工值厚酧，晏成不逼，足支岁月。"予曰："佛法迩来衰微，残僧住持，视所有刹如传邮。超公能发如是愿，力作如是功德，异时有好古君子策杖寻幽，与予同病，愿诏之曰：'与其得丹井铁臼，不如叩永福寺觅香梗乾啖、壮脚力攀跻看山。与其拜武成丁、张正礼，不如问寒山、拾得，相顾拍手一笑者竟为何事。与其亲见萼绿华之多金玉脱条、火浣布手巾，闻王妙想天乐之音、旌幡羽盖，不如披《华严经》看佛于波罗奈斯国，与一切人天说法，麾尼为幢，常放光明，常出妙音，众宾华缨，周匝垂布。’”超曰：“请居士记之。”

宋淳熙七年岁次庚子春三月望日，迪功郎道州司法参军长乐郑舜卿记，朝奉郎权知梧州军州事向子廓书，住山意超立石。

（选自2005年《九疑山志》第十一章）

舜祠记

宋　欧阳守道

学者是皆言，先王之道衰而后佛氏之说入于中国，争出力排之。予谓佛生于极西之地，去中国不知几万里，而其教得到此，盖亦甚异。先王盛时，吾中国之所谓西，其疆理若邠、岐之类，固已曰迫近西戎矣；而惟《虞书》称外薄四海光天之下，西之最远者，曰被于流沙；流沙之名，不再见于《诗》《书》也。故曰后有作者，惟虞帝不可及已。况于后世，虽吾先王衣冠礼乐之地，犹且化而为夷，则夫流沙之外，岂复知为上世盛德之所尝被者哉？我不能有以化被，而彼重译之言得以行乎吾之境，为中国者可以自反焉，用彼之排也。夫使盛德皆如舜，则流沙固在吾风化之内也，历世愈久，被德当愈远，彼教能来者，吾教固亦能往，中国之三纲五常，独不可入于佛之西方助佛之教。弃其君臣父子与凡天性之亲，而衣服容貌不与华同，吾之人有闻而仿之者，既不能禁，又利僧牒之鬻而许之，则虽倾一世而为佛，吾将谁尤而可？庐陵之属邑万安，有寺曰永福。僧名了敬者，邑之刘氏子也，削发有年，读佛之书甚习，然吾儒诗书终不忘其心，其于乡多与知名之士游，而时以诗文示予，予读之，见其所向甚正。有父在，志于奉养，而牵于其教，不能自还。一日慨然谓予曰：“吾所居寺，名曰韶山，相传舜南巡时至此，奏《九成》之乐，不知信否？寺之后有高洁之地未屋，予欲以为舜祠，何如？”予曰：“悲哉！子之妄也。然舜前代帝，非民间所得祠，况尔异教乎？”敬曰：“窃亦疑之。然尝闻舜有天下而不与，岂知身之为帝？今但以其为万世圣人，颜、孟皆许，学者师之，吾于圣人，万世如见耳。前代帝祠，在天下不一所，其初若非民间私立而谁立？且予教，有所谓礼梁武者以梁武为宗师，是亦前代帝，而世莫之罪也。设他或罪我祠舜，予退听焉，而安敢固哉？予不复问祠之可否，所欲问者，南巡至此而奏乐，此传信乎？否也。”予曰：“舜南巡至衡山，《书》所记也。此地去衡山远，未必然也。今度岭而南亦有韶石、舜峰，遂以之名州。往往远方之人思慕盛德，蒙此名于山川间耳。虽异时《韶》乐在陈，传至于齐，吾夫子得闻之。当舜生之时，斯乐达于天下，谓此地尝奏《韶》乐焉，其孰曰不然。且王迹息于春秋，乐工固尝散亡四出，若非盛时之乐自达于此，又安知衰世之后无抱其器至如入河入海者，何必曰舜于此自奏哉?”敬曰：“若尔，则予为祠屋，复何疑?”夫敬之志可嘉，收以遗之，使其成则求威望焉。为祠记。

（选自宋欧阳守道《巽斋文集》卷十四）

九疑环观阁记

宋　方信孺

楚粤之交，以山水名古今者，莫九疑潇湘若。舂陵之封，潇湘九疑丽焉。郡恒借山水为重，岂特隋唐以来，名人贤守多辱居之？重华之南巡，太史公之南游，皆常至其地。以是知三代秦汉而上，即此山水不碌碌矣。顾郡之内外，寂无所表章，可谓遗恨。

余以嘉定壬申春，曲江拜命来守兹土。余十月，经连山问津而西，九疑僧迎我境上，令批示诸峰，从肩舆熟观，颇得其梗概。既至，入太守之居，其城因宜山之陵，其隍则潇水也。古有飞楼，以莱公扁，风景特殊，冠冕于南。然夐隔一隅，公事鞅掌，不容目涉。偶见其储材，可以立层阁，相攸正堂之东偏，规见仿佛，于是字其扁曰“九疑，环观”中曰“太史阁”，外曰“诗境”。凡度其宜山灵川后，咸以状自效，已是奇事。又考之记注云，太史公以九疑先贤所葬，有古册文。故窥之，古册文不可得而见矣。将以畅绝学而嗣前修，则图史所不可阙。偶前守委四方之书数十种于帑吏，亟令匮藏于阁之两壁，稍益其所未简，甲乙鳞次，置笔吏司其出入，助暇日之翻释。置诗境异石无数，累然相负若邪，薜荔经纬其上。中有孤柏俨立，不知何年所植，正如蛟龙腾骧，奋迅于波涛汹涌间，径赴云汉。公退，雁鹜挟文书，且去午庭，阒无人迹。盖将跨其危，则日浴洞庭，云飞苍梧，皆隐隐在目睫。凭栏递啸，若御天风而上，征居其中，则芸编相表。牙籤玉轴，胪列其左右。隐几开卷，若与古人相谁何。至于倚树而吟，枕石而卧，酌杯池以酬花鸟，此又处其下之乐也。漫浪可作，或者与之周旋其间，亦当击节痛快。

噫！游息之安，观览之胜，略尽于此。田野之愁叹，甿俗之利疲，升高则可以望，处奥则可以思。邦之人尽有登吾阁而入吾室，请商略是。

（选自2005年《九疑山志》第十一章）

跋刘玉渊《道州九嶷山虞帝庙碑稿》后

元 刘将孙

故国子监簿玉渊先生刘公，讳子澄，字清叔，以诗文著声诸老间。及真、魏二公议论其功名，与诛山东之叛，著《平淮疏史补》，繇是佐二赵甲午入东京，贬谪道州，归居南康。此其离道州时所为《九嶷山舜庙碑》也。复有摘其语怒穆陵，最后从史岩之沿江参议军事，会白鹿矶入相，惎沿江争功，并按前飞语罪谪封州。乙丑，以绍陵登极，赦移袁州。犹记出归庐陵，首访先子，独手书谒状，叫门曰吾不谒第二人也。明日，先子往谢之，首以是碑刻本为饷，乃程沧州隶，甚精丽。玉渊自诵“帝车下来”下四语，云写至此，窗外如有物，复语先子云，俄文须在韩、柳、欧、苏头上行。嗟夫！其笔墨交易所，概可相见也。此稿亦屡易，盖意欲深语欲辟，然卒不免于抉摘。穆陵犹赫然于“访生死，念鞠哀”二语，今稿中已再改窜，此语尚未之笔，当又在此后，实精确涵蓄，为一篇眉目。盖公尝记欧公，每作文必粘实壁间，涂易数过，前辈于文不轻作，往往如此。玉渊平生所作，自负此碑第一，亦以冠《集》端，论其文者亦云然。钟君士安，谕教西昌，乃玉渊故里，得此碑旧稿，欣然如至宝，可谓好之乐之者矣。呜呼！语言之祸，千古同悲。杨子幼私书耿耿，不保家庭。东坡吟诗落落，遂致诗狱。玉渊借古以风今，辞严而谊迫，先辈不挠之节，穆陵大度之仁，过昔远甚。士安传此方来，岂但文章翰墨之佳话而已哉！

（选自元刘将孙《养吾斋集》，见《虞舜大典·古文献卷》下册第1413页，岳麓书社，2009年7月第1版）

舜陵记

明 曾鹤龄

有虞氏为万世所宗之圣，而其死与葬者皆有可疑。《书》言岁五月巡狩至于南岳，则南岳者，巡狩所不过也。今舜陵乃在九疑，去南岳五百里。此其可疑一也。《史》言舜南巡狩崩于苍梧之野，今苍梧在广西域内，去九疑又数百里。此其可疑二也。孟子言舜卒于鸣条，鸣条在东方夷服，今不闻有舜冢。夫孟子去古尚未远，而传闻未免谬误，何况后代？此其可疑三也。《书》言舜三十征庸，二十在位，五十载陟方乃死，则其在位通八十年未尝释去。而《零陵郡志》载道家书，言舜厌治天下修道于九疑，后遂仙去。此其可疑四也。《艺文志》又载蔡邕《九疑山铭》，言舜尸解升天。夫他人妄诞之说犹不足怪，邕号知言而亦为之。此其可疑五也。

疑者既多，而解之者卒无的论。以予观之，舜南巡狩至于南岳，其或又幸九疑，遂崩而葬其地，故历代相传，有塚可证也。若苍梧或者当时隶今零陵郡，亦未可知，志不可考。鸣条是否？不必辨，然亦谓之卒，未尝言仙去。以《书》《史》《孟子》明之，则道家蔡邕之说，其谬妄见矣。圣人之心，大公至正，未始一日忘天下，岂有修道仙化之事哉？为此说者，侮圣人孰甚焉。

九疑山虽在古零陵，实今宁远县南五十里，辽敻幽绝，人迹罕至。故凡来祀者礼成即去，皆不暇刻石志其事。独我朝太祖皇帝御制祭文二道刻著于碑，辉映千古，盖人民祗承加谨故也。今年，予奉命来祭。既毕，宁远县令请曰："不可无记。"遂谨记之曰："皇帝遣翰林修撰臣曾鹤龄致祭于帝舜有虞氏，实宣德元年二月十一日也。其所告即位改元之事，其所赍则香巾、祝文、宝钞二百锭，其礼则用太牢，其祭之日则四月庚辰，其陪祭官则宁远县令刘童、道州学正郑孟良，其执事则县学生之才者，其护祭则宁远卫千户李荣。"

夫惟知者不惑，然世之知者盖少。予因记祭祀之事，遂先列其疑于前而并释之，俾后观者知古之圣人生而必死，而不惑于修仙道化之说，而其塚固有所在。凡来祀者不失其实，且知所祀之意：为尊其道，非为其仙灵。如予之奉制为此行是也。

（选自明黄宗羲编《明文海》卷三百六十《记三十四》）

舜庙古杉记

明　周子恭

有古杉十五。左十一：连理而三者一，连理而二者二，各植者四。右四：连理而二者一，各植者二。围可八尺，稍次六七尺，高可三百尺，势俱参天。先是凡十六，宁远以修孔庙伐其一。伐之日，天地昏黑，雷雨震怒，声震数十里，工师奔赴欲绝。呜呼！杉亦灵异哉！夫舜孔德相似，以舜杉用孔庙且不可，况其他哉？是杉宜与天地同寿不朽矣。

嘉靖二十四年乙巳夏五月三十日书。

（选自2005年《九疑山志》第十一章）

游九疑记（节录）

明　邓云霄

已至舜祠，各源瑶峒长率厥丈夫妇女百余人伏谒道旁。丈夫帕其首，击长腰鼓，吹笙呜呜，舞跳而导。女辫发缠三小竹于发为椽，绣红绒布覆其上如幔屋然，此为未笄饰云；妇戴黑油笠。妇女各襕裙襕衫，跣其足，黑如孟光，丑逾宿瘤。土人云，此所谓负版瑶也。丈夫笙鼓舞跳余前，揖让有礼。妇女和而歌，为靡曼声。译其语有“蜜蜂飞来千丈高，盘王子孙在山好”之句，盖彼实盘瓠种云，余皆颂官府抚绥意甚佳。余乃具牲醴冠服祭虞帝。祭毕，瑶丈夫妇女仍列两行，吹笙击鼓，舞歌如前仪。想见干格之化，当如是矣。循旧格，赏诸瑶男妇女各有差。遣散去，余乃纵观祠景。祠倚舜源峰麓，小殿三楹，拜亭三楹，门一楹，亭中列古碑，多剥落。祠前古杉十四株，皆大合抱，皮脱存劲骨，叩作铜铁声，枝叶葱郁摩天，志所称“夜吐天灯”者也，真数千年物。又楮木二具一当祠门，大数十围。娥皇峰正对舜祠，若敌体。女英峰列于左千余步，稍低，若姊妹揖逊者。女英峰前有小峰，名美女，有若姬媵侍从者。舜源峰右有平山，名梳妆台。右前为大马小马两峰。左前有旗峰屏峰拱护舜祠，风气围骤，内弘敞如城廓。料舜陵必在此中，天实设以待虞殡耳！不然，何一一中青乌法也。自舜源娥英美女各峰左，壁立千仞，亭亭绝攀缘，古森翳之。以禁樵采，故得保其天年。

（选自2005年《九疑山志》第十一章）

游九疑山记

明　蒋鐄

九疑于五服名山为最古，在有虞世邻三苗之窟。三苗终帝世跳梁，至神禹受命后，犹烦两阶干羽。盖是时百粤虽王，未隶版籍。九疑实西南之穷边，其势逶迤磅礴，凡二千里，不与五服名山争奇于一丘一壑，而以鸿庞元气含吞三楚，下临百粤，屹然长城。登兹山者，如登碣石临紫石作壮士枕戈之色，斯可为兹山吐气。余庚申捧宁远之徼，友生皆贺余得九疑为希觏。已而，吏人来谒。问九峰之胜闻于通都者，皆以斜岩对。余曰：“高山大荒，独无胜概可荡胸臆而沾沾一岩?”则皆茫然不置对。

明年春甲子修祀舜陵。时弥月雷雨。从余行者，章生君振、徐生端蒙暨余侄洵、从孙懋。先一夕，止王氏虚堂宿。质明入山，雨乍止。未至里许，山瑶男女百余人伏谒道旁，皆负版，衣文衣，吹竹笙和歌。余慰遣之。已而，入斜岩，岩上下皆奇绝。上三岩俱倾仄，顶若覆釜，玉柱擎之，其石有石龙衔水滴滴然。下岩从窦入，中跨九渡，或如户、如台、如莲花，悉石乳结撰，而黑不辨色，须数十炬前导。余性畏深暗，忆昔年入林屋洞深处，至今念之毛悚，因止不复入。而章生、徐生独奋往，既出，夸所见傲余。余曰：“不闻昔有突炬烟而死者乎？吾宁迁乔毋入谷。”告仆夫亟觅他岩，曰玉琯，奚璟得十二处也。岩仅容一席许，上有蔡邕《九疑山铭》，有方信孺大书“九疑山”三字，历传以为法物。岩后即何侯宅。时已薄暮，雨气濛濛，欲蚀诸峰，遂策马还。計所历者五臣山，娥皇、女英、舜源三峰。祠前有古楮二。左右有古杉十五，高可插天，大可数抱，夜尝有光烛天。此所谓天灯树，不知几千年物也。余恨所见不如所闻。乡先生或告余曰：“公未识九疑面目，宜觅三峰石长啸临风，九峰可俯而有也。自九疑观迁于唐，千年胜地，鞠为茂草。瑶民阁之，如秦人之避桃源，唯恐达官之物色也。公能从樵夫牧竖争胜于草屦芒屩乎?”余祝曰：“发宏誓愿，何事不可?”

岁仲秋，复举舜陵享礼。会诏至，朝夕旷，乃更卜享，而余乡程生来宾、张生瑞之、徐生熙和暨余弟鍭至。乃以九月朔入山，再憩王氏宅。午夜骤雨如惊涛，客相顾沮丧。至辰雨止，行飨礼，竟再入斜岩。时余初成九疑志。乃召土人习山径者按志叩之，三峰石竟日可达。顾崭绝鸟道无庐可栖，瑶人至止裹糇一升，拥青篢露宿而已。他所载名迹，一一指掌。凭肩舆而前，履高冈。有石若窦曰马蹄石。绝壁有纹如指曰仙人掌。对玉琯而峙者曰飞龙岩。败栋颓然而灌莽榛榛者曰永福寺，断石齿齿青苔覆之曰宋元残碣。余熟视，摹其文仅百余字可识。土人云：“永福古名刹，丰碑林立，宦游者率令墨工摹拓。瑶人以为扰，尽椎剥杂它石筑堤以扞水。”余巡视堤，白石磷磷，山泉漭漭。猝发之未便，可得而重费畚锸，瑶且生心，遂止之。或谓如先迹且泯，何永福恐无文献矣。余谓杜荆州岘山碑，沉其一于深渊，曰安知千秋陵谷不变迁也？循玉琯而西将下春矣。是日，所历如前数峰，所访古迹得什之一二，独永福废刹怀古不胜情。

既归，游者誉斜岩不去口。余曰：“诸君曾觌九疑面目耶？奈何尝一脔而夸全鼎？”答曰：“以吾目之所驫得，九疑庶几遇之。吾登九疑，意天下无奇石；吾入斜岩，意九疑无奇石。向令南宫遇之，宁止袍笏拜舞而已。若乃朝发三峰，暮探两粤，五岭为襟，洞庭为带，使帝子翱翔，南风再竞，请俟使君双舄。”余笑曰：“有是哉！诸君政宜丘壑中，伸侧理志之。”

（选自2005年《九疑山志》第十一章）

游九疑山日记（节录）

徐霞客

二十六日

雨仍不止。下午持盖往圣殿，仍由来路北逾岭，稍东，转出箫韶峰之北。盖箫韶峰自南而北，屏峙于斜岩之前，上分两岐，北尽即为舜陵矣。陵前数峰环绕，正中者上岐而为三，稍左者顶有石独耸。庙中僧指上岐者娥皇峰，独耸者为女英峰，恐未必然。盖此中古祠、今殿、峰岫不一，不止于九；而九峰之名，土人亦莫能辨之矣。陵有二大树夹道，若为双阙然，其大俱四人围，庙僧呼为“珠树”而不识其字云。结子大如指，去壳可食。谓其既枯而复莹，未必然也。两旁杉木甚巨，中亦有大四围者，寻丈而上，即分岐高耸。由二珠树中入，有屋三楹。再上一楹，上楹额云“舞于遗化”，有舜帝牌位。下三楹额云“虞帝寝殿”。列五六碑，俱世庙、神庙二朝之前者，无古迹也。二室俱敝而隘，殊为不称。问窆宫何在？帝原与何侯飞升而云，向无其处也。因遍观其碑，乃诗与祝词，惟慈溪颜鲸嘉道间学道一碑已断。言此地即古三苗地。帝之南巡苍梧，此心即“舞干羽”之心。若谓地在四岳之外，帝以耄期之年，不当有此远游，是不知大圣至公无间之心者也。盖中国诸侯，悉就四岳朝见，而南蛮荒远，故不惮以身过化。其说似为可取……惟陵寝前除露立一碑甚巨，余意此必古碑，冒雨趋视之，乃此山昔为瑶人所据，当道剿而招抚之者。其右即为官廨，亦颓敝将倾。内有一碑已碎，而用木匡其四旁。亟读之，乃道州九疑山《永福禅寺记》，淳熙七年庚子道州司法参军长乐郑舜卿撰，知梧州军州事河内向子廓书。书乃八分体，遒逸殊甚。即圣殿古碑，从永福移出者，然与陵殿无与，不过好事者惜其字画之妙，而移存之耳。然此廨将圮，不几为永福之续耶……廨后有室三楹，中置西方圣人，两头各一僧栖焉，亦荒落之甚。乃冒雨返斜岩，濯足炙衣，晚餐而卧。

（选自团结出版社出版的《四库全书精品文存》第二十六卷《徐霞客游记·卷二下·西南游日记二》，标题为编者所加）

游九疑记

明　钱邦艺

予历宇内名山，盖亦多矣。大抵皆连风复岭，以渐而升。独九疑诸峰，皆平地耸起，分立离列，不相连属。或如立钟，如廪囷，其锐者如笋、如螺、如搶、如华表。而奇石支柱，嵌崎仄偪欲坠。更倚老柯怪藤，复斜生倒垂，蚪拿兽攫，骇人心目。至于高霞冠巅，层岚翼岫，与时俱变，更莫能名定。而山麓又皆平畴交阡，溪村隐映，回复深杳，转步乱迷，故游者率软舆款叚，往来平野，绝无升陟之劳。闽中武夷九曲，每曲皆有溪水可通，游者皆以轻舟溯洄而前。九疑千峰万岫，山麓俱皆平田坦途，游人得以策蹇肩舆逍遥其际。举凡竹杖芒鞋，一切济胜之具，俱无所效其用。此皆天地特钟之人士，独竖品格，不与凡流混其迹象。自非身置其地，亦乌能辨其异哉。

（选自民国31年《九疑山志》卷三第二十四页）

读毛主席新发表的诗词《七律·答友人》

郭沫若

“九疑山上白云飞”这首七律，形象极其壮丽，声调极其和谐，令人百读不厌。

这首诗，把有关湖南的神话传说，利用得很巧妙。前四句是利用了虞舜和二妃的故事。

《史记·五帝本纪》：“（舜）践帝位三十九年，南巡狩，崩于苍梧之野，葬于江南九疑。”九疑即九嶷山，在湖南宁远县南六十里。

《水经·湘水注》：“苍梧之野，峰秀数郡之间。罗岩九举，各导一溪。岫壑负阻，异岭同势。游者疑焉，故曰九疑山。大舜窆之阳……南山有舜庙。”

《太平御览》四十一引《郡国志》：“九疑山有九峰：一曰丹朱峰；二曰

石城峰；三曰楼溪峰，形如楼；四曰娥皇峰，峰下有舜池；五曰舜源峰，上多紫兰；六曰女英峰，舜墓于此峰下；七曰箫韶峰，峰下即象耕鸟耘之处；八曰纪峰；九曰纪林峰。有九水，七则流归岭北，二则翻注广南。”丹朱峰，《方舆胜览》作朱明；楼溪峰，作石楼；舜源峰，云“亦名华盖”；纪峰，作桂林；纪林峰，作杞林。两者小有异同。《方舆胜览》云：“又有舜峰，不列九峰之内。”是则九疑不只九峰，而有十峰了。照有九溪而言，十峰是比较正确的。

九峰中既有娥皇与女英，那便是唐尧的二女，即所谓“帝子”。《楚辞·九歌》中有咏湘君与湘夫人二歌，《湘夫人》首句云：“帝子降兮北渚。”王逸注云：“帝子谓尧女也……言尧二女娥皇女英随舜不返，殁于湘水之渚，因为湘夫人。”王逸以湘夫人为娥皇女英二人，而以湘君为湘水之神（男性），与此旧说有异。

《史记·秦始皇本纪》：“浮湘，至湘山祠，逢大风，几不得渡。上问博士曰：湘君何神？博士对曰：闻之，尧女，舜之妻，而葬此。”刘向《列女传》亦云：“舜为天子，娥皇为后，女英为妃。舜陟方，死于苍梧，二妃死于江湘之间，俗谓之湘君。”此可见秦汉学者都以湘君为尧女。湘君既为尧女，则湘夫人亦为尧女无疑。故韩愈《黄碑庙碑》，即以湘君为娥皇，湘夫人为女英。谓“尧之长女娥皇为正妃，故曰君。其二女女英自宜降为夫人也。”朱熹《楚辞集注》即采用韩说。看来，这种说法是有根据的，古者妃后亦可称君，除见诸典籍外，金文《晋姜鼎铭》中晋姜自云“余唯☐联先姑君晋邦”，更是绝好的第一手证据。

最有诗意的应该算是有关湘妃竹的民间传说。晋人张华《博物志》：“洞庭之山，帝之二女啼，以涕挥竹，竹尽斑。”

又《太平御览》九六二卷引南朝人任昉《述异记》：“湘水去岸三十里许，有相思宫、望帝台。舜南巡不返，没葬于苍梧之野。尧之二女娥皇女英追之不及，相思痛哭，泪下沾竹，文悉之斑斑然。”

明人王象晋的《群芳谱》说得比较明晰：“斑竹即吴地称湘妃竹者。其斑如泪痕……世传二妃将沉湘水，望苍梧而泣，洒泪成斑。”

主席即根据了这些神州故事和民间传说，冶铸出了诗的开首四句。

多么美啊！有白云叆叇的九疑之山耸入云表，有一对姊妹女神从葱翠迷疑山上乘风而下，各人的手里拿着一枝洒满了泪痕的湘妃竹，各人的身上披着万朵红霞，作为无限斑斓的彩衣。这是多么壮丽的画面啊！

然而，我深信主席是有用意的，不是在为美而美，为画而画，为诗而诗；或单纯地在复述神话传说，或单纯地在咏赞风物山川。这些神话故事用在这里是有象征意义的，而象征的到底是什么呢？我们应该费点脑筋来思索。

再从在主席诗词中现实化了的神话人物来看，巫山神女醒来了，在惊叹世界变了样（神女应无恙，当惊世界殊），吴刚为了欢迎烈士，在广寒宫中亲手捧出了他所酿造的桂花酒（问讯吴刚何所有，吴刚捧出桂花酒），嫦娥受到感动，在为烈士们的英灵作长袖舞（寂寞嫦娥舒广袖，万里长空且为忠魂舞），牛郎也在关心故乡的血吸虫情况（牛郎欲问瘟神事，一样悲欢逐逝波）。但是仅仅是惊叹，仅仅是欢迎，仅仅是感动，仅仅是关心，还没有达到主席高度的要求，故娥皇女英更进了一步，率性离开了神座，投身到凡尘，要和洞庭湖的波涛一道卷起连天的雪浪，要和水鹭洲的农民一道歌唱撼地的诗歌。他们也要从事翻天覆地的生产建设和文化建设，诗人的思想把神话人物彻底动员起来了。

主席所答的是湖南友人。“我欲因之梦寥廓，芙蓉国里尽朝晖。”这芙蓉国固然限于湖南，但也不单纯地限于湖南。它可以象征全中国，也可以象征全世界。我所写的《满江红·读毛主席诗词》的最后几句是：“济同舟，万国尽朝晖，新宇宙。”这就是从“芙蓉国里尽朝晖”这句诗中脱出来的。这就是我研究毛主席诗词所得出的结论。这是我的“寥廓”之“梦”，但我相信这决不是我一个人的“寥廓”之“梦”。

（原载 1964 年 5 月 16 日《人民日报》）

第三节　楹联

一　陵庙亭台联

午门

尧天光宇宙；
舜日照乾坤。

拜殿

至孝千秋一德；
笃亲万里同风。

（陈大络撰，陈立夫书）

择贤任能，承先启后；
放宽就大，化古传今。

韶乐九章，四海同歌歌圣祖；
疑岩千仞，五洲共仰仰先贤。

（周进隆撰书）

大孝炳千秋，功德同昭辉日月；
仁恩周四海，勋名永耀灿云天。

（菲律宾姚嘉熙撰）

正殿

事亲孝，待弟仁，耕历陶河，风雨不迷大麓；
任贤能，流逆恶，爱民勤政，梧嶷永记南巡。

（余德泉撰书）

何以慰英灵，有大业千秋，国威丕振；

我来谒圣地，正尧封一统，港澳宁还。

寝殿

孝感天地；
德播人间。

（台湾陈大络撰书）

群峰滴翠藏仙洞；
万木迎风锁舜碑。

（明郭崇嗣诗句，史穆书）

碑林

三圣誉高，三万里无为以治；
五弦声远，五千年有德而尊。

（翟晓萍撰，蒋炳南书）

何处觅根源，在衡岳以南，罗浮以北；
此间传故事，于廊亭之内，碑石之中。

（蒋复琨撰，王友智书）

西入口

千秋仁德承尧绪；
四海炎黄拜舜陵。

养正阁

内：
至孝敦仁，三湘巡狩芳千古；
高天厚德，一曲箫韶正九垓。

（湖南赵焱森撰书）

九万里寻根，到此何妨稽首拜；
五千年被泽，问谁不是捧心来。

（解云凤撰，邬江湾书）

外：

只身系天下雍和，歌咏南风，九域子民沾圣德；
至孝为人伦式范，名垂广宇，万年俎豆拜苍梧。

（唐咸述撰，周用金书）

景仁阁

谒圣瞻碑，心香一瓣；
亲仁守正，楮墨千秋。

禅让誉千秋，更孝感人间，德扬天下；
薰弦传四海，恰风和耳际，雨润心中。

（周广征撰，刘鸣泰书）

碧水青山，毓灵秀于斯，自有风光甲湘楚；
祖恩王泽，蕴人文在此，好凭印迹觅渊源。

崇德阁

与圣殿邻，碑铭大德；
得薰风沐，邑尚宽仁。

天遗一石分三水；
德领群峰向九嶷。

（谢潇撰）

群峰朝圣，众水思源，德厚九嶷春簇锦；
万里寻踪，千秋谒祖，孝融四海史流馨。

（周继勇撰，刘振涛书）

舜碑亭

击壤铿锵，奕代同仰北斗；
卿云糺缦，七弦和雅南风。

尊俎接荆莲，缺补金瓯承帝典；
心魂牵陆海，梦圆赤县祷宗枋。

（鲁小川撰书）

风雨证流年，掌故有凭碑上字；
诺桑留胜迹，湖山无恙世间春。

（关迟撰，鄢福初书）

往事越千年，扶碑可读中华史；
长歌飘万里，倚柱欣瞻阆苑春。

（吴进文撰，陈义明书）

湘妃祠

云断九疑，苍梧有幸遗陵寝；
情思千古，斑竹为君印泪痕。

（吕可夫撰，瞿正明书）

舜帝恩深，千里苍梧沾化雨；
湘妃情笃，九嶷斑竹泪春山。

行笃德纯，生死相随寻舜迹；
贞仁聪颖，沧桑不废吊湘灵。

虽贵无娇，惟夫是辅；
缘情有义，乃竹方斑。

（余德泉撰书）

真情翠竹千斑记；
淑德苍梧万古传。

（李春晓撰，彭志远书）

明德牌坊

桥山翠柏植轩圣；
九疑苍松祠舜皇。

（锺明善撰书）。

千古江山留圣迹；
万代黎庶仰南巡。

仪门

德昭日月；
孝感天地。

万国衣冠，谒陵祭舜；
九嶷山水，献秀呈芬。

礼乐无违，奏响中华音万代；
治平有道，赢来黎庶颂千秋。

观莲轩

德被九州化霖雨；
名传千古播馨香。

正纪必思承古德；
纯风当报举贤恩。

九嶷山舜帝陵牌楼

九疑至峻万山永拜归华盖；
五帝独尊千古德彰始有虞。

南巡万里情牵黎庶；
礼葬九疑魂系潇湘。

二　舜帝陵碑林楹联征集获奖作品

为弘扬中华民族优秀传统文化，丰富和提升舜帝陵碑林的文化内涵，2015 年 4 月，宁远县祭舜办开展舜帝陵碑林楹联征集活动。自 5 月 1 日起，截止 6 月 30 日，共收到国内外各界人士楹联作品 1284 件。按照“公开、公正、公平”的原则，由湖南省楹联学会会长余德泉教授等 5 位专家学者，对征集的作品进行无记名评选，共评选出入口、展馆、亭阁等三类等级奖 18 名，其中每类一等奖 1 名，二等奖 2 名，三等奖 3 名；另设优秀奖 50 名。

入口类

一等奖

三圣誉高，三万里无为以治；
五弦声远，五千年有德而尊。

（江苏省射阳　翟晓萍）

二等奖

天遗一石分三水；
德领群峰向九嶷。

（广州市天河　谢潇）

碧水青山，毓灵秀于斯，自有风光甲湘楚；
祖恩王泽，蕴人文在此，好凭印迹觅渊源。

（北京市朝阳　生吉俐）

三等奖

九万里寻根，到此何妨稽首拜；
五千年被泽，问谁不是捧心来。

（安徽马鞍山　解云凤）

禅位不居尊，道统承传，五帝名辉华表柱；
敬亲常在侧，地天感化，九嶷山立孝经文。

（河南光山　方应展）

何处寻潇湘帝子，感苍梧叶老翠竹痕稀，秋水长天音影渺；
今朝看尧舜神州，喜雷泽波清历山月朗，春风古域物华新。

（湖南永兴　曹庆华）

展馆类

一等奖

帝自耕仁，民能让畔，终古安邦崇教化；
罪疑从赦，功赏惟明，至今治国慎宽严。

（湖南永州　唐咸述）

二等奖

一馆布琳琅，读史旁参风雅颂；
百家香翰墨，扶碑细赏草行真。

（山西太原　乔中兴）

何处觅根源，在衡岳以南，罗浮以北；
此间传故事，于廊亭之内，碑石之中。

（湖南永州　蒋复琨）

三等奖

孝德感天，一脉香流千卷馥；
功勋盖世，万峰势让九嶷高。

（江西瑞金　钟宇）

水滨闻喜瑟，想当年浪涌波兴，我幸得微茫暂息；
山麓忆薰弦，待异日龙吟虎啸，汝当于碧落重还。

（湖南永州　彭庵酩）

中土创和谐，仁孝为先，四序韶音扬八国；
周边持友善，德威并举，一通军舞靖三苗。

（湖北阳新　刘会坚）

亭阁类

一等奖

静对九嶷参万化；
深怀一帝到千秋。

（江苏海门　徐俊杰）

二等奖

禅让誉千秋，更孝感人间，德扬天下；
薰弦传四海，恰风和耳际，雨润心中。

（安徽铜陵　周广征）

云断九嶷，苍梧有幸遗陵寝；
情思千古，斑竹为君印泪痕。

（湖南长沙　吕可夫）

三等奖

合民心无愧厥心，孝启新芳，百年寿我；
尽天职克称其职，德承夙愿，万载宏斯。

（河南南阳　林玉新）

群峰朝圣，众水思源，德厚九嶷春簇锦；
万里寻踪，千秋谒祖，孝融四海史流馨。

（广西钦州　周继勇）

行事越千年，扶碑可读中华史；
长歌飘万里，倚柱欣瞻阆苑春。

（安徽马鞍山　吴进文）

优秀奖

叠嶂奇峰，千仞嶷岩垂德范；
重峦险胜，九章韶乐播仁风。

（湖南宁乡　李东雄）

勤民事，爱济人，务田渔，懿绩五千年雄楚望；
拓神州，亘谤木，施教化，舆图八万里致重华。

（江苏苏州　胡启山）

信史启南薰，始播德风随日录；
民心崇北斗，长携孝范与天香。

（河南南阳　林玉新）

天下为公，双瞳慧眼知优劣；
人间至善，一颗诚心鉴古今。

（湖北阳新　刘会坚）

帝子何如，问清风不语；
舜碑犹在，看明月凝辉。

（安徽马鞍山　吴进文）

人沐德风，一碑驻足沉思远；
世尊始祖，万里捧心敬意深。

（贵州安顺　肖波）

历三万里南巡，魂合九嶷传德孝；
循五千年上溯，碑铭百代续文明。

（福建宁德　祁春新）

仁心作国魂，为帝勤劳为子孝；
耕艺传龙子，种山茂盛种文深。

（江西九江　卢象贤）

帝象恢弘，郁茂承岁时景仰；
珠丘祥瑞，风仪共天地升华。

（山西太原　乔中兴）

上善流芳，爱抚三苗德治世；

南薰解愠，仁施四海仁归心。

（北京顺义　孟广祥）

畎亩躬耕，大任降前经苦厄；
江山善治，仁君启后乐清平。

（江苏射阳　李海章）

风雨证流年，掌故有凭碑上字；
沧桑留胜迹，湖山无恙世间春。

（安徽马鞍山　吴迟）

百鸟积珠砂，水色山光笼圣境；
九嶷存石刻，杉香枞韵漫碑林。

（江苏射阳　翟晓萍）

德孝于九嶷发韧，生浩浩高风，直迎来不尽崇山长俯伏；
珠砂任群凤堆丘，合重重雄碣，常赢得有灵福地久徘徊。

（广东深圳　王九大）

千秋而后誉完人，古今嘉至功，已使圣名传四海 ；
九夏于今尊始祖，香火崇隆祀，长存庙貌飨零陵。

（湖南长沙　黄宁辉）

父既失明，母何失智，井中有子焉，未曾失道；
历山让畔，雷泽让居，天下为公者，已自让贤。

（江苏泰州　王广华）

舜日当空，瑶风湘韵九嶷醉；
神州逐梦，淑景卿云四海清。

（江苏苏州　刘湘梅）

苍梧留圣迹，道冠两仪，古今同仰止；
陵寝壮名册，德尊三界，日月共争辉。

（湖南永州　唐敷伟）

汪眼问桃花，世外几时留圣迹；
洞庭听木叶，湖中何处奠芳魂。

（湖南常德　虞启书）

静观山水之间都涵清气；
深入林亭以内不惹尘埃。

（湖南永州　蒋复琨）

北拱垣宸，信有襟怀罗斗宿；
南巡车盖，真传德孝灿虹霓。

（湖南永州　彭庵酩）

一帝长眠千古地；
万峰遥拜九嶷山。

（湖南桃园　文会鹏）

德孝溯初源，千古风徽唯两字；
人文称初宜，九嶷气象岂三湘。

（湖南长沙 吕可夫）

馆从梦里开，功传一脉、情传一脉；
碑向心头树，德也千秋、艺也千秋。

（江苏海门　徐俊杰）

一代圣贤，千秋仰德；
九州楷范，万里同风。

（四川成都　李凤能）

大爱沉香，历五千载沧桑，南风不懈解民愠；
懋功溢韵，看九万方河岳，北斗依然照禹乡。

（山西河津　侯关海）

地涌珠丘千古壮；
天回舜日一轮高。

（广东高州　苏俊）

只身系天下雍和，歌咏南风，九域子民沾圣德；
至孝为人伦式范，名垂广宇，万年俎豆拜苍梧。

（湖南永州　唐咸述）

拜文明始祖，踏舜帝碑陵，解析德字新含义；
问历史缘由，攀九嶷顶座，宛入孝风大讲堂。

（河南南阳　丁太学）

风过松柏犹韶乐；
碑勒纵横拟象田。

（广东广州　谢潇）

德披九州，缦缦卿云歌复旦；
芳流千古，悠悠韶乐纪重华。

（吉林东辽　温瑞）

镇河山而稳固，藉万仞九嶷，堪为砥柱；
播孝德以馨香，溯三湘一带，自有渊源。

（北京朝阳　生吉俐）

水远山高，行货回元归静处；
风轻云淡，天真藏妙在深时。

（河南光山　方应展）

贯日声名垂史册；
齐天德孝垒珠丘。

（江苏扬州　卜用可）

铸九嶷而川泽四方，舜帝碑前，孝德襟怀崇福地；
谒始祖以心香一瓣，中华胄远，文明薪火灿新天。

（山西运城　廉宗颇）

碑歌一帝，一帝护苍生，生呼舜日；
柱立千秋，千秋扬大德，德化春风。

（江西九江　李瑞河）

耕历山，渔雷泽，陶河滨，从者如云，仁孝风驰千里外；
举八恺，理万民，揆百事，治之有道，勋功德耀九垓中。

（林声耀）

头上戴尧天舜日；
此间称智水仁山。

（安徽无为　任家潮）

孝行天下，德泽神州，叹滚滚红尘，都为高风倾倒；
南接罗浮，北连衡岳，望绵绵翠岭，俱奔福地来朝。

（河北南宫　田伟）

静时能听云追月；
深处好寻舜狩山。

（江西萍乡　李汝启）

雨润九嶷归德泽；
云行万里载风流。

（湖南永州　蒋复琨）

迷茫未必无，世间德孝今何在；
疑问莫须有，天下文明古已存。

（湖北襄阳　赵勇）

九嶷莽莽壮乾坤，舜为魂魄；

八水悠悠昭日月，德是源流。

（浙江宁波　王龙强）

树带春晖，枝摇波影染霞色；
山朝帝寝，峰裹云纱着素衫。

（安徽巢湖　洪波）

沾光舜日，行者芸芸，至楚南祭祖；
溢彩碑林，言之凿凿，铭天下为公。

（北京怀柔　赵久生）

景运祥开，数牧融和亲百姓；
昌期福集，诸方嗣服佑三阶。

（湖北公安　曹克定）

水经大爱滋斑竹；
暖送湘流下洞庭。

（江西新建　张绍斌）

楚南福地德孝源头，苍梧舜托灵魂，自朝来万里江山、八荒黎庶；
陵内圣人尊崇天下，青史文宣典范，欣继起几多豪杰、一脉风流。

（江苏镇江　肖奇光）

一天烟雨廊檐润；
四面峰峦碑石青。

（湖南衡阳　欧阳立英）

水远山高，造化回元归静处；
风轻云淡，天真藏妙在深时。

（江西井冈山　黄武）

第四节　民间故事与传说

舜和后娘

古话讲，十个后娘九个丑。舜的后娘就是这九个里头的一个。

她起几多心，想几多办法，要赶走舜，好让自己的亲生崽象得家产。可总也赶不走舜。春上，她利用舜的忠厚老实，又想出了个歹毒主意，把两个兄弟叫来说：“你们两个到后岭上去种豆子，豆子生出来了才回家。”

舜和象两人带上干粮，背起锄头，提上各自的豆子到后岭去了。半岭上歇气时，舜去解手（即小便）。象鼻孔灵，闻到舜的豆子有炒熟了的香味，抓了几粒在嘴里吃了吃，好香。又尝自己的豆子，一股大生味。象年幼无知，不晓得母亲在豆子种上做了手脚，更不晓得她做手脚的用意，悄悄地把舜的豆子种换了。再爬岭时，象有意拉下老远，边走边偷吃豆子种。到后岭时，三份差不多吃了一份。各人把各人的豆子种种下了。

后母在家里喜滋滋地想，不出十天，宝宝崽就会回来，舜是再也不好意思回来了。哪知十天过后，象没有回来，二十多天过去了，象仍没有回来，一直过了一个月，还不见象的影子。她担心了，便上后岭去找，只见舜的豆子已生出半尺高了，象的豆子还是原样。象不敢回家，舜便留下来陪他。她背着舜问象，象把偷偷换豆子种的经过讲了，她在心里说：这叫起心害人害到自身。

她又羞愧又后悔。此后，再也不赶舜了。

（选自《湖南民间故事集成》，湖南省文联编，湖南文艺出版社，2009 年）

凭霄雀

舜葬苍梧之野，有鸟如雀，自丹州而来，吐五色之气，氤氲如云，名曰“凭霄雀”，能群飞衔土成丘坟。此鸟能反形变色，集于峻林这上。在木则为禽，行地则为兽，变化无常。常游丹海之际，时来苍梧之野，衔青砂珠，积成龚阜，名曰“珠丘”。其珠轻细，风吹如尘起，名曰“珠尘”。今苍梧之外，山人采药，时有得青石，圆洁如珠，服之不死，带者身轻。故仙人方回《游南岳七言赞》曰："珠尘圆洁轻且明，有道服者得长生。"

（选自晋人王嘉《拾遗记·虞舜》）

尧王访舜

尧王为了寻找贤人，装扮成一个普通百姓，四处闲游。他走了九十九天，过了九十九条河，翻了九十九座山，还没有访到一个如意的贤人。

一天，尧王来到一个村庄，看到一个后生在田园里赶着一条黄牛耕田，他忙停下脚步，问那后生："耕田是黄牛好还是水牛好？"连问几次，后生只抬头笑了一下，不回答，弄得尧面孔红红的，不得不转身走了。

后生见了，急忙喝牛站住，追上尧王，十分恭敬地说："你这先生刚才问我耕田是黄牛好还是水牛好，当然是水牛好。我本应回答你，可我当黄牛的面，怎么能去讲黄牛不行呢？它辛辛苦苦帮我犁田，我怎么对得起它呢？"尧王听后很受感动，暗自思量，这个后生做事这样稳重，像这样的贤人不用，还到哪里去寻找呢？尧问后生名字，后生答道："我叫舜。"尧王马上要舜停止犁田，牵回黄牛，随他到京城。因为舜处事稳重，办事公道，受到尧王的重用，最后继承了帝位。

后人题诗四句赞扬道：朝为田舍郎，暮登天子堂；将相本无种，男儿当自强。

（选自2005年《九疑山志》，第十一章）

舜帝南巡

传说尧帝通过对舜帝的考察后，得知舜确实有贤明的品德，又有治国才干，就把王位让给舜了。舜接位后，把治了九年水患没有治好，反而酿成大祸的大臣鲧治了罪，启用了鲧的儿子禹，继续来治理水害。禹吸取了父亲"水来土掩"的教训，采取既筑坝又开渠引水疏导的办法，得到了成功。经过十三年的努力，把整个中原的水害给治住了，立下了大功，人们称禹为大禹。舜很高兴，见禹有能力，人勤劳，又能艰苦奋斗，就把王位禅让于禹，希望禹把中国的事治理得好上加好。

舜禅让后，并没有袖手旁观，而是仍然在考虑国家的兴盛，人民的安危。他想，中原的水害治住了，可是南方的水害怎么样呢？他知道，南方原来是多水患、多猛兽、多灾荒的地方，如果南方的灾害不除，那里的老百姓就得不到安定的生活。舜决心亲自到南方巡视，了解南方的情况，好帮助大禹治好整个中国。

舜回到家里，把自己的想法跟二妃娥皇、女英商量，二妃听了大吃一惊。想舜帝这么多年来，为国家操劳，已经够辛苦的了，而且如今已经年老体弱，要到那么遥远的南方去，多有不便。听说南方不仅仅水害严重，那毒蛇猛兽也猖獗厉害，舜去太危险，放心不下。于是苦苦劝阻舜帝："舜帝，你年事已高，况且又已让位给禹，还要去南方干什么？让禹和大臣们去吧。"舜笑了笑说："二妃的心意我领了。我即位十三年，由于全力治理中原的水患，南方没有去成。现在有禹接位，我可以安心去南方了。我现在身体还好，如今不去，恐怕以后想去也去不成了。此生不去南方一趟，那要成为终身的憾事。"

二妃知道舜帝决心已定，是没有办法改变他的主张的，只好恳求说："舜帝要去，那我们就一起去吧。"舜再三告诫二妃："南方遥远，要跨黄河、越长江、穿洞庭，路途艰难，你们行动不便，去不得。"

舜的儿子商均见父亲巡视南方，母亲又不放心，为了舜帝的安全，就坚决要求随行，保护父王的安危。二妃见孩子理解母亲的心意，又聪明能干，心里，就向舜帝求情："让孩子跟你去吧！"舜帝见孩子态度恳切，二妃又支持，只好点头答应。他想，这对商均也是一次很好的锻炼啊。

五月的一天，舜帝要出发了。二妃带着孩子们来送行，禹带着大臣们送到百里开外，全族的父老乡亲都来了。有的送来了精制的武器，有的运来了粮食瓜果的种子，有的抬来了美酒，为舜帝送行。

舜帝留下御车，留下玉龙马，留下大家的心意，带着儿子和随行人员登上了大木筏。送行的人们含着泪水，望着远去的木筏，呼喊着："舜帝，你要早点回来呵！"咆哮的黄河水，淹没了众人的呼喊声。舜帝手按佩剑，站立船头，两颗豆大的泪珠，从眼眶里滚了出来……

舜帝的木筏飞越了黄河，冲过了长江，进入了洞庭。凶猛的黄河水没能挡住舜帝的木筏前进；飞流的长江水，没能延缓舜帝的木筏行驶的速度；洞庭湖蛟龙掀起的十丈水柱也没有吓唬住他们。

木筏来到洞庭湖心，只见湖边连绵起伏的山丘上，绿油油的一片。舜帝一眼看出，那是一片上好的茶叶，如今正是嫩叶吐芽季节，可是无人上山采摘。舜帝叫随行人员，把附近的老百姓召集起来，带领大家上山采摘茶叶，并教大家学会制茶。传说洞庭湖，有名的君山茶就是舜帝教会的。舜帝离开了君山，穿过洞庭湖，木筏进了湘江。舜帝望着湘江两岸重峦叠嶂的青山和那长满庄稼的田园，心里有讲不出的高兴。一路上，不断地与岸上的农夫们亲热地招手，有时还上岸和老百姓攀谈，了解水情，谈论生产。岸上的农夫，不知道是舜帝来了，总觉得他和农夫讲得来，常常把瓜果扔到木筏上。舜帝也不客气，一边点头，一边和大家有说有笑的吃起来，笑声洒满了湘江两岸。

木筏越往上，水越急，两岸的灾情也越发严重。特别是进入潇水河，来到九疑山一带，山高岭陡，田少石头多。有的田被水淹没，一片汪洋。有的田土裂得像张开的龙口，老百姓吃没得吃，穿没得穿，生活凄苦。

舜帝心里明白，九疑山一带水患严重，没有得到治理，旱魔猖獗，没有得到降伏。孽龙怪兽没有除掉，老百姓还在苦难中煎熬。

舜帝决心治理好九疑山这个地方。首先派了五名勇士，驻守五指砠，堵住恶龙水怪的去路。舜帝带着人马在九疑营扎下营寨，大臣们把马拴在拴马石上，在玉琯岩搭起帐蓬。如今九疑营、玉琯岩、拴马石都有舜帝留下的足迹。

九疑山的百姓得知舜帝千里迢迢来为民除害，都纷纷把舜帝的队伍接到屋里，虽然拿不出什么好吃的，都尽力把家里的东西拿出来招待客人。舜帝体恤老百姓的困难，仍住在山上的帐蓬里。没有吃的了，就派人到山上采摘野果和打猎。舜帝爬千座山，过万道水，走村串户了解水情，寻找孽龙水怪的出处。

舜帝在紫霞岩里找到了水怪，与水怪大战一场，凭着自己的神力，杀死了水怪，让紫霞岩里的九曲银河穿山而出，流入鸭婆洞。从此，田园水旱无忧。

舜帝得知黄龙岩里的黄龙最坏，经常兴风作浪，冲毁良田，弄得周围的老百姓无法生活。舜帝决心降服黄龙。

一天，舜帝来到黄龙岩，陡然间天昏地暗，狂风大作，雷雨交加。轰隆一声，一条长长的“闪光”从岩口飞了出来。说时迟，那时快，舜帝顺手举起一口大钟，向那条“闪光”掷去，又是轰隆一声巨响，那条“闪光”被罩住了，黄龙再也不作恶了。后来人们在黄龙出没的洞穴前，刻上了“飞龙岩”三个大字来纪念舜帝。

舜帝降服了黄龙，又听说野猪岩是百兽相聚的窝子，就派鼎武将军去收伏百怪。混战中，鼎武将军战死在野猪岩里了。为了彻底消灭百怪，舜帝接连派了五名将军，都先后战死在野猪岩内。百怪死的死，降的降，剩下巨蟒没有斩掉。舜帝就带着儿子商均，与巨蟒厮杀一场，舜帝亲手将巨蟒劈成三段。

水怪杀了，孽龙降服了，恶兽消灭了，九疑山太平了。舜帝把带来的谷种分发给老百姓，派儿子商均教老百姓耕田播种。商均教老百姓把野牛驯化来耕田，把俘获的野猪、野鸡关起来饲养，从此，九疑山平安无事，一派升平景色。

舜帝见老百姓日子过好了，又派识文大臣在紫霞岩内办起了书堂。如今石列坐栩栩如生，就是舜帝留下来的。

舜帝又派韶乐大臣，用西王母送来的十二支玉琯，教大家奏韶乐，让大家会唱歌，会跳舞。玉琯岩的来历就因汉代零陵文学奚璟在此得玉琯十二支而得名。

一年过去了，老百姓丰收了，粮粟满仓，牛羊满圈。这都是因为舜帝来了才有的。九疑山的男男女女，老老少少，抬着美酒佳肴，来到舜帝的帐蓬里，吹起芦笙，敲起长鼓，把舜帝和他的大臣们围在中间，唱啊跳啊，欢庆胜利的笑声，洒满了九疑山。

（选自 2005 年《九疑山志》第十一章）

舜帝见许由

舜帝来到九疑山，到处访问老百姓，为百姓解除了许多痛苦。

一天，舜帝在一个小村子的后山上，发现一个山洞，周围长满了长青树，一条小溪从洞口流过。小溪边有一片树木，风景十分优美。

舜帝信步进去看看。刚进洞口，就见一位老者坐在洞中闭目养神。仔细一看，原来是很久不见面的老前辈许由。

这许由是尧帝时代的一位很有才能的人。但他很自私，不愿替人民办事，又脱离群众。相传，尧帝见许由有才能，曾把帝位让给他，可是许由不愿干。他心里想："要我称帝，又没有什么特殊享受，还要日夜劳苦，我才不干哩。"于是，就逃到登封县的箕山，自耕自食。过了不久，尧又去请他出来为老百姓办理政事，许由又不答应。他说："我不喜欢听你这些话。"后来，他又逃到颖谷去隐居，每天都到颖水里去洗耳朵。有一天，许由的老朋友巢父牵了一头小牛来到颍水边饮水，正好碰见许由在水里洗耳朵，就问他什么缘故。

许由说："我听了尧的话，弄脏了耳朵。"

巢父听了很生气，便说："这都怪你自己，只想得名誉，不想为老百姓做事。本来是你自己的耳朵脏，把我小牛的嘴也弄脏了。"说着，牵了小牛到上游去饮水。

许由被巢父说得又羞又气，后来又听说尧将帝位让给了贤能的虞舜，便远逃到南方的九疑山，住到这个小洞里来。

舜帝见到许由，心中好不高兴，忙上前行礼问好。

许由见到分别好久的舜，心里也感到十分温暖，连忙起身让座。

舜帝说："早听说前辈隐居九疑，我曾四处打听，想不到今日在这里相见。"

许由问："难道你是为我而来九疑山？"

舜帝答道："不完全为你。我是来巡狩，看到这里土肥水足，风景优美，是个好地方。只是老百姓很苦，所以到处走走，将那些耕田种地、纺纱养蚕之事，拖石引水、防病治病之法教给百姓，让他们生活得好一些。"

本来，舜帝南巡到九疑山，为老百姓办了不少好事，许由也早就听说了，感到舜帝是个了不起的人，比自己高尚得多。今天见到舜帝，又听说这一席话，心中感到惭愧，只是低头不语。

舜帝看出了他的心事，便乘势劝道："前辈是个很有才能的人，希望你能把本事教给老百姓，造福后代。"

许由还是低头不语。舜帝知道他的脾气，坐了一会便告辞了，并说以后再来。

送走舜帝后，许由回到洞中坐定，想起尧帝对他的信任，想起巢父对他的批评，心里很不平静。

这天，许由来到一个山岗，听见山下传来一阵阵哦嗬、哦嗬的号子和欢乐的笑声，连忙下山去，原来是一群山民正在用绳子拉着拖板运石块。那拖板在洒了水的光溜溜的泥路上飞速滑行，又快又轻松。许由上前打听，才知道是舜帝教给山民们运石块的好办法。

一天，许由看到许多人挑土，在地上砌成一条一条交叉的泥路。便问一个青年汉子："你们这是在干什么？"

那汉子眉飞色舞地说：“哎呀，你不知道，这是舜帝教我们砌的田埂，这样可以装水。昨天舜帝还和我们干了一整天哩！”

许由到洞中，却见舜帝坐在里面，心中不禁一怔。那舜帝却乐呵呵笑道：“前辈好不潇洒，害得我在洞中等了半个时辰。”二人坐定，舜帝说：“今天有一事来请教前辈。”

许由连忙摇手说道：“不要说了，不要说了，你尽管放心！”说着二人同时哈哈大笑起来。

舜帝处处为老百姓着想的精神，使许由受到很大教育。从此，他果然也为老百姓办起事来。每天都到村子里去，教村民们挖塘蓄水，造田种谷，引水灌田，垦荒种菜，很受人们的尊重与敬爱。

后来，他听到舜帝斩孽龙，负伤身亡的消息，悲痛万分，身染重病，在洞中仙逝。

为了纪念他的功德，人们把山洞边这个小村叫做由村，村旁那条河就叫许由水。

（选自 2005 年《九疑山志》第十一章）

斩孽龙

舜让位于禹后，决心继续治水。一天，来到苍梧山，登高远望，见一茫茫天湖，方圆百里，不见边际。细瞧湖面，时而碧波荡漾，清澈见底；时而倒海翻江，波涛万状。再看湖中，见九龙抢珠，时而戏弄红珠，互相追逐；时而彼此角逐，扭缠不休；时而虎视眈眈，两目圆瞪；时而龟缩不动，静待时机。舜见此情景，早已拿定主意，当即脱下草鞋，投入湖中。只见九龙顿时化做九座青峰，婷婷出水，争秀竞高，巍然屹立。

舜降服了九龙，满心欢喜，绕湖一周，意欲将天湖看个究竟。来到北山，见百余青年，挥动银锄，汗流满面，挖山不止。舜问其中缘故，一个青年答道：“这湖，我们苍梧人叫湖海，广阔无边。如果天下大雨，湖潮上涨，洪水横溢，害人非浅。我辈青年，立志将山挑断，放水造田。但每天挖山挑土，从未罢休。谁知事出意外，头天挖下一大窟窿，次日泥土又凸起一大堆。我们连续挑山已有百余天。无法挑开缺口。”大家不住摇头叹息。舜听此言，见大家面有难色，决心将山察明底细。舜手执铜镜，登上山顶，凝神细看，并非大山，而是一条孽龙，昂首翘尾，威风十足。舜忙解下澡巾，往空中一抛，意欲缚住孽龙。岂料孽龙不肯就擒，反而掉转头来，企图伤人。舜忙举铜镜，对准孽龙一照，孽龙大吃一惊，将身一翻，马上掉过头去。舜苦于无剑，正焦急间，忽见一道红光，划破长空，如同闪电，来自东南方。舜暗想，孽龙未除，又见红光，不知何事？为了弄清问题，舜朝着红光方向，跋山涉水，奔波十余里，到达一座大山。站在山麓，举目上望，只见山崖如削，高不可攀。再往上细看，见山上三座青峰，如三枝玉笋插天，翻云吐雾，雄伟异常。舜正想在山下一个石洞内安宿，忽听侧面山上一声巨响，一团火焰，升腾半空，眨眼间，火焰熄灭。舜借火光，看出那山形状，类似一个大香炉。香炉顶端，青烟缭绕，徐徐飘下，刚至半空，化作一团红云停住不动。云中突然出现一位白须老人，左手提红灯，右手执宝剑，满面笑容，哈哈大笑道："若斩孽龙腰，快接我宝剑。"笑声响彻山谷。余音未落，见一雪白闪光的东西，朝舜飘飘而来。舜手抓住，定睛一看，果然是一枝锋利无比，六尺左右的宝剑。正待谢恩，只见半空红云消逝，白须仙翁不见。这时山谷中，空旷寂寞，寒气逼人。舜夜寒胆壮，手执宝剑，开山劈路，返身直奔北山。行至半途，忽然天昏地暗，妖风大作，即时倾盆大雨，山呼海啸，鬼哭狼嚎。眼看湖水不断上涨，快没九疑。舜飞刀砍下香杉一株，浮于水中，一跃身，跨上香杉。只见香杉行如梭，快如飞，直奔北山。转瞬间，香杉靠岸，见那孽龙昂首翘尾，口喷浓泉，仍在兴风作浪，湖水又涨三尺。周围靠山居民，因遭水灾，扶老携幼，纷纷逃命。舜义愤填膺，正想手挥宝剑，结果孽龙性命。孽龙口吐黑烟，迷住方向。舜挥动宝剑，追斩孽龙不放。彼此格斗达数十回合。这时，孽龙见舜剑法稍缓，即张开血盆大口，朝舜扑来。舜急中生智，掏出铜镜，狠狠照住孽龙，孽龙睁眼为开，企图逃脱无法。说时迟，那时快，舜挥动宝剑，奋力劈去，只见北山孽龙被劈成两截。这时，大山闪开一个缺口，湖水从缺口呼啸而下，龙头、龙尾顺着河水飘流，穿山过峡，向北而去。蛇死尾动，沿途撞击两岸石壁，遭到不同形状的破损，因而江水弯弯曲曲。

一夜之间，湖水流尽。次日，周围百姓迎朝阳，闻讯赶来，见九峰山下涓涓细流，沿河两岸，一马平川，无不拍手称好。人们不断欢呼："水消了！水消了！"一位老头柱着拐杖，指着新开的河道对青年们说："南海干了，水消了，这条新河就叫潇水吧！"

（选自 2005 年《九疑山志》第十一章）

九疑的来历

相传舜帝南巡到九疑时，听老百姓说九疑这个地方从地形上看是一个九龙归位之地，可建立都城。舜帝决心实地察看。他不辞劳苦，跋山涉水，走遍各个山头，要弄清九条龙的位置与去向。

舜帝登上舜源峰，仔细一数，却只有八条龙，忘记了自己坐的一条龙没有数。他又登上另一条龙的顶峰去数，同样忘记了自己坐着的那条龙没有数，所以还是八条龙。不知经历了多少天，翻越了多少个山头，问了多少个百姓，总之，他依次走遍了九条龙的每个山峰，都是如此数法，显然也只能有八条龙。因此，舜帝对这九条龙产生了怀疑。为什么自己的实地勘察与老百姓讲的不相符呢？他非常着急，始终不解其意。由于劳累过度，加之为此事又气又急，甩手到君山去了。后来，人们根据舜帝对九条龙的九次怀疑，就把这一群山峰取名为“九疑”。因为这是山名，后人又在这个“疑”字上面加了一个“山”字头，成了现在的“九嶷”。

（选自 2005 年《九疑山志》第十一章）

万山朝九疑的来历

凡是到过九疑的人都知道，只要登上舜源峰就会看到数以万计的大小不一样的山顶，都朝九疑这个方向倾。这是什么原因呢？

相传在舜帝南游的时候，发现九疑风光独特，大有开发前途，有在九疑建立都城之意。可是这方圆几百里地势不平，大小石山连绵不断，不便于建造都城。为此事舜帝感到无从入手，吃不香，睡不甜，整天闷闷不乐。这件事感动了上帝，就派了一个神仙下凡，要把这些石山赶到南海去。赶到中途遇到一个砍柴的女人在歇气。神仙想从这个女人口里讨个好彩头，把石山赶得更快些，就问道：“请问大嫂，你刚才看到我那群羊从这里过去没有？”谁料女人却答道：“没看见羊，只看见好多石头在往前走。”好话音刚落，所有的石山都就地停了下来，任凭神仙作法再也不往前走了。如果女人答道是看见一群羊就能继续往前走。她说是一群石山，神仙赶石山的秘密已被女人识破了。既然是石山，又怎能赶呢？所以石山再也不能往前行走了。直到现在，这些石山还好象是朝着九疑方向急步行走一样。

（选自 2005 年《九疑山志》第十一章）

刀削峰的由来

传说舜帝南巡，死在苍梧之野九疑山内，葬在舜源峰上。以后，玉皇大帝感到舜帝确实是凡间的圣明君主，于是下了一道御旨，要九疑山周围方圆百里的山头，一律向九疑朝拜。御旨下了，所有山岭的山神、土地不敢怠慢，一个个把头朝向舜源峰，形成了万山朝九疑的奇异景色。但是，事情就有那么奇怪，在这万山丛中，偏偏就有这么一个山神敢于违抗玉帝的旨意，不肯朝九疑低头。这就是逼江口的顶柱山。顶柱山为什么不朝向九疑呢？原来这座山的山神是个黑熊。黑熊精因为他的两个徒弟——黑蟒和野猪都被舜帝杀了，他怀恨在心，所以不愿朝九疑。

玉皇大帝知道了这件事后，勃然大怒，立即派四大天王和巨灵神下凡捉拿黑熊精。黑熊精自知不能抵抗，便自杀了。四大天王和巨灵神下凡到顶柱山时，黑熊精已经死了。于是他们只得把背向九疑的顶柱山山头，用刀劈断，回天庭复旨。

顶柱山被劈去了山头，变成了半边山。后来，人们把顶柱山的半边头叫做刀削峰。

（选自 2005 年《九疑山志》第十一章）

虞舜显圣

公元前两千年间，九疑山有二位称为姊妹的女道人，一位叫鲁妙典，一位叫王妙想。鲁妙典住在鲁女峰下，王妙想住在白马岩前的小溪边。王妙想是很勤劳朴实、孝敬老人、受群众敬重的妇女。她一人辛勤劳动，手巧心灵地开荒各地、打猎、捕鱼、做针线，奉养着二位老人，使他们愉快地度过晚年。她离何侯家只一里，所以经常到何侯家领教炼丹的技术。她非常尊崇虞舜，所以虞舜到何侯家时曾前去拜访，并与虞舜作过长时间的交谈。

虞舜崩驾以后，王妙想非常悲伤，痛哭流涕，每到月出的时候，总是独自一人静坐溪旁，烧烛盛酒，锁眉含泪，仰天张望。人们赞扬说："白马溪旁本现王，少姑颖慧似仙娘。月闭目木空辉映，怀念重华泪满眶。"

一年将要过去了。一天中午，忽然听见虞舜的韶乐声伴随着一朵白云从半空中响起，经过玉琯岩、白马岩向北方慢慢移去。王妙想非常高兴，昂首连声高呼：虞舜啊虞舜，你赶快下来吧！可是始终不见虞舜的形影。乐声随白云移去以后，王妙想仍锁眉愁容的回到了住处。春节过去了。一天下午雨后，忽然一阵郁香传来，半空白云飘忽，一道耀眼霞光照映着千军万马悬空而下。有一羽衣宝冠佩剑的人，升殿而坐，两旁群仙拥簇，合唱着“南风之薰兮，可以解吾民之愠兮；南风之时兮，可以阜吾民之财兮。”韶乐伴奏，音乐震动了九疑山的林壑、坛殿。王妙想立即跪地谒拜。大仙说：“我是虞舜，今天来教你修道的概念，授予你驻景灵丸，望你遵照办理。”顷刻，虞舜不见了。王妙想真是喜出望外，第二天在舜源峰上寻得了一支香兰，在娥皇峰下舜池内摘取了一支红孩儿莲，口服灵丸升天而去。

（选自 2005 年《九疑山志》第十一章）

泪竹的故事

九疑山里有泪竹，竹上有红色三角形斑点的叫抹泪竹；竹上有红色指罗纹的叫罗泪竹。竹上为什么有泪痕呢?

相传舜帝南巡，娥皇、女英十分思念牵挂，日夜盼望舜帝早日归来，幸福团聚。

二妃盼呀盼，从冬盼到春，从夏盼到秋，花开了又落，燕子去了又来，白云聚了又散，潮水涨了又落。可是，舜帝总不见回来。她们心里越来越焦急。

娥皇说：“妹妹，舜帝这次南巡，不知是凶是吉啊!”女英听了心里更不安：“姐姐，听说南方好多瘴气，舜帝是不是病在途中了?”她们这么一猜想，弄得觉也睡不安，饭也吃不下。于是，二人决定去南方寻找舜帝。

南方人烟稀少，道路艰难。二妃跋山涉水，忍饥挨饿，历尽千辛万苦，终于来到了九疑山。她们沿大紫荆河上，循小紫荆河下，踏遍了九疑山的沟沟坳坳，一路打听寻找。碰上打柴人问：“砍柴的大哥，看见舜帝了吗?”打柴人不说话，只是摇摇头。遇到捕鱼的问：“打渔的老伯，舜帝在哪里?”捕鱼的人不说话，只是摆摆手。会着放牛娃问：“放牛的小弟弟，知道舜帝往哪去了?”放牛娃不说话，只是呆呆地望着她们。

一天，她们来到了潇水河畔。突然娥皇高兴地说：“妹妹你看，对面山峰上站着个顶天立地的大汉，那不是舜帝吗?”妹妹手搭凉蓬，看了好久好久才说：“唉！哪里是舜帝啊！那是一株高大的九疑石枞哩!”

又一天，她们登上了一座高峰。突然女英欢呼起来：“姐姐你看，山下那个犁田的，不是舜帝吗?”娥皇连忙弯腰向下看去，摇摇头说：“唉！哪里是舜帝犁田啊！那是水田中的石影呀！”

二妃走啊走，找啊找。翻过了九九八十一坳，淌过了七七四十九条河，还没见到舜帝的踪影，心中好不焦燥，不禁大声呼喊起来：“舜帝啊，你在哪里?”“舜帝呀，你快回来!”

一时间。风也呼呼，水也哗哗，山谷悲声四起。这声音惊动了九疑山神，他化成了一个老翁，来到二妃面前，说道：“钟情的姑娘，请随我来吧。”

二妃跟随老翁来到一座高峰面前，只见三峰高高插向云天，峰前有一座高大的坟墓，金光灿灿。墓的周围长满了密密麻麻、绿茵茵的荆竹。竹尾长长地垂到地下，把坟墓打扫得干干净净。二妃好不惊奇，心想：“这是谁的坟墓？竟有这般的规模!”

老翁向二妃深深一拜，说道：“可敬的姑娘，这是舜帝的陵墓呀!”于是便把舜帝的事告诉了二妃。他说：“舜帝来到九疑，为民除害，与孽龙搏斗了七天七夜，终于把孽龙斩除。可是，他自已也负伤身亡。九疑山里的仙鹤为了感谢舜帝，永记他的恩德，便从南海衔来了无数珍珠，垒成了这座耀眼的珍珠墓。”

说完，老翁就不见了。

听了舜帝不幸身亡的事，二妃悲痛万分，抱着竹枝哭了七天七夜，血和泪滴在竹枝上、抹在竹枝上。从此，就成了“泪竹”。二妃悲痛至死，化作了两座高大秀丽石峰，伴随舜帝，千年万载不离。这两座山峰就叫娥皇峰、女英峰。

（选自 2005 年《九疑山志》第十一章）

为什么石枞有九针

天下松树很多，远看枝叶纷披；细看，它的每根小叶柄上，几乎都是成对地生出两片针叶。唯有九疑山上的石枞树，每支小叶萼里，齐刷刷地绽开着九条松针。你要问这奇异的松树是从哪里来的吗？九疑山上的老阿公会告诉你：那是舜帝种下的。

舜很小很小的时候，母亲就去世了。继母心肠狠毒，总是不断地折磨舜。特别是当他有了亲生儿子象以后，对舜更加百般虐待。

有一次，继母叫舜和象去种黄豆，舜种北坡，象种南坡。她眨着小眼睛说："你们两人谁种的黄豆长得好，就给他缝丝绸袄，虎皮裙。谁种的黄豆不发芽，就罚他跪三天三夜。"舜说："母亲吩咐，遵命就是。"舜和象拿起种子就去种豆去了。继母给象的种子是粒粒粗壮的好豆种，交给舜的种子呢，却是炒熟的黄豆。

走在路上，象闻到舜怀里的豆种发出一阵阵的香味下山去嗅嗅自己的，却半点香味也没有，只有股生豆子气。象不高兴了，说："哥，妈给你的黄豆那样好闻，我的种子没得一点香味，我俩换一换好不好?"舜很爱弟弟，愿意跟他换。但是心里想，母亲给弟弟的种子难道是不好的吗？若是我种的豆种不如弟弟的好，跟弟弟换了，那不是坑了弟弟？人这一犹豫，象就生气了，一把抢过舜的种子，在南坡上种了起来。于是，舜种下了粗壮的好豆子，象种的是炒熟的黄豆。

过了一个月，继母要惩罚舜了，就把舜和象叫了来，说："带我去看看你们种的!"他们来到地边一看，舜种的北坡上，豆棵枝叶茂密，绿茵茵的。而象种的呢？一棵豆苗也没有。继母气得脸色铁青，舜和象也是大眼瞪小眼，莫明其妙。象怕罚跪，急得呜哇呜哇哭了起来。舜疼爱弟弟，对继母说："弟弟年龄小不会种豆，母亲要罚就罚我吧。"继母哼了一声，拉着象，叭哒叭哒地走了。

夏天到了，继母就叫舜和象去钓鱼。她给象的钩子弯又利，还有倒须呢。给舜的钓钩呢？却是直通通的青铜丝。继母眨眨小眼睛说："哪个钓不到大鱼，就五天五夜莫想吃饭。"舜说："母亲吩咐，遵命就是。"

舜和象来到河边，象把小鱼钩穿上了沙虫，钓上来的是八条三、四寸长的"溜杆子"。舜把铜丝扭弯，捆好一束青草，甩进河里，钓上来的尽是几斤重的大草鱼。象急了，闹着要跟舜换钓竿。舜说："不用换，就说这大鱼是我俩一起钓的。"兄弟俩抬着鱼回到家里，继母见又没有难住舜，气得小眼睛直眨。

冬天快到了，继母又出了一个主意，叫他们兄弟俩去刮柴，进山后刮松树毛。她眨眨小眼睛，厉声宣布："谁每天刮不满两大箩，就九天九夜不许烤火。"舜说："母亲吩咐，遵命就是。"她叫象在阳坡马尾松林里刮，却要舜到阴坡的石山窝里去寻柴。

象至了松树林，地下的松毛很多，不一会儿就刮起了两大箩。舜来到石山窝，只见乱石丛中，孤零零地长着一棵枞树，虽然杆儿粗，枝叶密，但是因为这里背阴风冷，松针稀少，地下更是没有几根松毛。舜在石缝中用竹耙子刮呀，用手指抠呀，刮得满头大汗，抠得手指都出血了，搂拢的松毛还没有垫满箩筐底。舜发愁了，着急了，他抓住一根垂挂下来的石枞树枝，捏着一支叶柄，大声说："石枞树呀石枞树，你怎么每片叶只有两根针，你要有九根针，我们冬天就不会挨冻了。"舜的话刚讲完，就觉得手里一下子暖和起来，松针好象多起来了。他揉揉眼睛，仔细一看，你说怪不怪，只见他提的这支小小叶萼上，齐刷刷地绽出了九根松针。再一看，嗨，整个石枞树的每一支叶柄上，都是九根针。一霎时，这些松针儿纷纷变黄，飘飘洒洒地落下来，在石山上铺了厚厚一层松毛。这下子舜可喜饱了，他向石枞连声道谢，说："别落了，别落了，好心的石枞树，那些针叶儿留着你们自己御寒吧！舜很快就把松毛装满了两只大箩筐，喜孜孜地回家了。"

这时，象早已挑满了柴回来。继母坐在堂屋里叉着腰，准备责打挑空箩筐回来的舜。可是不多久，向她面前慢慢移来的，却是两座松毛堆成的小山。

继母的脸顿时变成了铁青色。她根本不相信阴坡的石山窝会有这么多的松毛，咬定舜是在马尾松林里偷的。老实的舜一边擦着满头大汗，一边把石枞树的奇妙变化告诉了继母。

这个青脸女人眨眨小眼睛，又来了点子。第二天，他叫舜到阳坡马尾松林刮柴，却叫象到阴坡石山窝里去。

象来到石山窝，果然看见每支叶柄上都绽开着九根针，根根叶儿碧绿，满树葱茏青翠。地下的松毛呢，却没有几根。象不高兴，举起竹耙子就向松树枝条打去。树枝猛然一弹，把他的竹耙子弹得飞出几丈以外。象发怒了，抱住石枞就拼命地摇起来。他摇第一下，石枞树的叶柄上就缩进去一根针，摇两下，缩进两根。摇到第七下，舜从阳坡赶来了。他见象在拼命地摇树，就一步奔过去，抱住象，大声喊："弟弟，弟弟，不要折磨好心的石枞树呀！"象停止了摇树，向石枞狠狠地踢了一脚，气冲冲地回去了。石枞树的松针也就不再隐缩。于是，这枞树又跟以前那样，每支叶萼上只有两根松针了。只有舜捏过的那条松枝，仍旧绽开九根松针。忽然，九根松针慢慢合拢，变成了一只松球，落在舜的怀里。

这只神奇的松球，舜一直藏在贴身衣袋里。他怕狠毒、忌妒的继母毁掉它，他耽心性情暴躁的弟弟摧残它，不敢种在家乡。

后来，尧禅位给舜。舜帝南巡，到了九疑山。他见九疑这地方，山高水冷，枞树稀少，一些刮松毛的老阿公、老阿婆烧柴困难，就把这只神奇的松球从贴身的衣袋里取出来，种在山下。这是世界上唯一的一颗松球呀！因此，只有九疑山上的石枞，才绽出九根针。

（选自 2005 年《九疑山志》第十一章）

凉伞坳

凉伞坳位于九疑山九疑营村北处。坳中有一四方水井，还有一棵桂花树，当地老百姓中流传着一个动人的故事。舜帝巡视南方时，听说九疑山风景美丽，便决定徒步上山。舜帝翻过了一座座山，走得满身大汗，口干舌燥。他坐下来休息时，发现石头缝中有一棵小小的楮树苗。心想：如果这棵小树能长成参天大树，后人就可以在这里休息了。他小心地把树苗挖出，然后又把它种在了坳子里。可是四处却找不到一点点水，舜帝心里非常着急，便顺口说道："土地山神，你们若不把泉水送上这坳子，我就把你们发配充军去。"这话恰被山神听到，他忙请湘江小龙王帮忙，把天河水引到了坳子上。舜帝用这水浇灌了小树苗，又继续前进了。后来，这小树苗长呀长呀，竟长了十几丈高，树叶繁茂，楮果结得密密麻麻，远远看去，这楮树就像一把大凉伞，撑在坳子头。人们走到这里，总要在大树下歇歇，喝口泉水，后来人们就把这黄土坳叫"凉伞坳"。

（选自 2005 年《九疑山志》第十一章）

舜帝生日

舜帝诞辰之日，因地方不同，有着不同的说法。湖南九疑山传说为八月十二，山西认定舜帝生日为二月初二、河南濮阳为正月十八、韶关相传为八月十三。近些年因各地争正源，而出现诸多版本，总括起来至少有（农历）正月十八、二月初二、四月十五、五月初五、五月初六、五月十六、八月十二、八月十三这些日子。舜帝的生日，正史从未提及，也许是四千多年前的事，谁也拿捏不准。正史找不到，只能从传说中去寻找。九疑山广为传播的舜帝诞辰八月十二，传说是怎么来的？让我细细说来。

传说舜帝出生惊天动地。公元前 2173 年，舜帝出生在雷泽湖畔一个叫姚墟的地方。这一天，姚墟一带出现了一种特殊的天象。当天上午，万里晴空。快到中午时分，突然风起云涌，雷电交加，大雨滂沱。雨过天晴，太阳当顶，阳光透过云团射向四面八方，东西南北四个方向同时出现了彩虹。这四道彩虹，恰好把姚墟圈在正中。农村有句谚语："东虹日头西虹雨，南虹刀枪北虹鬼。"虹，即彩虹。日头就是太阳。这句谚语的意思是说，东边天空出现彩虹是晴天；西边天空出现彩虹会下雨；南边天空和北边天空出现彩虹，则是灾害性天象。在姚墟一带，无论东虹、西虹、南虹、北虹，人们都见过。但是，在东西南北四个方向，同时出现彩虹，大家见所未见，闻所未闻。这种情况，到底是福是祸，大家议论纷纷。这时候，村里的巫师说，大家不要惊慌，这是一个亘古未有的预兆，将有一位伟大的圣人降临人间，造福万民。就在人们议论纷纷之际，舜帝降生了。人们都说是神童，并竞相祝贺瞽叟夫妻喜得贵子，说日后定能飞黄腾达，光宗耀祖。当地人有句俗语说生日："女的难得三六九，男孩贵在二五八。"这孩子生在八月十二，肯定是富贵之命。

舜帝从小孝顺父母，是当地有名的孝子，被尧帝选为接班人。舜帝即位后，推行德政，和合九州，出现了太平盛世。那时，道不拾移夜不闭户，处处莺歌燕舞，时时鸟语花香。大禹治水有功，舜帝将帝位禅让给了大禹。舜帝为了不妨碍大禹执政，南巡来到九疑山。他在九疑山推行五常之教，教化山民；大兴水利建设，治理水患；传授农业技术，增产粮食；教授种茶制茶，提高茶艺。九疑山生产生活有了很大改善，特别是孝敬父母、友爱兄弟形成风尚，山区一片和谐景象。山民们非常感激舜帝，要为他祝寿，以表心意。山民们问舜帝，生日是那一天？舜帝不想让山民为之操心，就唱着回答："要问生日哪一天？月圆之前已出生。木槿花开正旺时，东西南北彩虹明。"并且解释说："东西南北同时出现彩虹的日子，就是我的生日。"山民们，不明白，就去问何侯。何侯是在玉琯岩修炼的真人，他山中采药，汲九井之水烧炉炼丹，医术高超，乐于助人。舜帝觉得他贤达智慧，品德高尚，破格封他为侯。何侯知道，"月圆之前已出生"指的是八月十二。因为一年月亮最圆之时是中秋节；"十二"合成一字，就是"生"字。古代写"生"字，是"土"字的一竖上，再穿过两头弯曲朝上的一横。表示植物从土上面生长。八月十二这一天，也是九疑山木槿花开正旺时。木槿花又名舜花，可是，东西南北同时出现彩虹，却没有见过。何侯对此也感到疑惑。第二天，九疑山雨过天晴，在舜源峰东南西北同时出现彩虹，彩虹围住了舜帝的住所。天象为何侯解开了疑惑。大家非常惊喜，不约而同地来到舜帝住所，为舜帝祝寿。这一天正是农历八月十二。从此九疑山区就有了八月十二，舜帝诞辰的传说。

农历八月十二，舜帝的生日。舜帝逝世后，每年的这天，无论天气如何，方圆百里的人们都要云集九疑山，拜祭中华人文始祖舜帝。祭舜传统成了各族群众大集合、求和谐、大祈福的民俗活动，千百年来久盛不衰。他们相信，东西南北同时出现彩虹的日子，是祭祀舜帝最好的日子，即使是黄道吉日，也无与伦比。老百姓认为这一天，祭祀无需看黄历，求福得福，求官得官，求财得财。

相传道教有三十六洞天，七十二福地，都是仙人居住游憩的地方，是通天之境，祥瑞多福。道教中，潜心归隐默默修道的道士，喜欢遁居幽静的山林，所以多择有仙迹传说之处，兴建宫观，期荫仙风而功道圆融。历代以来，道侣栖止，香客游人络绎不绝，故洞天福地已成为中国绵绣河山之胜境，九疑山就是洞天福地之一。

洞天福地，又名三十六小洞天。第二十三洞天即是九疑山，九疑山方圆三千里，名曰朝真太虚天。九疑山也是道教的发源地，传说汉代以前得道成仙的就有十多人。舜帝被尊为道教的清虚大帝、三官大帝中的地官。地官名为中元二品赦罪地官，隶属上清境，地官由元洞混灵之气和极黄之精结成，总主五帝五岳诸地神仙，校戒罪福，为人赦罪。老百姓认为，舜帝生日这一天，祭祀舜帝，所有过失，都能得到舜帝的谅解，祈求福缘，都能得到圆满。

老百姓祭祀舜帝后，从这一天开始，着手中秋节的准备工作。浸糯米、包粽叶、做枕头粽。金黄色的枕头粽，预示黄金圆梦。这一天，将烧酒灌入酿好的糯米酒，等待中秋节喝蜜甜的双料酒。预示着幸福日子一天比一天甜。这一天，家家准备黄豆，磨豆腐、炸豆腐，准备做圆圆滚滚的舜豆腐。舜豆腐，当地又叫酿豆腐，源于舜帝教授的菜叶包肉馅的团菜，预示着全家团团圆圆，平平安安。

（欧利生搜集整理）

第八章　舜文化研究

舜文化亦称舜帝文化。舜帝创立的以孝为核心的道德思想，奠定中国古代伦理道德的基础，从而舜文化亦称道德文化。又因舜帝文化反映的是尧舜时期思想文化形态，后世也称为“唐虞之道”或“尧舜之道”。舜文化是中华民族由野蛮走向文明的历史转折时期的文化，是中华民族优秀传统文化之源。以农耕文化为内涵的炎帝文化，以政体文化为内涵的黄帝文化，以道德文化为内涵的舜帝文化，共同构成上古时期中华文化的三座里程碑。

由于舜文化在中华民族中的崇高地位和巨大影响，历朝历代对舜帝与舜文化的研究、传播从未间断，并在其内涵与外延上不断拓展，从而形成一种多层次、多维度、多领域的全方位研究。历史上有记载的对舜帝与舜文化的研究，大致始于先秦，盛于两汉，及于唐宋，延于明清。1978 年改革开放以来，特别是进入 21 世纪以来，随着社会经济不断发展和实现中华民族伟大复兴的现实需要，舜帝与舜文化研究掀起高潮。

第一节　先秦至民国时期舜文化研究

一　先秦时期

春秋战国时期是中国历史上一个重要的社会转型时期，也是舜帝与舜文化研究的第一个高潮期。诸子百家为说明自己的政治主张，纷纷将尧舜时代作为自己心目中的理想社会，将尧舜作为最理想的上古帝王，对尧舜及其时代大加褒扬。对舜帝及其思想研究比较深入的有孔子、孟子为代表的儒家，以墨子为代表的墨家，以韩非为代表的法家，以庄周为代表的道家。他们均在舜帝及其道德思想的研究与传播方面，做出诸多开创性工作。

最先研究尧舜的是孔子。面对当时东周王朝礼崩乐坏、社会动荡的混乱局面，孔子主张建立和维护比较稳定的社会政治秩序。孔子的政治思想核心内容是“礼”与“仁”。这种政治思想与舜帝道德思想一脉相承。但是，孔子的思想与政治主张并不为当时的统治者所接受。到晚年，他致力于教育，整理《诗》《书》《易》等古代文献。据《尚书璿玑钤》称：孔子得黄帝玄孙帝魁之《书》，至秦穆公为三千二百四十篇，断远取近，定可以为世法者百二十篇，其中一百零二篇为《尚书》，十八篇为《中侯》。司马迁说，孔子“追迹三代之礼，序书传，上纪唐虞之际，下至秦缪，编次其事”。（《史记·孔子世家》）《史记·伯夷列传》司马贞索隐引《尚书纬》云：孔子得帝魁之《书》三千三百三十篇，删定一百篇为《尚书》，十八篇为《中侯》。汉之刘歆、班固、扬雄，唐之孔颖达等均尊信孔子删《书》之说，以为《尚书》源于古代史官，经孔子删次成书。其中，《尚书·尧典》成为后世研究尧舜的最重要的文献典籍。战国时期，孟子继承并发展孔子的思想学说。他提出“民贵君轻”说，劝告统治者重视人民；反对武力兼并；主张“法先王”，“行仁政”，缓和阶级矛盾。他的政治主张也不为统治者所接受。后来，他退而与弟子万章等著书立说，结集为《孟子》，成为儒家经典之一。孟子“言必称尧舜”，始终以诠释舜帝及其思想为主线，对舜帝的言行思想进行深入的研究与探讨。《孟子》全书论及舜 97 处，散落全书各处。

孔子之后，对舜帝及其思想最为推崇的是墨子。墨子出身社会下层。在春秋战国这一重大的社会转型时期，墨子的政治思想反映一般庶民参政要求。他的“非攻”“兼爱”思想，体现反对掠夺战争的意向。他的“非乐”“节用”“节葬”等主张，是对权贵“繁饰礼乐”和奢侈的否定。他提出“尚贤”“尚同”的政治主张，认为“官无常贵，而民无终贱”，“必使饥者得食，寒者得衣，劳者得息，乱者得治”。墨子在《尚贤》《尚同》中，主张贤人执政，不仅是三公，就是天子，也可选天下贤者而立之。他提出这一政治主张的依据是，“古者舜耕于历山，陶河滨，渔雷泽，尧得之服泽之阳，举以为天子，与接天下之政，治天下之民”。这段话，也成为尧舜禅让之事的最早版本。

而管仲、庄子、荀卿、韩非、吕不韦等诸子百家，都对舜帝及其思想有着不同程度的研究。现存先秦古籍如《易经》《左传》《鬻子》《管子》《邓子》《商子》《列子》《庄子》《荀子》《慎子》《韩非子》《吕氏春秋》以及《山海经》等，都有大量关于舜帝及其思想的记载。特别是成书于战国中期以前、出土于湖北沙洋区郭店村的战国楚竹书《唐虞之道》，从仁、义、孝、悌、圣、德、亲、贤、天、命等方面，系统论述舜帝的道德思想，赞扬尧舜的禅让。

通过春秋战国时期对舜帝及其思想的研究，先秦诸子在尧舜问题上比较一致的看法有三个方面：其一，尧舜时期的虞是一个朝代，与夏、商、周连称。《左传》庄公三十二年载周内史过曰：“国之将兴，明神降之，监其德也；将亡，神又降之，观其恶也。故有得神以兴，亦有以亡，虞、夏、商、周皆有之。”《国语·郑语》载史伯曰：“夫成天地之大功者，其子孙未尝不章，虞夏商周是也。”其二，舜帝从原来的神话传说走向历史舞台，成为一位至孝至德、备受尊崇的上古帝王。其三，对舜帝的孝行、德行事迹比较认同。如舜帝孝敬父母、友爱兄弟，耕历山、渔雷泽、陶河滨等，各家看法均没有什么大的出入。对尧女妻舜、尧考察舜、舜流放四凶、以德治国等，在看法上也没有什么大的不同。总之，先秦诸子对《尚书·尧典》中关于舜帝的记载并无大的异议。但是，先秦诸子在对待尧舜禹是否禅让的问题上，墨家推崇，儒家默认，法家反对。对于舜帝卒葬之地，也有不同看法。主要有墨子“道死西戎”说、孟子“卒于鸣条”说，《山海经》“舜葬九疑”说。

二　秦汉时期

秦始皇灭六国，建立起大一统的秦王朝。秦始皇嬴姓。嬴姓始祖为伯益，伯益为舜时大臣且为舜婿，因而舜帝为嬴姓共祖。秦始皇三十七年（公元前 210 年）十一月出巡，行至云梦时，“望祀虞帝于九疑山”。由于秦王朝统治时间短暂，加上焚书坑儒的影响，秦代舜文化研究的情况鲜有记载。

西汉前期，推崇黄老之说。汉武帝时，“罢黜百家，独尊儒术”，儒家思想取代黄老思想，成为统治阶级思想。儒家思想源于舜帝道德思想，因而儒家奉尧舜为儒家道统之始。汉武帝独尊儒术，必然要推崇舜帝。为此，汉武帝还专门安排一次祭舜活动。《汉书·武帝纪》载：“（元封）五年（公元前 106 年），行，南巡狩，至于盛唐，望祀虞帝于九嶷。”舜帝并非刘姓始祖。汉武帝望九疑而祭舜，是向天下表明尊舜崇舜的姿态。由于汉武帝的提倡和推动，汉代出现舜帝与舜文化研究第二个高潮。

汉代研究舜帝与舜文化的集大成者是司马迁。20 岁时，他就“南游江淮，上会稽，探禹穴，窥九疑，浮于沅、湘”（《报任安书》）。元封三年

（公元前 108 年），司马迁任太史令后，以“究天人之际，通古今之变，成一家之言”的史识，创作中国第一部纪传体通史《史记》。在司马迁之前，对于舜帝的事迹与思想，除《尚书》外，还散见于先秦诸子百家的著作以及《山海经》中。西汉孔鲋《孔丛子》，陆贾《新语》，贾谊《新书》，刘安《淮南鸿烈》，戴圣《礼记》等，也有关于舜帝的诸多记载。司马迁在研究《尚书》和前人记载的基础上，最后在《史记·五帝本纪》中，以详尽的笔墨为舜帝立传。对舜帝的世系、地望、行迹、业绩、卒葬、历史地位与作用等，都进行详尽记载。对于舜帝的历史地位与作用，司马迁作出“天下明德皆自虞帝始”的高度评价。对舜帝的卒葬之地，他在综合研究《墨子》《孟子》《山海经》《礼记》《淮南子》等关于舜帝卒葬记载的基础上，结合自己到九疑山对舜帝陵所作的考察，在《史记·五帝本纪》中写下千古定论：“（舜）南巡狩，崩于苍梧之野，葬于江南九疑，是为零陵。”

三　魏晋南北朝时期

魏晋南北朝时期，中国经历长达三百多年的分裂局面。这一时期，经学衰落，玄学兴起。到南北朝时，更是佛教盛行。尽管如此，舜帝与舜文化研究并未中断。一方面，魏晋王室均奉舜帝为始祖，客观上推动舜帝与舜文化研究。曹丕建立魏国后，为取得政权的合法性，将自己的世系追溯到有虞氏，认为曹氏为舜帝后裔。曹丕还在洛阳建立寰丘，在寰丘祭祀上帝时，以始祖帝舜配。晋朝司马氏也以虞舜后代自居。泰始元年（265 年），司马炎设坛于南郊，祭祀上帝，以始祖舜帝配。南北朝时，北朝历代王朝在建立政权后，为巩固政权，更是频繁地开展祭祀舜帝的活动，以获得汉族的认可与支持。特别是北魏王朝，道武帝、明元帝、太武帝、孝文帝都频频祭祀舜帝。南朝历代对舜帝也崇尚有加。宋武帝时，湘州刺史张邵到九疑山拜谒舜帝陵，是有记载的最早到九疑山舜帝陵祭舜的地方官员。另一方面，一些思想家、史学家、文学家也以不同形式对舜帝与舜文化进行研究。如魏王肃《孔子家语》，晋皇甫谧《帝王世纪》，张华《博物志》，王嘉《拾遗记》，干宝《搜神记》，罗含《湘中记》，梁任昉《述异记》，萧绎《金楼子》，北魏郦道元《水经注》等，都对舜帝有所记载。

在晋代，也发生一件与舜文化研究相关的大事，即《竹书纪年》的发现。晋太康二年（公元前 281 年），汲郡有人盗发魏襄王墓（或言安釐王冢），得竹简数十车[①]。这些竹简，就是后人所说的《竹书纪年》。《竹书纪年》为战国时魏国史官所撰，“其所纪始黄帝，终魏今（襄）王二十年（公元前 299 年）”。但是，《竹书纪年》中所载的尧舜禹之事，同传统记载有所不同，甚至相反，没有尧舜禹禅让之事。这些记载，印证战国时荀卿关于“尧舜禅让是虚言”[②]、韩非等关于“舜逼尧，禹逼舜”[③] 等说法，并非空穴来风。正因为《竹书纪年》有此类记载，整理出来后不能为官方所容，一直未能列入官学。至唐代，此书逐渐亡佚。到南宋时，仅存残杂本三卷。明嘉靖年间（1522 年—1564 年），有人搜集《竹书纪年》佚文，凑合史传纪事，用《宋书・符瑞志》文章当作附注，托名南朝梁代沈约注，编出《竹书纪年》上、下卷，即今本《竹书纪年》。在今本《竹书纪年》中，已经全然不见有异于儒家的记载。即使如此，在诸多历史文献典籍乃至文学作品中，依然保留着“舜囚尧”“禹逼舜”等方面的记载，其如唐代刘知几在其所著《史通》中，曾引《汲冢琐语》（即《竹书纪年》）：“舜放尧于平阳。”刘知几还说，舜是被禹赶到苍梧而死的。稍后，司马贞在《史记正义》中，引用《竹书纪年》说：“尧德衰，为舜所囚。舜囚尧，复偃丹朱，使父子不得相见也。”李白也在《远别离》一诗中说：“或云尧幽囚，舜野死。”

四　唐宋时期

唐宋时期，舜帝与舜文化研究经历一个从低潮到高潮的过程。

唐王朝建立后，统治者重释、道，轻儒学。特别是武则天称帝后，大力推崇佛教。由于统治者大力推崇释道，儒学随之衰落，这种情况反映在祭祀上，就出现对舜帝祭祀的降格。唐代将祭典分为大祀、中祀和群祀。对舜帝的祭祀，由过去的“禋祭”改为“群望”，即“群祀”。这种情况引起不少有识之士的忧虑和不满。诗人宋之问在逃亡途中，特地到九嶷山拜谒舜帝陵庙，并作《舜祠》一诗，其中二句写道：“禋祭忽群望，丹青图二妃。”

---

① 《晋书・束皙传》。
② 《荀子・正论》。
③ 《韩非子・说疑》。

“禋祭”句表现宋之问对唐统治者忽视对舜的祭祀有所不满。“丹青”句则系作者为表达对娥皇女英的崇敬，作“二妃图”。

正是在这样的历史背景下，元结等人开始加强对舜帝与舜文化的研究与传播。他在任道州刺史期间，见九嶷山舜帝陵庙荒废，就奏请朝廷恩准，将九嶷山舜庙迁至道州城廓。元结还亲自撰写《补乐歌十首》，作为祭祀舜帝的乐章。后来，以韩愈为首的儒学大家发起古文运动，将改革文风与复兴儒学变为相辅相成的运动，其目的就在于恢复儒学道统，确立儒学的正统性和维护儒学的纯洁性。为扬儒抑佛，仿照佛教的法统论，韩愈提出儒家的道统谱系，“尧以是传之舜，舜以是传之禹，禹以是传之汤，汤以是传之文武周公，文武周公传之孔子，孔子传之孟轲。轲之死，不及其传焉”①。“使其道由愈而粗传，虽灭死，万万无恨”②。

古文运动也推动对舜文化的研究。特别是宋代，朝廷对文人与学术都给予比较宽松的环境，著书立说成为宋儒时尚。一方面，他们对儒家经典重新进行考订、注疏，并融入自己的认知与看法。其如胡瑗《周易口义》《洪范口义》，苏轼《书传》，林之奇《尚书全解》，黄伦《尚书精义》，陈经《尚书详解》，蔡沈《书经集传》，朱熹《仪礼经传通解》，黄幹《仪礼经传通解续》，魏了翁《尚书要义》，张九成《孟子传》，真德秀《四书集编》等。另一方面，宋儒还编著大量史志书籍。其如苏辙《古史》，郑樵《通志》，罗泌《路史》，乐史《太平寰宇记》，王存《元丰九域志》，欧阳忞《舆地广记》，祝穆《方舆胜览》，李昉《太平御览》等。在这些儒家经典注疏和史志编著中，搜集和保存大量关于舜帝的史迹和作者对这些史迹的看法。特别是苏辙《古史》，郑樵《通志》，罗泌《路史》，乐史《太平寰宇记》，祝穆《方舆胜览》，李昉《太平御览》等，有关舜帝的史料非常丰富。此外，在诸多宋儒的子部和集部著作中，也有大量关于舜帝的史料及其对舜帝思想的研究，如张载《张子全书》，司马光《家范》，朱熹《朱子语类》，真德秀《西山读书记》等。

---

① 韩愈《原道》。

② 韩愈《与孟尚书书》。

五　元明清时期

从留存的历史资料看，元代对舜帝与舜文化的研究相对较少。明清两朝，则对舜帝特别推崇，对舜文化研究也比较重视，成果也比较丰富。

明朝开国皇帝朱元璋与舜帝有着相似的身世，对舜帝极为敬崇。洪武三年（1370 年），就派专人前往九嶷山，走访察看舜帝陵庙，绘制舜帝陵庙图和整个九嶷山的地形图。翌年，朱元璋亲撰祭文，派遣翰林院编修雷燧到九嶷山舜帝陵祭祀舜帝，并将舜帝陵庙由玉琯岩前迁至舜源峰北麓。从此以后，朝廷祭舜均在九嶷山舜帝陵举行。清代乾隆帝也非常推崇舜帝。他不仅亲自到京城历代帝王庙拜谒舜帝，还写下《谒舜庙》《赋得舜歌〈南风〉》《解愠书屋》《虞舜》《题陈居中〈舜歌南风〉图》《消夏八咏・披薰》等咏舜诗十余首，这在历代帝王中是绝无仅有的。明清帝王为推崇舜帝，还将舜帝作为圣师进行祭祀。这种圣师祭祀始于明世宗，延于清末。《明史・志第二十六》对此有详细记载："圣师之祭，始于世宗。"明代，圣师祭祀典礼每年春秋二季在文华殿东室举行；清代自康熙帝开始，圣师祭祀典礼改在传心殿（位于文华殿东）举行。

由于明清两朝皇帝都推崇舜帝，研究舜帝及其道德思想的学者数量众多，著述大增，数以百计。一方面，咏舜诗文大量出现。上至皇帝如乾隆，中至大臣如刘基、杨廷和，下至文人墨客如王夫之、何绍基等，写下大量的咏颂舜帝、二妃的诗词文赋。明人周游还撰写《开辟演义》一书，其中第四十三回至第五十回写舜帝事。这也是最早用小说形式系统反映舜帝一生事迹的著作。另一方面，有关舜帝的记载大量增加。这些记载，或散见于经、史、子、集各类著作中，如明孙瑴《古微书》，李贤《明一统志》，章潢《图书编》，邢云路《古今律历考》，顾炎武《日知录》，蒋鐄《万历九疑山志》，清雍正时畿辅、浙江、湖广、山东、山西、陕西、广东、广西等《通志》，《钦定大清一统志》，顾祖禹《读史方舆纪要》，倪涛《六艺之一录》，崔述《唐虞考信录》等。总之，明清两朝对舜帝及其思想的研究，无论从参与的人数、研究的内容、留下的著述等，均可与宋代相提并论，甚至有过之而无不及。

明清时期研究舜帝及其思想还有一个比较突出的特点，就是功利主义倾向逐步发展。在争论舜帝地望、身世、行迹、卒葬等方面，各地都在使劲，以图于己有利。特别是在舜帝地望、卒葬两个问题上，争论最为激烈。地望之争，主要集中在山东、山西、河南、浙江等地，都主张舜帝生于斯，长于斯。而在这些省内部，也有不同说法。如山东有荷泽、鄄城、诸城之争，山西有永济、平陆、垣曲之争等。舜帝卒葬之争，则涉及湖南永州、山西平阳（古河东、今运城）、江苏海州（今连云港）、浙江绍兴、广西梧州等地，其中主要为湖南永州与山西平阳之争。

湖南永州宁远县九疑山舜帝陵，先秦典籍《山海经》及汉代大戴《礼记》、刘安《淮南子》中有明确记载，楚国诗人屈原有“济沅湘以南征兮，就重华以陈词”①、“九疑缤兮并迎，灵之来兮如云”② 等描写，秦始皇、汉武帝均曾望祀舜帝于九嶷。西汉史圣司马迁更是亲自到九嶷山考察舜帝陵，并在《史记·五帝本纪》中写下千古定论：“（舜）南巡狩，崩于苍梧之野，葬于江南九疑，是为零陵。”新莽王朝还在九嶷山建“虞帝园”。自汉代以后，对舜葬九嶷这一史实，史学界主流看法均无异议。明清时期，每逢国家大事，皇帝遣官祭舜，均在九嶷山舜帝陵举行祀典，无一例外。20 世纪 70 年代，长沙马王堆西汉古墓出土的帛书地图明确标记九嶷山舜帝陵；2002—2004 年九嶷山玉琯岩的考古发掘，发现秦汉至宋元时期的舜帝陵庙遗址，均印证古籍关于舜葬九嶷的记载。

山西运城盐湖区鸣条岗舜帝陵，明代以前的文献典籍均无记载。《孟子》载：“（舜）卒于鸣条。”但鸣条何处，孟子并未明确。明代以前，山西有舜庙而无舜陵。山西舜庙最早修建于北魏孝文帝时期。《魏书》卷七下《高祖纪第七下》载：太和二十一年（497 年），孝文帝于“夏四月……癸亥，行幸蒲坂，遣使者以太牢祭虞舜。戊辰，诏修尧、舜、夏禹庙。”宋乐史《太平寰宇记》载：“舜祠在州理城中。”州理城即今之山西永济市。成书于天顺五年（1461 年）的《明一统志·卷二十·平阳府》载：“帝舜庙，在蒲州东南二里。”说明此前山西尚无关于舜陵的记载。明嘉靖时，舜庙因地震毁坏。万历年间（1573—1620 年），又予重建。重建时，增建舜陵并立“有虞帝舜陵”石碑。因此，清雍正《山西通志·平阳府》才有“土人

① 《离骚》。

② 屈原《湘夫人》。

传有舜陵”“虞舜陵相传在县西二十里鸣条岗”的记载。这也是山西运城舜帝陵最早见诸记载。清乾隆时，对山西民间所修舜陵予以认可。《（乾隆）大清会典则例》卷一百三十七《工部·屯田清吏司·山陵》载：“（乾隆）六年，覆准：舜陵虽在湖南而故都实在蒲坂，则两皆为圣迹，自应时加修葺以昭敬礼。今山西安邑县帝舜陵寝年久倾圮，守陵之大云寺亦渐飘摇，应令抚动用存公银立限修整，工竣报销。”这一记载，首先肯定舜陵在湖南，舜都在蒲坂；其次才说山西安邑舜陵应予修整。但是，山西安邑之“舜帝陵寝”并不享有湖南九嶷山舜帝陵“设几户专司洒扫，永着为例”的待遇，朝廷对舜帝的祭祀典礼也只在九嶷山舜帝陵举行。即便认可山西安邑舜陵并加修葺的乾隆帝，也没有遣官到安邑祭舜的记载。

清乾隆时期开始，疑古思潮开始产生。其代表是崔述及其《考信录》。崔述清朝著名的辨伪学者。他秉持“不以传注杂于经，不以诸子百家杂于传注”的原则，精细地考辨上古、唐虞、三代、孔孟的事实，力求证得圣人之道的纯正性。他所著《考信录》三十二卷，是一部辨证古书真伪的专著。其中，关于尧舜部分称为《唐虞考信录》。《唐虞考信录》对《尚书》《史记》中关于尧舜的记载提出质疑。其后，晚清时期著名政治家、思想家、教育家康有为（1858—1927 年），也在《孔子改制考》中，提出“尧舜之事无稽考”，并进行详细论证。

六　民国时期

20 世纪初，新文化运动兴起。新文化运动的突出特点，就是“打倒孔家店”，全面向西看。在这样的历史背景下，疑古思潮兴起。他们怀疑和否定三皇五帝，认为西周以前的商、夏王朝是虚构的，炎黄、尧舜禹等上古人物也是虚构的。

疑古思潮的代表人物是顾颉刚。其疑古学术思想主要是“层累地造成的中国古史观”，即“时代越后，知道的古史越前，文籍越无徵，知道的古史越多”，这种仿造的上古史“譬如积薪，后来居上”。1923 年 5 月，《努力周刊》增刊《读书杂志》发表顾颉刚写给友人钱玄同的信《与钱玄同先生论古史书》。这篇文章发表以后，引起史学界众多学者就相关问题持久考辩论议，赞成者有钱玄同、胡适、魏建功、容庚、罗根泽、童书业、杨宽等人，反对者有刘掞藜、胡堇人、柳诒徵、张荫麟等，还有王国维、傅斯年、钱穆、冯友兰等参与讨论，发表意见。后来，上述这些学者关于上古史的争论考辨文章，从1926年到1945年15年间，被陆续编辑成《古史辨》论丛七大册，其中一、二、三、五册由顾颉刚编辑，四、六册由罗根泽编辑，七册上、中、下三编由吕思勉、童书业编辑。《古史辨》既是这一时期疑古与非疑古之争的真实记录，也是这一时期舜帝与舜文化研究之集大成。

民国时期兴起的疑古思潮，也直接或间接地影响到舜帝与舜文化的研究。疑古者对舜帝及尧舜时代持否定态度，反疑古者则持肯定态度。顾颉刚否定尧舜时代与舜帝的真实存在，认为仅仅是神话传说而已。为此，顾颉刚亲自校点清人崔述《唐虞考信录》，写下《尧舜的时代无从知道》《舜的世系》《论孔子删述之传说及战国著作伪书书》《论今文<尚书>著作时代书》《尧舜禹关系是如何来的》《论尧舜伯夷书》等。此外，顾颉刚还对清末宋育仁《虞初小说》的回目进行详细的点评和考释，否定书中舜的事迹的真实性。参与古史辨的专家学者，或从支持顾颉刚观点的角度，或从反对顾颉刚观点的角度，多有对舜帝与舜文化的研究，写下大量此类文章。其如吕思勉《尧舜的禅让与归葬》，汪柏年《舜寿百岁考》，钱穆《尧舜禅让说质疑》《苍梧九疑零陵地望考》，陆懋德《评顾颉刚<古史辨>》，蒙文通《孟子与韩非对尧舜的不同评价》，杨筠如《尧舜的传说》，孔君诒《虞舜耕地葬地的探讨》，杨向奎《禅让说起于墨家考书后》，刘仰之《唐虞刑法考》，郭沫若《尚书系后世儒家伪托》《帝俊、帝舜、帝喾、高祖夔实是一人》《儒家提尧舜的目的》，王国维《今本竹书纪年疏证》，食古《尧舜传说之歧异》，蔡元培《唐虞三代伦理思想之萌芽》等。

第二节　中华人民共和国成立以来舜文化研究

中华人民共和国成立后，在很长一段时间内，特别是在“文化大革命”中，中国传统文化仍在批判之列，舜帝与舜文化研究都处于停滞状态。

1978 年改革开放后，这种状态逐步被打破。特别是进入新世纪以来，众多党和国家领导人为舜帝陵题词，以舜文化研究为宗旨的社团大量涌现，各种学术研讨与宣传普及活动的广泛开展，著述迅速增加，舜文化研究的新一轮热潮迅速兴起。

一　党和国家领导人为舜帝陵题词

1961 年，中共中央主席毛泽东写下《七律 · 答友人》。诗见第六章《舜陵艺文》第一节《诗词》。

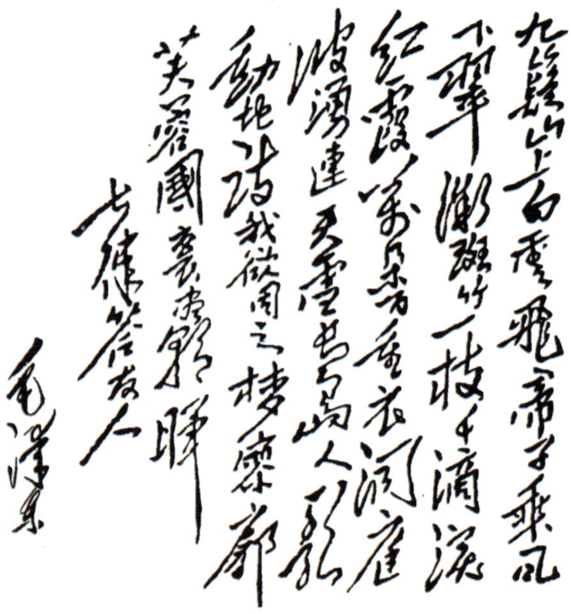

毛泽东《七律 · 答友人》

1992 年 4 月，中国人民解放军上将、中共中央顾问委员会常委萧克题词："保护历史文物，开发九嶷山。"

1992 年 9 月 7 日，中共中央顾问委员会常委、全国政协原副主席刘澜涛题词："开发九嶷风景胜地，弘扬有虞勤民精神。"

1992 年，第六届全国政协副主席汪锋题词："岩岩九疑，圣德光明。"

1993 年秋，中共中央原政治局委员、中央顾问委员会常委宋任穷题词："九嶷山上白云飞。"

1996 年 10 月，中国人民解放军上将、国务院原副总理张爱萍题词："弘扬舜德，振兴中华。"

2004 年 4 月 6 日，全国人大常委会副委员长蒋正华为舜帝陵题词："贺湖南舜帝陵落成：九嶷山前舜帝陵，万滴竹斑湘妃情；悠悠白云传遗事，茫茫天涯怀圣荫。"

2004 年 9 月，中国共产党中央军委主席江泽民为舜帝陵题字："九嶷山舜帝陵”。

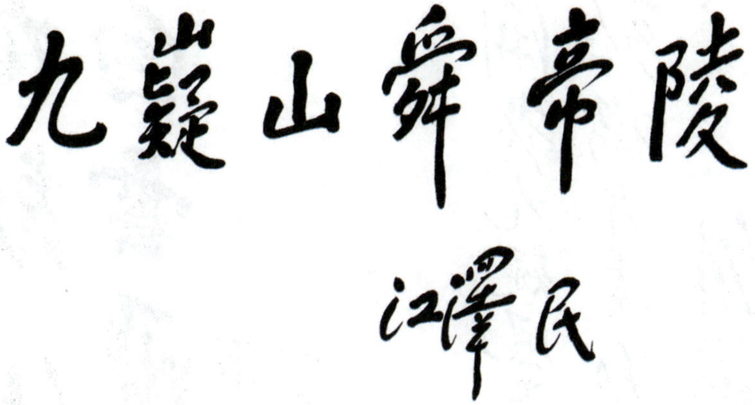

江泽民题词

2004 年 12 月，全国人大常委会原委员长李鹏为舜帝陵题词：“弘扬舜帝精神，建设文明社会。”

2004 年，全国人大常委会副委员长李铁映题词：“九嶷山舜帝陵”。

2004 年（?）第九届全国政协副主席朱光亚题词：“舜帝陵。”

2005 年 3 月，全国政协原副主席毛致用为舜帝陵题词：“弘扬舜德文化，构建和谐社会。”

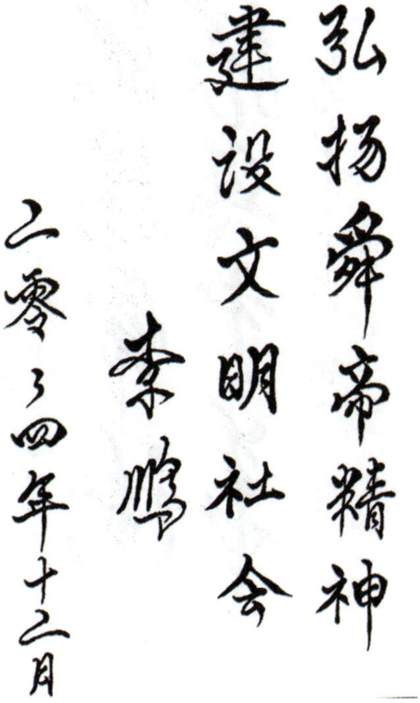

李鹏题词

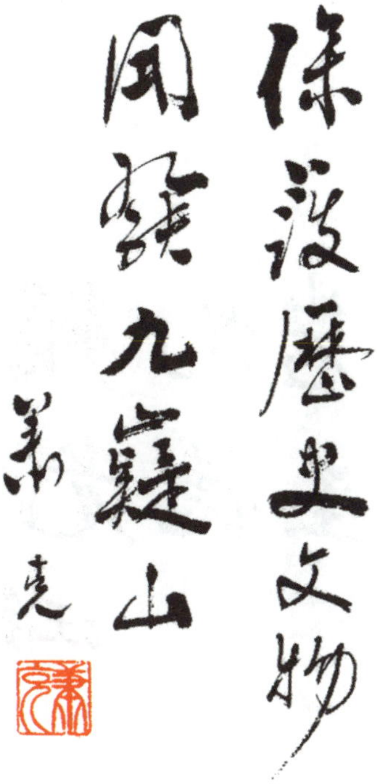

萧克题词

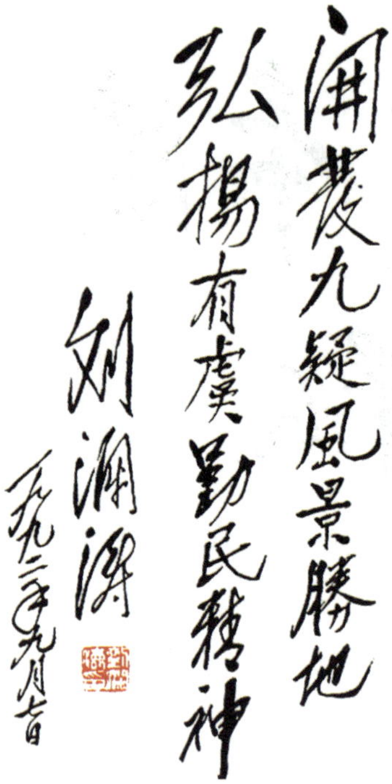

刘澜涛题词

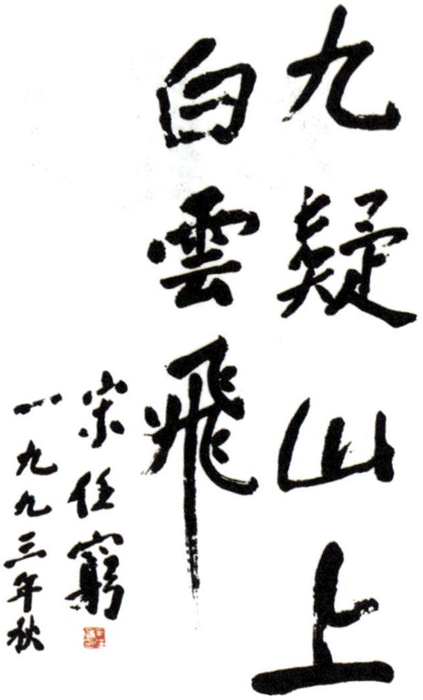

宋任穷题词

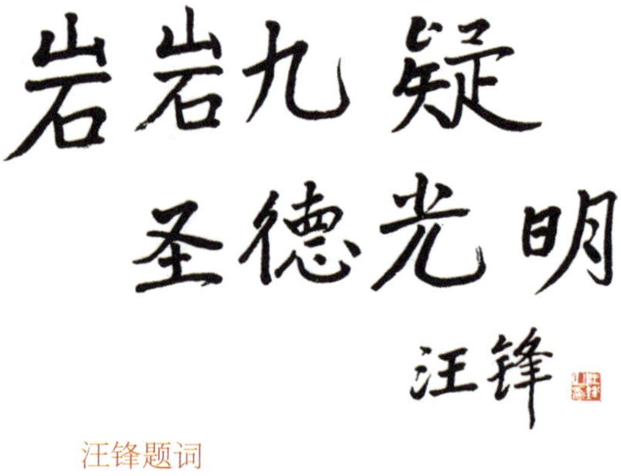

汪锋题词

张爱萍题词

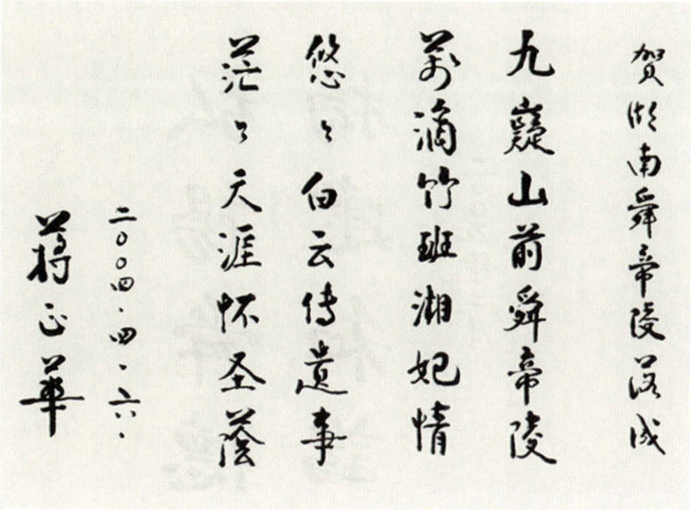

蒋正华题词

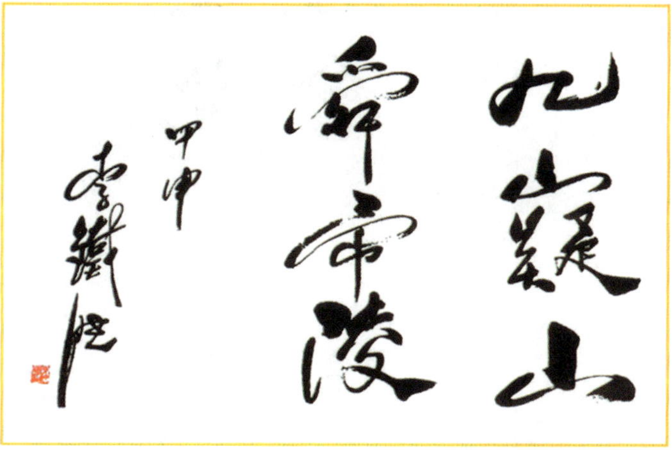

李铁映题词

朱光亚题词

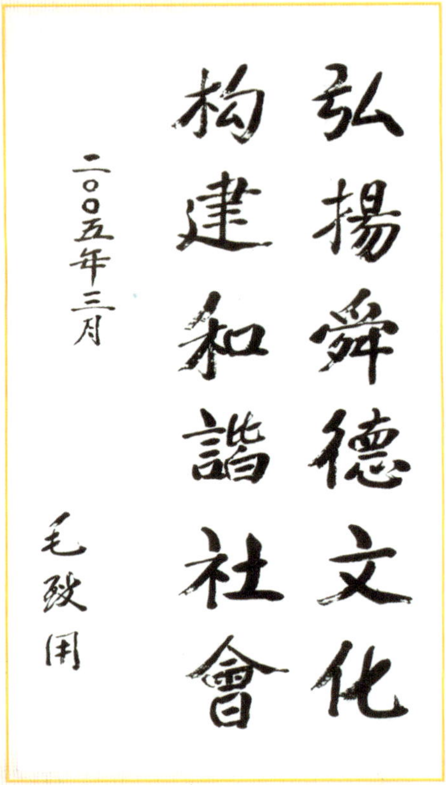

毛致用题词

二　舜文化团体

2001 年 9 月，九嶷山舜文化研究会成立，是为全国第一个注册建立的舜文化研究社团。此后，各类舜文化研究团体在湖南和全国各地相继出现，其中有影响的主要有湖南永州市舜帝文化研究会、湖南省舜文化研究会、湖南省舜文化研究基地、山东省大舜文化研究会、山西省垣曲县舜文化研究会、浙江绍兴虞舜文化研究会、浙江上虞虞舜文化研究会、江苏常州武进区舜文化研究会等。这些舜文化研究团体，成为舜文化学术研讨与交流、宣传与普及的重要平台。其中，部分舜文化团体简介如下：

（一）九嶷山舜文化研究会

1992 年，中华炎黄文化研究会名誉（执行）会长萧克将军提出：“九疑山可以成立一个舜文化研究会，作为中华炎黄文化研究会的一个分支”。

1998 年，宁远县长李德勋邀请《湖南社会科学》杂志主编杨敦耀协商，成立舜文化研究课题小组。课题小组由县长李德勋任组长，副县长欧利生任副组长，县文物局周九宜、县志办张介立、县文化局郑国茂、县政府办乐家茂四人为成员。自 1998 年第 5 期起，《湖南社会科学》杂志先后发表科题组三篇论文《舜文化初探》《舜文化与九疑民风》《舜文化与儒文化》，正式在社会科学界提出“舜文化”的学术概念。2001 年 9 月，经宁远县民政局审核批准，以舜文化研究课题组为核心，成立九嶷山舜文化研究会。首任会长欧利生，副会长为郑国茂、张介立、周九宜（兼秘书长）；有会员 60 余名。

九嶷山舜文化研究会成立后，共在永州组织 6 次以舜文化为主题的研讨会和一次舜文化研讨征文活动，超过 300 人次的国内外学者为研讨会提供 300 余篇论文，总字数 280 万以上。与此同时，九嶷山舜文化研究会还承担“舜帝陵公祭大典仪程方案”的拟定，并成功整理申报为国家级非物质文化遗产；与湖南省社科院“永州历史文化发掘与利用课题组”协同，促成古舜帝陵庙遗址的勘查及考古发掘，并成功申报为国家级文物保护单位；作为九嶷山风景名胜区文化建设的专家顾问团，参与九疑山景点建设文化内涵把关；协助县旅游局编写《九嶷山景点导游词》《九嶷山传说故事》等。办有会刊《九嶷山舜文化》。出版论文集《舜德千秋》《嶷山论道》，与湖南省舜文化研究会共同出版论文集《九嶷论道》《依法治国与舜文化》。

（二）湖南永州市舜帝文化研究会

2003 年 5 月 16 日，市委宣传部副部长蔡建军，湖南科技学院教授王田葵、陈仲庚发起筹备成立永州市舜帝文化研究会。5 月 23 日，向中共永州市委、市政府呈文《关于成立“永州市舜帝文化研究会”的报告》，市委书记曾庆炎、市长刘爱才和市委常委宣传部长李良铁分别批示，同意成立永州市舜帝文化研究会。同年 6 月 20 日，永州市民政局批复，同意成立永州市舜帝文化研究会，并办理有关社团登记手续。

2003 年 7 月 20 日，永州市舜帝文化研究会成立，陈仲庚为第一会长，蔡建军为会长、法人代表，尤慎、潘雁飞、赵荣学、雷运福、欧利生、李光衡为副会长，曾金秋为秘书长，2014 年 6 月 15 日，永州市舜帝文化研究会“2014 年年会暨换届选举会”在湖南科技学院召开。会议决定聘请王田葵、陈仲庚、张京华三位学者为本届名誉会长，选举潘雁飞为会长；周甲辰、杨金砖、杨增和、骆正军、雷运福、欧利生为副会长；周玉华为秘书长；蔡建军、陈仲庚、张京华、潘剑锋等 24 人为常务理事；并选举雷运福为《舜风》会刊主编，尹华军为编辑部主任。

2003 年 11 月，蔡建军、王田葵、陈仲庚、邓尧忠、欧利生以舜帝文化研究会的名义赴泰国参加世界舜裔宗亲联谊会第 17 届国际大会，加强同世界舜裔宗亲的联系。同年 12 月，研究会提出：请求省政府公祭舜帝陵、请江泽民为“舜帝陵”题词、筹备成立湖南省舜帝陵基金会、湖南省舜文化研究会等有关事项。2004 年 3 月，委托长沙弘铭商标事务所申请注册有关舜文化商标。同年 5 月，国家工商行政管理总局商标局向永州市舜帝文化研究会下达商标注册申请受理通知书，受理“虞舜”（41 类）、“舜裔宗亲”（35 类）、“舜帝”（35 类）、“舜帝陵”（37 类）、“华夏舜帝”（41 类）等 7 项商标注册申请。2006—2008 年，先后邀请省市舜文化研究会会员和国家、省、市级历史文化文物专家学者到蓝山县考察调研，发掘舜葬三分石之南、西汉虞帝园、古舜帝庙、皇英故祠、夔龙古庙等一系列独特的舜文化资源。2011 年，永州市舜帝文化研究会被市社科联评为优秀学会，被中国城市社科联合会评为全国先进学会。

（三）湖南省舜文化研究会

湖南省舜文化研究会的前身是湖南省社会科学院炎帝舜帝文化研究课题组。2007 年 1 月 25 日，湖南省民政厅下文批准，同意由梁绍辉、吕芳文、陈仲庚、周亚平等组成“湖南省舜文化研究会”筹备小组，开展筹备工作。

2007 年 3 月 22 日，湖南省舜文化研究会在长沙召开首次会员代表会。会议审议通过《湖南省舜文化研究会章程》，通过理事、常务理事会、会长、顾问、常务副会长、副会长、秘书长、副秘书长名单，湖南省人大常委会副主任唐之享被推选为首任会长。学会的宗旨是“深入研究舜文化，为构建社会主义和谐社会寻求民族的历史渊源”。2007 年 5 月 25 日，湖南省舜文化研究会成立大会及挂牌仪式在湖南科技学院举行。湖南省人大常委会副主任、湖南省舜文化研究会会长唐之享，以及湖南省社会科学院、湖南省文物局、湖南省社科联、中共永州市委、中共湖南科技学院、湖南省考古研究所等单位领导出席会议。台湾师范大学教授、资深学者陈大络，旅菲舜裔、菲律宾首冕集团董事长姚嘉熙，以及中国社科院历史研究所研究员王贵民、考古研究所研究员曹定云，陕西省历史博物馆研究员、中华伏羲文化研究会副会长杨东晨等全国各地舜文化研究专家学者 60 余人参加会议。唐之享在大会上作题为《舜文化研究与和谐社会建设》的主题讲话。

湖南省舜文化研究会成立后，大力开展各种类型的研究与宣传活动。会同湖南省舜帝陵基金会、湖南省舜文化研究基地、山东省舜文化研究会编纂出版大型文献资料汇编《虞舜大典》；创办《舜文化研究与交流》（内刊，其前身为《舜文化研究通讯》），扩大学会在省内外、海内外学术界的影响。积极开展与省内外、海内外的学术交流与联谊活动。在横向文化交流上，到 2015 年 12 月止，已与山东、山西、浙江、河南、福建、云南、台湾、香港等地建立经常性的联系，并有实质性的学术合作与交流；海外与新加坡、马来西亚、菲律宾、印度尼西亚、泰国等国家也保持不间断性的往来与联系，并于 2014 年 9 月成功地在九嶷山举办“世界舜裔宗亲联谊会第 22 届国际大会”。

（四）湖南省舜文化研究基地

湖南省舜文化研究基地，是在湖南科技学院舜文化研究所的基础上申报建立的。2007 年，由湖南省哲学社会科学领导小组、中共湖南省委宣传部共同下文批准成立，是湖南科技学院第一个省级研究基地。基地负责人原为管天球教授，现为陈弘教授，首席专家为陈仲庚教授。基地成员以湖南科技学院舜文化研究所的研究成员为基干，主要有陈仲庚、王田葵、张京华、尤慎、潘剑锋、翟满桂、潘雁飞、杨增和、周甲辰、朱雪芳、肖献军、沈德康等。还聘请湖南省舜文化研究会、湖南省舜帝陵基金会的梁绍辉、陆魁宏、吕芳文、万里、高至喜、袁家荣、周亚平等专家为特聘研究员，他们分别来自湖南省社会科学院、湖南省博物馆、湖南省考古所等科研单位；还聘任永州市舜帝文化研究会、宁远县九嶷山舜文化研究会的蔡建军、张泽槐、吕国康、雷运福、欧利生、张介立、郑国茂等主要研究成员。研究基地建立以来，取得多方面的研究成果：

完成国家社科基金课题 2 项，教育部人文社科课题 2 项，省级课题 20 余项。代表性课题有：潘剑锋“传统孝道与中国农村养老研究”（项目编号：07CZX019）和“中国传统孝道养老伦理思想及其当代启示研究”（项目编号：14BZX081）获得国家社科基金项目立项；翟满桂“舜文化与中华民族道德文明研究”（项目编号：05JA720007）、尹华君“湘粤桂边区民间文献的整理及数据库建设”（项目编号 15YJC870026）获得教育部人文社科项目立项。陈仲庚“舜德文化传统与和谐社会建设研究”（项目编号：07JD35）、张京华“虞舜与湘妃——古代爱情典范与现代家庭和谐研究”（项目编号：08JD34）、周甲辰“虞舜传说与传统道德文化的矛盾建构研究”（项目编号：09JD20）、陈仲庚“舜文化核心范畴及其现代意义研究”（项目编号：11JD28）、潘雁飞“晚周诗文中舜帝意识的传播研究”（项目编号：12JD29），杨增和“舜文化的跨媒介传播现象研究”（项目编号：13JD24），肖献军“虞舜文化与湖湘精神的动态建构”（项目编号 15JD24）等课题获得湖南省社科基金项目立项。

出版著作 30 多部。代表性著作有：陈仲庚、蔡建军主编的学术丛书《舜文化研究文丛》一套 10 部；张泽槐主编的《舜帝陵丛书》一套 4 部；吕芳文、陈仲庚等人主编的《舜文化论文集（第一辑）》；万里、刘范弟辑录点校的《虞舜大典・古文献卷》，陈仲庚、张京华等人辑录整理的《虞舜大典・近现代文献卷》；张京华的著作《中国何来轴心时代》《古史辨派与中国现代学术走向》《近思录集释》，潘剑锋的著作《传统孝道与中国农村养老的价值研究》，陈仲庚、蒋华合著的《德祖大舜》，翟满桂的著作《舜文化与中华民族道德文明研究》，肖献军的长篇小说《湘妃怨》等。

发表论文 200 余篇，其中 CSSCI 论文 30 多篇。代表性论文有：陈仲庚《和谐共存意识：人格培养的核心内涵》（《求索》2008. 9）、《舜歌<南风>与中国文学的观风传统》（《求索》2009. 11）、《舜帝之“耿介”与屈原之人格追求》（《中国文学研究》2010. 2）、《舜教“五典”与“宗法制”国家体制的形成》（《求索》2011. 7）、《韶乐・乐教与美育——<韶乐>的历史意义与现实意义》（《中国文学研究》2012. 4）、《“诚”以修身的理论内涵与实践价值》（《求索》2012. 11）、《慎终追远与国人之灵魂归宿》（《武汉大学学报》2014. 5）；张京华《古史研究的三条途径》（台湾《汉学研究通讯》2007 年第 2 期）、《<汉书・艺文志>“考镜源流”义例申论》（《中国图书评论》2009. 7）、《湘妃事迹可能出自上古<佚书>——<列女传・有虞二妃传>的文献源流》（《船山学刊》2011. 3）、《作为一种生命价值观的燕赵文化精神》（《河北学刊》2014）；潘剑锋《论传统孝道中的养老思想》（《学术交流》2007. 4）；肖献军《论二妃意象的形成及在唐代湖湘地区的流传与新变》（《湖湘论坛》2014. 9）等。

（五）山东省大舜文化研究会

山东省大舜文化研究会成立于 2007 年，是经山东省民政厅社团局批准并注册的学术性、非营利性的社团组织，由省内外大专院校、社科部门有关专家学者组成，首任会长为山东省政协原副主席谢玉堂，秘书长为袁庆宏。研究会的业务范围为组织开展舜文化研究、学术交流、宣传普及，促进舜文化发展。

山东省大舜文化研究会自成立以来，在舜文化学术研究和文化传播方面取得大量成果。

学术研究方面，出资设立多个课题组进行专题研究和资料整理，先后出版《论大舜》《甲骨文的由来与发展》《虞舜大典·近现代文献卷》《大舜文化与夏商西周文化》等课题成果。多次组织相关学术会议和论坛，先后在诸城、济南、烟台等地主办或联合主办五次全国性舜文化研讨会；与中国殷商学会联合主办两次国际甲骨文学术交流会和一次甲骨文高峰论坛；在青岛与台湾中国人文大学联合主办鲁台舜文化研讨会。此外，还多次派员参加其他省组织的舜文化研讨会，加强联系，互通有无，收集资料。

在学术研究的基础上，大力传播弘扬中华优秀传统文化。与诸城市政府自 2009 年起联合主办七届中国（诸城）大舜文化节；2013 年在山东省博物馆主办第十届中国艺术节舜文化艺术展；2014 年与济南夕阳红艺术团共同主办舜文化书画展；2015 年与山东省文联共同主办首届大舜文化艺术节；与济南市舜耕小学共同编写课外读物《大舜的故事》；请著名评书艺术家刘兰芳改编评书《虞舜大传》在全国 200 多家电台播出；与山东省影视集团联合摄制 35 集电视连续剧《大舜》，该剧由著名导演吴子牛执导，以大舜传奇一生为主线，讲述尧、舜、禹三代历经磨难创建中华文明的故事，是国内第一部描写中华文明起源的电视剧。

2007 年以来，研究会的工作得到多所知名院校和国家级学会的认可。山东大学文史哲研究院与该会开展密切合作，山东大学聘请该会会长谢玉堂为山东大学兼职教授；中国先秦史学会根据该会申请，在该会设立中国先秦史学会舜文化研究基地，2015 年 8 月，又批准以研究会为依托建立“中国先秦史学会东夷文化研究会”。

三　学术研讨

进入 21 世纪以来，全国各地开展多种形式的舜文化研究与宣传活动。2000 年 9 月，湖南宁远县举办“首届中国九嶷山舜文化研讨会”，开舜文化研讨会之先河。此后，全国各地的舜文化研讨会相继召开。与此同时，舜帝、舜文化宣传普及活动也广泛开展。

（一）首届中国九嶷山舜文化研讨会

2000 年 9 月，湖南宁远县舜文化课题组联系湖南省炎黄文化研究会，在宁远正式举办“首届中国九嶷山舜文化研讨会”。这也是改革开放以来，全国范围内召开的首次舜文化专题研讨会。出席这次会议的，共有国内外 50 余名专家学者，收到论文 40 余篇。其中陈望衡、周九宜、王田葵、张介立、杨东晨五人的论文，被《寻根》杂志主编当场索稿，并在该刊 2000 年第五期《寻根笔会》栏目，以“舜文化研究小辑”为题集中刊发。《人民日报》（海外版）刊发《首届九嶷山舜文化研讨会综述》一文。首届研讨论文由九嶷山舜文化研究会编撰成集——《舜德千秋》，并由海南出版社出版发行。从此以后，“舜文化”正式成为一项专门的学术被推出。

（二）全国虞舜文化研讨会暨中国先秦史学会第八届年会

2005 年 9 月 5—7 日，由中国先秦史学会与山西省运城市盐湖区委、区政府联合举办的“全国虞舜文化学术研讨会暨中国先秦史学会第八届年会”在山西运城举行，全国 26 个省、市、自治区的 130 多位专家学者云集河东，纵论虞舜及先秦文化。会议共收到论文 106 篇。这次研讨会，主要围绕三个方面的内容进行研讨，即尧舜时期的社会性质及与其相关的禅让制度问题的探讨，有关虞舜史迹的探讨，有关虞舜文化的探讨。对禅让制度，存在截然相反的两种观点：一是肯定，认为它曾是历史的真实。一是否定，认为权力更迭乃实力之争，因此尧舜禹之间权力的嬗递是篡夺的结果。学者们对虞舜南巡的态度主要有两种：一种是肯定。以宋会群为代表的学者认为虞舜南巡既有大量的传统文献为依据，又可以与今日湖南、广西等地发现的众多考古资料相印证，因此不能否定。另一种观点，则是否认虞舜南巡，认为江南苍梧古乃荒服之地，舜无由远涉于此。

（三）2007 年舜文化学术研讨会

2007 年 5 月 24—25 日，湖南省舜文化研究会成立、湖南省舜文化研究基地挂牌暨 2007 年舜文化学术研讨会在湖南科技学院举行。大会邀请中国社会科学院的王贵民、曹定云，陕西省博物馆的杨东晨，台湾师大的资深教授陈大络，菲律宾首冕集团董事长姚嘉熙等海内外相关的知名专家学者和世界舜裔宗亲代表参加。成立大会及揭牌仪式后，举行舜文化学术研讨会，代表们提交 30 多篇论文，经筛选后结集为《舜文化论文集》（第一辑），由湖南人民出版社 2008 年出版。

（四）大舜文化学术研讨会

2010 年 9 月 29 日，由山东省社会科学界联合会、山东省大舜文化研究会和潍坊市人民政府主办、诸城市人民政府承办的 2010 大舜文化学术研讨会在诸城召开，来自全国各地的 30 余位专家学者，围绕“大舜文化的核心内涵，大舜文化的历史影响和现实意义”进行深入研讨。会议由山东省社会科学界联合会的李海萍副主席主持，山东省原副省长、山东省九届政协副主席、山东省大舜文化研究会会长谢玉堂在会上讲话。之后，中国社科院历史研究所教授杨升南、北京大学教授葛英会、湖南炎黄文化研究会会长何光岳、广西师范大学教授钱宗范、中国社会科学院研究员徐义华、武汉子贡学院院长陆声俊、山东师范大学教授安作璋、山东师范大学教授王恒展、济南社会科学院院长张华松和潍坊学院教授王宪明分别发言，充分阐述自己对舜文化的最新研究成果。本次研讨会将孝悌、诚信、和谐等纳入舜文化的基本内涵，并充分论证大舜文化对加强中华民族的凝聚力和促进社会主义和谐社会建设具有重要的意义。

（五）第三届中国大舜文化研讨会

2011 年 8 月 24—25 日，山东省大舜文化研究会与山东省社科联联合主办的“第三届中国大舜文化研讨会”在烟台召开。本次研讨会以“尧舜禹是夏王朝的奠基人”为主题。湖南省舜文化研究会会长唐之享，山东省社科联党组成员、纪检组长高航，与来自内地和台湾的 40 余名专家学者共同参加会议。经过一天半的深入研讨，与会专家、学者达成三个共识：一是在夏王朝以前，在中国的远古社会后期已经出现一个虞国。这个虞国从经济基础到上层建筑已经具备一个国家的基本框架，而夏王朝就是在这个框架基础上诞生的。二是尧、舜、禹三代经过不懈的努力，为夏王朝的诞生打下一个非常坚实的基础。三是宗法制度的形成是夏王朝诞生的重要条件，而这个宗法制度是在父权制基础上形成的。

（六）“马王堆地图与舜帝陵”学术研讨会

2012 年 1 月 8 日，永州市舜帝文化研究会与湖南省舜文化研究基地联合主办“马王堆地图与舜帝陵”学术研讨会在永州召开，与会代表有湖南省舜文化研究基地、永州市舜帝文化研究会等 30 多位相关专家学者。会议由湖南省舜文化研究基地首席专家陈仲庚教授主持，永州市舜帝文化研究会会长蔡建军作中心发言，张京华、尤慎两位教授作重点发言。会议重点探讨长沙马王堆《地形图》《驻军图》与舜帝陵的关系问题。大家形成两点比较一致的看法：其一，马王堆《地形图》应当是《舜陵图》，《驻军图》应当是《驻跸图》或《祭祀图》；其二，以三分石为中心，是九疑山舜帝陵的核心区，其范围既包括北麓的宁远部分区域，也包括南麓的蓝山部分区域，较现在的九疑山区域应该要更大。

（七）第四届中国（宁远）大舜文化研讨会

2012 年 9 月 27 日，由山东省大舜文化研究会和湖南省舜文化研究会联合主办的“第四届中国（宁远）大舜文化研讨会”在湖南宁远召开，主题是“虞舜与九嶷”。来自中国社会科学院、复旦大学、山东大学、山东师范大学、广西师范学院、湖南科技学院等高等院校和科研机构的 70 余位专家学者参加会议。共提交论文近 60 篇。与会专家学者在研讨中达成诸多共识，认为舜文化的核心就是“德孝”，舜文化研究的大义所在就是在促进民族的大团结、大融合的研究方面多下功夫，寻求民族发展进步的历史渊源，寻找虞舜道德文化中民族生存的智慧。这些研究课题对构建社会主义和谐社会具有重大意义。研讨会期间，山东省政协原副主席、山东省大舜文化研究会会长谢玉堂还率团在九嶷山舜帝陵举行祭舜大典和大舜赋碑揭碑仪式，并在舜帝陵植树以表纪念。鲁湘两省多家媒体进行报道这一活动，山东省联合日报在头版刊发这一消息。

（八）“依法治国与舜文化”学术研讨会

2015 年 9 月 24 日，由湖南省舜文化研究会、九嶷山舜文化研究会在宁远县联合举办以“依法治国与舜文化”为主题的学术研讨会。来自中国社科院、山东省大舜文化研究会、永州市舜文化研究会、九嶷山舜文化研究会、湖南省社科联、陕西历史博物馆、山东大学、山东师范大学、烟台大学、中南大学、湖南师范大学、湘潭大学、湖南科技大学、永州职业技术学院等研究机构及高校的70多位专家学者齐聚一堂，共同探讨虞舜文化在依法治国中的作用和价值。会后，由周亚平、欧利生、吕芳文、周九宜主编论文集《依法治国与舜文化》，并由岳麓书社出版发行。

除上述研讨活动外，浙江绍兴、上虞，山西垣曲等地也举办舜文化研讨活动。如浙江绍兴于2010年举办“首届会稽山虞舜文化研讨会”；2012年举办“全国第二届会稽山虞舜文化研讨会”；2013年与浙江省历史学会联合举办“浙江省历史学会年会暨虞舜文化研讨会”。浙江上虞市于2012年10月12日—14日举办“中国（上虞）首届虞舜文化学术研讨会”。中国先秦史学会顾问、社科院历史研究所研究员孟世凯，中国先秦史学会副会长、上海大学古代文明中心主任谢维扬，中国社科院历史研究所副所长王震中，中国先秦史学会副会长、大连大学特聘教授葛志毅等30多名专家学者出席这次研讨会。山西垣曲县于2015年10月举办“全国孝文化高峰论坛会”，与会专家学者共50余人，提交论文50余篇。

四　舜文化宣传

在对舜帝与舜文化开展学术研讨活动的同时，不少地方加强对舜帝、舜文化的宣传普及活动。其中，影响较大的宣传普及活动有“舜文化万里行”，在《光明日报》《人民日报》海外版组织舜文化宣传专版，开播大型电视连续剧《大舜》等。

（一）舜帝文化万里行

为配合2005年湖南省公祭舜帝大典活动，2005年8月，大典组委会举办“舜文化万里行”大型主题宣传活动。这次活动的目的，是寻根舜帝故里，吸纳舜帝给华夏子孙留下的精华养分，全面展现舜帝文化形象，扩大九嶷山舜帝陵影响。国家文化部原部长、诗人贺敬之为这次活动题词。8月20日，“舜文化万里行”大型宣传考察活动在北京慕田峪长城启动，湖南省副省长贺同新，中共北京市委副秘书长陈启刚参加启动仪式。当天，考察采访团一行 19 人，从北京慕田峪长城出发，后分 5 路，经北京、河北、河南、山东、安徽、浙江、福建、广东、湖南 9 个省市，历时半个月，跋涉 7000 多公里，沿着舜帝当年在华夏大地走过的足迹，寻访舜帝留下的历史积淀和遗风，传播道德文明，推动和谐社会的构建。同时，收集沿途所经省市的土壤置于铜制凤篚。沿途各省 50 多家媒体参与跟踪报道，共发稿 150 多篇。2005 年 9 月 2 日，在湖南宁远县舜帝广场举行“舜文化万里行”迎归仪式。全国政协人口环境委员会副主任、湖南省政协原主席、湖南省舜帝陵基金会理事长王克英，文化名人郑国栋，全国十大孝星之一欧阳明友及优秀少先队员文英姿恭迎凤篚。盛放沿途各省土壤的凤篚安放于舜帝陵庙，作为永久纪念。

（二）报刊专版

为配合 2005 年湖南省公祭舜帝大典活动，大典组委会联系国家文物局考古专家组组长、中国文物研究所研究员黄景略，清华大学教授、中国先秦史学会理事长、国际欧亚科学院院士李学勤，湖南省文物局副局长、研究员何强，请他们就九嶷山玉琯岩舜帝陵庙遗址的考古发现撰写专题文章，组成专版进行宣传。分别于 8 月 17 日在《光明日报》第 11 版、8 月 20 日在《人民日报》海外版第 8 版上发表。黄景略在《考古学上首次发现的舜帝祠庙》一文中，详细介绍玉琯岩舜帝陵庙遗址的考古发掘情况，并将发掘情况与历史文献典籍进行比较，认为“玉琯岩舜庙遗址的发现，是中国历史上五帝祠庙考古上的首次发现，是目前已知时代最早的舜帝祠庙。它为古代祭祀的历史和祠庙建筑的研究提供了新的考古资料。随着该遗址的进一步发掘，必将有助于中国考古学、历史学、建筑学研究的深入。”李学勤在《舜庙遗址与尧舜传说》一文中写道，自己于 1974 年参加过长沙马王堆汉墓出土帛书地

舜文化万里行迎归仪式

图的整理工作，对《长沙国南部地形图》中的九嶷山明确标记舜帝陵，印象极其深刻。2005年，自己应邀前往位于宁远县城东南的玉岩建筑遗址考察，仔细观察正在发掘的部分遗址以及出土的陶瓷、砖瓦等等器物，获知遗址上部年代是北宋，与史籍记载宋初敕修九嶷山舜庙相合。从已开掘的部分看，当时舜庙规模相当弘大。更引人注意的是，在北宋遗存之下，还有更早的建筑地层，“在发掘区下部堆积中发现汉代祭祀坑和不晚于东汉早期的大型建筑遗迹”（国家文物局《2004 中国重要考古发现》，第 161 页）。这就和马王堆帛书古地图的舜庙有联系上了。李学勤认为，九嶷山舜庙之所以源远流长，并非偶然。这一方面反映中国历史的绵延悠久，后世对先代的仰溯追忆，另一方面也寄托着传统文化关于盛时治世的期待和理想。希望玉琯岩遗址的进一步发掘研究，会给人们带来更多的启示。何强则在《印证“舜葬九嶷”的考研发现》一文中认为，玉琯岩古舜帝陵庙遗址的考古发掘证实，早在 2000 多年前，“舜葬九疑”的传说就已为人们普遍接受，并在九嶷山修建舜庙加以祭祀。司马迁《史记》中的记载和马王堆出土地图上的绘记都是对当时实际情况的真实记载。这些专题文章，影响广泛而深远。

王克英恭迎凤簋

（三）电视连续剧《大舜》

由山东省大舜文化研究会会长谢玉堂策划，据王金铃长篇小说《虞舜大传》改编，由山东省大舜文化研究会与山东省影视集团联合摄制。该剧由著名导演吴子牛执导，以大舜传奇一生为主线，讲述尧、舜、禹三代历经磨难创建中华文明的故事，是国内第一部描写中华文明起源的电视剧。《大舜》播出之前，山东省委宣传部和中央电视台责编组组织专家进行审查。参加审查的专家一致认为：这是目前反映中国上古史的第一剧，也是反映中华民族文明起源的第一剧，主题鲜明积极，思想价值及社会意义深远，是一部历史价值较高，文学基础较好，制作精湛、具有较高思想和文化品位的精品力作。2015 年 7 月，该剧在山东卫视黄金档一经播出，得到海内外观众的好评，收视率进入全国前十名。该剧还在网络热播，网络点击率超过 15 亿人次。11 月 2 日，中国教育台一套黄金档对该剧进行二轮热播。

五　重要著述简介

1956 年，杨向奎在《文史哲》第七期发表《应当给"有虞氏"一个应有的历史地位》一文；1958 年，徐中舒在《四川大学学报》第一期发表《论尧舜禹禅让与父系家族私有制的产生和发展》一文。这是中华人民共和国成立后最早发表的与舜帝相关的专论。1982 年，刘起釪在《文史知识》上发表《经书浅谈：尚书》一文，是改革开放后最早发表的有关舜帝与舜文化研究的论文。1990 年，何光岳著《东夷源流史》（江西教育出版社），1992 年又著《陈姓》（三环出版社）。这是改革开放以后最早的研究舜帝与舜文化的专著。进入 21 世纪后，研究舜帝与舜文化的专著和论文大批涌现，形成舜帝与舜文化研究的新热潮。著述主要有大型文献资料汇编《虞舜大典》、史料性丛书《舜帝陵丛书》，学术丛书《舜文化研究文丛》《走进新的释古时代》，综合性丛书《史坛耕耘名中华》，学术专著《舜裔源流》《舜文化传统与现代精神》《舜帝与舜帝陵》《舜帝之谜》《论大舜》《虞舜与九疑》等。这些著述，均由国内出版社公开出版发行。

（一）《虞舜大典》

《虞舜大典》是一部大型文献资料汇编，也是一项舜文化研究的基础性工程。全书共三大卷，即《古文献卷》《近现代文献卷》《图像卷》。《古文献卷》已于 2009 年出版，《近现代文献卷》亦于 2011 年出版。2015 年，《图像卷》的图片资料收集整理工作已经完成，并交给岳麓书社审稿。

《虞舜大典·古文献卷》由湖南省舜文化研究会、湖南省舜帝陵基金会和湖南省舜文化研究基地三家合作联合署名出版。此书由万里、刘范弟辑录点校，2009 年由岳麓书社出版。全书精装大十六开，分上下两册，220 万字。该书搜罗深广，上起先秦，下至清末，凡有关舜帝的生平事迹，以及舜帝时代的社会风貌、政治制度、民本意识、人际关系、伦理道德、思想学术的探讨、考辨和发挥，尽行收入。5 月 20 日，《光明日报》理论版上发表题为《构建虞舜文化研究的古文献宝库》书评，高度评价该书“是一项意义重大的基础性文化工程”。

《虞舜大典·近现代文献卷》由湖南省舜文化研究会、山东省大舜文化研究会和湖南省舜文化研究基地三家合作联合署名出版。此书由陈仲庚、王田葵、张京华、尤慎、蒋华、周亚平、吕芳文等 7 人辑录整理，2011 年由岳麓书社出版。全书精装大十六开，共 8 册，620 余万字。该书辑录 1911—2011 年有关舜文化研究的文献资料，分论说、考据、纪述 3 编，3 编之下，共分为 14 个子目。所收录的资料，主要是学术研究专著、专论，也酌收一些民间故事、诗歌散文等非学术性著述。2012 年 6 月 20 日，著名史学家李学勤为该书的出版发来贺信，盛赞“‘虞舜大典’的编纂，是学术界、文化界的盛事，‘近现代文献’部分尤为反映了新的研究成果”。

《虞舜大典·图像卷》由陈仲庚、张京华等 6 人辑录整理。此书以图文并茂和雅俗共赏的方式，直观地展现与舜帝、舜文化相关的遗迹、碑刻、考古等方面成果，从而与前两书形成互补关系，共同构成庞大的舜文化文献整理研究体系。

（二）《舜帝陵丛书》

《舜帝陵丛书》全套共 4 册，约 120 万字，由湖南永州舜文化学者张泽槐主编，方志出版社 2008 年出版。丛书包括欧利生《九疑山舜帝陵》、张泽槐《舜帝陵诗文选》、张介立《历代祭舜》和郑国茂《千古舜帝》。丛书围绕九疑山舜帝陵寝，展开史料搜集和研究工作，是一部集史料性、学术性和文学性为一体的丛书。

（三）《走进新的释古时代》

该丛书是山东省大舜文化研究会计划在五年内逐一出版的研究远古史的重要学术成果和社科普及资料，包括《论大舜》《大舜与夏商西周文化》《大舜与齐鲁文化》《甲骨文的由来与发展》《中国奴隶社会的大一统》《夏王朝》等。其中，由谢玉堂撰写的《论大舜》和《甲骨文的由来与发展——纪念王懿荣先生逝世 110 周年》两书，已分别于 2010 年 9 月、2011 年 7 月由山东人民出版社出版发行；由孟祥才、王永波、胡新生、吴志刚等人撰写的《大舜与夏商西周文化》（上下册）一书，已于 2013 年 9 月由山东人民出版社出版发行。《中国奴隶社会的大一统》已通过专家审读，并完成修改和材料的补充，正准备出版。

（四）《舜文化研究文丛》

《舜文化研究文丛》全套共 10 册，220 万字，由陈仲庚、蔡建军主编，湖南人民出版社 2011 年出版。丛书分册分别为王田葵《中国伦理的贞下起元——哲学语境中的舜文化》和《中国伦理的轴心突破——史学语境中的舜文化》，陈仲庚《舜文化传统与和谐境界》和《文学寻根与舜文化根源性地位》，张京华《湘妃考》，周甲辰《舜帝传说与传统道德的深层建构》，蒋华《<十三经>中舜文化内涵研究》和《神话传说中舜文化探赜》，雷运福、蔡建军《舜帝与九嶷山》，唐曾孝《舜文化与九嶷山民间传说》。这 10 部著作从各自不同的角度对舜文化展开全面、广泛而深入的研究。

（五）《史坛耕耘名中华》

这套综合性系列丛书，由中国先秦史学会会员、中国博物馆协会会员吕步震先生编著，垣曲县非物质文化遗产编委会统一整合编辑出版。该丛书篇幅浩大、内容丰富、编辑独特，是一部融田野调查、民间传说、文献释读、现代论说为一体的综合性研究丛书。丛书包括《大舜故事》《德孝脉源》《中华孝道》《舜乡舜庙》《德自舜明》《世纪曙猿》《德孝传世》等 10 部著作，300 余万字。《大舜故事》由中央文献出版社 2015 年出版。《德孝脉源》和《舜乡舜庙》由中国文史出版社 2015 年出版。《中华孝道》、《德自舜明》、《德孝传世》、《世纪曙猿》由华夏出版社 2015 年出版。

（六）《舜裔源流》

何光岳著，湖南教育出版社 2000 年出版。该书以史家笔触，对舜帝地望、行迹、卒葬，对舜帝后裔的迁徙与分布，对舜裔姓氏的来源等，均进行深入研究。

（七）《舜文化传统与现代精神》

王田葵、何红斌著，上海三联书店与华东师范大学出版社于 2005 年联合出版。著者将舜文化作为一种独立的文化形态来考察，并尝试性地初步构建舜文化这一独立文化形态的学术体系。

（八）《舜帝与舜帝陵》

张泽槐著，为张泽槐、胡功田主编的《永州文化丛书》之一部，中国文史出版社 2006 年出版。全书约 36 万字，共 14 章。该书对舜帝的世系、地望、家庭，对舜帝孝行和德行，对舜与尧帝的关系、舜与娥皇、女英的婚姻、尧帝对舜的考察与禅让，对舜帝以德治国、强化王权、选贤任能、明德天下，对舜帝与大禹的关系、禅让大禹及舜帝南巡，对舜帝陵庙的变迁，对历代王朝祭舜、历代名人咏舜，对长沙马王堆西汉古墓和九嶷山玉琯岩秦汉至宋元时期舜帝陵庙考古发现等，均有比较系统、深入的研究。

（九）《舜帝之谜》

郑国茂著。人民出版社 2007 年 3 月出版。《舜帝之谜》是一本知识性、资料性学术著作，也是一部推介虞舜及有关文化问题的普及读物，共约 19 万字。该书采用问答形式，论述与舜帝相关的问题。全书共分舜帝生平、舜陵考证、舜德流芳、舜史链接、帝舜之谜、名人与九嶷山 6 个部分，每个部分下分若干个问题，共计 100 个问题，分别进行论述。

（十）《论大舜》

谢玉堂著，山东人民出版社 2010 年 9 月出版。《论大舜》为《走进释古时代丛书》之一部。全书约 50 万字。该书根据大量文献资料和考古调查资料，论证大舜并非神话传说人物，而是确有其人。全书分为 9 部分，内容包括：大舜年龄的推定，大舜地望、行迹，尧嫁二女于舜的历史动因，舜与大禹的关系，大舜的执政理念，舜帝历史地位与作用，舜文化的基本精神影响及当今构建和谐社会的研究。

（十一）《虞舜与九疑》

唐之享著，岳麓书社 2012 年出版。全书约 34. 5 万字，共 11 章。该书对九嶷地区的舜帝传说与舜帝遗迹，对舜葬地的争议与考据，对圣贤崇拜与古今祭舜活动，对舜葬九嶷与苍梧开拓、潇湘文学、南方文明、湘楚文化等关系，进行比较系统深入的研究与解读。

六　部分著述存目

除上述部分重要著述外，诸多专家学者在开展舜文化研究过程中，留下大量著述。限于篇幅，仅能将其他部分著述予以存目，以便后来研究者查找利用。存目的著述，仅限于公开出版的专著，以及公开出版物刊载的学术论文。为便于查找，将这些存目分为考据性著述、综合性著述两大类。考据性著述存目中，包括文献典籍考、方舆地望考、舜帝身世与舜裔考、相关人物考、典章制度考、舜裔姓氏考等 6 个小类；综合性著述存目中，包括相关哲学类著述、相关政法类著述、相关历史类著述 3 个小类。存目文献，按发表时间先后为序。存目文献的格式，根据 GB3469-83《文献类型与文献载体代码》的规定，以单字母标识文献类型：

参考文献类型	专著	期刊文章	论文集	报纸文章	学位论文	研究报告	标准	专利	数据库	电子公告
文献类型标识	M	J	C	N	D	R	S	P	DB	EB

对于专著、论文集中的析出文献采用单字母“A”标识；对于其他未说明的文献类型采用单字母“Z”标识。

非以纸张为载体的参考文献则标明其载体类型。载体类型及其标识：磁带-MT；磁盘-DK；光盘-CD；联机网络-OL。

（一）考据性著述存目

文献典籍考

屈万里　尧典·虞夏书·尚书集释［M］，屈万里全集［C］，台北：联经出版事业公司，1961.

屈万里　皋陶谟·虞夏书·尚书集释［M］，屈万里全集［C］，台北：联经出版事业公司，1961.

王国维　今本竹书纪年疏证·古本竹书纪年辑证（附录）［M］，上海：上海古籍出版社，1981.

方诗铭、王修龄　五帝纪·古本竹书纪年辑证（附）［M］，上海：上海古籍出版社，1981.

方诗铭、王修龄　路史所引纪年辑证·古本竹书纪年辑证（附录三）［M］，上海：上海古籍出版社，1981.

童书业　五行说起源的讨论（节选）［A］，古史辨：第五册［C］，上海：上海古籍出版社，1982.

刘起釪　经书浅谈：《尚书》［J］，文史知识，1982（9）.

周秉均　尧典·虞夏书·尚书易解［M］，长沙：岳麓书社，1984.

单殿元　《尧典》三题［J］，扬州师院学报，1987（3）．

刘保明　“重瞳子”新解（节选）［J］，武汉大学学报，1987（4）．

顾颉刚　《尧典》何人所作（节选）·中国上古史研究讲义［M］，北京：中华书局，1988．

姜亮夫　《尧典》新议（节选）［A］，古史学论文集［C］，上海：上海古籍出版社，1996．

金景芳、吕绍纲　尚书新解序·尚书虞夏书［M］，沈阳：辽宁古籍出版社，1996．

金景芳、吕绍纲　尧典·尚书虞夏书［M］，沈阳：辽宁古籍出版社，1996．

金景芳、吕绍纲　尧典新解·尚书虞夏书［M］，沈阳：辽宁古籍出版社，1996．

梁启超　尚书·梁启超国学讲录三种［M］，北京：中国社会科学出版社，1997．

章太炎　与吴检斋论《尚书》书·章太炎学术史论集［M］，北京：中国社会科学出版社，1997．

章太炎　尚书故言·章太炎学术史论集［M］，北京：中国社会科学出版社，1997．

李洪岩　伏生和《尚书》［J］，文史知识，1999（9）．

何九盈　汉字与巫史（节选）·汉字文化学［M］，沈阳：辽宁人民出版社，2000．

李百勤　说虞舜（节选）［A］，虞舜文化考论（2）［C］，太原：山西古籍出版社，2003．

刘　钊　唐虞之道·郭店楚简校释［M］，福州：福建人民出版社，2003．

苏建洲　《容成氏》译释·台湾万册楼《上海博物馆藏战国楚竹书（二）》读本［M］，上海：上海古籍出版社，2003．

苏建洲　《容成氏》隶定及摹字·台湾万册楼《上海博物馆藏战国楚竹书（二）》读本［M］，上海：上海古籍出版社，2003．

苏建洲　《子羔》译释·台湾万册楼《上海博物馆藏战国楚竹书

（二）》读本［M］，上海：上海古籍出版社，2003.

苏建洲　《子羔》隶定及摹字·台湾万册楼《上海博物馆藏战国楚竹书（二）》读本［M］，上海：上海古籍出版社，2003.

裘锡圭　新出土先秦文献与古史传说·中国出土古文献十讲［M］，上海：复旦大学出版社，2004.

李学勤　读王国维先生《古史新证》［A］，清路集［C］，北京：团结出版社，2004.

白　石　误读虞舜名［J］，咬文嚼字，2004（6）.

湖南宁远县《九疑山志》编纂委员会编著，九疑山志［M］，北京：方志出版社，2005.

杨东晨　夏商周时代，《陕西旅游历史文化丛书》之《华夏始祖》［M］，西安：三秦出版社，2005.

陈梦家　舜典及其它的分合·尚书通论［M］，北京：中华书局，2005.

陈梦家　尧典为秦官本尚书考·尚书通论［M］，北京：中华书局，2005.

陈梦家　附记·尚书通论［M］，北京：中华书局，2005.

顾颉刚、刘起釪　尧典（节选）·尚书校释译论［M］，北京：中华书局，2005.

臧　振　《虞夏书》成书年代考［A］，虞舜文化研究集（上）［C］，太原：山西古籍出版社，2005.

黄怀信　从《舜典》看舜帝时代的社会文明［A］，虞舜文化研究集（上）［C］，太原：山西古籍出版社，2005.

田旭东、王瑜　《容成氏》所见舜帝事迹考［A］，虞舜文化研究集（上）［C］，太原：山西古籍出版社，2005.

郭仁成　虞书·今古文全璧［M］，长沙：岳麓出版社，2006（3）.

郭永秉　说《子羔》简4的“敏以好诗”［A］，出土文献与古文字研究（第一辑）［M］，上海：复旦大学出版社，2006.

王　瑜　上博简《容成氏》研究（节选）［D］，西北大学2006年硕士学位论文.

李学勤　《尧典》与甲骨卜辞的叹词“俞”［J］，湖南大学学报（社会科学版）2008（3）．

温玉春　古籍所载尧舜年代资料辨析［J］，河北师范大学学报，2008（3）．

刘彬徽　出土楚简与舜帝研究［A］，舜文化论文集（第一辑）［C］，长沙：湖南人民出版社，2008．

雷运福　甲骨文“　”字应释为“舜”［A］，舜文化论文集（第一辑）［C］，长沙：湖南人民出版社，2008．

杨海文　清华简《保训》的学术价值［J］，云梦学刊，2009（4）．

清华大学出土文献研究与保护中心　保训［A］，清华大学战国竹简（壹）［C］，上海：上海文艺出版集团，2010．

张京华　湘妃事迹可能出自上古《佚书》——《列女传·有虞二妃传》的文献源流［J］，船山学刊，2011（3）．

方舆地望考

钱　穆　苍梧九疑零陵地望考（节选）［A］，古史地理论丛［C］，台北：东大图书公司，1982．

侯崇义　苍梧舜陵考略（节选）［J］，晋中师范高等专科学校学报，1986（1）．

李聚宝　“舜窜三苗于三危”之“三危”在敦煌（节选）［J］，敦煌研究，1986（3）．

田周林　九嶷苍梧辨（节选）［J］，衡阳师专学报，1988（2）．

竹　川　舜耕历山考异（节选）［J］，东岳论丛，1993（3）．

李厚之　帝舜踪迹在安康（节选）［J］，安康师专学报，1994（2）．

郝仰宁　舜帝故里考（节选）［J］，沧桑，1994（5）．

邵九华　河姆渡文化和舜耕历山（节选）［J］，浙江社会科学，1994（6）．

张放鸣　虞舜故里考（节选）［J］，寻根，1995（2）．

诸焕灿　虞舜故里在余姚（节选）［J］，宁波师院学报，1996（2）．

郝仰宁　虞舜之墟在永济——舜帝历史文化遗迹考略［J］，山西师范大学学报，1996（2）．

山西省史志研究院　文献传说中的史前文化·山西通志第 1 卷第 1 编 [Z]，北京：中华书局，1999.

徐北文　大舜行迹考（节选）[J]，济南教育学院学报，1999（1）.

董治安　关于“舜耕历山”的一些查考 [J]，济南教育学院学报，1999（2）.

戚焕丽　舜的活动中心应在神童山地区 [J]，岱宗学刊，1999（2）.

董　琦　虞夏时期中原文化区的历史学探索·虞夏时期的中原 [M]，北京：科学出版社，2000.

柴继光　尧、舜、禹相继建都河东探因 [J]，寻根，2000（2）.

杨东晨　炎帝和帝舜陵何以在湖南 [A]，舜德千秋 [C]，海口：海南出版社，2001.

张介立　大阳溪、白鹤观考 [J]，《求索》增刊号，2002.

高至喜　秦汉舜庙遗址及其他 [J]，《求索》增刊号，2002.

邵　军　舜帝南巡质疑 [J]，《求索》增刊号，2002.

王雪樵　安邑舜迹地名漫考（节选）[A]，虞舜文化考论（2）[C]，太原：山西古籍出版社，2003.

蔡建军　舜帝生葬湖南永州考辨 [J]，求索，2004（9）.

何红斌、王田葵　舜帝葬所新考辩（节选）[J]，湖南科技学院学报，2005（1）.

冯浩菲　舜帝出生地考 [J]，晋阳学刊，2005（1）.

孟昭民　舜生诸冯在垣曲（节选）[J]，文史月刊，2005（4）.

仝晰纲　虞舜相关地名辨正（节选）[J]，山东师范大学学报，2005（6）.

何　强　印证“舜葬九嶷”的考古发掘 [N]，光明日报，2005 年 8 月 17 日.

朱绍候　帝舜故里负（瑕丘）夏考 [A]，帝舜故里考证论文集 [C]，香港：天马出版社，2005 .

张维华　论“天吴”——兼及雷泽 [A]，帝舜故里考证论文集 [C]，香港：天马出版社，2005 .

许顺湛　说雷泽 [A]，帝舜故里考证论文集 [C]，香港：天马出版社，2005．

罗　琨　也谈“负夏”与“负瑕”之辨［A］，帝舜故里考证论文集［C］，香港：天马出版社，2005．

陈昌远　姚舜故里探寻［A］，帝舜故里考证论文集［C］，香港：天马出版社，2005．

王德英　千古姚墟今何在［A］，帝舜故里考证论文集［C］，香港：天马出版社，2005．

化建华　帝舜故里在濮阳，舜裔祖根在姚墟［A］，帝舜故里考证论文集［C］，香港：天马出版社，2005．

马世之　濮水流域虞舜史迹探索［A］，帝舜故里考证论文集［C］，香港：天马出版社，2005．

李绍连　帝舜早期所谭［A］，帝舜故里考证论文集［C］，香港：天马出版社，2005．

化建华　舜耕历山考［A］，帝舜故里考证论文集［C］，香港：天马出版社，2005．

李文芳　负夏的历史地位［A］，帝舜故里考证论文集［C］，香港：天马出版社，2005．

尤　慎　马王堆地图中的舜帝陵庙［J］，湖南科技学院学报，2005（10）．

徐永生　晋南中原地区“先秦中心”考［A］，虞舜文化研究集（上）［C］，太原：山西古籍出版社，2005.

吕步震　舜帝故里［A］，虞舜文化研究集（上）［C］，太原：山西古籍出版社，2005.

柳方来　虞舜活动地望考略［A］，虞舜文化研究集（上）［C］，太原：山西古籍出版社，2005.

魏嵩山　虞舜行迹地望分析［A］，虞舜文化研究集（上）［C］，太原：山西古籍出版社，2005.

柴继光　虞舜在河东之解读［A］，虞舜文化研究集（上）［C］，太原：山西古籍出版社，2005.

蔡运章　虞舜故里及其相关问题［A］，虞舜文化研究集（上）［C］，太原：山西古籍出版社，2005.

彭云鹤　浅谈舜帝陵在运城市鸣条的合理性［A］，虞舜文化研究集（上）［C］，太原：山西古籍出版社，2005.

李元庆　关于虞舜活动多地说的文化学思考［A］，舜文化研究集（上）［C］，太原：山西古籍出版社，2005.

杨善群　虞舜的活动地域与历史功绩［A］，虞舜文化研究集（上）［C］，太原：山西古籍出版社，2005.

王　晖　舜族早期居地及三迁考［A］，虞舜文化研究集（上）［C］，太原：山西古籍出版社，2005.

谢兴鹏　漫谈尧舜禹及其地望［A］，虞舜文化研究集（上）［C］，太原：山西古籍出版社，2005.

李明杰　舜迹琐议［A］，虞舜文化研究集（上）［C］，太原：山西古籍出版社，2005.

徐映基　曲辰考唐尧、虞舜出生地［A］，虞舜文化研究集（上）［C］，太原：山西古籍出版社，2005.

侯仰军　海岱龙山文化与尧舜之乡考辨［J］，齐鲁学刊，2006（1）.

胡立秀　濮阳舜迹（节选）·龙乡帝都——濮阳［M］，北京：中国文化出版社，2006.

马世之　虞舜的王都与帝都［J］，中原文物，2006（1）.

任振河　舜居妫汭与妫汭舜都所在地名考［J］，太原理工大学学报，2006（4）.

张华松　济南舜井舜祠考论［J］，齐鲁文化研究，2006（5）.

雷运福　潇湘二妃庙的变迁（节选）［A］，零陵论［C］，北京：中国和平出版社，2007.

郑国茂　“九嶷山”与“九疑山”·舜帝之谜［M］，北京：人民出版社，2007.

万　里　舜帝卒葬地考［J］，长沙理工大学学报，2007（4）.

吕步麟　诸冯山是虞舜故里再探（节选）［J］，运城学院学报，2008（3）.

万　里　关于舜帝归葬地的文献考察［A］，舜文化论文集（第一辑）

[C]，长沙：湖南人民出版社，2008.

易小兵　“封象有庳”与“象耕鸟耘”考释（节选）[A]，舜文化论文集（第一辑）[C]，长沙：湖南人民出版社，2008.

曹定云　论《史迹》“舜葬江南九疑”及其相关问题[A]，舜文化论文集（第一辑）[C]，长沙：湖南人民出版社，2008.

杨东晨　永州市九嶷山舜陵的传统地位不可动摇——兼论帝舜诸葬地与文化认同之陵墓的关系和意义[A]，舜文化论文集（第一辑）[C]，长沙：湖南人民出版社，2008.

高至喜　舜葬九疑的历史见证[A]，舜文化论文集（第一辑）[C]，长沙：湖南人民出版社，2008.

吴顺东　“舜葬九疑”考古系年[A]，舜文化论文集（第一辑）[C]，长沙：湖南人民出版社，2008.

郭辉东　三皇五帝不可否定，舜葬九疑不可置疑[A]，舜文化论文集（第一辑）[C]，长沙：湖南人民出版社，2008.

韩　岗　舜与诸冯[J]，超然台，2008（4）.

张祚秀、徐健　虞舜本是诸城籍[J]，超然台，2009（2）.

徐义华　从“中国”看舜的出生地[J]，超然台，2009（3）.

朱玲玲　舜为“东夷人”考[J]，超然台，2009（3）.

李永文　舜生姚墟考辨[A]，史前文明与荷泽历史文化[C]，哈尔滨：黑龙江人民出版社，2009.

陈尔民　尧舜与陶[A]，史前文明与荷泽历史文化[C]，哈尔滨：黑龙江人民出版社，2009.

卢新文　“舜耕历山”菏泽说已有确证[A]，史前文明与荷泽历史文化[C]，哈尔滨：黑龙江人民出版社，2009.

仝晰纲　虞舜中心活动区蠡见[A]，史前文明与荷泽历史文化[C]，哈尔滨：黑龙江人民出版社，2009.

封宗霖、刘兴家　“舜耕稼渔陶”考[A]，史前文明与荷泽历史文化[C]，哈尔滨：黑龙江人民出版社，2009.

李木旺　舜帝葬九嶷山释疑[J]，湖南文献，2010（1）.

张崇琛　清初考辨舜生地的两篇重要文献[A]，诸城大舜研究[C]，北京：人民出版社，2010.

孙君恒、王剑锋 “舜帝故里”诸诚论［A］，诸城大舜研究［C］，北京：人民出版社，2010.

钱宗范 试论大舜籍贯及大舜文化与仁学文化的关系［A］，诸城大舜研究［C］，北京：人民出版社，2010.

孙敬明 诸史考略——关于舜出生地探讨［A］，诸城大舜研究［C］，北京：人民出版社，2010.

王金玲 舜文化的博大内涵及发祥地诸城［A］，诸城大舜研究［C］，北京：人民出版社，2010.

张华松 我国文明社会肇始于虞代——兼论济水中下游流域为有虞氏“龙兴”之地［A］，齐地历史与济南文化［C］，济南：齐鲁书社，2010.

郭辉东、吕芳文 九疑山舜帝陵的“正穴”空间在哪里［A］，九疑论道，长沙：岳麓书社，2015.

曹定云 关于舜南巡与葬于江南九疑的思考［A］，九疑论道，长沙：岳麓书社，2015.

张 弘、安作璋 虞舜南巡与归葬九疑问题初探［A］，九疑论道，长沙：岳麓书社，2015.

孟祥才 简论舜之南巡与归葬［A］，九疑论道，长沙：岳麓书社，2015.

郭永秉 鸣条、历山与苍梧之野［A］，九疑论道，长沙：岳麓书社，2015.

朱亚非 论明清帝王祭祀九疑山舜帝陵［A］，九疑论道，长沙：岳麓书社，2015.

牟 文 浅议舜葬江南九疑［A］，九疑论道，长沙：岳麓书社，2015.

周九宜 从出土文物看帝舜、苍梧、九疑［A］，九疑论道，长沙：岳麓书社，2015.

郑国茂 九疑山舜文化资源与教育朝圣的思考［A］，九疑论道，长沙：岳麓书社，2015.

张介立 九疑：疑在虚实两可间［A］，九疑论道，长沙：岳麓书社，2015.

周九宜　试析“九疑”地名之由来［A］，九疑论道，长沙：岳麓书社，2015.

舜帝身世与舜裔考

徐旭生　帝俊与帝鸿（节选）·中国古史的传说时代（增订本）［M］，北京：科学出版社，1960.

顾颉刚　舜的世系（节选）·中国上古史研究讲义［M］，北京：中华书局，1988.

顾颉刚　虞初小说回目考释（节选）［A］，顾颉刚古史论文集（第二册）［C］，北京：中华书局，1988.

何光岳　东夷源流史［M］，南昌：江西教育出版社，1990.

何光岳　陈姓［M］，海口：三环出版社，1992.

张　敏、韩明芳　虞舜南巡与勾吴的发端［J］，南京大学学报，1999（3）.

何光岳　舜裔源流［M］，长沙：湖南教育出版社，2000.

刘俊男　尧舜禹史迹考辨·华夏上古史研究［M］，延边：延边大学出版社，2000.

杨东晨　舜陵、炎帝榆罔与帝舜何以葬在湖南（节选）［J］，寻根，2000（5）.

赵彩花　大舜模式：孟子的理想人格（节选）［J］，张家口职业技术学院学报，2001（1）.

杜方智　大舜：中国道德文化的始祖（节选）［J］，零陵师范高等专科学校学报，2001（1）.

刘俊男　丧制三年为25月论（节选）［J］，株洲师范高等专科学校学报，2001（6）.

罗成惠　舜其人其事其功［A］，舜德千秋［C］，海口：海南出版社，2001.

张介立　舜崩何年［A］，舜德千秋［C］，海口：海南出版社，2001.

陈瑞苗　虞舜为帝纪年考［A］，舜德千秋［C］，海口：海南出版社，2001.

姚恩健　圣诞圣寿考［A］，舜德千秋［C］，海口：海南出版社，2001.

蒋南华　尧舜禹及其生活年代（节选）［J］，黔南民族师范学院学报，2002（1）.

何光岳　中华姓氏源流史［M］，长沙：湖南教育出版社，2003.

陈应基　舜裔姓氏及历史影响［M］，兰州：甘肃人民出版社，2004.

刘起釪　《尚书·尧典》“陟方乃死”解（节选）［J］，湖南科技学院学报，2005（1）.

李生顺　有虞舜帝［M］，长沙：湖南人民出版社，2005.

张培莲　舜帝祖籍考证［A］，虞舜文化研究集（上）［C］，太原：山西古籍出版社，2005.

贠创生　舜帝业绩及其文化遗存［A］，虞舜文化研究集（上）［C］，太原：山西古籍出版社，2005.

叶予青　舜南巡狩考证［A］，虞舜文化研究集（上）［C］，太原：山西古籍出版社，2005.

苏　燕、李德民　舜为何又叫“重华”（节选）［J］，齐齐哈尔大学学报，2006（7）.

罗　琨　“有虞氏”谱系探析［J］，中原文物，2006（1）.

徐北文　古代圣王大舜等十则·海岱居文存［M］，济南：齐鲁书社，2006.

咏　梅、颂　春　中华陈氏通鉴［M］，中国国际语言北太平洋出版公司，2006.

郑国茂　舜帝之谜［M］，北京：人民出版社，2007.

许顺湛　五帝年寿评说·史海荡舟［M］，郑州：中州古籍出版社，2008.

常耀华　虞舜其人及其相关问题［J］，平顶山学院学报，2008（1）.

谢玉堂　大舜应确有其人［J］，超然台，2010（2）.

徐田民、陈志伟　诸城大舜故事［Z］，华艺出版社，2010.

孟祥才　中国古代文献中的大舜其人［A］，诸城大舜研究［C］，北京：人民出版社，2010.

王树明　文献记载与考古发现中的帝舜［A］，诸城大舜研究［C］，北京：人民出版社，2010.

谢玉堂　论大舜［M］，济南：山东人民出版社，2010.

王金铃　虞舜大传·出世篇，北京：作家出版社，2012.

俞日霞、俞婉君　会稽山虞舜陵考［M］，杭州：浙江人民出版社，2013.

相关人物考

周　星　欢兜与三苗（节选）［J］，江汉论坛，1983（12）.

过常宝　湘君、湘夫人新考［J］，文史知识，1988（9）.

谢　华 中国古史二章（节选）·谢华集［M］，长沙：湖南人民出版，1986.

刘起釪　古史词条四则［A］，古史续辨［C］，北京：中国社会科学院出版社，1991.

刘起釪　几次组合纷坛错杂的“三皇五帝”［A］，古史续辨［C］，北京：中国社会科学出版社，1991.

杨东晨　尧舜时期的“四凶”族考辨［A］，古史论集［C］，西安：陕西人民出版社，1994.

王国维 殷卜辞中所见先公先王考（节选）［A］，王国维论文集［C］，北京：中国社会科学出版社，1997.

王国维　殷卜辞中所见先公先王续考（节选）［A］，王国维论文集［C］，北京：中国社会科学出版社，1997.

李学勤　尧、舜、禹伐三苗（节选）·中国古代文明与国家形成研究（上编）［M］，昆明：云南人民出版社，1997.

金荣权　中国古代神话的历史化轨迹（节选）［J］，中州学刊，1999（3）.

何九盈　汉字文化学的任务（节选）·汉字文化学［M］，沈阳：辽宁人民出版社，2000.

董　琦　有虞氏与象·虞夏时期的中原［M］，北京：科学出版社，2000.

钱玉趾　湘君、湘夫人身份考（节选）　［J］，西南民族学院学报，2000.

顾颉刚　三皇五帝的各种说法（节选）·中国史学入门（修订本）[M]，北京：北京出版社，2002.

杨东晨 帝舜家族史迹考辨 [J]，零陵师范高等专科学校学报，2002（1）.

刘范弟　善卷与蚩尤·善卷与蚩尤与武陵 [M]，长沙：湖南大学出版社，2003.

丁金龙　虞舜文化的考古学认识二则（节选）[A]，虞舜文化考论（2）[C]，太原：山西古籍出版社，2003.

叶舒宪、萧兵 [韩]　郑在书三苗，欢兜，丹朱·山海经的文化寻踪 [M]，武汉：湖北人民出版社，2004.

叶舒宪、萧兵 [韩]　郑在书“夔：訾”与猿猱·山海经的文化寻踪 [M]，武汉：湖北人民出版社，2004.

陈应基　湘妃、湘夫人（节选）·舜裔姓氏及历史影响 [M]，兰州：甘肃人民出版社，2004.

宋会群　丹朱、欢兜考——中原丹朱部族的迁徙及对南方文明的影响（节选）[A]，炎帝文化 [C]，北京：中华书局，2005.

白国红　大费史实考辨 [A]，虞舜文化研究集（下）[C]，太原：山西古籍出版社，2005.

王大有　舜先祖水伯天虞天吴（节选）·三皇五帝时代 [M]，北京：中国时代经济出版社，2005.

周光敏、刘文松　“三皇五帝”名位考证·华夏“龙根”觅源——人祖伏羲、炎黄二帝、舜、禹故里览胜 [M]，郑州：大象出版社，2005.

吴国武　帝舜姓氏考辨（节选）[J]，中国典籍与文化，2005（2）.

郭永秉　从上博楚简《容成氏》的“有虞迵”说到唐虞传说的疑问 [A]，出土文献与古文字研究（第一辑）[C]，2006.

杨东晨　大禹的治水篇 [A]，华夏始祖尧舜禹时代 [C]，西安：三秦出版社，2007.

徐传武　说“九州”[A]，禹城与大禹文化集 [C]，北京：中国文联出版社，2007.

王　晖　出土文字资料与五帝新证［J］，考古学报，2007（1）．

陈　新　伯夷考略（节选）［A］，禹城与大禹文化文集［C］，北京：中国文联出版社，2007．

张京华　娥皇女英名字小考（节选）［J］，黄石理工学院学报，2008（2）．

翟满桂、蔡自新　舜父瞽叟非盲者议［A］，舜文化论文集（第一辑）［C］，长沙：湖南人民出版社，2008．

郭辉东　南蛮的上古远祖蚩尤［J］，湖南科技学院学报，2010（10）．

典章制度考

吴郁芳　舜家族与季风观测（节选）［J］，浙江学刊，1988（5）．

马　新　中国历史上的流放制度［J］，文史知识，1992（3）．

李衡眉　礼义起源于有虞氏说［J］，烟台大学学报，1997（4）．

毛文学　上古衣治初考（节选）［A］，虞舜文化考论（2）［C］，太原：山西古籍出版社，2003．

周延良　唐虞时代的婚姻形态·夏商周原始文化要论［M］，上海：学苑出版社，2004．

王大有　帝颛顼天道巫政历法改革·三皇五帝时代［M］，北京：中国时代经济出版社，2005．

马　兴　尧舜时代研究（节选）［D］，东北师范大学2007年博士学位论文．

舜裔姓氏考

王大良　王姓源流·舜裔——王姓源流考［M］，中华姓氏通史［C］，北京：东方出版社，2000．

黄启昌　胡姓源流·舜裔——胡姓源流考［M］，中华姓氏通史［C］，北京：东方出版社，2000．

陈大络　陈、王同宗不同姓的根源——略言舜裔同宗的姓氏［A］，舜德千秋［C］，海口：海南出版社，2001．

陈大络　舜裔源流考略——并倡组世界舜裔宗亲总会［A］，舜德千秋［C］，海口：海南出版社，2001．

杜婉言　姓氏起源与远祖的追溯·中华姓氏谱·陈姓卷［M］，北京：华艺出版社，2001.

张祥明　田姓源流（节选）·舜裔——田姓源流考［M］，百家姓书库［C］，西安：陕西人民出版社，2002.

无　言、赵　戈、刘小冬　陆姓起源·陆姓起源考［M］，百家姓书库［C］，西安：陕西人民出版社，2002.

徐玉清　由祖辈字转写得姓·袁姓源流考［M］，百家姓书库［C］，西安：陕西人民出版社，2002.

任崇岳　胡姓的来源·胡姓源流考［M］，百家姓书库［C］，西安：陕西人民出版社，2002.

卢彦泓　远古时代的陈姓祖先·有虞氏与舜是陈姓的血缘祖先［M］，中华姓氏通史［C］，北京：东方出版社，2002.

陈瑞松　遍布世界的陈姓宗亲组织·陈姓源流［M］，郑州：黄河水利出版社，2002.

赵北耀　虞舜后裔姓氏略考［A］，舜乡圣迹［C］，太原：山西古籍出版社，2004.

张海瀛　源于尧舜禹的姓氏根在山西［A］，虞舜文化研究集（下）［C］，太原：山西古籍出版社，2005.

蔡自新　瑶族的起源应为舜帝后裔［A］，舜文化论文集（第一辑）［C］，长沙：湖南人民出版社，2008.

陈应基　舜帝及其业基·舜裔姓氏及历史影响［M］，兰州：甘肃人民出版社，2008.

（二）综合性著述存目

相关哲学类著述

郭沫若　先秦天道观之进展·郭沫若全集［M］，北京：人民出版社，1982.

陈鼓应　尧舜禹在先秦诸子中的意义与问题［J］，安徽大学学报，1985（2）.

李德勋　舜文化初探（节选）［J］，湖南社会科学，1998（5）.

李德勋　舜文化与儒文化［J］，湖南社会科学，1999（4）.

王田葵、何红斌　解读“九疑”：靠不住靠得住［J］，寻根，2000（5）．

张虎林　《德治理念》序言一［A］，德治理念［C］，北京：人民日报出版社，2001．

曾庆炎　《德治理念》序言二［A］，德治理念［C］，北京：人民日报出版社，2001．

尤　慎　尧舜德治之比较［A］，德治理念［C］，北京：人民日报日报出版社，2001．

王田葵　论舜文化特征与舜帝精神［A］，舜德千秋［C］，海口：海南出版社，2001．

周一谋　从《孟子》对舜帝论述说起——论舜与舜文化［A］，舜德千秋［C］，海口：海南出版社，2001．

杨东晨　中华古帝虞舜的传统美德和献身精神［A］，舜德千秋［C］，海口：海南出版社，2001．

饶彦夫　帝舜文化之探讨［A］，舜德千秋［C］，海口：海南出版社，2001．

席　瑜　舜文化与中华传统道德之关系［A］，舜德千秋［C］，海口：海南出版社，2001．

周九疑　试论舜文化的凝聚力［A］，舜德千秋［C］，海口：海南出版社，2001．

成金良　舜帝精神与文化内涵［A］，舜德千秋［C］，海口：海南出版社，2001．

翟满桂、蔡自新　舜文化是中华民族道德文化之源［A］，德治理念［C］，北京：人民日报出版社，2001．

潘雁飞　神人以和——试论舜的精神内核［A］，舜德千秋［C］，海口：海南出版社，2001．

张　盈　唐虞之道如何可能［J］，中国哲学史，2001（3）．

何红斌、王田葵　舜帝“明德”与当代“德识”——兼谈《大学》“三纲”的语境转换［A］，德治理念［C］，北京：人民日报日报出版社，2001．

姚恩健　略论明德［A］，舜德千秋［C］，海口：海南出版社，2001.

李鼎荣　孔孟说舜［A］，舜德千秋［C］，海口：海南出版社，2001.

尤　慎　天下明德皆自虞舜始［A］，舜德千秋［C］，海口：海南出版社，2001.

周甲辰　论舜帝之和［J］，零陵学院学报，2002（1）.

王泽庆　以德治国——虞舜明德的意义及深远影响（节选）［A］，虞舜文化考论［C］（2），太原：山西古籍出版社，2003.

叶雨青　舜帝道德思想探微（节选）［A］，虞舜文化考论（2）［C］，太原：山西古籍出版社，2003.

周延良　唐虞三代的原始哲学形态·夏商周原始文化要论［M］，上海：学苑出版社，2004.

周桂成　天下为公·人皆可以成尧舜［M］，北京：人民日报出版社，2004.

张荣明　中国上古宗教思想的基本特征［A］，虞舜文化研究集（下）［C］，太原：山西古籍出版社，2005.

王田葵　舜文化传统与现代精神，上海：上海三联书店，2005.

晁天义　先秦孝道的文化学分析［A］，虞舜文化研究集（下）［C］，太原：山西古籍出版社，2005.

吕国康　论柳宗元的“德治”与“民本”思想及其渊源［A］，虞舜文化研究集（下）［C］，太原：山西古籍出版社，2005.

王志轩　“孝子不从命”小议——试论舜对儒家思想的影响［A］，虞舜文化研究集（下）［C］，太原：山西古籍出版社，2005.

郑梅玲　浅析舜帝与民本思想［A］，虞舜文化研究集（下）［C］，太原：山西古籍出版社，2005.

李瑞兰　舜文化精神略论［A］，虞舜文化研究集（下）［C］，太原：山西古籍出版社，2005.

王富仁　序——舜与中国文化［A］，舜文化传统与现代精神［M］，上海：上海三联书店，2005.

王田葵、何红斌　舜文化学科理论形态的三个维度（节选）·舜文化传统与现代精神［M］，上海：上海三联书店，2005.

宫长为　虞舜文化的传承及其意义［A］，虞舜文化研究集（上）［C］，太原：山西古籍出版社，2005.

孟世凯　论虞舜文化及相关问题［A］，虞舜文化研究集（上）［C］，太原：山西古籍出版社，2005.

钱宗范　虞舜文化与中华和谐精神形成关系试探［A］，虞舜文化研究集（上）［C］，太原：山西古籍出版社，2005.

马士远　《尚书·虞书》“克谐”思想摭谈［J］，社会科学家，2005（4）.

俞日霞　绍兴虞舜文化研究，杭州：浙江人民出版社，2006.

吕国康《舜禹和谐关系的文化启示》［J］，运城学院学报 2009（6）.

曹松罗　《舜典》用五及其文化区域（节选）［J］，扬州教育学院学报，2007（4）.

万光军　孟子让舜“窃负而逃 乐忘天下”的寓意［J］，孔子研究，2007（5）.

孙文礼　友爱还是公正——“舜父杀人”案例分析及其它［J］，社会科学论坛，2007（5）（下）.

杨朝明　《尚书·皋陶谟》与儒家渊源问题（节选）［A］，禹城与大禹文化文集［C］，北京：中国文联出版社，2007.

杨增和　舜文化与后现代主义生态伦理观［J］，理论界，2007（8）.

张华松　徐北文先生论大舜文化（节选）［A］，永远的海岱居［C］，济南：济南出版社，2007.

唐之享　舜文化研究与和谐社会建设［A］，舜文化论文集（第一辑）［C］，长沙：湖南人民出版社，2008.

唐之享　团结一致，搞好学会建设，把舜文化研究推向一个新的高潮［A］，舜文化论文集（第一辑）［C］，长沙：湖南人民出版社，2008.

王田葵、何红斌　舜帝中和传统的三个向度［A］，舜文化论文集（第一辑）［C］，长沙：湖南人民出版社，2008.

陈仲庚　舜文化：作为中国文化根脉的地位［A］，舜文化论文集（第一辑）［C］，长沙：湖南人民出版社，2008.

张京华　“和谐”观念起源于湘楚——兼论湘楚文化的一个早期渊源

[A]，舜文化论文集（第一辑）[C]，长沙：湖南人民出版社，2008.

彭　敏　“尧舜之道”与“唐虞之道”（节选）[J]，湖南科技学院学报，2009（2）.

董书涛　走近舜帝，关注舜文化 [J]，超然台，2009（3）.

李学勤　周文王遗言 [N]，光明日报，2009年4月13日.

李均民　周文王遗嘱之中道观 [N]，光明日报，2009年4月20日.

刘光胜　《保训》之“中”何解——兼谈清华简《保训》与《易经》的形成 [N]，光明日报，2009年5月18日.

王田葵、何红斌　“神人以和”：思维方式与结构 [J]，湖南科技学院学报，2009（7）.

蒋　华　舜文化之“务实 实用”在远古神话中的体现 [J]，社科纵横，2009（8）.

潘建荣　史前文明与荷泽历史文化 [M]，黑龙江人民出版社，2009.

王恒展、刘晓洁　大舜内外兼修的八个层次 [J]，超然台，2010（2）.

陈仲庚、蒋华　道德始祖·德祖大舜 [M]，长沙：湖南人民出版社，2010.

王宇信　2009中国大舜文化学术研讨会学术总结 [A]，诸城大舜研究 [C]，北京：人民出版社，2010.

侯桂运　庄子的尧舜观 [A]，诸城大舜研究 [C]，北京：人民出版社，2010.

谢玉堂　论大舜 [M]，济南：山东人民出版社，2010.

谢玉堂　在2009中国（诸城）大舜文化学术研讨会上的讲话 [A]，诸城大舜研究 [C]，北京：人民出版社，2010.

张福秀、许传平　诸城大舜研究 [C]，济南：山东人民出版社，2010.

张文彬　在2009中国（诸城）大舜文化学术研讨会上的讲话 [A]，诸城大舜研究 [C]，北京：人民出版社，2010.

王田葵、何红斌　舜文化概念及其学术个性 [A]，诸城大舜研究 [C]，北京：人民出版社，2011.

陈仲庚　文学寻根与舜文化根源性地性地位［M］，长沙：湖南人民出版社，2011.

陈仲庚　舜文化传统与和谐世界［M］，长沙：湖南人民出版社，2011.

蒋　华《十三经》中舜文化内涵［M］，长沙：湖南人民出版社，2011.

蒋　华　神话传说中舜文化探赜［M］，长沙：湖南人民出版社，2011.

雷运福、蔡建军　舜帝与九疑山［M］，长沙：湖南人民出版社，2011.

周甲辰　舜帝传说与传统道德的深层建构［M］，长沙：湖南人民出版社，2011.

陈仲庚　舜歌<南风>与中国民本思想之源流［J］，中国文学研究，2011（2）.

陈仲庚　舜教“五典”与“宗法制”国家体制的形成［J］，求索，2011（7）.

陈仲庚　文化固本与开新：舜文化研究的意义与任务［J］，中南林业科技大学学报（社会科学版），2011（4）.

陈仲庚　一部对舜文化核心内涵的研究系统而全面的论著［J］，湖南科技学院学报，2011（7）.

王田葵　从神话传说中发掘舜文化核心内涵的成功尝试［J］，湖南科技学院学报，2011（7）.

王田葵　研究舜德矛盾的深层结构是道德传统向现代转化的关键［J］，湖南科技学院学报，2011年第7期。.

杨金砖　挖掘不尽的舜文化资源［J］，湖南工业大学学报（社会科学版），2011（5）.

杨增和　历史记忆符号的边缘化叙述——评《舜文化与九疑山民间传说》［J］，云梦学刊，2011（5）.

陈仲庚　“允执厥中”的理论内涵与实践价值［J］，船山学刊，2012（4）.

陈仲庚韶乐·乐教与美育——《韶乐》的历史意义与现实意义［J］，中国文学研究，2012（4）.

陈仲庚　“诚”以修身的理论内涵与实践价值［J］，求索，2012（11）.

陈仲庚　舜文化核心价值观及其现实意义［J］，湖南科技学院学报，2013（2）.

陈仲庚　百善孝为先——《孝经》解读［J］，湖南科技学院学报，2013（11）.

张京华　道德说［J］，武陵学刊，2013（1）；人大复印资料·伦理学，2013年第4期全文转载.

张京华　“虞舜与九嶷”大舜文化研讨会综述［J］，湖南科技学院学报，2013（2）.

张京华　舜帝为中华道德之源说申论［J］，武陵学刊，2013（3）.

杨金砖　道心惟微：虞舜在齐家治国中的廉政之道［J］，船山学刊，2013（7）.

周甲辰　舜之齐家论［J］，船山学刊，2013（3）.

曾武清　舜德之道［C］，阳光出版社，2013.

杨增和　近现代虞舜学术资源的整合性价值建构［J］，运城学院学报，2013（4）.

朱雪芳　尧、舜之道：杨时呈献宋帝安邦之方略［J］，船山学刊，2013（7）.

周玉华　元结道州论“舜”文探究［J］，湖南科技学院学报，2013（11）.

陈仲庚　慎终追远与国人之灵魂归宿［J］，武汉大学学报，2014（5）.

陈仲庚　阳明山文化精髓：和合三教为一体［J］，湖南科技学院学报，2014（8）.

陈仲庚　舜文化与中国文学传统的形成［J］，湖南科技学院学报，2014（7）.

潘雁飞　论“五教”的历史传播方式与心性的护持之法［J］，船山学刊，2014（1）.

罗 譞 传统儒家美育思想的现代价值［J］，长白学刊，2014（4）.

陈仲庚 作为普适价值的仁学三原则［J］，舜文化研究与交流，2015（1）.

陈仲庚 “情景合一”：莲花品质与松树风格——湘漓文化特质初探［J］，中国文学研究，2015（3）.

孟祥才 王永波、胡新生、吴刚等 大舜与夏商周文化［C］，济南：山东人民出版社，2013.

吴宝炎 虞舜文化戏曲曲艺集［M］，北京：中国文史出版社，2015.

欧利生、唐太培 舜帝祭典［M］，长沙：湖南文艺出版社，2015.

易先根 潇湘巫辩［C］，北京：中国文联出版社，2015.

周亚平 欧利生、吕芳文、周九宜 九疑论道［C］，长沙：岳麓书社，2015.

朱汉民 舜文化与湖湘道统［A］，九疑论道，长沙：岳麓书社，2015.

陈仲庚 “允执厥中”的理论内涵与实践价值［A］，九疑论道，长沙：岳麓书社，2015.

张岂之 简议中华优秀传统文化的核心理念［A］，九疑论道，长沙：岳麓书社，2015.

唐凯麟 孝：中国人最初的哲学思考与文明构建［A］，九疑论道，长沙：岳麓书社，2015.

刘杰诚 中华民族的伟大创造——尧舜时代的形成、特点与意义［A］，九疑论道，长沙：岳麓书社，2015.

张京华 舜帝与中国学术的起源——作为中国学术史开端的《尚书·舜典》［A］，九疑论道，长沙：岳麓书社，2015.

潘雁飞 论《孟子》尧舜之道的时代性［A］，九疑论道，长沙：岳麓书社，2015.

蒋 波 《吕氏春秋》的舜德文化传承［A］，九疑论道，长沙：岳麓书社，2015.

尹华君 远芳侵古道 晴翠接荒城——《湘妃怨》语言解析［J］，湖南科技学院学报，2015（6）．

相关政法类著述

陈曼平、张克　《尧典》中的“尚贤”及其它（节选）［J］，山西师大学报，1984（4）．

王汉昌　禅让制研究——兼论原始政治的一些问题［J］，北京大学学报，1987（6）．

杨安平　关于尧、舜、禹“禅让”制传说的探讨——兼谈国家形成的标志问题（节选）［J］，中国史研究，1990（4）．

姜惠发　略论后期禅让制及其残余观念的作用（节选）［J］，东疆学刊，1992（2）．

殷伟仁　黄河流域古代国家形成的过程与特点（下）（节选）［J］，铁道师院学报，1992（2）．

罗祖基　先秦诸子的尧舜观（节选）［J］，青海师范大学学报，1992（2）．

谢碧川、詹放霞　从尧舜的禅让制漫谈人才思想（节选）［J］，中国人才，1994（6）．

侯玉臣　古代中国由氏族社会向国家的过渡——试析尧·舜·禹的“禅让”（节选）［J］，甘肃社会科学，1994（6）．

逸　群　从军事民主制到方国酋邦制——华夏文化漫谈［J］，孝感师专学报，1995（3）．

顾颉刚　圣贤文化与民众文化——　一九二八年三月二十日在岭南大学学术研究会演讲（节选）［A］，中国现代学术经典·顾颉刚卷［C］，石家庄：河北教育出版社，1996．

徐公喜　朱熹《舜典象刑说》的刑法思想［J］，上饶师专学报，1998（1）．

唐冶泽　略论禅让制的性质［J］，史学月刊，1998（6）．

吴　锐　禅让与封禅新考［J］，东岳论丛，1999（1）．

金景芳、吕文郁　论尧舜禹时代是由原始社会向国家过渡的中间环节［J］，社会科学战线，1999（3）．

何坦野、陈晋华　“禅让”制新论［J］，嘉兴学院学报，1999（3）．

吕文郁　论尧舜禹时代的部族联合体［J］，社会科学战线，1999（5）.

王　和　尧舜禹时代再认识——关于中国国家起源问题的几点思考［J］，史学理论研究，2000（3）.

陈　明　《唐虞之道》与早期儒家的社会理念（节选）［A］，郭店楚简研究［C］，沈阳：辽宁教育出版社，2000.

葛志毅　试论尧舜时代与国家［J］，管子学刊，2000（4）.

翟满桂、蔡自新　舜帝的孝悌与施政［J］，求索，2000（6）.

汤恩佳　在首届舜文化研讨会上的讲话［A］，舜德千秋［C］，海口：海南出版社，2001.

雷运福　舜文化富含科学管理思想［A］，舜德千秋［C］，海口：海南出版社，2001.

杨东晨　帝舜“明德”五说［A］，德治理念［C］，北京：人民日报出版社，2001.

潘雁飞　舜与礼乐教化与先进文化建设［A］，德治理念［C］，北京：人民日报出版社，2001.

刘清平　美德还是腐败？——析《孟子》中有关舜的两个案例［J］，哲学研究，2002（2）.

晁福林　谈谈历史认识论的一个问题［J］，史学理论研究，2003（4）.

王兴国　永州是中华道德文明之源［A］，求索增刊号，2002.

贺福安　论舜文化中的行政伦理思想［J］，湘潭大学学报，2003（4）.

潘民中　“尧舜禹汤文武之道”与墨子的“尚贤”思想［J］，平顶山师专学报，2003（3）.

梁　柱　千古经典，日月同辉——从南风歌看舜的执政为民思想（节选）［A］，虞舜文化考论（2）［C］，太原：山西古籍出版社，2003.

孟肇咏　熏风起舜歌——从《南风歌》说起（节选）［A］，虞舜文化考论（2）［C］，太原：山西古籍出版社，2003.

周甲辰　舜封象弟论［J］，零陵学院学报，2004（6）.

刘明涛、高民政　在历史与理想之间：对《史记》中尧、舜、禹时期政治形态的解读［J］，史海钩沉，2005（11）.

刘玉娥　论尧舜治国方略及其历史贡献［J］，洛阳大学学报，2005（1）.

朱凤成、郭学奎　尧、舜任人唯贤的用人之道开创了华夏文明［A］，虞舜文化研究集（上）［C］，太原：山西古籍出版社，2005.

楚　刃　虞舜用人在历史上的开创［A］，虞舜文化研究集（上）［C］，太原：山西古籍出版社，2005.

李佩今　虞舜的德行与治天下的理念［A］，虞舜文化研究集（下）［C］，太原：山西古籍出版社，2006.

毛文学　上古兵事浅说（节选）［A］，虞舜文化研究集（下）［C］，太原：山西古籍出版社，2005.

杨永俊　论尧舜禹禅让的政治原则与历史形态［J］，信阳师范学院学报，2005（4）.

李仲立　"禅让制"是邦国式国家承传的一种形式［A］，虞舜文化研究集（上）［C］，太原：山西古籍出版社，2005.

陈　新　尧舜时代禅让浅说［A］，虞舜文化研究集（上）［C］，太原：山西古籍出版社，2005.

赵燕娇　尧舜禅让浅谈［A］，虞舜文化研究集（上）［C］，太原：山西古籍出版社，2005.

张广志　尧舜禅让之再认识［A］，虞舜文化研究集（上）［C］，太原：山西古籍出版社，2005.

曹定云　舜"都"蒲板及其"德"政思想探讨［A］，虞舜文化研究集（上）［C］，太原：山西古籍出版社，2005.

裘士京　"选贤与能"和先秦尚贤观念的形成［A］，虞舜文化研究集（上）［C］，太原：山西古籍出版社，2005.

童书业　"尧舜禅让"说起源的另一推测［A］，童书业史籍考证论集［C］，中华书局，2005.

许顺湛　尧舜是联邦王朝中的宗主国［A］，虞帝文化研究集（下）［C］，太原：山西古籍出版社，2005.

曾宪年　《尚书·尧典》行政和谐思想的现代阐释 [J]，湖南师范大学学报，2007 (3) .

张之恒　禹所处的历史时代及其功绩 [A]，禹城与禹文化文集 [C]，北京：中国文联出版社，2007.

王　黎　从上博简《容成氏》说中国早期国家的起源与统治形式（节选）[D]，2007 年天津师范大学硕士学位论文 .

杨朝明　《尚书·皋陶谟》与儒家渊源问题（节选）[A]，禹城与大禹文化集 [C]，北京：中国文联出版社，2007.

张江洪　论舜帝为政之道 [A]，舜文化论文集（第一辑）[C]，长沙：湖南人民出版社，2008.

吕国康　从零陵眺望九疑——谈柳宗元的舜崇拜 [A]，舜文化论文集（第一辑）[C]，长沙：湖南人民出版社，2008.

尤　慎　舜帝道德：中华文明传统与社会和谐 [A]，舜文化论文集（第一辑）[C]，长沙：湖南人民出版社，2008.

乔凤岐　尧舜禹时代的国家结构与管理制度略论 [J]，苏州科技学院学报，2008 (2) .

郭文芬　论"尧天舜日"之颂和"和谐社会"之追求 [J]，宁夏党校学报，2008 (3) .

薛丽珍　舜文化对中国古代法律的影响 [J]，沧桑，2008 (4) .

许兆昌　前现代国际体系与尧舜禹时代 [J]，史学集刊，2008 (6) .

王奇伟　由禅让制度论及尧舜时代我国已进入我国早期国家阶段 [J]，安徽史学，2008 (6) .

周甲辰　舜之为帝论 [J]，文史哲，2008 (1) .

侯文华　虞舜时代当属国家 [J]，运城学院学报，2008 (3) .

张东微　先秦"禅让"新探——在历史思想之间（节选）[D]，上海大学 2008 年硕士学位论文 .

邹庆忠　研究开发大舜文化，建设共有精神家园 [J]，超然台，2008 (3) .

吕光玉　"天下明德皆自虞帝始"解读 [J]，超然台，2008 (3) .

王金铃　应大力弘扬舜文化 [J]，超然台，2008 (3) .

王国宇、周亚平　虞舜的和谐之道［N］，光明日报，2009 年 12 月 22 日．

张文生、姬可周　论舜文化对构建和谐社会的意义［A］，诸城大舜研究［C］，北京：人民出版社，2010．

张纯良　舜文化是中华优秀思想文化之祖根说［A］，诸城大舜研究［C］，北京：人民出版社，2010．

董书涛　走进舜帝，关注舜文化［A］，诸城大舜研究［C］，北京：人民出版社，2010．

杨升南　柔远能迩——舜团结、巩固部落联盟的策略［A］，诸城大舜研究［C］，北京：人民出版社，2010．

王桂安　关于当前大舜文化研究开发的几点思考［A］，诸城大舜研究［C］，北京：人民出版社，2010．

王田葵　“天下为公”与政制现代化·中国伦理的贞下起元——哲学语境中的“舜文化”［M］，长沙：湖南人民出版社，2011．

王田葵　舜帝与礼乐文明·中国伦理的轴心突破——历史语境中的“舜文化”（第四章）（节选）［M］，长沙：湖南人民出版社，2011．

周甲辰　舜帝无为论［J］，齐齐哈尔工程学院学报，2012（3）．

周甲辰　舜帝廉政论［J］，佛山科技学院学报（社会科学版），2012 年（3）．

周甲辰　舜帝天下为公论［J］，湖南科技学院学报，2012 年第 5 期。．

唐之享　寻根问祖与民族复兴之梦［A］，九疑论道，长沙：岳麓书社，2015．

王克群、史书铄　“第四届中国大舜文化研讨会”弘扬大舜勤政廉政美德［A］，九疑论道，长沙：岳麓书社，2015．

陆魁宏　舜文化与中国梦［A］，九疑论道，长沙：岳麓书社，2015．

陆魁宏　论舜德文化的当代思想价值［A］，九疑论道，长沙：岳麓书社，2015．

周亚平　刘新荣　虞舜文化：东方文化资本摇篮［A］，九疑论道，长沙：岳麓书社，2015．

郭辉东　吕芳文　王道是中华民族复兴的必胜之道［A］，九疑论道，长沙：岳麓书社，2015.

郭辉东　吕芳文　虞舜在中国和世界文明史时空坐标中的地位与影响［A］，九疑论道，长沙：岳麓书社，2015.

孟祥才　虞舜“五教”及其在中国传统道德建设中的作用［A］，九疑论道，长沙：岳麓书社，2015.

黄亚平、田世平、朱伟桥　中华华航传统文化在现代社会管理中的运用初探——山西运城市盐湖区开展孝德文化实践活动的启示［A］，九疑论道，长沙：岳麓书社，2015.

杨金砖　道心惟微：虞舜在齐家治国中的廉政之道［A］，九疑论道，长沙：岳麓书社，2015.

潘雁飞　论舜帝廉洁思想的现实意义［A］，九疑论道，长沙：岳麓书社，2015.

王瑞华、杨增和　论舜帝廉政思想的历史地位［A］，九疑论道，长沙：岳麓书社，2015.

欧阳维西　弘扬舜帝精神，构建和谐社会——从舜帝精神至和谐社会的思辨［A］，九疑论道，长沙：岳麓书社，2015.

何海龙　舜文化研究——新时期文化统战的范例［A］，九疑论道，长沙：岳麓书社，2015.

吕步震　帝舜德孝　泽润华夏［A］，九疑论道，长沙：岳麓书社，2015.

雷建飞　论舜帝崇拜与传统文化建构［A］，九疑论道，长沙：岳麓书社，2015.

唐慧云　舜文化是“中国梦”的精神支撑［A］，九疑论道，长沙：岳麓书社，2015.

周九宜　浅议中国梦对舜文化的传承［A］，九疑论道，长沙：岳麓书社，2015.

杨金砖　中国梦的构筑离不开虞舜文化的道德内核［A］，九疑论道，长沙：岳麓书社，2015.

刘保贞　《唐虞之道》与中国人的理想国［A］，九疑论道，长沙：岳麓书社，2015.

乔兆坤　虞舜《南风歌》对民族梦的开启［A］，九疑论道，长沙：岳麓书社，2015.

翟满桂　舜帝伦理道德的形成与中国梦［A］，九疑论道，长沙：岳麓书社，2015.

张映华　“尧天舜日”为何那样明亮——探析第一个“中国梦”所用的出彩“底牌”［A］，九疑论道，长沙：岳麓书社，2015.

相关历史类著述

杨向奎　应当给“有虞氏”一个应有的历史地位［J］，文史哲，1956（7）.

徐中舒　论尧舜禹禅让与父系家族私有制的产生和发展［J］，四川大学学报，1958（1）.

徐旭生　我国古代部族三集团考·中国古史的传说时代［M］，北京：科学出版社，1960.

郭沫若　我国古代传说中的氏族和部落（节选）·中国史稿［M］，北京：人民出版社，1976.

李　民　《尚书·尧典》与氏族社会［J］，郑州大学学报，1980（2）.

杨国勇　黄炎华夏考［J］，山西大学学报，1982（2）.

邢克斌　“三皇”、“五帝”的各种说法［J］，文史知识，1983（7）.

黄崇岳尧舜时代·黄帝、尧、舜和大禹的传说（节选）［M］，北京：书目文献出版社，1983.

杨东晨　我国史前铜器看文明的开端［J］，郑州大学学报，1985（4）.

李　民　尧舜时代与陶寺遗址［J］，史学研究，1985（4）.

何　凡　尧舜禹禅让的传说和部落联盟首领的产生（节选）［J］，固原师专学报，1986（1）.

王玉哲　尧、舜、禹“禅让”与“篡夺”两种传说并存的新理解［J］，历史教学，1986（1）.

姚嗎冰　“禅让”及其历史变幻［J］，文史知识，1986（3）．
田昌五　对中国文明起源的探索（节选）［J］，殷都学刊，1986（4）．
晁南之　尧舜禹的治绩［J］，文史知识，1986（5）．
王玉哲　为什么说中国有五千年的文明史［J］，文史知识，1986（5）．
孙祖眉　“禅让”辨（节选）［J］，社科纵横，1986（5）．
王煦华　《古史辨》派与先秦史研究［J］，文史知识，1986（6）．
黄崇岳　虞代与龙山文化［J］，中原文物，1987（2）．
朱俊明　试论舜征“三苗”之伪［J］，贵州民族研究，1987（3）．
万九河　怎样看尧舜禅让与篡夺的关系［J］，天津师大学报，1987（4）．
任乃强、任新建　三苗、三危、赐支考辨（节选）［J］，西北史地，1988（1）．
庄春波　舜征三苗考（节选）［J］，中南民族学院学报，1988（1）．
施　雄　禹站在文明门槛的伟人［J］，文史知识，1989（9）．
李元庆　发祥于河东地区的华夏文化［J］，文史知识，1989（12）．
马新华　什么是“三皇五帝”·中国历史三百题［M］，北京：中国古籍出版社，1989．
李　圃　东方曰析·甲骨文选注［M］，上海：上海古籍出版社，1989．
徐鸿修　“虞”为独立朝代说——兼论中国阶级社会的开端［J］，宝鸡师院学报，1990（2）．
周子言　关于“窜三苗于三危”问题的探讨（节选）［J］，贵州社会科学，1990（8）．
顾颉刚　顾颉刚读书笔记（节选）［M］，台北：联经出版事业公司，1990．
苏秉琦　重建中国古史的远古时代（节选）［J］，史学研究，1991（3）．
秦文生　舜都于淮阳平粮台龙山文化古城考［J］，中原文物，1991（4）．

许 宏、安也致 陶寺类型为有虞氏遗存论［J］，考古与文物，1991（6）．

刘起釪 由夏族原居地纵论夏文化始于晋南［A］，古史续辩［C］，北京：中国社会科学出版社，1991．

齐 涛 尧舜禹时代新论（节选）［J］，山东社会科学，1991（1）．

蔡维琰 “禅让”的历史文化实质（节选）［J］，云南民族学院学报，1992（4）．

刘兴林 尧舜“禅让”与对偶婚的演变［J］，东岳论丛，1992（6）．

李学勤 古史、考古学与炎黄二帝［A］，炎黄文化与民族精神［C］，北京：中国人民大学出版社，1993．

周苏平 尧、舜、禹“禅让”的历史背景［J］，西北大学学报，1993（2）．

黄炘佳 三皇五帝及华夏文化探源——中国上古神话谱系的文化人类学研究［J］，史学月刊，1993（5）．

杨东晨 论中国都城的发展和民族变迁的关系［J］，河南大学学报，1994（1）．

杨东晨 夏商陕西方国及文化综述［A］，古史论集［C］，西安：陕西人民教育出版社，1994．

谢维扬 传说中的尧、舜、禹部落联合体（节选）［J］，历史教学问题，1994（3）．

侯 毅 山西史前文化与华夏文明起源（节选）［J］，沧桑，1994（4）．

杨希枚 再论尧舜禅让传说［A］，先秦文化史论集［C］，北京：中国社会科学出版社，1995．

张学海 从考古发现谈鲁西南地区古史传说的几个问题（节选）［J］，中原文物，1996（1）．

仓林忠 关于尧舜殛鲧千古隐秘的探析（节选）［J］，江苏广播电视大学学报，1996（3）．

叶林生 尧舜与田土崇拜·古帝传说与华夏文明［M］，哈尔滨：黑龙江教育出版社，1999．

陈唯声 中国文明的起源应上溯至五帝时代——从中西文明之比较探

讨中国古代文明的起源［J］，北方论丛，1996（4）．

李衡眉　三皇五帝传说及其在中国史前史中的定位［J］，中国社会科学，1997（2）．

谢宝笙　尧舜禅让与五帝文化［J］，许昌师专学报，1997（4）．

李学勤　尧、舜、禹与“禅让”（节选）［A］，中国古代文明与国家形成研究（上编）［C］，昆明：云南人民出版社，1997．

魏　笙　龙山文化中的舜崇拜（节选）［J］，管子学刊，1988（2）．

仓林忠　关于黄帝尧舜禹时期地位继承制度思辨（节选）［J］，伊犁师范学院学报，1999（1）．

许顺湛　中国历史上有个五帝时代［J］，中原文物，1999（2）．

吕绍纲　中国文化史宜从尧舜讲起［J］，社会科学战线，1998（3）．

王树民 尧、舜、禹禅让的历史真相［J］，河北学刊，1999（4）．

李先登、杨英　论五帝时代［J］，天津师大学报，1999（6）．

刘俊男　新石器考古与传说古史的对应尝试·华夏上古史研究［M］，延吉：延边大学出版社，2000．

郭大顺　考古追寻五帝踪迹——苏秉琦主编《中国通史·远古时代》学习笔记［A］，文化的馈赠——汉学研究国际会议论文集（考古学卷）［C］，北京：北京大学出版社，2000．

巩　文　五帝史迹考——兼论中国古代社会文明的产生［A］，文化的馈赠——汉学研究国际会议论文集（考古学卷）［C］，北京：北京大学出版社，2000．

王社教、朱士光 尧都平阳的传说和华夏文明的起源［J］，中国历史地理论丛，2000（2）．

刘宝才　《唐虞之道》的历史与理念［J］，人文杂志，2000（3）．

钱耀鹏. 尧舜禅让的时代契机与历史真实——中国古代国家形成与发展的重要线索［J］，社会科学战线，2000（5）．

陈泳超　尧舜时代：政治理想的远古投影［J］，文史知识，2000（3）．

周幼涛　谈谈舜家族的图腾［A］，舜德千秋［C］，海口：海南出版社，2001．

翟满桂、蔡自新　关于舜帝历史文化研究之探求［A］，舜德千秋

[C]，海口：海南出版社，2001.

赵荣学　永州瑶族舜帝崇拜初论［A］，舜德千秋［C］，海口：海南出版社，2001.

顾希佳　虞舜传说与吴越文化［J］，杭州师范学院报，2001（3）.

王克林　陶寺文化与唐尧、虞舜——论华夏文明的起源（上）［J］，文物世界，2001（1）.

王克林　陶寺文化与唐尧、虞舜——论华夏文明的起源（下）［J］，文物世界，2001（2）.

蔡靖泉　舜歌《南方》与舜化南国［A］，舜德千秋［C］，海口：海南出版社，2001.

王树民　夏、商、周之前还有个虞朝［J］，河北学刊，2002（1）.

王克林　晋西南龙山文化与有虞氏——虞舜部族起源的探索［J］，文物世界，2002（1）.

钱耀鹏　尧舜禅让故事的考古学研究［J］，中原文物，2002（4）.

梁绍辉　论舜帝文化［J］，湖南省社会科学院《求索》增刊，2002（5）.

马云志　郭店楚简《唐虞之道》的禅让观［J］，兰州大学学报，2002（5）.

蔡凤书　大舜与龙山文化（节选）［J］，济南教育学院学报，2002（6）.

郑杰文　禅让学说的历史演化及其原因（节选）［J］，中国文化研究，2002春之册.

曹桂岑　五帝时代都邑考［A］，华夏文明的形成与发展——河南省文物考古研究所50周年庆祝会暨华夏文明论文集［C］，郑州：大象出版社，2003.

罗新慧　《容成氏》、《唐虞之道》与战国时期禅让学说［J］，齐鲁学刊，2003（6）.

李健民　古史传说中尧舜禹时期的灿烂文化（节选）［N］，社会科学报，2003年9月.

赵北耀　尧、舜、禹人格略考（节选）［A］，虞舜文化考论（2）［C］，太原：山西古籍出版社，2003.

丁金龙　虞舜文化的考古学认识（节选）［A］，虞舜文化考论（2）［C］，太原：山西古籍出版社，2003.

柴继光　禅让制初识（节选）［A］，虞舜文化考论（2）［C］，太原：山西古籍出版社，2003.

张华松　关于大舜研究的两个问题（节选）［J］，管子学刊，2003（3）.

朱小丰　禅让制度的程序（节选）［J］，社会科学研究，2003（3）.

常兴照　少昊、帝舜与大汶口文化（节选）［J］，文物春秋，2003（6）.

陈应基　尧舜禅让及在位时间（节选）·舜裔姓氏及历史影响［M］，兰州：甘肃人民出版社，2004.

何　驽　陶寺文化遗址——走出尧舜禹“传说时代”的探索［J］，中国文化遗产，2004（1）.

张华松　秦始皇伐赭湘山发微［J］，东岳论丛，2004（2）.

魏哲铭、李敏　论尧舜禹的婚姻与父权制的确立（节选）［J］，西北大学学报，2004（2））.

王晓毅、丁金龙　从陶寺遗址的考古新发现看尧舜禅让［J］，山西大学学报，2004（3）.

王晓毅、丁金龙　.也谈尧舜禹禅让与篡夺［J］，中国文物报，2004年5月7日.

李学勤　《炎帝神农氏——中华远古文明追索》序［A］，清路集［C］，北京：团结出版社，2004.

周延良　禅让与原始社会的婚姻制（节选）·夏商周原始文化要论［M］，上海：学苑出版社，2004.

郝仰宁、仝毅　试论舜帝的历史功绩［A］，虞舜文化研究集（上）［C］，太原：山西古籍出版社，2005.

王达钦　尧舜禅让历史真相考察［A］，虞舜文化研究集（上）［C］，太原：山西古籍出版社，2005.

吴荣曾　古文献中的虞舜历史［A］，虞舜文化研究集（上）［C］，太原：山西古籍出版社，2005.

李学勤　《虞舜文化研究集》序［A］，虞舜文化研究集（上）［C］，太原：山西古籍出版社，2005.

刘先祥　从考古的角度探讨虞舜文化［A］，虞舜文化研究集（上）［C］，太原：山西古籍出版社，2005.

詹子庆　尧舜时代——从史前时期向文明社会的过渡［A］，虞舜文化研究集（上）［C］，太原：山西古籍出版社，2005.

王奇伟　由禅让制度论及尧舜时代中国早期国家的社会性质［A］，虞舜文化研究集（上）［C］，太原：山西古籍出版社，2005.

田广林　虞舜时代都城的出现与中国文明的形成［A］，虞舜文化研究集（上）［C］，太原：山西古籍出版社，2005.

张润泽　有虞氏为早期国家说［A］，虞舜文化研究集（上）［C］，太原：山西古籍出版社，2005.

郑洪春、袁长江　简论虞舜时期社会形态［A］，虞舜文化研究集（上）［C］，太原：山西古籍出版社，2005.

尤　慎　春秋及其以前舜帝传说考［A］，虞舜文化研究集（上）［C］，太原：山西古籍出版社，2005.

霍彦儒　晋南地区在中国历史发展上的地位［A］，虞舜文化研究集（上）［C］，太原：山西古籍出版社，2005.

徐心希　虞舜、彭祖与“五纪”之传说溯源［A］，虞舜文化研究集（下）［C］，太原：山西古籍出版社，2005.

沈长云　谈陶寺发现的陶扁壶上的朱书符号［A］，虞舜文化研究集（下）［C］，太原：山西古籍出版社，2005.

苏兆庆、刘云涛　从出土文物试析莒人对鸟图腾的崇拜［A］，虞舜文化研究集（下）［C］，太原：山西古籍出版社，2005.

朱明歧、刘心田　夏代“启”字祭台遗址与图腾组合的发现和初考［A］，虞舜文化研究集（下）［C］，太原：山西古籍出版社，2005.

张之恒　陶寺文化所反映出来的古文明因素［A］，虞舜文化研究集（下）［C］，太原：山西古籍出版社，2005.

程有为　豫西晋南地区在中国古代文明起源中的地位［A］，虞舜文化研究集（下）［C］，太原：山西古籍出版社，2005.

叶文宪　从夏商文化的渊源看华夏文明的形成［A］，虞帝文化研究集（下）［C］，太原：山西古籍出版社，2005.

赵东玉　试论传说时代的男女之别［A］，虞舜文化研究集（下）［C］，太原：山西古籍出版社，2005.

李健胜　三代时期昆仑玉输往中原的路径与方式初探［A］，虞舜文化研究集（下）［C］，太原：山西古籍出版社，2005.

赵伯雄　西周至秦汉间天下观之演变（节选）［A］，虞舜文化研究集（下）［C］，太原：山西古籍出版社，2005.

程平山　论陶寺古城的发展阶段与性质［J］，江汉考古，2005.

许顺湛　夏代前有个联邦制王朝［A］，帝舜故里考证论文集［C］，香港：天马出版社，2005.

张碧波　中华早期文明的文化人类学考察（节选）［J］，学习与探索，2005（1）.

何红斌、王田葵　舜文化的阐释与演进［A］，新国学研究［C］，北京：人民文学出版社，2005.

马连城　帝舜与瑕丘龙山文化［A］，帝舜故里考证论文集［C］，香港：天马出版社，2005.

许顺湛　再说雷泽［A］，帝舜故里考证论文集［C］，香港：天马出版社，2005.

王晖. 尧舜大洪水与中国早期国家的起源——兼论从“满天星斗”到黄河中游文明中心的转变［J］，陕西师范大学学报，2005（3）.

周九宜　马王堆出土帛书地图柱状物的寓意（节选）［J］，株洲师范高等专科学校学报，2005（4）.

蒋　波　舜帝南巡目的辨析（节选）［J］，遵义师范学院学报，2005（4）.

董　民　鬼崽岭疑为舜帝墓地?［J］，科学大观园，2005（5）.

罗　琨　“有虞氏”谱系探析［J］，中原文物，2006（1）.

张广志　中国古史分期讨论七十年（上）［J］，文史知识，2005（10）.

米海萍　青海多民族格局的形成（节选）［J］，文史知识，2006（2）.

梁韦弦　郭店简、上博简中的禅让学说与中国古史上的禅让制［J］，史学集刊，2006（3）.

李学勤　虞夏商周研究的十个课题［J］，文史知识，2006（3）.

马世之　五帝时代的城址与中原早期文明［J］，中州学刊，2006（5）.

曹桂岑　龙山文化是我国古代的五帝文化［A］，中原地区文明进化学术研讨会论文集［C］，北京：科学出版社，2006.

郭永秉　楚地出土战国文献中的传说时代古帝王系统研究［D］，复旦大学 2006 年博士学位论文.

张传玺　中国古代国家的历史特征（上）［J］，文史知识，2007（1）.

马　兴　从尧舜禅让的实质看传子制的确立［J］，天府新论，2007（1）.

周书灿　从五帝传说刊中原和古蜀地区文明化进程中的碰撞与交流［J］，四川文物，2007（1）.

郭伟川　古“三苗”新考（节选）［J］，汕头大学学报，2007（2）.

骆　明　说鲧（节选）［A］，禹城与大禹文化文集［C］，北京：中国文联出版社，2007.

赵东升　虞舜南巡狩与太湖东南部平原［J］，南方文物，2007（4）.

周书灿　三苗南迁与湖南境内虞夏传说的发生（节选）［J］，贵州民族研究，2007（5）.

孟世凯　古史文化与“户口”之争［J］，文史知识，2007（7）.

杨东晨　帝舜的明德篇·华夏始祖尧舜禹时代［M］，西安：三秦出版社，2007.

张泽槐　重新审视舜帝传奇生涯中的诸多问题［A］，舜文化论文集（第一辑）［C］，长沙：湖南人民出版社，2008.

梁绍辉、吕芳文、周亚平　论中华民族和谐社会的历史源头及黄帝时代国家性质［A］，舜文化论文集（第一辑）［C］，长沙：湖南人民出版社，2008.

王贵民　帝舜历史文化之探寻二三事［A］，舜文化论文集（第一辑）［C］，2008.

王　迅　五帝时代与夏代史迹的考古学观察［A］，考古研究［C］，北京：科学出版社，2008.

马　兴　古代尧舜祭祀与民族认同［J］，贵州民族研究，2008（1）.

王奇伟　东夷集团·东夷集团在中国上古时代的地位应予重新认识（节选）[J]，徐州师范大学学报，2008（2）.

郭永秉　帝系新研·楚地出土战国文献中的传说时代古帝王系统研究[M]，北京：北京大学出版社，2008.

李　锐　由新出文献重评顾颉刚先生的“层累说”[J]，人文杂志，2008（6）.

杜　勇　从陶寺文化看尧舜部落联合体的性质[J]，中华文化论坛，2009（3）.

钱宗范　试论大舜籍贯及大舜文化与东夷文化、仁学思想的关系[J]，超然台，2009（4）.

李象润、李浴泽　浦姑，东夷大国风采觅踪[J]，文学知识，2009（4）.

吕思勉　禹治水[A]，史前文明与荷泽历史文化[C]，哈尔滨：黑龙江人民出版社，2009.

沈长云　论禹治水真相兼论夏史研究诸问题[A]，史前文明与荷泽历史文化[C]，哈尔滨：黑龙江人民出版社，2009.

王钧林　国家的诞生与虞朝的建立（节选）[A]，山东通史（先秦卷）[C]，北京：人民出版社，2009.

王震中　大舜文化与中华早期文明[J]，超然台，2010（1）.

牛新房　楚竹书《容成氏》学派归属试探[J]，华南师范大学学报，2010（2）.

张国硕　陶氏文化性质与族属探索[J]，考古，2010（6）.

安作璋　大舜、龙山文化与中华早期文明[A]，诸城大舜研究[C]，北京：人民出版社，2010.

王宇信　帝舜与我国早期文明国家的形成[A]，诸城大舜研究[C]，北京：人民出版社，2010.

田广林、魏尉、孙玮　虞舜时代中国礼制文明的形成[A]，诸城大舜研究[C]，北京：人民出版社，2010.

王恒展、刘晓洁　大舜文化与儒家的“大学”教育[A]，诸城大舜研究[C]，北京：人民出版社，2010.

马新义　舜与龙山文化黑陶[A]，诸城大舜研究[C]，北京：人民出版社，2010.

刘凤君　三大远古文化奇迹辉映虞舜时代东夷文明［A］，诸城大舜研究［C］，北京：人民出版社，2010.

王宪明　虞舜时代的伟大丰碑：营丘九头图与崇山石祖林［A］，诸城大舜研究［C］，北京：人民出版社，2010.

何海龙　浅论大舜文化对岭南文化的影响［A］，诸城大舜研究［C］，北京：人民出版社，2010.

雷运福、蔡建军　帝舜南巡建九疑观象台与舜葬九疑·舜帝与九嶷山［M］，长沙：湖南人民出版社，2011.

谢玉堂　舜葬九疑的新思考［A］，九疑论道，长沙：岳麓书社，2015.

李学勤　虞舜在中国早期文明史上的地位与贡献［A］，九疑论道，长沙：岳麓书社，2015.

刘彬徽　舜葬九疑与湖南远古文化研究［A］，九疑论道，长沙：岳麓书社，2015.

钱宗范、王银波　舜帝南巡推选和谐文化的历史意义［A］，九疑论道，长沙：岳麓书社，2015.

杨东晨　九疑山与舜文化考［A］，九疑论道，长沙：岳麓书社，2015.

张新斌　九疑山综论［A］，九疑论道，长沙：岳麓书社，2015.

唐金培　虞舜文化传承与九疑山旅游产业发展的融合互动［A］，九疑论道，长沙：岳麓书社，2015.

蒋　波　舜帝南巡与文化融合［A］，九疑论道，长沙：岳麓书社，2015.

张江洪　试论舜帝治理南方的策略［A］，九疑论道，长沙：岳麓书社，2015.

张泽槐　舜帝南巡考辨——兼与索宝祥先生商榷［A］，九疑论道，长沙：岳麓书社，2015.

严兴德　九疑山的思考［A］，九疑论道，长沙：岳麓书社，2015.

刘卫华　舜葬九疑的人文资源及其开发利用［A］，九疑论道，长沙：岳麓书社，2015.

欧利生　试论九疑山舜帝陵在历史文化认同中的积极作用［A］，九疑论道，长沙：岳麓书社，2015．

张映华　从君臣组合看鲧禹治水成败的必然性——兼论舜帝在大禹治水中的“总教头”作用［A］，九疑论道，长沙：岳麓书社，2015．

周甲辰　舜葬九疑与永州人的朴诚品性［A］，九疑论道，长沙：岳麓书社，2015．

尹华君　明清时期永州境内舜庙略考——以永州方志为中心［A］，九疑论道，长沙：岳麓书社，2015．

王田葵　舜葬九疑与《韶乐》精神［A］，九疑论道，长沙：岳麓书社，2015．

吴同和　“解愠阜财”与“内圣外王”——《南风歌》隐含密码浅探［A］，九疑论道，长沙：岳麓书社，2015．

林小兵　中国古史的传说时代刍议［A］，九疑论道，长沙：岳麓书社，2015．

朱汉民　舜文化与湖湘文化建构［A］，九疑论道，长沙：岳麓书社，2015．

雷运福　浅谈尧舜禹禅让的本质和禅让的条件［A］，九疑论道，长沙：岳麓书社，2015．

张京华　五帝名号表［A］，九疑论道，长沙：岳麓书社，2015．

刘　戈、刘双全　舜帝形象考析［A］，九疑论道，长沙：岳麓书社，2015．

蔡建军　《西汉长沙国地图》与九疑湘江源舜文化遗产［A］，九疑论道，长沙：岳麓书社，2015．

荆庚红　从舜帝庙遗址看宋代及宋代以前祭祀舜帝的规制［A］，九疑论道，长沙：岳麓书社，2015．

谢义瑛　古诗证舜葬九疑［A］，九疑论道，长沙：岳麓书社，2015．

刘彬徽　舜帝与《韶乐》［A］，九疑论道，长沙：岳麓书社，2015．

吴同和　图腾演化与虞舜崇拜［A］，九疑论道，长沙：岳麓书社，2015．

张介立　舜帝长寿探因［A］，九疑论道，长沙：岳麓书社，2015．

雷运福、蔡建军　虞舜狩九疑，观象校历法——舜帝在九疑山观象台制定完善《夏小正》历法并确定五月五日为夏至端午节［A］，九疑论道，长沙：岳麓书社，2015.

肖献军　上古帝王年寿及在位时间考［A］，九疑论道，长沙：岳麓书社，2015.

尹华君　舜弟象形象进化考［A］，九疑论道，长沙：岳麓书社，2015.

汤　军　清末钦差舜陵祭祀官黄建笎“天然图画”石刻考［A］，长沙：九疑论道，岳麓书社，2015.

附　全国虞舜文化学术研讨会暨中国先秦史学会第八届年会综述（《中国史研究动态》2006 年第 2 期）

2005 年 9 月 5 日至 7 日，由中国先秦史学会与山西省运城市盐湖区委、区政府联合举办的“全国虞舜文化学术研讨会暨中国先秦史学会第八届年会”在山西运城举行。全国 26 个省、市、自治区的 130 多位专家学者云集河东，纵论虞舜及先秦文化。会议共收到论文 106 篇，现综述于下。

一、尧舜时期的社会性质及与其相关的禅让制度问题

毋庸置疑，尧舜时期是我国文明发展史上的关键时期，但是，由于诸学者对文明社会诞生前后的社会形态存在不同阐释，对“文明”“国家”等概念有不同理解，因此，对尧舜时期究竟是否已进入文明时期或国家状态，认识上仍有分歧。传统观点认为此时尚处在部落联盟阶段，是文明时代的前夕，尧舜皆为部落联盟的首领，他们之间还以民主的禅让制作为权力传承的方式，至其演变为世袭制，国家才最终出现。然而，不少与会学者突破传统思维，提出了新的见解：以詹子庆为代表的学者认为尧舜时期是从史前社会向文明社会迈进的过渡期，这一时期的政治组织是一种部落联合体。庄福林、田广林和张润泽等学者认为尧舜时期已进入早期国家状态，形成所谓“天下万邦”的局面，其中任何一邦都可称得上是一个早期国家，舜所在的有虞氏也不例外。黄怀信、郑洪春等学者都肯定尧舜时期已进入文明社会的初级阶段，并对当时的文明信息进行了梳理。通过切磋商讨，学者们对彼此间的观点有了更清晰的了解，对产生分歧的焦点也有了更清楚的认识，这使今后的研究能够有的放矢，有利于问题的解决。对与此问题相关的禅让制度，学术界一直存在截然相反的两种观点：一是肯定，认为它曾是历史的真实。一是否定，认为权力更迭乃实力之争，因此尧舜禹之间权力的嬗递是篡夺的结果。本次会议上，有许多学者对此问题重新审视，提出了不少新颖的见解：张广志认为上述两种观点都有偏颇之处，实际上是可以调和的，他认为尧舜时期，禅让民选还存在，但已徒具形式，实质已是力的较量。但篡夺尚未完全公开化、合法化，仍笼罩在禅让旧有的神圣外衣之下。李忠林等学者提出了尧舜之间的禅让和舜禹之间的禅让并不同的观点，认为尧舜同祖同族，其禅让为内禅，实质是二头政治、轮流执政；而舜禹禅让为外禅，是一种历史的偶然。李仲立则认为禅让制只是邦国式国家承传的一种形式，是此种国家模式下实施德治路线的结果。陈新探讨了禅让制产生的经济与文化基础，指出正是禅让制催生了我国国家文明的到来，并孕育了儒家的“大同”思想。王达钦认为尧舜禅让实质上是陶唐部落向虞舜部落移交部落联盟首领权力的民主形式。王奇伟则从禅让制出发，深入探讨尧舜禹时代中国早期国家的性质，认为尧舜禹时代只是在族邦联合体最高首领层面上实行禅让制，而在族邦之内则早已实行“王位世袭”制，并由此得出尧舜禹时代已非氏族时代，而已进入到中国早期国家阶段的结论。

二、有关虞舜史迹的探讨

由于文献典籍记载多有分歧，这方面的讨论主要胶着于以下几个方面：一是虞舜的族属，二是虞舜的活动地域，三是南巡及葬地问题。关于舜的族属，学者们的意见大体可以分为二种：一种认为舜属于黄帝族，一种认为舜属于东夷族。持黄帝族说的学者最为有力的证据是文献中记载的有虞氏的世系，认为有虞氏既然“禘黄帝而郊喾，祖颛顼而宗尧”，那么舜出身于黄帝族无可置疑，更有学者从图腾角度加以佐证，认为有虞氏以仁兽驺虞为图腾，与黄帝族以兽为图腾的特征相符。此外，持这一观点者还对东夷族说所坚持的《孟子》中记载的舜为“东夷之人”的说法予以反驳，认为“东夷”的方位在古代是相对而言的，孟子所说东夷应指山西永济。坚持东夷族说的学者也不在少数，但对于“东夷”的确切地望却又持不同的观点，以王晖为代表的学者认为“东夷”当指浙北上虞一带，以何崝为代表的学者认为指今鲁西南和豫东北一带，还有学者从论证黄河以东都可称“东夷”

出发，确定“东夷”应在今山西西南部一带。不论何说，这些学者都认定虞舜属东夷族。关于虞舜的活动地域，历来就有不同的说法，归纳诸说，主要有以下几种观点：1、活动于今晋南地区；2、活动于今豫东鲁西地区；3、活动于今湖南零陵地区；4、活动于今浙江会稽地区；5、活动于陕南汉中地区。“汉中说”因只见于《世本》，为孤证，故暂置不论；“零陵说”因论据薄弱，基本上也不再有学者坚持；“会稽说”的代表学者是王晖，他先以文献资料论证自己的观点，再继之以考古学及语言学资料，论证颇为充分；持“晋南说”的学者阵容强大，吴荣曾、杨善群、蔡运章和张培莲诸先生均持此说，此说既有丰富的典籍文献来支撑，又有当地丰厚的考古文化底蕴来佐证，几成定论。但是，仍有部分学者据理力争，认为虞舜应当活动于豫东鲁西地区。因诸位学者各持己见，又都持之有据，因而，这一问题的争论未得出最后的结论。关于舜的南巡及葬地问题也是大家争论激烈的焦点之一。学者们对虞舜南巡的态度主要有两种：一是肯定。以宋会群为代表的学者认为虞舜南巡既有大量的传统文献为依据，又可以与今日湖南、广西等地发现的众多考古资料相印证，因此是不能否定的。只是不能机械地看作是虞舜个人的活动，它反映的应是文明初期中原部族与南方百越部族之间的交流、战争与融合，由此可知我国南北方文化的交融自五帝时代就已开始了。另一种观点则是否认虞舜南巡，认为江南苍梧古乃荒服之地，舜无由远涉于此。这一错误的出现是后人将冀州苍梧（今山西运城北）误认为江南苍梧造成的。虞舜的葬地，历来说法不一，与会学者也相持不下，主要归结为两种观点：一是湖南宁远九疑山。魏嵩山、刘俊男、尤慎等学者持此观点，其中尤慎所论更为充分，他考证春秋时期楚章华台为仿照湖南舜陵形制而建，与马王堆地图及《山海经》的记载相参照，得出了湖南舜陵至迟在春秋晚期以前就存在的结论。二是山西运城。持此观点的学者以张培莲为代表，她主要以先秦里制为依据，得出了舜陵当在此地的结论。虽然众学者对虞舜史迹的探讨分歧较大，但大多认识到：上古时期，有虞氏部族与其他部族一样，为了生存，频繁迁徙，造成了“名随族迁”的现象，这是给后世学者的研究造成极大困扰的根源所在。

三、有关虞舜文化的探讨

这是众多学者共同关注的一项核心问题。虞舜作为中华民族的始祖之一，举世公认，对中华文明的形成与发展贡献巨大。不止于此，由他所代表的舜文化精神具有穿越时空的永恒价值，值得后人继承和学习。正因为如此，祖国各地与虞舜相关的遗迹颇多，几乎是遍及黄河上下，大江南北。这种现象表明对虞舜相关史迹的探讨已超越单一的历史研究范畴而升华为一种文化现象。虞舜已不再是一个单纯的历史人物，而是被国人奉为中华民族的共同祖先，被当作圣德君主的化身加以崇拜。学者们对文献中记载的虞舜的美德进行了钩稽与归纳，认为正是由此构成了舜文化的内涵：1. 从道德层面上讲，它表现为孝悌、谦和、诚信及仁爱；2. 从政治层面上讲，它表现为以民为本、任人唯贤和以德治国等。学者们一致认为，舜文化的核心思想不仅对先秦儒家形成以“仁”为宗旨的理论体系具有启示作用，而且对我们今天构建和谐社会具有重要的积极意义。

本次学术研讨会也是中国先秦史学会第八届年会，会员们还进行了换届选举，李学勤继续担任理事长，宋镇豪、赵世超、朱凤瀚、李修松等十人为副理事长，宫长为为秘书长。

第九章　陵区管理

舜帝陵

第一节　管理机构

一　秦汉至民国时期管理机构

古代，三皇五帝陵多数未设专门守陵机构，陵墓所在县的县令或知县即为守陵官。陵墓祭祀活动，亦由所在县令或知县举办。

秦汉设泠道县，舜帝陵属泠道县管辖。

西汉元朔五年（公元前 124 年），析泠道县为泠道、营道、舂陵三县，舜帝陵仍属泠道县管辖。

新莽王朝时，王莽以舜帝为始祖，对舜帝陵的管理得到加强。建国元年（8 年），王莽下令建“虞帝园于零陵九疑……使者四时致祠其庙”（《汉书・王莽传》）。同时，改零陵郡为九嶷郡，改泠道县为泠陵县，改营道县为九嶷亭。其时，舜帝陵属泠陵县管辖。从玉琯岩舜帝陵庙遗址考古发掘情况看，新莽王朝在九嶷山虞帝园置有专职护陵人员，但人数不详。

东汉时，恢复泠道县。此后直至南北朝，舜帝陵均属泠道县管辖。

隋开皇九年（589 年），泠道、舂陵、营道三县合并为营道县，舜帝陵属营道县管辖。大业十三年（617 年），萧铣起兵建国号梁，析营道县置梁兴县，舜帝陵属梁兴县管辖。

唐武德四年（621 年），改梁兴县为唐兴县。长寿二年（693 年），改唐兴县为武盛县。神龙元年（705 年），复名唐兴县。天宝元年（742 年），改唐兴县为延唐县。期间，舜帝陵先后属唐兴县、武盛县、延唐县管辖。唐初，舜帝陵庙疏于管理，渐至荒废。广德元年（763 年），元结出任道州刺史，奏请朝廷同意，迁舜庙于州廓，并“特乞天恩，许蠲近祠一两家，令岁时拂扫，示为恒式”。这是有记载的最早的舜庙管理人员。唐僖宗广明年间（880—881 年），长沙人胡曾代延唐令，奏请复立舜庙于玉琯岩，仍由延唐县管辖。

五代时，后梁开平中（约 909 年）改延唐县为延昌县，后唐同光初（约 923 年）复改延昌为延唐县，后晋天福七年（942 年）改延唐为延熹县。期间，舜帝陵先后属延昌、延熹县管辖。由于政权更迭，战乱频仍，到五代后期，舜帝陵庙已经荒废。

宋太祖建隆年间（960—963 年），检校太保、行道州刺史事王继勋，奉诏重修九嶷山舜帝陵庙。同时，北宋王朝规定舜帝陵“置守陵两户，三年一祭以太牢”（《宋史·志第五十八》）。北宋乾德三年（965 年），改延熹县为宁远县。自此，宁远县名至今未改，舜帝陵一直属宁远县管辖。

明洪武三年（1370 年），朱元璋遣使访绘九嶷山舜陵图。翌年春，遣翰林院编修雷燧（一作雷敢）致祭九嶷山舜帝陵，并将舜庙从玉琯岩迁至舜源峰下，设陵户二人守视（《明史·志第二十六·礼四·吉礼》）。此后成为常例。

清代对舜帝陵庙的管理，沿袭明代做法。由于明清时守护舜帝陵的永福寺僧人众多，极盛时多达千人，朝廷工食银不够用，于是产生以田养陵的模式。据光绪《湖南通志·典礼五·祠庙二》记载：“国朝康熙二十九年，知县李应期置祭田。”祭田多达 28 亩。乾隆《宁远县志》详载这些田地的具体方位和数目：“瞻守陵僧田，洪君爵门口田六亩七分，大小十五丘；鸭婆洞田七亩七分，内一大丘；沈家门口四亩；九疑营门口塘脚二亩三分，大小二丘；大塘头一担二亩五分，大小九丘；大塘头田一亩三分，大小三丘。以上共二十八亩八分，前令李君应期捐买。永福寺僧善初田给瞻同善庵居僧守护陵营树林公馆，契载《九疑志》。”

民国时期，舜帝陵庙分别由寺、庙僧人或住持管理。后来，一些寺庙僧人散去，寺庙多遭损毁。民国 36 年（1947 年）起，由唐跛子（别名）和鲁观乡人王文龙负责舜帝陵的管理。

二　中华人民共和国成立后管理机构

中华人民共和国成立后至“文化大革命”前，舜帝陵庙管理比较松散。“文化大革命”中，舜帝陵庙成为“破四旧”的对象，遭受严重破坏。1978 年改革开放后，舜帝陵庙管理不断加强。其管理机构和管理体制则变动频繁。经过多年探索与实践，逐步建立起一套集九嶷山风景名胜区管理处（包括舜帝陵庙管理）、九嶷山国家森林公园管理局、九嶷山舜帝陵管理局、九嶷山瑶族乡于一体的管理体制，前三者实行三块牌子，一套人马；后者由九嶷山国家森林公园管理局（处）代管，实行宁远县人民政府、九嶷山国家森林公园管理局双重领导，财务上独立核算。解放以来，舜帝陵庙管理体制演变情况如下：

1949 年 11 月 17 日—1955 年，舜帝陵庙由当地区、乡代管。

1956 年，舜帝陵庙被列为湖南省第一批重点文物保护单位。

1958 年，在九嶷山及其周边地区建立鲁观、麦地、湾井、下灌、东城人民公社，舜帝陵庙隶属于湾井管辖。

1984 年成立九嶷山瑶族乡，舜帝陵庙属九嶷山瑶族乡管辖。

1986 年，舜帝陵由县文化局派员管理。

1987 年，九嶷山被省政府列为首批省级风景名胜区。

1988 年 11 月，成立宁远县旅游局，加强对九嶷山的管理。

1992 年，国家林业部批准设立九嶷山国家森林公园。

1994 年 8 月，舜帝陵庙归口宁远县文化局管理。

1994 年 9 月，零陵地区机构编制委员会文件（零编发〔1994〕4 号）批复，同意设立九嶷山国家森林公园管理局、九嶷山风景名胜区管理处，实行一个机构，两块牌子，合署办公，为副县级事业机构，行政归口宁远县人民政府管理。管理局（处）内设办公室、政工科、纪检监察科、业务科、财务基建科、保卫科（加挂防火办牌子），均为副科级建制。核定事业编制 30 名。同年 10 月，宁远县机构编制委员会下发《关于设立九嶷山国家森林公园管理局的通知》（宁编发〔1994〕14 号）。至此，九嶷山国家森林公园管理局、九嶷山风景名胜区管理处正式成立，刘成仁任第一任党委书记，夏国胜任第一任局长。

为加强九嶷山的保护和管理，1995 年 1 月 8 日，宁远县委常委集体听取九嶷山国家森林公园管理局、九嶷山风景名胜区管理处的工作汇报，对九嶷山的开发和管理工作进行认真研究，进一步明确管理处（局）的管理权限，提出加快九嶷山开发和舜帝陵修复的具体措施，并形成中共宁远县委会议纪要（宁常纪〔1995〕1 号）。为便于统一管理和理顺各方关系，会议决定：九嶷山瑶族乡由管理处（局）代管，受县委、县政府和管理处（局）的双重领导。九嶷山瑶族乡政府建立独立的一级财政。境内的九嶷山林场、紫霞岩管理所、舜帝陵管理所、玉琯岩管理所，以及景区内其他的景点和旅游服务公司的人、财、物权，全部划归管理处（局）统一领导，统一管理，财务上实行独立核算。

根据县委常委会议纪要精神，宁远县机构编制委员会（宁编发〔1995〕14 号）下发《关于明确九嶷山风景名胜区管理处、九嶷山国家森林公园管理局管理权限的通知》（以下简称《通知》）。《通知》决定：九嶷山瑶族乡在县委、县政府的统一领导下，由九嶷山管理处（局）代管，九嶷山瑶族乡建立独立一级财政。九嶷山林场、舜帝陵管理所、紫霞岩管理所、玉琯岩管理所、旅游服务公司行政由管理处（局）和县林业局、县文化局、县旅游局双重领导，以管理处（局）领导为主。九嶷山风景名胜区管理处同时接受省、地、县建委的管理和指导。九嶷山林场划归管理局管理后，其单位性质、级别、经费来源维持原状。紫霞岩管理所、舜帝陵管理所、玉琯岩管理所为独立核算、企业化管理的股级事业单位。管理处、管理局的主要任务为风景名胜区和国家森林公园的规划、建设、保护和管理工作。

2002 年机构改革后，管理局（处）编制精简为 15 人。内设科室调整为办公室、园林规划科、企业管理科、旅游文物管理科。2004 年 9 月 22 日，经县委研究，同意成立宁远县舜帝庙遗址文物管理所，为文物局下属股级全额预算事业单位。为理顺管理体制，2009 年 9 月，省编制委员会办公室批复，在九嶷山国家森林公园管理局、九嶷山风景名胜区管理处加挂“九嶷山舜帝陵管理局”牌子，仍归口宁远县人民政府管理，内设机构增设计划财务科。为加强景区资源保护和综合执法工作，2009 年 12 月，县委常委会批准成立九嶷山风景区综合执法队，隶属于管理局，为副科级全额拨款事业单位，定编 10 人。

第二节　文物管理与保护

一　舜帝陵庙管理与保护

1956 年，湖南省政府将舜帝公布为省级重点文物保护单位。抢救修复后的舜帝陵庙，仍为省级重点文物保护单位。

舜帝陵庙保护区的划定

舜庙周围 100 米范围内为绝对保护区。在此范围内，严格控制，不得改变和破坏历史形成的格局、风貌及其环境。舜庙 200 米范围内为环境协调区，区内建设项目的高度、体量、色彩、风格均应与保护区内环境取得协调，遵守名城保护各种控制指标。

陵庙建筑管理与保护

陵庙区内配置完善的消防设施，包括消防水管、灭火器等。同时，在午门前的道路两侧修建水池各一个，称为“泪池”，以纪念舜帝二妃娥皇、女英，兼作消防之用。

陵庙内古碑刻保护

舜帝陵庙内原有众多古碑刻。文化大革命中，这些古碑刻遭到严重破坏，多数被用去砌水渠、架桥、建房。1982 年，乐天宇到这里创办九疑山学院时，动员群众找回 24 方，但仍有诸多碑刻无法找回。现在，舜帝陵庙内共保存古碑刻 37 方。大体可以分成三类：一类为祭舜碑，刻录皇帝、地方官员的祭舜帝文。这类碑刻共有 34 方，其中清代皇帝祭文碑 30 方，民国时期省县官员祭舜碑 3 方。一类为陵碑，共 1 方，上书“帝舜有虞氏之陵”。按郦道元《水经注・湘水注》记载，此碑为汉代零陵郡太守徐俭所立。还有一类为记事碑，共 2 方，即《抚瑶颂碑》和《奉宪禁采碑》。这些碑刻，多数风化损毁严重。1988 年，为保护“帝舜有虞氏之陵”碑，宁远县筹款修建“陵碑亭”，又称舜帝“寝殿”，将此碑置于碑亭予以保护。20 世纪 90 年代抢修舜帝陵庙时，为保护祭舜碑，在舜帝寝殿台阶下方两侧，专门修建碑廊，将清代、民国时期的祭舜碑移至碑廊之内。

舜帝祭典申遗

千百年来，上至帝王，中至地方官员、名人硕士，下至黎民百姓，均来舜帝陵庙谒陵祭舜。祭舜礼仪程序极为庄严神圣。从各种史料记载看，历代帝王祭舜都沿用同一礼仪，使用统一乐章，传承不辍。现代舜帝祭典以“尊祖爱国，传承文明，凝聚人心，促进发展”为主题，既保持传统的祭典程式，又新添具有现代气息的献花篮、行鞠躬礼、民俗表演等内容。现在，舜帝祭典成为缅怀人文始祖、凝聚民族情感、共谋伟大复兴的一种文化认同。舜帝祭典于 2006 年被列入湖南省第一批省级非物质文化遗产名录。2011 年，被列入国家级非物质文化遗产名录。

二　玉琯岩舜帝陵庙遗址管理与保护

玉琯岩古舜帝陵庙遗址，是中国发现唯一的、最早的与历史文献记载相吻合的、与出土文物相互印证的上古社会“五帝”陵庙建筑遗址。其文化时期长达 1600 余年，均保存有相关时期的文化物证。对中国继“夏商周断代工程”之后，正在进行的“中华文明探源工程预研究”课题和“中华文明探源工程研究”，有一定历史实证作用，具有很高的历史和科研价值。2006 年，玉琯岩舜帝陵庙遗址，被列为国家重点文物保护单位，2010 年，建成遗址博物馆。

申报全国重点文物保护单位

2002 年，玉琯岩舜帝陵庙遗址一经发现，宁远县人民政府就将其公布为县级文物保护单位，并发出《关于公布古舜帝陵庙遗址保护范围和建设控制地带的通知》，对遗址保护范围与建设控制地带作出明确规定。2002—2004 年 3 次考古发掘后确定这一处文化遗存是秦汉至宋元时期的舜帝陵庙，2004 年 9 月 22 日经县委研究，同意成立宁远县舜帝庙遗址文物管理所，为文物局下属股级全额预算事业单位，主要职责是负责舜帝庙遗址的管理、保护、维护、开发和利用。2004 年 9 月 25 日，宁远县人民政府发出《关于加强玉琯岩古舜帝陵庙遗址保护和管理的通告》。在加强对遗址管理和保护的同时，在中国考古研究所的指导下，宁远县向国家申报重点文物保护单位。2006 年 5 月 25 日，玉琯岩舜帝庙遗址经国务院公布为全国重点文物保护单位。

制定保护规划

在正式的保护工程实施以前，遗址周边区域被划分为三个不同的保护等级。绝对保护区：明确“玉琯岩”以北、“杨家山”以东、“汉唐坪”以南、“社山”以西各 50 米范围内绝对禁止任何新的建设行为，并尽快搬迁严重影响遗址保护的旧建筑。重点保护区：遗址周围 120 米范围内，不得增建任何人工景观。景观控制区：由于舜帝庙遗址具有四面环山的小型山间盆地的自然环境特征，触目所及，山水景观彷佛近在咫尺，同时遗址区内的玉琯岩孤丘早已列入九嶷山地区重点风景名胜旅游点，因此，以遗址为中心，凡视线中可以一览无遗的地方，无论山脉河流，都纳入控制范围内。遗址进入考古工作程序后，四面自然景观地带陆续退耕还林，加强绿化，东面荒山渐呈郁郁葱葱之势。遗址周边树木许养禁伐，南、北溪河保河道防淤塞的计划大部到位，生态环境的保持与恢复取得比较明显的成效。此后，按照全国重点文物保护单位的保护要求，中国文物研究所为遗址制定详细的保护规划。

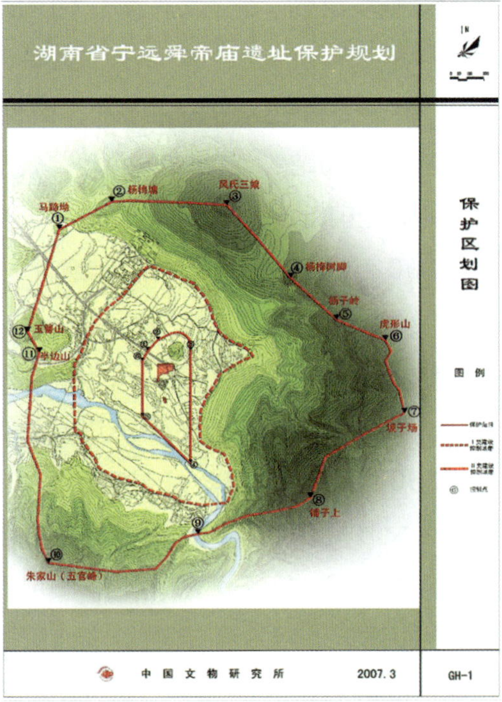

2002 年有关文件规定遗址的保护范围为：东到玉琯岩山丘东麓外 60 米，南到熊家村口 20 米，西到汉唐坪、社山以西 30 米，北到陈家保宅。2004 年据发掘情况，新的保护通知调整并扩大遗址保护范围为各距遗址边缘 120 米。即北纬 25°20′35″~25°20′41″，东经 111°59′28″~111°59′35″。保护范围面积为 16.47 公顷。建设控制地带：东到玉琯岩山丘东麓外 200 米，西到汉唐坪、社山以西 300 米，北到山门口村小学，南到熊家村村口。2004 年保护范围扩大后，相关建设控制地带得到相应扩大。建设控制地带控制面积为316 公顷。

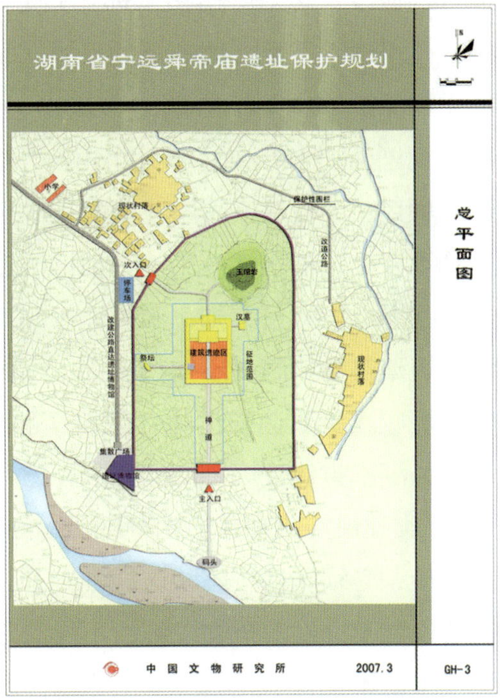

保护内容

根据 2004 年 9 月国家文物局专家组及省内、外专家论证会上专家提出的“注重遗址本体保护的同时，保护好遗址周边人文自然环境”的要求，遗址保护工程分为“遗址主体保护工程”和“人文自然环境保护工程”。

遗址地表实行退耕还址、拆迁叠压在遗址地表的民居建筑，修建遗址保护围墙及遗址揭露地层的保护棚架，使文物遗存不遭到人为的和自然的毁损。在进行有计划的、科学的、规范化地考古发掘基础上，建设成遗址博物馆，向社会开放和展示。

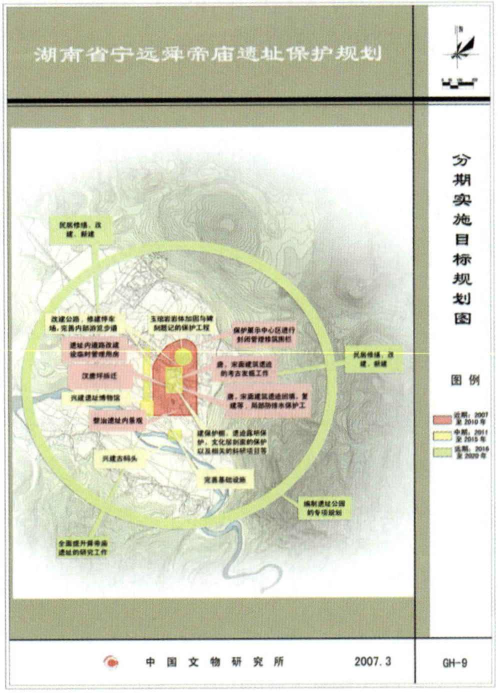

维持自然人文环境现状，严禁开发性、建设性的破坏。逐步在遗址四周退耕还林、退耕还土、拆迁各类影响历史自然人文环境风貌的建筑。恢复成历史诗文中所描述的遗址周边人文自然环境。根据地形与控制要求的不同，进一步将建设控制地带划分出两个等级：I类建设控制地带与II类建设控制地带。

I类建设控制地带：山间盆地区域（面积 76.3 公顷）。在I类建设控制地带内建设，必须严格按照城市规划实施，不得破坏文物保护单位环境风貌，不得建设危及文物安全的设施，不得修建其形式、高度、体量、色调等与文物保护单位不相协调的建筑物、构筑物，并依照规定程序报相应的文物、规划、国土等有关部门批准；严格保持现有用地性质，不得兴建大中型建设项目，不得建设污染环境的工矿企业、市政、电力、电信、铁路以及广告牌等设施；新增建设用地必须报国家文物局审批同意后，经湖南省建设规划部门批准，方可实施；不得建设高速公路或高于县级以上公路；新建、改建建筑建筑檐口高度不得超 3 米，建筑密度不得大于 10%。对不符合要求的建筑应逐步改造或拆除；建筑工程设计方案，需报国家文物局审批同意后，经湖南省建设规划部门批准，方可实施。

Ⅱ类建设控制地带：山林区域（面积 239.3 公顷）。在Ⅱ类建设控制地带内建设，必须严格按照城市规划实施，不得破坏文物保护单位环境风貌，不得建设危及文物安全的设施，不得修建其形式、高度、体量、色调等与文物保护单位不相协调的建筑物、构筑物，并依照规定程序报相应的文物、规划、国土等有关部门批准；严格保持现有用地性质，不得兴建大中型建设项目，不得建设污染环境的工矿企业、市政、电力、电信、铁路以及广告牌等设施；新增建设用地需报国家文物局审批同意后，经湖南省建设规划部门批准，方可实施；不得建设高速公路或高于县级以上公路；新建、改建建筑建筑檐口高度不得超 6 米，建筑密度不得大于 20%，对不符合要求的建筑应逐步改造或拆除；建筑工程设计方案需报国家文物局审批同意后，经湖南省建设规划部门批准，方可实施。

保护工程措施

保护措施以回填保护与保护性露明展示为主。工程地质灾害问题将采用保护工程措施进行处理。遗址遗迹的风化问题采用化学保护与保护性建筑结合的方法。人为影响将采用有关行政手段，与法律法规手段进行限制。分期、分批、分阶段地逐渐将民房拆迁到保护范围以外，对保护范围内的农用土地，在不影响保护展示的前提下，尽量近期内不改变土地使用性质，但要限耕限作。对于出土遗物建展示馆与文物库房进行系统展示与存放。

遗址博物馆建设

为加强古舜帝陵庙遗址及文物保护，在考古发掘期间，中国文物研究所在制定古遗址保护展示总体方案时，就规划一座舜帝庙遗址文物库房和看护用房。后来根据需要，决定建立遗址博物馆。2007 年 10 月，国家发改委正式将舜帝陵古遗址保护建设项目列入“十一五”文化与自然遗产保护规划。2009 年，国家发改委《关于下达国家文化和自然遗产地保护 2009 年第四批扩大内需中央预算内投资计划的通知》（发改投〔2009〕1647 号），从国债专项资金下拨 2800 万元，用于舜帝陵庙遗址基础设施建设。舜帝庙遗址博物馆的地址，位于遗址西南角。博物馆总建筑面积 2000 平方米，于 2009 年开工，2010 年建成。建成后的博物馆气势雄伟，风格古朴，与周围环境高度协调，成为遗址公园的一大亮点。

古舜庙遗址博物馆鸟瞰图

古舜庙遗址博物馆设计效果图

古舜庙遗址博物馆大门

第三节　山林管理与环境保护

一　山林权属

民国时期，九嶷山的山林大多属私有，少部分山林为地方宗教或地方社团所有。宗族所有的称“清明山”“房族山”，属地方民间社团所有的山林有“寺庙山”“桥会山”“渡会山”“坝会山”等。

1949 年 11 月 17 日，宁远县人民政权成立。通过土地改革，没收地主和征收富农多余的山林，分配给少山或无山贫苦农民。山区农民获得山林权属。50 年代后，九嶷山地区各区、乡农民组织起来，建立农林业互助组、初级农林业合作社，后又转建高级农林业合作社。1958 年，大办人民公社，山林权属集体所有。原农业生产合作社的集体山林和社员房前屋后的林木一律归公社所有。

1958 年 3 月，分别建立起国营紫荆、西江两个林场。同年 8 月，两场合并成立国营九嶷山林场，下设东海、大六冲、庙冲、文武冲、黑冲、沟冲、住龙门、大地坪、牛头江、盘洞口、紫荆和黄花园 12 个分区，有干部职工 243 人。山地总面积 28.6 万亩，其中林业用地 27 万亩。是年，成立国营九嶷山林场，管辖所属山林。

1959 年改公社核算为大队核算，调整大队、生产队规模。同年 1 月，九嶷林场与九嶷人民公社实行场社合一，仍称九嶷林场，行政上统一领导，合成两个班子。一套班子抓农业，一套班子抓林业。林场下设盘江湾、下洞、三亩田、上洞、文武冲、九嶷营、九疑洞、盘洞口、黄花园 9 个管区，另设瓦凉亭、萝卜冲两个苗圃，一所林校。还办起造纸厂、竹器厂、木器厂、棕绳厂等，共有干部 188 人。

1960 年 3 月，九嶷山林场更名为九嶷山农林垦殖场。

1961 年，以生产队为基本核算单位，田土、山林、劳力、农具固定到生产队。同年 9 月，九嶷山林场与九嶷人民公社合设。1962 年，根据中央

《关于确定林权保护发展林业生产若干政策规定》（即林业18条），开展清山划界落实山林权属。同年1月，九嶷山农林垦殖场更名为九嶷山林场，下设大六冲、九嶷山、紫荆3个工区。

1963—1965年，在社会主义教育运动（简称“社教”）中，进行过一次山林权属处理，采取集体造林，专业队管理，嗣后成为社队集体林场。

1975年9月，九嶷公社三亩田大队、前进大队的雷打冲生产队（村民组）划归九嶷山林场代管。

1982年4月，建立省级九嶷山自然保护区，保护对象主要为斑竹及其生态系统，保护区面积3846公顷。设自然保护区管理所，定编14人，负责管理自然保护区。

1981年，宁远县开展稳定山林权属，划定自留山，确定林业生产责任制（简称林业三定）工作，九嶷山地区及时开展定权发证和划定自留山，每家确定林业生产责任制。先后建立有统有分，统分结合，规模不等，形式多样的生产责任制。其主要经营方式：一是集体经营，集体山林统一造林管护，统一采伐分配；二是分户经营，山林归集体，经营权到户，林木采伐后或经济林收益后按比例分成；三是联户经营，由几家农户联合起来承包集体山林，经营期20~30年不等，收益按比例分成；四是大户经营集体山林，实行招标，由林业大户承包，专业经营；五是联合经营，由国家或集体单位投资，村组投劳、投山，共同经营，收益按比例分成。此种形式主要是果木经营。1993年，宁远县人民政府下发《九嶷山国家森林公园总体规划设计现场办公会议纪要》，对森林公园范围界限作出明确规定，即同意公园以国有九嶷山林场范围为主体，规划总面积为8226.7公顷，森林公园范围内的集体山林全部由九嶷山国家森林公园管理局代管，山林所有权属不变，林农在管理局指导下进行生产经营活动。

1994年10月13日成立九嶷山国家森林公园管理局，全面负责管理九嶷山区的森林资源。

二　森林管理

封山育林

1984年9月，经省政府批准建立《湖南省宁远县九疑山自然保护区》，总面积3648公顷，严禁采伐，全面封禁。1990年8月，规划九嶷山境内九嶷洞至麦地公路两旁7个村所属1000公顷裸露石山实行封山育林。同年11月5日，县政府发布《关于九嶷山旅游区实行封山育林的布告》，并组建12人的旅游区专业护林队伍，负责封山育林工作。2008年，在县政府的支持下，九嶷山国家森林公园管理局牵头，县林业局、县财政局配合对九嶷山核心区山林12.69万亩，采用租赁的办法，按省级生态公益林补偿标准进行补偿，进行封山育林。并对核心区内1032名居民，从核心区内移民到九嶷山鲁观责任区。2013年，九嶷山省级自然保护区升格为九嶷山国家级自然保护区，保护区总面积10236公顷。

森林防火

1952年开始建立护林防火组织。1964年12月，在九嶷山、云潭及蓝山县的蓝屏3处成立防火联防指挥部。1991年，九嶷山瑶族乡政府成立森林防火指挥部。实行“乡镇领导负总责，村组干部包到户”的责任制。国营九嶷山林场负责场内森林资源的护林防火工作，各工区还有护林哨卡（主要在生产经营区）。2015年，在县森林公安局的指导下，成立两支专业扑火队，共计100人。另外，九嶷山国家级自然保护区管理所下设1个保护站。国家级森林公园建立后，为加强护林防火专职机构，配备有22名专职护林员，主要任务为巡护森林、管理野外用火、报告火情、保护野生动植物资源以及宣传有关条例等。

在建立森林防火指挥部的同时，乡镇、村级普遍制定防火规约。县、乡对山区烧垦制定明确规定，坚持“四不烧”和“四严禁”制度，即不经批准不烧、不开好防火道不烧、不组织好劳力不烧、风大不烧；严禁烧山驱兽、严禁林内烧峰、严禁林内烧火取暖、严禁林区打火把照明。

防火设施得到加强。1979—2003年，国营九嶷山林场及乡村在林区开辟防火线87千米，修复林道58千米，建立防火林带39千米，建立防火瞭望台1座，建立无线电基地台1个，购置无线对讲机18部，在林区竖立防火警示牌30块。目前已开辟防火线65千米，防火林道160千米，规划增加了防火林带20.8千米，其中舜陵景区周界17.3千米，婆婆冲至大东江源头3.5千米，林带宽度为10~15米，形成较完整的防火林带。同时结合步游道和旅游服务设施建设，在旅游度假村、森林宾馆、旅游接待站等地方，营造兼有防火和观赏功能的木荷、杨梅、光叶白兰、金叶白兰、杜鹃、茶叶等防火树种。为有效地监控森林火灾的发生，在畚箕窝修建护林防火瞭望台 1 座。瞭望台建设结合观景楼的建设，台内装置长筒望远镜，配备专人参加巡视瞭望。此外，林场现有有线通讯线路 13 千米，无线通讯基地电台1部，对讲机 60 个，森林防火专用车 4 辆，摩托车 20 部。

防治病虫害

从 1984 年起，建立病虫测报制度，在九嶷山设立病虫测报点 2 个。同时，加强检疫工作。至 2003 年，检疫出口木材 2.5 万立方米，林木种子 8000 公斤，苗木 180 万株。

制止乱砍滥伐

1950 年，九嶷山林区发生盗伐林木案件，被盗伐林木 1000 余立方米。此后，县政府责成乡成立护林小组，制定乡规民约，乱砍滥伐现象得到抑制。1958 年“大办钢铁”“大办公共食堂”“大办猪场”，九嶷山林区的森林遭到严重破坏。“文化大革命”期间，乱砍滥伐之风又起。1981—1982 年农村推行家庭联产承包责任制，城乡建房多，需材量大，又一度发生乱砍滥伐国有和集体林木现象。在制止乱砍滥伐森林的工作中，当地政府坚决贯彻《中华人民共和国森林法》和 1982 年中共中央、国务院《关于制止乱砍滥伐森林的紧急指示》，及时查处毁林犯罪案件，加强林政管理。庙冲村两村民于 1992—1993 年盗砍杉木 700 株、折 20.673 立方米，分别被判处有期徒刑 5 年和 7 年。

三　环境保护

自古以来，当地官府和民间，对九嶷山的环境有着强烈的保护意识。历任宁远县令或知县，均以保护舜帝陵庙及其周边环境为己任。清乾隆二十七年（1762 年），九嶷山一带出现非法采矿、破坏生态环境的情况。桂阳州监生杨万荣、武生邹协武意欲购置舜帝陵后山采矿权。时任宁远县令叶于梅得知这一情况后，在衡永郴桂道观察使孔当到宁远县视察时，向孔当递呈一份请求文书。叶于梅在接到孔当的批示后，对九嶷山舜帝陵及其周边环境进行认真调查，并将调查报告定名为《虞陵纪要》。在这篇《虞陵纪要》中，叶于梅明确提出反对采矿的意见。为制止非法采矿、破坏九疑山舜帝陵环境的行为，翌年仲春，叶于梅带着这篇《虞陵纪要》进谒湖南巡抚陈宏谋，向陈宏谋递交自己的调查报告。陈宏谋在听取叶于梅的汇报后，感到事关重大，随即作出批示《虞陵纪要序》。这篇《虞陵纪要》与《虞陵纪要序》，是见诸文字记载的最早的关于九嶷山舜帝陵环境保护的文告。清同治三年（1864年），又立《奉宪禁采碑》于舜帝陵，碑文为严禁在九嶷山乱采乱挖地下矿产，保护舜陵风貌的上宪谕。这是留存下来的九嶷山最早的环境保护碑刻。

中华人民共和国成立后的一段时期里，对九嶷山舜帝陵及其周边环境疏于管理与保护。改革开放后，特别是20世纪90年代以来，宁远县人民政府及九疑山周边地区乡村，环境治理与保护力度大大加强。

珍稀野生动植物保护

九嶷山珍稀动植物资源极为丰富。其中，属于国家保护的动物有猴面鹰、蓑衣鸟、九疑猕猴、娃娃鱼（大鲵）、鹰嘴龟等；属于国家和省保护植物有斑竹、石枞、香杉、古槠、枫桧树等。此外，还有诸多古树。按照《湖南省野生动植物资源保护条例》，九嶷山管理处对珍稀树木逐一调查，建立资源档案。对于分布在游道上的古树名木挂标志牌，属国家一、二类珍稀树种设置围栏、简介和保护宣传牌。同时，制定保护野生动植物之乡规民约，广泛宣传有关法规、条例，使之家喻户晓，对保护有功者给予奖励，对伤害、破坏野生动植物者按有关规定处罚。

矿产禁采

九嶷山南岭多金属矿带，还有着丰富的矿产资源。金属矿有铜、铅、锌、钨、锡、钼、锑、钒、铁、铀等，伴生有贵重金属银及稀有金属铍、锂等。非金属矿有水晶、钾长石、花岗岩、大理石、高岭土、石灰石等。历史上作过开采的矿点有42处。清光绪二十六年（1900年），邵阳人黄化胜伙同英国资本家对癞子山（今仙子山）铜铅锌银多金属矿进行开采。民国时期，欧冠、刘养玄、欧阳兰楷等人曾组建红华公司，对挂冲钨锡矿进行开采。1958年，宁远县正式建矿开采癞子山多金属矿。20世纪50年代至60年代，省地质局409队、省冶金勘探公司244地质队先后在九嶷山地区进行过地矿勘测。20世纪70年代以后，一些社队企业组织闲散人员开矿未断，对九嶷山一带的环境带来严重破坏。为保护九嶷山地区的自然地理环境，20 世纪 90 年代以后，宁远县关停九嶷山地区的所有金属采矿点；对大理石、石灰石等非金属矿的开采，也采取严格的限制措施。

第四节　旅游管理

一　景区景点

九嶷山为湖南六大风景名胜区和十大旅游区之一，蕴藏着丰富的旅游资源。这里既是谒陵祭舜的圣地，也是旅游观光的胜境。整个景区面积约 530 平方公里，共分为 5 个景区，即舜源峰景区、玉琯岩景区、三分石景区、灌溪风景区、潇水涵青景区，共有景点 150 多处。

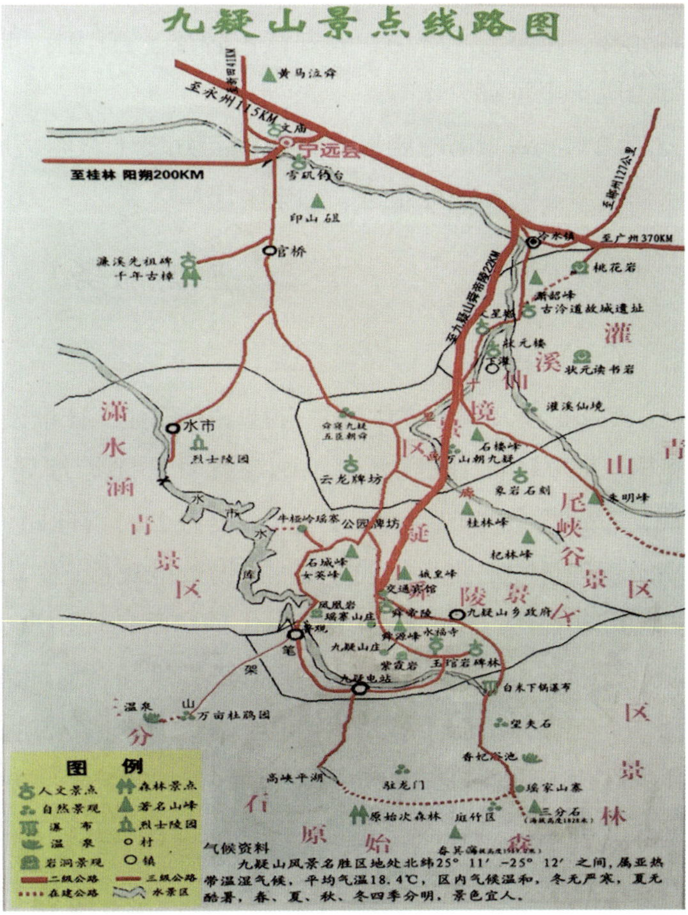

九疑山景点线路图

舜源峰景区为九嶷山中心景区。这里的舜帝陵庙为历朝历代祭舜之所，也是历代文人墨客朝拜观光圣地。主要景点有舜帝陵庙、舜源峰及观景台、紫霞岩、黄家大屋古建筑、下马石、“福”字石刻，还有娥皇峰、女英峰、石城峰等。

玉琯岩景区主要景点有玉琯岩摩崖石刻、古舜陵庙遗址及博物馆、无为洞、永福寺、半边山、凤凰岩、鲁女峰等。

三分石又名三峰石、舜公石。三分石上，三峰对峙，像舜帝与娥皇、女英相拥；三分石下，林木丛生，枝繁叶茂，一派郁郁葱葱的景象。景区内主要景点有三分石、枫木铺瑶寨、原始次生林、住龙门、猴子坳、婆婆石、黄河高峡平湖、牛头江、望夫石等，景区内还有斑竹等众多珍稀动植物。

灌溪风光景区位于九嶷山东部，景区峰林峻峭，山水相映。主要景点有箫韶峰、石楼峰、桂林峰、桃花岩（古名莫知岩）、泠道故城遗址、下灌状元楼、路亭云龙牌坊、久安背古牌楼、五臣山、明月山、读书岩、象岩、青山尾十里画廊风光等。

潇水涵青景区主要景点有九嶷河九坳十八湾之风光胜景、牛亚岭瑶寨、水市水库、红军长征足迹、烈士陵园等。

二　旅游服务

（一）导游

1986 年 8 月成立中国旅行社宁远分社，社址设在九嶷山舜源峰紫霞岩景区。1994 年，成立九嶷山国家森林公园管理局、九嶷山风景名胜管理处，二者两块牌子，一套人马，合署办公，管理局（处）内设旅游管理科。旅游管理科的主要业务是对团体旅游的抵离接送，办理旅游委托，代办行李的提取和托运，代办旅游签证，代订房间，代租汽车，代购代订交通票证。旅行社除安排好食宿和交通工具外还提供导游、翻译，全面负责旅行团游览活动，包括介绍旅游项目，游程安排，带领参观游览和实地解说等。2015 年景区旅游管理科主要任务调整为景区的旅游行业管理和旅游服务监督。景区设立导游部，导游全部实行聘任制，景区每年保持有导游和讲解员 60 人，分一级、二级、三级导游。

（二）食宿

20 世纪 80 年代起，九嶷山对外开放，逐步完善食宿服务。1990 年在紫霞岩建起“紫霞轩”楼房一栋，可供 100 余人就餐、50 人住宿。1996

年，九嶷山管理局（处）成立后，陆续建起交通宾馆、九嶷山庄、舜帝大酒店等 10 余家食宿服务单位。九嶷山庄交付使用后，房间有单间、套间、双人间等，最大容纳就餐 480 人、住宿 400 人。玉琯岩景区、凤凰岩景点都建有酒家、餐厅，食、住、行都较方便。截至 2014 年，舜源峰景区，玉琯岩景区共有各类床位 1000 张，可供就餐 2000 人次。

（三）交通

九嶷山舜源峰景区于 1993 年通行客班车，当时每日两班，上下午各一趟通行县城。2001 年后，每天早晨 6 点至下午 6 点，每半小时对开县城至九嶷舜源峰、舜源峰至县城。县城至鲁观、鲁观至县城每天对开客车 4~5 个班次。现今九嶷山车队拥有客车 30 辆，旅游接送专车 12 辆。县城至灌溪风光景区，县城至潇水涵青景区均有客班车通行。

（四）其他服务

1995 年，九嶷山舜源峰民族街建成。除餐饮外，还有百货副食等门店百余家。每月农历二、五、八日为集市日，市场繁华，购物方便。舜帝陵殿右厢房和玉琯岩等景点分别设有游客工艺品专卖柜，经营旅游品及书画等 250~300 种。

1993 年起，紫霞岩就经营照像业务。到 2015 年各经营点都有摄影摄像服务。

1993 年，在舜源峰景区组建起一支有 20 多人的歌舞队，排练 30 个民俗风情节目。有固定的表演场地，每年为游客表演 300 多场次。现紫霞岩有民族风情表演，在外岩每日表演 4 场，岩内有激光水幕电影，每日放映 4 场。

三　旅游接待

中华人民共和国成立以前，到九嶷山朝拜的官员，由州县官员陪祭和接待，其他游客自行安排。

中华人民共和国成立后，凡到九嶷山观光考察的党政领导和专家学者，均由宁远县党政机关及有关部门接待。1985 年，紫霞岩对外开放，宁远县文化部门派人接待散客。1986 年，宁远县旅行社成立，负责接待到九嶷山观光的团体和散客。1985—2015 年，共接待游客 1117.2 万人次，其中港澳台同胞 2.2 万人次，外国友人 1.7 万人次。

九嶷山 1985—2015 年接待游客统计表

表 1　　单位：人

年　度	游客总人数	其　中	
		港澳台胞	外国友人
1984	877	—	—
1985	46064	45	20
1986	78086	65	29
1987	117332	46	30
1988	67059	49	31
1989	124160	53	35
1990	130368	120	39
1991	137538	113	40
1992	145102	130	33
1993	152357	198	31
1994	160736	180	41
1995	168772	400	38
1996	177210	410	42
1997	186956	125	60
1998	196303	170	68
1999	207099	140	54
2000	215328	110	67
2001	229204	130	77
2002	234770	158	67
2003	235000	160	60
2004	313000	190	1070
2005	420000	1400	1100
2006	435000	1200	700
2007	500000	1300	1100
2008	520000	960	800

续表

年　度	游客总人数	其　中	
		港澳台胞	外国友人
2009	573000	920	730
2010	614000	1090	980
2011	700000	1700	1300
2012	739000	2100	1900
2013	758000	2090	3000
2014	780000	2200	1700
2015	810000	3500	1800

第十章　舜帝陵基金会

舜帝陵全景图

舜帝陵基金会全称湖南省九嶷山舜帝陵基金会，是为九嶷山舜帝陵庙保护与建设筹措资金的公募基金组织。2004 年 9 月 17 日，舜帝陵基金会在长沙成立，湖南省政协原主席、全国政协环境资源保护委员会副主任王克英为基金会第一届理事长。基金会成立后，大力开展募捐活动，为舜帝陵园的保护与建设募集大批资金，保障舜帝陵庙保护与建设的需要；积极介入舜帝陵园规划设计、项目建设与资金管理，确保资金依法依规合理使用；协助省市人民政府筹办祭舜大典；加强舜帝陵研究与宣传，广泛开展同黄帝陵基金会、炎帝陵基金会、世界舜裔宗亲联谊会等相关团体的交流与合作。

第一节　机构

20 世纪 90 年代末，九嶷山舜帝陵抢修工程竣工，恢复明清时期的舜帝陵庙风貌。2000 年，宁远县举行中华人民共和国成立后由地方政府举办的首次祭舜大典。同年底，考古工作者在九嶷山玉琯岩一带发现秦汉至宋元时期的舜帝陵庙遗址，并于 2002 年春及 2004 年 8 月分别进行考古发掘，出土大量文物。2000—2004 年，到九嶷山祭舜与旅游观光的人数不断增长。2000 年接待游客 215328 人，2001 年接待游客 229204 人，2002 年接待游客 234770 人，2003 年接待游客 31.30 万人。修复后的舜帝陵庙场地狭小，不能适应祭舜与旅游观光的发展要求。扩建舜帝陵园，成为各界人士特别是海内外舜裔宗亲的强烈愿望与迫切要求。2000 年—2004 年 8 月，中共湖南省委书记杨正午、省长周伯华与省政协原主席王克英、副省长许云昭等先后 6 次商议筹建舜帝陵基金会事宜。2004 年 4 月 14 日，省长周伯华主持召开省政府第 28 次常务会议进行专题研究，同意成立舜帝陵基金会。2004 年 9 月 17 日，舜帝陵基金会正式成立，并组建基金会的领导机构与监事机构。2007 年 3 月 13 日，湖南省机构编制委员会同意设立湖南省九嶷山舜帝陵基金会办公室，为正处级事业机构，由永州市人民政府管理。

一　理事会　监事会

2004 年 4 月下旬，舜帝陵基金会筹备小组成立。由中共永州市委副书记周永亮，市委常委、宣传部部长李良铁，市人大常委会副主任钱荣棠，副市长赵清茂，市委副秘书长张泽槐等组成。7 月 12 日，舜帝陵基金会筹备小组向湖南省政协办公厅呈文，请求省政协办公厅作为舜帝陵基金会业务主管单位。7 月 14 日，省政协办公厅下发文件，同意湖南省政协办公厅作为舜帝陵基金会的业务主管单位。7 月，筹备小组派专人赴香港，就成立舜帝陵基金会有关事项，会见世界舜裔宗亲联谊会常务委员会主席陈守仁及各位副主席。陈守仁同意担任舜帝陵基金会名誉理事长。2014 年 9 月，省政协办公厅向省民政厅写出《关于申请成立登记湖南省九嶷山舜帝陵基金会的报告》。9 月 14 日，省民政厅批复省政协办公厅，同意成立登记舜帝陵基金会，法定代表人王克英。

基金会宗旨为遵守宪法、法律法规和国家道德风尚、弘扬舜德，传承文明，联谊舜裔，振兴中华。主要任务是加强与海内外华人友好团体、企事业单位和个人的联系，为保护、整修、建设、管理好舜帝陵筹措资金。基金会原始基金数额为 400 万元人民币。

基金会业务范围为加强与海内外华人的友好团体、企事业单位和个人的联系；为保护、整修、建设、管理好舜帝陵筹措资金；加强对舜帝和舜帝陵的宣传，开展舜文化学术研究和交流活动；开展有关舜帝陵和舜文化的宣传、旅游服务事业；对舜帝陵建设基金实行统一管理；管理和监督舜帝陵建设规划的实施；管理由基金会基金开支的舜帝陵保护、整修、建设、开发、宣传工作；表彰奖励对舜帝陵建设和舜文化研究有突出贡献的人员。

2004 年 9 月 17 日，舜帝陵基金会在长沙九所宾馆召开成立大会。全国政协人口资源环境委员会副主任、湖南省政协原主席王克英，副省长许云昭，省政协副主席王汀明，中共湖南省委副秘书长钟万民、省政府副秘书长姜儒振、省政协副秘书长胡伟林，省直有关部门和单位的领导，中共永州市委书记曾庆炎、副书记周永亮，中共宁远县委书记蒋善生、县长李光富等出席大会。中共永州市委副书记周永亮作筹备工作报告。

会议审议通过《湖南省九嶷山舜帝陵基金会章程》（以下简称《章

程》）；通过关于聘请全国政协原副主席毛致用，世界舜裔宗亲联谊会常务委员会主席陈守仁担任名誉理事长的决议；通过王克英为基金会理事长，省政协副主席王汀明，省中烟工业公司总经理周昌贡、长沙卷烟厂厂长卢平、常德卷烟厂厂长曾献兵、长丰集团董事长李建新为基金会副理事长，中共永州市委原巡视员谭政为基金会秘书长的决议。

舜帝陵基金会成立大会

《章程》规定：基金会第一届理事会人选，由业务主管单位、主要捐赠人、发起人分别提名并共同协商确定；理事会换届改选时，由业务主管单位、理事会、主要捐赠人共同提名候选人并组织换届领导小组，组织全部候选人共同选举产生新一届理事。理事会成员为 25 人。监事会按规定由主要捐赠人、业务主管单位、登记机关选派，共 5 名监事。

第一届理事会

名誉理事长：毛致用　　全国政协原副主席

　　　　　　陈守仁　　世界舜裔宗亲联谊会常务委员会主席

理　事　长：王克英　　湖南省政协原主席

副 理 事 长：王汀明　　省政协副主席

周昌贡　　省中烟工业公司总经理
卢　平(女)长沙卷烟厂厂长
曾献兵　　常德卷烟厂厂长
李建新　　长丰集团董事长

理　　事：(按姓氏笔画顺序排列)

王　祥　　省泰格林纸集团董事长
王汀明　　省政协副主席
王克英　　省政协原主席
王建根　　省移动通信公司总经理
文会国　　省电信公司总经理
乐根成　　省凯达集团董事长、总经理
卢　平(女)长沙卷烟厂厂长
刘　平　　省物资产业集团公司总经理
刘鸣泰　　省新闻出版局局长
江景星　　省石油公司总经理
李　安　　省交通厅厅长
李友志　　省财政厅厅长
李建新　　长丰集团董事长
李维建　　省电力公司总经理
汪世昌　　中国联通公司湖南分公司总经理
余长明　　省民政厅厅长
张德明　　巴陵石化公司董事长、总经理
陈叔红　　省计委主任
周永亮　　中共永州市委副书记
周昌贡　　省中烟公司总经理
金则恭　　省文化厅厅长
曾献兵　　常德卷烟厂厂长
蒋善生　　中共宁远县委书记
蒯同文　　中国人寿保险公司湖南公司总经理
谭　政　　中共永州市委原副书记、市委巡视员

秘 书 长：谭 政

副 秘 书 长：胡伟林（兼）、魏仁忠（兼）、沈根元（女）、胡建瑞、张泽槐（兼）、欧阳元初（兼）、蔡建军（兼）、李光富（兼）、何景爱（兼）、史兆永（兼）、马合群（兼）

第一届监事会成员

姜儒振　省政府副秘书长

胡伟林　省政协副秘书长

李佩玮(女)省民间组织管理局局长

赵清茂　永州市人民政府副市长

邓丽华(女)中共宁远县委副书记

2010 年 11 月 25 日，舜帝陵基金会第二届理事会第一次会议在长沙市召开。会议选举产生第二届理事会、监事会和秘书长，并通过聘请名誉理事长和副秘书长。

2013 年 1 月，增补永州市政协原主席陈金荣为常务副理事长兼秘书长，谭政不再兼秘书长，增补省政府驻北京办事处原副主任唐铭植为常务副理事长，增补中共宁远县委副书记、县长刘卫华为理事。

2015 年 5 月 19 日，增补舜帝陵基金会办公室副主任李卓勇为副秘书长。

第二届理事会

名誉理事长：毛致用　全国政协原副主席

理 事 长：王克英　省政协原主席、第一届理事会理事长

常务副理事长：王汀明　省政协党组成员、省政协原副主席、第一届理事会副理事长

何报翔　省政协副主席、省工商联主席

曾庆炎　省政府科技顾问、第一届理事会副理事长

袁海平　省政协副秘书长

唐松成　中共永州市委副书记

周德睿　中共永州市委常委、常务副市长

陈光正　全国人大代表、湘南爆破器材公司董事长

谭 政　中共永州市委原巡视员、第一届理事会理

事兼秘书长（任职到 2012.12）

陈金荣(女) 永州市政协主席（2010.11—2012.12 任理事，2013.1 任常务副理事长兼秘书长）

唐铭植　省政府驻北京办事处原副主任（2013.1 增补为常务副理事长）

理　　事：方先知　省国土资源厅厅长

邓三龙　省林业厅厅长

李发美　省委宣传部副部长

袁乾培　省发改委副主任

张成桂　省民政厅副厅长

胡伟林　省财政厅副厅长

陈远平　省文物局局长

吕芳文　省社科院历史研究所原所长、省舜文化研究会副会长兼秘书长

乐根成　省政协常委、湖南凯达集团董事长、湖南潇湘经济促进会会长

雷武军　省政协委员、湖南景盛置业发展公司董事长

易　军　湖南锦绣潇湘文化产业开发有限公司总经理

李良铁　永州市人大常委会主任

余华生　省人大常委会委员、永州市政协副主席、市工商联主席

张建亮　永州市发改委主任

刘　波　中共永州市委宣传部副部长

胡绵仁　永州市人大代表、东莞聚成公司董事长、宁远东莞商会会长

严兴德　中共宁远县委书记

罗建华　宁远县人民政府县长

邓丽华(女) 宁远县人大常委会主任

	欧阳维西	宁远县政协主席
	蒋　静	宁远县政协常委、东莞市东涛实业有限公司总经理、广东省湖南永州商会执行会长
	刘卫华	中共宁远县委副书记、县长（2011.10.26增补）
秘　书　长：	谭　政	（兼，2010.11—2012.12）
	陈金荣	（2013.1 兼任秘书长）
副秘书长：	沈根元	向世聪　张泽槐　蔡自新　陈久高
	刘庚旺	郑运生　李卓勇（2015.5 增补）

第二届监事会成员

王剑中	省民间组织管理局副局长
张亚元	永州市委原副秘书长
李光富	永州市财政局局长、第一届理事会副秘书长
戴勇军	省建筑科学研究院副院长

二　工作机构

2004 年 9 月 17 日，基金会理事长决定，基金会内部机构设办公室、募捐联络部和宣传研究部。2004 年 10 月 31 日，任命谭政为办公室主任，沈根元任募捐联络部部长，张泽槐兼任宣传研究部部长，李鼎荣兼任办公室副主任，史兆永任募捐联络部副部长。

办公室的主要职责是负责基金会的日常工作；对舜帝陵建设基金实行统一管理；管理和监督舜帝陵建设规划的实施；管理由基金会开支的舜帝陵保护、整修、建设、开发、宣传工作所需资金；表彰奖励对舜帝陵和舜文化研究有突出贡献的人员；完成理事长、副理事长、秘书长交办的任务。

募捐联络部的主要职责是加强与海内外华人友好团体、企事业单位和个人的联系；为保护、整修、建设、管理好舜帝陵筹集资金；完成理事长、副理事长、秘书长交办的任务。

宣传研究部的主要职责是加强对舜帝和舜帝陵的宣传，开展舜文化学术研究和交流活动；开展有关舜帝陵和舜文化的宣传、旅游服务事业；完成理事长、副理事长、秘书长交办的任务。

2004 年 9 月 20 日，湖南省九嶷山舜帝陵基金会设立长沙联络处和宁远联络处。2006 年 4 月 10 日，经省民政厅批准同意湖南省九嶷山舜帝陵基金会设立宁远、长沙两个联络处。基金会联络处的职能是宣传舜帝文化和九嶷山舜帝陵；联系和推荐海内外华人友好团体、企事业单位和个人自愿为舜帝陵捐献资金；组织开展各种形式的募捐活动；完成理事长、副理事长、秘书长交办的任务。

2007 年 11 月 28 日，永州市机构编制委员会根据湖南省机构编制委员会文件，同意设立湖南省九嶷山舜帝陵基金会办公室，为正处级事业机构，由市人民政府管理。其内设综合科、宣传联络科，核定全额拨款事业编制 6 名，其中主任 1 名（由基金会秘书长兼任）、副主任 1 名，正副科长 3 名。除主任、副主任由组织选任以外，其他人员根据工作需要在编制范围内按程序公开招考，择优录取。

2007 年 12 月 19 日，聘请佘国满为舜帝陵基金会义务法律顾问。聘请唐爱平、肖霄为舜帝陵基金会义务督察员。

2013 年 6 月 19 日，基金会办公室主任一职不再由秘书长兼任，按实职配备，并核定办公室编制 6 名，其中正副主任各 1 名，分别为正、副处级领导实职，综合科、宣传联络科各设科长 1 名，工作人员 1 名。

2015 年，基金会办公室编制 6 名，其中主任 1 名，副主任 1 名，综合科、宣传联络科各设科长 1 名，工作人员 1 名。

第二节　资金筹措

舜帝陵的募捐活动始于 1980 年。1987 年以后，舜帝陵庙进行抢救性修复，募捐活动日趋活跃，规模不断扩大，管理逐步规范。舜帝陵基金会成立后，把资金筹措作为中心工作和主要任务，制定募捐办法，开展各类募捐活动，从各机关单位和社会各界募集资金。

一　筹措办法

舜帝陵基金会成立以前，舜帝陵的资金筹措依靠政府主导，以通过行政手段开展募捐为主，以在舜帝陵设置募捐箱募集资金为辅。基金会成立以后，按照国家相关法规和基金会章程的规定，参考外地同类基金会的成功做法，制定《湖南省九嶷山舜帝陵基金会捐资褒扬（暂行）办法》，并于2004年10月27日公布实施。此后，又对《捐资褒扬办法》进行补充、完善和适当调整。2005年6月10日，经基金会理事长会议审议通过，正式颁布实施。《捐资褒扬办法》对单位和个人捐赠情况作出明确规定。2006年3月9日，永州市人民政府办公室同意宁远县人民政府《关于九嶷山舜帝陵立碑办法》。在这个立碑办法中，对捐赠立碑的金额标准、立碑规格及立碑位置，作出具体规定。

2010年11月25日，第二届理事会第一次理事会对《捐资褒扬办法》作三个方面的修改。一是对单位和个人的捐资褒扬办法分类进行明确，并分别对原来的褒扬金额基数重新进行划分；二是对于单位捐资分为100万元以上、50万以上、20万元以上、1万以上及1万元以下五个档次，并增加捐赠修建一单体建筑物的褒扬办法。取消单位种植纪念树和在国家级报刊登报鸣谢的褒扬办法；三是对于个人捐资的，提高捐资种植纪念树的门槛，由原来的1万元，修改为3万元。

二　募捐资金

1987年5月，开始在舜帝陵设置募捐箱，向前来谒陵祭祖的舜帝后裔和到九嶷山旅游观光的游客募捐，为修复舜帝陵募集资金。

1992年4月26—28日，中共宁远县委召开常委扩大会议，研究舜帝陵的抢修与九嶷山风景名胜区的开发，并决定成立以县政协主席蒋仕合为主任的“修复舜帝陵开发九嶷山风景名胜区募捐委员会”。蒋仕合在县政协全会上，号召政协委员带头捐款。县政协副主席骆贤勖、个体工商户李孟如积极响应，分别捐1000元和1100元，其它政协委员捐款20元、10元、5元不等。随后以募捐委员会名义印发致宁远籍在外地工作及旅台同胞的募捐信，寄发给在外地宁远籍同胞。县内各机关单位、学校和厂矿也作出募捐部署。这一次募捐，开舜帝陵募捐之先河，共募集资金 4.32 万元。

1992 年 8 月 24 日上午，在永州潇湘宾馆三楼会议室，中共零陵地委书记秦光荣主持召开九嶷山开发专题会议，要求地直机关单位大力支持九嶷山的开发与建设。会上，秦光荣带头捐款 600 元。参加会议的地委委员、行署领导、地直机关单位主要负责人也纷纷捐款，支持舜帝陵建设。

1993 年 11 月 30 日，舜帝陵庙抢救性修复工程开工建设。到 1995 年春节前，因资金不足而停工。1996 年 8 月复工后，除省、市、县财政拨款外，资金仍有缺口。为解决资金缺口问题，中共永州市委、市政府在全市进行动员，要求各级党委、政府，市直各部门各单位，有能力的个人，为舜帝陵修复工程捐款。

1987 年 5 月—2000 年 7 月 30 日，舜帝陵共收到各类捐款 7615674.65 元。在捐赠团体与个人中，捐赠 1 万元以上的单位有 47 个，捐赠 1000 元以上的个人有 15 人，捐赠 6000 元台币以上的个人有 30 人。

2004 年舜帝陵基金会成立后，按照《捐资褒扬办法》，开展募捐活动。对所有募捐者，不论金额大小，均开具合法收据，并将捐款单位和个人捐款情况在《湖南日报》《永州日报》和基金会网站进行公布，按照“舜帝陵基金会捐赠褒扬办法”给予兑现。基金会的资金筹措主要来源于四个渠道：积极加强同省市州政府、省直部门、省属大型企业的联系，争取资金及物资捐助；利用公祭舜帝大典等大型活动组织募捐；发动社会各界捐赠；利用各联络处募捐。2004 年 9 月 24 日，利用基金会成立大会，当场募得各界捐款 170 余万元。湖南省公祭舜帝大典上，通过开展募捐活动，向各企事业单位、海内外舜裔宗亲团体及社会各界人士，共募集资金近 4000 万元。

2005 年 6 月，与湖南省国家税务局协商，将宁远县国税局位于舜帝陵右侧 400 米处的原九嶷山税务所，计土地面积 10513 平方米、建筑面积 1160 平方米、账面原值 129.8 万元的房地产，无偿捐赠给舜帝陵基金会。2006 年，与省、市、县有关部门配合，多次向国家发改委汇报，争取到舜帝陵遗址保护资金 2800 万元。2008 年，争取省、市有关部门大力支持，筹措建设资金 1000 多万元。2009 年 7 月，与宁远县交通局达成协议，将该局位于舜帝陵斜对面的、原值 203.5 万元的交通宾馆，无偿捐赠给舜帝陵基金会。2011 年，向省林业厅争取绿化资金 370 万元。同年 9 月，宁远联络处与闽台舜裔宗亲祭祖大典举行公祭大典暨舜帝金身福建省起“驾”活动，共募集资金140余万元。2012年，利用湖南省人民政府公祭舜帝之机，多次发信函，发动募捐，各市州政府捐赠470万元。

2004—2012年，春节期间，基金会给部分民营企业家和永州籍在外地工作的知名人士以及曾在永州工作过的领导寄发资料信函、贺年卡等，加强宣传联络，积极募集资金，得到社会各界人士捐赠6961.77万元。

2013年，向省高速公路管理局争取特别捐赠103万元，争取省旅游局项目资金100万元。通过与永州市工商联合作，向永州市民营企业募捐363.28万元；通过与山东大舜文化研究会合作，募捐20万元；通过与世界舜裔宗亲联谊会合作，募集资金30万元；惠三农湖南合作社捐赠价值50万元的红豆杉树苗。2014年7月，永州市公祭舜帝，中央、省驻永单位和市直机关事业单位，为建设舜帝陵碑林项目募捐193.5万元。9月，宁远联络处利用世界舜裔宗亲联谊会公祭舜帝大典的机会，在舜裔宗亲中为舜帝陵碑林建设募捐77万元。2015年，基金会领导，中共永州市委、市政府领导主动找省政府主要领导和分管领导汇报，得到省政府的支持，各市州政府捐赠920万元。至2015年，通过舜帝陵碑林建设这一项目筹措资金2500万元。

基金会采取在北京、长沙、宁远建立募捐联络处，聘用募捐联络员等办法，拓宽筹资渠道，募集社会资金。2013年4月、2014年11月、2015年5月，北京联络处分别组织湖南异地商会华北协作区、北京湖南企业商会，北京军区原政委谷善庆上将，全国政协原常委陈邦柱及部分企业法人代表到九嶷山舜帝陵祭祖暨商务考察，募得资金140万元。

2004年9月—2015年底，基金会共募集各类捐助1.57亿元，其中捐款1.43亿元，捐物折价393万元，特别捐赠672万元，其他收入346.3万元。在捐赠团体（单位）和个人中，捐赠5万元以上的团体（单位）有209个，捐赠5000元以上的个人有99人。

1992年4月—2004年8月团体捐赠5000元以上名录

表1　　　　　　　　　　　　　　　　　　　　　　　　　　　　单位：万元

捐赠内容 单位名称	人民币	美元	物资（吨）	捐赠内容 单位名称	人民币	美元	物资（吨）
零陵卷烟厂	60	—	—	永州市卫生局	2	—	—
台湾宁远同乡会	—	3	—	永州市教委	2	—	—
冷水滩区人民政府	20	—	—	永州市劳动局	2	—	—
芝山区人民政府	20	—	—	永州市物价局	2	—	—
祁阳县人民政府	20	—	—	永州市公安局	2	—	—
江华瑶族自治县人民政府	20	—	—	永州市人民检察院	2	—	—
新田县人民政府	20	—	—	零陵师专	2	—	—
湖南长丰集团公司	20	—	—	永州市第一人民医院	2	—	—
湖南省经济建设投资公司	20	—	—	潇湘集团公司	—	—	100吨水泥
湖南长沙友谊集团公司	20	—	—	九嶷水泥股份有限公司	—	—	80吨水泥
东安县人民政府	10	—	—	宁远县粮食局	0.89	—	—
道县人民政府	10	—	—	永州市纪委、监察局	0.6	—	—
蓝山县人民政府	10	—	—	永州市宣传部	0.6	—	—
永州市邮电局	10	—	—	永州市中级人民法院	0.6	—	—
永州市财政局	10	—	—	永州市规划局	0.6	—	—
江永县人民政府	5	—	—	永州市人事局	0.6	—	—
双牌县人民政府	5	—	—	永州市计委	0.6	—	—
永州市水电局	5	—	—	永州市计生委	0.6	—	—
湖南建华机械厂	4	—	—	永州市建工局	0.6	—	—
永州市民政局	4	—	—	永州市国家安全局	0.6	—	—

续表

单位名称 \ 捐赠内容	人民币	美元	物资（吨）	单位名称 \ 捐赠内容	人民币	美元	物资（吨）
永州市交警支队	4	—	—	永州市农业发展银行	0.6	—	—
永州市工商局	3	—	—	永州市审计局	0.5	—	—
永州市国税局	3	—	—	永州市粮食局	0.5	—	—
永州市交通局	3	—	—	永州市文化局	0.5	—	—
永州市国土局	3	—	—	永州市文物局	0.5	—	—
永州市环保局	3	—	—	永州市医药局	0.5	—	—
永州市公路局	3	—	—	永州市政府办	0.5	—	—
永州市人保公司	3	—	—	永州市旅游侨务办	0.5	—	—
永州市寿险公司	3	—	—	永州市委党校	0.5	—	—
中铁十三局	2	—	—	永州市市政局	0.5	—	—
永州市地税局	2	—	—	永州市征稽所	0.5	—	—
永州市人民银行	2	—	—	双牌水库管理局	0.5	—	—
永州市工商银行	2	—	—	永州市自来水公司	0.5	—	—
永州市烟草局	2	—	—	湖南跃进机械厂	2	—	—

2004 年 9 月—2015 年 12 月团体为舜帝陵捐赠 3 万元以上名录

表 2　　单位：万元

捐赠单位 \ 捐赠金额 \ 捐赠时间	2005 年	2006 年	2007 年	2008 年	2009 年	2010 年	2011 年	2012 年	2013 年	2014 年	2015 年	总　计
长沙市人民政府	200	—	—	—	—	15	—	—	—	—	100	315
长沙卷烟厂	400	—	—	—	—	—	—	—	—	—	—	400
常德卷烟厂	100	—	—	—	—	—	—	—	—	—	—	100
永州市人民政府	350	—	—	—	—	—	—	—	—	—	—	350
宁远县人民政府	238.46	—	—	25	—	—	50	—	—	—	—	313.46

续表

捐赠金额 \ 捐赠时间 / 捐赠单位	2005年	2006年	2007年	2008年	2009年	2010年	2011年	2012年	2013年	2014年	2015年	总　计
湘潭钢铁集团有限公司	200	—	—	—	—	—	—	—	—	—	—	200
湖南省国家税务局（特别捐赠）	179.4926	—	—	—	—	—	—	—	—	—	—	179.4926
湖南省高速公路管理局（特别捐赠）	120	—	—	—	154	—	—	—	—	—	—	274
巴陵石化有限责任公司	100	—	—	—	—	—	—	—	—	—	—	100
长岭炼油有限责任公司	100	—	—	—	—	—	—	—	—	—	—	100
涟源钢铁集团有限公司	100	—	—	—	—	—	—	—	—	—	—	100
株洲冶炼集团有限责任公司	100	—	—	—	—	—	—	—	—	—	—	100
湖南省石油公司	100	—	—	—	—	—	—	—	—	—	—	100
常德市人民政府	50	—	—	—	—	10	—	50	—	—	100	210
湘潭市人民政府	50	—	—	—	—	10	—	50	—	—	100	210
湖南省中烟工业公司	50	—	—	—	—	—	—	—	—	—	—	50
长丰集团有限责任公司	50	—	—	—	—	—	—	—	—	—	—	50
湖南电子信息产业有限公司	50	—	—	—	—	—	—	—	—	—	—	50
株洲市人民政府	50	—	—	—	—	10	—	50	—	—	100	210
岳阳市人民政府	40	—	—	—	—	10	—	50	—	—	60	160
郴州市人民政府	30	—	—	—	10	—	—	50	—	—	60	150
张家界市人民政府	30	—	—	—	—	5	—	50	—	—	30	115
冷水滩区人民政府	27.53	—	—	25	—	—	—	30	—	—	—	82.53
湖南省委办公厅	10	—	—	—	—	—	—	—	—	—	—	10
湖南省人民政府办公厅	10	—	—	—	—	—	—	—	—	—	—	10
湖南省纪委、省监察厅	10	—	—	—	—	—	—	—	—	—	—	10

续表

捐赠金额　捐赠时间 捐赠单位	2005年	2006年	2007年	2008年	2009年	2010年	2011年	2012年	2013年	2014年	2015年	总　计
湖南省发改委	10	—	—	—	—	—	—	—	—	—	—	10
湖南省科学技术厅	10	—	—	—	—	10	—	—	—	—	—	20
湖南省民政厅	10	—	—	—	—	—	—	—	—	—	—	10
湖南省财政厅	10	—	—	—	—	—	—	—	—	—	—	10
湖南省国土资源厅	10	200	10	—	10	—	10	—	—	—	—	240
湖南省交通厅	10	—	—	—	—	—	—	—	—	—	—	10
湖南省卫生厅	10	—	—	—	—	—	—	—	—	—	—	10
湖南省公路管理局	10	—	—	—	—	—	—	—	—	—	—	10
湖南省烟草专卖局（公司）	10	—	—	—	—	—	—	—	—	—	—	10
中国人民银行长沙中心支行	10	—	—	—	—	—	—	—	—	—	—	10
中国人寿保险股份有限公司湖南省分公司	9	—	—	—	—	—	—	—	—	—	—	9
湖南省委组织部	8	—	—	—	—	—	—	—	—	—	—	8
湖南省国资委	8	—	—	—	—	—	—	—	—	—	—	8
湖南省广播影视集团	6	—	—	—	—	—	—	—	—	—	—	6
湖南省政协办公厅	5	—	—	—	—	—	—	—	—	—	—	5
湖南省委政法委	5	—	—	—	—	—	—	—	—	—	—	5
湖南省总工会	5	—	—	—	—	—	—	—	—	—	—	5
湖南省教育厅	5	—	—	—	—		—	—	—	—	—	5
湖南省国家安全厅	5	—	—	—	—	—	—	—	—	—	—	5
湖南省劳动社保厅	5	5	—	—	—	—	—	—	—	—	—	10
湖南省建设厅	5	—	—	—	—	—	—	—	—	—	—	5
湖南省林业厅	5	—	—	—	—	—	—	—	—	—	—	5
湖南省文化厅	5	—	—	—	—	—	—	—	—	—	—	5
湖南省审计厅	5	—	—	—	—	—	—	—	—	—	—	5

续表

捐赠时间 捐赠金额 捐赠单位	2005年	2006年	2007年	2008年	2009年	2010年	2011年	2012年	2013年	2014年	2015年	总　计
湖南省人民政府农村办	5	—	—	—	—	—	—	—	—	—	—	5
湖南省人民政府法制办	5	—	—	—	—	—	—	—	—	—	—	5
湖南省委接待工作办	5	—	—	—	—	—	—	—	—	—	—	5
湖南省委老干部局	5	—	—	—	—	—	—	—	—	—	—	5
湖南省地方税务局	5	—	—	—	5	—	—	—	—	—	—	10
湖南省环保局	5	—	—	—	—	—	—	—	—	—	—	5
湖南省食品药品监督管理局	5	—	—	—	—	—	—	—	—	—	—	5
湖南省旅游局	5	—	—	—	—	—	—	—	—	—	—	5
湖南省粮食局	5	—	—	—	—	—	—	—	—	—	—	5
湖南省安监局	5	—	—	—	—	—	—	—	—	—	—	5
湖南省水文局	5	—	—	—	—	—	—	—	—	—	—	5
湖南省知识产权局	5	—	—	—	—	—	—	—	—	—	—	5
湖南省移民局	5	—	—	—	—	—	—	—	—	—	—	5
湖南省电力公司	5	—	—	—	—	—	—	—	—	—	—	5
湖南省电信公司	5	—	—	—	—	—	—	—	—	—	—	5
中国人民财产保险湖南省分公司	5	—	—	—	—	—	—	—	—	—	—	5
中冶长天国际工程有限责任公司	5	—	—	—	—	—	—	—	—	—	—	5
湖南省石油公司永州分公司	10	—	—	—	—	—	—	—	—	—	—	10
娄底市人民政府	10	—	—	—	—	6	—	50	—	—	100	166
怀化市人民政府	10	—	—	—	—	6	—	30	—	—	60	106
长沙市烟草专卖局（公司）	10	—	—	—	5	—	—	—	—	—	—	15
邵阳市人民政府	5	5	—	—	—	8	—	30	—	—	60	108
永州市广播电视局	8	—	—	—	—	—	—	—	—	—	—	8

续表

捐赠时间 捐赠金额 捐赠单位	2005年	2006年	2007年	2008年	2009年	2010年	2011年	2012年	2013年	2014年	2015年	总　计
永州市体育局	6	—	—	—	—	—	—	—	—	—	—	6
永州市日报社	6	—	—	—	8.6	—	—	—	—	—	—	14.6
永州市粮食局	6	—	—	—	—	—	—	—	—	—	—	6
永州市人大办公室	5.809	—	—	—	—	—	—	—	—	—	—	5.809
永州市民政局	5.6	—	—	—	—	—	—	—	—	—	—	5.6
永州市交通局	5.22	—	—	—	—	—	—	—	—	6	—	11.22
永州市政协办公室	5	—	—	—	—	—	—	—	—	—	—	5
永州市国土局	5	—	—	—	—	—	—	—	—	6	—	11
零陵南电硅锰合金公司（唐木生）	3	—	—	—	—	—	—	—	—	—	—	3
百草药业公司（刘岳泉）	3	—	—	—	—	—	—	—	—	—	—	3
新田县人民政府	22.78	—	—	25	—	—	—	30	—	—	—	77.78
蓝山县人民政府	22.4	—	—	25	—	—	—	30	—	—	—	77.4
零陵区人民政府	20.8	—	—	25	—	—	—	30	—	—	—	75.8
江永县人民政府	20	—	—	25	—	—	—	20	—	—	—	65
道县人民政府	19	—	—	25	—	—	—	30	—	—	—	74
双牌县人民政府	14.7	—	—	25	—	—	—	20	—	—	—	59.7
江华县人民政府	11.54	—	—	25	—	—	—	30	—	—	—	66.54
祁阳县人民政府	9.657	—	—	25	—	—	—	30	—	—	—	64.657
东安县人民政府	8.3	—	—	25	—	—	—	30	—	—	—	63.3
江华县财政局	8	—	—	—	—	—	—	—	—	—	—	8
江华县教育局	6	—	—	—	—	—	—	—	—	—	—	6
金洞林场	5.44	—	—	—	—	—	—	—	—	—	—	5.44
泰国舜裔总会代表团	5	—	—	—	—	—	—	—	—	5	—	10
益阳市人民政府	—	50	—	—	—	8	—	50	—	—	60	168
广东省联泰集团	—	50	—	—	—	—	—	—	—	—	—	50
湖南省体育局	—	21	—	—	—	—	—	—	—	—	—	21

续表

捐赠金额＼捐赠时间／捐赠单位	2005年	2006年	2007年	2008年	2009年	2010年	2011年	2012年	2013年	2014年	2015年	总　计
湖南省军区	—	20	—	—	—	—	—	—	—	—	—	20
炎陵县人民政府	—	15	—	—	—	—	—	—	—	—	—	15
湖南省气象局	—	12	—	—	—	—	—	—	—	—	—	12
湘西自治州人民政府	—	10	—	—	—	5	—	30	—	—	30	75
湖南省高级人民法院	—	10	—	—	—	—	—	—	—	—	—	10
贺州市委、市政府	—	10	—	—	—	—	—	—	—	—	—	10
湖南省工商行政管理局	—	7	—	—	—	—	—	—	—	—	—	7
湖南省公安厅	—	6	—	—	—	—	—	—	—	—	—	6
湖南省人民检察院	—	5	—	—	—	—	—	—	—	—	—	5
澧县县委、政府	—	5	—	—	—	—	—	—	—	—	—	5
湖南省公安消防总队	—	5	—	—	—	—	—	—	—	—	—	5
湖南省公安厅交警总队	—	5	—	—	—	—	—	—	—	—	—	5
湖南省人事厅	—	5	—	—	—	—	—	—	—	—	—	5
湖南省扶贫开发办	—	5	—	—	—	—	—	—	—	—	—	5
湖南省经济委员会	—	5	—	—	—	—	—	—	—	—	—	5
永州市公路局	—	—	—	10	—	—	—	—	—	5	—	15
宁远县交通局	—	—	—	—	203.5	—	—	—	—	—	—	203.5
宁远县电力公司	—	—	—	—	51.83	—	—	—	—	—	—	51.83
衡阳市委、市政府	—	—	—	—	—	10	—	50	—	—	60	120
耒阳市委、市政府	—	—	—	—	—	5	—	—	—	—	—	5
中储粮永州直属库	—	—	—	—	—	5	—	—	—	—	—	5
山东大舜文化研究会	—	—	—	—	—	—	—	20	—	—	—	20
贺州党政代表团	—	—	—	—	—	—	—	5	—	—	—	5
北京湖南企业商会株洲分会	—	—	—	—	—	—	—	—	5	—	—	5
湖南省烟草公司永州市公司	—	—	—	—	—	—	—	—	—	10	—	10

续表

捐赠金额＼捐赠时间／捐赠单位	2005年	2006年	2007年	2008年	2009年	2010年	2011年	2012年	2013年	2014年	2015年	总　计
永州市财政局	—	—	—	—	—	—	—	—	—	6	—	6
永州市林业局	—	—	—	—	—	—	—	—	—	6	—	6
永州市房产局	—	—	—	—	—	—	—	—	—	5	—	5
永州市经济建设投资公司	—	—	—	—	—	—	—	—	—	5	—	5
国网永州供电公司	—	—	—	—	—	—	—	—	—	5	—	5
永州市城市建设投资开发公司	—	—	—	—	—	—	—	—	—	5	—	5
永州市农业局	—	—	—	—	—	—	—	—	—	5	—	5
马来西亚陈氏宗亲总会	—	—	—	—	—	—	—	—	—	10.6	—	10.6
福建泉州重华舜帝纪念堂建设管理委员会、福建省晋江市虞舜学术研究会	—	—	—	—	—	—	—	—	—	10	—	10
香港陈氏宗亲总会	—	—	—	—	—	—	—	—	—	9.8	—	9.8
世界姚氏宗亲联谊会	—	—	—	—	—	—	—	—	—	6.8899	—	6.8899
印尼棉兰颖川堂宗亲会	—	—	—	—	—	—	—	—	—	5	—	5
北京宁远商会	—	—	—	—	—	—	—	—	—	—	5	5

1992年4月—2004年8月个人捐赠1000元以上名录

表3　　　　单位：元

捐赠内容＼姓名	人民币	捐赠内容＼姓名	人民币	捐赠内容＼姓名	人民币
欧求正	15000	蒋显礼	1000	李永雄	1000
张光琳	15000	刘庆富	1000	唐四清	1000
李永安	1500	周松青	1000	张新中	1000
李孟如	1100	乐佳琪	1000	王承刚	1000
骆贤勖	1000	袁　军	1000	朱璋基（香港）	1000

1993 年旅台同乡捐赠名录

表 4　　　　单位：元

捐赠内容 / 姓名	台币	捐赠内容 / 姓名	台币	捐赠内容 / 姓名	台币
阙杨如	60000	骆启莲	50000	郑君凯	30050
欧阳贤	20000	宋长钧	12150	郑怀镕	12000
欧阳正	10000	郑元喧、欧　煊	10000	邓淑云	10000
欧日清	10000	欧俊诩	10000	欧杰成	10000
陈海清	10000	柏　澧	10000	乐开培	10000
郑际衿	10000	萧祥佑	10000	尹剑如	10000
杨惠民	10000	骆启鸿	10000	张竹溪	10000
顾千里	10000	顾　正	10000	欧杰云	10000
柏隆绍	6000	邝南俊	6000	陈子龙	5500
欧　正	5400	郑明喜	5400	何　镇	5270
樊建勋	5000	樊昌平	5000	黄恢亚	5000
郑会洋	5000	蔡　兴	5000	郑　琦	5000
郑际宗	5000	唐昌硕	5000	李友谅	5000
夏培峰	5000	蒋仁清	5000	吴启林	5000
欧文叔	5000	郑中立	5000	郑运龙	5000
邱忠贤	5000	赖国忠	5000	阙运祥	5000
李道远	5000	顾正兴	5000	顾正贵	5000
顾正义	5000	顾正雄	5000	顾正光	5000
欧治平	4050	周木生	3650	袁　斌	4000
唐仕珍	4000	李隆基	3650	彭运生	3650
李秀英	3000	李宝琼	3000	张引词牌	3000
欧道宁	3000	欧智云	3000	欧智生	3000
张光梁	3000	何濂树	3000	唐火金	3000
李邦依	3000	张其洁	3000	何学政	3000
郑健峰	3000	郑新元	3000	黄忠信	3000
李鸿辉	3000	万运珍	3000	王鼎臣	3000
李之庆	3000	李之梁	3000	郑鸾之	3000

续表

姓名＼捐赠内容	台币	姓名＼捐赠内容	台币	姓名＼捐赠内容	台币
蒋　英	3000	陈材晋	3000	欧志群	3000
欧云辉	3000	刘世良	3000	李水铨	3000
夏运志	3000	郑际文	3000	欧学雄	10000
胡信材	3650	—	—	—	—

2004 年 9 月—2015 年 12 月个人为舜帝陵捐赠 3000 元以上名录

表 5　　单位：万元

捐赠人＼捐赠金额＼捐赠时间	2005年	2006年	2007年	2008年	2009年	2010年	2011年	2012年	2013年	2014年	2015年	总　计
姚芳明	56	—	—	—	—	—	—	—	—	—	—	56
何谋云	51	—	—	—	—	—	—	—	—	—	—	51
黄培劲	50	—	—	—	—	—	—	—	—	—	—	50
乐根成	10.8	—	—	—	—	—	—	—	—	—	—	10.8
雷晋晖	1	—	—	—	—	—	—	—	—	—	—	1
姚嘉熙	6	—	—	—	—	—	2	—	—	—	—	8
李焕平	0.5	—	—	—	—	—	—	—	—	—	—	0.5
李之文	0.3	—	—	—	—	—	—	—	—	—	—	0.3
陈安明	0.5	—	—	—	—	—	—	—	—	—	—	0.5
陈久华	0.5	—	—	—	—	—	—	—	—	—	—	0.5
董珏成	0.5	—	—	—	—	—	—	—	—	—	—	0.5
李海武	0.5	—	—	—	—	—	—	—	—	—	—	0.5
李少群	0.5	—	—	—	—	—	—	—	—	—	—	0.5
李世林	0.5	—	—	—	—	—	—	—	—	—	—	0.5
李真万	0.5	—	—	—	—	—	—	—	—	—	—	0.5
刘平红	0.5	—	—	—	—	—	—	—	—	—	—	0.5
刘翔浩	0.5	—	—	—	—	—	—	—	—	—	—	0.5
刘志坚	0.5	—	—	—	—	—	—	—	—	—	—	0.5
马浩红	0.5	—	—	—	—	—	—	—	—	—	—	0.5
王承发	0.5	—	—	—	—	—	—	—	—	—	—	0.5
张松祥	0.5	—	—	—	—	—	—	—	—	—	—	0.5

续表

捐赠金额 捐赠时间 / 捐赠人	2005年	2006年	2007年	2008年	2009年	2010年	2011年	2012年	2013年	2014年	2015年	总　计
蔡　灿	0.3	—	—	—	—	—	—	—	—	—	—	0.3
黄晚健	0.3	—	—	—	—	—	—	—	—	—	—	0.3
蒋顺八	0.3	—	—	—	—	—	—	—	—	—	—	0.3
李双荣	0.3	—	—	—	—	—	—	—	—	—	—	0.3
李佐华	0.3	—	—	—	—	—	—	—	—	—	—	0.3
赵修明	0.3	—	—	—	—	—	—	—	—	—	—	0.3
周云光	0.3	—	—	—	—	—	—	—	—	—	—	0.3
屈国春	—	10	—	—	—	—	—	—	—	—	—	10
冉丕鑫	—	0.96	—	—	—	—	—	—	—	—	—	0.96
章环尊	—	0.33	—	—	—	—	—	—	—	—	—	0.33
刘兆安	—	0.3	—	—	—	—	—	—	—	—	—	0.3
任秀江	—	0.3	—	—	—	—	—	—	—	—	—	0.3
刘政明	—	0.3	—	—	—	—	—	—	—	—	—	0.3
刘祖国	—	0.3	—	—	—	—	—	—	—	—	—	0.3
胡绵仁	—	0.3	—	—	—	—	—	—	—	—	—	0.3
张　明	—	—	2	—	—	—	—	—	—	—	—	2
陈　飞、曲建军 陈思羽	—	—	1	—	—	—	—	—	—	—	—	1
王晓红	—	—	1	—	—	—	—	—	—	—	—	1
李忠去	—	—	1	—	—	—	—	—	—	—	—	1
陈岳群	—	—	0.3	—	—	—	—	—	—	—	—	0.3
冯湘勇	—	—	0.3	—	—	—	—	—	—	—	—	0.3
罗衡宁	—	—	0.3	—	—	—	—	—	—	—	—	0.3
周厚飞	—	—	0.3	—	—	—	—	—	—	—	—	0.3
田振和	—	—	0.3	—	—	—	—	—	—	—	—	0.3
尹岩松	—	—	0.3	—	—	—	—	—	—	—	—	0.3
王尤仁	—	—	—	6	—	—	—	—	—	—	—	6
雷武军	—	—	—	1	—	1	—	—	0.3	—	—	2.3
丁　健	—	—	—	0.5	—	—	—	—	—	—	—	0.5
刘健灵	—	—	—	0.5	—	—	—	—	—	—	—	0.5
谢贵龙	—	—	—	—	3	—	—	—	—	—	—	3
陈　飞	—	—	—	—	1	1	—	—	1	—	—	3

续表

捐赠时间 / 捐赠金额 / 捐赠人	2005年	2006年	2007年	2008年	2009年	2010年	2011年	2012年	2013年	2014年	2015年	总计
李　铁	—	—	—	—	0.8	—	—	—	—	—	—	0.8
董学生	—	—	—	—	0.4	—	—	—	—	—	—	0.4
周德和	—	—	—	—	0.4	—	—	—	—	—	—	0.4
付少林	—	—	—	—	0.3	—	—	—	—	—	—	0.3
李兴林	—	—	—	—	0.3	—	—	—	—	—	—	0.3
周松寿	—	—	—	—	0.3	—	—	—	—	—	—	0.3
陈金辉	—	—	—	—	—	1	—	—	—	—	—	1
崔浩毅	—	—	—	—	—	1	—	—	—	—	—	1
郭远军	—	—	—	—	—	1	—	—	—	—	—	1
李　侃	—	—	—	—	—	1	—	—	—	—	—	1
李　平	—	—	—	—	—	1	1	—	—	—	—	2
张小青	—	—	—	—	—	1	—	—	—	—	—	1
萧瑞芬	—	—	—	—	—	0.66	—	—	—	—	—	0.66
李仁旺	—	—	—	—	—	0.4	—	—	—	—	—	0.4
姚良秀	—	—	—	—	—	—	2	—	—	—	—	2
孙章根	—	—	—	—	—	—	1	—	—	—	—	1
王运成	—	—	—	—	—	—	0.66	—	—	—	—	0.66
姚文彻	—	—	—	—	—	—	0.66	—	—	—	—	0.66
姚进仕	—	—	—	—	—	—	0.518	—	—	—	—	0.518
陈家兴	—	—	—	—	—	—	0.5	—	—	—	—	0.5
孙建福	—	—	—	—	—	—	0.5	—	—	—	—	0.5
陈金针	—	—	—	—	—	—	0.5	—	—	—	—	0.5
陈金镇	—	—	—	—	—	—	0.5	—	—	—	—	0.5
陈少华	—	—	—	—	—	—	0.5	—	—	—	—	0.5
陈天培	—	—	—	—	—	—	0.5	—	—	—	—	0.5
陈永福	—	—	—	—	—	—	0.5	—	—	—	—	0.5
许清海	—	—	—	—	—	—	0.5	—	—	—	—	0.5
姚朝阳	—	—	—	—	—	—	0.5	—	—	—	—	0.5
金厝林功德彩	—	—	—	—	—	—	0.347	—	—	—	—	0.347
陈木生	—	—	—	—	—	—	0.3	—	—	—	—	0.3
陈永坚	—	—	—	—	—	—	0.3	—	—	—	—	0.3
王槐荣	—	—	—	—	—	—	0.3	—	—	—	—	0.3

续表

捐赠金额 捐赠时间 捐赠人	2005年	2006年	2007年	2008年	2009年	2010年	2011年	2012年	2013年	2014年	2015年	总计
姚振宜	—	—	—	—	—	—	0.3	—	—	—	—	0.3
何俊海	—	—	—	—	—	—	0.3	—	—	—	—	0.3
郑晓星（实物）	—	—	—	—	—	—	—	50	—	—	—	50
黄成和	—	—	—	—	—	—	—	2	—	—	—	2
王国忠	—	—	—	—	—	—	—	1	—	—	—	1
李湘顺	—	—	—	—	—	—	—	1	—	—	—	1
秦纪生	—	—	—	—	—	—	—	1	—	—	—	1
王艳玲	—	—	—	—	—	—	—	0.6	—	—	—	0.6
陈辉跃	—	—	—	—	—	—	—	0.5	—	—	—	0.5
陈春金	—	—	—	—	—	—	—	0.5	—	—	—	0.5
陈润强	—	—	—	—	—	—	—	0.5	—	—	—	0.5
蔡典维	—	—	—	—	—	—	—	0.46	—	—	—	0.46
彭晓鸿	—	—	—	—	—	—	—	0.3	—	—	—	0.3
蒋宇飞	—	—	—	—	—	—	—	—	10	—	—	10
徐　顺	—	—	—	—	—	—	—	—	10	—	—	10
陈敬红	—	—	—	—	—	—	—	—	3	—	—	3
刘炬斌、刘玉娥	—	—	—	—	—	—	—	—	3	—	—	3
周　健	—	—	—	—	—	—	—	—	2	—	—	2
李四军	—	—	—	—	—	—	—	—	2	—	—	2
冯建军	—	—	—	—	—	—	—	—	1	—	—	1
王亚戈	—	—	—	—	—	—	—	—	1	—	—	1
舒建湘	—	—	—	—	—	—	—	—	1	—	—	1
庄瑾瑜、陈宏钦	—	—	—	—	—	—	—	—	1	—	—	1
姚元坚	—	—	—	—	—	—	—	—	0.76	1.1888	—	1.9488
林巧德	—	—	—	—	—	—	—	—	0.6	—	—	0.6
郑运生	—	—	—	—	—	—	—	—	0.5	—	—	0.5
刘志强	—	—	—	—	—	—	—	—	0.5	—	—	0.5
姚本权	—	—	—	—	—	—	—	—	0.5	—	—	0.5
姚松家	—	—	—	—	—	—	—	—	0.4	—	—	0.4
姚泽嘉	—	—	—	—	—	—	—	—	0.38	—	—	0.38
姚锡光	—	—	—	—	—	—	—	—	0.38	—	—	0.38
姚元武	—	—	—	—	—	—	—	—	0.38	—	—	0.38

续表

捐赠时间 / 捐赠金额 / 捐赠人	2005年	2006年	2007年	2008年	2009年	2010年	2011年	2012年	2013年	2014年	2015年	总 计
龙以力	—	—	—	—	—	—	—	—	0.38	—	—	0.38
姚达康	—	—	—	—	—	—	—	—	0.38	—	—	0.38
姚学良	—	—	—	—	—	—	—	—	0.38	—	—	0.38
唐松成	—	—	—	—	—	—	—	—	0.3	—	—	0.3
姚碧波	—	—	—	—	—	—	—	—	0.3	—	—	0.3
郭书典	—	—	—	—	—	—	—	—	0.3	—	—	0.3
姚祥波	—	—	—	—	—	—	—	—	0.3	—	—	0.3
罗正楚	—	—	—	—	—	—	—	—	—	8	—	8
章　萍	—	—	—	—	—	—	—	—	—	3	—	3
陈锦龙	—	—	—	—	—	—	—	—	—	3	—	3
陈永建	—	—	—	—	—	—	—	—	—	2	—	2
陈建福	—	—	—	—	—	—	—	—	—	1.8	—	1.8
唐光明	—	—	—	—	—	—	—	—	—	1	—	1
郑俊龙	—	—	—	—	—	—	—	—	—	1	—	1
陈荣旋	—	—	—	—	—	—	—	—	—	1	—	1
陈汉才	—	—	—	—	—	—	—	—	—	1	—	1
陈捷中	—	—	—	—	—	—	—	—	—	1	—	1
陈金烈	—	—	—	—	—	—	—	—	—	1	—	1
陈国钜	—	—	—	—	—	—	—	—	—	1	—	1
陈守仁	—	—	—	—	—	—	—	—	—	1	—	1
陈锦阳	—	—	—	—	—	—	—	—	—	0.5	—	0.5
陈加禾	—	—	—	—	—	—	—	—	—	0.5	—	0.5
陈清双	—	—	—	—	—	—	—	—	—	0.5	—	0.5
姚清流	—	—	—	—	—	—	—	—	—	0.5	—	0.5
陈声涛	—	—	—	—	—	—	—	—	—	0.5	—	0.5
陈声援	—	—	—	—	—	—	—	—	—	0.5	—	0.5
陈声贫	—	—	—	—	—	—	—	—	—	0.5	—	0.5
陈辉南	—	—	—	—	—	—	—	—	—	0.5	—	0.5
陈冯金英	—	—	—	—	—	—	—	—	—	0.5	—	0.5
陈瑞悊	—	—	—	—	—	—	—	—	—	0.5	—	0.5
陈祈福	—	—	—	—	—	—	—	—	—	0.5	—	0.5
陈声评	—	—	—	—	—	—	—	—	—	0.5	—	0.5

续表

捐赠金额 捐赠时间 / 捐赠人	2005年	2006年	2007年	2008年	2009年	2010年	2011年	2012年	2013年	2014年	2015年	总　计
陈绍庄	—	—	—	—	—	—	—	—	—	0.5	—	0.5
陈通贵	—	—	—	—	—	—	—	—	—	0.5	—	0.5
陈燕南	—	—	—	—	—	—	—	—	—	0.5	—	0.5
陈国雄	—	—	—	—	—	—	—	—	—	0.5	—	0.5
陈江雄	—	—	—	—	—	—	—	—	—	0.5	—	0.5
陈金锭	—	—	—	—	—	—	—	—	—	0.5	—	0.5
陈　亮	—	—	—	—	—	—	—	—	—	0.5	—	0.5
姚武龙	—	—	—	—	—	—	—	—	—	0.3	—	0.3
姚楚祥	—	—	—	—	—	—	—	—	—	0.3	—	0.3
姚文辉	—	—	—	—	—	—	—	—	—	0.3	—	0.3
姚利平	—	—	—	—	—	—	—	—	—	0.3	—	0.3
姚　建	—	—	—	—	—	—	—	—	—	0.3	—	0.3
姚新泉	—	—	—	—	—	—	—	—	—	0.3	—	0.3
陈惠宗	—	—	—	—	—	—	—	—	—	0.3	—	0.3
陈志炜	—	—	—	—	—	—	—	—	—	0.3	—	0.3
陈斗川	—	—	—	—	—	—	—	—	—	0.3	—	0.3
陈泉安	—	—	—	—	—	—	—	—	—	0.3	—	0.3
陈春芬	—	—	—	—	—	—	—	—	—	0.3	—	0.3
陈再家	—	—	—	—	—	—	—	—	—	0.3	—	0.3
陈国才	—	—	—	—	—	—	—	—	—	0.3	—	0.3
陈瑞全	—	—	—	—	—	—	—	—	—	0.3	—	0.3
陈湘发	—	—	—	—	—	—	—	—	—	0.3	—	0.3
陈奂荣	—	—	—	—	—	—	—	—	—	0.3	—	0.3
侯知伟	—	—	—	—	—	—	—	—	—	—	1	1
陈东水	—	—	—	—	—	—	—	—	—	—	0.666666	0.666666
陈建华	—	—	—	—	—	—	—	—	—	—	0.6	0.6
陈金荣	—	—	—	—	—	—	—	—	—	—	0.5	0.5
陈长城	—	—	—	—	—	—	—	—	—	—	0.5	0.5
陈俊彬	—	—	—	—	—	—	—	—	—	—	0.5	0.5
陈文贵	—	—	—	—	—	—	—	—	—	—	0.5	0.5
张彩星	—	—	—	—	—	—	—	—	—	—	0.5	0.5
陈　良	—	—	—	—	—	—	—	—	—	—	0.3	0.3

云南烟草公司捐赠的树化玉

云南烟草公司捐赠的大理石“万山朝圣”

菲律宾舜裔姚嘉熙捐赠的大理石像

第三节　基金管理

2004 年 9 月以后，凡各级政府的资助，国内外机关、团体、企事业单位和个人的捐赠，社会各界为建设和保护舜帝陵举行义演、义卖、义诊等活动的收入，基金会投资收益、利息，及符合国务院《基金会管理条例》所规定的其他收入（包括实物折价款），一律进入基金会在银行开设的账户，由基金会实行统一管理。在舜帝陵祭拜舜帝的个人捐赠，超过 500 元的，年终由九嶷山国家森林公园管理局统一划拨舜帝陵基金会，低于 500 元的捐款，由九嶷山国家森林公园用于舜帝陵的维护和机关运转。所有捐赠者都开具舜帝陵基金会提供的非税发票，基金会按照捐资褒扬办法给予褒扬。2016 年 4 月 1 日开始，宁远县成立旅游建设投资公司，受九嶷山国家森林公园管理局委托负责对舜帝陵园和舜帝陵庙的经营。个人捐赠超过 500 元的，由宁远旅游建设投资公司代收，每月结账，将捐款划拨湖南省九嶷舜帝陵基金会，低于 500 元的捐款，由宁远旅游建设投资公司用于舜帝陵的维护和机关运转。

基金主要用于按照舜帝陵建设总体规划进行的舜帝陵保护、整修、建设工程项目；适当用于由本基金会组织的有关舜帝陵和舜文化的学术研究及资料、书刊的编辑和出版发行；表彰奖励在保护、整修、建设、管理舜帝陵和宣传、研究舜文化中有突出贡献的专业工作者和各界人士；基金会捐资褒扬办法中所规定的开支；本基金会工作人员工资福利和行政经费的开支。

2004 年 9 月—2015 年底，总收入 15723.1 万元，其中政府补助 7350 万元，捐赠 6961.77 万元，实物捐赠折价 393 万元，特别捐赠 672 万元，其他收入 346.3 万元。总支出 11693.59 万元，其中公益事业支出 10686.89 万元，管理费用支出 279.6 万元，筹资费用 727.1 万元。公益事业支出主要用于舜帝陵庙维修、舜帝陵园建设征地、舜帝陵园二期工程部分建设项目、碑林建设等。收支两抵，节余 4029.51 万元。

第四节　基金会其他工作

除募捐与管理使用基金外，基金会还积极参与舜帝陵庙保护与陵园建设，进行舜帝、舜帝陵研究与宣传，开展对外交流与合作，不断扩大九嶷山舜帝陵在海内外的影响，为发展当地经济与社会文化服务。

一　保护玉琯岩舜帝陵庙遗址

2000 年 12 月，文物考古工作者在玉琯岩西南至汉唐坪一带发现有文化遗存，经专家确认年代不晚于汉。经 2002 年 3—5 月、2003 年 12 月—2004 年 1 月、2004 年 3 月三次考古发掘，确定这一文化遗存为秦汉至宋元时期的舜帝陵庙。这一重要考古遗址需要保护，遗址出土的众多文物亦需保护，而保护需要大量资金。同时，舜帝陵园扩建也需要大量资金。为此，基金会协同宁远县人民政府，将舜帝陵园扩建与舜帝陵庙遗址保护打包成“舜帝陵及古遗址保护建设项目”，逐级报请国家发改委给予支持。2005 年 9 月，湖南省发改委向国家发改委呈报“关于资助宁远县舜帝陵工程建设的请示”。2005 年 11 月，基金会理事长王克英请全国政协原副主席毛致用给国家发改委主任马凯写信，请马凯“在资金上尽可能予以支持”。2006 年下半年，王克英分别给滕文生、龙新民、周伯华等领导写信，请他们关心支持舜帝陵的保护和建设。2007 年 3 月，在全国“两会”期间，王克英又同永州市的全国人大代表谢朝月、戴菊芳等，向李铁映副委员长汇报舜帝陵的建设与保护情况，李铁映非常重视并批示：“请国家发改委给予支持。”2007 年 10 月，国家发改委将舜帝陵古遗址保护建设项目列入“十一五”文化与自然遗产保护规划。2009 年，国家发改委下发《关于下达国家文化和自然遗产地保护 2009 年第四批扩大内需中央预算内投资计划的通知》，从国债专项资金中下拨 2800 万元，用于舜帝陵庙遗址公园与遗址博物馆建设。

二 督查陵庙、陵园、碑林建设

2005 年 11 月 29 日，舜帝陵基金会召开一届二次理事会议。会上，对参加抢修舜帝陵庙做出突出贡献的 52 个单位和 64 名个人进行表彰。基金会理事长王克英在会上反复强调保护好、建设好舜帝陵庙是一项崇高的德政事业。要求大家今后要一如既往，继续关心、支持舜帝陵庙保护与陵园建设工作。

2006 年 8 月 2 日，舜帝陵基金会理事长王克英、秘书长谭政到九嶷山舜帝陵，专题研究审查舜帝陵园建设规划。在听取宁远县委书记李光富和规划设计单位汇报后，王克英提出舜帝陵园规划要注意把握好五点：一是陵园的空间布局、景点设计，应以自然景观为主；二是每个小园区要有一个有特色的标志性建筑；三是园区的道路布局要合理，便于游人参观欣赏；四是陵园的大门一定要设计好、建设好；五是陵庙区的危房一定要维修好，以山为陵要完善好。他还特别强调，陵园的所有建设项目都要确保质量，尊重客观规律，不赶工期，不粗制滥造，更不能偷工减料。对于舜帝陵园二期工程建设，王克英、谭政要求要从实际出发，首先把征用土地问题解决好，严格按照湖南省国土资源厅审批的数量和范围，严格按照有关政策和程序，认真处理好征用过程中群众的切身利益问题，既要考虑当前，还要考虑群众以后的生活和就业问题，尽可能一次性规划好、解决好，不留后患。

2007 年 5 月 10 日上午，舜帝陵基金会理事长王克英在省民政厅六楼会议室主持召开舜帝陵庙部分建筑维修保护问题协调会。会上，湖南省建筑科学研究院介绍："舜帝陵庙正殿、拜殿分别于 1998、2000 年建成。2006 年经鉴定，因各种原因，主要受力木柱大部分已发生表层腐朽及心腐现象，已达到危险性腐朽程度，严重影响安全，需立即整改、加固。"会议对舜帝陵庙部分建筑维修问题形成五点意见：一是经过鉴定，已经不能继续承载的木柱，应予以拆除，改为钢筋砼柱；二是湖南省建筑科学研究院要抓紧对正殿、拜殿、午门屋顶的整改设计，提供施工图纸，以便忙组织施工；三是确保工程质量，选择有资质的施工队伍，精心组织施工；省建筑科学研究院要派工程技术人员现场监督，省文物部门要派人

2006 年 8 月，王克英（左一）与谭政（右一）、李光富（左二）审阅舜帝陵园扩建规划图

进行指导；四是对以山为陵的舜帝墓，本着“修旧如旧”的原则，进行规划设计，经审定后一并组织实施；五是舜帝陵庙维修所需经费，由九嶷山风景名胜管理处负责筹措，县市政府和舜帝陵基金会给予支持。会议强调，一定要确保维修工程质量。

2007 年 9 月 11 日，王克英、谭政到九嶷山舜帝陵检查舜帝陵园建设工程的进展情况。王克英强调要把舜帝陵园建设当作一件促进社会经济发展的极其重要的工作来抓紧抓好，按总体规划把技术设计和施工设计拿出来。同时，要求省建筑科学研究院拿出舜帝陵庙维修设计施工方案，九嶷山国家森林公园管理局要精心组织施工，务必保证施工安全与维修质量。

2007 年 11 月 28 日，王克英在永州听取市长龚武生等有关舜帝陵保护与建设情况汇报后，要求永州市明确市委副书记或常务副市长兼抓陵园建设、管理和维护等重大问题的领导和协调；陵庙部分建筑维修要按照设计要求，抓紧组织实施，并确保维修质量和安全。同时，王克英提出，要理顺九嶷山的管理体制，实行九嶷山乡政府、国家森林公园管理局、风景名胜管理处、舜帝陵管理所（后改为管理局）四块牌子、一套人马，以统一加强对九嶷山风景区的规划、利用、管理和保护。

2007 年 12 月 6 日，基金会理事会一届四次会议专题研究舜帝陵园建设工作。会议听取中共永州市委、市政府和宁远县委、县政府领导关于舜帝陵园建设情况介绍，要求切实做好五个方面的工作：一是真正把舜帝陵园建设作为全市一号工程来办，全力支持舜帝陵园建设；二是舜帝陵园建设分两期进行，2008 年底前完成陵园建设详细规划，落实征地拆迁，对舜帝陵庙进行维修，完成投资 3500 万元；三是明确要求，落实责任，安置拆迁户的地点交通路由交通局负责，陵园内的绿化由林业局负责，解决水的问题由水利局负责，其他有关部门尽力倾心而为；四是千方百计筹措资金，确保建设资金到位；五是加强领导，市里由市委副书记唐长久、常务副市长唐松成、市委原巡视员谭政统一协调，具体工作由宁远县负责，宁远县要明确领导，专人专责专抓，确保陵园建设一期工程按时完成。

2008 年 8 月 18 日，王克英到九嶷山，现场检查督促舜帝陵园二期工程建设。对工程的征地拆迁、陵园内交通宾馆的移交、九根图腾柱的柱址、陵庙里绿化、停车场的建设、舜帝陵景区的道路建设、整治舜帝陵周边的社会治安环境等问题，王克英都提出明确具体的要求。

2011 年 10 月 26—27 日，舜帝陵基金会召开二届一次理事会议。会议同意启动舜帝陵碑林工程建设。会议要求，宁远县人民政府要会同有关部门在 2012 年上半年作好规划，并按程序上报省、市审定批准。

2015 年 4 月 10 日，舜帝陵基金会副理事长兼秘书长陈金荣主持召开二届四次常务理事会。会议要求在 9 月湖南省公祭舜帝大典前，完成碑林主体工程；同时，将现有石碑移一部分到碑林内。会议同意，安排舜帝陵碑林资金 2400 万元，其中：2000 万元用于项目的主体工程建设，包括建设区域内的仿古建筑、道路广场、园林小憩、绿化、亮化、给排水等（含主材中石柱、石墩、石雕等石材及琉璃瓦的购买及安装），400 万元用于碑林中的买碑、刻碑和著名作家的润笔费用等项开支。同时，要求基金会办公室加强对工程资金的监管和工程质量的监督。

三　表彰舜帝陵建设有功单位与个人

2004 年下半年以来，诸多单位和个人为舜帝陵的建设与保护做出重大贡献。基金会根据《章程》规定，先后于 2005 年 11 月、2009 年 8 月，对有突出贡献的单位和个人予以表彰，并刻碑纪念。

（一）表彰舜帝陵园改扩建一期工程建设有功单位和个人

2005 年 11 月，基金会对舜帝陵园改扩建一期工程建设有功单位和个人进行表彰，名单如下：

有功单位名单（排名不分先后）　中共长沙市委、市人民政府，中共永州市委、市人民政府，湖南省发展和改革委员会，湖南省财政厅，湖南省国土资源厅，湖南省交通厅，湖南省民政厅，湖南省国税局，湖南省高速公路管理局，湖南省文物局，湖南省石油公司，湖南省建筑科学研究院，长沙卷烟厂，常德卷烟厂，湘潭钢铁集团有限公司，涟源钢铁集团有限公司，巴陵石化有限责任公司，株洲冶炼集团有限责任公司，长岭炼油有限责任公司，中共永州市纪委（市监察局），中共永州市委办公室，永州市人民政府办公室，中共永州市委宣传部，永州市发展和改革委员会，永州市国土资源局，永州市国有资产管理委员会，永州市委督查室，永州市交通局，永州市粮食局，永州市科技局，永州市气象局，永州日报社，永州市电视台，永州市工商联合会，永州市公路局，中共祁阳县委、县人民政府，中共宁远县委、县人民政府，中共蓝山县委、县人民政府，中共宁远县委办公室，中共宁远县委宣传部，九嶷山舜帝陵工程建设指挥部，宁远县财政局，宁远县交通局，宁远县公安局，宁远县教育局，宁远县城市管理局，宁远县九嶷山乡人民政府，九嶷山国家森林公园管理局，舜帝陵基金会宁远联络处，宁远县一中，宁远县莲花大酒店，宁远县国际大酒店。

有功个人名单（以姓氏笔划为序）　马合群、卢平（女）、邓三龙、邓成仲、史兆永、乐根成、刘爱才、刘湘凌、刘翼平、刘波、刘庚旺、江文辉、匡建华、吴开明、吴顺东、沈根元（女）、李德勋、李佩玮（女）、李文仲、李光富、李光衡、李波、李良铁、李卓勇（女）、李国燕、李建民、李鼎荣、宋振平、佘国萱、张泽槐、张尚勤、张德明、何谋云、陈金荣（女）、陈 艺、欧阳维西、欧阳国川、欧利生、周永亮、周光镇、周昌贡、周忠信、奉茂堂、屈国春、姚嘉熙、姜儒振、胡伟林、赵清茂、姚芳明、唐长久、钱荣棠、秦伍生、夏峰、章彦武、崔永平、黄启发、黄培劲、谢勇、曾庆炎、蒋政平、蒋桃生、蒋善生、赖罄正、魏仁忠。

（二）表彰舜帝陵园改扩建二期工程建设有功单位和个人

2009 年 8 月，舜帝陵园全面建成。舜帝陵基金会对建设有功单位和个人进行表彰，并刻碑纪念：

建设单位：九嶷山舜帝陵工程建设指挥部

顾　　问：蒋善生　李光富　罗建华　乐才明　邓丽华　欧阳黎明

指 挥 长：欧阳维西

副指挥长：刘庚旺　冯军胜　欧利生　杨丢清　欧胜清

指挥部成员：刘卫华　宋振平　邓尧忠　唐慧云　李苏昭　雷满林　吴国斌　张尚勤　夏　峰　赵文辉　邓传文　余标红　曾苏忠

设计单位：湖南省建筑科学研究院

设计人员：戴勇军　周湘华　陈立祝　盛兆龙

施工单位：

一期工程：湖南省鸿滕建设工程有限公司　长沙市华侨建筑工程公司　永州市建筑总公司　永州市水电安装工程公司　永州市大自然园林建设有限公司　宁远县潇湘实业有限责任公司　宁远县九嶷建筑有限公司　宁远县市政房屋建筑工程公司　宁远县恒通建筑工程有限公司　宁远县自来水公司九嶷山水厂

二期工程：湖南力基园林景观工程有限公司

四　舜帝陵研究与宣传

（一）编辑出版《舜帝陵丛书》

2008 年 12 月，由舜帝陵基金会副秘书长张泽槐主编的《舜帝陵丛书》一套四册，由方志出版社出版发行。

（二）编辑出版大型画册《九嶷山舜帝陵》

2012 年 9 月 20 日，全面反映九嶷山舜帝陵厚重历史、九嶷山秀美风光的大型精品画册——《九嶷山舜帝陵》出版。《九嶷山舜帝陵》由九嶷山舜帝陵基金会编著，湘潭大学出版社出版，舜帝陵基金会理事长王克英作序。画册由“舜帝陵”和“九嶷山”两大部分组成，收录反映舜陵祭祀、领导视察、古舜庙遗址考古、九嶷山自然风光、九嶷山瑶族民俗风情等方面的精美图片 300 余帧。

（三）创办基金会刊物《舜帝陵基金会通讯》

2005 年 8 月，编辑出版《舜帝陵基金会通讯》创刊号。2006 年 9 月出版第二期，2008 年出版第三期。从 2009 年开始，每年出版一期。每期至少 2000 册，最多发行 5000 册。创刊号和第二期的主要内容包括舜帝与舜帝陵的文字简介和图上展示，王克英等省级领导的讲话，省长周伯华 2005 年公祭舜帝大典的盛况。从 2008 年到 2015 年，每期刊物设有相对固定栏目。分为领导关怀、专题策划、公祭活动、交化交流、工作研究、舜帝史话、多彩潇湘、工作动态、舜文化研究、舜德之光、信念传真、艺海拾零、大事记等专栏。发行范围为中央有关领导和部门，中共湖南省委、省人大、省人民政府、省政协有关领导，省直有关单位，舜帝陵基金会理事会成员，黄帝陵基金会，炎帝陵基金会，山东省大舜文化研究会，湖南省舜文化研究会，中共永州市委、市人大、市人民政府、市政协所有领导，市直各单位，永州市县区四大家领导，部分捐赠单位和个人，湖南省、永州市部分离退休老领导。

（四）创建基金会网站

2004 年 9 月，基金会依托永州市政府网站，建立基金会互联网站，网名为湖南省九嶷山舜帝陵基金会，网页分为领导关怀、专题策划（公祭大典）、公祭活动、交化交流、工作研究、舜帝史话、工作动态、舜文化研究、舜德之光、公告公示、大事记等专栏。

五　参与筹备湖南省、永州市祭舜大典

（一）参与湖南省人民政府公祭舜帝大典的筹备

2004 年 4 月 14 日，湖南省人民政府第 28 次常务会议决定：2005

年9月举行湖南省各界公祭舜帝大典。舜帝陵基金会随即协同永州市人民政府、宁远县人民政府开展省人民政府祭舜大典的相关筹备工作。2005年3月17日，舜帝陵基金会与永州市人民政府在宁远县召开现场协调会，专题研究省人民政府公祭舜帝大典的有关工作。中共永州市委副书记、市长刘爱才，舜帝陵基金会秘书长、中共永州市委原巡视员谭政，中共永州市委副书记周永亮，市委常委、宣传部部长李良铁，市人大副主任钱荣棠，市人民政府副市长赵清茂，市政协副主席周忠信，市政府秘书长蒋政平等有关领导参加会议。与会人员实地察看公祭舜帝扩建二期工程，听取宁远县委、县政府的筹备工作汇报，对祭舜大典的相关工作进行讨论，并形成会议纪要。会议明确周永亮、谭政为筹备工作的总牵头人；宣传预热由李良铁牵头，蔡建军具体负责；资金筹措由崔永平牵头，沈根元、刘尤碧协助；大典活动筹划由赵清茂、周忠信牵头，张泽槐、向望东等协助；舜帝陵及古舜帝陵遗址打捆申报《国保》工作由赵清茂牵头，王一冰具体负责；硬件建设由钱荣棠、蒋善生牵头，欧阳元初、李光富和市规划建设、国土资源、环保、林业、交通、公路等部门主要负责人负责；安全保卫由秦伍生负责；接待联络由张亚元、金国奇、李钢负责；督促检查由向望东、李光富负责。此后，各项筹备工作顺利推进。2005年9月15日（农历八月十二日），湖南省人民政府首次祭舜大典顺利举行。

2008年4月中旬，中共永州市委、市人民政府向中共湖南省委、省人民政府呈报《关于2008年湖南省公祭舜帝大典有关事项的请示》，省政府决定2009年举行公祭活动。受省政府委托，2008年11月13日，省政府副秘书长姜儒振主持召开会议，专题研究2009年湖南省公祭舜帝大典活动。中共湖南省委宣传部等10多个部门以及永州市政府副市长戴菊芳、舜帝陵基金会秘书长谭政、中共永州市委副秘书长张泽槐、宁远县人民政府县长罗建华、舜帝陵基金会办公室副主任郑运生、九嶷山国家森林公园党委书记刘庚旺等参加会议。随后，舜帝陵基金会协同有关部门和单位，开展省政府祭舜的各项工作。2008年12月26日，湖南省人民政府召开第21次政府常务会议，省长周强听取中共永州市委、市人民政府及舜帝陵基金会的情况汇报，要求各级各部门做好省祭前的各项准备工作。2009年2月17日，市长龚武生主持召开市政府第31次常务会议，专题研究 2009 年 9 月省政府公祭舜帝大典问题。会议听取舜帝陵基金会的情况汇报。会议充分肯定舜帝陵基金会、市直有关单位以及宁远县所做的工作，并形成纪要。此后，各项筹备工作顺利进行。

2011 年年底，舜帝陵基金会办公室代永州市人民政府草拟关于举行 2012 年省长公祭舜帝的请示，并拿出公祭舜帝活动及相关活动的详细方案。2012 年 3 月 19 日，接到省长徐守盛的批示后，舜帝陵基金会积极参与、主动配合市政府办、宁远县开展有关筹措工作，4 次到省政府办公厅参加协调会、调度会。4 月 23 日，中共永州市委常委、常务副市长周德睿主持召开会议，专题研究省政府公祭舜帝大典的筹备工作。会议听取省祭筹备工作情况汇报，并就《壬辰年湖南省公祭舜帝大典总体方案（建议稿）》及有关事项进行讨论。会议决定成立市省祭筹备工作领导小组，具体负责组织协调工作。领导小组由中共永州市委副书记唐松成任组长，市政府分管副市长罗双全，舜帝陵基金会副理事长兼秘书长陈金荣为副组长，市直相关单位和宁远县党政主要负责人为成员。

2014 年 12 月 16 日，舜帝陵基金会办公室代永州市人民政府草拟关于举行 2015 年省长公祭舜帝的请示，并拿出公祭舜帝活动及相关活动的详细方案。省长杜家毫、副省长李友志作出批示，同意举行“乙未年湖南省公祭舜帝大典”。6 月 8 日，省人民政府副省长李友志深入舜帝陵调研。省政府巡视员黄卫东，永州市委副书记、市长向曙光，基金会办公室主任郑运生等领导陪同。李友志同志强调要弘扬孝德文化，完善省长公祭舜帝大典方案。6 月 30 日，省政府召开常务会议专题研究同意 9 月 24 日举行公祭大典，永州市人民政府常务副市长易佳良、舜帝陵基金会办公室主任郑运生、宁远县委书记刘卫华参加。9 月 6 日下午，省政府办公厅巡视员黄卫东在省政府二办公楼主持召开湖南省公祭舜帝大典工作调度会。省委宣传部、省公安厅、省交通运输厅、湖南广播电视台、省机场管理集团、广铁集团长沙办事处、省政府接待办、省政府办公厅四处、省政府研究室综调一处的负责人参加会议。永州市人民政府副市长刘尤碧，市政府副秘书长唐社成，中共宁远县委副书记、县长桂砺锋，舜帝陵基金会副秘书长、办公室主任郑运生参加会议。桂砺锋受副市长刘尤碧委托汇报乙未年湖南省公祭舜帝大典筹备工作情况，刘尤碧作补充汇报。与会人员就相关问题进行认真讨论和研究，形成一致意见。9 月 11 日，永州市调度乙未年湖南省公祭舜帝大典筹备工作会议在宁远县政务中心召开。中共永州市委书记陈文浩出席并讲话，市委副书记、市长易佳良主持会议。颜海林、石艳萍、陈金荣及市委办、市委宣传部、市委政研室、市发改委、市财政局、市公安局、市国土资源局、市林业局、市交通运输局、市文广新局、市旅游外事侨务局、市环保局、市公路局、舜帝陵基金会主要负责人参加。会议听取宁远县省祭筹备工作情况汇报，研究决定省祭筹备工作需要解决的碑林建设工程进度、环境卫生、重宾接待、主祭团人员确定、组织协调、安全保卫等问题。会后，舜帝陵基金会协同省、市、县相关部门工作开展，确保 2015 年省政府祭舜大典的顺利举行。

（二）参与永州市人民政府公祭舜帝大典筹备

湖南省舜帝陵基金会成立以来，先后参与 2006 年、2014 年永州市人民政府公祭舜帝大典的筹备工作。

六　对外交流与合作

（一）与舜裔宗亲团体的交流与合作

2004 年 9 月 25 日，舜帝陵基金会与世界舜裔宗亲联谊会联合祭舜大典在九嶷山舜帝陵举行。来自泰国、菲律宾、中国香港、中国台湾等 10 多个国家和地区的舜裔宗亲代表团和社会各界近 6 万人齐聚在舜帝陵前，祭祀中华民族始祖舜帝。祭典由湖南省政协副主席、舜帝陵基金会副理事长王汀明主持。主祭人为湖南省九嶷山舜帝陵基金会理事长王克英、世界舜裔宗亲联谊会常务委员会主席陈守仁。

2004 年 11 月，世界舜裔宗亲联谊会第 18 次国际大会在菲律宾召开。中共永州市委副书记周永亮，中共宁远县委常委、宣传部部长邓尧忠等代表湖南省舜帝陵基金会参加。期间，与其他国家和地区的舜裔宗亲代表团进行广泛接触交流，并分别赠送舜帝陵和舜文化方面的宣传资料图片。

2009 年 10 月 14—16 日，由福建省陈氏委员会副会长陈若健宗长、泉州祭祖团团长陈人物率领的闽南一带 1000 多名舜裔宗亲，在九嶷山隆重举行已丑年福建泉州舜裔宗亲祭祖大典。

2011 年，基金会宁远联络处配合宁远县九嶷山国家森林公园管理局加强与福建、台湾等陈氏舜帝后裔的广泛接触。9 月 9 日，闽台舜裔宗亲祭祖大典暨舜帝金身起“驾”仪式在九嶷山舜帝陵举行，福建、台湾舜裔，湖南省市嘉宾，媒体及各界群众一万余人参加祭舜大典。此后，舜帝金身起“驾”到福建省，历时 39 天，先后有 200 万人次参加朝圣祭拜活动。

2012 年 10 月 24 日，基金会常务副秘书长，永州市政协原副主席沈根元，副秘书长、办公室副主任郑运生带领基金会办公室人员前往炎帝陵基金会考察学习，并到炎帝陵考察碑林建设。株洲市人大常委会原主任、炎帝陵基金会常务副理事长兼秘书长邓德芳等领导陪同。

2012 年 11 月 24 日，基金会常务副理事长唐铭植在北京湖南企业商会永州分会 2012 年会员代表大会暨联谊晚会上，大力宣传舜帝、舜帝陵和舜文化，为此后筹集资金打下良好的基础。基金会常务副秘书长、永州市政协原副主席沈根元，副秘书长、办公室副主任郑运生应邀参加。

2012 年 11 月 26 日，基金会常务副秘书长、永州市政协原副主席沈根元，副秘书长、办公室副主任郑运生组织基金会办公室人员前往山东诸城、黄帝出生地——郑州新郑市等地实地考察学习。

2013 年 9 月 16 日，以“弘扬舜德精神，共谋诚信发展”为主题的永州市工商联界首次公祭舜帝大典在宁远县九嶷山舜帝陵举行。这是继 2004 年湖南省九嶷山舜帝陵基金会和世界舜裔宗亲联谊会举办公祭舜帝大典之后，又一次规模较大的民间祭祀活动。祭典活动由永州市工商业联合会（总商会）主办，湖南省九嶷山舜帝陵基金会和中共宁远县委、县人民政府承办。市政协副主席、市工商联主席、市总商会会长吕斌担任主祭，市委常委、组织部部长、统战部部长董石桂，市政协原主席、舜帝陵基金会常务副理事长兼秘书长陈金荣，市政协原副主席、舜帝陵基金会常务副秘书长沈根元参加公祭大典。全市工商界近 300 名代表宣读《关于弘扬舜德精神，共谋诚信发展的倡议书》，并进行签名仪式。最后还举行祭文碑揭碑仪式和“舜帝陵植树”活动。活动中收到捐赠 363.28 万元。湖南省九嶷山舜帝陵基金会领导，宁远县委四大家领导，市、县（区）工商联主要负责人，民营企业家主要负责人和代表，永州市福建、永州市宝庆、永州市浙江商会及福建舜裔宗亲代表近千余人参加公祭大典。

2013 年 11 月 3 日，世界姚氏宗亲联谊会成立大会暨舜帝道德文化研讨会广东省汕头市举行，永州市政协原主席、舜帝陵基金会常务副理事长兼秘书长陈金荣，市政协原副主席、基金会常务副秘书长沈根元，基金会常务副秘书长、办公室主任郑运生，办公室副主任李卓勇，九嶷山国家森林公园管理局局长唐太勇应邀参加。湖南省政协原主席、舜帝陵基金会理事长王克英为此次大会题词“不忘舜祖，孝德育后人”。受王克英的委托，陈金荣向大会宣读湖南省舜帝陵基金会的贺信。

2013 年 11 月 6 日，以“放飞梦想、奔向世界、弘扬舜德、振兴中华”为主题的世界姚氏宗亲联谊会首届公祭舜帝大典在九嶷山举行，来自新加坡、泰国、美国、菲律宾、中国香港等 10 多个国家和地区及广东、四川、重庆、湖南等 20 多个省市的姚氏宗亲代表 3000 多人共同参与祭拜，共怀始祖舜帝。祭典活动由世界姚氏宗亲联谊会主办，湖南省九嶷山舜帝陵基金会和中共宁远县委、县人民政府承办。世界姚氏宗亲联谊会主席姚泽嘉主祭。中共永州市委副书记唐松成，永州市政协原主席、舜帝陵基金会常务副理事长兼秘书长陈金荣，市政协原副主席、基金会常务副秘书长沈根元参加公祭大典。

2014 年 9 月 20 日，甲午年世界舜裔宗亲联谊会暨永州市社会各界祭舜大典在宁远县九嶷山隆重举行。

（二）与黄帝陵基金会、炎帝陵基金会交流学习活动

2009 年 4 月 4—8 日，舜帝陵基金会秘书长谭政，中共永州市委副秘书长、舜帝陵基金会副秘书长兼宣传研究部部长张泽槐、舜帝陵基金会办公室副主任郑运生参加陕西省清明公祭黄帝陵大典，并到舜帝出生地、早期活动的地方，包括山西永济、山西运城、河南洛阳、河南濮阳等地考察。此后，撰写《努力把“大九嶷”打造成为世界旅游精品——关于山西、河南等五市挖掘帝王文化资源，发展旅游事业的考察报告》。报告先后在《永州日报》《永州通讯》、永州红网等刊发。建设“大九嶷山”的建议，写进永州市人民政府 2010 年的《政府工作报告》。

2009 年 4 月 20—21 日，黄帝陵基金会副理事长兼秘书长宋祖华一行 7 人，应湖南省九嶷山舜帝陵基会之邀访问永州。20 日下午，宋祖华

副理事长拜会舜帝陵基金会秘书长谭政，双方在热烈友好的气氛中举行工作会谈，双方在基金会规划建设、学术交流、信息联络机制等方面进行深入的交流。21日，访问团在舜帝陵基金会秘书长谭政、常务副秘书长沈根元，中共永州市委副秘书长、基金会副秘书长张泽槐，基金会办公室副主任郑运生，中共宁远县委常委、九嶷山国家森林公园管理局书记、基金会副秘书长刘庚旺陪同下，拜祭舜帝陵，参观舜帝陵公园、玉琯岩和宁远文庙。期间，永州市副市长戴菊芳，中共宁远县委书记李光富会见黄帝陵基金会访问团全体成员。

附一　湖南省九嶷山舜帝陵基金会捐赠褒扬办法

（2010年11月25日，湖南省九嶷山舜帝陵基金会
第二届理事会第一次会议通过）

为鼓励各机关、企事业单位、社会团体和海内外同胞为整修、建设、保护舜帝陵，弘扬舜德文化捐赠资金，特制订如下办法：

一、团体捐赠

（一）捐赠人民币100万元以上的：

（1）授予团体特别荣誉证书；

（2）举行捐赠仪式；

（3）在舜帝陵崇德坊单独立碑纪念。

（二）捐赠修建一单体建筑物的：

（1）授予团体特别荣誉证书；

（2）在建筑物上冠名；

（3）价值在100万元以上的，举行捐赠仪式。

（三）捐赠人民币50万元以上的：

（1）授予团体一级荣誉证书；

（2）在舜帝陵崇德坊单独立碑纪念；

（三）捐赠人民币20万元以上的：

（1）授予团体二级荣誉证书；

（2）在舜帝陵崇德坊单独立碑纪念；

(四) 捐赠人民币 1 万元以上的：

(1) 授予团体荣誉证书；

(2) 在舜帝陵崇德坊刻单位名称纪念。

(四) 捐赠人民币 1 万元以下的：

(1) 发给团体纪念证书。

二、个人捐赠

(一) 捐赠人民币 50 万元以上的：

(1) 授予一级荣誉证书；

(2) 举行捐赠仪式；

(3) 在舜帝陵崇德坊单独立碑纪念；

(4) 在舜帝陵崇圣园植纪念树一棵；

(二) 捐赠修建一单体建筑物的

(1) 授予一级荣誉证书；

(2) 在建筑物上冠名；

(3) 价值 50 万元以上的举行捐赠仪式；

(4) 在舜帝陵崇圣园植纪念树一棵。

(三) 捐赠人民币 10 万元以上的：

(1) 授予二级荣誉证书；

(2) 在舜帝陵崇德坊单独立碑纪念；

(3) 在舜帝陵崇圣园植纪念树一棵。

(四) 捐赠人民币 3 万元以上的：

(1) 授予荣誉证书；

(2) 在舜帝陵崇德坊刻名纪念；

(3) 在舜帝陵崇圣园植纪念树一棵。

(五) 捐赠人民币 500 元以上的：

(1) 授予荣誉证书；

(2) 在舜帝陵崇德坊刻名纪念。

(六) 捐赠人民币 500 元以下的，发给纪念证书。

三、其它规定

(一) 捐赠物资、外汇者，按当时、当地的物价和汇率折算后比照上述办法执行。

（二）捐赠无形资产（非实物、现金）按议定的数额作“特别捐赠”，比照上述办法执行。

（三）捐赠50万元以上的单位（选派一名代表），20万元以上的个人，以特邀主祭人的身份参加一次省政府或市政府举行的公祭舜帝大典活动。

四、捐赠管理

（一）捐赠单位或个人由基金会统一开具收据，造册登记。

（二）由国家审计部门或中介机构对筹集资金的管理和使用进行审计和监督，审计结果向社会公布。

五、附则

（一）本办法由湖南省九嶷山舜帝陵基金会负责解释。

（二）本办法由湖南省九嶷山舜帝陵基金会第二届理事会第一次会议讨论通过后实施。

（三）本办法与以前办法不一致的，以本办法为准。

附二　宁远县人民政府关于九嶷山舜帝陵立碑办法

（2006年3月9日永州市人民政府办公室批准同意实施）

为鼓励社会各界共同保护、建设九嶷山舜帝陵，规范九嶷山舜帝陵捐赠、祭祀、题词立碑规格、标准和位置，特制定本办法。

一、立碑规格

（一）捐赠碑立碑规格为60cm×120cm（不含碑座）；

（二）祭祀碑（不含碑座）：

1．中央、省人民政府立碑规格为80cm×163cm；

2．市人民政府立碑规格为75cm×153cm；

3．县人民政府立碑规格为70cm×143cm；

4．民间社团和个人立碑规格为6 5cm×133cm；

（三）题词碑立碑规格为60cm×120cm（不含碑座）；

（四）碑座统一高度为 40cm。

二、立碑标准

（一）捐赠碑按《湖南省九嶷山舜帝陵基金会捐赠褒扬办法》执行；

（二）祭祀碑：

1．代表县以上人民政府（含县人民政府）在舜帝陵举办祭祀活动的可立公祭碑；

2．代表部门或民间社团在舜帝陵举办祭祀活动，且捐款 35 万元以上的可立祭祀碑；

3．以个人或家庭名义在舜帝陵举办祭祀活动，且捐款 15 万元以上的可立祭祀碑；

（三）题词碑：

1．党和国家领导人的题词；

2．海内外知名人士和全国知名人土的书法题词。

三、立碑位置

（一）捐赠碑按捐赠时间先后顺序立于崇德坊碑廊；

（二）公祭碑按公祭时间先后顺序立于寝殿下的碑廊；

（三）民间祭祀碑按祭祀时间先后顺序立于寝殿下的碑廊两侧廊内；

（四）题词碑按题词时间先后顺序立于大门外两侧连廊；

（五）除以上立碑位置外，舜帝陵的其它场所暂不立碑。

四、本办法从 2006 年 5 月 1 日起执行。

附 录

舜帝陵园全景图

一　清代舜陵文告选

虞陵纪要序

湖南巡抚　陈宏谋

予向抚军楚南，于乾隆丙子二月既望，以巡边道经宁远诣九疑谒舜陵。见夫千岩竞秀，万壑争奇，诚天造陵寝，环宇中未易一二觏。知必其结胎渊邃，层峦叠嶂，出落不凡，如黄河奔泻，自龙门至积石，不知其几经渊渟，非一湾曲所能罄者。拟欲从流溯源，缘王事倥偬，不克假片刻纵目周鉴。虽邑志、九疑志备载如林，如司马子长、蔡中郎汉篆凿凿，唐之柳柳州、张渭、元结诸名宿均有记述，下此则宋明骚人韵士题咏亦未易更仆，然不过道扬形胜、摭拾往迹而已。其间若为虞陵发脉、过峡、停顿、护卫之处，种种根据，胥未之及。

壬午仲冬，余再节钺斯土。越明年仲春初旬，宁远令叶君于梅进省来谒，余询以地方庶务，旋咨及虞陵。叶君历历指陈，缕析条分，似经历过来人语。余心异之，因叩以故。叶君云：某年月日，有某某拾矿于虞陵之过峡处，呈请开采；当奉委勘查搜览多日，故得悉其梗概。余曰："开乎否耶？"叶君云："以碍陵故，业经批示封禁矣。"余曰："甚善！子胡不叙厥端委，撰文勒石，以昭示来者，永为虞陵护？"叶君云："镌诸石，恐风雨剥蚀，历久模糊，莫若具其说附诸九疑志中，差为经久。"随将所作纪要文阅。余观其叙次详明，虞陵之来龙结穴，中间起伏停顿，其左右护从，均确有见据，以视墨士之炉锤、风人之吟咏于虞陵不甚关系，则斯文较有取焉。爰属叶君速会梓人，毋徒托诸空言也。

（选自清嘉庆《九疑山志》卷四。此文系湖南巡抚陈宏谋于清乾隆壬午即1762年，对宁远县令叶于梅呈交的关于取缔九疑山一带非法采矿的调查报告《虞陵纪要》的批示，也是见诸记载的最早的保护舜陵环境的官方批文——编者注）

虞陵纪要

宁远县令　叶于梅

无利弗开，有害斯杜，所以妥神便民也。宁邑九疑山，虞陵在焉。自三代秦汉以至国朝，聿昭祀典，盖明德荐馨，以妥有侑，其来久矣。

近有瑶人，于虞陵之后山第二层过峡处偶见砂矿微现，私刨售人。桂阳州监生杨万荣、武生邹协武购之，意欲渔利，遂铺张具呈。衡永郴桂观察使孔当批勘详，二生随赴县续呈。余于九月望后束装简从，由虞陵穷流溯源。四面皆崇山邃谷，人迹罕到。余不惮跋涉，从役辈左扶右携，约行六七十里至绝顶。峰峦高与天齐，名三峰石，各有泉涌出峰巅。其左右二派，分注东西两粤。中一派倚峰跌下，入地潜流，是为潇水之源。三峰石向北随水落脉，蜿蜒顿跌约数十里，突竖一峰若三台，名三台山，潜伏之水至是始勃出成一溪涧。山之左为南竹坪，右为紫金山。从此，又逶迤起伏约三四里，名南海冲，潇水曲抱。其左实为虞陵第二层过脉，瑶人即于此地窃得砂矿。嗣是，峰峦叠起，中在一天柱峰最耸秀。约行六七里，忽开一大坪，有水田数百亩，有大小村六七。右为玉琯岩；左为五臣峰，潇水即由五臣峰达鲁观、过大阳、出江口、会巽江。玉琯岩向北峡交一二里，特起一峰，秀圆峻立，左右群峰列峙，面前万山俯拱，是为舜源峰，虞陵妥焉。其脉自三分石落下，曲折过三台、天柱，两旁皆有峰峦护从，归结于舜源峰。予因具详，呈于观察。

未几，观察按临，沿途访问。将抵县，随有大阳、丹桂、太平、仙政四乡之士庶及韭菜源、黄花源、鲁观洞诸瑶民，络绎遮诉。蒙洞悉原委，立示封禁。二生谋阻，届怏怏避去，阖邑称快。余唯水生于金，龙从水聚，疑山诸水，缘兹矿沛达；以灌溉民田者多，且为虞陵聚精会神、过脉行龙之着急，灵爽之式凭在兹，万井之荫庇在兹。尚遽而准开，行见金销水竭，脉凿灵虚，将圣帝在天之灵靡所凭依，群黎资生之亩顿成矿土矣。幸叨观察冰鉴，永斩祸源。余用缕析端委，成纪要一篇，附入九疑志，俾后之莅兹土者得有所稽核而不受奸人之欺云。

（选自清嘉庆《九疑山志》卷四。此文系宁远县令叶于梅向湖南巡抚陈宏谋呈交的关于制止九疑山非法采矿，保护舜陵环境的调查报告——编者注）

奉宪禁革

特授湖南永州宁远县正堂加三级记录十次吴，为查案准给事，缘据县民王道宜，以恳恩赏照永免差役等情，具禀前来。词称：伊户居近虞陵，每遇钦差按临，苦累不堪。业经乾隆十五年奉上宪，禁革一切人夫、猪羊、什物、生兽并陆路塘坊、公馆、以及竹木柴炭、豆麻、灰草等件，毫不累民，案碑可据。又称：县至虞陵，程途仅五十里许，应即直到九疑，何在伊户经过，勒民备办中膳，累害难休？为此，禀请赏照，以杜后累。

本县查案稽碑，原经县民从前赴上宪控准，一切累及民间等项均已禁革，永勒碑杜后，兹称独累尔户，应准赏照。自后若遇钦差大祭，以及春秋祭典准饬差在九疑办理，其一切人夫、猪羊、什物等项，仍照前碑禁革，与尔户无涉。倘有属县差役违禁滋扰，任听禀究。

此照

嘉庆四年九月

（清乾隆十五年（1750年）朝廷下令，严禁祭舜累民，并立碑为据。此碑后来遗失。嘉庆四年（1799年）县令吴绳祖重立禁碑，碑存宁远县湾井镇路亭村国家重点文物保护单位云龙坊王氏虚堂内——编者注）

奉宪禁采

宁远知县　王光斗

钦加清军府衔、永州府宁远县正堂加五级、记录五次，为严行封禁、永杜弊端事案。奉前升藩宪札，据宁远附生李象鼎、贡生邓象生呈请于西江源开矿一案，禀批发，奉府宪杨委道州知州江，会同本县，前诣该处查勘明确。又奉抚宪札，委补用直隶州丁，赴县会勘。训导乐显玉、黄拔萃、文生王绩熙呈请封禁情形，均经先后会勘绘图贴说，禀复在案。

兹奉守宪张札，准藩宪咨禀，奉阁督部堂官批，查西江源地方既据委员勘明，开采矿砂有碍虞陵，且历年以来叠酿巨案，现值有事之秋，自应严行封禁，以靖地方。仰南布政司会同按察司，迅即出示封禁，并移该道督饬地方官严密巡查，不准偷挖为要。又奉藩宪石札，开奉抚部院恽批，据禀已悉西江源开采既于地方不便，自不可不慎之于始，应照所议，仍行封禁。仰布政司查核饬遵各等，因奉此合行出示，严禁为此示。仰合邑士庶及该处团保瑶总人等知悉。

现据李象鼎等禀请开矿之西江源，即癞子山地界，为九疑来脉，一经开采，于虞陵、民生均大有妨碍。现李象鼎等系桂阳州籍，原非宁邑生员，胆敢欺朦罔利，业经本县申饬。兹既奉大宪札示封禁，亟应严行查禁，以靖地方。该民瑶人等均不得夥串私开窃挖，自干法纪。仍令该处团保瑶总随时严密巡查，如有外来奸匪三五成群，入山偷挖，许即捉获送案，或据实指禀，以凭严拿治罪。如敢故违徇隐，一经访闻，或被告发，定即一并拘案究办，决不姑宽。再，癞子山地界广，除西江源外，别名甚多，与九疑山一带均为虞陵重地，灵爽式凭之处，系历来例封禁山，载在志乘。无论有无矿砂，一概严行永远封禁，以杜奸宄而弭弊端。各宜凛尊毋违。

特示。

同治三年甲子岁夏月谷旦立

奉宪禁革碑

奉宪禁采碑

二　《九疑山志》序

九疑山志序

林士标

盖徵往诏来，必考信于志乘。志若斯之重哉！九疑分在荒徼，其山崇隆奥衍，包络全楚，载在祀典，埒于五岳。稽古，有虞氏玄宫在焉。神人仙子托以栖真，太史中郎借之寄兴。今昔之名卿硕辅、方岳守相以及韵人骚客，无不托足寓目为欣欣。洵宇宙之雄观，西南之巨镇也，而志乘阙如，山灵千载黯而弗耀。守在兹土，表章之谓何？

往岁，有以所得山水考视余者。心力颇勤，第其称引间似诞，其收罗诗若文间似秽杂不雅驯。会迫觐事，未遑考正，即今亦。且郡志之为役，未能兼于其所不及也。而邑令蒋君俨然告成事矣。快哉！实获我心。首重王言，以御制祭舜文冠简端，日星丽而云汉昭，纲领何挈也。次列图志，而山峰岩洞溪涧泉石之广狭高深、平欹奇正，犁然具矣。又次而古迹、而建置、而人物、而游寓、而仙释，以及碑碣诗文。自汉迄今二千年间，脱于学士之口，而零落剥蚀于荒丘断简中者，靡不博而收之，而又一洗其诞妄荒秽之陋。庶几备兹山之掌故为览胜之津梁，其于昭往诏来也。何有然？余窃有感焉。宇内不乏名山，而九疑独重，重重华也。陟方所至，而英皇箫韶悉以名峰。一时思慕过化，概可想见。永阳以南，其民犹有淳朴之遗，盖由此耳。今难言之矣。夫志岂徒广侈其山川？是为将寻源思古，世风实嘉赖之。则夫既雕既琢，还返于朴，以少延当日思慕过化之旧，使九疑不负舜，此志不负九疑，吾侪守若令能无勖诸！

万历已未仲秋，知永州府事闽福清林士标题。

（选自明万历《九疑山志》）

九疑山志题

梁应期

宇内名山大川，献奇结气，经游者每即景留题以纪胜。自传之宇内，即足迹不及，亦得披览而移以游，此题咏之宜寿诸梓也。若帝王陵寝，历代仰瞻而山川更奇，则风气与景物双美。原出孤岭细流之外，而吟咏与志乘并垂。尤非探幽寻寂之比，其宜广播而传燬也，又当何如？

不佞雅好崖山，承乏营道，考九疑山在宁远属，时厪神往。适因勘山之役，随瞻拜虞陵，而得历览焉。视所称山阴道上，应接不暇。更若过之论其大，则舜源峰巍然处尊，而五臣北面拱伏，俨矣君臣。两峰小大，一若敌体对峙，一若仙室环立，依然妃后。诸侍卫仪从森列，蜿蜒将三十里，天若设焉，以待龙蜕。弟陵寝杳冥茫茫在云雾中，不可辨识，故名九疑。且王歆《神境记》纪松竹、涧水、莲花，而石有似牛似羊似虎似鬼者，又有木而似石，石而似木者。此间灵异，殆百堪疑，宁仅九也？至于紫霞、玉琯、白马、飞龙诸岩，仙踪异迹，不可胜仆。前贤留题几遍，亦应接不暇。归来烟霞满袖，珠玉满囊，俚语续貂，尝绕清梦。先是郡丞王公摄宁远篆，将以诸咏寿梓，命余汇校之。已卒业，而公迁去，携自箧中归。兹邑令蒋君得副本，拣汰搜辑，付剞劂以成，来以视余。跃然喜曰：“兹山界在南服，惟宦游者、土著者得至其地，达士通人多结虚想。此梓一行，形胜在目中矣。”顾览胜者直艳其奇，而吊古者必寻其疑。余则以为近诞。史记舜南巡崩于苍梧，而子舆氏又曰卒于鸣条，疑信将不可据。即如禹会诸侯于吴越涂山，因名会稽，窆石昭垂，至今不朽，相传为大禹葬衣冠之江，又有纪禹陵在蜀者，故名吴越稽山为疑山，亦可。可疑，固不独舜陵也。总之，圣人精神所寄，千古不灭，东西南北原无沾滞系恋，信心之士随在羹墙，又何庸于陵邱踪迹间？辨疑似为苟信，及此则经游历，览即景成，趣直付之，不疑可也。敢以质之有道。

万历己未季秋，知道州事会稽梁应期题。

（选自明万历《九疑山志》）

九疑山志弁语

蒋 鐄

粤自姚墟氏苍梧鼎成，湘灵帝子遂为千古词林佳话。若夫劳人迁客，贞魂幽愤，吊古含毫，凭而呜咽，乃至投湘梦断，黄陵歌阕，哀弦如诉，离肠欲绝。诗发乎情，于斯为极。顾作者亦独褰华揽藻，实未穷探斯域。晋魏以前，缺焉无闻。洎乎李唐，慨夷之荒服。柳司马太息投荒，阳道州日熟二升米，漫郎守官差为吐气，而肮脏之意亦时露于篇章。夫文则艳称之，如可望之明河；地则厌苦之，如厉人之鬼国。盖世情浮慕若此，故自有虞迄于今，九疑之名虽见于经传，而载纪漫无可考。

余令延唐，九疑实为赐履。始至，掌记者以《九疑集》进，意为法物。其文若诗二百余篇，如长安唐肆坐头涂抹。一再阅之，蹙然曰：千载名臣，投之荆榛瘴疠之乡。总不得名人表章胜事，备兹山九锡，奈何复荐秽唐突，迫令名山无地自容。噫嘻，何不幸也。最后得一帙于乡先生，稍次山水名迹游寓姓氏，余因就而辑之。合舂陵、延唐二《志》参订，检前集诗文先后文人之笔可录者，存十之二，余尽削之，而益以三唐之诗为兹山赋咏者又若干首，为《九疑山志》，三阅月告成。客有过余请扬扢者。曰：九疑无志，志自吾子尟矣。虽然，未易言也，若能穷搜皇虞以降三千余年，纪载无遗乎？曰：不能。能尽兹山二千余里苍梧之奥、五岭之阳若指掌乎？曰：不能。则又请曰：古者著九疑而不著九峰之名，如元使君登九疑第二峰，更不言第二谁，何名也？然则舜源、英皇之号，疑亦唐以后之人强字之，以故其义短而名不古。能溯九峰之自以折俗儒之月旦乎？曰：不能。然则又何以志焉？曰：使我传疑也，则志古；使我传信也，则志今。夫昔人艳称之佳话，如取波斯以语贫贱子，爱而不可得也。余所取者，如俭岁之稷寒季之纩，久矣夫望吾腹已。《传》不云乎？礼失而求诸野。吾姑谋于野，以俟山灵之侍史。”

万历四十八年冬十月，知宁远县事吴郡蒋鐄撰，章铎书。

（选自明万历《九疑山志》）

九疑山志序

蒋向荣

古虞帝巡行五岳，而泰衡诸山名至今在。问虞巡未举前五岳何泯泯也？是山灵借重于虞者，几极宇宙至吾里。楚南壤接两粤，实古荒服。乃疑山鼎峙，焜耀今古，名与泰衡等并。不意遐陬渺漠，隆重至此！噫，岳山以虞狩而名传，此山以虞藏而名疑。惟不求信，故令人疑；惟疑者传疑，故亦见知希之贵。然九疑之名，自庸众昉也。圣人存神过化，视此山若堂奥，视万古若一日，视此身之浮沉隐显，若大造之生长收藏。何为疑？更何为九疑也？疑、不疑之间，虞帝其神行乎？乃于无所容疑之山而名以九疑，则万古人心窃恐吾斯之未能信也，予小子何敢妄为评揣？

古零陵蒋向荣题。

（选自明崇祯《九疑山志》）

九疑小引

彭弼薇

九疑故有志，而喻宁远谓余可志也不可悉也。大都可志者，其游屐之将迎；不可悉者，其道上之应接。于是大收博畜，就当有于纪载；更日新于踪迹，奇搜秘揽之无遗，舒吐恨不一自其口而喀喀也。九疑盖若有托焉。英掇骚华，秀撷名藻。虽复漫合，呀开星辰，逼处无可，相乞为灵，而穿云入汉，点缀微茫，亦自起畅胜济，掀仰幽积。顾惟不决者山疑人，人疑山矣。而陆事何寡，水事何多，义山何遭，安期何藏，卵路何迷，野者何化？是耶，非耶？滑稽耶，灭泸耶？以质宁远，宁远莫余应，亦可志而不可悉也夫！

吉人彭弼薇仔肩父题。

（选自明崇祯《九疑山志》）

九疑山志序

喻向葵

尝思山无大小有仙则名，世推九疑为仙薮，则吊诡者艳耳于尸解鹤化之奇，此犹说铃幻而难信。史载有虞氏南狩，徂落于苍梧。苍梧，与九疑云山联脉，则虞圣六龙蜕于疑山未可知也。夫圣陟方仙轻举，岂择疑哉？繄疑饶灵淑之气，呼吸精英，而圣与仙从之耳。则山之为疑，即可疑其为阆圃，疑其为绛宫，疑其为玉楼十二，疑其为玄室九层。安知不尽结幻搆空于嶙窈之中耶？夫圣与仙然，且婆娑疑中，而惟疑是听，则吾侪凡骨可不一餐霞于其间。故不佞虽自分骨凡，而肠颇近仙。维时承乏延唐，每乘春秋禋祭舜陵，得敞蜡屐而寻瑶草，扳峭石而眺虬松，亦于疑之有夙缘也。凡其间峰峦拱壁，洞天窅曲，岩岫峥嵘，瀑泻潺湲，无在非灵雾之濛霏，阆风之披拂耳。此即力堪驾飚车、驱羽轮骋飞辔者，讵克穷其异哉，则讵克穷其疑哉？快哉！疑也。入其中，而每所邂逅之野叟，忽忽焉疑是安期赤松也；每所采食之果实，恍恍焉疑是交梨火枣也；每所蹒跚之窔窍，栩栩焉疑是十洲三岛也。余其食烟火之物耶？吞日月之光耶？到此皆疑而不自信矣。第此山虽不乏诸名笔题咏，犹恨缺一图披目示以便卧游。余因复绘其景以弁简端，令世间梦想疑山者得一把玩，如身入壶天，可令凡眼顿仙焉。庶见余不自私其疑，而能公诸世云。

崇祯五年秋八月望日，知宁远县事当湖喻向蔡撰。

（选自明崇祯五年《九疑山志》）

重刻九疑志序

詹惟圣

读不尽者天下奇书，游不尽者天下奇山水。人虽擅夸父之足，必不能穷天下之名区胜迹以遍历之。而邺架董帷常可以斗室而览，是游奇山水较难于读奇书也。然古人所历之奇山水载在志乘，恒可以读书而卧游之。

延唐之九疑山，虞帝之陵寝在焉。余出吏沱江，相去仅百里有奇，每作登眺想，以簿书羁绁而不可得。壬寅岁，宁令乏员，余缘逼处陵封，越俎而摄其事焉。入其境，睹九疑大略，如在仰视俯眺中。至于胜迹奇观，尚去县治六十里许。旋图所以游兹奇胜者。吏白曰："羊肠纡回，蚕丛幽折，非牒哓土瑶，俾数十人导引，百十人持火炬不可。"余曰："予两符在握，而以浪游荒职业，复费百十人持火炬力，岂当事者命我意哉！宁令山水笑俗吏，勿以浪游劳民力也。"独计余生长富春山中，夙与山水为缘。忆昔初令平昌，东盱泰岱，西望华嵩，相去且千余里，虽足迹所不到，亦必博览志记得以言其胜概。今兹之来九疑，而无以识九疑，并无以言九疑，不几为九疑山水笑者，又为富春山水笑乎？爰谋之二广文得冯子元佳手录图本，李子一枝家藏旧帙，厘正更次之汇卷成四：曰形胜，曰古迹，而山欲之奇观，地灵之神异，约略尽之；曰杂著，曰留题，而古帝先王之所颂祷，名贤先达之所阐扬，亦约略尽之。爰质之二广文，曰：“是编也，古人因游以为书，余当假书以为游，且可不荒职业，不劳民力，以成不游之游。今将授之梓，俾奇山水汇为奇书，可乎？”二广文曰：“可。”广文为谁？兴国之梁孝廉受益，宜都之易明经体震也。

时康熙二年仲夏，严陵詹惟圣题。

（选自清康熙二年《九疑山志》）

九疑志序

徐旭旦

少时读史迁书，即慕其南浮湘水之志。溯衡导岳，登九疑，探舜穴，饵九节菖蒲，启李氏石函，读之飘飘作出世想，然卒不果。

迨岁丙戌，奉命守兹土。检邑乘，知九疑界楚之极南，舜陵在焉，每岁春秋，例修祀事。登眺之下，慨然曰：学者多称五岳，尚矣！不知天下第一等名山，惟第一等人，具第一等心胸眼界，始称相识，如兹山不当为帝舜有耶？层峦叠嶂，变态万状。其峰则或撑或突，或偃或卧，或欹侧或秀削，或壁立如积铁，如蛾眉如螺髻，如伏虎如翔鸾，如蜿蜒如龙象，袤延二千余里，峰峰环列，面面南向。虽二妃、五臣、二十二人之名，按之似凿然。棋布星罗者，俨环拱会极也。至如岩岭碣石之幽奇，溪湖池井之渟泓，姑不具论。即紫霞一穴，其深邃窅折，古称阿房宫，覆压几三百里，殆不是过。第峭壁横陈，未若廊腰之缦回；嶙峋石徇，少逊檐牙之高啄耳。然而仙人畦畔杨梅如豆，虽渭川涨腻樊水流脂，终不以彼易此。总之，经营鬼斧，愈入愈奇，意夺人工，匠由天巧。探奇吊古之士，虽数千年来未有罄其藏者。呜呼！世徒谓禅云亭封泰岱为宇宙大观，尽此抑知五狱之外，又有灵异若兹者。此诚七十二家之所不能争，而大舜灵爽所独为凭依者也。比归，重按旧志，乃南浮者，自汉司马氏外，惟漫郎叟拳拳兹游。益信天下名山，故在非具第一等心胸眼界者，不能乐此也。予虽不敢自附仁者后，然喜得为此山地主，爰序而珍之。第旧刻多腐落不堪垂久，且前贤胜迹歌咏篇章不无什一千百之恨。尚俟暇时为之旁搜博采，益所未备，重以寿之枣梨云。

康熙四十八年己丑长夏之吉，知宁远县事钱塘徐旭旦撰。

（选自清康熙四十八年《九疑山志》）

九疑山志序

吴绳祖

辛亥岁，余自清泉补授宁远。下车后，检阅邑乘，知九疑名山，舜陵在焉，钦奉敕谕，周遭禁樵采，设陵户四人，春秋二仲，邑令主祀。肃将之余，见鼎湖秀萃，龙蟠虎踞，而元气鸿庞，含吐三楚，下临百粤，盖灵境独辟也。夫九疑之奇，《离骚》咏之，史迁纪之。汉唐以来，议郎、漫叟、阳城、莱公暨畸人韵士，蹑游屐，拥肩舆，恣啸吟，举胜迹仙踪，究形画相，以迄碣石之曲讨危寻，溪壑之渊渟幽邃，昔人论之详矣。牙慧之舍，雅所不欲，而自出机抒，独开生画，则又逊谢不敏也。余惟重华之圣，文思协尧，巍巍乎亘古罕有。南巡后六蟠西驭，天必特设一奇境，以为圣帝藏精之所。顾境以九峰名，峰以九疑著。层峦耸叠，起自平陆。绮绾绣错，互映参差。一气混茫中，百灵奔赴，应接不暇。目眩情移，曾不图神工之狡狯，至于斯也。他如紫霞之奥窗万状，仙灵所栖；三峰之高插芙蓉，飞泉腾涌。奇幻种种，难更仆数，要皆为舜源峰导脉泄秘。而兹峰之端拱肃穆，二妃侍而五臣朝者，俱可从想象中仿佛得之。昔元次山欲改九疑为南岳，梁应期谓此中灵异殆百堪疑，宁仅九者，盖有味乎？其言而非妄逞谬悠者矣。公退之暇，重按志乘，思欲汇成一书。益所未备而编次残缺，惧贻挂漏之讥。樊君梅村，延唐名宿，秉铎清泉。余适承乏邑篆，共敦寅好。嗣梅村归里，杜门不出，日取九疑旧志，裒集搜罗以成善本。余从而酌订之，叹其掊贡秀探秘，实获我心也。而剞劂之赀，校雠之劳，梅村毅然独任，不惜余力，将旧帙重新。奇境出而宦游称快。余于梅村其殆有文章宿缘哉！书成，九疑之想当然未能信者，展卷瞭然矣。爰缀数语，以代卧游者观览之助。

嘉庆元年，岁在丙辰仲春之吉，文林郎知宁远县事吴绳祖题于退思斋。

（选自清嘉庆《九疑山志》）

九疑山志序

樊在廷

志名山，志其山之自然奇特者，以见灵洲之钟，不虚称今古。毋损所有，毋益所无，毋变易其本来面目。斯于言，不近诬与谀，而志为信。夫名者，实之宾也。九疑名满天下，以其间峙者卓绝，流者清漪，异迹仙踪，无非神妙，其实本胜也。实胜而名自彰。或曰疑山非借重重华，究归寂处，地以人传，信夫？夫山以帝王陵寝而尊，固也。按神农氏葬于茶乡，今衡州酃县炎陵是也。《通志》载艺文，歌咏疑山者累累，而茶乡之山，其辞不少概见，何耶？《渊鉴类函》，集类书大成也，其载天下名山于五岳外，若终南、太行之属，为数不过二十，而九疑与焉。禹葬会稽，二十数中列会稽诸山者，亦缘千岩竞秀，万壑流洁，如顾恺之所云也。疑山之得名，信借重华，而其中自然之奇特，要有足称者。

其志肇刊于明万历己未，蒋公鐄谓诗若文得之掌记者，其山水名迹，得一帙于乡先生所手录。崇祯壬申，喻公向葵益之以形胜图。二公皆邑令尹也。国朝康熙癸卯，詹公惟圣以知江华摄邑篆，为旧板无存，访得邑士冯元佳录本及李一枝藏书合订成卷，商之梁、易两学博，梓之。至己丑，邑尊徐公旭旦剔旧易新，于诗文复多采入，迄今阅八十有八年矣。夫居近九疑，不能言九疑之胜，岂独如詹公所云为九疑之山水笑哉？乃觅詹、徐二公旧帙及省郡志乘，辑而抄之。走笔之下，不无损益变易，盖尝从樵氓牧竖后触处咨访亦稍稍有所领略。因据以增其未备，去其过浮，正其所传讹，兢兢乎惧蹈诬与谀之诮。钞竟存之笥中，时出以涤烦襟，或与韵士相对，亦堪藉以闲谈云。邑侯滇南吴公以宿学硕儒出宰百里，性质醇朴，操履清慎。先令清泉，士民咸沐其教爱，及任吾宁亦如之。两地之人同声颂悦，尤加意于修废举隆。见《九疑志》旧板漫灭，不堪寓目，拟重新之。闻在廷有钞本，遂取阅焉。以为所钞尚有条理，爰加删润，损廉俸以授梓人。俾九疑奇胜，千载下得以晦而复光。吾侯斯举，其亦兹山之荣幸也夫。

嘉庆元年仲春月既望，原司清泉学训梅村樊在廷识。

（选自嘉庆《九疑山志》）

《九疑山志》序一

湖南省九嶷山舜帝陵基金会秘书长　谭　政

九疑山是一座有着丰厚历史文化积淀且风景独特的山，为其修志立传是一件十分有意义的工作。四易其稿，《九疑山志》终告竣事，可喜可贺。

九疑山因舜帝崩葬于此而名闻天下。九疑，同九嶷，亦作苍梧。苍梧是九嶷所在地域统称，它早在孟子还没有出生以前就属楚了，舜崩于苍梧之野指的就是这个地方。《国语》《礼记》《山海经》早已载及。相传舜帝是凤凰化身，而凤凰喜栖梧桐，故有虞氏崇拜的社树是苍翠的梧桐。为纪念舜帝，他所崩葬的九疑之域称为苍梧。

舜帝开创的中华道德文化，与炎帝开创的中华农耕文化、黄帝开创的中华政体文化，是中华传统文化进程中三座挺然而立的里程碑。作为维系中华传统文化尤其是政体、农耕文化的道德文化，有其独特作用。在《汉书・古今人表》载录的三千年间近两千位名人中，帝舜有虞氏为十四位圣人之一。他是德圣，他是孝祖，堪为帝范民师。九疑山是圣山，一点不为过。历朝历代望祀代祭遣祭于九疑山祀舜累见史载；大禹秦皇，汉武新莽，刘裕隆基，宋祖洪武，清朝更盛，御祭四十五次。百姓更是顶礼膜拜。相传舜葬三分石，娥皇、女英寻夫魂化二峰相伴，祭祀时演化成烧香三炷，烯烛一对的民俗。

宁远人曾以“德圣舜帝藏精之所、光武刘秀发祥之基、牌祖李郃生卒之地、濂溪周子汤沐之乡”来突显九疑山，这是有根有据的。作为名山，且不说屈原、司马迁各自四提九疑苍梧，单从蔡邕作《九疑山铭》算起，朝圣观光的文臣武将官僧吏道不下五百人，留下的诗文以千计。毛泽东高吟“九嶷山上白云飞”；邓小平仿舜帝南巡，关注国计民生；江泽民题词“九嶷山舜帝陵”；胡锦涛早在上世纪八十年代，就非常关注十一届三中全会后全国第一所民办高校“九嶷山学院”的学史问题；胡耀邦在赠文怀沙的诗中也两次提及九嶷。至于神奇的山水、邃异的溶洞、丰富的文物、另样的瑶风都与舜帝有缘，志中均详记有加。

伟哉舜帝，神矣九疑！

（选自 2005 年版《九疑山志》）

《九疑山志》序二

中共宁远县委书记　蒋善生

宁远县人民政府县长　李光富

巍巍九疑，东连苏仙，西傍桂林，南接罗浮，北望衡岳，系著称于世的千古名山。九疑山舜之葬所。《史记》载：舜“践帝位三十九年，南巡狩，崩于苍梧之野，葬于江南九疑”。它传承了四千余年的虞舜文化。历代文人为之歌赋，屈原、司马迁、蔡邕、李白、元结、李商隐、苏轼、徐霞客、何绍基等亲临九疑，并留下大量美文佳句。一代伟人毛泽东为之吟唱：“九嶷山上白云飞，帝子乘风下翠微。斑竹一枝千滴泪，红霞万朵百重衣……。”江泽民、李鹏等为舜帝陵题词，更为九疑山这块宝地增添了光彩。

神秘的九疑山，历来为华厦子孙朝圣之地。《帝舜有虞氏之陵》碑，自汉至今巍然屹立。舜帝陵保持完好。历代朝廷，遣官祭祀。新中国成立后，省、市、县祭舜活动不断。

九疑山自然风光如诗如画，山奇、洞异、水秀、林幽。山奇：九疑山群峰拔地而起，层峦叠翠，万千峰峦，朝向舜源峰，自古就有“万里江山朝九疑”之说。洞异：九疑山奇怪洞甚多，紫霞岩、玉琯岩、桃花岩、凤凰岩等，岩岩奇特，洞洞怪异，其中紫霞岩被列为“永南十二名洞”之一。水秀：九疑山为潇水发源地，水流清澈，瀑布众多，山光水色，交相辉映，美妙绝伦。“灌溪仙境”“潇水涵青”“高峡平湖”为景点中佼佼者。林幽：九疑山景区内的国家森林公署，有着广袤的原始次森林和大面积泪竹自然保护区。石枞、香杉、斑竹被誉为“九疑三宝”。

九疑山民族风情别具一格。吊脚楼依山而筑，瑶家民风古朴淳厚，民族服饰奇异艳丽，瓜箪酒淳美溢香，山珍野味风味独特，瑶家男女善歌善舞，加上坐歌堂、上刀梯等丰富多彩的民间文化活动，形成了迥异于其他风景名胜区的独特旅游风格。因此，九疑山被列为湖南省六大风景名胜区之一，十大旅游区之一。

近几年来，在中央、省、市各级领导的关心和支持下，中共宁远县委、县政府特别注重了九疑山的开发利用。先后投资 1.4 亿元，修复了气势恢宏的舜帝陵，维修了金璧辉煌的宁远文庙，开发了紫霞岩、桃花岩等 10 多处景点。同时改善了交通、通讯、电力、住宿等各项设施。特别是九疑大道的建设，既连接了永连公路，又与郴桂道路相连，成了郴桂往来的必经之地。2000 年 9 月 9 日，永州市举行了公祭舜帝大典。从 2001 年起，宁远县委、县政府每年举办九疑山舜文化旅游节。从此，九疑山以她更迷人的面纱、独特的风姿，笑迎八方来客，成为海内外炎黄子孙，特别是舜帝后裔寻根祭祖和旅游的圣地。

《九疑山志》的编修，是延续历史的需要，是发展九疑山旅游事业的迫切要求，更是对九疑山的深刻解读。它的编修功在当今，利在后世。1989 年，在宁远县委、县政府的领导下，就成立了编纂委员会，通过广征博采、实地考察、辛勤耕耘，几经讨论，反复修订，终完成了《九疑山志》的编纂。这在九疑山建设开发史上是值得庆贺的大喜事。借此机会，向关心支持九疑山开发的各级领导、各界人士、宁远父老乡亲致以诚挚的谢意！也向全体编纂人员致以亲切的问候和敬意！谨此为序。

（选自 2005 年版《九疑山志》）

三　旧志九疑山图

康熙《九疑山志》附图（一）

康熙《九疑山志》附图（二）

康熙《九疑山志》附图（三）

康熙《九疑山志》附图（四）

康熙《九疑山志》附图（五）

康熙《九疑山志》附图（六）

康熙《九疑山志》附图（七）

康熙《九疑山志》附图（八）

《古今图书集成》九疑山图

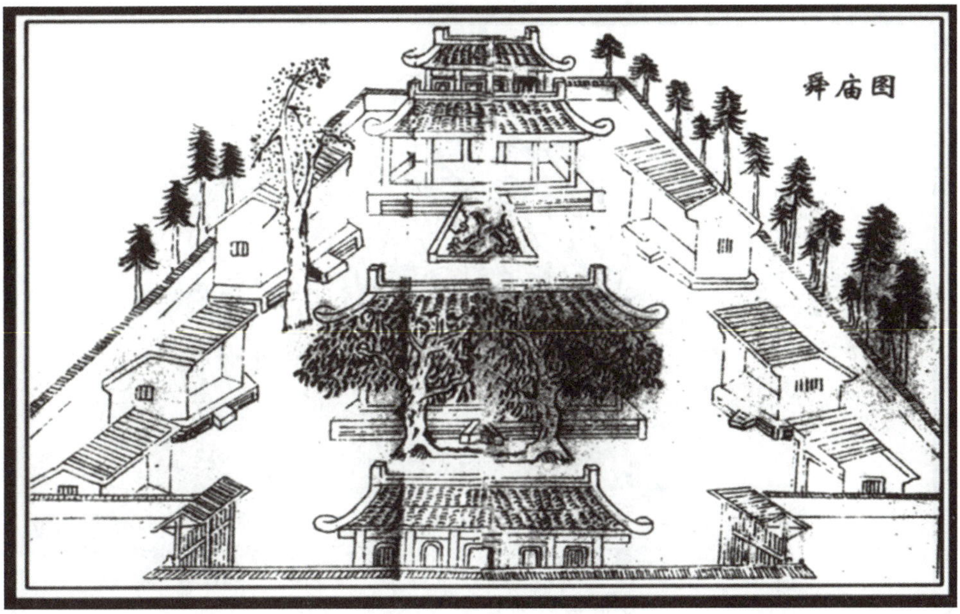

嘉庆《九疑山志》附图（一）

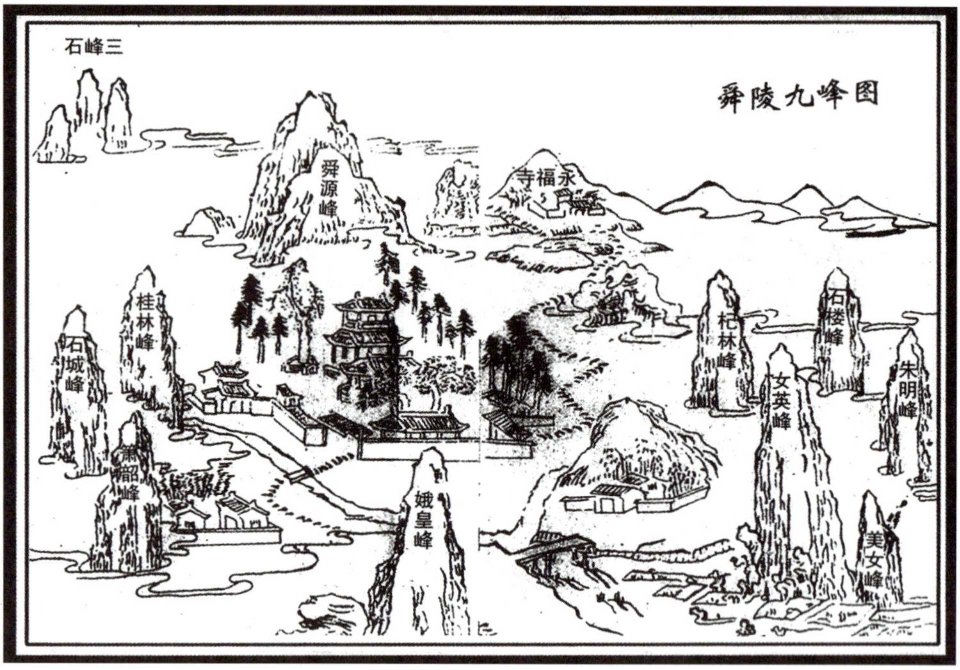

嘉庆《九疑山志》附图（二）

嘉庆《九疑山志》附图（三）

嘉庆《九疑山志》附图（四）

嘉庆《九疑山志》附图（五）

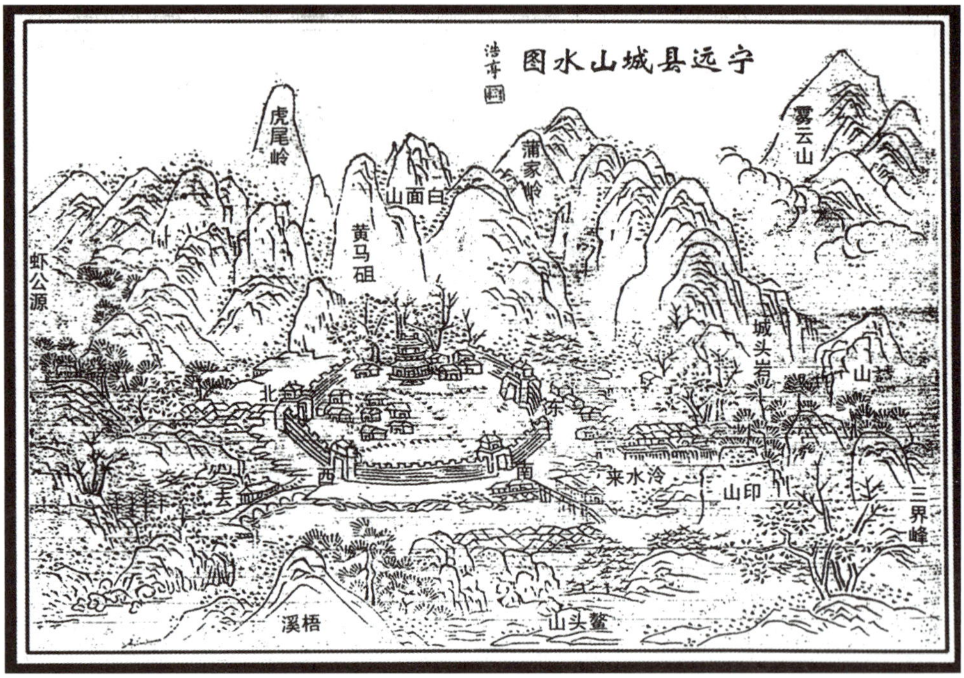

嘉庆辛未石光陛《九疑山行》附图（一）

嘉庆辛未石光陛《九疑山行》附图（二）

嘉庆辛未石光陛《九疑山行》附图（三）

嘉庆辛未石光陛《九疑山行》附图（四）

嘉庆辛未石光陛《九疑山行》附图（五）

嘉庆辛未石光陛《九疑山行》附图（六）

嘉庆辛未石光陛《九疑山行》附图（七）

嘉庆辛未石光陛《九疑山行》附图（八）

索　引

说明：本索引把章节目名称第一个字的汉语拼音第一个字母按汉语拼音字母顺序排列。

M

N

Q

S

T

W

X

Y

Z

后 记

历史上，曾先后七次编修《九疑山志》。第一次，编修于明嘉靖二十年（1541 年），永州府同知鲁承恩刊印，余皆不详。第二次，明万历十八年（1590 年），长洲人蒋鐄任宁远知县时修。全志共八卷，即卷一“皇明御制祭舜文”，卷二“山峰岩岭江溪池涧井湖洞石”，卷三“古迹、建置”，卷四“人物”“游寓”“仙释”“山瑶”“土产”，卷五“文”，卷六“文”，卷七“赋诗”，卷八“明诗”。今有全志。第三次，明崇祯五年（1632 年），湖南人喻向葵任宁远知县时增修，在蒋鐄《志》的基础上增绘形胜图于志首，此图今佚。第四次，康熙二年（1663 年），严陵人詹惟圣知江华县事摄宁远时修，全志四卷。即卷一“形胜”，卷二“古迹”，卷三“杂著”，卷四“留题”。有图画八幅，即“疑山八景”，每景一图。宁远县今有全志。第五次，康熙四十八年（1709 年），钱塘人徐旭旦任宁远知县时修，余皆不详。第六次，清嘉庆元年（1796 年），滇南人吴绳祖任宁远知县时修。第七次，由何中安任总纂的《九疑山志》，于 2005 年 9 月由方志出版社出版。全志共十二章，即第一章“自然环境”，第二章“舜帝与舜文化研究”，第三章“古迹”，第四章“胜景”，第五章“祭祀”，第六章“民族风情”，第七章“景区建设”，第八章“旅游”，第九章“名人游九疑”，第十章“区域管理”，第十一章“艺文”，第十二章“人物”，另加附录。上述志书，为保存历史资料，传承舜帝文化，宏扬民族精神，均起到重要作用。

然而通观历代《九疑山志》，均侧重于记山。各志对于舜帝其人其事、舜帝陵庙变迁、舜帝祭祀礼仪、舜帝后裔迁徙、历代名人咏舜、舜文化传承与研究等，均缺乏全面的、系统的记述。1978 年改革开放后，随着社会经济的发展，宏扬优秀传统文化，加强文化建设，提高文化软实力，提到国家重要议程。舜帝是中华民族人文始祖。舜帝创立的以孝为核心的道德思想，是中华民族优秀传统文化之源。在新形势下，加强对舜帝、舜帝陵、舜文化的研究与推介，成为文化建设的一项重要内容，编修《舜帝陵志》的条件已经成熟。正因为如此，自21世纪初开始，中共永州市委原副秘书长张泽槐同永州一些舜文化专家学者，多次提出编修《舜帝陵志》的建议。这一建议，得到湖南省政协原主席、省舜帝陵基金会理事长王克英等领导的支持，并列入舜帝陵基金会第二届理事会日程。但是，由于多种原因，直到2014年，《舜帝陵志》编纂工作未能正式启动。

为尽快启动《舜帝陵志》的编纂工作，2014年11月，张泽槐同永州市史志办副主任高波谈及此事，高波表示大力支持。于是在高波陪同下，张泽槐带着《舜帝陵志》编纂大纲（暂拟），来到湖南省地方志编纂委员会办公室省志编纂处，提出将《舜帝陵志》列入《湖南省志》，作为一部专志，并主动承担编纂任务。省志编纂处对张泽槐的建议及暂拟编纂大纲进行研究，认为基本可行。为此，省志编纂处报请省地方志编纂委员会，决定编纂六部专志，即《炎帝陵志》《舜帝陵志》《洞庭湖志》《岳阳楼志》《南岳衡山志》《武陵源志》。后又增加《沩山志》《岳麓山志》，同前六部一起合称《湖南省特色志丛书》。其中，《舜帝陵志》的编纂工作由永州市负责。2015年3月，时任省志编纂处处长黄俊军（后为省地方志编纂委员会副主任）到永州，向市史志办传达省地方志编纂委员会的决定，并对《舜帝陵志》暂拟编纂大纲提出修改意见。随后，永州市史志办向市政府常务会议专题汇报。市政府主要领导积极支持《舜帝陵志》的编纂工作，并就编纂工作有关事项形成市政府常务会议纪要。

编纂《舜帝陵志》是一项复杂而浩大的系统工程，也是一项专业要求非常高的文化工程。要使这一复杂而浩大的系统工程顺利进行，完美收官，并非易事。其中，最关键的是要有一批具备专业知识，有较强写作能力且热爱修志事业的编写人员。为此，经反复考虑和多方沟通，决定请湖南科技学院教授、湖南省舜文化研究基地首席专家陈仲庚，宁远县原副县长、九嶷山舜文化研究会会长欧利生，湖南省舜帝陵基金会副秘书长兼办公室主任郑运生，永州市史志办副主任高波，宁远县原县志办主任张介立，宁远县文物局周九宜，宁远县九嶷山国家森林公园管理局副局长夏利勇、党委委员诸文杰等人参加编修工作。

编纂人员基本确定以后，永州市史志办于2015年5月召开《舜帝陵志》编纂工作会议。市史志办、省舜帝陵基金会办公室、湖南科技学院、宁远县史志办、舜帝陵管理局等部门和单位的负责人，以及各篇章撰稿人员参加会议。会上，中共永州市委副秘书长、市史志办主任赖中霖就《舜帝陵志》的编纂工作进行安排部署，指定由张泽槐统筹《舜帝陵志》的编纂工作，市史志办则负责做好相关协调与服务方面的工作。这次会议的召开，标志《舜帝陵志》编纂工作正式启动。

本志编纂工作方案和篇目由张泽槐拟定。各章节具体撰写情况如下："总述"、第一章"舜帝传略"、第四章"舜帝祭祀"、第六章"考古发现"、第七章"舜陵艺文"以及"附录"，均由张泽槐编写，其中"考古发现"由周九宜提供资料；第二章"舜帝陵庙"，由欧利生编写；第五章"舜裔宗亲"，由高波撰写初稿、张泽槐改写；第八章"舜文化研究"，由陈仲庚编写，其中第一节"舜文化研究概况"由张泽槐撰写；第十章"舜帝陵基金会"，由郑运生编写、高波改写；第三章"舜陵风物"、第九章"陵区管理"，均由夏利勇撰写初稿、张泽槐改写；"大事记"由郑运生撰写初稿、张泽槐改写。志中所用图片，由张泽槐、郑运生审定。本志"附录"原有"古文献关于舜帝的记载"，由张介立辑录整理，约23万字。后因"舜帝陵志"篇幅所限，加上湖南省舜文化研究会、湖南省舜帝陵基金会、湖南省舜文化研究基地编纂的《虞舜大典·古文献卷》已有对舜帝的详尽载述，这一附录被放弃。

经过一年多时间的努力，到2016年9月，《舜帝陵志》初稿完成。在初稿基础上，张泽槐对各章进行认真修改或重写，并于2017年3月形成修改稿，报送省地方志编纂委员会《湖南省特色志丛书》总编室。总编室主任黄俊军对志稿进行认真研究，提出诸多具体修改意见。同年7月24日，黄俊军到永州，就《舜帝陵志》的修改进行安排部署。此后，张泽槐对整个志稿进行全面修改，形成送审稿，并于2018年元月18日报送《湖南省特色志丛书》总编室。总编室审查后，同意召开《舜帝陵志》稿评审会。

2018年3月22日，《舜帝陵志》稿评审会在永州召开。参加会议的领导和专家有：湖南省地方志编纂委员会党组成员、副主任邓建平，中共永州市委常委、市委秘书长唐能武，永州市政协原主席、湖南省舜帝陵基金会常务副理事长兼秘书长陈金荣，永州市人民政府原正厅级干部、《永州市志》总纂蒋政平；湖南省地方志编纂委员会省志处处长蔡素云，省志处副处长孟东华，省志处副调研员周岳萍、李献珍；中国社会科学院研究员、中国先秦史学会副会长兼秘书长宫长为，陕西伏羲文化研究会副会长、陕西省政府参事室研究员、陕西历史博物馆研究员杨东晨，山东大学文史哲研究院教授、博士生导师、中国秦汉史研究会副会长孟祥才；湖南科技学院教授、湖南省舜文化研究会会长、省舜文化研究基地首席专家陈仲庚；湖南省舜文化研究会副会长兼秘书长、省社科院历史研究所研究员周亚平；湖南科技学院教授、国学院院长、湖南省舜文化研究会副会长张京华；中共宁远县委常委、宣传部部长刘庚旺，中共宁远县委常委、县委办主任曹辉正，中共宁远县委常委、常务副县长黄永英，宁远县史志办主任周敬平等。湖南省政协原主席、湖南省舜帝陵基金会理事长王克英，湖南省地方志编纂委员会党组成员、副主任黄俊军因事未能参加会议，亦为评审会发来书面评审意见。省志处处长蔡素云主持评审会，并代表省地方志编纂委员会发表综合评审意见。与会领导和专家学者对《舜帝陵志》稿给予充分肯定，并提出诸多具体修改意见。这些修改意见共计1030条，其中：篇目结构方面57条，内容方面460条，规范方面513条。

评审结束后，根据会上提出的意见，张泽槐与永州市史志办副主任高波研究具体修改方案。随后，高波对第二章“舜帝陵庙”进行调整与规范；市史志办方志编纂科科长王劲梅、副科长唐嘉婕对全志行文规范方面的问题进行修改，唐嘉婕将《舜帝陵志》目录译成英文；张泽槐则对全志的篇目结构、内容归属、史料资料、文字表述、数据表格等方面的问题，进行统筹和全面系统修改。2018年6月上旬，《舜帝陵志》稿修改完毕，并报送省地方志编纂委员会《湖南省特色志丛书》总编室审查定稿。付印前，省地方志编纂委员会副主任黄俊军到印刷厂作最后审定。

《舜帝陵志》的编纂，得到湖南省舜帝陵基金会、中共永州市委市政府领导、中共宁远县委县政府领导以及舜帝陵管理局大力支持。特别是永州市史志办两任主任赖中霖、李俊江，从《舜帝陵志》编修工作启动后，提供全程服务，及时解决编纂过程中遇到的困难和问题，使编纂工作得以顺利进行。全体编纂人员不辞辛苦，为《舜帝陵志》的编纂工作倾注大量心血。在本志即将出版之际，谨向关心和支持本志编纂工作的各级领导、有关部门和单位、全体编纂人员，表示衷心感谢和崇高敬意。

《舜帝陵志》是一部全面系统记述舜帝陵历史和现状的专志，时间跨度4000余年，资料搜集与整理的难度很大。虽经编纂人员呕心沥血、艰苦努力，伏案笔耕，并最终出版发行，但囿于本人学识与其他因素局限，本志仍可能有诸多不尽人意乃至错漏之处，敬请读者明鉴并批评指正。

张泽槐

2018年8月于冷水滩幾微斋